제2차 세계대전

탐욕의 끝, 사상 최악의 전쟁

Essential Histories Special 3

THE SECOND WORLD WAR : A World in Flames

First published in Great Britain in 2004 by Osprey Publishing Ltd.,
Midland House, West Way, Botley, Oxford, OX2 0PH.
All rights reserved.

Korean language translation © 2008 by Planet Media Publishing Co.

제2차 세계대전

탐욕의 끝, 사상 최악의 전쟁

폴 콜리어 · 알라스테어 핀란 · 마크 J. 그로브 · 필립 D. 그로브 · 러셀 A. 하트
스티븐 A. 하트 · 로빈 하버스 · 데이비드 호너 · 제프리 주크스 지음
강민수 옮김

플래닛미디어
Planet Media

인류의 역사에서
제2차 세계대전이 차지하는 의미

제2차 세계대전은 인류 역사상 최대 규모의 전쟁으로서 가장 철저하게 연구되고 있는 역사적 사건이기도 하다. 난징^{南京}, 뉘른베르크^{Nürnberg}, 레닌그라드^{Leningrad}, 루손^{Luzon} 등지에서 수억 명의 사람들이 장기간에 걸쳐 요즘 세대들은 물론 오늘날 분쟁 지역에서 살고 있는 사람들마저도 상상조차 할 수 없는 고통을 겪어야 했다. 따라서 이러한 경험을 담은 개인 회고록들은 주인공이 일반 병사든, 홀로코스트^{Holocaust} 생존자든, 마키 단원^{maquisard}*이든, 친디트^{Chindit}** 대원이든, 폭격기 조종사든, 심지어는 일반 가정주부든 간에 오랫동안 많은 독자들을 매료시켜왔다.

● 본문의 주는 옮긴이의 것임.
* **마키 단원** 프랑스 항독^{抗獨} 게릴라 조직인 마키^{Maquis}단의 조직원.
** **친디트** 버마에서 일본군을 상대로 대활약을 한 영국군 특수부대.

물론, 개인 회고록 이외에도 이 엄청난 전쟁에 대한 방대한 규모의 연구서들이 존재한다. 지난 반세기 동안 세계의 석학들이 나치^{Nazi} 지배 하의 독일에서 나타난 여러 가지 현상들에 대해 연구를 해왔다. 그러나 아직까지 어떤 연구자도 왜 독일인들처럼 문명화되고 고등 교육을 받은 사람들이 스스로 무지한 폭력배들의 노예가 되어 이들의 하수인으로서 전례 없는 규모의 조직적인 살인 행위를 저질렀는지에 대해 만족할 만한 설명을 제시하지 못하고 있다.

　　오늘날의 연구들, 특히 미국에서 이루어진 연구들은 지나치게 나치의 유대인 학살에만 연구의 초점을 맞추고 있다. 나치가 유대인을 절멸 대상으로 지정한 것은 사실이지만, 동시에 나치는 다른 민족과 사회 계층, 특정 사상 지지자들에 대해서도 대량학살을 벌였으며, 이런 학살은 특히 동부유럽 지역에서 심하게 자행되었다. 예를 들어, 독일에서 이루어진 최근의 한 연구는 독일 지도부가 실제로 작전이 시작되기도 훨씬 전에 독일 참모본부의 전적인 지원을 받아 입안된 1941년의 소련 침공작전 계획에 수백만 명의 러시아인과 우크라이나인을 기아상태에 몰아넣어 죽음에 이르게 만들 계획까지 포함시켰음을 보여주고 있다. 이러한 대량학살을 계획한 이유는 러시아인과 우크라이나인이 소비하던 엄청난 분량의 곡물과 자원들을 빼앗아오기 위해서는 먼저 이들을 제거해야만 했기 때문이다.

　　역사 속에서 벌어진 수많은 전쟁들은 선과 악의 투쟁으로 요약되어왔다. 같은 맥락에서 유럽을 해방하기 위해 벌어진 치열한 전투에서 서방 연합군은 대학살극을 벌이는 추축국*이라는 악에 대항하는 선을 대변한다고도 주장할 수 있을 것이다. 그러나 이러한 서방 연합국의 위상은 소

---

* **추축국**　제2차 세계대전 때 독일, 일본, 이탈리아가 맺은 삼국 동맹을 지지하여 미국, 영국, 프랑스 등의 연합국과 대립한 여러 나라. 1936년에 무솔리니가 "유럽의 국제 관계는 로마와 베를린을 연결하는 선을 추축으로 하여 변화할 것이다"라고 연설한 데서 유래한 말이다.

련이 연합국 편에 서서 참전하면서 매우 복잡한 양상을 띠게 되었다. 1941년 당시 스탈린 정권은 나치보다 무고한 사람들을 더 많이 학살했다. 이러한 사실로 인해 당시 사려 깊은 영국과 미국 사람들은 나치라는 악에 대항하기 위해 나치보다 더한 악당과 손을 잡아야 하는 상황에서 도덕적 혼란을 느끼게 되었고, 이러한 혼란은 오늘날까지도 이어지고 있다.

　　군사적인 측면에서 봤을 때 제2차 세계대전에서 가장 중요한 사건들은 독일군과 소련군 사이에서 벌어진 전투들이었다. 1941년과 1945년 사이에 주로 소련 영토 내에서 벌어진 전투로 인해 2,900만 명에 이르는 소련 시민들이 사망했으며, 동시에 전체 독일군 사상자의 80퍼센트 역시 동부전선에서 발생했다. 반면, 유럽에서 벌어진 전쟁에서 미국과 영국, 프랑스의 사망자 수는 100만 명에도 미치지 못했다. 물론, 연합군의 전략폭격작전이 히틀러Adolf Hitler의 제3제국을 크게 약화시키고 60만 명에 이르는 독일인(대부분 민간인)들을 살상한 것은 분명한 사실이지만, 연합국의 지상군이 실제로 북서유럽 지역에서 전투를 벌인 기간은 전쟁 막바지의 11개월에 불과했다. 서부유럽에서 연합군과 맞서 싸운 독일군의 수는 동부전선에 투입된 독일군 병력의 3분의 1을 넘지 못했다. 나치 정권을 붕괴시키는 데 있어서 소련이 주도적인 역할을 수행하자, 영국과 미국은 1945년 동부유럽에서 스탈린Joseph Stalin의 제국주의에 맞서 싸우는 데 큰 어려움을 겪어야 했다. 전후 뉘른베르크 전범 재판에서 소련이 재판관 자격으로 참가했다는 것은 정말 아이러니한 일이 아닐 수 없다. 피고와 원고를 불문하고 재판에 참여한 사람들은 스탈린의 부하들도 똑같은 죄목으로 유죄 판결을 받을 만한 엄청난 죄악을 저질렀다는 사실을 잘 알고 있었다(물론, 그렇다고 독일의 죄가 줄어드는 것은 절대로 아니지만).

　　아시아에서 가장 많은 피가 흐른 곳은 중국이었다. 일본군은 1945년 8월까지 중국에 대규모 육군 병력을 투입했다. 일본군과 중국군 간에 벌어진 전투는 지속적으로 벌어졌다기보다는 간간이 발작적으로 일어났고, 사용된 전략이나 전술도 원시적이었다. 미국은 계속해서 중국 국민당 지도자였던 장제스蔣介石를 연합국 회의의 일원으로 대우해야 한다고 고집을 부렸지만, 이는 정치적 제스처에 지나지 않았다. 사실상 중국은 군사적으로 연합국의 승리에 별다른 기여를 하지 못했다. 그러나 중국 일부 지역을 점령하고 있던 일본군은 직접적인 살해나 기아 유발을 통해 수백만 명의 중국인들을 죽음으로 몰아넣었다.

미국과 일본의 전쟁은 주로 바다에서 벌어졌으며, 이 전쟁의 향방을 결정지은 것은 항공 전력이었다. 태평양 전쟁이 시작된 후 3년 넘게 미국은 광대한 태평양을 넘어 군사력을 투입하기 위해 외딴 도서 지역에서 숱한 상륙전을 전개하면서 고통스러운 싸움을 벌여야 했다. 태평양 전쟁에서 미국과 일본 해군 사이에서 벌어진 해전들은 대서양과 유럽 연안에서 벌어진 해전들과는 전혀 다른 양상으로 전개되었다.

일본은 원자폭탄 2개가 떨어지자 무릎을 꿇었다. 하지만 미국의 원자폭탄 투하는 무서운 새로운 시대의 개막을 알리는 것이었으며, 원자폭탄 사용의 정당성을 둘러싸고 오늘날까지도 치열한 논쟁이 이어지고 있다. 하지만 사실, 히로시마廣島와 나가사키長崎에 떨어진 원자폭탄보다도 더 많은 사상자를 발생시킨 것은 원자폭탄 투하 이전에 미국이 일본의 각 도시에 가한 재래식 소이탄 공습이었다.

일부 역사가들은 연합국의 공업력이 추축국을 압도했다는 점을 고려하면 연합국의 승리는 당연한 결과였다고 주장해왔다. 그러나 이런 주장은 1939년 독일이 폴란드를 침공했을 당시, 실제로 전쟁에 뛰어든 국가는 폴란드와 상호군사원조조약을 체결한 프랑스와 영국뿐이었다는 점을 간과하고 있다. 이를 근거로 대전 중과 대전 후 몇 년간, 영국인들은 자기들이 이미 1940년에 사실상 히틀러를 패배시켰다고 자랑해왔다. 영국이 영국 본토 항공전Battle of Britain*에서 승리를 거두면서 독일의 영국 침공 기도를 좌절시켰다는 데는 이론의 여지가 없다. 히틀러는 단기간에 손쉽게 승리를 거둘 수 있기를 원했지만, 영국 공군Royal Air Force, RAF은 이러한 그의 희망을 산산이 부숴놓았기 때문이었다.

그러나 이후 독일군이 동쪽으로 이동한 것은 영국군이 독일군을 크게 무찔렀거나 혹은 그럴 수 있으리라고 생각할 만한 상황이었기 때문이 아니라, 히틀러가 늘 소련을 향해 야심을 품어왔기 때문이었다. 나치 제국을 건설한다는 원대한 목표를 달성하기 위해서 히틀러는 반드시 소련을 손에 넣어야 했다. 만약 히틀러가 소련을 침공하지 않았다면, 그는 1941년에 영국을 침공하여 패배시킬 수도 있었을 것이다.

윈스턴 처칠Winston Churchill이 절대악인 나치와 타협하느니 차라리 죽는 것이 낫다고 주장함으로써 "제2차 세계대전의 도덕적 성격을 규정했다"는 전쟁사학자 존 키건John Keegan의 주장은 정말 타당한 것이었다. 그러나 1940년, 절망적인 상황 속에서도 그 누구도 감히 따라올 수 없는 불굴의 용기와 의지를 과시했던 처칠도 속으로는 미국이 참전하지 않는 한 영국이 단독으로 독일을 물리칠 수 없다는 사실을 잘 알고 있었다. 당시 미국의 참전 가능성은 매우 희박해 보였지만, 1941년 12월에 일본군이 진주만Perl Harbor을 기습공격하면서 상황은 완전히 바뀌었다. 만약 히틀러가 미국과의 충돌을 피하면서 먼저 영국을 해치웠다면, 나중에 소련을 성공적으로 점령하고 전쟁에서 최종 승리를 거둘 수도 있었을 것이다.

그러나 소련의 경제력에 대해 무지했을 뿐만 아니라 미국을 업신여겼던 히틀러는 계속해서 미친 짓을 거듭했고 결국에는 자신의 몰락을 자초

---

* **영국 본토 항공전** 독일 공군이 해상 공격과 공수부대 투입으로 요약되는 바다사자 작전을 위해 영국의 제공권을 장악하고자 벌인 작전으로, 제2차 세계대전 초반기에 일어난 가장 큰 전투 중 하나다.

하고 말았다. 하지만 대부분의 독일인들이 전쟁 말기에 히틀러에게 등을 돌린 이유는 그의 사상과 행동이 잘못됐다는 것을 깨달았기 때문이 아니라, 히틀러가 대전 초반 총애했던 에르빈 롬멜 Erwin Rommel 원수가 전쟁 후반기에 깨닫게 되었듯이 히틀러가 독일을 패배로 몰아가고 있다는 사실에 실망했기 때문이었다.

아무리 재능이 있는 역사가라 하더라도 자신의 일생 동안 세계대전의 정치적·군사적·인간적 복잡성을 완전히 이해한다는 것은 불가능한 일이다. 따라서 대부분의 연구자들은 정도의 차이는 있을지 몰라도 세계대전의 다른 부분을 포기하는 대신 특정 부분의 전문가가 되는 쪽을 선택한다. 때문에 제2차 세계대전에 대한 가장 설득력 있는 세계적인 저작들은 어느 한 개인의 작품이라기보다는 다양한 분야에 걸친 많은 전문 연구자들의 노력이 한데 어우러진 결과물이라고 할 수 있다. 그러나 하나의 전투나 전역만을 연구한다고 하더라도 그 이전에 사건의 배경이 되는 광범위한 역사적 맥락을 먼저 파악하는 것이 필수적이라는 사실을 잊어서는 안 될 것이다.

당연한 이야기겠지만, 제2차 세계대전이 벌어지던 시기에 직접 전쟁에 휘말린 사람들은 자신의 경험에 초점을 맞추는 경향이 강하다. 예를 들어, 1944년 12월에 벌어진 벌지 전투에 참가하고 있는 한 미군 보병을 살펴보자. 사방에 보이는 것이라곤 새하얀 눈뿐인 눈지옥에서 공포스러운 독일군의 대공세에 맞서 싸워야만 하는 이 병사에게 지금 눈앞에 몰려오고 있는 독일군은 전체 독일군 병력에 비하면 정말 보잘것없는 규모에 불과하며 대부분의 독일군은 여전히 동부전선에서 붉은 군대와 싸우고 있고 이 공격 자체가 무너져가는 나치 독일의 단말마의 몸부림일 뿐이라고 말해준다면, 과연 이 병사는 어떤 반응을 보일까? 아마도 이 병사에게 전쟁의 대국적 전황과 그 의미 따위는 아무짝에도 소용없는 말에 지나지 않을 것이다. 당장 티거Tiger 전차들이 지축을 울리며 몰려오고 있는데, 목숨을 부지해야 한다는 것 외에 다른 무슨 생각을 할 여유가 있겠는가.

마찬가지로 대전 초에 일본군에게 포로로 잡혀 1945년 초까지 제대로 먹지도 못하는 비참한 포로생활을 하면서 버마Burma 일대의 철도 건설 현장에서 혹사당하다 죽음의 문턱에 이른 영국군 병사에게 일단 독일이 패배하면 일본도 단독으로는 전쟁을 계속할 도리가 없으니 곧 포로생활도 끝날 것이라고 말해준다 한들 무슨 소용이 있겠는가. 제2차 세계대전을 온몸으로 겪어야 했던 당사자들에게 자신이 직접 겪은 일과 공포, 실낱같은 희망 이외에 전쟁의 의미에 대해 의견을 구하는 것은 지나치게 무리한 요구일 것이다.

그러나 전쟁이 끝나고 60여 년이 지난 오늘을 살고 있는 우리에게는 당대인들이 가지지 못했던 훌륭한 기회의 창이 열려 있다. 우리는 1945년에 전쟁이 끝난 이래 지금까지 축적된 모든 연구와 지식의 도움을 받아 이 엄청난 인류사적 비극을 하나의 실체로서 조망할 수 있게 되었다. 우리는 항상 적절한 방법을 쓰지는 못하더라도 제2차 세계대전 중 북아프리카나 수마트라Sumatra, 마다가스카르Madagascar나 크림 반도 등지에서 벌어진 일들이 인류의 역사라는 거대한 벽화에서 차지하는 의미에 대해 평가를 내릴 수 있는 자리에 서게 된 것이다.

2년 전, 내가 알고 지내는 한 미국인 연구자는 그 주에 발표된《뉴욕타임즈New York Times》의 주간 베스트셀러 10권 가운데 7권이 1939년~1945년에 일어난 사건과 관련이 있다고 말한 적이 있다. 과연 이 시기에 대한 세계의 관심이 언젠가 줄어드는 날이 올 것인가? 우리는 그렇게 되지 않기를 바라야 할 것이다. 그 이유는 첫째 이 시기가 우리에게 결코 마르지 않는 도덕적·군사적·정치적 교훈의 원천이 되어주고 있기 때문이며, 둘째 세계사에서 지금까지 경험한 최악의 재난의 자리를 차지하고 있는 제

2차 세계대전의 교훈을 잊는다면, 미래에 이보다도 더 끔찍한 사건이 일어날 수도 있기 때문이다.

맥스 헤이스팅스 경 Sir Max Hastings

(전사가 겸 신문 편집인)

엄청난 인류사적 비극을
하나의 실체로서 조망할 수 있는 훌륭한 창

1918년 11월 11일 오전 11시, 제1차 세계대전의 포성이 멎었다. 영국·
프랑스·이탈리아·미국 연합군은 독일·오스트리아-헝가리 제국·오스
만 투르크 제국 동맹군을 패배시켰다. 정확한 총계를 내기는 어렵지만,
이 전쟁으로 인해 전투원 약 700만 명과 민간인 700만 명이 사망했다.
1914년~1918년에 사상 초유의 규모로 벌어진(제1차 세계대전은 대전 중에
이미 '대전쟁 Great War'으로 불렸다) 이 전쟁은 그 전까지 경험했던 전쟁의 개
념을 송두리째 뒤바꿔놓았다.

　제1차 세계대전은 사상 최초로 벌어진 진정한 의미의 '산업화 시대'
의 전쟁이었다. 각국은 전쟁에서 승리하기 위해 19세기에 이루어진 과학
과 생산 기술의 발전을 최대한 활용했고, 그로 인한 결과는 너무나 끔찍
했다. 모든 사회적·정치적·경제적 기간시설이 총동원되어 새롭고도 효

과적인 살인 기술을 뒷받침해주자, 인류 역사상 최대 규모의 파괴적인 전쟁이 벌어지게 되었다. 승리의 대가는 희생자 수만 따져보면 승자나 패자나 별 차이가 없을 정도로 엄청났다. 정치가든 장군이든 일개 병사든 민간인이든 사회 전체가 전쟁으로 인한 파괴와 희생의 규모에 질려버렸고, 그 결과 모두가 제1차 세계대전이 '모든 전쟁을 끝내기 위한 전쟁'이었다는 믿음과 그렇게 되기를 바라는 희망을 품게 되었다. 그렇게라도 되지 않으면 그 막대한 희생이 모두 헛되이 될 것이기 때문이었다.

비극적인 일이지만, '대전쟁'은 결코 모든 전쟁의 끝이 되지 못했다. 아니, 제1차 세계대전은 모든 전쟁의 끝이 되기는커녕 앞으로 벌어질 전쟁의 표본이 되었다. 제1차 세계대전 중 참전국 각국에서 이루어진 모든 가용 자원의 총동원과 전 국민의 전쟁 노력 참여와 같은 양상은 향후 벌어질 전쟁들이 어떤 모습으로 전개될지를 보여주는 것이었다.

1918년에 제1차 세계대전의 종전을 목도한 이들에게 자신이 세상을 떠나기 전에 또다시 전 유럽 규모의 전쟁이 벌어진다는 것은 생각하기도 싫은 악몽이었겠지만, 불행히도 그러한 악몽은 현실화되었다. 제1차 세계대전 중 영국, 독일, 프랑스 각국의 신문에 매일같이 수없이 많은 전사자와 부상자 명단이 실리면서 각국 국민들은 엄청난 충격을 받았고 이로 인해 전쟁 자체에 대한 혐오가 극에 달했음에도 불구하고 '대전쟁'이 끝난 후 유럽 사람들이 평화를 누릴 수 있었던 기간은 겨우 20년밖에 되지 않았다. 1939년에 유럽에서는 또다시 대규모 전쟁이 벌어졌고, 이 전쟁으로 인해 세계는 놀랍게도 제1차 세계대전 때보다 훨씬 더 큰 인적·물적, 그리고 무엇보다도 도덕적 대가를 치러야 했다.

제1차 세계대전과 마찬가지로 제2차 세계대전도 독일이 벌인 일련의 호전적인 행동의 결과로 유럽에서 시작되었다. 그러나 제2차 세계대전이 제1차 세계대전과 크게 다른 점은 전쟁이 발발한 원인에 있었다. 제2차 세계대전은 자원의 확보나 정치적 위상의 제고를 위해 벌어진 것이 아니었다(물론 그러한 요소들이 전쟁의 향방에 상당한 영향을 미치기는 했다). 근본적으로 제2차 세계대전이 발발한 원인은 정치사상, 즉 이념 때문이었다.

제1차 세계대전 종전 후 아돌프 히틀러는 독일을 휩쓸던 정치적 극단주의를 잘 활용하여 권력을 잡는 데 성공했다. 히틀러는 자신의 무결성을 확신하고 있었으며, 동시에 새로운 국제 질서 속에서 게르만 민족을 정당한 지배 민족의 위치에 올려놓기 위한 인종 전쟁에서 자신이 독일의 승리를 이끌 신성한 의무를 수행해야 한다는 망상에 빠져 있었다. 히틀러의 야망은 독일인들을 이끌고 정복 전쟁을 수행하여 게르만 민족의 본질적 우수성을 증명하고 경쟁 민족과 이념을 괴멸시켜 독일의 주도 하에 유럽을 통일한다는 것이었다. 이러한 이념적 측면은 전쟁의 토대를 이루는 동시에 전쟁의 전개에도 크나큰 영향을 미쳤다.

1939년 8월 이전까지 히틀러가 이끄는 독일은 위협과 호전적인 외교를 적절히 혼합하여 영토와 정치적 야욕을 상당 부분 충족시킬 수 있었다. 1939년 8월이 되자, 독일은 동쪽의 이웃인 폴란드를 무력화시키기 위한 주요 수단으로서 외교가 아니라 무력을 사용해도 상관없을 거라는 충분한 자신감을 갖게 되었다. 그리고 히틀러가 이러한 자신감에 힘입어 폴란드를 침공하면서 제2차 세계대전의 도화선에 불이 붙었다. 영국과 프랑스는 독일이 폴란드를 침공하기 이전부터 폴란드의 독립을 보장하면서 만약 독일이 폴란드를 침공할 경우 즉각 지원해줄 것을 약속했다. 독일의 침공이 현실화되자, 프랑스와 영국 정부는 즉각 독일에 최후통첩을 보냈다. 그러나 영국과 프랑스가 독일의 침공을 저지하기 위해 구체적인 행동에 나서지는 않을 것임을 확신한 히틀러는 이러한 위협을 무시해버렸다. 최후통첩에 대해 독일이 무반응으로 일관하자, 마침내 영국과 프랑스도 전쟁에 뛰어들지 않을 수 없게 되었고, 마침내 제2차 세계대전이 시작되었다.

　그러나 지루한 소모전과 참호전으로 점철되었던 제1차 세계대전과는 달리, 제2차 세계대전은 적어도 초반에는 훨씬 빠른 템포로 전개되었다. 개전 후 9개월 동안 독일이 달성한 군사적 승리는 경이로울 정도였다. 소련과 동맹을 맺어 세계를 놀라게 한 독일은 이후 폴란드를 침공했으며 역시 동쪽에서 폴란드를 침공해 들어간 소련의 도움을 받아 침공 약 한 달 만에 폴란드를 완전히 점령해버렸다. 이념적인 측면에서 소련과 독일은 절대 융합할 수 없는 물과 기름 같은 존재였지만, 소련은 기꺼이 독일과 동맹을 맺고 폴란드를 분할했다. 그러나 전쟁의 초반부가 이렇게 진행되는 동안에도 영국과 프랑스는 폴란드를 지원하기 위해 어떤 행동도 취하지 않았다.

　독일은 폴란드를 침공한 뒤 노르웨이를 침공했으며 노르웨이마저 완전히 점령한 후에는 만반의 준비를 갖추고 서쪽의 영국과 프랑스 연합군에게 달려들었다. 획기적인 전략에 행운까지 따라준 덕분에 독일군은 겨우 6주 만에 프랑스·벨기에·네덜란드·영국 연합군(영국은 유럽 대륙에 대규모 원정대를 파견해놓은 상태였다)을 패배시킬 수 있었다. 1940년 6월이 되자, 동쪽 모스크바에서부터 서쪽 마드리드에 이르는 지역의 모든 국가들이 독일에 점령되거나 독일과 동맹을 맺거나 중립을 선언한 상태가 되었다. 히틀러의 독일군은 제1차 세계대전 당시 독일의 빌헬름Wilhelm 황제가 4년 동안 막대한 희생을 치르고도 얻지 못한 승리를 그보다 훨씬 작은 손해만을 입으면서 겨우 9개월 만에 달성할 수 있었다.

　프랑스가 무너지고 됭케르크Dunkerque 철수작전으로 급하게 겨우 몸만 빠져 나오느라 중장비를 모두 대륙에 놓고 와야 했던 영국은 자유를 지키기 위해 승세를 탄 압도적인 독일군과 맞서 싸워야 하는 암담한 상황에 처하게 되었다. 독일은 '영국 본토 항공전'으로 알려지게 된 영국 상공의 제공권 확보를 위한 전투에서 개전 후 첫 패배를 당하게 된다. 영국 조종사들이 주력을 담당하고 여기에 호주, 캐나다, 뉴질랜드 등의 영국령 조종사들과 미국 출신 자원자들, 그리고 폴란드, 체코 등으로부터 망명해 온 조종사들까지 합세한 영국 공군 전투기 조종사들의 끈질긴 저항으로 인해 독일은 영국을 침공하기 위해서 반드시 확보해야만 하는 제공권을 확보할 수가 없었다.

'바다사자 작전Operation Sea Lion(영국 침공작전 암호명)'을 실행할 수 없게 된 히틀러는 대신 자신이 늘 가슴에 품어왔던 더 큰 야망, 즉 소련 침공을 위한 계획을 세우기 시작했다. 하지만 소련을 침공하기 이전에 히틀러의 군대는 그리스와 유고슬라비아를 점령했으며, 이탈리아군을 지원하기 위해 북아프리카까지 진출했다. 1941년 6월 22일, '바르바로사 작전Operation Barbarossa(소련 침공작전 암호명)'의 개시와 함께 히틀러의 기갑부대는 소련을 향해 동쪽으로 진격했으며 이로 인해 전쟁의 규모는 한층 더 확대되었다. 7월 12일, 영국과 소련은 상호원조조약을 체결하고 독일이라는 공동의 적에 맞서 함께 싸워나가기로 약속했다. 1941년 12월 7일, 일본이 진주만에 정박해 있던 미국의 태평양 함대를 기습 공격하여 괴멸적인 타격을 입혔다. 일본의 동맹이었던 독일 역시 미국에 선전포고하면서 전쟁의 규모는 또다시 더욱 커졌다. 그러나 전쟁의 규모가 점점 커질수록 독일이 승리를 거둘 수 있는 가능성은 점점 줄어들고 있었다.

해전

제2차 세계대전 중 해전은 지상전이나 공중전에 비해 훨씬 광범위한 지역에서 벌어졌다. 전 세계 대부분의 해군이 참전한 가운데 전 세계의 모든 주요 해역에서 전투가 벌어졌다. 대서양과 지중해, 인도양과 태평양에서 장대한 규모의 해전이 벌어지는 가운데 그다지 잘 알려지진 않았지만 북극해와 발트 해, 흑해와 홍해에서도 치열한 전투가 벌어졌다. 후자의 경우는 지리적으로 보다 국지적이면서 규모도 작았지만, 결코 그 의미와 영향까지 작은 것은 아니었다. 개개의 전투 하나하나가 참전국 각국이 추구하던 지상전에서의 승리라는 궁극적인 목표에 크게 이바지했기 때문이었다.

해전 역시 전무후무한 규모로 벌어졌다. 이는 단순히 전장의 지리적 크기뿐만이 아니라 전투에 참가한 함대의 규모와 병력, 그리고 이를 뒷받침한 산업 생산량 모두에 해당되는 것이었다. 그 이전에 벌어진 전쟁에서 가장 중요한 요소는 해군의 역량과 전술이었지만, 제2차 세계대전에서는 이외에도 경제력과 기술력이 해전의 향방을 결정하는 데 중요한 영향을 미쳤다. 그러나 개전 당시 각국 해군은 대부분 전쟁 준비가 되어 있지 않았기 때문에, 전쟁 중에 엄청난 속도로 발전과 확대를 이뤄 나가야만 했고 이것에 따라 각국 해군의 명암이 엇갈리게 되었다. 캐나다 해군이나 소련 해군이 전쟁이 끝날 때까지 별다른 발전을 이루지 못한 것과는 달리, 기존의 해군 강국들, 특히 미국과 영국은 전례 없는 속도와 규모로 성장했으며 수백만 명의 수병과 수천 척의 함선을 보유하게 되었다.

전쟁이 진행되면서 각국 해군은 전쟁 전에는 예상치 못했던 상황에 대처하기 위해 기존 전략을 변경해야만 하는 상황에 놓이게 되었다. 해군과 관련된 기술, 규모, 주력을 형성하는 함종 모두 일대 혁신적인 변화를 겪게 되었다. 1920년대와 1930년대에는 전함이 각국 해군 전략의 중핵을 이루었으나, 대전 중에 함대 전술의 핵심이 전함에서 잠수함과 항공모함으로 바뀌게 되었다. 잠수함의 은밀성과 항공모함의 화력과 엄청난 전투거리는 물 위에 뜬 강철 성채라는 전함의 낭만적인 이미지를 모두 옛날이야기로 만들어버렸다. 물론, 거대한 회색 전함들이 벌이는 필사적인 대결에 끝까지 집착하는 이들도 있었고, 실제로 그런 해전도 벌어졌다. 그러나 그런 전투들마저도 과거 영광을 누리던 기술과 개념, 그리고 전술의 조종弔鐘을 울리는 것에 불과했다. 제2차 세계대전은 전함 시대와는 전혀 다른 새로운 해군 시대의 개막을 알리는 것이었다.

동시에 각국 해군은 강철 전함 시대 이전에 해군이 수행했던 중요한 역할 한 가지, 즉 상륙작전의 중요성을 되돌아보게 되었다. 제1차 세계대전과 제2차 세계대전 사이의 전간기戰間期에 각국 해군은 상륙작전을 그다지 중요하게 생각하지 않았지만, 전쟁이 진행됨에 따라 그 중요성은 크게 높아졌으며, 심지어 서부유럽·지중해·태평양 전선의 향방은 모두 상륙작전으로 결정되었다. 만약 연합군이 충분한 상륙작전 능력을 갖추지 못했다면, 수백만 명의 사람들이 훨씬 더 오랜 기간을 추축국의 압제에 시달리며 보내야 했을 것이다.

하지만 이 전쟁이 수병들과 군함, 해변에 상륙하는 병사들로만 치러진 것은 아니었다. 이 전쟁은 또한 민간인과 산업, 그리고 물자의 전쟁이기도 했다. 지구 표면의 70퍼센트가 바다로 덮여 있고 참전국 대부분이 물자 조달을 해외에 의존하고 있던 상황에서 바다가 중요한 물자 수송로였기 때문에 최대의 전장이 되는 것은 당연한 결과였다. 따라서 각국의 상선들과 그 선원들은 이러한 대규모 전장 속에 휘말려들 수밖에 없었다. 그 결과 민간 상선의 선원들은 적에게는 반드시 가라앉혀야 하는 목표물인 동시에, 한 국가의 생존을 책임지는 영웅이라는 두 가지 역할을 맡게 되었다. 이들은 물자를 싣고 거친 바다를 항해하면서 기뢰와 어뢰, 그리고 포격과 폭격에 시달려야 했다. 이로 인해 상선과 선원들의 손실률은 전쟁 중 참전국 대부분의 해군이 입은 손실률보다 더 높았다. 물자 수송로를 둘러싼 전투 가운데 특히 대서양에서 연합군 수송선단을 보호하기 위해 벌어진 전투와 지중해에서 추축국 수송선단을 가라앉히기 위해 영국 잠수함들이 벌인 작전들, 그리고 태평양에서 미국 잠수함대가 벌인 일본군 수송선 사냥은 전쟁의 향방에 큰 영향을 미쳤다. 이러한 전투에서 승리를 거둔 연합군은 그 결과 지상전에서도 승리할 수 있었다.

지중해 전선 1940~1945

지중해에서 벌어진 서방 연합국과 추축국 간의 충돌은 히틀러가 라인란트Rhineland*를 점령하기 전에 시작되어 1945년 5월에 히틀러가 벙커에서 자살하고 나서야 끝이 났다. 그러나 이 극적인 투쟁의 여파는 이후로도 오랫동안 계속되었으며, 지금도 여전히 세계의 관심을 모으고 있다.

　　1935년 10월, 이탈리아의 무솔리니Benito Mussolini가 에티오피아를 침공하면서 유럽은 전쟁을 향해 돌이킬 수 없는 길로 들어서게 되었다. 이 사건으로 인해 영국과 프랑스 등의 구舊강대국들과 국제연맹League of Nations은 제1차 세계대전이 끝난 이후 최초로 독재자들과 그들이 이끄는 파시스트fascist 정권의 호전적인 야심에 무릎을 꿇어야 하는 굴욕적인 상황에 놓이게 되었다. 많은 이탈리아인들은 제1차 세계대전 종전 후 이탈리아가 마

---

* **라인란트** 좁은 뜻으로는 라인 강 중류의 좌안에 전개된 옛 프로이센령 라인 주를 가리키나, 넓은 뜻으로는 라인 강을 중심으로 양쪽에 널리 펼쳐져 있는 지역 일대를 말한다. 제1차 세계대전 후 1919년 6월의 베르사유 조약은 라인 강 서안 지역을 15년간 연합국 보장 점령 아래 두게 했으며, 동쪽 기슭 50킬로미터에 걸친 비무장화를 규정했다. 그 후 '로카르노 조약Treaty of Locarno'이 체결되어 라인란트의 영구 무장 금지가 보장되었고, 연합국 군대는 1930년에 철수했다. 그러나 나치 독일이 성립된 후 히틀러는 1936년 5월에 로카르노 조약을 일방적으로 파기했으며, 라인란트로 군대를 진주시켰다. 제2차 세계대전으로 라인란트는 큰 피해를 겪었고, 전후에는 서독 정부가 성립되기까지 프랑스, 영국, 미국이 분할 통치했다.

땅히 받아야 할 몫을 받지 못했다고 믿었으며, 그에 따른 무력감이 국가 전체를 뒤덮고 있었다. 무솔리니는 지중해에 새로운 로마 제국을 건설하는 동시에 이탈리아를 국제 정세를 좌우할 수 있는 열강의 지위에 올려놓음으로써 이와 같은 국가적 무력감을 해소하고자 했다.

한때 해가 지지 않는 제국으로 불리던 대영제국의 해도 서서히 저물고 있었지만, 영국은 여전히 지중해 지역에서 중요한 이해관계를 갖고 있었다. 영국 정치가 앤서니 에덴Anthony Eden이 제국의 '숨통'이라고까지 불렀던 수에즈 운하Suez Canal는 영국으로부터 인도와 아시아로 향하는 항로를 3,500마일(5,600킬로미터), 즉 아프리카를 돌아서 가는 항로를 30퍼센트 이상 단축시켜주었다. 이 대동맥을 통해 제국의 무역과 행정, 군사적 이동이 이루어졌고, 점점 더 중요성이 커져가던 중동지역의 석유까지 이 운하를 통해 영국 본토로 수송되면서 수에즈 운하의 중요성은 더욱 커져갔다. 따라서 이 수에즈 운하로 통하는 지중해의 전략적 중요성은 헤아릴 수 없을 정도였다. 영국은 이를 보호하기 위해 제국의 전초前哨기지와도 같은 식민지였던 지브롤터Gibraltar, 몰타Malta, 그리고 알렉산드리아Alexandria 등지에 해군 기지를 두고 지중해를 완전히 장악하고 있었다.

마침 발발한 스페인 내전*은 각국에게 자국의 군사력을 시험해볼 수 있는 좋은 무대를 제공해주었으며, 동시에 지중해 일대의 긴장 상태를 더욱 고조시켰다. 더 나아가 대전의 전주곡이라고 할 수 있었던 스페인 내전은 이탈리아와 독일 파시스트 정권이 유대를 더욱 돈독히 하는 계기가 되었다(물론, 히틀러와 무솔리니가 서로 다른 속셈을 갖고 있었다는 것은 두말할 필요도 없다). 어쨌든 전쟁 전까지 영국은 프랑스와 함께 지중해를 완전

---

* **스페인 내전** 스페인 내란 또는 에스파냐 내란이라고도 한다. 1936년 스페인의 좌익 정부와 독일, 이탈리아의 지지를 받은 프랑코 장군의 우익 군부 사이에 일어난 내란으로, 1939년에 프랑코 장군의 승리로 끝났다.

히 장악하고 있었다. 그러나 1939년 9월, 실제로 전쟁이 시작된 후에도 이 탈리아는 중립을 유지할 수밖에 없었다. 무솔리니는 거의 20년 동안이나 지중해에 새로운 로마 제국을 건설하겠다고 큰소리를 쳐왔지만, 개전 당시 이탈리아는 사실상 전쟁 준비가 전혀 되어 있지 않은 상태였다. 그러나 개전 초반 독일의 전격전^{Blitzkrieg}에 프랑스가 맥없이 무너지고 영국도 곧 패배할 것처럼 보이자, 무솔리니는 싸우지 않고도 승리의 영광과 열매를 얻을 수 있는 기회가 왔다고 생각했다. 그리고 1940년 6월, 마침내 전쟁의 불길이 지중해에까지 미치게 되었다.

하지만 그때까지 영국이 지중해에서 놀고만 있었던 것은 아니었다. 전쟁이 터진 직후부터 영국은 지중해 일대의 영국군 전력을 크게 강화했다. 또 프랑스에서 전황이 불리하게 돌아가는 와중에도 영국은 지중해 일대에서 대영제국은 절대 패배하지 않을 것이며 영국과 영연방 국가들이 추축국에 맞서 끝까지 투쟁할 결의를 갖고 있음을 보여주는 일련의 단호한 조치들을 취했다. 북서유럽 전선에서 독일군에게 완전히 밀려나버린 영국 육군으로서는 지중해야말로 추축국과 싸울 수 있는 유일한 무대였다. 게다가 영국 육군은 지중해에서 추축 동맹 가운데서도 비교적 취약한 이탈리아군과 싸운다는 이점도 갖고 있었다. 이탈리아군은 구식 장비만을 갖추고 있었으며, 전의도 그다지 없는 약체 군대였다. 게다가 연합군으로서는 취약한 이탈리아군을 격파한다면, 전쟁의 무대를 곧바로 유럽 대륙으로 옮길 수 있는 매력적인 전략적 기회까지 얻게 되는 셈이었다.

비록 지중해 전역 자체는 어떻게 보면 식민지 전쟁 성격을 띠고 시작되었지만, 이 전역의 전략적 의미는 빠르게 커져갔다. 독일은 소련 침공을 위해 남쪽 측면, 즉 발칸 반도와 지중해 일대를 지킬 필요가 있었기 때문에 약체 동맹국 이탈리아를 지원해주어야만 했다. 사실, 아프리카 원정은 히틀러의 전략 목표 가운데 최우선 목표는 아니었다. 그러나 롬멜을 비롯한 지중해 지역의 추축군 지휘관들은 만약 북아프리카 지역에서 승리를 거두어 이집트를 확보한다면 궁극적인 승리를 쟁취할 수도 있을 것이라고 생각했다.

지중해 전역은 동서로는 아프리카의 대서양 연안에서 오늘날 이란으로 알려진 페르시아 지방을 지나 인도 국경지대에 이르는 지역까지, 그리고 남북으로는 알프스에서 적도 아프리카에 이르는 광대한 지역에서 펼쳐졌다. 전쟁이 터진 후 첫 3년 동안 이 지역에서 벌어진 전투는 주로 지중해와 사하라 사막 사이에 위치한 북아프리카의 이집트와 리비아 일대에서 벌어졌다. 북아프리카 전투의 주역들은 바로 사막의 여우 롬멜이 이끄는 독일 아프리카 군단Deutsches Afrika Korps과 영국 제8군이었다. 북아프리카의 덥고 건조한 사막 기후는 유럽 대륙의 기후와는 완전히 달랐으며, 광대하고 장애물이라곤 찾아볼 수 없는 사막 지형에서 펼쳐진 대규모 기동전은 지상전이라기보다는 오히려 해전에 가까운 양상으로 전개되었다.

북아프리카 전역의 또 한 가지 특징은 보급의 중요성이 다른 어느 전선보다 컸다는 점이었다. 북아프리카 현지에서는 거의 아무런 물자를 조달할 수가 없었기 때문에, 병사들과 차량들을 전투 가능한 상태로 유지하기 위해 필요한 보급품을 모두 본국의 보급기지로부터 선박으로 운송해와야 했다. 추축군은 트리폴리Tripoli를 주요 보급항으로 사용했고, 영국군은 나일 강 삼각주 일대를 보급기지로 이용했다. 진격하는 쪽은 진격할수록 보급선이 신장되어 공격 기세를 유지하기가 점점 더 어려워졌고, 반대쪽은 후퇴할수록 후방의 보급기지에 가까워지기 때문에 더 수월하게 작전을 펼칠 수 있었다. 더 나아가 서쪽의 엘 아게일라El Agheila 일대의 습지대와 동쪽의 엘 알라메인El Alamein 일대의 카타라Qattara 저지는 일종의 병목 구간을 형성하면서 우회가 불가능한 천혜의 방어 거점을 제공해주었다. 이러한 여건 때문에 북아프리카에서 진격하는 군대는 가장 취약해지고 후

22

퇴하는 군대는 가장 강해진다는 역설적인 상황이 발생하게 되었으며, 이로 인해 광대한 사막에서 일련의 진격과 후퇴가 여러 차례 반복되는, 어떻게 보면 기이하기까지 한 전투 양상이 벌어졌다. 당시 지휘관들은 이러한 양상을 '벵가지 핸디캡Benghazi Handicap*'이라는 말로 표현했다. 이 지역에서 벌어진 전투는 치열하기는 했지만, 자연 조건이 열악하고 현지 주민과 독일 친위대Schutzstaffel, SS, 그리고 비밀경찰이 없었기 때문에 그래도 서로 예의와 기사도를 지켜가며 치러졌다. 잔혹한 학살극과 비인도적인 행위로 점철된 제2차 세계대전 전체를 놓고 볼 때 이는 매우 드문 경우였다.

지중해 전역에서 지상전의 주무대가 북아프리카였다면, 해상전의 주무대는 몰타 섬이었다. 몰타는 시칠리아Sicilia로부터 겨우 60마일(96킬로미터) 떨어진 곳에 자리 잡은 영국령의 조그만 섬이었다. 몰타는 보잘것없는 작은 섬에 불과했지만, 문제는 이 섬이 아프리카로 가는 추축국 수송로의 한가운데 있다는 점이었다. 추축국은 이 섬을 어떻게든 제압하지 않으면 북아프리카의 병력을 유지할 수가 없었고, 영국군은 몰타를 빼앗기면 북아프리카 전체에서 물려날 수도 있다는 점에서 이 자그마한 섬은 엄청난 전략적 가치를 지니고 있었다. 이탈리아 해군과 영국 해군은 본격적인 함대전은 피했다. 그러나 이탈리아군은 북아프리카에서 싸우고 있던 추축군에 대한 보급로를 확보하기 위해 필사적으로 노력했고, 영국군도 추축군으로부터 최악의 공습을 받고 있던 몰타를 지키기 위해 수단과 방법을 가리지 않았다. 그 결과 벌어진 '수송선단 전쟁'에서 양측은 지속적인 소모전을 벌여야만 했다

미국이 참전했을 때 루스벨트Roosevelt 대통령은 북유럽에 대한 침공작전

---

* **벵가지 핸디캡** 보급상의 한계 때문에 추축국의 보급기지였던 벵가지Benghazi로부터 일정 거리 이상을 벗어나지 못하는 지점에서 후퇴와 진격이 반복되는 상황을 빗댄 말.

을 준비하는 동안 미군을 먼저 지중해 지역에 투입하기로 결심했다. 영미 연합군은 북아프리카, 시칠리아, 이탈리아에서 싸우면서 양군 간의 유대와 결속을 공고히 할 수 있었다. 대전 말기에 많은 병력이 노르망디^{Normandy} 상륙작전에 투입되기 위해 전선에서 빠져나갔지만, 전쟁이 끝날 때까지도 이탈리아에서는 치열한 소모전이 계속되었다.

지중해 전선에 투입된 병력의 수는 동부전선에 비한다면 새 발의 피에 불과했지만, 서방 연합국들에게 지중해 전선은 대규모 작전이 지속적으로 벌어진 주요 전장이었다. 또 지중해 전역에는 항공모함과 대규모 공수작전, 특수 잠수정과 같은 새롭고도 혁신적인 군사 기술들이 투입되기도 했다. 연합군은 지중해에서 공군과 지상군, 해군 전력의 유기적인 조화와 상륙작전 경험을 쌓을 수 있었고, 이런 경험들은 나중에 북유럽 전선과 태평양 전선에서 그 가치가 입증되었다.

그러나 대전의 종결이 이 지역에 평화를 가져다주지는 못했다. 대전 중 지중해 일대에는 빨치산과 민족주의 게릴라들이 발호했으며, 패전한 독일군이 철수한 틈을 타 유고슬라비아와 그리스에서는 공산주의자들이 봉기를 일으켰다. 또 팔레스타인과 알제리, 이집트에서는 영국과 프랑스의 식민 통치에 저항하여 독립운동이 격렬하게 일어났다. 지중해 전역은 이 지역의 정치적 지도를 완전히 바꿔놓았으며, 이로 인해 발칸 반도와 중동지역에서 발생한 정치적 분쟁들은 오늘날까지도 해결되지 않고 있다.

태평양 전쟁

근대에 들어 아시아-태평양 지역에서 발생한 사건들 가운데 가장 중요한 사건인 태평양 전쟁은 제2차 세계대전의 일부인 동시에 그 자체로 분명히 독립적인 성격을 띤 전쟁이었다. 독일, 일본, 이탈리아로 구성된 추축국 가운데 태평양 전쟁의 주역을 맡은 것은 일본이었다. 독일과 이탈리아가 태평양 전쟁에서 수행한 역할은 극히 미미한 수준에 불과했다. 반면, 주요 연합국들(미국, 영국, 중국, 오스트레일리아, 네덜란드)은 모두 태평양 전쟁에 깊이 관여했으며, 종전이 가까워올 무렵에는 소련까지 개입했다. 제2차 세계대전 전체를 놓고 봤을 때 태평양 전쟁은 하나의 전역에 불과하다. 물론, 연합군 지도부로서는 유럽 전선과 태평양 전선 사이에서 전략적 자원 배분의 우선순위를 놓고 골머리를 앓아야 했지만, 태평양 전쟁은 그 자체로 개별적인 전쟁으로 볼 수 있으며, 그런 점에서 본다면 독일과의 싸움은 무대 밖에서 벌어진 소란에 불과했다.

1941년 12월 7일과 8일, 일본군이 진주만과 말라야^{Malaya}, 필리핀의 미군과 영국군을 공격하면서 태평양 전쟁이 시작되었다. 전쟁 개시 이유에 대해 일본은 1941년 7월 미국이 일본에 대해 취한 경제 제재가 지나치게 엄격했기 때문에 일본으로서는 다른 선택의 여지가 없었다고 주장했다. 그러나 사실, 이 전쟁의 기원은 일본의 확장정책과 전쟁 전 반세기 동안 이어져온 일본의 군국주의에서 찾을 수 있다. 일본은 1937년에 중국 중부를 침공하면서 중일 전쟁을 시작했고, 그 이전에도 1931년과 1932년에 걸쳐 중국을 공격하여 만주를 빼앗았다. 태평양 전쟁이 언제 시작되었는지에 대해서는 의견이 다를 수 있지만, 종전 시기에 대해 이론을 제기하는 사람은 거의 없다. 1945년 8월에 미국 폭격기가 히로시마와 나가사키에 원자폭탄을 투하한 후 같은 해 9월 2일에 일본 천황이 도쿄 만東京灣에 들어온 미국 전함 미주리 호 함상에서 항복 문서에 서명하면서 태평양 전쟁은 끝이 났다.

태평양 전쟁은 광범위한 지역에 걸쳐 벌어졌다. 안개가 자욱한 북태평양의 알류샨^{Aleutian} 열도列島에서부터 열대 우림이 우거진 남태평양의 솔로몬^{Solomon} 제도^{諸島}에 이르는 섬들에서 치열한 지상전이 벌어졌다. 일본 군은 동쪽으로는 태평양 중부의 고도^{孤島} 웨이크^{Wake} 섬을 점령하고, 서쪽 으로는 인도와 버마 국경지대의 정글에서 연합군과 전투를 벌였다. 해상 전은 지상전보다 훨씬 더 광범위한 지역에서 벌어졌다. 일본 해군은 동쪽 으로는 하와이, 남쪽으로는 시드니^{Sydney} 만, 서쪽으로는 아프리카 서해안 의 마다가스카르 섬에 이르는 광대한 해역에서 연합군 해군과 싸웠다.

태평양 전쟁의 특징은 양측이 주로 해상에서 과감한 전략적 기동을 감행했다는 점이다. 전쟁 초반 6개월간 일본 해군이 보여준 놀라운 진격 과 일본이 주창한 소위 대동아공영권^{大東亞共榮圈}*의 주변부에서 벌어진 결 정적인 전투들과 연합군의 반격 등이 그 좋은 예다. 태평양 전쟁은 장대 한 해전으로 이루어진 전쟁이기도 했다. 산호해^{Coral Sea} 해전과 미드웨이 ^{Midway} 해전, 레이테^{Leyte} 해전과 필리핀 해^{Philippine Sea} 해전 등 전국의 향방 과 전쟁의 결과를 결정지은 전투는 모두 대규모 해전이었다. 또 가혹한 정글전도 태평양 전쟁에서 빼놓을 수 없는 것이었다. 과달카날^{Guadalcanal} 과 뉴기니아^{New Guinea}, 그리고 버마의 원시림 속에서 일본군과 연합군은 무더위와 말라리아, 그리고 그 밖의 수많은 가혹한 자연 조건과 맞서 싸 워가며 전투를 벌여야 했다. 그 밖에도 태평양 전쟁은 과감한 피비린내 나는 상륙전, 버마와 필리핀 등지에서 벌어진 대규모 지상전, 잔인한 게 릴라전, 비밀작전, 무시무시한 공폭^{空爆}작전, 그리고 처절한 잠수함전 등 거의 모든 형태의 전투가 한꺼번에 벌어진 전쟁이었다.

---

* **대동아공영권** 태평양 전쟁 당시 일본이 아시아 대륙에 대한 침략을 합리화하기 위해 내 건 정치 표어다. '대동아'란 동아, 즉 동아시아에 동남아시아를 더한 지역을 가리키는 말 로, 1940년 7월 일본이 국책요강으로 '대동아 신질서 건설'이라는 것을 내세우면서 처음 사용한 말이다. 제2차 세계대전에 개입한 직후인 1941년 12월 10일에는 이 전쟁을 대동아 전쟁으로 부르기로 결정했으며, 같은 달 12일에는 전쟁 목적이 '대동아 신질서 건설'에 있 다고 주장했다.

태평양 전쟁에서는 항공모함, 항모 항공대, 잠수함, 상륙전, 암호통신 등의 새로운 전술과 기술의 효용과 역량이 시험대에 올랐다. 사상 최초로 원자폭탄을 사용하기도 했다. 그리고 더글러스 맥아더Douglas MacArthur 대장, 윌리엄 슬림William Slim 대장, 야마시타 도모유키山下奉文 대장, 체스터 니미츠Chester Nimitz 제독, 윌리엄 할제이William Halsey 제독, 야마모토 이소로쿠山本五十六 제독 등 수많은 유명 지휘관들이 양측에서 이 전쟁에 참가한 병사들을 이끌었다.

태평양 전쟁은 전쟁을 시작한 일본이 막상 전쟁을 시작해놓고도 한 번도 승리할 기회를 잡아보지 못했다는 점에서 이례적인 전쟁이었다고 볼 수 있다. 일본의 기본 전략은 동남아시아를 장악하고 이후 반격해오는 연합군과의 결전에서 승리를 거둠으로써 제풀에 지친 연합군이 최소한 일본이 점령한 지역의 일부라도 일본의 소유로 인정해주기를 기다린다는 것이었다. 그러나 미국은 일본으로부터 진주만을 공격당한 불명예를 씻기 위해 일본을 쳐부술 때까지는 절대로 전쟁을 그만두려 하지 않았다. 결국 일본은 미국의 막대한 공업력에 무릎을 꿇을 수밖에 없었다.

일본은 비록 패전하기는 했지만, 전쟁 목표 가운데 일부를 달성하는 데는 성공했다. 전쟁 초반 일본이 아시아 지역의 연합군을 짓밟으면서 파죽지세로 진격하자, 유럽 식민 제국의 무적 신화는 산산이 부서졌고, 이에 힘입어 유럽 및 미국의 식민지였던 인도차이나Indo-China, 버마, 말라야, 인도네시아, 필리핀 등은 전후 독립을 이루었다. 또 이는 영국의 최대 식민지였던 인도의 독립에도 큰 영향을 미쳤다. 일본은 중국을 약화시키고 분열시킴으로써 손쉽게 이득을 취하려 했으나, 일본의 희망과는 반대로 중국은 공산주의의 주도 하에 (국민당 정부가 예전에 일본의 식민지였던 타이완으로 도망친 것만 제외한다면) 통일을 달성했다. 그 밖에도 일본은 식민지였던 한국을 잃었다. 그러나 이후 한국은 2개 국가로 분단되었으며, 이 두 나라는 서로 전쟁을 벌이기까지 했다. 마지막으로 일본은 전쟁의 잿더미에서 경제 대국으로 눈부신 발전을 이루었다.

일본은 전쟁 중에 난징대학살*과 전쟁 포로에 대한 잔인한 대우 및 노예 노동 동원, '위안부comfort women'라는 미명 하에 성노예 강제 동원 등의 잔혹 행위를 저질렀다. 이러한 행위는 아시아 지역 전체, 특히 중국과 한국에 강한 혐일嫌日 감정을 유발시켰다. 그러나 (일본이 저지른 만행의 피해자들에게 별다른 위로가 되지는 않겠지만) 일본 군부는 자국 국민과 병사들에게도 잔인했다. 늘 그렇듯이 전쟁으로 인한 부담을 가장 크게 져야 했던 계층은 바로 일반 시민들이었으며, 그 과정에서 수백만 명의 무고한 일본·중국·인도·동남아 시민들이 죽음을 당해야 했다.

태평양 전쟁은 아시아 지역의 정치적 판도와 각국의 태도를 완전히 뒤바꿔놓았다. 태평양 전쟁이 끝난 지도 벌써 반세기나 지났지만, 오늘날 아시아-태평양 지역으로 알려진 역동적인 지역이 당면한 문제를 이해하기 위해서는 여전히 50년 전에 일어난 이 대전쟁을 먼저 이해할 필요가 있다.

동부전선 1941~1945

1917년 11월, 볼셰비키Bolshevik가 러시아의 정권을 잡은 후 레닌Lenin은 유럽 전역에서 혁명이 이어질 것이라고 기대했다. 사실, 몇 개 혁명이 실제로 일어나기는 했지만 모두 진압당했고, 러시아의 볼셰비키도 정권을 유지하기 위해 오랫동안 치열한 내전을 치러야 했다. 내전 기간 중에 서구

---

* 난징대학살 1937년 12월~1938년 1월 당시 중국의 수도 난징과 그 주변에서 일본의 중지 파견군 사령관 마쓰이 이와네松井石根 휘하의 일본군이 중국인 포로와 일반시민을 대학살한 사건이다.

열강의 간섭으로 소위 '대소간섭전쟁對蘇干涉戰爭*'이 벌어지기도 했으며, 우크라이나는 독립을 이루기 위해 안간힘을 썼고, 핀란드와 에스토니아, 라트비아, 리투아니아, 그루지야는 실제로 독립에 성공했다. 과거 독일, 오스트리아-헝가리 2중 제국, 러시아 사이에서 분할되었던 폴란드 역시 독립을 이루었고 백러시아**와 우크라이나 영토를 두고 러시아와 분쟁을 벌이기도 했다. 극동지역의 러시아 영토가 완전히 공산주의 정부의 지배하에 들어온 것은 1922년이 되어서였으며, 같은 해에 러시아는 갓 독립한 그루지야를 침공하여 이를 다시 러시아 영토로 편입시켰다. 1923년 1월 1일, 소비에트 연방Soviet Union의 수립이 공식적으로 선포되었다. 그러나 소련은 세계 유일의 '사회주의' 국가로서 국제적으로 고립을 당했다. 당시 소련과 가까운 관계를 맺은 국가는 소련의 위성국가였던 외몽골Outer Mongolia 외에는 전무한 상황이었다. 대부분의 각국 정부들에게 소련은 불가촉천민不可觸賤民과도 같은 존재였다. 소련은 보수적인 정부들에게는 피지배층의 혁명을 계속 선동하는 악당들의 집합체였으며, 스칸디나비아Scandinavia의 사회민주주의 전통을 가진 정부들에게는 공산당 일당 독재체제라는 기형적인 정치체제를 가진 국가였기 때문이다.

따라서 소련은 적대적인 세계와 공존할 수밖에 없었다. 1920년에 소련은 생존을 위한 몸부림의 일환으로 예전에는 러시아의 일부였다가 독립해 나간 국가들과 평화조약을 체결했으며, 1921년에는 영국과 통상조약을 체결하고, 1922년에는 국제 무대의 또 다른 불가촉천민이었던 독일

---

* **대소간섭전쟁** 1918년부터 1920년까지 미국, 영국, 프랑스, 일본 등의 연합국이 러시아 혁명으로 세운 소비에트 정부를 타도하기 위해 일으킨 전쟁. 러시아의 10월 혁명 직후 소련에 사회주의 정권이 확립되는 것을 막고자 연합국이 소련 국내의 반혁명 세력을 지원하기 위해 출병했으나 실패로 끝났다.
** **백러시아** '벨로루시Belorussia'의 전 이름.

과 라팔로 조약 Rapallo Treaty*을 체결하여 세계를 놀라게 했다. 이 조약은 독일의 비밀 재군비에 큰 도움이 되었다. 1919년 체결된 베르사유 조약 Versailles Treaty**으로 인해 독일은 병력을 10만 명 이상 보유할 수 없게 되었고, 그 밖에도 징병제 실시 금지, 군용기·전차·잠수함 보유 금지 등의 여러 제재를 받게 되었다. 당시 독일군 사령관이었던 폰 젝트 Hans von Seeckt 대장은 베르사유 조약의 제한을 교묘히 피하기 위한 방법으로서 막 창설된 붉은 군대와 관계를 발전시켰다.

소련은 소련대로 라팔로 조약을 통해 독일로부터 국가로 인정을 받는 동시에 혁명과 내전으로 파탄 상태에 이른 경제를 회복시키기 위해 독일로부터 도움을 받을 수 있게 되었다. 또 독일도 군사적 이점 외에도 소련이라는 안정적인 식량 및 원자재 공급자를 확보함으로써 승전국들에 대한 의존도를 줄일 수 있게 되었다. 독일군과 붉은 군대 사이에 체결된 비밀조약을 통해 독일은 소련 영토 내의 시설을 이용하여 베르사유 조약이 금지한 무기들, 특히 전차와 항공기들을 시험하고 운용 요원들을 훈련시킬 수 있었다. 이를 위해 소련 영토 내에 비밀 훈련 센터 세 곳을 설립했다. 리페츠크 Lipetsk의 항공학교와 카잔 Kazan의 전차학교, 그리고 볼스크 Volsk 인근의 화학전 연구 시설이 바로 그것이었다. 독일은 이러한 사항들에 대한 보안을 유지하기 위해 엄청난 노력을 기울였다. 독일은 이런 시설에서 연구를 수행할 인력으로서 소수의 장교들만을 파견했으며, 해당

---

* **라팔로 조약** 1922년에 이탈리아의 라팔로에서 베르사유 체제에서 소외된 소련과 독일이 체결한 조약. 상호 간에 외채·배상의 상쇄, 소련 정부에 대한 정식 승인으로 국교 재개, 양국의 경제상의 제휴 따위를 협정했는데, 이로써 소련 정부가 자본주의 국가로부터 처음으로 승인을 받았다.
** **베르사유 조약** 1919년에 베르사유 궁전에서 제1차 세계대전의 전후 처리를 위해 연합국과 독일이 맺은 평화조약. 전쟁 책임이 독일에 있다고 규정하고 독일의 영토 축소, 군비 제한, 배상 의무, 해외 식민지의 포기 따위의 조항과 함께 국제연맹의 설립안이 포함되었다.

인원은 파견 기간 동안은 군문을 떠난 것으로 기록되었다. 이들 연구자들은 가짜 여권으로 소련에 들어갔고, 군복을 입지도 않았으며, 독일로 돌아온 후에도 어디에서 어떤 목적의 연구를 수행했는지 철저히 함구할 것을 명령받았다. 독일로 파견된 소련군 장교들 역시 비슷한 보안 유지 규정을 준수해야 했다. 이들 소련군 장교들은 독일에서 일련의 군사학 과정을 수료하고 각종 전술 훈련과 도상圖上 훈련에 참가했으며, 독일의 군수 산업을 시찰할 수 있는 기회를 가졌다.

이러한 교육은 소규모로 이루어졌다. 리페츠크 항공학교의 경우 학교가 폐쇄될 때까지 겨우 120~130명의 졸업생만을 배출했다. 그러나 이들은 요격기, 지상공격용 항공기, 그리고 주간 폭격기를 위한 전술을 집중적으로 연구했으며, 이들 중 일부는 제2차 세계대전 중 에이스가 되기도 했다. 전차학교의 경우 한 기수당 학생을 12명밖에 받지 않았지만, 이들은 당시 영국의 리델 하트Liddell Hart와 풀러Fuller, 마르텔Martel과 프랑스의 드골Charles de Gaulle 등 기갑 교리의 선구자들이 개척한 기갑부대를 활용한 기동전mobile warfare 이론을 연구하고 시험해볼 수 있었다. 당시 소련에 파견된 독일 장교들 가운데 브라우히치Brauchitsch, 카이텔Wilhelm Keitel, 만슈타인Erich von Manstein, 모델Model 등은 후일 원수의 지위에까지 올랐고, 장군이 된 사람은 일일이 거명할 수도 없을 정도였다(그 가운데는 열렬한 기동전 추종자였던 하인츠 구데리안Heinz Guderian도 포함되어 있었다). 마지막으로, 화학전 연구 시설에 파견된 장교들은 독가스, 방독 장비, 해독제에 관한 연구를 수행했다.

1933년에 히틀러가 권좌에 오르자, 스탈린은 갑자기 양국 간의 이러한 군사적 교류를 종결시켰다. 이 무렵, 양국 육군 모두 상대방에 대해 많은 것을 알게 되었지만, 사실상 더 많은 이득을 본 것은 독일이었다. 왜냐하면 1937년~1938년에 걸쳐 이뤄진 스탈린의 대숙청 기간 동안 엄청난 수의 소련 고위 장성들이 제거당했기 때문이었다. 독일에 파견되었던 장교들은 당시 해외에 망명하고 있던 스탈린의 정적政敵인 트로츠키Trotsky나 독일, 폴란드, 일본을 위해 스파이 행위를 했다거나 전쟁이 일어날 경우 소련군의 패배를 유도하여 자본주의를 회복시키려는 음모를 꾸몄다는 누명을 쓰고 거의 전원이 총살당했다. 이들이 기껏 쌓아놓은 독일군에 대한 지식과 정보도 이들의 죽음과 함께 사라져버리고 말았으며, 소련군은 제2차 세계대전의 전장에서 엄청난 피를 흘려가며 그러한 지식을 처음부터 다시 쌓아야만 했다. 이들의 누명은 스탈린 사후 3년이 지난 1956년이 되어서야 벗겨지게 되었다. 당시 스탈린이 이들을 숙청한 이유는 소련이 아니라 자신과 그의 무능한 국방장관이었던 클리멘트 보로실로프Kliment Voroshilov가 잡고 있던 권력을 지키기 위해서였다.

북서유럽 전선 1944~1945

북서유럽 전역은 제2차 세계대전 중 서방 연합군이 유럽에서 결정적인 군사작전을 수행한 전역이었다.

북서유럽 전선이 열리면서 미군과 영국군, 영연방군과 나치에게 점령당한 유럽 각국의 망명정부 소속 부대들이 다시 유럽에서 싸우게 되었다. 1944년 6월 6일, 독일군의 강력한 저항을 뚫고 유럽 대륙에 상륙한 연합군은 노르망디에 교두보를 마련했다. 연합군은 교두보를 무너뜨리려는 독일군의 모든 반격 기도를 물리친 후 공격에 나서 6월 말에 셰르부르Cherbourg 항을 점령함으로써 장기적인 작전을 수행하기 위한 핵심 보급항을 확보했다. 이후 일련의 치열한 격전을 벌인 끝에 연합군은 먼저 요충지인 캉Caen과 생로St Lô를 점령했다.

7월 말, 수주에 걸쳐 격렬한 소모전을 벌인 끝에 미군은 노르망디 교두보로부터 내륙으로 진출할 수 있었다. 8월 중순 프랑스 남부의 지중해 연안에 이뤄진 상륙작전의 도움을 받아 연합군은 프랑스 전역을 휩쓸며 진격해나가면서 벨기에로 밀고 들어가 9월 초에는 또 다른 핵심 항구도시인 안트베르펜Antwerpen을 점령했다. 그러나 겨우 정신을 차린 독일군은 9월 8일~12일에 벨기에 북부와 독일 서부 국경지대 일대의 방어태세를 재정비했다. 이 무렵 전장은 가을비가 내려 진흙 수렁이 되었고, 그 속에서 연합군은 독일의 서부 방벽West Wall(일명 지그프리트 선Siegfried Line)으로 진격하기 위해 치열한 소모전을 벌여야 했으며, 그 과정에서 엄청난 사상자가 발생했다. 고전 끝에 연합군은 몇 개소에서 서부 방벽을 국지적으로 파고드는 데 성공했지만, 독일 국경지대의 요새선을 완전히 돌파할 수는 없었다.

12월 중순 동안 독일군은 아르덴Ardennes 삼림지대 일대에서 대규모 반격을 가하여 미군을 슈나이펠Schneifel 일대의 빈약한 방어선까지 밀어내는 데 성공했지만, 원래의 목적지였던 안트베르펜 근처에는 가보지도 못하고 공격 기세가 꺾이면서 연합군 전선을 양분시킨다는 공세 목표를 달성하는 데 실패하고 말았다. 독일군은 반격작전으로 거둔 부분적인 성공이나마 활용해보고자 알자스 일대에서 다시 한 번 공세를 펴보았지만, 이 공세 역시 그 이전의 반격작전만큼의 성공도 거두지 못하고 주저앉고 말았다. 무익한 공세작전을 거듭하느라 그렇지 않아도 부족했던 독일의 예비 병력과 무기, 그리고 보급품은 완전히 바닥이 나고 말았다. 겨울이 끝나갈 무렵, 치열한 격전 끝에 연합군은 서부 방벽을 돌파하는 데 성공했으며, 독일군은 전 전선에서 라인Rhine 강을 향해 퇴각하기 시작했다.

봄이 돌아오자, 연합군은 최종 공세를 실시하여 라인 강 일대의 독일군 방어선을 뚫고 독일 서부를 지나 독일 중부까지 진출한 끝에, 1945년

4월 25일에 엘베^{Elbe} 강 중류 토르가우^{Torgau}에서 동쪽으로부터 진격해온 소련군과 만나게 되었다. 이 무렵, 독일의 저항은 완전히 분쇄되었고, 서방 연합군은 광정면^{廣正面}에서 엘베 강으로 진격을 계속하면서 독일 남서부와 오스트리아로 밀고 들어갔다. 4월 30일에 히틀러는 베를린^{Berlin}에서 소련군에게 포위당한 채 자살로 생을 마감했고, 5월 8일에 독일이 무조건 항복하면서 유럽에서의 전쟁은 끝이 났다.

만약 연합군이 북서유럽에 상륙하지 않았다면, 제2차 세계대전이 훨씬 더 오래 지속되었을 것이고 독일 지배 하에서 신음하던 유럽 각국 국민들은 더 큰 고통을 받았을 것이라는 점에는 이론의 여지가 없다. 더 나아가 만약 연합군의 유럽 진공이 이루어지지 않았다면, 당시 유럽 지역 독일군 거의 대부분을 상대하고 있던 소련이 단독으로 독일을 완전히 패배시켰을 것이고, 그랬다면 자본주의 국가들과 공산주의 국가들을 갈라놓은 '철의 장막^{Iron Curtain}'이 실제 역사보다 훨씬 서쪽에 드리워졌을 것이다. 따라서 연합군의 프랑스 진공은 제3제국의 몰락을 더욱 가속화시키면서 히틀러가 1,000년간 이어질 것이라고 장담한 제국을 12년 만에 멸망시키는 데 결정적인 기여를 했다. 당시 전투가 지속되는 과정에서 영국군과 미군 지휘부 사이에 불화가 일기도 했지만, 양국군은 함께 격전을 치르면서 '특별한 관계'를 발전시켜나갔다. 이 시기에 형성된 영미 양국의 긴밀한 우호관계는 오늘날까지도 계속되고 있다.

●●●

차례

3부 지중해 전선 1940~1945

4부 태평양 전쟁

제2차 세계대전

탐욕의 끝, 사상 최악의 전쟁

1부
유럽 전선 1939~1943

유럽 전선 1939~1943

제2차 세계대전은 사실상 독일의 폴란드 침공으로
시작되었다. 독일의 폴란드 침공은 그 자체만 놓고
보면 국지적인 분쟁으로 끝날 수도 있는 일이었다.
그러나 독일과 폴란드의 전쟁은 영국과 프랑스가 개
입함으로써 유럽 전체의 전쟁으로 확대되었다.

배경
폭풍 전야

제2차 세계대전은 어떤 한 가지 요인이 아니라 여러 가지 요인이 복합적으로 작용해 일어났다. 하지만 이 전쟁을 피할 수 없게 된 것은 아돌프 히틀러라는 단 한 사람 때문이었다고 할 수 있다. 히틀러가 독일의 최고 권력자가 된 순간, 전쟁은 반드시 일어날 수밖에 없는 것이 되어버렸다. 그러나 히틀러와 같은 인물이 권력을 잡고 이를 유지하며 국제무대에서 자신에게 주어진 기회를 유감없이 활용할 수 있게 된 역사적·정치적 배경에는 엄청나게 다양한 요소들이 복잡하게 얽혀 있었다.

　제1차 세계대전이 끝난 후 독일이 일대 정치적·경제적 혼란에 빠지자, 히틀러는 이 혼란을 잘 이용하여 권좌에 오를 수 있었다. 또 그는 독일이 전쟁에서 패배한 이유는 연합군에게 군사적으로 결정적인 패배를 당했기 때문이 아니라 국내에서 사회주의자들과 공산주의자들이 독일의

전쟁으로 치닫는 유럽

1. 프랑스가 독일의 공격을 막기 위해 독일과의 국경선 일대에 마지노 선을 건설하다.
2. 1936년 3월, 히틀러가 라인란트에 다시 독일군을 주 둔시키다.
3. 1938년, 독일이 오스트리아를 병합하다.
4. 유명한 '뮌헨' 합의 결과 독일이 체코슬로바키아 영 토의 상당 부분을 획득하다.
5. 1939년 9월 초, 독일이 폴란드를 침공하다.
6. 1939년, 독일과 불가침 협정을 맺은 소련이 그 대가 로 동유럽 일대를 병합하다.
7. 1940년, 독일군이 눈부신 승리를 거두면서 프랑스가 무너지다.
8. 1941년 6월 22일, 히틀러가 바르바로사 작전을 개시 하며 소련을 침공하다.

스웨덴
에스토니아
라트비아
리투아니아
소련
덴마크
단치히
동 프로이센
영국
런던
네덜란드
베를린
바르샤바
1941
벨기에
1940
독일
폴란드
1936
라인란트
1938
1939
파리
룩셈부르크
프라하
마지노 선
체코슬로바키아
빈
1938
프랑스
N
부다페스트
스위스
오스트리아
헝가리
루마니아
이탈리아
0   200 miles
0   250 km

'등에 칼을 꽂았기 때문'이라는 생각을 품고 있던 군부와 우익 세력의 심리를 잘 이용했다(물론, 독일이 패전한 것은 연합군에게 군사적으로 압도당했기 때문이었다). 동시에 히틀러는 제1차 세계대전을 종결시킨 베르사유 조약을 활용하여 이러한 심리를 더욱 부추겼다. 당시 독일 국민은 베르사유 조약 자체를 국가적 수치로 여겼고, 히틀러는 자신의 야심을 달성하기 위해 이러한 국민의 감정을 유용하게 활용했다.

히틀러는 권력을 잡기 위한 수단으로 나치당 Nazi Party('나치'는 국가사회주의 Nationalsozialistische를 줄여서 부르는 말)을 이용했다. 그는 자신의 역동성과 이념으로 별다른 방향성도 없는 초라한 군소정당에 불과한 나치당에

■■■■■■ 1919년 6월 28일, 독일과 연합국 각국 대표들이 베르사유 조약에 서명하는 모습. (Ann Ronan Picture Library)

활력을 불어넣었다. 특히, 그는 자신의 주요 무기로 '증오심에 찬 극단적인 인종 민족주의'를 사용했으며, 전쟁이야말로 인종적으로 가장 순수하고 역동적인 민족이 세계 제국의 지배자로서의 위치를 확인할 수 있는 궁극적인 수단이라는 믿음을 설파했다. 히틀러의 야망을 달성하기 위해서는 단순히 지도 위의 국경선을 바꾸는 것만으로는 부족했다. 그의 궁극적인 목표는 동방에 순수 아리아인의 제국을 건설하는 것이었으며, 이를 위해서는 소련과 절멸 전쟁을 치를 필요가 있었다.

　히틀러가 보기에 소련이라는 국가는 그 자체가 수많은 악의 집합체였다. 히틀러는 동방 전쟁을 통해 모스크바에서 세계를 장악할 음모를 꾸미고 있는 유대인과 공산주의자들을 분쇄하고 나치의 이념상 열등 인종 Untermenschen 혹은 인간 이하로 간주되는 슬라브인을 절멸시키고 새로이 획득한 드넓은 영토에 게르만의 피를 이어받은 자들을 이주시켜 광대한 '천년 제국'을 건설한다는 망상을 품고 있었다. 바로 이 점이 독일 황제들이 벌인 전쟁과 히틀러가 벌인 전쟁의 결정적인 차이점이었다. 하지만 전쟁 자체는 독일인들에게 그렇게 생소한 것은 아니었다.

배경_폭풍 전야 | 43

독일의 통일

독일이라는 국가가 성립된 것은 역사적으로 봤을 때 비교적 최근의 일로 볼 수 있다. 사실, 실제로 통일 독일 제국이 수립된 것은 1871년이 되어서였다. 1866년에 프로이센은 7주 전쟁*에서 오스트리아를 결정적으로 패배시키면서 동부 및 중부유럽의 독일어권 국가의 맹주로 부상했으며, 1870년 벌어진 프로이센-프랑스 전쟁에서 프랑스마저 물리쳤다. 이제 유럽의 강자로 확실하게 입지를 구축한 프로이센은 1871년 1월 18일에 프랑스 베르사유 궁전의 '거울의 방'에서 공식적으로 통일 독일 제국의 성립을 선포했다. 당시 독일의 제후국들 가운데 맹주격인 프로이센은 경제력과 군사력 측면에서도 최강이었다. 프로이센의 수도 베를린은 새로운 통일 독일 제국의 수도가 되었고, 당시 프로이센의 왕이었던 빌헬름 1세 역시 통일 독일 제국의 첫 황제가 되었다.

1888년, 빌헬름 2세가 새로운 황제로 즉위하면서 통일 독일 제국은 더 큰 야심을 품게 되었다. 새로운 황제는 공격적인 외교정책을 추진하면서 통일 독일 제국 수립의 일등 공신이었던 재상 비스마르크^{Bismarck}를 해임했다. 빌헬름 2세의 목표는 독일을 단순한 유럽의 열강이 아닌 세계 열강의 반열에 올려놓는 것이었다. 그는 이러한 목표를 달성하기 위해 해외 식민지를 확보하려고 많은 노력을 기울였지만, 1914년까지도 이러한 노력은 별다른 소득을 거두지 못하고 있었다. 게다가 열렬한 해군 마니아였던 빌헬름 2세는 한사코 영국과 맞먹는 해군을 보유하려고 들었다. 당시 최강의 해군국이었던 영국이 이런 독일의 움직임을 좌시할 리 없었기 때

---

* 7주 전쟁 1866년 여름에 독일의 통일을 놓고 프로이센과 오스트리아가 벌인 전쟁으로, 프로이센-오스트리아 전쟁이라고도 한다.

문에, 양국이 충돌하는 것은 시간문제였다.

빌헬름 2세는 사실, 영국 빅토리아^{Victoria} 여왕의 손자였지만, 열강들 간의 제국주의 경쟁에 독일이 절대 뒤처져서는 안 된다는 신념을 갖고 있었다. 1914년에 마침내 독일에게 국경을 맞대고 있는 이웃이자 숙적인 프랑스를 손봐줄 수 있는 기회가 찾아왔다. 오스트리아-헝가리 2중 제국의 황태자 프란츠 페르디난트$^{Franz Ferdinand}$ 대공이 암살당하자, 독일은 전쟁을 시작할 절호의 기회를 놓치지 않았다. 그러나 연합국과 동맹국의 세력 다툼과 복잡하게 얽히고설킨 동맹관계, 그리고 언제 터질지 모르는 화약고 같던 당시의 외교적 상황으로 인해 이 전쟁은 비교적 단기간에 끝났던 19세기 중후반의 전쟁들과는 전혀 다른 양상으로 전개되었다. 이렇게 해서 대전쟁, 즉 제1차 세계대전이 시작된 것이었다.

독일의 패배와 바이마르 공화국

4년간에 걸친 무자비한 살육전 끝에 1918년에 독일은 결정적인 패배를 당했다. 그리고 휴전협정이 체결되기 며칠 전 퇴위한 빌헬름 2세를 대신하여 좌파 정부가 들어섰다. 이 신정부는 연합국과 평화협정을 체결할 것을 강요당했고, 많은 독일인들은 이것을 평화협정이라는 탈을 쓴 연합국의 부당한 강요라고 생각했다. 전쟁을 공식적으로 종식시킨 베르사유 조약은 수많은 논란을 불러일으켰다. 베르사유 조약은 전쟁 책임이 전적으로 독일에 있다고 규정하고 엄청난 액수의 배상금을 물리는 동시에 많은 신생국들을 독립시킴으로써 광대한 독일 영토를 빼앗아갔다.

이러한 조항들은 모두 제2차 세계대전의 씨앗이 되었다. 하지만 연합국이 조약을 제대로 실행하지 못한 것은 베르사유 조약의 세부조항들만큼이나 전쟁 발발에 큰 영향을 미쳤다. 또 독일의 신좌파 정부 역시 이처럼 굴욕적인 조약을 체결한 데 대해 독일 국민들로부터 엄청난 비판을 받았다. 그러나 사실, 좌파 정부로서는 달리 선택의 여지가 없었다. 사회민주당 역시 독일의 항복에 책임을 져야 한다는 비판을 받았다. 당시 많은 우익 세력, 특히 군부는 독일 국민은 결코 패배하지 않았으며 다만 좌파 정부에 의해 '등에 칼을 맞았을 뿐'이라는 생각을 갖고 있었다. 이러한 잘못된 생각은 제1차 세계대전과 제2차 세계대전 사이의 전간기에 독일 국내에서 많은 지지를 얻었다.

전쟁이 끝난 직후 독일은 다른 유럽 국가들과 마찬가지로 전쟁의 후유증으로 큰 고통을 겪었으며 정치적 극단주의가 만연하게 되었다. 이런 상황에서 바이마르Weimar라는 작은 도시에서 새로운 독일 공화국이 수립되었다(바이마르는 이후 제2차 세계대전 중에 부근에 부헨발트Buchenwald 수용소가 건설되면서 유명해졌다). 이 시기는 독일 역사상 최초로 진정한 민주주의가 꽃핀 시기로, 독일 역사에 바이마르 공화국Weimar Republic* 시대로 이름을 남기게 되었다. 새로운 민주 정부가 그때까지 독일의 수도 역할을 해왔던 베를린 대신 바이마르를 근거지로 택한 이유는 베를린이 프로이센 군국주의와 밀접한 관련이 있었기 때문이었다. 또 베를린은 신정부에게는 그다지 안전하지 못한 도시이기도 했다.

바이마르 정부는 좌파와 우파 모두로부터 격렬한 공격을 받았다. 대도시에서는 극렬분자들이 서로 싸움을 벌였고, 좌익과 우익 정파들은 수시로 정부를 전복하려는 시도를 계속했다. 그중에서도 가장 심각했던 것은 볼프강 카프Wolfgang Kapp**가 주도한 폭동으로, 이 사건은 '카프의 반란Kapp Putsch'으로 알려져 있다. 바이마르 정부의 근간을 이루는 헌법체제 역시 사정을 더욱 복잡하게 만들었다. 바이마르 헌법체제는 다양한 정치적 목소리를 모두 담으려고 한 나머지, 이 헌법체제 하에서 수립된 정부들은 모두 어떤 일을 달성하기에는 힘이 부족한 소수 정부나 깨지기 쉬운 연립 정부가 되어버렸다. 한편, 독일이 자꾸 배상금 지급을 미루자, 국제적인 긴장감이 고조되었다. 독일로부터 전쟁 배상금의 마지막 한 푼까지 받아내려고 혈안이 되어 있던 프랑스는 배상금 지급이 지연되자, 1923년에 군대를 보내 루르Ruhr 공업지대를 점령해버렸다. 독일의 배상금 문제를 둘러싼 국제적인 우려는 치솟는 물가 때문에 더욱 악화되었다. 당시 독일의 마르크화는 1파운드당 100억 마르크 수준까지 그 가치가 떨어졌다.

---

* 바이마르 공화국 1919년에 성립한 독일 공화국을 이르는 말. 온건파인 사회민주당, 중앙당, 민주당이 연합 내각을 결성하고 바이마르 헌법을 제정했으며, 1929년 말에 시작된 세계 공황으로 경제적 타격을 받은 후 1933년 나치스 정권의 수립으로 소멸했다.
** 볼프강 카프 1858~1922. 독일의 정치가. 1920년 3월 13일~17일에 바이마르 공화제에 반대하고 제정帝政 부활을 위해 폭동을 일으켜 한때 수도 베를린을 점령했으나 실패했다.

히틀러의 부상

독일이 이와 같은 사회적·경제적·정치적 혼란 속에서 허우적대고 있을 때, 갑자기 과격한 급진파 정치인 한 명이 혜성처럼 등장했다. 그가 바로 아돌프 히틀러였다. 오스트리아에서 태어난 히틀러는 제1차 세계대전 중에 독일 육군으로 복무했다. 1923년에 타고난 웅변술과 정열로 신생 독일 노동자당Deutsche Arbeiter Partei(후에 나치당이 됨)의 당수가 된 히틀러는 최초로 권력을 잡으려는 시도를 했다. 그러나 1923년 11월 9일에 그가 주도한 뮌헨 반란München Putsch*은 실패로 끝났다. 이 사건으로 인해 히틀러는 란츠베르크Landsberg 교도소에서 5년간 복역하라는 판결을 받았다.

그러나 히틀러가 실제로 감옥에서 보낸 기간은 9개월에 불과했으며, 감방의 여건도 일반 감옥과 비교하면 호사스러울 정도였다. 당시 독일 정부 요인들 가운데는 히틀러의 주장에 동조하는 사람들이 많았다. 이들은 히틀러가 일시적으로 나치당 당수직에서 물러나는 동시에 대중 집회에서 정치적인 문제에 대해 연설하지 않는다는 데 동의하자 그를 조기석방시켜주었다. 그러나 히틀러는 석방된 후 집회 장소를 부유한 지지자들의 집으로 옮김으로써 그와 같은 제한 조치를 교묘히 피해나갔다.

히틀러가 감옥에서 그의 일생과 이념을 구술하고 있는 동안(나중에 이것은 『나의 투쟁Mein Kampf』이라는 책으로 출판되었다), 독일의 사정은 크게 나아지고 있었다. 연합국은 독일의 상환 능력을 보다 현실적으로 반영한 도스안Dawes Plan**을 수용하여 독일의 배상금 지급 일정을 재조정했다. 또

---

* **뮌헨 반란** 1923년 11월 히틀러가 바이마르 공화국에 대항하여 일으킨 반란으로, 비어홀 폭동 혹은 히틀러 폭동이라고도 한다.
** **도스안** 제1차 세계대전 후 1924년부터 실시된 독일의 배상 문제에 관한 재건계획안. 이 안을 제출한 배상문제전문가위원회 위원장인 미국의 C. G. 도스Dawes의 이름을 붙여 그

■■■■■■ 독일 우익 무장 세력이었던 자유군단(Freikorps)은 1921년 해체되었으나, 많은 구성원들이 히틀러의 돌격대(SA)에 합류했다. (US National Archives)

독일은 도스안을 통해 주로 미국으로부터 상당한 자금을 융자받게 되었으며, 그 덕분에 시중에 자금이 넘치게 되자 경제가 일시적으로 호황을 맞기도 했다. 이후 독일은 배상금 지급 계획을 보다 포괄적으로 조정한 영안Young Plan*을 비준했으며, 이로써 독일의 경제적 상황은 크게 개선되었다.

정치면에서도 새로 독일 수상이 된 구스타프 슈트레제만Gustav Stresemann 은 1926년에 국제연맹에 가입했으며, 영국, 프랑스와 로카르노 조약Treaty

---

렇게 불렀다. 1923년 전쟁 책임에 대한 독일의 배상금 지급에 불만을 품은 프랑스가 루르지방을 강제 점령함으로써 독일의 정치, 경제, 사회는 대혼란에 빠졌다. 그 해결책으로 입안된 것이 도스안으로, 배상의 총액과 지불 기간은 언급하지 않고 향후 5개년 간의 지불연액支拂年額만을 정했다.
* 영안 1929년 6월 7일 독일의 제1차 세계대전 배상 문제의 완전하고 최종적인 해결안으로서 제출된 보고서. 이 명칭은 배상문제전문가위원회의 위원장 O. D. 영Young의 이름을 딴 것이다. 이 안은 독일이 지불할 수 있는 능력의 범위 내에서 연금지불방식으로 배상금을 각국에 지불하도록 한 것이며, 배상사무기관으로서 국제결제은행의 창설을 규정했다.

of Locarno*을 체결하여 전쟁 이후 경색되어온 국제 관계를 크게 완화시켰다. 로카르노 조약은 조약 당사국 간의 국경선을 재확인하는 조약이었다. 이러한 화해 분위기는 국제 관계에서 보다 건설적인 시기가 찾아왔음을 알리는 것 같았다. 그러나 한 가지 중요한 사실은 로카르노 조약이 독일의 동쪽 국경선을 확정하지 않았다는 점이었다. 많은 독일인들은 이것을 만약 독일이 제1차 세계대전의 패배로 잃은 동부유럽의 영토를 되찾으려 한다 하더라도 서구 열강들이 별다른 신경을 쓰지 않을 거라는 암시로 받아들였다.

그러나 1929년에 전 세계에 엄청난 영향을 미친 사건이 터지면서 그때까지 독일이 이룬 개선과 진전은 모두 물거품이 되고 말았다. 1929년 10월 29일, 월스트리트Wall Street의 증시가 폭락했다. 바로 대공황Great Depression이 시작된 것이었다. 미국은 즉각 외국에 빌려준 돈을 회수하기 시작했고, 미국에서 빌린 돈으로 흥청거리던 세계 경제는 즉각 엄청난 타격을 받았다. 특히 미국의 자금에 대한 의존도가 아주 높았던 독일은 다른 나라보다 훨씬 더 큰 타격을 받았다. 간신히 일어서던 독일에 몰아닥친 이 경제적 난관은 히틀러에게 절호의 정치적 기회를 제공해주었고, 히틀러는 이 기회를 놓치지 않고 두 손으로 단단히 틀어쥐었다.

1929년~1933년에 독일의 거리는 나치당원들과 공산당원들이 서로 주먹다짐을 벌이는 정치 폭력의 장으로 변했다. 독일 경제는 세계적인 경기 침체와 막대한 배상금 지급 압박 요구 사이에서 신음하고 있었다. 이렇게

---

* **로카르노 조약** 1925년에 스위스 남부의 로카르노에서 체결한 중부유럽의 안전 보장에 관한 조약. 영국, 프랑스, 독일, 이탈리아, 벨기에 5개국 간의 상호 안전을 보장하고 독일과 벨기에, 프랑스, 폴란드, 체코슬로바키아 사이에 독일 국경의 현상 유지, 상호 불가침, 중재 재판 따위를 규정하여 제1차 세계대전 이후 유럽의 안정을 꾀했으나, 1936년에 독일에 의해 파기되었다.

■■■■■■ 뉴욕 증시가 폭락한 검은 월요일(Black Monday)에 혼란에 빠진 뉴욕 시내의 모습. (Topham Picturepoint)

절망에 빠진 독일 국민에게 혜성같이 나타난 히틀러와 나치당은 보다 밝은 미래를 약속했다. 1933년 1월 29일, 독일 공화국의 대통령 파울 폰 베네켄도르프 운트 폰 힌덴부르크Paul von Beneckendorff und von Hindenburg는 아돌프 히틀러를 독일 수상으로 임명했다. 곧이어 3월에 실시된 총선에서 나치당은 전체 투표 가운데 44퍼센트의 득표율을 기록하는 기염을 토했다. 대의제를 지나치게 강조한 바이마르 공화국의 정치제도 하에서도 나치당은 이러한 압도적인 득표율에 힘입어 독일 국회의 총 의석 647석 가운데 288석을 차지할 수 있었다. 히틀러는 자신의 지위를 이용하여 자신에게 여러 가지 권한을 부여하는 법들을 차례로 통과시키면서 착실하게 독재자의 자리를 향해 한 걸음 한 걸음 전진해나갔다.

히틀러는 일단 정권을 장악하자, 즉시 이전의 사회제도를 파괴하고 국가사회주의제도를 갖추었다. 제일 먼저 나치당을 제외한 모든 정당 활동이 금지되었다. 그 다음 유대인들을 사회에서 소외시키고 배척하는 분위기가 공공연하게 조성되었으며, 이러한 움직임은 수정水晶의 밤Kristallnacht(크리스탈나흐트)* 사건으로 정점에 달했다. 1938년에 파리 주재 독일 외교관이 유대인 탄압에 항의하는 유대인 소년에게 살해된 것을 기화로 독일 전역에서 유대인 상점에 대한 방화와 약탈이 자행되고, 유대인을 폭행·살해·체포하는 일이 벌어졌다. 파괴된 유대인 상점의 유리창 파편들이 거리를 가득 메운 그 날은 역사에 '수정의 밤'으로 기록되었다. 사회적으로 '바람직하지 못한 자들'을 수용하는 강제수용소가 생겼고, 여기에 수용된 사람들은 밤낮없이 중노동에 시달려야 했다(하지만 이때까지만 하더라도 강제수용소가 곧 절멸수용소를 의미하는 것은 아니었다). 히틀러는 아우토반Autobahn 건설 사업과 같이 야심찬 공공사업 프로그램을 시작하여 독일인들에게 일거리를 제공했다.

히틀러는 자신의 앞길을 가로막는 자는 누구든 제거해버렸다. '장검의 밤Night of Long Knives' 사건 때, 히틀러는 자신의 오랜 동지이자 지지자였던 돌격대Sturmabteilung, SA 사령관 에른스트 룀Ernst Röhm과 수백 명의 돌격대 고위 지휘관들까지 모두 처형해버렸다. 돌격대는 대규모 민병대 집단으로서 히틀러가 정치 생활을 시작할 무렵 없어서는 안 될 지지 기반을 제공해주었다. 이후 돌격대는 나치당의 사병私兵 역할을 수행했으며 정치 집회에서 질서를 유지하는 동시에 공산주의자들이나 다른 정치 단체 소속원들과 주먹다짐도 서슴지 않았다. 그러나 시간이 흐르면서 히틀러는 룀

---

* 크리스탈나흐트 '수정의 밤'이라는 의미로 1938년 11월 9일 나치 대원들이 독일 전역의 수만 개에 이르는 유대인 가게를 약탈하고 250여 개 시나고그(유대교 사원)를 방화한 날을 말한다.

의 충성심을 의심하게 되었다. 게다가 당시 히틀러는 독일 군부의 지지를 얻으려고 노력하고 있었지만, 룀과 돌격대는 독일 군부와 사이가 매우 좋지 않았다. 히틀러가 점점 돌격대를 멀리하게 되면서 그 자리를 하인리히 히믈러Heinrich Himmler가 창설한 친위대가 차지하게 되었다. 히틀러는 군부의 라이벌인 돌격대를 분쇄함으로써 군부를 확실히 자기 편으로 만들기를 원했다. 히틀러는 또한 독일군 전체로부터 '독일 제국과 국민의 총통이자 독일 제국군의 총사령관'인 자신에게 충성 서약을 받아냈다.

이 무렵, 히틀러는 베르사유 조약 개정을 추진하기 시작했다. 베르사유 조약은 여러 가지 측면에서 독일에 엄청난 영향을 미치고 있었다. 먼저 독일은 베르사유 조약으로 인해 영토의 8분의 1과 인구의 10분의 1을 잃었으며, 1870년 프로이센-프랑스 전쟁에서 거둔 승리의 전리품으로 차지했던 알자스-로렌Alsace-Lorraine 지방도 프랑스에 반환해야 했다. 그뿐만 아니라 외펜-말메디Eupen-Malmédy도 벨기에에 할양해야만 했고, 슐레스비히-홀슈타인Schleswig-Holstein 지역은 덴마크에 빼앗기고 말았다. 그러나 가장 심각한 영토 손실은 동부 지역에서 발생했다. 독일은 새로 독립한 폴란드에 서프로이센의 상당 부분을 떼어주어야 했다. 이로 인해 동프로이센은 독일로부터 떨어지게 되었으며, 육상으로 동프로이센으로 가기 위해서는 폴란드 회랑으로 알려진 폴란드 영토를 지나가야만 했다. 이 폴란드 회랑 끝의 발트 해 연안에 위치한 도시인 단치히Danzig는 자유도시로서 국제연맹의 보호를 받았다. 또 독일은 오스트리아-헝가리 2중 제국의 폐허에서 새로 독립한 체코슬로바키아에도 영토를 할양해주어야만 했다.

중요한 사실은 이처럼 외국에 할양된 영토에 거주하던 독일 주민들 대부분이 그 영토에 그대로 남아 있었다는 점이다. 이들 독일계 주민 문제는 이후 독일의 고토古土 수복을 위한 유용한 정치적 빌미를 제공해주었다(제2차 세계대전이 끝나고 다시 한 번 독일이 분할되었을 때, 연합국은 과거의

베르사유 조약 이후 독일과 중부유럽의 판도

에스토니아

라트비아

리투아니아

덴마크

슐레스비하 홀슈타인

동프로이센

북해

폴란드 회랑

영국

엘베 강

베를린

런던

네덜란드

폴란드

라인 강

독일

벨기에

① 라인란트

룩셈부르크 ②

자를란트

파리 □

③

체코슬로바키아

프랑스

론 강

스위스

오스트리아

헝가리

1. 비무장화된 라인란트.
2. 1935년까지 국제연맹의 통치를 받은 자를란트.
3. 프랑스에 반환된 알자스-로렌.
4. 주민투표 결과 폴란드에 속하게 된 상(上)슐레지엔.

④

유고슬라비아

이탈리아

지중해

N

□ 1918년의 독일

■ 1919년 베르사유 조약 체결 결과로 독일이 잃은 영토

| 0 | 200 miles |
| 0 | 250 km |

실수를 거울삼아 할양된 지역에 거주하고 있던 수백만 명의 독일인을 모두 추방하여 미래의 화근을 도려내는 조치를 취했다). 또 베르사유 조약 하에서 독일은 오스트리아와의 합병을 금지당하는 동시에 라인란트 일대를 영구 비무장 지대로 남겨두어야 했으며, 모든 해외 식민지들을 연합국에 빼앗기고 말았다. 독일의 군사력 역시 크게 감소되어 해군 전력은 총 배수량 10만 톤 이하로 제한당하는 한편, 잠수함 건조 및 보유가 금지되었고, 공군은 아예 보유할 수 없게 되었으며, 육군 병력 역시 10만 명을 넘어서는 안된다는 제약을 받게 되었다. 여기에 독일은 66억 파운드에 달하는 엄청난 배상금을 지불해야만 했다. 베르사유 조약의 조항 가운데서도 가장 문제가 되었던 것은 제231조였다. 소위 '전쟁 책임' 조항으로 불리던 이 조항은 전쟁 시작의 책임이 오직 독일 제국에게만 있다고 규정했다.

수많은 연구와 저술이 베르사유 조약이 제2차 세계대전 발발에 어떤 영향을 미쳤는지를 다루고 있다. "이것(베르사유 조약)은 평화조약이 아니라 20년 기한의 휴전조약에 불과하다"라는 페르디낭 포슈Ferdinand Foch * 원수의 예언이 현실화되기는 했지만, 그렇다고 베르사유 조약 자체가 제2차 세계대전 발발의 직접적인 원인은 아니었다. 베르사유 조약은 또 다른 세계대전의 발발을 막지는 못했지만, 이 조약이 원래 의도대로 철저하게 실행되었다면, 그 결과는 달랐을지도 모른다. 그러나 결과적으로 베르사유 조약은 이도저도 아닌 어정쩡한 조약으로서 히틀러에게 독일 국민의 증오심을 부추기는 유용한 도구를 제공해준 셈이었다. 특히 불공평한 베르사유 조약으로 수백 년간 유지해온 영토를 빼앗기게 된 독일 국민은 패전의 원한을 가슴 깊이 새기게 되었다. 비록 베르사유 조약 자체가 전쟁

---

* 페르디낭 포슈 1851~1929. 프랑스의 군인. 뛰어난 전략가로서, 제1차 세계대전 때 연합군 총사령관이 되어 전쟁을 승리로 이끌었다. 파리 강화 회의에서 대독對獨 강경책을 주장했다.

을 직접 유발한 것은 아니었지만, 이 조약으로 인해 발생한 변화들을 이용해 히틀러는 손쉽게 독일 국민들의 환심을 살 수 있었다.

권력을 잡은 히틀러는 곧 베르사유 조약의 여러 조항들이 무효라고 주장하기 시작했다. 1935년 3월, 히틀러는 징병제를 도입하면서 평시 상비군을 50만 명으로 증가시키겠다고 선언했으며, 독일 공군Luftwaffe(이 당시까지는 육군 항공대의 형태로 활동했음)의 존재를 공개했다. 이런 모든 조치들은 베르사유 조약에 정면으로 반하는 것이었지만, 영국과 프랑스는 이에 대해 어떤 단호한 조치도 취하지 않았다. 히틀러는 또 영국과 해군

■■■■■■ 1936년 3월 7일, 라인란트에 진주하는 독일군 병사들의 모습. (AKG Berlin)

협정$^{Anglo-German\ Naval\ Pact}$을 체결하여 독일 해군^{Kriegsmarine}이 영국 해군의 일정 비율만큼 전투함을 보유할 수 있는 길을 열었다.

1936년, 히틀러는 비무장 지대가 된 라인란트에 다시 군대를 진주시키면서 또다시 서방의 반응을 시험해보았다. 그러나 프랑스는 독일이 군사적 자신감을 회복해가는 모습을 불안한 눈초리로 바라보고 있었지만, 영국의 확고한 지지 없이는 행동에 나서려 하지 않았다. 후세의 많은 역사가들은 이처럼 히틀러가 권력을 쥔 지 얼마 되지 않았을 때 일찌감치 행동에 나서지 않은 것을 연합국이 저지른 최악의 실책으로 들었다. 라인란트를 재점령했는데도 영국과 프랑스가 별다른 반응을 보이지 않자, 히틀러는 큰 자신감을 얻게 되었고, 영국과 프랑스가 너무 약해서 자신이 뭘 하든 막을 수 없을 것이라고 확신하게 되었다. 실제로 라인란트 재점령 당시 독일군은 만약 프랑스가 이를 저지할 기미를 보이면 물러서라는 지시를 받았다. 1933년 10월 14일, 독일은 국제연맹으로부터 탈퇴했다. 1936년에 스페인 내전이 터지자, 독일은 병력, 비행기, 해군 함선 등을 파견해 프랑코^{Franco} 장군 편에 서서 싸우면서 새로운 장비와 전술을 시험해볼 기회를 가질 수 있었다.

히틀러에 대한 대응

히틀러 집권 초기, 연합국이 히틀러의 야망을 저지하기 위해 별다른 행동을 취하지 못한 데에는 몇 가지 이유가 있었다. 먼저, 당시까지만 하더라도 각국은 히틀러를 단순히 과격론자라고만 생각했지, 오늘날 우리가 알고 있듯이 그가 과대망상증 환자라는 것은 모르고 있었다. 히틀러는 쿠데타 실패 후 옥중에서 쓴 『나의 투쟁』에서 앞으로 자신이 무슨 짓을 저지를 것인지에 대해 친절하게 기술해놓았지만, 당시 독일 이외의 지역에서 이 길고 지루한 장광설을 꼼꼼히 읽을 필요성을 느낀 사람은 별로 없었다. 게다가 히틀러가 집권할 무렵에는 오히려 히틀러의 등장을 긍정적으로 보는 사람들이 많았다. 이들은 히틀러가 역동적인 지도력으로 독일이 절실히 필요로 하는 질서와 안정을 가져다줄 수 있을 것으로 기대했다. 제1차 세계대전 당시 영국 총리로서 전쟁을 승리로 이끈 데이비드 로이드조지David Lloyd-George는 히틀러가 실업자들에게 일자리를 마련해준 것에 대해 찬사를 보냈고, 히틀러 역시 로이드조지가 독일을 방문했을 때 그를 '전쟁을 승리로 이끈 영웅'으로 맞이했다. 이렇게 히틀러에게 속아 넘어간 고위 정치인이 로이드조지뿐만이 아니었다. 그 이전에도 그 이후에도 다른 고위 정치인들이 히틀러에게 감쪽같이 속아 넘어갔다.

당시 유럽 각국은 히틀러가 이끄는 독일이 소련의 공산주의로부터 유럽을 지켜줄 방파제 역할을 해줄 것으로 기대하고 있었으며, 독일이 다소 전체주의 방향으로 흐르더라도 공산주의를 억제할 수만 있다면, 그렇게 손해 보는 일은 아니라는 생각을 갖고 있었다. 공산주의에 대한 이러한 우려는 제1차 세계대전과 제2차 세계대전 전간기 각국의 외교정책에 중요한 요소로 작용했다. 이로 인해 히틀러가 본색을 드러내기 전까지 소련과 서방 연합국들은 효과적인 동맹관계를 구축할 생각도 하지 않고 있었다.

또 중요한 사실은 연합국 측에도 베르사유 조약이 독일을 확실히 처벌할 수 있을 만큼 가혹하지도 않을 뿐더러 그렇다고 독일과 연합국 간의 화해를 유도할 수 있을 만큼 유화적이지도 않은 실패작이라고 생각하는 사람들이 많았다는 것이다. 조약 자체를 탐탁지 않게 보는 부류들도 있었다. 조약 입안 담당부서의 책임자였던 저명한 영국의 경제학자 존 메이너드 케인즈John Maynard Keynes는 조약에 담길 내용을 둘러싸고 좀처럼 합의가 이루어지지 않자, 결국 책임자 자리에서 물러나고 말았다. 케인즈는 자신의 저서 『평화가 경제에 미친 영향The Economic Consequences of the Peace』에서 베르사유 조약을 비판했다. 이러한 반론은 영국 정부의 최고위 지도부의 입장에 변화를 가져왔다. 이런 상황에서 조약의 실행이 수많은 반대와 장애에 부딪히게 된 것은 어찌 보면 당연한 결과였다.

물론, 점점 커져만 가는 나치의 위협에 대항해 유럽 각국이 공동전선을 구축하여 대응하지 못한 데에는 베르사유 조약에 대한 입장 차이 외에도 또 다른 이유가 있었다. 당시, 유럽 각국은 제1차 세계대전의 끔찍한 살육 장면을 생생하게 기억하고 있었다. 1930년대 각국의 정치지도자들은 대부분 참호 속에서 비참한 전쟁의 현실을 직접 경험한 사람들이었다. 따라서 대부분의 각국 국민들 사이에는 반전反戰 내지는 염전厭戰 분위기가 만연해 있을 수밖에 없었다. 국제연맹의 평화투표Peace Ballot(1935년에 국제연맹의 입장과 집단 안전에 관한 영국 국민의 의향을 알아보기 위해 전국적으로 실시한 투표로, 공식적인 국민투표는 아니었지만, 수백만 명이 투표에 참여했음)와 유명한 옥스퍼드 유니온 토론회Oxford Union Debate(당시 토론회에서 옥스퍼드 학부생들이 "우리 대학 학생들은 더 이상 왕과 국가를 위해 싸우지 않을 것이다"라는 결의안을 통과시킴)는 그런 시대적 양상을 잘 보여주는 사건들이었

다. 히틀러는 기껏해야 종잡을 수 없는 모호한 사람일 뿐이라는 믿음과 제1차 세계대전과 같은 전쟁은 다시는 하고 싶지 않다는 생각이 결합되어 각국 국민과 정치 지도자들은 히틀러의 위협에 제대로 대처하지 않았고, 심지어는 히틀러의 의도가 명백하게 드러난 시점에도 그 위협을 인정하려 들지 않았다.

이러한 정치적 무력증과 대중적 염전 분위기에 더하여 당시 각국의 경제 상황이 좋지 않았기 때문에, 각국 수뇌들은 어떻게든 전쟁을 피하기 위해 안간힘을 썼다. 미국 주식 시장의 붕괴와 그로 인해 발생한 대공황은 대부분의 산업국가들의 경제를 크게 약화시켰다. 전쟁을 치르기 위해서는 막대한 재원財源이 필요했지만, 대부분의 국가들은 1930년대 중반까지 전쟁은커녕 기존의 군사력을 유지할 돈도 없는 상황이었다. 하지만 나치 독일과 루스벨트가 이끄는 미국 모두 경제 성장을 촉진하기 위해 각종 프로그램들(미국의 뉴딜New Deal 정책 등)을 통해 적극적으로 군수산업을 육성했다. 일단 군수산업을 중심으로 경제가 성장하게 되자, 그 결과 축적되는 군수품 재고를 처리하고 새로운 생산을 촉진하기 위해서는 또 다른 전쟁이 터져야만 하는 아이러니한 상황이 발생하게 되었다.

참전국
전쟁으로 가는 길

제2차 세계대전은 영국, 프랑스, 미국, 폴란드, 소련, 그리고 기타 국가들로 이루어진 연합국과 독일, 이탈리아, 루마니아, 헝가리로 이루어진 추축국 간에 벌어진 전쟁이었다. (중국, 일본 등은 4부 태평양 전쟁에서 별도로 다루기로 하겠다.) 사실, 소련은 1939년 8월부터 독일의 동맹국이 되었다. 그러나 1941년 6월, 독일이 소련을 침공하면서 전쟁은 한층 복잡한 양상으로 전개되기 시작했다. 여기에서는 전쟁 직전, 독일과 프랑스, 영국, 폴란드 및 기타 참전국의 상황을 살펴보겠다.

독일

1939년 개전 당시 독일 국방군Wehrmacht은 규모면에서는 유럽 최고와는 거리가 멀었지만, 참전국 각국 군대 가운데 가장 전쟁 준비가 잘 되어 있었다. 독일은 다양한 혁신적인 신기술을 최대한 활용하여 무기를 개발해내려고 노력했으며, 이렇게 해서 개발한 신무기들의 위력을 활용하여 기존 전술의 효율성을 높였을 뿐만 아니라 새로운 전술 개념을 창안해내기도 했다.

제1차 세계대전이 끝난 후, 독일군의 위상은 냉혹한 재평가를 받아야 했다. 당시, 독일이 패배한 것은 군사적으로 패배했기 때문이 아니라 좌익과 혁명 세력이 독일의 등에 칼을 꽂았기 때문이라는 주장이 팽배했지만, 사실 1918년 후반 독일은 연합군에게 군사적으로 결정적인 패배를 당한 상태였다. 때늦긴 했지만, 독일군 고위 지휘관들은 패배를 통해 독일군의 약점이 무엇인지를 잘 파악할 수 있게 되었고, 종전 이후 곧 이 약점을 보완하기 위한 작업에 착수했다.

독일군은 패전 원인을 철저히 분석한 후 파악한 문제점들에 대한 실질적인 해결책을 찾기 위해 연구를 거듭했다. 그러나 베르사유 조약으로 인해 독일은 엄청난 영토를 상실했을 뿐만 아니라, 독일군마저 병력과 장비 면에서 심각한 제약을 받게 되었다. 제1차 세계대전이 끝난 1918년 11월 당시, 독일 제국 육군은 약 400만 명의 병력을 동원할 수 있었다. 그러나 베르사유 조약이 체결된 후 독일군의 규모는 장교 4,000명을 포함해 10만 명을 넘을 수 없다는 제약을 받게 되었다. 10만 명이라는 규모는 다른 국가들에 비하면 정말로 보잘것없는 규모였지만, 독일군은 철저한 훈련을 통해 이 소수의 병사들이 장차 확대될 독일군의 기간基幹을 형성할 수 있는 역량을 키워나가게 했다.

독일군이 받은 제약은 단순히 병력 규모만이 아니었다. 독일 육군은 어떠한 전차도 개발해서 보유할 수 없었고, 공군은 존재 자체가 폐지되었다. 독일 해군의 경우는 대부분의 주력함들이 제1차 세계대전이 끝난 후 영국 해군의 본거지인 스카파 플로Scapa Flow로 끌려갔다가 자신들의 배가 영국군의 손에 넘어가는 것을 막으려는 승무원들의 손에 의해 자침당하는 운명을 맞게 되었다. 이후 연합국은 독일 해군이 전前드레드노트pre-Dreadnought급 전함 이하의 전투함을 보유하는 것은 인정했으나, 대전 중 대전과를 올린 유보트U-boat는 아예 보유하는 것 자체를 금지해버렸다. 그러나 독일군은 몇 가지 편법을 동원해 이러한 제약을 피해나갔다.

유능한 군인이었던 한스 폰 젝트 상급대장의 지도 아래 독일군은 베르사유 조약의 제한 사항들을 하나하나 우회하거나 무력화시켰다. 먼저 독일군은 보다 우세한 적군과 상대하게 됐을 때 병력을 어떻게 운용할 것인지, 그리고 1914년~1918년에 승리를 거두지 못한 이유가 무엇인지를 '연구'하는 데 엄청난 시간을 투자했다. 또 독일군은 전차나 항공기 같은 신무기들을 보유할 수는 없었지만, 독일에 대한 군비 제한이 풀릴 그날을 대비하여 이러한 신무기들을 사용한 전술 연구에 심혈을 기울였다.

또 독일은 장비 보유에 대한 규제를 피하기 위해 각고의 노력을 기울였다. 1922년, 유럽의 양대 불가촉천민 취급을 받던 독일과 소련은 군사 협력 협정을 체결했다. 이를 통해 독일은 연합국의 감시를 피할 수 있는 훈련장을 얻었고, 소련은 독일로부터 군사 기술을 지원받을 수 있었다. 또 독일은 비밀리에 장차 공군의 주축을 형성할 조종사들을 양성하기 시작했다. 이를 위해 독일 정부는 1920년대와 1930년대에 적극적으로 글라이더 비행 클럽의 창설과 활동을 장려했다. 1933년 1월에 독일의 최고 지도자 자리에 오른 히틀러는 독일을 다시 한 번 세계 열강의 일원으로 만들겠다는 의지와 이념을 갖고 있었다. 그의 집권과 함께 독일은 국제적인

■■■■■ 한스 폰 젝트 상급대장(오른쪽 외눈안경을 낀 사람)의 모습. (AKG Berlin)

위상을 재정립하겠다는 의지를 갖고 본격적인 재군비에 돌입했다.

히틀러의 주도 하에 재군비를 통해 면모를 일신한 독일군은 1939년 폴란드를 침공하면서 유연한 지휘통제 기술을 선보였다. 이러한 유연성은 당시 다른 국가의 군대에서는 찾아볼 수 없는 독일군만의 특징이었으며, 1940년 영국-프랑스 연합군과의 전투에서 더욱 효과적으로 사용되었다. 이러한 유연한 전술 교리는 제1차 세계대전이 막바지로 치닫던 1918년 독일군이 사력을 다해 펼친 일련의 최종 공세*에서 비롯된 것으로, 이것은 소위 임무형 지휘체계Aufragstaktik, mission command를 특히 강조하고 있었다. 이 교리의 핵심은 상급 부대의 역할은 임무와 목표를 부여받은 장교들과 부사관들이 작전을 실행할 때 상부로부터 명령을 기다리기보다는 스스로 작전 행동의 자유와 주도권을 갖고 전투에 관한 의사결정을 내릴 수 있도록 해야 한다는 것이었다. 당시 크게 발달한 무선 통신 장비를 적극적으로 도입한 독일군은 모든 전차에 무전기를 장착했으며, 그 덕분에 이러한 혁신적인 교리를 손쉽게 실전에 적용할 수 있었다.

1932년, 베흐톨스하임Bechtolsheim이라는 이름을 가진 한 독일 육군 대위가 미국 포병 학교United States Artillery School에서 독일군의 전쟁 원칙에 대해 미군 장교들을 대상으로 강의를 했다. 그는 강의를 진행하면서 다음과 같은 사항을 강조했다.

독일 육군은 전쟁의 목적에 대해서 확고한 원칙을 가지고 있습니다만, 전쟁을 어떻게 수행해야 하는가에 관한 방법론에 대해서는 어떠한 고정적인 규정도 가지고 있지 않습니다. 우리는 기동機動이 전쟁의 제1요소이며 오직 기동

---

* **최종 공세** 이들 공세에서 독일군은 상당한 성공을 거두긴 했지만, 결국 불리한 전황을 뒤집는 데는 실패하고 패전을 맞게 되었다.

전을 통해서만 결정적인 성과를 얻을 수 있다고 믿고 있으며…… 항상 적이 예상치 못한 행동을 취해야 하며 지속적으로 전투 수단과 전술에 변화를 주는 동시에 상황이 허락하는 한도 내에서 적의 의표를 찌르는 선택을 해야 합니다. 이를 위해서는 기존의 모든 규정과 개념으로부터 자유로운 사고를 할 수 있어야 합니다. 정형화된 규칙에 의존하여 사고하고 행동하는 지휘관은 훌륭한 성과를 거둘 수 없습니다. 그런 지휘관은 규칙의 틀을 벗어날 수 없기 때문입니다. 전쟁 자체가 비정상적인 상황이기 때문에 평화 시, 혹은 정상적인 상황에 적용되는 규칙들로는 전쟁에서 승리할 수 없습니다.

독일군은 전차와 지원 부대의 조화로운 활용을 통해 베흐톨스하임이 설명한 전술 교리를 효과적으로 구현했으며, 이 과정에서 '기갑부대의 아버지'라고 불린 하인츠 구데리안 대장은 기갑부대 운용 전술 사상을 크게 발전시켜 독일 기갑부대 발전에 막대한 기여를 했다. 독일군의 유연한 임무형 지휘체계와 혁신적인 신기술의 조합은 제2차 세계대전 초반에 파괴적인 위력을 발휘했으며, 군사 용어 사전에 '전격전'이라는 새로운 단어를 추가시켰다.

영국

제1차 세계대전 말기, 영국군은 전술적인 측면에서 봤을 때 세계에서 가장 효율적인 군대였다. 1918년 말 무렵이 되자, 영국군은 포병, 전차, 보병, 항공기를 조합한 제병 합동 전술을 능숙하게 사용하는 모습을 보여주었다. 그러나 한때 혁신의 첨단에 섰던 영국군은 1939년 무렵에는 과거의 영광을 완전히 잃어버린 상태였다. 이처럼 영국군이 전술적으로 별다른

지그프리드 사순은 제1차 세계대전에 참전한 경험을 바탕으로 작품을 쓴 수많은 시인과 작가 중 한 명이었다. (Topham Picturepoint)

발전을 이루지 못한 데에는 몇 가지 이유가 있었다.

제1차 세계대전이 끝난 직후 다른 주요 참전국들과 마찬가지로 영국에서도 염전 분위기가 사회 전체로 확산되었다. 1920년대 말에는 전쟁 당시 전선에서 싸웠던 영국군 병사들의 비참한 경험들을 자세히 묘사한 책들의 출판이 일대 붐을 이루었다. 대부분 전쟁 당시 장교였던 작가들이 쓴 이 책들은 일반 영국 대중의 제1차 세계대전에 대한 관념을 형성하는 데 지대한 영향을 미쳤다. 지그프리드 사순Siegfried Sasoon 의 『여우 사냥꾼의 회고록Memoirs of a Fox Hunting Man』이나 에드먼드 블런던Edmund Blunden 의 『전쟁의 여운Undertones of War』, 로버트 그레이브스Robert Graves 의 『모든 것과의 이별Goodbye to All That』 등의 작품들은 전쟁을 크나큰 비극으로 보았던 일반 대중의 관념과 잘 맞아떨어지면서 이와 다른 전쟁에 대한 모든 시각이 발붙일 여지를 없애버렸다. 이 무렵 제1차 세계대전을 빛나는 승리로 묘사한 책은 거의 없었다. 문학계의 반전 분위기와 함께 전쟁 자체에 대해 반감을 갖는 경향이 일반 대중 사이에서 폭넓게 자리 잡게 되었으며, 이러한 사회적 조류가 잘 드러난 것이 바로 평화투표였다. 반전 분위기가 전국적으로 확산되고 경제난까지 겹치면서 영국의 국방 예산은 큰 폭으로 삭감될 수밖에 없었다.

반전 분위기 확산과 함께 어려운 경제적 상황 역시 영국의 군사 부문 발전에 큰 영향을 미쳤다. 제1차 세계대전 개전 당시 세계 유수의 채권국 가운데 하나였던 영국(당시 영국에게 빚을 지지 않은 국가가 거의 없을 정도였다)은 전쟁이 끝날 무렵에는 세계 최대의 채무국으로 전락했다. 엄청난 전쟁 비용 때문에 영국의 국고는 바닥을 드러냈으며, 소비재 부문의 생산력을 군수 물자 생산에 집중시키면서 많은 해외 시장을 잃게 되었다. 전쟁 말기에 영국의 공장주들은 전쟁 전에 자신들이 장악하고 있던 시장들 대부분이 다른 국가들, 특히 미국에게 넘어가버렸다는 사실을 알게 되었다. 1918년 이후, 미국은 경제 부문에서 궁극적인 승자로 부상하게 되었다. 유럽 각국이 서로 피터지게 싸우느라 해외 시장에 신경을 쓰지 못하던 1914년~1918년에 미국은 별다른 견제도 받지 않고 해외 시장을 확대할 수 있었으며, 연합국 각국에게 엄청난 자금까지 빌려주었다.

영국의 차기 전쟁 전략은 항공 공격 위협에 대한 대책 마련에 초점을 맞추고 있었다. 1934년 이래 '폭격기 만능론'에 심취하게 된 영국의 국방 정책 입안자들은 적국의 폭격기가 무엇이든 돌파해올 것이라며 이를 막기 위한 방법을 강구하는 데 몰두했다. 이를 위해 영국은 공군의 전력을 확충하고 해안 지대에 일련의 레이더 기지를 건설했다. 이 무렵 영국 해군은 '세계 최강의 바다의 지배자'라는 왕년의 위상은 잃어버린 지 오래였지만, 그래도 여전히 막강한 전력을 보유하고 있었다. 영국 육군은 1939년 당시 세계에서 유일하게 완전히 차량화된 군대였으며, 1939년 프랑스로 파견된 영국 원정군British Expeditionary Force, BEF 역시 16만 명에 이르는 병사들로 구성된 정예부대였다. 제1차 세계대전 종전 후 영국 육군 내에서 전차의 역할을 둘러싸고 벌어진 논란은 1939년 무렵 대충 일단락된 상태였다. 제2차 세계대전 개전 당시 영국 육군은 개념적인 측면에서는 전차가 지상전의 핵심 요소가 되어야 한다는 진보된 사상을 갖고 있었지만,

실제 운용 측면에서는 전차대를 응집력 있는 제병 합동 공격 부대의 일부로 활용하기보다는 단독으로 운용하는 것이 좋다고 믿고 있었다.

프랑스

제1차 세계대전과 제2차 세계대전 사이의 기간 동안 프랑스 육군의 존재는 실질적으로든 형식적으로든 유럽의 안보에 지대한 영향을 미쳤다. 히틀러가 독일 총리가 된 지 두 달이 지난 1933년 3월에 영국의 윈스턴 처칠은 "(독일의 위협을 막아주는) 프랑스 육군이 존재한다는 사실에 대해 신에게 감사한다"는 말을 했으며, 이 말은 이후로도 자주 인용되었다. 1933년, 정치적으로는 여전히 야인野人에 불과했던 처칠에게 프랑스 육군은 향후 제기될지도 모르는 독일의 위협으로부터 유럽을 지켜주는 든든한 방파제와도 같은 존재였다. 그러나 당시 처칠과 의견을 같이하는 영국 정치인은 거의 없었다. 오히려 많은 영국 정치인들은 독일보다는 독일에 대한 프랑스의 행보가 유럽의 안정에 위협이 된다고 생각하고 있었다.

　프랑스가 겪은 제1차 세계대전은 여러 가지 측면에서 동맹국이었던 영국이 경험한 것과는 사뭇 다른 것이었으며, 이러한 경험은 전후 프랑스군의 조직, 전술, 교리에 크나큰 영향을 미쳤다. 영국군이 다양한 지역의 여러 전선에서 싸우면서 전차를 도입하고 전쟁 말기에는 제병 합동 전술을 발전시켜 큰 성공을 거둔 데 반해, 1914년~1918년에 프랑스군이 거둔 승리는 대부분 결연한 진지 방어에 기반한 것이었다. 베르됭Verdun 전투는 이러한 정적인 진지 방어전 교리가 가장 빛을 발하면서 국가적 자부심으로까지 승화되는 계기가 되었다. 당시 프랑스군은 베르됭을 지키면서 엄청난 희생을 치렀지만, 결국 최종 승리를 거두는 데 성공했다. 제1차 세계

■■■■■ 프랑스가 막대한 비용을 들여 건설한 마지노 선은 프랑스군 방어 전략의 근간이 되었다. (Ann Ronan Picture Library)

대전이 끝을 향해 치달아가던 무렵, 프랑스군 역시 공세를 통해 상당한 성과를 거두고 제병 합동 공격에서도 긍정적인 경험을 얻게 되었다. 그러나 1914년~1918년에 악몽과도 같은 피해를 입은 프랑스인들은 이후 적극적으로 전쟁을 할 의지를 완전히 잃어버렸다.

방어전이라는 개념은 자국 영토 내에서 제1차 세계대전을 치르면서 '공화국La République' 방어를 위해 엄청난 피를 흘린 프랑스인들에게는 특별한 의미를 지니는 것이었다. 따라서 프랑스인들이 향후 방어 전략을 입안하면서 프랑스군이 거둔 승리로부터 교훈을 얻고 이를 더욱 발전시켜 1914년~1918년에 벌어졌던 것과 같은 살육전이 다시는 반복되지 않게 하기 위해 엄청난 노력을 기울인 것도 결코 이상한 일은 아니었다. 마지노 선Maginot Line은 바로 그러한 노력의 산물이었다. 엄청난 비용을 들여 건설한 마지노 선은 일련의 요새와 보루들로 구성된 거대한 요새 방어선으로, 각각의 보루와 요새들은 지하철도로 연결되어 있었으며 각각의 요새는 병영, 병원, 탄약고, 연료창고, 환기 시스템을 갖추고 있어서 설사 적에게 포위되더라도 요새로서의 기능을 잃지 않고 지속적으로 전투를 수행할 수 있었다. 마지노 선을 건설하는 데 총 70억 프랑이 투입되었는데, 이는 당초 예상 소요 금액을 훨씬 뛰어넘는 것이었다.

마지노 선의 건설과 유지에 엄청난 비용이 들어감에 따라 상대적으로 다른 부문에 들어갈 예산은 줄어들 수밖에 없었다. 하지만 그런 문제점을 감안하더라도 프랑스인들 가운데 마지노 선 건설 필요성에 이의를 제기하는 사람은 거의 없었다. 페탱Pétain 원수는 "전쟁이 터졌을 때 전사하게 될 병사들의 목숨과 맞바꾼 강철과 돈"이라는 말로 프랑스 국민들이 마지노 선에 대해 갖고 있는 신뢰를 표현했으며, 참호전의 악몽을 겪은 이들 가운데 이 말에 동의하지 않는 이들은 거의 없었다.

그러나 프랑스의 방어 전략에는 커다란 약점이 있었다. 마지노 선은 독일의 침공을 막기 위해 구축되었지만, 정작 독일이 프랑스를 침공해올 경우 침공로로 사용될 것이 분명한 프랑스-벨기에 국경지대에는 건설되지 않았기 때문이었다. 사실, 마지노 선이 건설된 구간 자체도 스트라스부르Strasbourg에서 몽메디Montmédy 사이의 지역에 불과했다. 이렇게 마지노 선이 불완전한 방어선으로 남을 수밖에 없었던 데에는 요새의 실용성과 경제적 부담이라는 현실적인 이유도 있었지만, 동시에 프랑스가 벨기에를 계속 연합국 쪽에 붙잡아놓고 싶어했다는 사실이 크게 작용했다. 만약 프랑스-벨기에 국경지대에까지 마지노 선을 연장한다면, 벨기에는 독일과 싸우기보다는 제1차 세계대전 개전 직전 당시와 마찬가지로 중립을 선언해버릴 가능성이 컸다. 만약 벨기에가 중립으로 돌아선다면, 독일이 침공 기미를 보일 경우 미리 벨기에 영토에 병력을 투입하여 방어태세를 다진다는 프랑스군의 계획은 완전히 무용지물이 될 게 뻔했다. 또 프랑스는 아르덴 숲 지대를 마주보고 있는 지역에도 마지노 선을 구축하지 않는 우를 범했다. 이는 당시 프랑스군 관계자들이 어떤 현대적인 기갑부대도 아르덴의 울창한 삼림을 통과할 수 없다고 성급하게 결론을 내렸기 때문이었다.

마지노 선의 위력에 대한 과신과 벨기에의 정치적 입장에 대한 우려, 재정적인 부담, 공격적인 기동작전이 미래전을 주도할 것이라는 개념 자체를 받아들이려 하지 않는 경직된 사고 등이 모두 합쳐져 소위 '마지노 정신'을 낳았다. '마지노 정신'에 사로잡힌 프랑스인들은 마지노 선은 어떠한 공격도 물리칠 수 있다는 맹목적인 믿음을 가진 채 전쟁의 양상이 바뀌었다는 사실을 받아들이기를 거부했다.

독일에게도 마지노 선은 전략적으로 매우 중요한 고려사항이었다. 원래 프랑스가 그럴 생각은 아니었겠지만, 사실, 마지노 선은 프랑스의 전략 선택의 폭을 크게 줄여놓는 부작용을 낳았다. 엄청난 자금을 들여 제작한 마지노 선이라는 튼튼하기 이를 데 없는 우리 속에 스스로 틀어박힌 프랑스군이 먼저 공세로 나올 가능성은 거의 없었다. 1935년, 프랑스 국방장관은 프랑스 하원에서 한 연설에서 "수십억 프랑을 들여 구축한 요새 방어선을 버려두고 어떻게 공세로 나설 수 있겠습니까? 그 목적이 무엇이든 간에 마지노 선을 넘어서 공격에 나서는 것은 미친 짓이 될 것입니다"라고 말했다.

마지노 선이 구축된 결과, 프랑스 국가 전체는 교조적 방어 제일주의 사상에 빠지게 되었다. 그러나 방어 제일주의가 만연하게 된 데에는 보다 실용적인 이유도 있었다. 마지노 선은 엄청난 국방 예산과 인력을 투입한 결과물이었다. 국방 예산의 상당 부분을 마지노 선에 쏟아부은 결과, 프랑스군은 다른 국방 분야에 대한 투자에 큰 제약을 받게 되었다. 만약 프랑스군이 공세적인 전략을 채택할 만한 여건을 갖추고 있었다고 하더라도 당시로서는 그런 전략을 실제로 구사하기 위해 필요한 장비를 마련할 재원이 전혀 없었다. 이러한 사실을 잘 알고 있던 히틀러는 동부유럽에서 무슨 일을 저지르더라도 프랑스가 독일의 서쪽 국경을 위협할 가능성은 거의 없다는 확신을 갖게 되었다.

　1930년대 프랑스 육군은 여러 가지 문제에 시달리고 있었다. 이런 문제들 가운데 상당수는 프랑스 사회 전반에 퍼져 있는 문제이기도 했다. 프랑스군 병사들은 보잘것없는 봉급을 받고 무시당하기 일쑤였으며, 프랑스 전체가 사회적·정치적으로 혼란에 빠지면서 군도 분열되는 양상을 보이고 있었다. 프랑스 육군은 무선 통신을 적극 도입하기보다는 계속 유선 전화기에 의존했으며, 전차의 잠재력도 제대로 이해하지 못했다. 1918년까지도 프랑스 육군은 제대로 된 제병 협동 전술 교리를 수립하지 못했으며, 제1차 세계대전 말기 고성능 전차들을 개발해놓았으면서도 전차의 역할을 적의 전선을 돌파하는 보병들을 지원하는 역할에 국한시키는 우를 범했다. 프랑스군은 제병 협동 공격 시, 다른 기계화부대의 이동 속도에 맞출 수 있도록 보병을 차량에 탑승시켜 신속하게 진격하기보다는 공격의 속도를 가장 느린 병과, 즉 보병의 행군 속도에 맞추는 쪽을 선택했다. 제2차 세계대전이 터지기 전, 샤를 드골로 대표되는 일부 소장파 장교들이 전술 교리의 혁신을 주장하고 나서기도 했지만, 프랑스군 지휘부는 시대에 뒤떨어진 전술 교리를 끝까지 고수했다.

벨기에

제1차 세계대전 동안 벨기에군은 규모는 빈약했지만 할 수 있는 최대한의 역할을 수행했으며, 전쟁이 끝난 후 벨기에의 안보를 확보하기 위해 최선의 노력을 기울였다. 벨기에 정부는 프랑스, 영국 모두와 상호방위조약을 맺고 징병제 실시를 통해 최대한의 상비군을 유지하기 위해 안간힘을 썼다. 그러나 1926년 무렵이 되자 독일이 침공해오면 영국과 프랑스가 틀림없이 개입할 텐데 뭐하러 강력한 상비군을 유지하느냐는 분위기가 벨기에 정부에 팽배하게 되었다. 1933년에 히틀러가 집권하자, 벨기에군은 다시 국방력 확충에 힘을 기울이기 시작했고, 영국과 프랑스가 독일에 선전포고할 무렵에 벨기에 육군은 60만 명에 이르는 병력을 보유하고 있었다. 당시 벨기에군은 위력적인 최신 무기를 상당수 보유하고 있었지만, 영국과 프랑스가 독일에 선전포고를 하면서 재확인해준 벨기에의 중립이 침범당할 경우에만 방어전을 벌인다는 계획을 세워놓고 있었다.

폴란드

폴란드는 제2차 세계대전사에 독일의 마수에 처음으로 희생된 국가로 이름을 남기게 되었다. 제2차 세계대전 초반에 폴란드군이 벌인 치열한 전투는 각국의 주목을 받았다. 그러나 불행히도 독일 침략군을 물리치려는 폴란드군의 처절한 저항은 무위로 돌아가고 말았다. 폴란드는 굴곡이 심한 역사를 가지고 있었다. 18세기 말, 프로이센과 오스트리아, 러시아 사이에 분할되었던 폴란드는 123년간 나라 없는 설움을 견딘 끝에 1918년에 베르사유 조약 체결과 함께 독립을 이루었다.

■■■■■ 폴란드군 기병대의 모습. (Topham Picturepoint)

하지만 제1차 세계대전 중 많은 폴란드인들이 독일군과 러시아군, 오
스트리아군의 일부로서 서로 싸워야 하는 비극적인 상황이 벌어지기도
했다. 전후 독립한 폴란드는 오스트리아-헝가리 제국군에 소속되었던 폴
란드인 부대들을 주축으로 군대를 편성했다. 신생 폴란드군의 지휘를 맡
은 것은 오스트리아 제국군의 폴란드인 부대 지휘관이었던 유제프 피우
수트스키^{Józef Piłsudski} *였다. 비록 잡다한 지역의 오합지졸들로 편성된 군
대였지만, 폴란드 건국 직후 폴란드군은 러시아를 상대로 큰 승리를 거두
게 되었다. 또 폴란드계 미국인 자원자들로 구성된 2만5,000명 규모의 할
러^{Haller} 부대까지 가세하면서 폴란드군은 한층 강화되었다.

제1차 세계대전이 끝나고 중·동부유럽의 대제국들이 붕괴되면서 중

* 유제프 피우수트스키 1867~1935. 폴란드의 정치가, 혁명가. 폴란드 독립을 위해 러시아
를 패전시키려고 오스트리아로 망명해 무장집단 '스트레리치'를 조직해 제1차 세계대전
에서 러시아와 싸웠으며, 이후 폴란드군 최고사령관으로 추대되었다. 한때 정계를 은퇴했
으나, 1926년 군사 쿠데타로 정권을 잡고 의회를 무력화시킨 다음 파시즘적 독재를 폈으
며, 1934년 히틀러와 동맹을 맺었다.

소 규모의 신생국가들이 난립하게 되었다. 이들은 국내적으로는 민족적 통합을 이루기 위해 노력하면서 대외적으로는 영토 확장을 위해 서로 난투극을 벌였다. 새로이 러시아의 지배자로 부상한 볼셰비키들과의 전투에서 몇 차례 국지적인 승리를 거둔 폴란드는 이에 자신을 얻어 우크라이나의 민족주의자들과 연합한 후 우크라이나를 침공하여 붉은 군대와 전쟁을 시작했다. 전쟁 초기에는 폴란드군이 승승장구했으나, 곧 붉은 군대가 전세를 역전시켜 폴란드군을 바르샤바Warszawa 부근까지 몰아내버렸다. 한때 폴란드는 수도 바르샤바가 함락될 위기 상황에까지 몰리기도 했지만, 피우수트스키가 막판에 대역전극을 성공시키면서 붉은 군대를 결정적으로 패퇴시켰고, 볼셰비키들은 폴란드와 굴욕적인 평화협정을 체결해야 했다. 이런 치욕적인 패배를 당한 러시아는 1920년대와 1930년대 내내 이를 갈았으며, 이는 1939년에 스탈린이 독일 편에 서서 폴란드 분할에 나서는 데 큰 영향을 미쳤다.

폴란드의 지리적 위치 역시 전략적으로 불리한 점이 많았다. 동쪽으로는 소련, 서쪽으로는 독일이라는 강대국 사이에 낀 샌드위치 신세였던 폴란드에게 최악의 악몽과도 같은 시나리오는 그 두 마리의 괴물과 동시에 양면 전쟁을 벌이는 상황이었다. 이러한 전략적 여건은 폴란드의 국가 전략 입안에 커다란 어려움을 안겨주었다. 1921년, 폴란드의 지도자들은 프랑스와 방위조약을 체결하는 데 성공했다. 이 조약에 따르면, 당시 소련과 폴란드 사이에 일어나고 있던 분쟁에 독일이 개입할 경우 즉각 프랑스는 폴란드 편에 서서 분쟁에 개입하기로 되어 있었다. 만약 프랑스가 이 조약을 준수할 경우, 독일의 폴란드 침공은 바로 프랑스와 독일 사이의 전쟁으로 이어질 수밖에 없었다. 양차 대전 사이의 기간 동안 주로 독일의 야망을 억제하고 독일의 군사적 행동을 제한하는 데 외교력을 쏟았던 프랑스에게도 이러한 조약은 여러모로 큰 도움이 되는 것이었다. 폴란

■■■■■ 폴란드군의 경전차대의 모습. (Steve Zaloga)

드는 루마니아와도 비슷한 방위조약을 체결했지만, 이는 독일의 위협보다는 소련의 위협에 대처하기 위한 수단으로서의 의미가 더 컸다.

　1925년에 프랑스, 영국, 바이마르 공화국 사이에 체결된 로카르노 조약은 폴란드의 미래에 어두운 먹구름을 드리웠다. 이 조약을 통해 영국, 프랑스, 독일이 서로의 국경을 존중하겠다는 약속을 하게 되자, 서부유럽은 안정을 찾게 되었다. 그러나 문제는 최대의 숙적이었던 서쪽의 프랑스와 영국에 대해 더 이상 걱정할 필요가 없어진 독일이 이제 동부유럽에서 잃어버린 영토를 되찾으려고 들 가능성이 커졌다는 것이었다. 이때, 히틀러는 노회한 외교술을 과시하며 독일-폴란드 불가침 협상을 체결하면서 세계를 놀라게 했다.

역사학자들은 제2차 세계대전 초기에 독일과 맞서 싸운 폴란드군을 완전히 현대화된 적에게 19세기 전술과 장비로 대항한 시대착오적인 군대로 치부해버렸지만, 사실은 폴란드군 역시 기동전에 초점을 맞춘 전술 교리를 갖추고 있었다. 이 전술 교리는 광대한 전장에서 신속한 기동 위주로 펼쳐졌던 러시아-폴란드 전쟁*에서 쌓은 경험과 승리에 기반한 것이었다. 그러나 현대적인 기동전 교리를 갖추고 있긴 했지만, 불행히도 폴란드군은 완전히 시대에 뒤떨어진 수단으로 그 교리를 실행에 옮기려 했다. 독일군은 기동전을 수행하기 위해 전차와 기계화 보병, 자주포 등을 사용했지만, 폴란드군은 고풍스러운 기병과 전적으로 두 발에 의지해 이동하는, 순수한 의미의 전통적인 보병을 고집했다. 전쟁에서 승자는 2명이 나올 수 없는 법, 누가 승자가 될지는 전쟁이 터지기 전에 이미 결정된 거나 다름없었다.

---

* **러시아-폴란드 전쟁** 우크라이나 점령을 둘러싸고 러시아와 폴란드 사이에 일어난 군사 분쟁(1919년~1920년). 이 싸움으로 러시아-폴란드 국경이 정해져 1939년까지 존속했다.

전쟁의 발발
"나는 무력에 의지해 이 문제를 해결하기로 결심했다"

제2차 세계대전은 사실상 독일의 폴란드 침공으로 시작되었다. 독일의 폴란드 침공은 그 자체만 놓고 보면 국지적인 분쟁으로 끝날 수도 있는 일이었다. 그러나 독일과 폴란드의 전쟁은 영국과 프랑스가 개입함으로써 유럽 전체의 전쟁으로 확대되었다. 당시 영국과 프랑스는 독일이 노골적으로 폴란드에 대해 적대적인 행동을 취할 경우 폴란드를 돕기 위해 분쟁에 개입하기로 폴란드와 협정을 맺은 상태였다. 독일이 폴란드를 침공했을 때 어쩌다 영국과 프랑스가 빼도 박도 못하는 상태에서 전쟁에 끌려들어가야 하는 상황에 빠지게 되었는지를 살펴보기 위해서는 몇 년 전으로 거슬러 올라갈 필요가 있다.

독일의 영토적 야망

히틀러는 제1차 세계대전의 패배로 상실한 독일의 힘과 유럽의 열강이라는 위상을 되찾고 싶어했다. 그는 그러기 위해서는 먼저 1919년 베르사유 조약으로 인해 빼앗긴 영토와 독일계 주민들을 되찾아야 한다고 믿었다. 결국 모든 독일계 주민들과 원래의 독일 영토를 회복하는 데 성공한 히틀러는 점점 대담한 계획을 세웠다. 이제 그는 약육강식의 다원주의에 기반하여 독일을 유럽의 지배자로 만들겠다는 망상을 품기에 이르렀다. 히틀러는 '적자생존'의 원칙이 지배하는 인종 전쟁에서 순수 아리아인의 혈통을 가진 독일인이 동유럽의 슬라브인과 같은 '열등' 민족들에게 승리를 거두고 세계를 지배할 것이라고 주장했다.

히틀러는 어떤 민족이든 강성해져서 영토를 확대해나가지 않으면 멸망할 수밖에 없다고 믿었고, 독일의 게르만 민족도 영토를 확대하여 동방에 초국가超國家를 건설해야 하며 동유럽에 거주하는 슬라브 주민들은 모두 독일인 주인들에게 봉사하기 위해 살아가는 노예 민족으로 만들어야 한다고 주장했다. 또 동방에서 정복한 영토는 독일인들을 이주시켜 식민지로 만듦으로써 독일 국내의 영토만으로는 이룰 수 없는 '생활권Lebensraum'을 확보해야 하며, 이 과정에서 독일인들에게 봉사할 자격조차 없는 유대인이나 집시 같은 민족들은 절멸시켜야 한다는 것이 그의 주장의 핵심을 이루고 있었다. 그는 『나의 투쟁』에서 다음과 같이 선언했다.

한 국가의 외교정책은 민족의 생존을 보장해줄 수 있는 것이어야 하며, 국가는 외교정책을 통해 민족의 현재와 미래의 사이에 건강하고 생명력 넘치며 자연스러운 균형을 맞추는 동시에 그 민족이 살아갈 충분하고도 풍요로운 영토를 확보해야 한다.

1936년, 독일의 라인란트 재점령은 히틀러가 잃어버린 영토 수복에 나섰다는 사실을 보여주는 사건이었다. 당시 독일 군부의 장군들은 재점령 계획에 반대했지만, 히틀러는 이들을 무시하고 자신의 의지를 관철시켰다. 결국 재점령이 순조롭게 완료되자, 히틀러는 자신이 내리는 결정은 항상 완전무결하며 독일의 숙적인 영국과 프랑스는 약할 뿐만 아니라 독일의 확장에 대해 별다른 관심을 가지고 있지 않다는 확신을 가지게 되었다.

독일의 오스트리아 합병

오스트리아와의 통합은 히틀러에게 또 다른 중요한 한 걸음이었다. 독일의 오스트리아 합병Anschluss은 베르사유 조약에서 분명히 금지되어 있는 일이기도 했지만, 조약의 기반을 형성하고 있는 민족자결의 원칙에도 반하는 것이었다. 당시 오스트리아에 거주하고 있던 많은 독일인들은 독일에 합병되는 것을 원치 않았기 때문이었다. 그러나 히틀러는 인종적 차원의 문제뿐만 아니라 그가 오스트리아에서 태어났기 때문에, 오스트리아의 게르만 민족들이 독일 제국의 지붕 아래로 들어오기를 원했다.

1934년, 당시 오스트리아 총리였던 돌푸스Dollfuss는 오스트리아 나치당의 활동을 금지했다. 그해 말, 오스트리아 나치당원들은 쿠데타를 시도했다. 히틀러는 이 기회를 어떻게든 잡고 싶었지만, 독일이 오스트리아까지 흡수할 경우 독일의 세력이 지나치게 커질 것을 두려워한 무솔리니가 만약 독일이 개입하면 돌푸스 편에 서서 이를 저지하겠다고 위협을 하는 통에 잠시 그 꿈을 접어야 했다. 4년 후, 로마-베를린 추축 동맹 선언과 보다 공식적인 방공협정의 체결로 이탈리아-독일의 관계는 크게 개선되

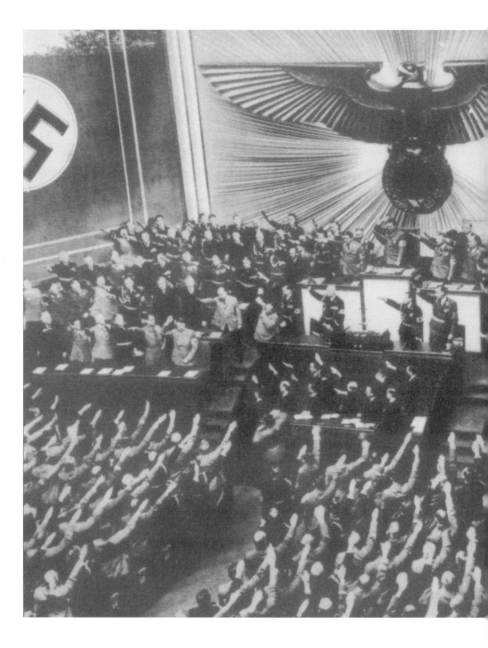

었고, 오스트리아의 나치들은 다시 한 번 소요 사태를 일으키기 시작했다. 상황이 이렇게 되자, 오스트리아 총리는 오스트리아의 미래를 놓고

국민투표를 실시하겠다는 약속을 했다. 오스트리아 국민의 과반수가 독일과의 국가 통합에 찬성표를 던질 것이라고 확신할 수 없었던 히틀러는 달리 손을 쓰기로 결심했다. 결국, 침공 위협을 받은 오스트리아 정부는 히틀러에게 무릎을 꿇고 말았다. 1938년 2월, 쿠르트 폰 슈슈니크Kurt von Schuschnigg가 밀려난 후 새로 오스트리아 총리가 된 나치당원 아르투어 자이스-잉콰르트Arthur Seyss-Inquart는 곧장 독일군을 불러들였다. 3월 13일, 자이스-잉콰르트는 공식적으로 오스트리아가 소멸했으며 아돌프 히틀러가 대독일의 총리가 되었음을 발표했다.

사실, 다른 국가들도 거의 같은 민족이나 다름없던 오스트리아와 독일을 강제로 갈라놓은 것은 부적절하다고 생각하고 있었다. 그렇기 때문에 이들은 독일의 오스트리아 합병을 히틀러의 호전성을 보여주는 사건이라기보다는 자연스러운 민족국가 형성 과정으로 간주했다. 그러나 이제 오스트리아까지 먹었으니 히틀러의 야심도 어느 정도 충족되었을 것이라는 각국의 예상은 완전히 틀린 것이었다.

주데텐란트

오스트리아를 합병한 히틀러는 체코슬로바키아에 거주하고 있던 다수의 독일계 주민들에게 관심을 돌렸다. 오스트리아인들과는 달리 체코의 독일계 주민들은 대부분 독일에 통합되기를 바라고 있었다. 체코슬로바키아는 단일 민족국가가 아니라 제1차 세계대전이 끝난 후 연합국이 오스트리아-헝가리 제국과 독일의 영토를 떼어 내어 인위적으로 세운 국가였다. 당시 체코슬로바키아에는 300만 명에 이르는 독일계 주민들이 주데텐란트Sudetenland라고 불리는 지역에 거주하고 있었다.

1933년 이래 체코슬로바키아의 일부 독일계 주민들은 체코슬로바키아 정부에게 정치적인 자치권을 요구하며 소요 사태를 일으켜왔다. 이 소요 사태의 배후 주동자는 나치 동조자였던 콘라트 헨라인Konrad Henlein이라는 인물이었다. 주데텐란트 독일인들의 요구는 (적어도 표면적으로는) 민족자결주의 원칙을 규정한 베르사유 조약의 정신에 부합되는 것이었기 때문에, 외국에서는 주데텐란트 독일인들의 요구에 대해 공감하는 여론도 있었다. 1938년 뉘른베르크에서 열린 나치 전당대회에서 히틀러는 다음과 같은 연설을 통해 주데텐란트의 독일인들을 독일 제국의 일원으로 만들겠다는 그의 야망을 노골적으로 표시했다.

저는 이 점을 명확히 함으로써 평화에 크게 이바지할 수 있다고 믿습니다. 저는 독일이 350만 명의 프랑스인들을 억압해야 한다거나 폭정을 하기 위해 영국인 350만 명을 넘겨달라고 요구하고 있는 것이 아닙니다. 저는 단지 체코슬로바키아에 살고 있는 350만 독일인들에 대한 압제가 즉시 중단되어야 하며 이들이 민족자결의 원칙에 따라 자신들의 운명을 결정할 수 있어야 한다고 주장할 뿐입니다. 만약 이로 인해 독일과 여타 유럽 국가들 간의 관계가 경색되거나 손상된다면 정말 유감스러운 일이겠습니다만, 설사 그렇다고 하더라도 이것이 독일의 잘못이라고 할 수는 없을 것입니다.

영국의 총리였던 네빌 체임벌린Neville Chamberlain은 히틀러의 말이 진심이라고 믿었다. 그러나 설사 믿지 않았다고 하더라도 당시 전쟁 준비가 전혀 되어 있지 않았던 영국과 프랑스로서는 할 수 있는 일이 없었다. 9월 초, 히틀러가 독일 군대를 체코 국경 부근으로 이동시키자, 각국은 독일의 체코 침공이 초읽기에 들어간 것으로 보고 바짝 긴장했다. 그러나 히틀러는 군이 전쟁을 벌이지 않아도 외교력만으로도 원하는 바를 얻을 수 있으며, 또 프랑스와 영국이 체코슬로바키아를 지키기 위해 전쟁을 시작하지는 않을 것이라는 확신을 가지고 있었다.

현실적으로 영국과 프랑스가 체코슬로바키아를 지원한다는 것 자체도 쉬운 일이 아니었다. 만약 전쟁이 벌어질 경우 체코슬로바키아 단독으로는 도저히 독일군에게 맞서 싸울 능력이 없었고, 그나마 도움을 줄 능력이 있는 소련도 지원 부대를 파견하려면 폴란드와 루마니아 영토를 지나야만 했는데 체코슬로바키아를 원조하기 위해서라고 해도 이 두 나라가 소련군의 영내 통과를 고이 허락해줄 리가 없었다. 게다가 영국과 프랑스 역시 체코슬로바키아 문제에 소련이 개입하는 것 자체를 탐탁찮게 여겼다. 비록 체코슬로바키아와 프랑스 간에 상호방위조약이 체결되어 있기는 했지만, 프랑스는 체코슬로바키아를 위해 전쟁을 할 의지가 없었으며, 설사 그럴 의지가 있었다고 하더라도 당시 영국과 프랑스의 군사력

■■■■■■ 주데텐란트의 독일 병합 여부를 묻는 주민투표 홍보 포스터. (AKG Berlin)

은 전쟁을 치르기에는 너무 약했다. 결국 영국과 프랑스는 주데텐란트를 달라는 히틀러의 요구를 들어주도록 에두아르트 베네스 Eduard Benes 체코 총리를 설득했다. 그러나 주데텐란트를 잃는다는 것은 체코에게 있어 전략적으로 가장 중요한 영토를 잃는 것일 뿐만 아니라 국경지대의 핵심 방어시설 전부를 잃는 것을 의미했다. 만약 독일이 주데텐란트를 점령한 후 침략을 해온다면 체코슬로바키아는 무방비 상태로 앉아서 당할 수밖에 없었다.

9월 15일에 히틀러의 베르히테스가덴Berchtesgaden 별장에서 열린 회담에서 히틀러는 체임벌린에게 민족자결의 원칙에 따라 주데텐란트를 합병하겠다는 의사를 밝혔다. 이후 며칠간 영국, 프랑스, 독일 사이에는 일촉즉발의 긴장감이 흘렀다. 영국은 해군에게 전쟁 준비를 하라는 명령을 내렸고, 프랑스 역시 군을 동원하기 시작했다. 수일간에 걸친 밀고 당기기 끝에 영국, 프랑스, 독일은 9월 29일 뮌헨München에서 다시 회의를 열고 체코슬로바키아의 운명을 결정하기로 합의했다. 9월 27일, 체임벌린은 다음과 같은 유명한 발언을 했다.

전쟁의 전주곡: 주데텐란트, 폴란드 회랑, 그리고 글라이비츠

단치히
폴란드
회랑
동프로이센
베를린
글라이비츠
바르샤바
네덜란드
벨기에   퀼른
독일
폴란드
② 라인란트
룩셈부르크 ①
자를란트
④
□ 프라하
체코슬로바키아
N
뮌헨   반
② 오스트리아
부다페스트

1. 1935년 3월, 자를란트에서 주민투표가 실시됨.
2. 1936년 5월, 독일이 라인란트를 재점령.
3. 1938년 3월, 독일이 오스트리아를 점령.
4. 1938년 9월, 뮌헨 합의 결과 주데텐란트가 독일 손에 넘어감.

0   200 miles
0   250 km

이역만리에서 우리가 알지도 못하는 사람들 간에 벌어진 분쟁 때문에 우리가 참호를 파고 방독면을 뒤집어써야 한다면 이 얼마나 끔찍하고 황당하며 믿을 수 없는 일이겠습니까. 게다가 원칙적으로 이미 합의가 이루어진 분쟁 때문에 전쟁을 벌이는 것은 더욱 말도 안 되는 일일 것입니다.

뮌헨에 모인 영국, 프랑스, 이탈리아, 독일 대표들은 결국 히틀러에게 주데텐란트를 넘겨주기로 합의했다. 그러나 체코슬로바키아의 미래를 결정하는 이 자리에 체코 대표의 모습은 찾아볼 수 없었다. 히틀러는 주데텐란트만 할양받는 대신, 이후 체코슬로바키아의 국경선을 존중하겠다는 합의문에 서명했다. 뮌헨 회담 직후 영국의 크로이던 공항 Croydon airport 에 도착한 체임벌린은 히틀러가 서명한 합의문을 흔들어 보이며 '이 시대의 평화'를 보장받았다고 말했다. 그러나 3월 15일, 독일군은 체코슬로바키

■■■■■■ 뮌헨 회담의 주역들. 왼쪽에서부터 네빌 체임벌린, 에두아르 달라디에, 아돌프 히틀러, 베니토 무솔리니, 가노(Gano) 백작. (Ann Ronan Picture Library)

아의 수도 프라하Prague에 입성하면서 보헤미아Bohemia와 모라비아Moravia 지방까지 집어삼켰다.

　1938년 9월의 뮌헨 회담은 독일의 노골적인 영토욕을 막을 힘이 영국과 프랑스에게는 없다는 사실을 극명하게 보여주는 사건이었으며, 이후 '실패한 유화책'의 대명사로 이름을 남기게 되었다. 유화책이란 말 자체는 흔히 쓰이는 용어였지만, 뮌헨 회담을 전후하여 영국과 프랑스가 사용한 유화책은 평화를 유지하기 위해 독일의 요구를 가능한 한 모두 수용함으로써 히틀러가 전쟁을 벌이지 못하게 막자는 것이었다. 하지만 뮌헨 회담에서 영국과 프랑스는 유화책의 한계를 절감하게 되었다. 머지않아 히틀러가 또 다른 요구를 해올 것이 분명한 상황에서 영국의 체임벌린과 프랑스의 에두아르 달라디에Eduard Daladier 총리는 계속 재무장해야 한다는 사실을 깨닫게 되었다.

▪▪▪▪▪ 뮌헨 회담 직후 크로이던 공항에서 기자회견을 열고 있는 체임벌린의 모습. (Topham Picturepoint)

폴란드

국지적 분쟁을 전 유럽, 더 나아가 전 세계를 휩쓴 전쟁으로 격화시킨 최종적인 사건은 독일의 폴란드 침공이었다. 히틀러가 체코슬로바키아를 집어삼킨 이후, 영국은 폴란드에게 군사적 안전 보장을 약속하면서 히틀러에게 두 번 다시 뮌헨 회담이 재현되는 일은 없을 것이라는 사실을 명백히 했다. 이는 당시 영국 국민의 감정을 반영한 조치이기도 했다. 독일의 야욕이 이대로 멈추지 않을 것이 분명해지자, 영국은 징병제를 도입했다. 또 영국은 루마니아와 그리스에게도 폴란드에게 했던 것과 비슷한 안전 보장을 약속했다. 이는 영국을 전쟁으로 끌고 들어갈 수도 있는 협약을 대륙 국가와는 맺지 않는다는 이전의 오랜 외교적 관행을 완전히 뒤엎는 것이었다.

히틀러는 동방에 게르만 민족의 생활권을 마련하기 위한 첫걸음으로서 먼저 폴란드를 장악하기를 원했다. 게다가 폴란드를 공격하기 위한 절호의 구실까지 있었다. 당시 독일의 동쪽 끝 지방이었던 동프로이센은 폴란드 회랑에 의해 독일 본토와 단절되어 있었다. 독일로서는 마음만 먹으면 얼마든지 폴란드가 동프로이센으로 가는 길을 막고 있다고 걸고넘어질 수 있었다. 독일이 폴란드를 점점 더 노골적으로 위협함에 따라 폴란드 회랑 끝에 위치한 자유도시 단치히에서는 현지 나치당원들이 단치히가 독일에 통합되어야 한다고 주장하며 소요 사태를 일으키기 시작했다. 서서히 상황이 무르익어감에 따라 히틀러는 체코에게 했던 것과 마찬가지로 동프로이센으로 가는 통로를 확보한다는 그럴 듯한 이유를 내세워 폴란드에게 영토를 내놓으라는 압박을 가했다.

1939년 8월, 소련과 독일은 몰로토프-리벤트로프 협정Molotov-Ribbentrop Pact을 체결해 세계를 놀라게 했다. 이로써 당시 유럽의 전략적 상황은 완전히 바뀌게 되었다. 어쨌든 전혀 함께 어울릴 여지가 없어 보였던 소련과 독일은 불가침조약이라는 정략적인 협정을 체결함으로써 한편에 서게 되었다. 그러나 겨우 2년 후 이 두 나라는 결국 서로 불구대천의 적으로 돌아서게 되었다. 하지만 그건 나중의 이야기고, 스탈린이 독일과 동맹을 맺은 이유는 점점 강해지는 독일이 소련을 공격해올 시기를 최대한 늦추기 위해서였다. 또 스탈린은 독일과의 사이에 더 많은 완충지대를 둘수록 소련에게 유리하다는 생각을 가지고 있었기 때문에, 폴란드의 절반을 주겠다고 히틀러가 제안하자 기꺼이 독일을 도와 궁지에 몰린 폴란드를 등 뒤에서 공격했다. 소련을 한편으로 끌어들임으로써 설사 프랑스와 영국이 독일을 공격하더라도 소련은 가만히 있을 거라는 보장을 얻은 히틀러는 이제 원하는 바를 달성하기 위해서 전쟁을 벌여도 좋다는 자신감을 가지게 되었다. 영국은 필요할 경우 즉각 폴란드를 지원하겠다는 입장을 명확히 했지만, 히틀러는 요지부동이었다.

영국과 프랑스가 거듭 경고했음에도 불구하고 결국 히틀러는 독일군에게 폴란드 침공을 명령했다. 1939년 8월 31일, 히틀러는 독일 국방군 최고사령부ᴼᴷᵂ 지령 제1호에서 다음과 같은 사실을 강조했다. "독일 동부 국경지대에서 벌어지고 있는 용납할 수 없는 상황을 평화적인 수단으로 해소할 수 있는 모든 정치적 가능성이 무산된 상황에서 나는 마침내 무력에 의지해 이 문제를 해결하기로 결심했다." 드디어 전쟁이 시작된 것이다.

1939년 9월 3일 오전 11시 15분, 독일군의 폴란드 침공을 전 유럽 차원의 전쟁으로 확대시키는 사건이 벌어졌다. 그보다 약 2시간 전인 오전 9시, 영국 총리는 1시까지 독일군을 폴란드로부터 철수시킬 준비가 되었다는 응답을 받지 못할 경우 영국과 독일은 전쟁 상태에 돌입하게 될 것이라는 최후통첩을 독일에 보냈다. 오전 11시 15분, 네빌 체임벌린은 연

독일 국방군 최고사령관

OKW/Wfa Nr 170/39g. K. Chiefs. Li
특급 기밀

베를린
1939년 8월 31일

취급은 장교들만이 할 수 있으며
열람은 고위 지휘관에 한함

사본 8부 인쇄
사본 번호....

전쟁 수행에 관한 지령 제1호

1. 독일 동부 국경지대에서 벌어지고 있는 용납할 수 없는 상황을 평화적인 수단으로 해소할 수 있는 모든 정치적 가능성이 무산된 상황에서 나는 마침내 무력에 의지해 이 문제를 해결하기로 결심했다.

2. 폴란드에 대한 공격은 '백색 작전(Fall Weiss)'에 대비해 입안된 계획에 따라 수행될 것이며, 이 계획은 군의 배치가 시작될 때부터 거의 완료되는 시점 사이에 발생하는 변동에 따라 수정될 수 있다. 그러나 할당된 임무와 작전 목표는 변경되지 않을 것이다. 공격 날짜: 1939년 9월 1일. 공격 시간: 새벽 4시 45분(공격 날짜와 시간은 각각 붉은 펜으로 표기). 기드니아(Gydnia) 항과 단치히 만, 디르샤우(Dirschau) 철교에 대한 작전도 같은 시간에 개시하도록 한다.

3. 서부전선에서는 이 전쟁의 책임이 영국과 프랑스에 있음을 분명히 하는 것이 중요하다. 사소한 국경 침입은 당분간 해당 지역 내에서 해결하도록 한다. 우리가 중립을 보장한 네덜란드, 벨기에, 룩셈부르크, 스위스의 중립은 엄격히 존중한다. 분명한 명령 없이는 서부 국경지대를 넘는 것을 금지한다. 이러한 원칙은 해상과 공중에서 벌어지는 모든 활동에도 적용된다. 공군의 활동은 제국의 국경지대에 대한 적의 항공 공격을 격퇴하는 것에 국한한다. 국경을 침범한 소규모 육상 부대나 단일 항공기에 대한 대처 시에도 가능한 한 중립국의 국경선을 최대한 존중하기 위해 모든 노력을 기울이도록 한다. 공군기들은 영국과 프랑스의 폭격기들이 대규모로 중립국 영공을 지나 독일로 침입해 들어올 경우에만 중립국 영공에서 전투를 벌일 수 있다. 서유럽의 적성 국가들의 중립국 영토 침범 사례는 파악되는 대로 반드시 IKW에 보고하도록 한다.

4. 영국과 프랑스가 독일에 대해 전쟁을 시작할 경우 서부전선의 독일 국방군은 가능한 한 최대한 전력(戰力)을 온존하면서 대(對)폴란드 작전이 성공적으로 종결될 수 있는 환경을 유지하기 위해 최선을 다하도록 한다. 서부전선에서 공세작전을 개시하라는 명령을 내릴 수 있는 명령권자는 오직 나뿐이다.

육군 육군은 서부 방벽을 고수하면서 서유럽의 연합국들이 중립국인 벨기에나 네덜란드 국경을 침범하여 북쪽으로 서부 방벽을 우회하려는 기도를 차단하기 위한 조치를 취한다. 프랑스가 룩셈부르크를 침공할 경우, 육군은 국경지대의 교량들을 폭파할 권한을 가진다.

해군 해군은 영국에 초점을 맞춘 상선 파괴 활동을 벌인다. 상선 파괴작전의 효율을 높이기 위해 해군은 특정 구역을 위험지대로 선포할 수 있다. OKM(Oberkommando der Marine: 해군총사령부)은 이러한 위험지대에 대해 보고하고 외무부와 협력하여 위험지대 선포와 관련된 서류를 작성하여 OKW를 거쳐 나에게 제출한다. 또 독일 해군은 발트 해에 대한 적의 여하한 침입 기도를 저지한다. 이를 위해 필요할 경우 OKM은 발트 해 입구에 기뢰 부설 결정을 내릴 권한을 가진다.

공군 공군의 주요 임무는 독일 지상군이나 독일 영토에 대한 프랑스 및 영국 공군의 공격을 저지하는 것이다. 대(對)영국 작전에서 공군은 영국의 해상 무역을 교란하고 군수 산업 시설을 폭격하며 프랑스에 대한 병력 수송을 저지하는 임무를 수행하도록 한다. 집결된 적의 함선, 특히 전함과 항공모함은 가능한 모든 기회를 활용하여 공격한다. 런던 공격을 명령할 수 있는 명령권자는 오직 나뿐이다. 또 공군은 차후 영국 본토에 대한 공습작전을 준비해야 하며, 최대한의 전력으로 최대한의 성과를 거두는 것 이외의 상황은 무슨 수를 써서든 피해야 한다.

서명: 아돌프 히틀러

■■■■■■ G. 포티(G. Fortey)와 존 던칸(John Duncan)이 쓴 『프랑스 함락(The Fall of France)』에서 인용한 전쟁 수행에 관한 지령 제1호 사본. (Tunbridge Wells, 1990)

설을 통해 영국 국민에게 "독일은 우리의 최후통첩에 어떠한 반응을 보이지 않았다. 따라서 영국은 이제 독일과 전쟁 상태에 돌입하게 되었다"고 선언했다. 영국의 동맹국이었던 프랑스도 9월 3일 12시경 독일에 이와 비슷한 내용의 최후통첩을 보냈다. 프랑스의 최후통첩 응답 시한인 그날 오후 5시가 되도록 독일이 아무런 회신도 보내지 않자, 프랑스 역시 다시 한 번 독일과 전쟁 상태에 돌입하게 되었다.

제2차 세계대전 초반 독일에서 정기적으로 특별 기사를 송고했던 미국인 기자 윌리엄 쉬러William Shirer는 독일이 또다시 영국과 프랑스와 전쟁을 벌이게 되었다는 발표에 대한 독일 국민의 반응에 대해 다음과 같이 썼다.

제1차 세계대전 첫날, 베를린 전체는 열광과 흥분의 도가니였다. 그러나 오늘의 베를린에서는 열광도, 흥분도, 만세 소리도, 흩날리는 꽃송이들도, 광란의 분위기도 찾아볼 수 없다. 히틀러가 독일 국민과 나치당, 동부군과 서부군에게 전쟁의 원흉은 바로 '영국의 호전광들과 유대 자본주의자들'이라고 여러 차례 공식적으로 발표했음에도 불구하고 독일 국민은 영국과 프랑스에 대해 특별한 적개심을 보이지도 않고 있다. 내가 오늘 오후 프랑스와 영국 대사관을 지나쳤을 때 대사관 앞의 인도는 텅 비어 있었고 경찰관 1명만이 외로이 각 대사관 앞길을 왔다갔다하며 순찰하고 있었다.

평범한 독일 국민이 전쟁에 대해 어떻게 생각했든지 간에 이제 상황은 돌이킬 수 없게 되었다.

전투
히틀러의 공격

폴란드 침공

독일의 폴란드 침공으로 마침내 제2차 세계대전의 막이 올랐다. 히틀러가 부활시킨 독일군은 이제 잘 훈련된 대규모 폴란드군(1920년대 물밀듯이 밀려오던 붉은 군대를 저지한 바로 그 군대)을 상대로 전장에서 그 실력을 시험받게 되었다. 그러나 독일 대 폴란드 전쟁에서 가망이 없음을 알면서도 월등히 우수한 독일 기갑부대와 맞서 싸우는 폴란드 기병대의 모습은 전쟁 장면 중에서 가장 인상적이면서도 시대가 바뀌었음을 알려주는 비극적인 장면이었다. 이제 독일군은 1919년 이래 온갖 설움을 당해가면서도 거듭해왔던 피나는 훈련과 연구의 결실을 거두게 되었다.

전쟁의 직접적인 원인은 히틀러의 야망이었지만, 독일은 전 세계에

■■■■■ 독일군 병사들이 폴란드 국경을 지나고 있다. (Ann Ronan Picture Library)

이 전쟁을 시작한 것은 독일이 아니라 폴란드와 연합국이라는 인상을 심어주기 위해 치밀한 (그러나 눈 가리고 아웅 하는 것이나 다름없는) 책략을 세웠다. 라인하르트 하이드리히Reinhard Heydrich의 지휘 하에 친위대 보안방첩부Sicherheitsdienst, SD 요원들은 히틀러가 원하는 전쟁을 일으키기 위한 작전을 입안했다. 힌덴부르크Hindenburg라는 암호명이 붙은 이 작전은 글라이비츠Gleiwitz의 라디오 방송국, 호흘린덴Hochlinden의 작은 세관 사무소, 피첸Pitschen의 사냥터 관리인의 오두막, 이 세 곳을 동시에 습격한다는 계획이었다. 각 목표물을 습격할 요원들은 폴란드군 군복을 입을 예정이었다. 특히 글라이비츠의 라디오 방송국 습격작전의 경우에는 극적 효과를 극대화하기 위해 방송국을 습격한 괴한들이 폴란드어로 독일에 대해 욕설을 퍼붓고 방송국 직원들을 사살하는 상황이 그대로 방송되도록 할 예정이었다.

개전의 책임을 폴란드에게 덮어씌우려는 독일의 계획은 그 자체로도 조잡하고 얕은 술수에 불과했으며, 그 시행도 매우 지리멸렬했다. 나치는 폴란드군이 독일에 침입했다는 증거를 남기기 위해 작센하우-젠Sachsenhausen 수용소의 불운한 수용자 4명과 친親폴란드 인사였던 독일인 1명을 살해했고, 폴란드 군복을 입은 이들 시신의 사진을 흔들어대며 폴란드가 적대행위에 나선 증거라고 외쳐댔다. 한편, 라디오 방송국 습격작전 역시 계획대로 진행되었지만, 방송국의 전파 송신기 출력이 너무 약했기 때문에 습격 현황을 생중계하겠다는 목표를 달성하는 데는 실패하고 말았다. 그러나 전반적으로 작전은 계획대로 진행되었고, 히틀러는 9월 1일 제국 의회에서 "폴란드 정규군이 8월 31일 밤에서 9월 1일 새벽에 독일 영토에 포격을 가해왔다. 우리 군은 새벽 5시 45분부터 이에 대한 반격작전을 실행 중이다"라고 발표했다. 드디어 제2차 세계대전의 본격적인 막이 오른 것이었다.

9월 1일, 폴란드에 대한 독일군의 공격이 시작되었다. 히틀러가 성공적으로 체코슬로바키아를 집어삼켰기 때문에, 폴란드는 이제 북쪽의 동프로이센과 서쪽의 독일 본토 외에도 남쪽의 체코슬로바키아 방면에서도 독일군의 공격을 받아야 하는 불리한 상황에 처하게 되었다. 동쪽에서 때를 기다리고 있던 스탈린의 붉은 군대도 9월 17일에 몰로토프-리벤트로프 조약의 비밀 조항에 따라 폴란드 침공을 개시했다. 폴란드는 동서 양쪽에서 나치 독일과 소련이 동시에 공격해오는 상황에서 오래 버텨낼 재간이 없었다.

백색 작전Fall Weiss이라고 명명된 독일군의 침공작전의 핵심 목표는 폴란드군을 포위해 섬멸하는 것이었다. 또 독일군은 그와 함께 전략적 차원에서 폴란드의 수도 바르샤바를 점령하려고 노리고 있었다. 당시 폴란드군은 근대적인 전차 보유 대수뿐만 아니라 전술 면에서도 독일군에게 크게 뒤지고 있었다. 독일은 폴란드 침공에 50개 사단을 동원했다. 여기에

■■■■■■ 라인하르트 하이드리히(1904~1942), 친위대 보안방첩부의 수장으로서 유대인에 대한 '최종 해결책
(Final Solution plan)'의 입안자. (Topham Picturepoint)

는 6개 기갑사단, 4개 기계화사단, 3개 산악사단의 정예 병력들도 포함되어 있었다. 이 병력들은 사실상 독일군이 동원 가능한 주력의 전부로서, 당시 서부전선에 남겨진 독일군 사단의 수는 11개에 불과했다. 반면, 독일-프랑스 국경선에 배치되어 있던 연합군의 규모는 프랑스군만 하더라도 그 10배에 달했다.

독일은 뛰어난 기동성을 가진 기갑부대의 장점을 충분히 활용하여 여전히 말과 두 발에 의존해 느릿느릿 움직이는 폴란드군의 측면을 신속하게 우회하며 대전 전에 심혈을 기울여 갈고 닦은 '가마솥 전술Kessel-schlachten*'을 화려하게 선보였다. 이 전술은 적 방어선의 취약한 부분을 파고 들어가 적의 후방을 양익 포위하는 것이었다. 이렇게 될 경우 적은 포위를 무릅쓰고 현 위치를 고수하면서 포격과 공중 폭격을 덮어쓰든지, 아니면 준비된 방어 거점이라는 이점을 버리고 적의 포위를 뚫고 탈출하든지 선택을 해야만 했다.

1939년 여름은 유난히 덥고 길었다. 덕분에 딱딱하게 말라붙은 지면은 독일 기갑부대의 기동에 이상적인 여건을 제공했다. 이외에도 개전 3일

---

* **가마솥 전술** 양익 포위하는 전술.

만에 완전히 제공권을 장악한 독일 공군 덕분에 독일군은 쾌조의 진격을 계속했다. 독일 공군은 기습적인 공습을 통해 지상에 있는 폴란드 공군을 공격했다. 독일군은 이후로도 수년 동안 연합군을 상대로 이와 비슷한 성공을 여러 차례 거두었다. 또 독일 공군기들은 사실상 독일 육군의 공중 포대 역할을 수행하면서 지상 지원 임무를 위해 수백 차례의 출격을 기록했다. 폴란드군은 독일군이 군사적 행동을 할 공산이 크다는 사실을 잘 알고 있었고 폴란드 국경 일대에 독일군 병력이 집중되고 있는 상황에 대해서도 상당한 정보를 입수한 상태였지만, 독일군에게 완전한 기습을 허용하고 말았다. 전쟁이 시작되자마자 독일군에게 주도권을 빼앗긴 폴란드군은 단기간에 전쟁이 끝날 때까지 주도권을 잡아보지 못했다.

폴란드 침공의 포문을 연 것은 클루게Kluge가 지휘하는 제4군과 퀴흘러Küchler가 지휘하는 제3군으로 구성된 독일 북부집단군이었다. 동프로이센과 포메라니아Pomerania(포모제)에 각각 배치된 제4군과 제3군은 전쟁이 시작되자마자 순식간에 폴란드 회랑과 자유도시 단치히를 장악했다. 그보다 남쪽에서는 제8군(블라스코비츠Johannes Blaskowitz), 제10군(라이헤나우Reichenau), 제14군(리스트List), 이 3개 군이 배속된 남부집단군이 룬트슈테트Gerd von Rundstedt의 지휘 하에 폴란드의 심장부를 향해 동쪽으로 깊숙이 진격해 들어갔다. 폴란드군은 포즈나뉴Poznań 시 일대에서 독일군을 잠시 물리치기도 했지만, 곧 태세를 재정비한 독일군이 재차 공격에 나서자 선전하던 폴란드군도 순식간에 제압당하고 말았다. 두 차례에 걸쳐 포위전(폴란드군이 예상보다 빨리 철수하면서 독일군은 한 번 더 포위기동을 실시해야 했다)을 벌인 끝에 9월 16일 무렵에 독일군은 폴란드 서부에서 대부분의 폴란드군을 포위망 안에 넣을 수 있었다. 이제 독일군은 마음대로 폴란드군의 운명을 결정할 수 있게 되었다.

9월 16일이 되자, 독일군은 폴란드의 수도 바르샤바를 포위하고 지상

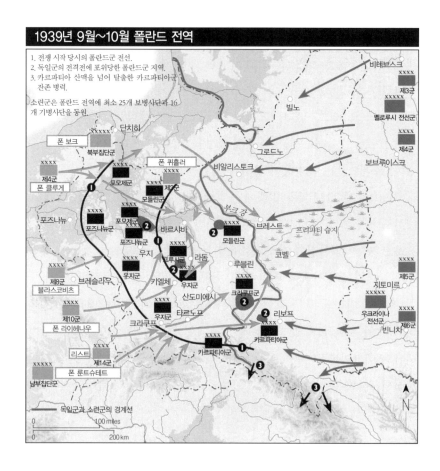

1939년 9월~10월 폴란드 전역

1. 전쟁 시작 당시의 폴란드군 전선.
2. 독일군의 전격전에 포위당한 폴란드군 지역.
3. 카르파티아 산맥을 넘어 탈출한 카르파티아군 잔존 병력.

소련군은 폴란드 전역에 최소 25개 보병사단과 16개 기병사단을 동원.

비테브스크 / 제3군 / 벨로루시 전선군 / 단치히 / 빌노 / 그로드노 / 제4군 / 보브루이스크 / 폰 보크 / 북부집단군 / 비알리스토크 / 제4군 / 폰 클루게 / 포모제군 / 폰 퀴흘러 / 제2군 / 모들린군 / 부크 강 / 브레스트 / 프리파티 습지 / 포즈나뉴 / 포모제군 / 포즈나뉴군 / 바르샤바 / 모들린군 / 코벨 / 우지 / 라돔 / 루블린 / 제5군 / 우지군 / 브레슬라우 / 모들린군 / 키엘체 / 우자군 / 크라쿠프군 / 지토미르 / 블라스코비츠 / 제8군 / 산도미에시 / 리보프 / 우크라이나 전선군 / 제6군 / 제10군 / 폰 라이헤나우 / 우자군 / 타르노프 / 카르파티아군 / 빈니차 / 크라쿠프 / 리스트 / 카르파티아군 / 제14군 / 폰 룬트슈테트 / 남부집단군

─── 독일군과 소련군의 경계선

0 ─── 100 miles
0 ─── 200 km

N

과 공중에서 포·폭격을 퍼부었다. 4만 명의 민간인 희생자를 내며 버티던 바르샤바는 9월 27일에 결국 항복하고 말았다. 엎친 데 덮친 격으로 9월 17일에 시작된 소련군의 침공은 이미 빈사 상태였던 폴란드에게는 사형선고와도 같은 것이었다. 폴란드군은 소련이 공격해오리라고는 상상도 못하고 있던 상태에서 완벽한 기습을 당한 꼴이었다. 대부분의 병력이 독일군과 전투를 벌이고 있던 상황이었기 때문에 당연히 붉은 군대는 거의 저항을 받지 않고 파죽지세로 폴란드 영내로 진격해 들어갈 수 있었다. 당시 폴란드 참모본부는 동쪽과 서쪽의 2개 전선에서 동시에 전쟁을

벌이기 위한 계획 따위는 세워놓지도 않은 상태였다. 사실, 폴란드는 양면 전쟁을 벌이는 것 자체가 불가능한 일이라고 생각하고 있었다.

또 소련의 공격 개시 타이밍은 독일에게도 상당한 놀라움을 안겨주었다. 히틀러는 이전부터 스탈린을 설득하여 폴란드 침공에 동참하도록 만들려고 시도했다. 히틀러의 속셈은 만약 소련이 독일 편에 서서 폴란드를 침공할 경우 서방 연합국들이 아예 개입(즉, 독일과의 전쟁을 선포하는 등의 활동)을 포기하거나 그렇지 않을 경우에는 독일뿐만 아니라 소련에도 전쟁을 선포할 것이라고 생각했다. 그러나 스탈린 역시 이제 바람 앞의 등불 신세가 된 폴란드를 두고 나름대로의 속셈을 가지고 있었다. 독일의 폴란드 침공이 시작된 후에도 소련군은 편성과 정비가 완전히 완료되기 전까지(폴란드의 힘이 빠지기 전까지)는 전투를 벌이려 하지 않았다.

마침내 모든 준비를 갖추자, 붉은 군대는 폴란드로 밀고 들어가기 시작했다. 소련군은 폴란드 국경을 넘으면서 폴란드군이 국경을 침범했으므로 "현재의 분쟁에 대해 완전한 중립 상태를 유지하면서 순전히 우크라이나와 벨로루시Belorussia를 지키기 위한 방어 목적"으로 개입하겠다는 속셈이 뻔히 보이는 구실을 내세웠다. 스탈린 역시 현재 폴란드 정부가 사실상 붕괴된 시점에서 "소련 정부는 더 이상 소련-폴란드 불가침조약의 구속을 받지 아니 한다"고 주장하면서 예전의 우방이었던 폴란드를 당당하게 쳐들어갔다. 폴란드로 진격한 소련군은 폴란드군으로부터는 별다른 저항을 받지 않았지만, 오히려 진격 과정에서 만나게 된 독일군 병사들과 소규모 교전을 벌이기도 했다. 얼마 후 전혀 어울리지 않는 동맹을 맺었던 소련과 독일은 부크Bug 강을 경계로 폴란드를 분할하기로 합의했다.

9월 19일, 폴란드 정부는 바르샤바를 탈출한 후 망명정부를 구성했다. 블라디슬라프 시코르스키Wladyslaw Sikorski의 영도 하에 수립된 망명정부는 프랑스로 갔다가 프랑스마저 독일에게 무너지자 결국 영국의 런던에 자리를 잡게 되었다. 폴란드의 지도자들과 함께 많은 폴란드군 병사들과 장교들도 폴란드를 탈출했으며, 그 가운데 9만 명은 프랑스와 영국으로 망명하는 데 성공했다.

폴란드가 이렇게 빠르게 무너진 데는 몇 가지 중요한 이유가 있었다. 먼저 폴란드의 전략적 여건 자체가 매우 불리한 상황이었다. 1939년 8월 23일, 소련과 독일 사이에 몰로토프-리벤트로프 조약이 체결되면서 폴란드는 사실상 적대 국가들에게 포위되고 말았다. 폴란드는 안 그래도 히틀러가 체코슬로바키아를 합병하면서 독일에게 3면으로 포위되는 상황을 맞게 된 데다가 소련까지 독일 편에 서면서 이젠 등 뒤에도 적을 두게 되었다. 게다가 독일군이 완벽한 기습을 달성하면서 폴란드군은 제대로 된 방어작전을 펼칠 수가 없었다. 이러한 불리한 여건들과 더불어 독일 국방군이 효과적인 전술을 사용하면서 새로운 무기들의 효율성을 극대화시킴에 따라 폴란드군은 독일군을 막아내기에도 급급한 상황이 되었다. 여기에 소련군마저 폴란드군의 뒤통수를 치는 상황에 이르자, 폴란드는 더 이상 전쟁을 지속할 희망도 방법도 없게 되었다. 비록 침략군을 물리치기위한 폴란드군의 모든 노력이 무위로 돌아가기는 했지만, 독일군은 폴란드를 공격하면서 상당한 희생을 치러야 했다. 폴란드 침공에 투입된 독일 전차의 약 10퍼센트에 달하는 200여 대가 격파당했고, 1만3,000명에 이르는 독일군 병사들이 전사했으며, 부상자 수도 3만 명에 달했다.

가짜 전쟁

동쪽에서 폴란드가 생존을 위한 투쟁을 벌이고 있을 무렵, 독일과 전쟁이 터질 경우 폴란드를 보호해주겠다던 영국과 프랑스는 아무런 행동도 취하지 않았다. 프랑스와 영국 모두 폴란드 침공과 함께 독일에 선전포고를 하고 더 나아가 영국은 폴란드의 독립을 보장한다는 조약까지 체결해놓은 상태에서 양국이 아무런 조치도 취하지 않은 것은 참으로 불가사의한 일이었다. 영국은 일단 9월 30일까지 14만 명에 이르는 영국 원정군 병력을 프랑스로 이동시켰지만, 그때까지도 공세에 나설 계획은 전혀 가지고 있지 않았다.

이보다 앞서 9월 7일, 프랑스 제4군과 제7군의 일부 병력이 독일의 자르브뤼켄Saarbrücken 부근으로 진격해 들어갔다. 해당 지역의 독일군 부대들은 지그프리트 선 너머로 철수했으며, 영국의 《데일리 메일Daily Mail》은 "프랑스군이 독일 영토로 쏟아져 들어가고 있다"고 대서특필했다. 그러나 프랑스군의 진격은 약 16마일(26킬로미터) 폭의 전면을 5마일(8킬로미터) 정도 밀고 들어간 지점에서 정지했다. 당시 독일군의 주력은 여전히 폴란드에서 싸우고 있었기 때문에, 만약 연합군이 전면적인 공세에 나설 경우 독일은 큰 어려움을 겪을 수밖에 없었다. 그러나 프랑스군은 독일 영토에 겨우 발만 걸친 상태에서 더 이상 움직이지 않았으며, 그마저도 폴란드가 항복하자 곧 프랑스 영토로 철수하고 말았다.

이런 어정쩡한 프랑스군의 행동을 두고 한 프랑스군 고위 장성은 "이는 상징적인 침공일 뿐이다. 우리는 독일 영토 내에서 싸우기를 원하지 않으며, 이 전쟁은 우리가 일으킨 것도 아니다"라고 말했다고 한다. 프랑스의 의도가 무엇이었든 간에 이런 상황 전개는 독일로서는 그야말로 다행스러운 일이었으며, 한걸음 더 나아가 독일인들은 서방 연합국들이 바로 눈앞에 열린 전략적 기회를 전혀 활용하지 않고 있다는 사실에 놀라움을 금치 못했다. 전쟁이 끝난 후 독일의 빌헬름 카이텔 원수는 "전쟁 초반, 우리는 지그프리트 선과 마지노 선 사이에서 국지적인 소규모 교전

이외에는 별다른 군사행동이 일어나지 않았다는 사실에 크게 놀랐다. 우리는 왜 프랑스가 이 소중한 기회를 제대로 활용하지 않는지 이해할 수 없었다. 결국 우리는 서방 열강이 우리와는 전쟁을 벌일 생각이 없다는 확신을 가지게 되었다"고 말했다.

영국과 프랑스가 대^對독일 선전포고를 할 때부터 프랑스가 함락될 때까지의 기간 동안 연합국과 독일 양측 모두가 눈싸움 이상의 군사적 행동은 전혀 벌이지 않았다. 이로 인해 이 시기는 후세에 '가짜 전쟁phony war' 이 벌어진 기간으로 불리게 되었다. 그러나 그 이면에서 독일은 서방 연합국에 대한 침공작전 계획을 가다듬고 있었고, 연합국은 연합국대로 독일군의 공격에 대한 대책 마련에 분주했다. 당시 육군 원수 존 고트John Gort 자작이 이끌고 있던 영국 원정군은 원정군 사령관의 이름을 딴 '고트Gort' 방어선을 구축했다. 본토의 영국인들도 예상되는 독일의 항공 공격에 대비해 열심히 방공호를 팠다.

소련-핀란드 전쟁

한편, 이 무렵 유럽의 한쪽 구석에서는 소련과 핀란드가 전쟁을 시작했다. 이 전쟁은 그 자체만 놓고 보면 충분히 역사상 가장 치열한 전쟁으로 손꼽힐 만했지만, 제2차 세계대전 전체를 놓고 봤을 때는 주변부에서 벌어진 작은 사건에 불과했기 때문에 별다른 주목을 받지 못했다. '겨울 전쟁Winter War' 이라는 이름으로 더 잘 알려진 이 전쟁은 1939년 11월 30일부터 1940년 3월 13일에 걸쳐 벌어졌다. 전쟁 초반에 핀란드를 얕잡아본 스탈린의 소련군은 무질서하게 핀란드 영토로 밀고 들어갔지만, 강력한 핀란드군의 저항에 자존심을 손상당할 정도로 고전했다.

■■■■■■ 소련-핀란드 전쟁 당시의 한 장면. (Topham Picturepoint)

　　1939년 11월 당시의 붉은 군대는 전쟁 말 히틀러의 독일군을 최종적
으로 패배시킨 막강한 붉은 군대와는 거리가 멀었다. 겨울 전쟁 당시 소
련군은 너무나 무능하고 비효율적인 모습을 적나라하게 보여주었다.
1930년대에 유능한 고위 지휘관들이 모두 숙청되었기 때문에, 소련군은
핀란드와 같은 소국을 상대하면서도 고전을 면치 못했다. 이러한 모습을
목도한 히틀러는 나중에 소련을 침공해도 소련군이 별다른 저항을 하지
못할 것이라는 확신을 가지게 되었다. 그러나 1941년 6월, 독일군은 소련
을 침공하면서 소련군 병사 개개인의 용기와 애국심까지 과소평가하는
우를 범하고 말았다.
　　1939년 10월, 별다른 전투도 치르지 않고 폴란드 영토의 거의 반을 집

어삼킨 성과에 고무된 스탈린은 핀란드 정부에 최후통첩을 보내 레닌그라드 북쪽 카렐리아 지협Karelian isthmus의 소련-핀란드 국경선을 재조정할 것을 요구했다. 1917년 러시아의 지배로부터 벗어나 독립한 핀란드는 소련의 요구를 일축했고, 뒤이어 참혹한 전쟁이 벌어졌다. 핀란드군은 수적으로 압도적인 소련군을 맞아 능수능란하게 치고 빠지기 전술을 구사하면서 지형과 기후를 최대한 활용하여 소련군에게 엄청난 피해를 안겨주었다. 예상치 못한 핀란드군의 격렬한 저항에 소련군은 소기의 목적을 달성할 수 없었다. 그러나 1940년 1월, 소련군은 태세를 가다듬고 다시 한 번 대규모 병력을 동원하여 공격에 나섰다. 소련군은 이전과 달리 이번에는 압도적인 전력을 효율적으로 활용했다.

1940년 3월, 결국 더 이상 저항할 여력이 없게 되자 평화협상을 추진할 수밖에 없었던 핀란드는 1939년 10월에 소련이 요구했던 영토를 내줄 수밖에 없었다. 겨울 전쟁 기간 동안 핀란드는 약 2만5,000명의 희생자를 낸 반면, 붉은 군대의 희생자는 그 10배에 이르러 거의 20만 명에 달했고, 그중 상당수는 동상으로 인한 사상자였다. 하지만 붉은 군대는 핀란드에서 엄청난 희생을 치러가면서 몇 가지 소중한 교훈을 얻을 수 있었고, 이때 얻은 교훈은 나중에 독일이 소련을 침공해왔을 때 소련군에게 큰 도움이 되었다.

소련과 핀란드는 일단 평화조약을 체결했지만, 영토를 빼앗긴 핀란드는 소련에 원한을 품을 수밖에 없었다. 이후 독일과 동맹을 맺은 핀란드는 독일이 소련을 침공하자 그와 동시에 소련에 대한 전쟁을 개시했다. 1941년에서 1944년에 걸쳐 벌어진 이 전쟁은 역사에 '계속 전쟁Continuation War'으로 이름을 남기게 되었다. 하지만 서서히 독일의 패배가 명백해지자, 핀란드의 지도자 만네르하임Mannerheim은 독일과 함께 소련과 싸우면서도 교묘하게 독일과 거리를 유지했다. 그는 1944년에 독일과의 동맹을 파기하고 소련과 다시 한 번 평화조약을 맺으면서 1940년 봄에 소련에 양보할 수밖에 없었던 영토를 완전히 빼앗기게 되었지만, 그 덕분에 핀란드는 제2차 세계대전 후 동유럽 대부분 국가들처럼 소련의 위성국가로 전락하는 신세를 면할 수 있었다.*

노르웨이 전역

프랑스 전선에서는 아무런 활동도 하지 않고 가만히 앉아서 시간만 보내고 있던 서방 연합국들은 그래도 노르웨이 전선에서는 공세에 나서는 모습을 보여주었다. 그러나 노르웨이에서 연합군이 벌인 전투는 한 마디로 부적절한 전략과 영웅적인 개별 병사들의 활동이 뒤범벅된 혼란의 도가니였다. 당시 독일 경제는 매년 스웨덴으로부터 수입되는 1,000만 톤의 철광석에 의존하고 있었다. 이 중요한 원자재는 스웨덴으로부터 먼저 육로로 노르웨이의 나르빅Narvik 항으로 이송된 후 그곳에서부터는 선박을 통해 독일로 수송되었다. 만약 연합국이 독일로 향하는 철광석 수송을 차단할 경우, 독일의 전쟁 수행 능력은 커다란 타격을 받을 수밖에 없었다. 또한 당시 연합국들 사이에서는 소련에 맞서 외로이 싸우고 있던 핀란드를 지원하기 위한 논의도 이루어지고 있었는데, 핀란드로 가는 가장 효과적인 방법 역시 노르웨이를 지나는 것이었다.

　역시 이러한 취약점을 잘 알고 있었던 독일은 이를 해결하기 위해 노르웨이를 점령할 계획을 세웠다. 게다가 독일로서는 대서양으로 전투함

---

* 소련과 평화조약을 체결한 후 핀란드군이 당시 핀란드에 주둔했던 독일군에게 총구를 돌리면서 핀란드-독일 간에는 '랩랜드 전쟁Lapland War'이 벌어졌다.

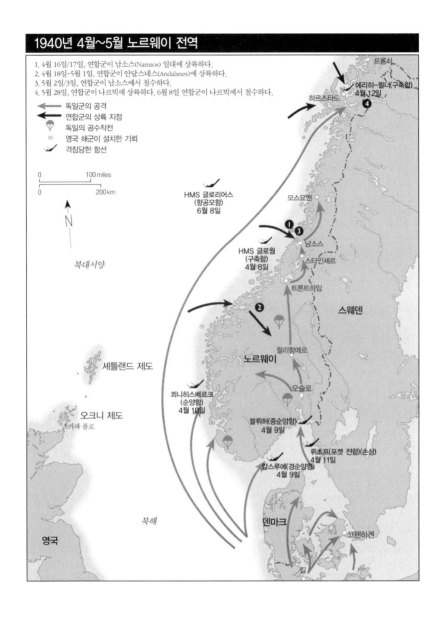

1940년 4월~5월 노르웨이 전역

1. 4월 16일/17일, 연합군이 남소스(Namsos) 일대에 상륙하다.
2. 4월 18일~5월 1일, 연합군이 안달스네스(Andalsnes)에 상륙하다.
3. 5월 2일/3일, 연합군이 남소스에서 철수하다.
4. 5월 28일, 연합군이 나르빅에 상륙하다. 6월 8일 연합군이 나르빅에서 철수하다.

독일군의 공격
연합군의 상륙 지점
독일의 공수작전
영국 해군이 설치한 기뢰
격침당한 함선

0   100 miles
0   200 km

북대서양

셰틀랜드 제도

오크니 제도
스카파 플로

북해

영국

N

트롬쇠

에리히-쾰너(구축함)
4월 12일

하르스타드

HMS 글로리어스
(항공모함)
6월 8일

모스요엔

남소스

스타인셰르

HMS 글로웜
(구축함)
4월 8일

트론드하임

스웨덴

릴리함메르

노르웨이

쾨니히스베르크
(순양함)
4월 10일

오슬로

블뤼허(중순양함)
4월 9일

뤼초프(포켓 전함)(손상)
4월 11일

칼스루에(경순양함)
4월 9일

덴마크

코펜하겐

킬

과 잠수함을 진출시키기 위한 전진기지로서도 노르웨이가 꼭 필요했다.
하지만 독일은 노르웨이를 치기 전에 먼저 덴마크를 공격했다. 강력한 독
일군과 맞서 싸울 준비가 되어 있지 않았던 덴마크 정부는 즉시 덴마크군

■■■■■■ 노르웨이의 북극권 지역 일대를 경계하고 있는 독일군 병사들의 모습. (AKG Berlin)

에게 침공해오는 독일군에게 저항하지 말라는 명령을 내렸다. 1940년 4월 9일, 덴마크는 침공 당일에 독일에 무릎을 꿇었다.

　반면, 노르웨이는 침공해오는 독일군에게 치열하게 저항했다. 원래 소련군과 맞서 싸우고 있던 핀란드를 지원하기 위해 차출된 1만2,000명의 영국과 프랑스 병력도 핀란드가 소련과 강화조약을 체결함에 따라 노르웨이군에 가세하여 독일군과 전투를 벌였다. 그러나 연합군이 도착하기 전에 독일군은 한발 먼저 오슬로Oslo, 베르겐Bergen, 스타방에르Stavanger, 크리스티안산Kristiansand에 상륙했다. 그래도 노르웨이군이 치열하게 저항을 해서 시간을 벌어준 덕분에 연합군은 트론트하임Trondheim 일대에 상륙할 수 있었다. 트론트하임에 교두보를 구축한 연합군은 곧 오슬로로부터 북쪽으로 진격해오는 독일군을 맞아 전투를 벌였다. 영국 해군이 노르웨이 일대에서 독일의 수상함 세력에 큰 타격을 주기는 했지만, 엉성한 작전 계획과 혼란으로 인해 연합군은 제대로 싸울 수가 없었다. 6주간의 혼전 끝에 독일군에게 압도당한 연합군은 6월 8일에 노르웨이로부터 철수할 수밖에 없었다. 노르웨이 정부 역시 영국으로 탈출했고, 그 빈자리에는 이어 노르웨이의 국가사회주의자였던 비드쿤 퀴슬링^{Vidkun Quisling}이 이끄는 괴뢰정부가 들어섰다.

프랑스와 베네룩스 3국

폴란드를 붕괴시키고 몰로토프-리벤트로프 조약으로 소련이 독일의 동부 국경지대를 공격해올 가능성을 제거한 히틀러는, 드디어 프랑스를 손봐줄 여유를 찾게 되었다. 이후 벌어진 독일의 프랑스 침공은 전 세계를 경악시키면서 기존의 전략, 전술 관념을 송두리째 뒤집어놓았다. 제1차 세계대전에서 독일군이 거둔 성과와 비교하면, 독일군이 프랑스와 베네룩스 3국을 침공하면서 어떤 성과를 거두었는지 더욱 분명하게 알 수 있을 것이다. 1914년에서 1918년에 걸쳐 독일 제국군은 영국과 프랑스 연합군을 물리치기 위해 사력을 다했다. 그러나 독일군은 4년여에 이르는 기간 동안 온갖 방법을 동원하고 200만 명이 넘는 전사자를 내가며 싸웠지만, 영국군과 프랑스군을 물리칠 수 없었다. 게다가 끝없는 전쟁에 지친 병사들과 군인들이 일으킨 혁명에 독일 황제는 쫓겨나고 말았으며, 전쟁에서 패배하면서 애초에 전쟁을 일으킨 동기였던 식민지를 확보하기는커녕 그나마 가지고 있던 보잘것없는 해외 식민지들마저 모조리 빼앗겨버리고 말았다. 그러나 1940년 당시, 히틀러의 독일군은 겨우 1만3,000명의 전사자만을 내면서 카이저^{Kaiser} *의 군대가 4년 동안 싸우고도 해내지 못했던 성과(서방 연합군의 패퇴)를 거두는 데 성공했다.

　독일의 프랑스 침공 계획은 냉철하고 명확한 판단력의 산물이었지만, 동시에 운도 많이 작용했고 많은 논쟁을 불러일으키기도 했다. 그러나 독일군이 처음에 세웠던 침공 계획은 최종적으로 독일군이 실행에 옮긴 계획과는 상당히 거리가 있었다. 벨기에를 침공하여 프랑스 북부로 쳐들어간다는 창의성이라고는 조금도 찾아볼 수 없는 이 계획은, 1914년 당시 독일군의 전쟁 계획을 그대로 활용한 것이었다. 사실상 슐리펜 계획 Schlieffen Plan**의 재탕에 불과했던 이 계획은 '황색 작전Fall Gelb'이라는 이름이 붙어 있었다. '황색 작전' 계획에 따르면, 독일군은 베네룩스 3국에 구축된 연합군 방어선에 정면 공격을 가하면서 소규모 별동대로 당시 숲이 너무 우거져서 공격 부대가 통과 불가능한 것으로 생각되던 아르덴 지역을 돌파하기로 되어 있었다. 독일군의 '황색 작전' 계획에 대응하는 연합군의 계획은 '딜 계획Dyle Plan'이었는데, 이 계획의 주요 골자는 프랑스군과 영국 원정군의 최정예 부대들을 벨기에와 네덜란드로 진격시켜 일찌감치 독일의 진격을 차단함으로써 프랑스 북부에서 전투가 벌어지는 상황을 피한다는 것이었다.

　그러나 오래지 않아 독일군은 주력 부대를 동원해 벨기에를 침공한다

---

* **카이저** 독일 황제를 가리키는 말.
** **슐리펜 계획** 독일(프로이센)의 참모총장 A. G. 폰 슐리펜이 세운 작전 계획. 이 계획은 러시아 및 프랑스와의 양면 전쟁兩面戰爭에서 독일이 승리하기 위한 방법을 제시한 것으로, 즉 러시아 제국은 개전 후부터 전 병력을 동원할 때까지 6~8주일이 걸릴 것이므로, 이 나라에 대해서는 소수 병력만을 보내고, 필요하다면 적당히 후퇴한다(동프로이센을 포기한다). 그동안에 모든 병력을 서부 국경에 집중하고, 벨기에의 중립을 침범하여 프랑스 북부로 침입하며, 파리를 서쪽에서 크게 우회하여 프랑스군의 주력을 프랑스 동부로 몰아넣고 전멸시킨다. 이처럼 서쪽을 안전하게 해결한 다음 러시아와 본격적으로 싸운다는 작전이었다. 그러나 여기에는 영국과 싸워서 굴복시키는 작전이 빠졌으며, 총력전總力戰에 관한 준비도 없었다. 이 작전은 그 후 알자스-로렌을 지키기 위해서 프랑스 북부 침입군의 병력을 줄였기 때문에 원래 무리한 작전 계획이었다.

는 계획을 버리고 새로운 계획을 세우기 시작했다. 히틀러는 원래의 벨기에 침공 계획을 그다지 탐탁지 않게 여겼다. 독일군의 진격이 연합군의 방어선을 뚫지 못하고 결국 제1차 세계대전 당시의 상황을 재현하게 될 가능성이 너무 크다는 것이 그 이유였다. 1월 9일, 벨기에 메헬렌^{Mechelen} 부근에서 독일 공수부대 장교가 탑승한 독일 공군기 1대가 추락하면서 히틀러는 더욱 기존 계획 이외의 다른 가능성을 타진하게 되었다. 당시 추락한 비행기에 탑승하고 있던 장교는 뮌스터^{Münster}의 군 기지에서 회의에 참석하기 위해 '황색 작전' 계획 사본을 소지한 채 쾰른^{Köln}으로 향하던 길이었다. 추락 당시 생존자들이 작전 계획 사본을 파기하려고 노력했지만, 연합군은 파기되지 않고 남은 부분에서 다시 한 번 벨기에를 통해 프랑스를 공격한다는 독일군의 작전을 충분히 유추할 수 있었다.

이제 독일군의 의도를 알게 된 연합군은 브레다 수정안^{Breda variant}에 의거해 딜 계획을 변경했다. 변경안의 주요 골자는 전쟁이 터질 경우 연합군 주력은 딜 강 선으로 진출하는 동시에 예비대 대부분도 투입한다는 것이었다. 그러나 독일군 작전 계획서를 입수한 이후에 연합군의 근본적인 전략이 바뀐 것은 아니었다. 오히려 연합군 사령관들, 특히 프랑스군 총사령관이었던 모리스 가믈랭^{Maurice Gamelin} 대장은 독일군 작전 계획서를 본 후 독일군이 벨기에 북부를 통해 공격해올 것이라는 기존의 예상에 대해 더욱 확신을 가지게 되었다.

'황색 작전' 계획이 누출된 후 독일이 취한 대책 역시 매우 흥미로운 것이었다. 앞서 언급했듯이 히틀러는 애초에 원래의 '황색 작전' 계획을 탐탁지 않게 여기고 있었고, 프랑스 침공 시 구체적인 작전 전개에 대해 나름대로의 구상을 가지고 있었다. 또 비슷한 시기에 에리히 폰 만슈타인 대장 역시 '황색 작전' 계획의 개선 방안을 놓고 고심하고 있었다. 만슈타인은 나중에 '만슈타인 계획^{Manstein Plan}'이라고 불리게 된 그의 계획에서 기존의 작전 계획에서는 소규모 양동작전 수준의 공격만을 실시할 예정이었던 아르덴 삼림지대에 주력 공격 부대를 투입하자는 과감한 제안을 내놓았다.

당시 서방 연합군 지휘관들뿐만 아니라 대부분의 독일군 지휘관들도 아르덴 삼림지대를 '통과 불가' 지역으로 생각하고 있었지만, 사실은 꼭 그런 것만도 아니었다. 아르덴 지역은 잘 정비된 넓은 도로가 없는 울창한 삼림지대로서 수많은 계류와 하천까지 흐르고 있었다. 하지만 이런 조건을 감안하더라도 (비록 상당한 난관을 각오해야 하고 고속 이동은 힘들겠지만) 아르덴 삼림지대 통과 자체는 충분히 가능한 일이었다. 그러나 아르덴 삼림지대의 숲속에 나 있는 비좁은 소로小路를 통해서 만슈타인 계획 실행에 필요한 대규모 병력을 이동시키는 것은 엄청난 도박이었으며, 부대 이동이 발각되거나 저지당하는 사태를 피하기 위해서는 고도의 기만 작전과 육상 부대의 이동과 잘 연계된 공중 지원이 필요했다.

만슈타인 계획에 따르면, 공격의 주력인 A집단군은 아르덴 숲을 통과한 후 뫼즈Meuse 강을 건너 그 너머에 펼쳐진 기갑전에 적합한 평야지대로 진출하고, 원래의 '황색 작전' 계획에서 주력을 맡을 예정이었던 B집단군은 베네룩스 3국을 공격할 예정이었다. B집단군의 목표는 네덜란드군과 벨기에군을 격퇴시키고 아르덴을 통과하고 있는 주력 부대를 방해하지 못하도록 많은 영국과 프랑스의 정예부대들을 붙잡아두는 것이었다. 독일 공군에게도 연합군을 아르덴에서 멀리 떨어진 지역에 고착시키라는 임무가 부여되었다. 어떻게 보면 B집단군은 '투우사의 붉은 망토' 역할을 맡았다고 볼 수 있었다. 사실상, 전체 작전의 성공 여부는 B집단군이 연합군 주력을 유인할 수 있느냐 없느냐에 달려 있었다. 보다 남쪽에 배치된 C집단군은 연합군 지도부의 혼란을 더욱 가중시키기 위해 마지노 선 전면前面에서 추가적인 교란작전을 벌일 예정이었다.

1940년 3월, 히틀러는 프란츠 할더^{Franz Halder} 대장이 약간 손을 본 만슈 타인의 계획을 승인했다. 새로운 계획에서 양동 부대의 역할을 수행한 B 집단군은 그동안 과감하고도 역동적인 활약을 보인 다른 독일군 부대들에 가려 별다른 주목을 받지 못했다. 그러나 독일군 지휘부는 벨기에 북부 지역에서 펼쳐질 기만작전을 매우 중요하게 생각했다. 이러한 기만작전은 변경된 독일군의 주공 방향을 위장하기 위해서가 아니라, 이미 독일군의 주공 방향에 대해 잘못된 결론을 내린 연합군 지휘관들이 그 잘못된 결론에 확신을 가지도록 하기 위해서 계획된 것이었다.

프랑스군의 전략은 근본적으로 제1차 세계대전 당시의 무지막지한 소모전 상황을 배역만 바꿔서 다시 한 번 재현하는 것이었다. 프랑스 장군들은 독일군이 치밀하게 준비된 프랑스군의 방어선을 공격하기만을 바랐다. 그렇게 되면 이번에는 독일군이 제1차 세계대전 당시의 프랑스군처럼 무익한 공격을 반복하다가 엄청난 희생을 치르고 제풀에 주저앉을 것이라고 생각했던 것이다. 이런 전략이 수립된 배경에는 마지노 선에 대한 철석같은 믿음이 자리 잡고 있었다. 독일과 인접한 국경지대에 강대한 요새선을 구축해야 한다고 주장했던 앙드레 마지노^{André Maginot} 국방장관의 이름을 딴 이 방어선은 프랑스-독일 국경지대 전체에 걸쳐 건설된 일련의 방어 요새들로 구성된 강력한 요새선으로서, 말 그대로 난공불락^{難攻不落}의 철옹성^{鐵甕城}을 이루고 있었다. 프랑스인들은 독일군이 이 요새를 뚫으려는 시도조차 하지 못할 것이라고 생각했다. 사실, 마지노 선의 진짜 가치는 독일군의 공격을 직접 막는 것이 아니라 독일군의 공격 방향을 벨기에 방면으로 제한시킨다는 점에 있었다. 당시 연합군 지휘관들은 마지노 선을 정면에서 뚫을 엄두를 내지 못한 독일군이 1914년 당시의 슈틸톤 계획^{Stilton Plan}*을 재탕할 수밖에 없으며, 그러면 연합군은 이 뻔히 보이는 진격 축선을 따라 방어 부대를 배치함으로써 독일군의 공격을 손쉽게 막을 수 있을 것이라고 생각하고 있었다.

연합군 전략의 핵심은 독일을 장기 소모전으로 끌어들인다는 것이었다. 고정 방어진지에 의지하여 적의 전력을 끊임없이 소모시킨다는 이러한 전략은 제1차 세계대전 기간 동안 큰 효과를 거두었고, 당시 장기전에 따른 국력의 소모를 견디지 못한 독일은 결국 무릎을 꿇을 수밖에 없었다. 연합군 지휘관들은 이번에도 똑같은 전략으로 똑같은 성과를 거두기를 희망했다. 하지만 독일 역시 장기 소모전에 휘말린다는 것이 얼마나 위험한 일인지를 잘 알고 있었기 때문에, 이러한 상황을 피하기 위해 가능한 모든 수단을 강구하고 있었다. 제1차 세계대전 참전을 통해 참호전의 참상을 직접 경험하고 부상까지 당했던 히틀러도 절대 똑같은 상황을 반복하지 않겠다는 결의에 차 있었다. 히틀러는 장기전에 대한 대비가 전혀 되어 있지 않은 독일 경제가 전쟁으로 인한 부담으로 붕괴되기 전에 전쟁을 신속하게 끝내기를 원했다. 그러나 전격전이라는 독일의 혁신적인 전쟁 기술도 약점이 전혀 없는 것은 아니었다.

1940년 5월 10일, 독일군은 베네룩스 3국, 즉 벨기에, 네덜란드, 룩셈부르크에 대한 공격을 개시했다. 같은 날, 체임벌린이 사임하고 윈스턴 처칠이 영국 총리의 자리에 올랐다. 그러나 집권한 처칠도 뒤이어 벌어진 여러 사건들을 막지는 못했다. 폴란드 전역을 치르면서 얻은 교훈을 바탕으로 전격전을 더욱 효과적이고 파괴적인 전술로 가다듬은 독일은 이를 발판으로 프랑스를 격파하고 영국을 고립시킨다는 전략적 목표를 순식간에 달성했다.

하지만 이처럼 파괴적이고 효과적인 독일군의 전술에 '전격전'이라는 명칭이 붙은 것은 프랑스 전역이 끝난 후였다. 후세의 많은 역사가들과

---

* **슈틸톤 계획** 슐리펜 계획을 수정한 몰트케의 프랑스 공격 계획.

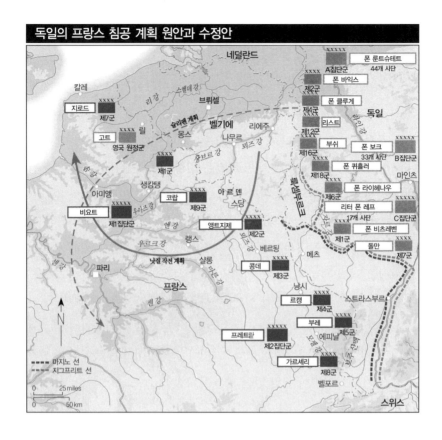

독일의 프랑스 침공 계획 원안과 수정안

지휘관들은 이 전격전이라는 용어를 신속하고 효과적인 기갑 전투의 대명사로 사용했지만, 사실 1940년 이전의 독일군(장교와 사병을 가리지 않고)에게 '전격전'이라는 말을 한다면 이들은 도대체 그게 무슨 말이냐고 되물었을 것이다. 그뿐만 아니라 독일군의 야전 교범이나 작전 수행에 관한 육군의 서류 어디에서도 전격전이라는 말을 찾아볼 수 없었다. 일반적인 통설과는 달리, 전격전이라는 말을 처음 사용한 사람은 독일인이 아니라 이탈리아인 기자였다. 이 기자는 베네룩스 3국과 프랑스 전역을 번개처럼 휩쓸어버린 독일군의 진격을 묘사하기 위해 전격전이라는 용어를 만들어냈다.

결국 전격전이라는 용어 자체는 어떤 전술을 지칭하는 용어라기보다는 전투 양상을 묘사하는 말이었다. 다시 말해, 이 말은 뭐가 뭔지 모를 복잡한 전술론 따위가 아니라 독일군 기갑부대의 전투 양상, 즉 공군과 제반 지원 부대의 지원을 받으며 번개처럼 진격하는 독일 기갑부대의 모습을 지칭하는 것이었다. 독일군도 자신들이 도입한 전술이 과연 기존의 관념을 완전히 깨부수는 새로운 전술인가에 대해서는 확신하지 못했다. 사실, 보다 거시적인 관점에서 보았을 때 신속한 진격을 통해 적 주력을 포위하고 포위된 적 병력을 소탕하는 전술은 독일군(더 거슬러 올라가자면 프로이센군)뿐만 아니라 다른 나라들의 군대들도 옛날부터 사용하던 전술이었다.

1940년 당시 독일군이 사용한 전술에서 진짜 새로운 점은 독일군이

■■■■■ 1941년, 유고슬라비아에서 촬영한 3호 전차 F형의 모습. (US National Archives)

■■■■■ 영국의 비커스 마크 6(Vickers Mark VI) 경전차의 모습. 경기병 부대에서 사용되었던 이 전차는 동시기 독일의 동급 전차들에 비해 장갑과 화력이 모두 뒤떨어졌다. (The Bovington Tank Museum)

적을 포위하기 위해 신속하게 진격을 수행한 방법이었다. 1870년 프로이센-프랑스 전쟁 당시의 프로이센군이었다면 이를 위해 기병대를 사용했겠지만, 1940년의 독일군은 기병 대신 전차를 사용했다. 물론 당시 전차 보유국이 독일뿐이었던 것은 절대로 아니었다. 폴란드 기병대가 독일 전차대를 향해 영웅적이지만 비극적인 돌격을 감행했던 폴란드 전역과는 달리, 영국군과 프랑스군은 충실한 전차 전력을 갖추고 있었다. 또 제2차 세계대전 초기 프랑스 전역에 대한 일반적인 인식과는 달리, 영국군과 프랑스군의 전차들의 성능은 독일군의 전차들보다 더 낮다고는 못해도 절대 뒤떨어지지 않았다.

영국군은 제1차 세계대전 중 전차의 개념 정립과 개발을 주도하고 주요 대전 참가국 중에서 가장 혁신적이고 성공적으로 전차를 사용했다. 그러나 전간기 동안 영국은 신형 전차 및 전차 전술 개발에 있어서 주도권을 잃었다. 반면, 독일은 베르사유 조약에 의해 가해진 제약 하에서도 전차가 미래 전장의 주역이 될 것이라는 확신을 가지고 모의전차를 이용해 훈련을 거듭하며 새로운 전술 개발에 심혈을 기울였다.

숫자만 따져봤을 때, 프랑스군은 독일군이 실전에 투입할 수 있는 전체 전차 대수보다 더 많은 전차를 보유하고 있었다. 다시 말해, 이는 영국 원정군이 보유한 전차들까지 합산한다면, 연합군이 독일군에 비해 전차 전력 면에서 상당한 수적 우위를 차지하고 있었다는 뜻이 된다(당시 독일 군이 2,445대의 전차를 보유한 데 비해, 연합군의 전차 보유 대수는 3,383대에 달했다). 그러나 전투의 승패를 결정하는 것은 수뿐만이 아니며 질 역시 매

■■■■■■ 프랑스군의 샤르 B1 전차는 여러모로 인상적인 차량이었지만, 여러 가지 사소한 문제들로 인해 그 성능을 효과적으로 발휘할 수 없었다.

우 중요한 요소라는 점에 이의를 제기할 사람은 거의 없을 것이다. 하지만 질 면에서도 영국-프랑스 연합군은 절대로 독일군에게 뒤떨어지지 않았다. 프랑스군은 다양한 종류의 전차들을 보유하고 있었는데, 그중에서도 가장 고성능 전차들은 소무아Somua S35 전차와 샤르Char B 전차였다. 이 전차들의 성능은 당시 독일 기갑부대의 주력이었던 2호 전차와 3호 전차를 압도하고 있었다. 당시 독일 기갑사단들은 1호와 2호 전차를 1,400대, 그리고 3호〔37밀리미터(1.5인치) 포 장비〕전차를 349대 보유하고 있었고, 훨씬 더 강력한 75밀리미터(3인치) 포를 탑재한 보다 대형의 24톤급 4호 전차Panzer IV는 겨우 278대에 불과했다. 하지만 독일군은 이외에도 체코 병합 과정에서 저절로 굴러들어온 고성능 체코제 전차들도 보유하고 있었다.

다른 분야에서도 프랑스는 확연한 우위를 점하고 있었다. 프랑스 육군은 야포 1만1,000문을 보유하여 8,000문을 보유한 독일군 포병대를 압도했다. 그러나 독일군은 비록 수적으로는 열세였지만, 전차부대와 함께 움직일 수 있는 자주포들을 기갑사단에 배치해놓고 있었다. 독일군은 이 자주포들 덕분에 포병의 정적靜的 운영을 선호한 프랑스군보다 훨씬 더 역동적이고 효과적으로 포병 세력을 활용할 수 있었다.

독일군은 연합군이 독일군이 북쪽으로부터 쳐들어올 것이라는 확신을 가지도록 기만작전에 심혈을 기울였다. 기만작전의 일환으로 독일군은 공수부대를 동원해 마스Mass 강과 바알Waal 강, 그리고 레크Lek 강에 놓여진 교량들을 공격하여 네덜란드를 양분했다. 독일의 공수부대원들은 또한 벨기에군 방어선의 핵심 중추였던 에벤 에마엘Eben Emael 요새 공격에 나섰다. 그리고 엄청난 용기와 과감한 작전을 통해 독일 공수부대원들은 에벤 에마엘 요새를 무력화시키는 데 성공했다. 에벤 에마엘 요새는 매우 두꺼운 방벽을 바탕으로 건설되었기 때문에, 지상 부대로는 거의 점령 불

프랑스 전투: 서전(緖戰)의 움직임

네덜란드

폰 퀴흘러
제18군

폰 보크
B집단군

폰 라이헤나우
제6군

독일

폰 클루게
제4군

폰 룬트슈테트
A집단군

리스트
제12군

부쉬
제16군

폰 레프
제1군

콩데
제3군
메츠

프레트랄
제2집단군 낭시

칼레
지로드
제7군

고트
영국 원정군

블랑샤르
제1군

코랍
제9군

앙트지제
제2군

비요트
제1집단군

아미앵
생캉탱
베르됭
아르덴
스당
뫼즈 강
상브르 강
나무르
리에주
마스트리히트
벨기에
벨기에군
브뤼셀
릴
셸데 강
리 강
몽스
우아즈 강
엔 강
우르크 강
랭스
살롱
파리
프랑스
스트라스부르
마인츠
지크프리트 선

N

- - - 마지노 선
- - - 지크프리트 선

0   25 miles
0   50 km

가능에 가까운 난공불락의 요새였다. 그렇기 때문에 독일군은 지상으로 접근하는 대신 요새의 지붕 위로 곧바로 뛰어드는 쪽을 선택했다. 이 과정에서 독일군은 소리를 거의 내지 않는 글라이더를 사용했기 때문에 요새 수비대는 조기 대응에 실패하고 속절없이 당할 수밖에 없었다. 내부에서 요새를 장악하는 데 성공한 공수부대원들은 독일군 후속 부대가 도착할 때까지 벨기에군의 반격으로부터 요새를 지켜내는 데 성공했다.

B집단군이 성공적으로 기만작전을 수행하는 동안 보다 남쪽에 위치한 A집단군은 아르덴 숲을 파고들었다. 비좁은 숲길을 따라 길게 늘어서서 느릿느릿 이동하느라 적의 공격에 극도로 취약해진 기갑부대를 보호하기 위해, 개전 후 첫 며칠 동안 독일 공군 전투기들은 엄청난 출격 회수를 기록하며 지상 부대의 진격을 엄호했다. 연합군으로서는 이때가 정말 다시없는 기회였다. 만약 연합군이 적시에 A집단군의 진격을 포착하고

진격로 상에 충분한 병력을 배치했다면, 프랑스 전역의 결과는 완전히 달라졌을 것이다. 그러나 연합군은 아르덴을 뚫고 나가던 독일군에게 경미한 공습을 제외하고는 별다른 공격을 가하지 못했다. 연합군은 이 지역에 보잘것없는 예비역 부대들만 배치해놓았으며, 이들만으로는 도저히 7개 독일군 기갑사단의 진격을 저지할 도리가 없었다. 5월 12일 저녁 무렵, 독일 기갑부대는 뫼즈 강 동쪽 제방에 도달했다. 그 과정에서 독일군은 자신들의 저력을 전 세계에 과시했다.

　5월 13일, 독일군은 디낭Dinant에서 프랑스군이 미처 파괴하지 못한 둑을 이용하여 뫼즈 강을 도하하는 데 성공했다. 보다 남쪽의 스당Sedan에서는 독일군 보병들과 전투 공병들이 집중적인 공습과 포격의 엄호를 받으며 놀라운 속도로 뫼즈 강을 건넜다. 독일군 보병들이 뫼즈 강 서쪽 제방

■■■■■ 폭파된 뫼즈 강의 교량. (Ann Ronan Picture Library)

에 발판을 마련하자, 몇 시간도 안 되어 부교浮橋가 건설되었고, 곧 기갑부대가 강을 건너기 시작했다. 뫼즈 강 도하에서 독일군은 완벽한 제병합동 작전을 보여주었다. 작전에 참가한 각급 제대들은 전체 작전 목표를 잘 숙지하고 있었으며, 이를 달성하기 위해 다른 부대들과 효과적으로 협력했다.

5월 16일 오전 무렵이 되자, 뫼즈 강 일대의 50마일(80킬로미터)에 이르는 구간에서 2,000대 이상의 독일군 전차들과 15만 명 이상의 병사들이 뫼즈 강을 건넜다. 일단 뫼즈 강 선이 독일군에게 뚫리자, 프랑스 북서부와 베네룩스 3국 일대에 배치된 연합군 부대들은 거의 끝장이 난 상태나 다름없게 되었다. 반면에 독일군에게는 결정적인 전략적 성공을 향한 문이 활짝 열리게 되었다. 이제 뫼즈 강을 건너 탁 트인 개활지에 들어선 독일군은 부채꼴을 그리며 북서쪽으로 진격하여 벨기에 일대에 배치된 영국군과 프랑스군 후방을 깊숙이 파고들었다.

하지만 연합군에게는 다가올 독일군의 진격을 물리칠 기회가 아직도 많이 남아 있었다. 독일군은 완전한 기습을 달성하는 데 성공했지만, 이를 위해 아르덴 숲을 지나 뫼즈 강을 건너느라 보급로가 엄청나게 길어지게 되었다. 이러한 신장伸張된 보급선은 전격전 전술이 가지는 불가피한 단점이었으며, 동시에 독일의 전쟁 방식의 실질적인 취약점이기도 했다. 영국-프랑스 연합군이 이러한 약점을 이용하여 뫼즈 강에서 바다로 길게 늘어져 있는 독일군의 '기갑 회랑Panzer Corridor'의 측면을 친다면, 잃어버린 주도권을 어느 정도 회복할 수도 있었다.

독일군의 전차들과 연합군의 전차들은 앞서 지적했듯이 성능에 있어서 큰 차이가 없었지만, 이는 수적인 면에서도 마찬가지였다. 오히려 단순히 수만 비교했을 때 영국-프랑스 연합군은 독일군보다 더 많은 기갑차량을 동원할 수 있었다. 그렇다면 독일군은 도대체 무슨 수로 그토록 압도적인 성공을 거둘 수 있었던 것일까? 그 답은 양측이 기갑부대를 운용한 방식에서 찾을 수 있다. 연합군은 전차들을 소규모로 '찔끔 찔끔' 투입했다. 연합군에게 전차란 역동적인 잠재력을 지닌 혁신적인 병기가 아니라 단순한 보병 지원 수단에 불과했다. 당시 영국 원정군은 참전국 각국 군대들 가운데서도 유일하게 완전히 차량화된 군대였다. 그러나 영국군은 이러한 강점을 제대로 살리지 못했다.

독일군 전차대와 연합군 전차대의 명암을 가른 요소는 그 밖에도 여러 가지가 있었다. 연합군의 전차나 독일군의 전차나 방어력과 화력, 기동성 면에서는 막상막하의 성능을 보여주었으나, 독일군 전차들은 한 가지 측면에서 결정적인 우위를 가지고 있었다. 대부분의 독일군 전차들이 무선 통신기를 장비하고 있었다는 점이 바로 그것이었다. 연합군 전차들 가운데 무선 통신기를 보유한 차량의 비율은 겨우 20퍼센트에 불과했다. 혹자는 전격전 개념의 형성과 진화에 있어서 기술적으로 가장 큰 영향을 미친 것은 비행기나 전차의 발전이 아니라, 무선 통신기의 소형화라고 주장하기도 한다. 전차나 비행기와 관련해서는 1930년대에 종심 침투 작전 수행에 필요한 신뢰성과 항속거리, 속도를 확보한 상태였지만, 무선 통신기를 개별 차량이나 항공기에 장착한다는 것은 1940년대까지만 해도 감히 상상할 수 없는 혁신적인 발상이었다. 구데리안 장군은 통신부대의 장교였을 무렵에 최초로 전투를 겪었기 때문에 군사작전에서 효과적인 통신의 사용이 얼마나 중요한지 잘 알고 있었고, 이것은 전쟁 초반 독일군의 대승리에 큰 기여를 했다. 소형 무선 통신기는 전차의 능력을 최대한 활용할 수 있도록 해주었으며, 기갑부대 간, 혹은 기갑부대와 다른 병과와의 효과적인 연계를 가능하게 해주었다.

독일군은 또한 프랑스 전역에서 임무형 지휘체계 개념을 광범위하게 실전에 적용했으며, 개별 기갑 차량에까지 장비된 무선 통신기 덕분에 임무형 지휘체계를 아주 쉽게 구현할 수 있었다. 동시기의 영국-프랑스 연합군, 그중에서도 특히 프랑스군은 무선 통신기의 활용에 있어서 크게 뒤떨어진 상태였으며, 더 나아가 무선 통신 방수의 위험을 들어 무선 통신의 활용에 대해 부정적인 시각까지 가지고 있었다. 독일 제4군 사령관이었던 폰 클루게 장군은 독일의 전쟁 수행 방식에 있어서 임무형 지휘체계의 중요성을 다음과 같이 요약했다.

독일군이 사용하는 전술의 가장 중요한 부분은 하급 지휘관들이 주어진 임무를 수행하기 위해 필요한 행동의 자유를 최대한 보장해주는 임무 지침 mission directive이다. 이러한 행동의 자유는 영국군과 프랑스군의 도식적이고 교과서적인 접근법에 대해 독일군이 전술적 우위를 가질 수 있게 해주었다.

1940년에 씌어진 독일 제3기갑사단의 한 보고서 역시 독일 기갑부대가 원하는 장교상에 대해 다음과 같이 이야기하고 있다(이는 앞서 베흐톨스하임 대위가 강연에서 했던 말과 흥미로운 대비를 이룬다).

한 가지 분명한 사실은 기동부대의 지휘에 있어 고정된 공식을 원하는 학자 타입의 장교는 즉시 기갑부대의 상징인 검은 전투복을 벗어야 할 것이다. 그런 장교는 기갑부대의 정신에 대해 아무것도 모르고 있는 것이다.

가용한 전차의 수를 제외하면 독일군과 연합군(영국군, 프랑스군, 네덜란드군, 벨기에군)은 총 병력이나 장비 수준에서 비교적 동등한 전력을 보유하고 있었다. 한때 연합군이 독일군의 수적 우세에 압도당했다는 이론이 유행하기도 했다. 이것은 1940년 당시 독일 인구가 프랑스 인구의 2배에 달했다는 점에서 나름대로 그럴듯한 이론이었다. 그러나 당시 실제

병력 동원 규모를 살펴보면, 연합군은 144개 사단을, 독일군은 141개 사단을 동원했으며, 포병 전력에 있어서 연합군은 7,378문의 야포를 동원한 독일군의 거의 2배에 가까운 1만3,974문의 야포를 보유하고 있었다.

공중에서도 연합군은 독일군보다 더 많은 항공기를 가지고 있었지만, 현대적인 전투기 보유 대수는 독일군이 더 많았다. 독일 공군이 보유한 메서슈미트Messerschimtt 109는 동시기 연합군이 보유하고 있던 대부분의 전투기를 압도하는 성능을 가지고 있었다. 영국 역시 스핏파이어Spitfire라는 훌륭한 전투기를 보유하고 있었지만, 대부분의 스핏파이어는 본토 방어용으로 남겨두었고, 프랑스로 파견된 제한된 수의 전투기들은 대부분 스핏파이어보다 성능이 떨어지는 허리케인Hurricane이었다. 프랑스군의 드와탱Dewoitime 전투기 역시 좋은 성능을 가지고 있었지만, 당시 프랑스군이 보유한 드와탱 수는 겨우 100여 대에 불과했다. 또 독일군은 폴란드 전역 당시 슈투카Stuka 급강하 폭격기를 사용하여 큰 성과를 거두었으며, 프랑스 전역 당시 독일 공군은 이 폭격기를 수백 대나 확보하여 근접항공지원용으로 사용했다.

독일군 선두 부대가 뫼즈 강을 건넌 후 진격하는 과정에서 지나치게 빨리 앞으로 달려 나가는 바람에 속도가 느린 보병부대 및 보급부대와의 거리가 크게 벌어지게 되자, 연합군은 주도권을 회복할 수 있는 기회를 가지게 되었다. 당시 독일은 전략적 기습을 달성하면서 연합군 전선에 큰 구멍을 뚫는 데 성공했지만, 효과적인 작전 수행에 필요한 치밀한 계획이 없는 상태였다. 독일군은 일단 뫼즈 강을 건너는 데는 성공했지만, 이후 파리로 진격할지 아니면 마지노 선을 후방으로부터 공격할지를 놓고 결단을 내리지 못하고 있었다. 결국, 독일군은 북서 해안지대로 진격한다는 결정을 내렸지만, 그 틈을 타서 연합군은 반격을 개시했다. 아라스Arras 일대에서 영국군은 북쪽으로부터, 프랑스군은 남쪽으로부터 독일군의 측면

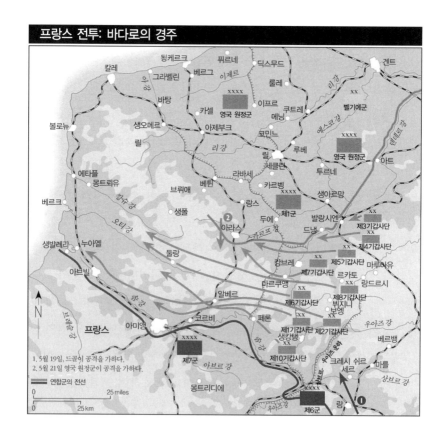

프랑스 전투: 바다로의 경주

1. 5월 19일, 드골이 공격을 가하다.
2. 5월 21일 영국 원정군이 공격을 가하다.

연합군의 전선

을 친다는 것이 반격작전의 요지였다. 그러나 영국군과 프랑스군의 공격
은 대체로 손발이 맞지 않았다. 비록 초반에는 어느 정도 성과를 거두기
도 했지만, 결국 연합군의 반격작전은 독일군에게 격퇴되고 말았다. 그러
나 갑작스러운 연합군의 반격에 간담이 서늘해진 히틀러는 선두 기갑부
대에게 후속 부대가 따라올 때까지 정지할 것을 명령했고, 덕분에 프랑스
군과 영국군은 벨기에 북부에 포위된 주력 부대를 됭케르크로부터 철수
시킬 작전을 세울 귀중한 시간을 얻을 수 있었다.

다른 많은 독일군 고위 지휘관들과 마찬가지로 독일군이 그렇게 단기
간에 엄청난 성과를 거두었다는 사실을 믿을 수가 없었던 히틀러는, 여전

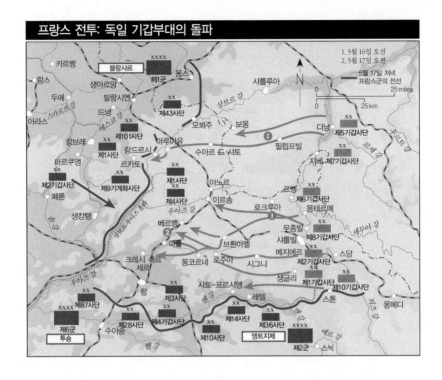

프랑스 전투: 독일 기갑부대의 돌파

히 연합군이 반격을 가해올 것이라고 생각했다. 그러나 히틀러와 독일 지
휘관들의 생각과 달리, 연합군의 저항은 곧 붕괴되고 말았다. 6월 5일이
지나자, 독일군은 적색 작전Fall Red, 즉 프랑스를 접수하기 위한 마지막 단
계의 작전을 실시하여 프랑스의 나머지 지역까지 모두 점령했다. 아이러
니하게도 마지노 선을 지키고 있던 일부 부대는 패배하지 않고 끝까지 싸
웠지만, 6월 22일이 되자 중앙 정부로부터 항복하라는 명령을 받고 무기
를 내려놓을 수밖에 없었다.

다이나모 작전

1940년 5월 26일, 됭케르크에서 포위되어 섬멸당할 위기에 처한 연합군을 구출하기 위한 다이나모 작전Operation Dynamo이 시작되었다. 다이나모 작전을 통해 연합군은 총 36만6,162명의 병력을 됭케르크 일대의 해안지대로부터 탈출시키는 데 성공했으며, 이 가운데 5만3,000명은 프랑스군이었다. 그러나 됭케르크 탈출 성공의 대가 역시 결코 적지 않았다. 영국 공군은 탈출작전을 엄호하다가 안 그래도 부족한 금쪽같은 항공기를 177대나 잃었으며, 영국 해군 역시 호위함을 10척 잃었다. 됭케르크 철수작전 종료 이후에도 연합군 병력에 대한 철수 활동은 지중해 연안 지역을 비롯한 여타 프랑스 지역에서 계속되었으며, 모든 철수작전이 중단된 8월 14일까지 19만1,870명이 추가로 탈출에 성공했다. 이렇게 해서 5월 20일부터 8월 14일까지 프랑스를 탈출한 연합군 병력은 총 55만8,032명에 달했다.

다이나모 작전은 전통적으로 연합군이 승리한 작전으로 여겨져왔으며, 영국 역사학계에서는 특히나 그런 경향이 강했다. 많은 측면에서 그

■■■■■■ 1940년 5월 29일~6월 2일에 실행된 다이나모 작전 기간 중 됭케르크 해안에서 연합군 병사들이 영국 해군을 기다리며 장사진을 이루고 있는 모습. (Ann Ronan Picture Library)

것은 사실이라고 볼 수 있다. 다이나모 작전으로 구출된 인원의 수만 봐도 그렇게나 많은 인원이 나치의 손아귀에서 학대당하거나 더 나아가 학살당할 운명에서 벗어났다는 사실만으로도 다이나모 작전은 연합군이 큰 성공을 거둔 작전이라고 할 수 있다. 그러나 됭케르크 철수작전이 종결된 지 한 달이 조금 지났을 무렵,《선데이 익스프레스 Sunday Express》의 피터

■■■■■ 됭케르크 철수작전 기간 중 브래 뒨(Bray Dunes)에서 촬영한 얼스터 소총 연대 병사들의 모습. (Topham Picturpoint)

하워드 Peter Howard 와《이브닝 스탠다드 the Evening Standard》의 프랭크 오웬 Frank Owen 과 마이클 풋 Michael Foot 은 됭케르크 철수작전을 불가피하게 만들었던 연합군의 대패와 이 패배로 이어진 여러 사건들을 통렬히 비판하는 책을 썼다. '카토 Cato'라는 가명으로 출판한 『죄인들 Guilty Men 』이라는 제목의 이 책은 영국의 일반 대중들에게 큰 충격을 안겨주었다.

카토는 이 책에서 전쟁 전 독일에 대해 유화책을 주장했던 램지 맥도널드 Ramsay MacDonald, 스탠리 볼드윈 Stanely Baldwin, 그리고 누구보다도 네빌 체임벌린이 이 대재앙에 대해 책임을 져야 한다고 주장했다. 이런 주장은 전후 특히 영국에서 전쟁 책임론에 큰 영향을 미쳤다. 전후 윈스턴 처칠이 쓴 책도 전쟁 책임론에 관해서는 카토와 일맥상통했으며, 이것은 일반 대중에게 전쟁 전 유화론자들이 전쟁 발발의 가장 큰 책임자라는 지극히

단순한 생각을 심어주었다.

프랑스의 붕괴는 비극적이고도 논란의 여지가 있는 후일담을 남겼다. 개전 직전 프랑스군은 강력한 대규모 함대를 보유하고 있었다. 그리고 프랑스 붕괴 이후 이 함대의 향방에 독일과 연합국의 관심이 쏠리게 되었다. 이 함대가 어느 쪽에 합류하느냐에 따라 추축국과 연합국의 해군 전력비가 크게 변할 수 있기 때문이었다. 당시 영국의 지중해 함대와 이탈리아 해군은 대등한 전력을 보유하고 있었기 때문에, 프랑스 함대가 합류하는 쪽은 압도적인 우위를 차지할 수가 있었다. 독일은 프랑스 항복 이후에 체결된 강화조약에 프랑스 함대가 추축국의 감시 하에 무장 해제를 한다는 조항을 집어넣었지만, 다를랑^{Darlan} 제독이 지휘하는 프랑스 해군은 이를 무시했다. 독일의 요구를 무시한 프랑스 해군은 6월 29일, 알제리의 항구도시 오랑^{Oran}과 메르스엘케비르^{Mers el-kebir}에 집결했다.

당연한 일이겠지만, 영국 해군은 이 프랑스 해군 전투함들의 향배에 신경을 곤두세우며 여러 가지 대책을 세워두고 있었다. 영국은 프랑스 해군이 영국으로 망명한 자유 프랑스군^{Free French} * 동지들과 합세하여 영국군과 함께 독일에 맞서 싸우거나, 중립 항구로 가서 조용히 머물거나, 아니면 추축군이 쓰지 못하도록 자신들의 배를 자침시켜주길 바랐다. 그리고 이외에도 윈스턴 처칠도 "끔찍하다"고 표현한 마지막 선택 사항이 있었다. 이는 추축군이 프랑스 해군 전투함들을 영국 공격에 사용하는 사태를 막기 위해, 영국 해군이 '필요한 모든 수단'을 사용한다는 것이었다. 영국군이 이렇게 조바심을 낸 데에는 독일이 다를랑 제독에게 독일에 항복한 프랑스 정부의 지시를 따르도록 압력을 가할지도 모른다는 위기감

---

* **자유 프랑스군** 제2차 세계대전 중 1940년 여름 프랑스 수도권 방위군이 붕괴된 후 독일과의 전투에 참여한 유격대원들의 통칭.

이 자리 잡고 있었다.

영국군과 프랑스 해군 사령관이 마지막 순간까지 협상을 계속했지만, 결국 양측은 합의안을 도출하는 데 실패하고 말았다. 7월 3일, 나머지 프랑스 해군 함대가 추가로 도착해서 손쓰기에는 너무 강력해지기 전에 영국은 프랑스 함대에 포문을 열었다. 영국 해군의 공격으로 인해 프랑스군 수병 1,200명이 사망했으며, 이로 인해 프랑스 해군은 두고두고 영국 해군에게 원한을 품게 되었다. 실패한 협상에 참가했던 한 영국 장교는 아내에게 다음과 같은 편지를 썼다.

"프랑스인들을 쏴야 했던 것은 정말 끔찍한 일이었소. 우리 모두 우리가 한 일에 대해 깊은 수치심을 느낀다오."

영국 본토 항공전

프랑스와 베네룩스 3국이 순식간에 무너지고 영국 원정군도 장비는 모조리 버려둔 채 됭케르크에서 간신히 몸만 빠져나온 상황에서 영국이 오래 버틸 수 있을 거라고 생각하는 사람은 별로 없었다. 주영 미국 대사였던 조지프 케네디^{Joseph Kennedy}(나중에 미국의 대통령이 된 존 F. 케네디^{John F. Kennedy}의 아버지)는 이제 영국은 끝장이라고 믿었으며, 실제로 본국에도 그렇게 보고했다.

영국이 완강히 평화협상을 거부하자, 히틀러는 바다사자 작전이라는 암호명으로 영국 상륙작전을 계획했다. 프랑스가 박살이 나고 영국군도 됭케르크에서 간신히 목숨만 부지한 채 탈출한 상황에서 이제 영국은 사실상 홀로 독일과 맞서야 하는 상황에 처하게 되었다. 6월 18일, 윈스턴 처칠은 영국 하원에서 한 연설에서 "프랑스 전투는 끝났다. 그리고 이제 영국 전투가 시작될 것이다"라고 말했다.

논리적으로 봤을 때, 히틀러가 다음에 취할 행동은 전략적 차원에서 영국의 존재를 제거하는 것이었다. 이제 영국만 제거한다면, 히틀러는 자유롭게 자신의 이상(소련을 파괴하여 종속시킨 후 새로 확보한 '생활권'에 게르만 민족의 식민지를 건설하는 것)을 실현하기 위해 동쪽으로 관심을 돌릴 수 있을 터였다. 그러나 이 원대한 목표를 어떻게 달성할 것인가를 두고 히틀러는 (영국 전투가 벌어지기 직전에) 고민에 빠질 수밖에 없었다. 그는 영국을 불구대천^{不俱戴天}의 원수로 생각하지 않았고, 또 대영제국을 높이 평가한다는 말을 공공연히 하고 다녔다. 그렇다면, 과연 영국과 독일 사이에 평화협상이 타결될 가능성은 얼마나 있었을까?

일부 영국인들은 협상을 통해 평화를 달성한다는 생각을 긍정적으로 보고 있었다. 그러나 이런 생각은 근본적으로 비현실적인 것이었다. 왜냐하면 이런 생각이 협상을 통해 수용 가능한 조건으로 평화를 이룰 수 있을 뿐만 아니라, 영국이 고개를 숙이는 모습을 보이면 위기감을 느낀 미국이 중립에서 벗어나 독일에 대항할 것이고 그렇게 되면 소련도 독일과의 협력을 재고하게 될 것이라는 잘못된 믿음에 근거하고 있었기 때문이었다. 히틀러는 7월 19일에 한 연설에서 영국과 협상할 의사가 있음을 천명했다. 그러나 영국이 어떠한 긍정적인 반응도 보이지 않자, 독일은 영국 상륙작전 계획(바다사자 작전)을 추진하기 시작했다.

그러나 영국 상륙작전이 성공하기 위해서는 반드시 제공권을 확보할 필요가 있었다. 이를 위해 독일 공군은 먼저 영국 공군을 격파해야 했지만, 이것이 그리 만만한 일은 아니었다. 전쟁 초반 프랑스로 파견된 영국 원정군은 영국이 보유한 소규모 육군을 대표하는 부대였지만, 사실 전쟁 직전까지 국방 예산의 대부분은 영국 공군과 해군에 투입되었다. 결과적으로 봤을 때, 이러한 예산 사용은 매우 효과적이었다. 집중적인 예산 투자를 통해 개발·도입된 허리케인은 아주 효과적인 전투기인 것으로 입증되었고, 보다 신형의 스핏파이어는 전투기의 성능에 있어 새로운 기준을 마련한 혁신적인 전투기였다. 영국 공군은 프랑스 전투가 한창이던 때에도 스핏파이어 전투기 부대를 프랑스로 보내지 않고 나중을 대비해 영국 본토에만 배치했다.

당시 독일 공군은 영국 상공에서 제공권을 확보할 능력이 부족한 상태였다. 이는 부분적으로 지상 부대를 위한 전술항공지원을 제1목표로 창설한 독일 공군의 태생적인 문제 때문이기도 했다. 전선에서의 근접항공지원에 치우친 전력을 가지고 있던 독일 공군은 1940년 당시 전략폭격 작전을 실시할 만한 성능을 가진 장거리 폭격기나 전투기가 거의 없었다. 물론, 4개 엔진을 가진 콘도르Condor와 같은 대형 항공기가 장거리 정찰기로 사용되기도 했지만, 독일 공군은 전쟁이 끝날 때까지도 장거리 폭격 전력 부족 문제를 해결하지 못했다.

영국 본토 항공전은 영국 전쟁사뿐만이 아니라 문화사적인 측면에서도 중요한 위치를 차지하는 사건이었다. 몇몇 유명 연설문에 표현되었듯이, '소수'에 불과한 영국 공군 조종사들(그리고 영국 공군 전력의 상당한 비중을 차지했던 영연방 국가 조종사들과 체코슬로바키아와 폴란드에서 망명해 온 조종사들)은 성공적으로 독일 공군의 공격을 저지했다. 그 결과 바다사자 작전은 계속 연기되다가 결국에는 취소되고 말았다. 영국 전투는 크게 두 단계로 나누어볼 수 있다. 1단계는 1940년 7월 10일에서 8월 13일에 걸친 기간이며, 2단계는 8월 13일에서 바다사자 작전이 무기한 연기된 9월 17일까지의 기간이었다. 1940년 10월 12일, 영국 본토 항공전에서의 패배가 확실해지자, 독일은 마침내 바다사자 작전을 취소했다.

1940년 7월 19일, 히틀러는 독일 의회에서 흥미로운 연설을 했다. 이 연설을 지켜본 미국인 기자 윌리엄 쉬러는 연설에서 히틀러가 다음과 같이 말했다고 기록하고 있다.

지금 나는 다시 한 번 이성과 상식에 호소하는 것이 나의 양심에 관한 문제이기 이전에 나의 의무라고 생각한다. 나는 더 이상 전쟁을 지속해야 할 이유를 알 수가 없다. …… 앞으로 지속될 전쟁에 희생될 사람들을 생각하면 너무나 가슴이 아플 뿐이다. 나는 독일 국민을 위해서라도 그러한 희생을 피해야만 한다고 생각한다.

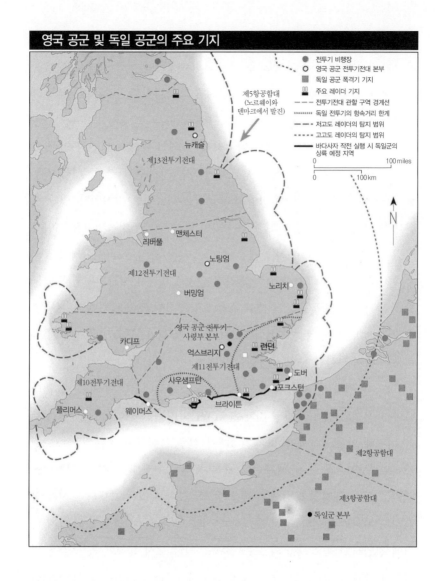

전투기 비행장
영국 공군 전투기전대 본부
독일 공군 폭격기 기지
주요 레이더 기지
전투기전대 관할 구역 경계선
독일 전투기의 항속거리 한계
저고도 레이더의 탐지 범위
고고도 레이더의 탐지 범위
바다사자 작전 실행 시 독일군의
상륙 예정 지역

제5항공함대
(노르웨이와
덴마크에서 발진)

뉴캐슬
제13전투기전대
맨체스터
리버풀
노팅엄
제12전투기전대
버밍엄
노리치
영국 공군 전투기
사령부 본부
억스브리지
런던
카디프
제11전투기전대
도버
제10전투기전대
사우샘프턴
포크스턴
플리머스
웨이머스
브라이튼
제2항공함대
제3항공함대
독일군 본부

0   100 miles
0   100 km

쉬러는 당시 자신도 이 서투른 평화협상 제안에 대해 영국이 어떤 대답을 보내올지 궁금했다고 말했다. 그러나 곧 전 세계는 영국의 분명한 입장을 듣게 되었다. 히틀러의 연설일로부터 얼마 지나지 않아 쉬러는 영국 BBC의 독일어 방송을 통해 영국의 '비공식적인' 반응을 들을 수 있었다. 당시 BBC의 아나운서는 "친애하는 총통 각하, 각하께서 하신 말씀을 고스란히 각하의 사악한 입으로 돌려드리겠습니다"라는 내용의 방송을 내보냈다. 물론 공식적인 반응까지 그처럼 노골적인 것은 아니었지만, 그렇다고 이 방송 내용과 크게 다른 것은 아니었다.

공폭작전의 첫 번째 단계는 영국의 남부 해안 일대의 항만과 인근 해상을 항해하는 영국 선박들을 목표로 공습을 가하면서 소위 '해협 전투 Kanalkampf'를 통해 영불 해협 상공의 제공권을 확보하는 것이었다. 일단 첫 번째 단계의 목표가 달성되면 '독수리의 날 Adlertag'로 지정된 8월 13일부터 두 번째 단계인 '독수리 공격 Adlerangriff'을 실시하여 공중에서 영국 공군을 완전히 쓸어낼 예정이었다. 본격적인 공습작전이 시작되면서 독일군의 폭격기들은 영국 공군의 각 비행장에 집중적인 폭격을 가했다. 보충할 수 있는 것보다 더 많은 기체와 조종사를 잃게 되자, 영국 공군 전투기 사령부는 이제 저항할 능력을 상실할 위기에 처하게 되었다.

그러나 전황이 점차 독일에 유리해지던 상황에서 전투의 향방과 더나아가 전쟁의 전략적 방향 자체를 뒤바꿔버리는 사건이 발생했다. 항로를 이탈해 방황하던 독일 폭격기 1대가 실수로 런던에 폭탄을 떨어뜨린 것이었다. 영국은 당장 베를린에 보복 폭격을 가했다. 격분한 히틀러는 "영국인들이 우리의 도시에 폭탄을 떨구었으니 우리는 그들의 도시를 완전히 쓸어버릴 것이다"라는 유명한 연설을 한 후 당시 영국 공군 기지 폭격에 전념하던 독일 공군의 모든 전력을 영국 도시 폭격에 돌릴 것을 명령했다. 1940년 9월 7일, 독일 제국 원수이자 독일 공군 총사령관이었던 헤르만 괴링 Hermann Göring은 휘하의 공군 고위 지휘관들에게 다음과 같은 연설을 했다.

나는 이 자리를 빌려 여러분에게 지금 우리가 역사적인 순간을 맞이하고 있다는 사실을 말해주고 싶다. 요전 밤에 이루어진 영국놈들의 천인공노할 공격에 대해 총통께서는 즉각 대영제국의 수도에 대한 엄중한 보복 공격 명령을 내리기로 결정하셨으며, 내가 직접 보복 작전의 지휘를 맡았다. 오늘, 이 자리에서 나는 밝은 대낮에 수없이 많은 전투기 부대들의 호위를 받아가며 사상 처음으로 적의 심장부를 직접 타격하기 위해 날아가는 승리의 독일 폭격기대의 폭음을 듣게 되었다. …… 지금 우리는 독일 공군이 사상 처음으로 적의 심장부를 강타하는 역사적 순간을 함께하고 있는 것이다.

영국 공군에게 독일의 폭격 전술 변경은 그야말로 하느님이 내려준 행운이었다. 독일 공군이 비행기지를 집중 폭격하면서 빈사 직전의 상태에 몰렸던 영국 공군은 이제 피해 복구 및 재편성을 실시하고 다시 전투를 할 여유를 찾게 되었다. 이제 영국 공군은 독일 폭격기들이 런던과 기타 대도시를 폭격하지 못하게 막는 데 전투의 초점을 맞추었다. 독일의 주요 공격 목표가 바뀌었지만, 영국 상공에서는 여전히 연일 치열한 공중전이 벌어졌고, 양측은 계속 엄청난 항공기 및 조종사 피해를 입었다. 9월 첫 주 동안 영국 공군은 항공기 185대를 잃었고, 독일 공군은 200대가 넘는 항공기를 잃었다. 9월 15일, 영국 본토 항공전 시작 이래 최대의 전투가 벌어졌다. 전투기의 호위를 받는 독일군 폭격기의 물결이 끝없이 런던으로 밀려오자, 영국 공군도 가용한 전력을 총동원하여 방공작전에 나섰다. 종일 격전이 계속된 끝에 최후의 승리는 비록 만신창이가 되긴 했지만, 영국 공군 전투기 사령부에게 돌아갔다. 그리고 독일 공군과 아돌프 히틀러는 당분간 영국 상공의 제공권을 장악할 수 없을 거라는 사실을 인정해야 했다. 이후 영국에서 9월 15일은 '영국 본토 항공전의 날Battle of Britain day' 로서 국가적인 경축일이 되었다. 9월 15일 이후, 독일은 영국 침공을 위한 준비 작업을 포기하게 되었다.

■■■■■ 독일의 영국 공습 기간 중, 공습을 피해 지하철역에서 잠을 청하고 있는 영국 시민들. (Topham Picturepoint)

　　영국 전투기 사령부가 독일의 침공 위협을 물리치는 데는 성공했지만, 그렇다고 영국의 각 도시들에 대한 독일의 폭격작전이 끝난 것은 아니었다. 11월 14일, 독일 공군은 코벤트리Coventry 시를 폭격했으며, 이어서 버밍엄Birmingham과 브리스톨Bristol, 맨체스터Manchester와 리버풀Liverpool을 폭격했다. 영국 국가 기관의 심장부이자 독일에 대한 저항의 상징이었던 런던 역시 여전히 독일 공군의 집중 폭격을 받아야 했다. 독일 공군의 폭격은 1941년까지 계속되다가 그 해 5월에 이루어진 폭격을 마지막으로 중지되었다. 이후 독일의 영국에 대한 공격은 전쟁 후반기에 독일이 V1 및 V2 로켓을 개발하여 런던을 향해 발사하면서부터 재개되었다. 이 로켓들은 실질적인 피해는 거의 주지 못했지만, 민간인들을 공포에 떨게 만들기에는 충분했다.

디에프

1940년, 독일의 침공 기도를 성공적으로 물리친 영국은 이제 독일에 대한 반격작전을 실시할 생각을 가지게 되었다. 반격의 한 가지 수단이었던 전략폭격에 대해서는 잠시 후에 더 자세히 다룰 것이다. 어쨌든, 영국 전투 이후 꾸준하게 독일과 접전을 벌이던 영국은 독일의 전함 비스마르크 Bismarck를 격침시키는 등 어느 정도 성과를 거두었다. 그와 함께 국민의 사기도 크게 진작되면서, 1942년에는 히틀러의 '유럽 요새Fortress Europe'를 공격하기 위해서는 좀더 적극적인 행동을 취할 필요가 있다는 여론이 일었다.

  독일의 프랑스 함락 이후, 처칠은 유럽의 독일 점령지 깊숙한 곳에 위치한 목표물을 공격하기 위해 다양한 코만도commando 부대의 창설, 훈련 및 작전 투입을 승인했다. 또 처칠은 '유럽을 불바다로 만들기 위해' 특수작전부Special Operations Executive, SOE도 창설했다. 코만도를 동원한 몇 차례의 소규모 습격작전이 성공을 거두면서 연합군의 사기는 크게 진작되었고, 독일군은 새롭게 등장한 골칫거리를 해결할 방법을 찾느라 골머리를 앓아야 했다. 생나제르^{St. Nazaire}와 브뤼느발^{Bruneval} 습격작전에서도 성공을 거둔 연합군은 이제 독일의 유럽 점령지에 대한 대규모 습격작전을 펼친 다는 결정을 내렸다.

1942년 8월에 이루어진 디에프^{Dieppe} 습격작전 자체는 비교적 제한된 목표를 달성하기 위한 것이었지만, 연합군은 그 과정에서 적이 장악한 영토에 대한 상륙작전과 관련된 문제점을 파악하는 것에 보다 큰 비중을 두었다. 주빌레 작전^{Operation Jubilee}으로 명명된 이 작전의 목표는 해안 지역에 병력과 장갑차를 상륙시켜 디에프를 점령하고 항구를 12시간 동안 확보한다는 것이었다. 일단 디에프를 점령한 연합군 병력은 내륙으로 진출하여 독일군 지휘소를 점령하고 독일군 포로와 작전 서류를 획득하여 다시 해협을 건너 영국으로 철수할 예정이었다. 하지만 이외에도 연합군은 보다 야심찬 목표를 가지고 있었다. 독일군에게 상당한 피해를 입힘으로써 독일군 최고사령부가 향후 추가적인 상륙작전을 염려하여 동부전선의 병력을 서부전선으로 돌리게 만들어 붉은 군대에 대한 독일군의 압력을 줄인다는 것이었다.

하지만 디에프 상륙작전은 재앙으로 끝났다. 병력을 태운 선단이 이동 중에 독일 선박에게 발각되면서 연합군은 작전 성공에 가장 필요한 기습 효과를 상실했고, 또 막상 디에프 인근 해안에 상륙한 후에도 해안 돌출부의 양 측면 중 어느 쪽도 장악하지 못하는 등 초반부터 작전은 암초에 부딪혔다. 초반의 여러 불리한 상황에도 불구하고 연합군의 주력 상륙부대는 작전을 속행했지만, 이들을 맞이한 것은 해안가에 늘어선 벽돌집들과 해안 돌출부에 엄폐진지를 철저하게 구축한 독일군이 퍼붓는 격렬한 포화였다. 총 27대의 처칠^{Churchill} 전차들이 해안까지 안전하게 도착하는 데 성공했고, 그 가운데 15대는 디에프 마을 광장까지 진출했지만, 연합군은 그 이상 진격할 수가 없었다.

결국, 모든 계획이 틀어지고 더 이상 아무런 진척도 이룰 수 없다는 것이 분명해지자, 영국군·캐나다군·미군 혼성부대는 철수할 수밖에 없었다. 최초로 편성된 연합군 혼성부대는 디에프에서 1,027명이 죽고 2,340명이 포로로 잡히면서, 작전에 완전히 실패하고 말았다. 그러나 디에프에서 연합군은 상륙작전에 대한 중요한 교훈을 얻을 수 있었고, 이에 대해 훗날 해군 제독 루이스 마운트배튼^{Louis Mountbatton} 경은 "디에프에서 전사한 연합군 병사 한 명 한 명이 디데이^{D-Day}의 노르망디에서 10명의 연합군 병사들을 살렸다"고 말했다. 마운트배튼 경의 언급이 결과적으로 봤을 때 틀린 말은 아니지만, 그 역시 디에프 작전 책임자 가운데 하나였다는 사실 또한 잊어서는 안 될 것이다.

대서양 전투

대서양 전투는 제2차 세계대전 중 벌어진 전투들 가운데 가장 중요한 전투 중 하나였다. 영국이 생존하고 동시에 나치 독일에 대한 투쟁을 계속하기 위해서는 영국 국민에게 충분한 식량이 공급되는 동시에 영국이 전쟁 체제를 유지할 수 있는 충분한 물자가 공급되어야 했다. 영국의 공장들은 대부분의 원료를 해외에 의존하고 있었다. 이러한 원료와 물자, 식량은 대부분 대서양을 건너 선박으로 수송해야 했다. 만약 해상 수송로를 제대로 확보하지 못했다면, 추축국에 대항하는 영국의 전쟁 수행 능력은 심각하게 저하되었을 것이며, 결국 영국은 굶주리다 못해 독일에 항복할 수밖에 없었을 것이다.

영국에게 해상 수송로 유지의 일등 공신은 바로 호송선단이었다. 독일의 잠수함 유보트의 위협에 시달리던 연합군은 수송선들을 집결시켜 여기에 호위함들을 붙여 대규모 호송선단을 편성함으로써 독일 잠수함의 공격을 물리치는 데 성공했다. 독일이 통상 파괴작전에 집단적인 늑대 떼 Wolf Pack 전술과 같은 새로운 전술을 사용하고 대형 고성능 잠수함을 동원하자, 연합군도 이에 대응하여 대잠무기와 전술을 더욱 발전시켜나갔다. 애즈딕asdic으로 알려진 소나sonar(수중음파탐지기)나 폭뢰, 그리고 항공기를 발진시킬 수 있도록 상선에 사출기catapult를 장착하는 전술 등도 그러한 발전의 산물이었다. 또 해면 수색 레이더 개발 덕분에 연합군 함선들은 해면에 부상한(가장 취약한 상태의) 잠수함을 탐지하여 공격할 수 있게 되었다. 이와 같은 기술과 전술의 발전 덕분에 해면에 부상한 유보트들을 야간에도 탐지할 수 있게 되자, 유보트의 야간 공격 위협도 크게 줄어들었다(많은 유보트 함장들은 야간에 수면에 부상하여 공격하는 것을 선호했다).

1939년~1943년에 영국은 대서양을 통해 자원과 물자를 영국 본토로 수송하기 위해 총력을 기울이는 한편, 1941년 6월에 독일이 소련을 침공하자 소련이 독일의 공격을 버텨낼 수 있도록 소련에 물자를 공급하기 위해 엄청난 노력을 기울였다. 비록 소련 당국은 지속적으로 영국과 미국이 제공한 물량이 별것 아니었다고 폄하했지만, 연합군이 소련에 지원해준 물자의 양은 실로 엄청났다. 영국에서 소련으로 가는(주로 북극권에 자리 잡은 소련의 항구도시인 무르만스크Murmansk로 향하는) 호송선단은 눈물까지 얼어붙는 추위와 산더미 같은 파도 속에서 독일의 유보트들이 가득한 바다를 건너가야 했다.

대서양 전투로 인해 연합군과 추축군 모두 수천, 수만 명의 선원들을 잃었지만, 1943년 여름 무렵 대서양에서 주도권을 잡은 것은 연합군이었다. 되니츠Karl Dönitz 제독이 지휘하는 독일의 유보트들은 총 2,600여 척에 달하는 연합국 상선과 175척의 군함을 격침시켰고, 그 과정에서 3만 명의 연합국 선원들이 목숨을 잃었다. 반면, 독일은 1,162척의 유보트 가운데

784척을 잃었다. 그리고 4만 명의 유보트 승무원 가운데 거의 3분의 2에 해당하는 2만6,000명이 전사했으며, 5,000명은 포로가 되었다. 독일의 잠수함 부대는 한때 연합군의 전쟁 수행 노력을 거의 정지되기 직전 상황까지 몰아넣기도 했다. 그러나 손실비로 보았을 때 훨씬 더 적은 피해를 입고도 전멸 상태에 이를 수밖에 없었던 독일 잠수함 부대는 연합군 해군의 적수가 될 수 없었다.

연합군의 전략폭격

제2차 세계대전에서 가장 논란이 되는 부분 중의 하나가 바로 독일 및 유럽의 독일 점령지에 대한 연합군의 전략폭격작전이었다. 적국의 도시에 대한 폭격은 그다지 새로운 것도 아니었다. 제1차 세계대전 때만 보더라도 독일은 체펠린Zeppelin 비행선과 고타Gotha 폭격기를 사용하여 제한적이나마 영국에 대한 폭격을 실시했다. 그러나 당시의 빈약한 항공 기술의 한계로 인해 폭격은 주로 전술적인 차원에서만 이루어질 수밖에 없었다.

　제1차 세계대전이 끝나고 제2차 세계대전이 터지기까지의 기간 동안 항공 전력에 대한 많은 연구가 이루어지면서 이제 항공기는 전쟁의 향방을 바꿀 수 있는 결정적인 무기로 간주되었다. 또 제1차 세계대전 당시에는 항속거리도 짧고 탑재량도 적었던 항공기들이 항공 기술의 발전 덕분에 보다 위력적인 무기로 자리 잡게 되었다. 이탈리아의 줄리오 두에Giulio Douhet, 미국의 윌리엄 미첼William Mitchel, 영국의 휴 다우딩Hugh Dowding 경과 같은 항공 전략의 선구자들은 미래에 벌어질 전쟁의 결과는 폭격기에 의해 좌우될 것이라고 예언했다. 또 특히 영국에서는 "폭격기는 무엇이든 뚫고 폭격할 수 있다"는 폭격기 만능론이 방위전략 입안자들에게 큰 고민

거리를 안겨주었다. 왜냐하면 만약 폭격기 만능론이 그대로 실현된다면, 주로 해군에 의지해온 영국의 전략은 무용지물이 될 수밖에 없기 때문이었다. 결국 전쟁이 터지면서 항공 전력 우세론은 사실로 증명되었고, 1941년 12월에 영국의 전함 HMS 리펄스^{Repulse}와 HMS 프린스 오브 웨일즈^{Prince of Wales}가 말라야 해상에서 일본군 항공기에 의해 격침되면서 전함의 시대는 종막을 고하게 되었다. 그러나 폭격기가 항공 전략의 선각자들이 생각했던 것만큼 전쟁의 향방을 좌우하지는 못하는 것으로 판명되었다.

1940년 9월 3일, 영국이 독일에 선전포고를 한 지 1년째 되는 날, 윈스턴 처칠은 "우리는 공중에서 압도적인 제공권을 가지기 위해 전력을 기울여야 한다. 전투기들은 우리를 구원해주었지만, 전쟁의 승리는 오직 폭격기를 통해서만 얻을 수 있을 것이다"라고 역설했다. 처칠은 폭격기로 전쟁을 승리로 이끌 수 있다는 생각에 큰 집착을 보였다. 사실, 처칠은 해군 장관을 맡고 있던 제1차 세계대전 당시에도 독일의 체펠린 비행선 기지에 대한 폭격작전 실시를 명령하기도 했다. 그러나 1917년 당시 처칠은 전략폭격에 대해 제2차 세계대전 당시와는 상당히 다른 견해를 가지고 있었다. 그는 그때 실제로 "우리는 적 후방 지역의 폭격에 관해 여러 가지 교훈을 배웠지만, 그 가운데 어떤 것도 대규모 전략폭격으로 독일 국민을 굴복시킬 수 있을 것이라는 우리의 예측을 정당화시켜주지는 못했다"라는 말을 남겼다.

1942년 2월 22일, 아서 트래버스 해리스^{Arthur Travers Harris}가 영국 공군 폭격기사령부의 사령관으로 임명되었다. 해리스는 지역폭격과 전략폭격으로 전쟁을 승리로 이끌 수 있으며, 독일의 산업 능력을 쳐부수고 독일의 도시들을 파괴함으로써 독일 국민의 전쟁 수행 의지와 능력을 붕괴시킬 수 있을 것으로 믿었다. 영국의 전략폭격작전은 단순히 영국 도시들에

■■■■■■ 아서 트래버스 해리스는 독일에 대한 무자비한 폭격작전을 수행함으로써 '폭격기 해리스' 라는 별명을 얻었다. (Ann Ronan Picture Library)

독일 공군이 가한 폭격에 대한 보복이 아니었다. 영국 공군 폭격기사령부 는 3년에 걸쳐 독일 전역에 무시무시한 폭격을 가했으며, 1945년 2월 13 일~15일에 걸쳐 독일의 고도古都 드레스덴Dresden에 가해진 폭격은 그 정점 을 이루는 사건이었다. 1942년이 되자, 영국군 폭격기와 함께 미 육군 항 공대의 폭격기들도 독일에 대한 전략폭격작전에 가세했다. 미군은 영국 군 폭격기보다 방어총좌를 더 충실히 갖춘 B-17 '하늘을 나는 요새Flying

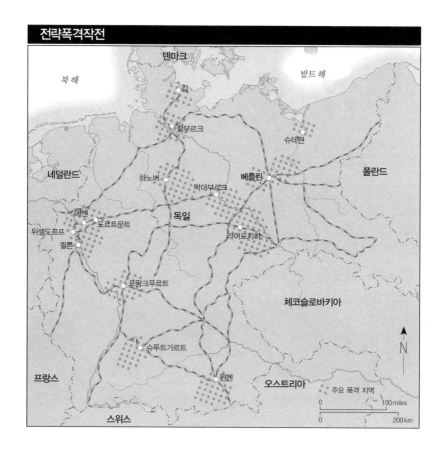

전략폭격작전

덴마크
북해
발트 해
킬
함부르크
슈테틴
네덜란드
하노버
막데부르크
베를린
폴란드
에센
도르트문트
독일
뒤셀도르프
라이프치히
쾰른
프랑크푸르트
체코슬로바키아
N
슈투트가르트
뮌헨
오스트리아
프랑스
주요 폭격 지역
0   100 miles
0   200 km
스위스

Fortress' 폭격기를 동원해 주간에 폭격을 퍼부었다. 그때부터 낮에는 미군
이, 밤에는 영국군이 폭격을 퍼붓자, 독일은 연합군이 '테러' 폭격을 가하
고 있다고 비난했다. 해리스는 곧 영국 국민들 사이에서 '폭격기' 해리스
라는 별명으로 불리게 되었으며, 부하들 사이에서는 '백정', '도살자' 해
리스라는 별명으로 불렸다.

　전쟁이 계속됨에 따라 전략폭격 전술도 크게 변화했다. 대전 초기 영
국군은 비커스Vickers 사의 웰링턴Wellington 폭격기와 같은 비교적 소형의 쌍
발 폭격기로 독일에 대한 폭격작전을 수행했다. 그러나 해리스가 사령관
으로 취임할 무렵, 쌍발 폭격기들보다 훨씬 많은 폭탄을 탑재할 수 있는

4발 폭격기들이 배치되기 시작했다. 쇼트 스털링^{Short Sterling}과 그보다 진일보한 아브로 랭카스터^{Avro Lancaster} 4발 폭격기들은 항속거리와 폭장량에 있어 일대 혁신을 가져왔다. 덕분에 연합군은 독일 영토 깊숙이 자리 잡은 목표물들에 폭탄 비를 뿌릴 수 있게 되었고, 폭격 가능한 목표물들도 훨씬 늘어나게 되었다.

1941년, 전략폭격작전에 관한 몇 가지 우려스러운 문제점을 지적하는 비밀 보고서가 제출되었다. 이러한 문제점들은 폭격기만으로도 전쟁에서 승리를 거둘 수 있다는 폭격기 만능론자들의 주장을 근본부터 뒤흔드는 것이었다. 폭격 목표물을 공중에서 촬영한 사진들을 토대로 작성된 이 보고서는 전 폭격기의 3분의 1만이 목표물로부터 5마일(8킬로미터) 이내에 폭격을 가했으며, 실제적인 폭격 정확도는 그보다도 더 실망스럽다는 내용을 담고 있었다. 심한 경우에는 목표물을 중심으로 75제곱마일(194제곱킬로미터) 범위에 폭탄을 떨어뜨린 폭격기의 비율이 20퍼센트에 불과한 경우도 있었다.

이처럼 정확도가 떨어지는 문제를 해결하기 위해 새로 개발해 채택한

■■■■■ 1942년에 실전 배치된 아브로 랭카스터 폭격기는 이후 영국 전략폭격 비행단의 주력으로 자리 잡게 되었다. (Topham Picturepoint)

전술이 바로 '지역폭격' 전술이었다. 부정확한 정밀폭격 전술을 대체한 지역폭격 전술의 골자는 목표 지역 일대를 폭탄으로 도배해버림으로써 목표물뿐만이 아니라 목표물 주변 지역까지 초토화시킨다는 것이었다. 다시 말해, 어떤 공장을 폭격한다고 했을 때 공장에 맞지도 않는 정밀폭격을 가하느라 전력을 낭비하느니, 공장 일대를 폭탄으로 덮어버림으로써 공장은 물론 공장 주변의 마을과 거기에 살고 있는 공장 노동자들까지 모조리 제거한다는 것이었다. 지금까지 일반적으로는 해리스가 이런 전술을 창안했다고 알려져왔고, 이와 관련된 도덕적 비난도 그에게 집중되었다. 이처럼 지역폭격 전술은 독일 국민에게 공포를 주기 위해서라기보다는 너무나 저조한 폭격 정확도를 보완하기 위해 채택한 것이었다. 물론, 부수적으로 민간인에 대한 대량 파괴작전을 수행함으로써 독일 국민의 사기를 점진적으로 무너뜨릴 수 있을 것이라는 계산도 있었다. 당시 폭격 비행단 사령관들은 지역폭격으로 독일 국민의 전쟁 의지를 꺾으면 (비록 그럴 가능성은 별로 없어 보였지만) 전쟁에 진절머리가 난 독일 국민이 히틀러 정권을 전복시킬지도 모른다고 믿었다.

독일군 역시 연합군의 폭격작전에 대응하기 위한 효과적인 대책 마련에 고심하고 있었다. 독일 공군은 점점 강대해지는 연합군의 폭격기 부대들을 저지하기 위해 모든 기술적 진보를 최대한 활용하면서 끊임없이 기존의 전술을 검토하고 발전시켜나갔다. 독일 제국 방공망의 지휘를 맡게 된 독일 공군의 요제프 캄후버Josef Kammhuber 대장은 전쟁 초반에는 엄청난 성과를 거두기도 했다. 캄후버는 구획 시스템을 고안하여 방어 대상 지역을 20제곱마일(52제곱킬로미터) 단위로 구획을 나누어 각 구획마다 전투기 1대씩을 배치했다. 이 전투기들은 연합군의 폭격기들이 담당구역에 들어올 경우 지상 관제소와 레이더의 유도를 받아 이들을 요격했다.

전쟁 초반 영국 공군은 폭격기들을 일정한 간격을 두고 1대씩 독일 영토로 출격시키는 전술을 사용했다. 그리고 캄후버의 전술은 이런 형태의 공격에 대처할 수 있는 이상적인 방법이었다. 그러나 시간이 지나면서 영국군은 가용한 모든 폭격기들을 일시에 대규모로 출격시키는 방법을 사용하기 시작했고, 캄후버의 방어 전술은 강물처럼 밀려오는 영국군 폭격기들을 상대하기에는 역부족이었다. 사실, 폭격작전의 전략적 가치 가운데 상당 부분은 얼마나 많은 적의 인력과 장비들을 최전선으로부터 후방지역으로 돌리게 하느냐에 달려 있었다. 연합군의 치열한 폭격작전으로 인해 독일군은 동부전선에서 소련군을 상대로 사용해야 할 대포들의 상당수를 독일 본토에 배치하여 고사포로 사용해야 했다.

매번 사용 가능한 모든 폭격기들을 끌어 모아 대규모로 최대한의 파괴력을 구현한다는 연합군의 전술은 독일 영공에서 연합군 폭격기들이 살아 돌아올 수 있는 가능성을 크게 높여주었다. 하지만 실질적으로 연합군의 전략폭격의 성패를 확정지은 것은 그 이후에 일어난 변화였다. 전폭격 항정을 호위해줄 수 있는 호위 전투기를 개발하여 실전에 투입한 것이었다. 이는 보조연료탱크의 사용으로 가능할 수 있었다. 사실, 보조연료탱크는 훨씬 이전부터 전투기를 원거리 기지에 배치할 때 흔히 사용하던 장비였지만, 당시에는 이것을 전투 비행 시에도 사용하는 것은 실용적이지 못하다는 의견이 지배적이었다. 어쨌든, 미국제 기체에 영국제 롤스로이스 멀린 엔진을 탑재한 P-51 무스탕Mustang이 폭격기들을 호위하기 시작하자, 곧 괄목할 만한 성과를 거두게 되었다.

제2차 세계대전이 종결된 이후에 전략폭격작전은 많은 논란의 대상이 되었다. 저 끔찍했던 함부르크Hamburg의 불폭풍을 일으켰던 고모라 작전 Operation Gomorra이나 고도 드레스덴을 초토화시킨 폭격 등은 민주주의 국가들도 총력전 상황에서 얼마나 잔혹해질 수 있는지를 보여주는 증거로서 언급되고 있다. 영국 폭격기사령부와 그 책임자인 아서 해리스는 민간인들에 대한 무자비한 학살 혐의 외에도 그보다는 정도가 약한 여러 가지 비난을 함께 받아야 했다. 이러한 비난들은 민간인 학살 혐의보다 더 현실적이었다. 그러한 비판을 하는 사람들은 영국 폭격기사령부와 해리스가 전쟁 초반에 비효율적인 전략폭격작전을 수행하면서 쓸데없이 인력과 자원을 소모한 것은 범죄행위나 다름없으며, 이 인력과 자원을 다른 용도로 사용했다면 훨씬 유용하게 쓸 수 있었을 것이라고 주장했다. 또 전략 폭격이 독일의 전쟁 수행 능력에 미친 영향은 투입된 자원에 비하면 너무나 보잘것없다는 주장을 하는 사람들도 있었다. 하지만 이런 주장에 대해 영국의 역사학자 리처드 오버리^{Richard Overy}는 다음과 같이 이야기했다.

전략폭격 비판론자들의 주장에는 늘 뭔가 근본적으로 이치에 맞지 않는 부분이 있다. 지나친 부담으로 한계에 달한 산업 체계와 전쟁에 지칠 대로 지친 도시 거주민들이 250만 톤의 폭탄을 덮어쓰고서도 전혀 약화되지 않을 수가 있겠는가? 독일이라고 그런 폭격을 맞고 멀쩡할 수는 없었다. 독일이 그런 폭격을 맞고도 멀쩡했다면 그런 주장도 일리가 있겠지만, 전략폭격은 분명 독일의 전쟁 수행 능력을 약화시키고 최종 승리를 쟁취하는 데 일조했다.

한 병사의 초상
도널드 에드거

1940년 도널드 에드거Donald Edgar는 영국 육군의 예비부대라고 할 수 있는 국방 의용군Territorial Army에 입대했다. 신병 훈련을 마치고 이스트 서리 연대East Surrey Regiment에 배치된 에드거 이병은 영국 원정군의 일원으로 독일군을 막기 위해 프랑스에 파견되었다. 1914년 제1차 세계대전 당시의 상황이 고스란히 재현된 것이었다. 하지만 20여 년 전의 영국 원정군과는 달리, 1940년의 영국 원정군은 독일군의 진격을 막을 수 없었다. 에드거 역시 독일군에게 포로가 되어 전쟁이 끝날 때까지 5년간의 포로생활을 하게 되었다.

도널드 에드거는 1939년 3월, 정부의 호소에 응한 다른 수천, 수만 명의 젊은이들과 함께 국방 의용군에 입대했다. 아돌프 히틀러는 이미 체코슬로바키아를 점령한 상황이었고, 대부분의 사람들은 전쟁이 곧 일어날 거라고 장담할 수는 없어도 일어날 가능성이 매우 크다는 생각을 가지고 있었다. 에드거는 여러 가지 측면에서 평범한 병사는 아니었다. 그는 명문 덜위치 학교Dulwich School를 다니면서 장교 훈련단Officer Training Corps의 일원으로 장교 훈련을 받았고, 옥스퍼드 Oxford 대학을 졸업한 후 런던에서 주식 중개인으로 일했다. 에드거는 나중에 자신의 입대 동기에 대해 "나는 애국심이 넘치는 젊은이였고, 당시 런던 시 전체에는 작금의 상황을 해결하기 위해 젊은이들이 나서서 '무엇인가 해야 한다'는 분위기가 강했다"라고 썼다. 또 에드거는 곧 징병제가 실시될 텐데, 어차피 징병될 바에야 폼나게 자원하는 것이 낫다는 생각도 가지고 있었다. 나중에 그는 이에 대해 "우리 가문 중 누구도 징집된 적은 없다. 모두들 전쟁이 나면 항상 군에 자원입대했다"라고 말했다.

에드거가 배치된 부대는 영국 제12보병사단이었다. 이 부대는 영국

▪▪▪▪▪▪ 1939년~1940년 경, 프랑스-독일 국경지대에서 잘 구축된 진지를 지키고 있는 영국군 병사들의 모습. (IWM)

원정군 소속 부대들 가운데 2선급 부대로 간주되던 3개 사단 가운데 하나였다. 에드거는 좋은 장비나 무기를 지급받지도 못했으며, 지겹고 지저분한 잡역에 동원되느라 훈련을 할 시간도 없었다. 그는 영국 국방부가 자신의 사단을 포함한 2선급 부대들을 '쓸모도 없고 귀찮은 혹 덩어리' 정도로 취급한다고 생각했다. 확실히 이러한 대우는 자원병들에게는 너무나 부당한 것이었다. 이런 부당성을 깊이 느끼고 있던 에드거는 이에 대해 다음과 같이 술회했다.

"우리 사단의 대대원들 대부분은 봄에 정부가 입대를 호소하자마자 애국심에 불타서 당장 입대한 사람들이었다. 이들이야말로 진짜 순수한 애국심을 가지고 전쟁에 뛰어든 사람들이었다."

1939년 봄에 자원입대한 에드거는 그 해 8월이 되자 드디어 소집 명령을 받고 리치몬드 드릴 홀^{Richmond Drill Hall}에 있던 그의 부대에 배속 신고를 했다. 운 좋게도 에드거는 입대하기 전, 직장 상사들로부터 많은 재정적 보증과 지원을 받을 수 있었다. 에드거는 이들이 그가 부대로 들어가기 전에 환송 오찬을 베풀어 샴페인과 함께 군 생활에 필요한 멋진 선물을 주었다고 회상했다. 그러나 이렇게 즐거웠던 환송회의 기억은 무자비한 군대 생활의 현실과 부딪히게 되면서 곧 산산조각이 나고 말았다.

에드거의 부대는 이후 잉글랜드 남해안 지역의 채텀^{Chatham}에서 숙영하게 되었다. 당시 해군 조선소가 있던 채텀에서 에드거와 부대원들은 각각 5발의 실탄을 지급받은 후 "이거야말로 제대로 된 보초 임무지, 안 그래?"라고 말했다. 에드거가 당시 영국 정규 육군으로부터 받은 인상은 그다지 좋지 못했다. 에드거는 신병 보충대에서의 생활과 신병들을 처음 대하는 2명의 준위들에 대해 '게으름과 비효율의 전형'이라고 평가했다. 그러나 이런 모습은 앞으로 그가 겪게 될 영국 육군의 끔찍할 정도로 나태한 모습의 극히 일부분에 지나지 않았다.

9월 3일 오전 11시 15분, 에드거와 동료 병사들은 독일에 대한 선전포고를 선언하는 네빌 체임벌린 총리의 연설을 듣고 있었다. 하지만 체임벌린의 연설은 역사적인 순간에 걸맞는다기보다는 (에드거의 표현을 빌리자면,) 전에 그가 재무장관을 지낼 당시 라디오로 방송되었던 예산 관련 대담처럼 무미건조한 것이었다.

채텀에서 한 달여를 보낸 에드거의 부대는 다시 리치몬드로 돌아와 소위 '취약 지점'에 대한 경비 임무에 투입되었다. 에드거도 템즈^{Thames} 강에 건설된 철교를 경비하는 임무를 맡았다. 유럽 전선에서 '가짜 전쟁'이 한창이던 당시 영국 본토의 분위기에 대해 에드거는 다음과 같이 말했다.

"영국 국민들은 영국이 꼭 지켜주겠노라고 폴란드에게 했던 약속을 지키기 위해 할 수 있는 모든 일을 다 하고 있다고 생각했다. 물론 당시 폴란드는 이미 독일과 소련에 의해 분할된 상태였다. 그때 영국인들은 함대를 동원하고 프랑스에 몇 개 사단을 보냈으니, 독일과의 전쟁을 치르기 위해 필요한 일은 다 했다고 생각하고 있었다."

에드거는 영국의 전반적인 전쟁 준비에 대해 많은 비판을 하기는 했지만, 이등병에서 일병, 상병, 병장으로 순조롭게 진급을 거듭하면서 사단의 정보과에서 근무하게 되었다. 에드거의 부대는 잉글랜드에서 길고 추운 겨울을 보낸 후 리치몬드 파크로 이동하여 인근의 널찍한 개활지에서 때때로 훈련을 받았다.

1940년 3월이 되자, 에드거의 부대는 프랑스로 이동하라는 명령을 받았고 그곳에서 드디어 제대로 된 훈련을 받는 동시에 필요한 모든 장비를 지급받을 수 있을 거라는 말을 들었다. 프랑스로 출발한 에드거의 부대는 르아브르^{Le Havre} 인근에 상륙한 후 노르망디의 전원지대에 자리 잡은 큰 고성으로 이동했다. 프랑스어를 구사할 수 있었던 에드거는 곧 통역병으로 임명되어 소속 대대장과 현지 프랑스군 지휘관 사이에 열린 회의에서 몇 차례 통역을 하기도 했다. 이러한 회의에 대해 에드거는 "매우 불편한 분위기였지만, 프랑스군과 영국군 장성들 간의 회의도 이것과 크게 다를 바 없었다"고 술회했다. 당시 영국군과 프랑스군 사이에 공조가 제대로 이루어지지 않고 있던 상황이었지만, 그래도 영국군과 프랑스군이 대대급에서도 지휘관 회의를 열었다는 것은 상당히 흥미로운 일이라 하지 않을 수 없다.

에드거는 프랑스어 구사 능력 덕분에 프랑스군이 영국군에게 넘겨준 문서들을 번역하는 임무를 맡게 되었다. 이 문서들은 주로 르아브르 지역의 중요한 항만 시설 수비에 관한 내용을 담고 있었지만, 차후 전투 계획에 대한 보다 광범위한 내용도 포함되어 있었다. 이러한 내용을 번역했던 에드거는 큰 우려를 품게 되었다.

"프랑스군의 문서를 번역하면서 나는 내가 정말 전쟁을 가볍게 보고 있었구나 하는 생각을 하게 되었다. 당시 프랑스군은 향후 벌어질 기동전에서 독일군의 기갑부대가 연합군 후방 깊숙이 파고들어올 가능성이 있다고 분석하고 있었다."

얼마 후 이러한 정보 분석은 아주 정확했다는 것이 드러났다. 그러나 에드거가 지적한 대로 당시 영국군과 프랑스군 대대 지휘관들 중 상당수는 제1차 세계대전 때 참전한 경험을 가진 사람들이었고, 이들에게 기동전은 전혀 익숙하지 않은 낯선 개념이었다.

도널드 에드거는 당시 영국군에 대해 여러 가지 비판적인 생각을 가지고 있었다. 이런 비판적인 생각 가운데 상당수는 병사라면 누구나 하게되는 일반적인 불평들이었지만, 또 일부는 현실을 정확히 지적한 것이기도 했다. 에드거는 당시 많은 부대들이 기관총과 대전차 무기가 크게 부족했으며, 그것들을 그럭저럭 갖춘 부대들조차도 실제 편제상의 장비 수량에는 크게 미치지 못했다고 술회했다. 이외에도 당시 에드거가 영국군에게 가장 부족하고 취약한 부분이라고 생각했던 것은 통신 부문이었다. 반대로 독일군은 통신 장비 면에서 영국군보다 훨씬 우월한 장비들을 갖추고 있었다. 하지만 그보다 더 중요한 사실은 영국군과 달리 독일군은 통신의 중요성을 잘 이해하고 있었다는 점이었다. 물론, 에드거도 당시 영국 원정군 소속의 정규부대들이 유무선 통신 장비를 갖추고 있었다는 점을 인정하기는 했지만, 동시에 각 사단의 3개 '잡역' 대대원들은 둘 중 어느 것 하나도 갖추지 못하고 말 그대로 '눈뜬장님' 상태로 전장에 투입되었다고 말했다. 이는 언제라도 충분히 문제가 될 만한 것이었지만, 당시 독일군이 새로운 기술적 혁신을 전통적인 전술에 비교적 잘 접목시키고 있던 상황에서 이런 문제는 연합군의 효과적인 전쟁 수행 능력을 더욱 크게 저하시켰다.

비록 에드거가 영국군의 수많은 문제점들을 지적하기는 했지만, 전투가 벌어지기 전날 그가 쓴 일기를 보면 미래를 완전히 비관적으로 보고 있지는 않다는 사실을 알 수 있다. 에드거는 "그런 모든 문제점에도 불구하고 병사들의 사기는 여전히 높다"고 썼다. 이 무렵에 대한 에드거의 회상은 객관적이기보다는 감상적인 측면이 더 강했다.

"1940년 5월, 국방 의용군 부대들은 그래도 활기차게 웃으며 〈술통을 굴려라〉라는 노래를 하면서 전장으로 떠나갔다."

이후 에드거는 흥미로운 전투를 경험하게 되었다. 이에 대해 그는 다음과 같이 쓰고 있다.

정보과는 트럭 3대에 분승해서 이동했으며 보급품도 충분히 가지고 있었다. 우리는 다량의 탄약과 예비 보급품, 연료를 보유하고 있었고 …… 나는 우리 모두에게 충분히 돌아갈 만한 양의 담배와 위스키, 브랜디를 확보했다.

에드거는 이런 준비를 한 이유에 대해 다음과 같이 썼다.

나는 이런 물품들이 앞으로 며칠간 전투를 치르는 데 꼭 필요할 거라고 생각했다. 이런 물품들을 충분히 가지고 있다는 사실은 우리에게 큰 자신감을 불어넣어주었고, 또 넉넉한 마음으로 행군 — 물론 트럭에 탑승한 채였지만 — 을 할 수 있게 해주었다. 간간이 술을 한두 모금 마시고 담배를 피우는 것은 사기 유지에 큰 도움이 되었다. 반면, 같은 지역에 있던 다른 부대들은 식량과 물을 구걸하고 다니는 실정이었다.

부대가 추가 명령을 기다리고 있는 동안 에드거는 한 사람이 서 있는 모습을 목격했다.

"카키색 옷을 입은 키가 큰 사람 하나가 야트막한 언덕 위에 서 있었다. 그는 고위 장교들이 좋아하는 발목까지 내려오는 멋진 코트를 입고 있었다. 나는 다시 한 번 그를 찬찬히 살펴보다가 붉은색 계급장을 발견했다. 그는 여단장이나 장군임에 틀림없었다."

에드거는 장교가 그처럼 "면도도 하지 않고 단정하지 못한 모습으로" 있는 것을 보고 크게 놀랐으며, 군인으로서 그런 모습은 용납할 수 없다고 생각했다.

"나는 말끔하게 면도를 한 상태였고 내 부하들도 마찬가지였다. 병사의 외모는 군기를 나타낸다. 장군들은 면도를 하지 않거나 단정하지 않은 모습으로 부하들 앞에 나타나서는 안 된다. 지휘관이라면 무릇 한 점 흠 잡을 데 없이 깨끗한 복장을 하고 다녀야 한다. 이는 단순히 멋져 보이자는 게 아니라 군 전체의 사기와 관련된 문제이기 때문이다."

하지만 1940년 5월에 프랑스에서 영국군이(물론 프랑스군도 마찬가지였지만) 처해 있던 위기를 해결하기 위해서는 높은 사기 이상의 무언가가 필

■■■■■ 처칠을 풍자한 선전 포스터. (Topham Picturepoint)

요했다. 명령을 기다리고 있던 에드거의 앞으로 일단의 피난민이 지나갔
다. 그 가운데는 제1차 세계대전 중에 영국군 병사로 싸웠던 사람도 있었
다. 이제 40대에 접어든 이 영국인 남성은 전쟁 중 프랑스 여자를 만나 사
귀다가 전쟁이 끝난 후 제대를 하고 프랑스에 와서 이 여자와 결혼을 했
다. 이후 그는 프랑스에서 휴가철에 펜션을 빌려주는 사업을 시작했다.

전쟁 통에 피난길에 나섰던 이 남자는 에드거에게 전황에 대해 물었고, 에드거는 그에게 곧 프랑스군이 반격에 나설 것이라고 말해주었다. 하지만 이 전 영국군 병사는 프랑스군이 반격에 나설 것이라는 소리에 "말도 안 된다는 듯이 코웃음을 쳤다"고 에드거는 회상했다.

그 중년의 전 영국군 병사가 보였던 반응은 곧 현실로 다가오게 되었다. 연합군은 사전 계획대로 반격작전에 나섰고, 반격작전 초반에 영국 원정군이 아라스 공격에서 어느 정도 성과를 거두기도 했지만, 곧 연합군의 공세는 기세가 꺾이고 말았다. 에드거와 그의 부하들은 순식간에 빠르게 진격하는 독일군에게 포위당하고 말았다. 뵐Veules이라는 작은 마을로 후퇴한 에드거는 생발레리St Valery에 있는 대대장에게 메시지를 전하라는 명령을 받았다. 에드거는 명령을 내린 상급자에게 "그러기는 쉽지 않을 겁니다. 프랑스군이 말하기를 독일놈들이 모든 도로를 차단했다고 하던데요"라고 하자, 상급자는 "그래도 꼭 이 메시지를 전해야 하네"라고 말했다. 어쩔 수 없이 에드거와 다른 2명의 병사가 메시지를 전하러 떠난 사이, 이 명령을 내린 장교는 나머지 부대원들을 모두 철수시켜버렸다.

우여곡절 끝에 자신의 부대에 합류한 에드거는 다른 부대에서 온 병사들과 함께 바다를 향해 행군을 시작했다. 그러나 생발레리에 도착한 에드거와 다른 병사들을 기다리고 있는 것은 "상황 악화로 인해 더 이상의 해상 철수는 불가능하다"라는 말뿐이었다. 소부대로 나눠 독일군 전선을 돌파해보자는 계획이 세워지기도 했지만, 이 역시 6월 12일 프랑스가 항복하면서 모두 소용없는 일이 되고 말았다. 에드거와 8,000명의 영국 원정군 병사들은 독일군의 포로가 되었다. 이후 에드거는 5년여에 걸친 포로생활을 견뎌내고 석방되었다. 하지만 그는 프랑스 전투 기간 내내 총탄을 단 한 발도 쏴보지 못했다.

한 시민의 초상
콜린 페리

1939년 9월, 제2차 세계대전이 터졌을 무렵 콜린 페리Colin Perry는 18살이었다. 런던 교외의 투팅Tooting에 살고 있던 페리는 런던에서 사무원으로 일하고 있었다. 페리는 프랑스가 함락된 직후인 1940년 6월부터 11월까지 일기를 쓰면서 자신의 경험과 의견을 기록했다. 이 시기는 영국에게, 그리고 이후 나치 독일 타도를 위한 노력에 있어서 매우 중요한 기간이었다. 이 기간 동안 영국은 침공 위협에 시달리면서 지속적으로 공중 폭격을 당했다. 콜린 페리는 이러한 암흑기에 대한 매우 흥미로운 기록을 남기고 있다. 이 젊은이에게 전쟁은 두려운 것일 뿐만 아니라, 신나는 모험이기도 했다.

프랑스의 항복 소식이 전해진 날 페리가 쓴 일기에는 상호 모순되는 생각과 의견들이 가득했다. 그는 "우리의 조상들이 세계 최고의 국가로 만들어낸 사랑하는 조국을 존망의 위기에 처하게 만든 자들을 저주한다"
고 썼다. 또 콜린은 현실에 낙담하는 모습을 보이기도 했다.

"관료주의가 횡행하고 있다. 차라리 신체검사에서 1등급을 받지 않았
더라면 좋았을 것을. 학력이 안 돼서 공군 조종사가 될 수 없다니 정말 분
하다."

콜린은 또한 상상력이 풍부한 청년이었다. 콜린은 과거 그가 매력을
느꼈던 모든 여성들의 이름을 죽 나열하면서 그중에서 1938년에 런던에
서 만나 하루 반나절을 함께 보냈던 독일 소녀를 거론하면서 다음과 같이
말했다.

"그 소녀는 정말 매력적이고 예뻤지만, 지금 생각해보니 그 여자 아이
는 독일의 제5열*(간첩) 조직원이었음에 틀림없다."

7월 17일, 콜린은 그날 일어났던 드라마틱한 일에 대해 다음과 같이
썼다.

오늘밤, 우리는 적의 공격으로부터 자랑스러운 조국을 지키기 위한 준비를
갖추었다. 대공경계원들은 톨워스Tolworth의 군부대가 오늘밤 연막을 쳐서 런
던 전역을 연기로 덮어버림으로써 주요 목표물들을 은폐하고 침공해오는 독
일놈들을 혼란에 빠뜨릴 것이라는 말을 전했다.

하지만 이 장대한 연막작전은 결국 실현되지 않았고, 콜린은 대신 영

---

* **제5열** 제5부대라고도 한다. 1936년의 스페인 내란 당시, 4개 부대를 이끌고 마드리드 공
략 작전을 지휘한 E. 몰라 장군이 "마드리드는 내응자內應者로 구성된 제5부대에 의해서 점
령될 것이다"라고 하여, 자기 부대 이외에도 협력자가 있음을 시사한 데에서 유래되었다.
평시에도 상대국의 내부에 잠입해서 모략공작을 하는 자, 즉 간첩을 넓은 의미로 제5열이
라고 한다.

화관에 가서 〈위기에 빠진 조국〉이라는 선전 영화를 보았다. 이 선전 영화를 보고 큰 감동을 받은 콜린은 "내일이라도 당장 육군에 지원해야겠다"는 마음을 가지게 되었다(이 영화는 분명 그런 효과를 노리고 제작한 영화였을 것이다).

하지만 전쟁과 독일군의 침공에 대한 준비에 정신이 팔린 콜린은 그의 일기에서 전 세계의 모든 청소년들의 최우선 관심사에 대해서 다소 의외의 모습을 보여주기도 했다. 콜린의 일기는 온통 군 입대에 관한 이야기들로 가득했지만, 중간 중간 여자 아이들 이야기도 눈에 띄었다. 콜린은 그중에서도 정기적으로 얼굴을 보는 한 여자 아이에게 관심이 있었다. 하지만 콜린은 그 여자 아이에게 정식으로 데이트를 신청할 용기가 없었다. 늘 독일군과 당당하게 싸우는 자신의 모습을 상상하던 콜린이었지만, 그 여자 아이가 자신을 진지하게 받아들여줄지 확신하지 못했던 것이다.

7월 19일, 한창 진행 중이던 영국 본토 항공전에서 고전을 면치 못하고 있던 영국 공군 당국은 콜린에게 회람을 보내 그가 제출한 항공기 승무원 지원서 처리가 최소 한 달 정도 지연될 것임을 알렸다. 이에 대해 콜린은 일기장에 이렇게 썼다.

"어떻게든 겨울이 되기 전에 입대할 수 있으면 좋겠다. 그러면 새 코트나 모자, 기타 겨울 용품을 살 비용을 줄일 수 있을 테니까."

또 챈서리 레인Chancery Lane에 살고 있던 친구의 집을 방문한 콜린은 당시 런던 상공에 떠 있던 수많은 방공기구防空氣球들을 보면서 마치 '부드럽고 통통한 은빛 코끼리들이 하늘에 떠 있는 것 같다'고 생각했다.

7월 30일, 콜린은 생애 첫 공습을 경험했다. 홀로 비행하던 독일 폭격기 1대가 에셔Esher 지역에 떨어뜨린 폭탄으로 인해 시민 5명이 죽거나 부상을 당했다. 콜린의 집 주변에 설치된 서치라이트는 잠시 동안만 사용되다가 사용이 중지되었다. 이러한 조치는 별다른 방공 활동이 이루어지지 않는 것을 보고 독일군 조종사들이 이 지역을 런던의 외곽이 아니라 한적한 시골 지역으로 착각하게 만들기 위한 것이었다.

7월이 지나고 8월이 되면서 콜린은 조만간 독일군이 영국에 상륙할 것이라는 확신을 가지게 되었다. 8월 9일, 그는 일기장에 다음과 같이 썼다.

"어제도 독일군은 상륙하지 않았다. 하지만 사람들은 히틀러가 별자리가 자신에게 유리한 위치에 오게 되는 오늘이나 내일쯤 상륙 명령을 내릴 것으로 예상하고 있다. 하지만 나는 독일군이 이달 22일에 상륙할 것이라고 생각한다."

흥미롭게도 콜린은 당시 영국인 누구도 생각하지 않았던 것에 대해 생각하고 있었다. 바로 독일군이 영국을 점령하면 어떤 생활을 하게 될 것인가를 생각했던 것이다. 콜린은 특히 독일군이 영국을 점령하면 네빌 체임벌린이 어떻게 될지 걱정했다.

"그런 일이 일어나선 안 되겠지만, 만약 영국이 패배한다면 체임벌린은 프랑스의 라발Laval이나 페탱처럼 독일의 꼭두각시로 이용당할 것이다. 나는 그런 위험이 있는데도 왜 처칠이 체임벌린을 아예 국외로 추방해버리지 않는지 이해가 가지 않는다."

당시 처칠을 비롯해 많은 영국인들은 미국이 영국 편에 서서 독일의 침략에 대항해야 한다고 루스벨트를 설득하기 위해 엄청난 노력을 기울이고 있었다. 하지만 18세의 콜린 페리는 미국에 대해 나름대로의 생각을 가지고 있었다. 콜린은 당시까지 벌어진 일들이 미국인들에게 "자신들이 얼마나 영국에 의지해왔는지"를 깨닫게 해주었을 것이라고 믿었다.

미국인들은 절대로 우리를 돕기 위해 참전하지 않을 것이다. 미국인들에게 나치는 영국보다 훨씬 큰 위험이 되겠지만, 그들은 그런 사실을 깨닫지 못하고 있다. 독일의 제5열 활동으로 엉망이 된 이 한심한 족속들은 국론이 분열

된 상태로 태평양과 대서양 모두를 지켜야 하지만, 그럴 수 없을 것이다.

콜린의 생각이나 감정은 비교적 성숙하지 못한 어린 소년의 정신세계를 보여주었다. 하지만 전쟁의 현실은 그가 생각지도 못한 방식으로 그에게 닥쳐왔다. 8월 21일, 그의 가족의 가까운 친구였던 블록Block 여사가 전화를 걸어와 그녀의 이웃이 독일군의 공습으로 사망했다고 말했다. "폭탄이 그 집 방공호에 정통으로 떨어졌고, 동네 길도 기총소사를 당했다"는 것이었다. 두말 할 필요 없이 이 사건은 콜린에게 다시 한 번 참전하겠다는 강한 욕망을 불러일으켰다. 콜린은 계속해서 공군에 지원할 생각을 했다.

대규모 항공 공세를 기다리는 어엿한 전투기 조종사가 된다면 그것보다 더 좋은 일은 없을 것이다. 그렇게 된다면 나는 거친 잔디밭을 거닐면서 전투기 옆에서 전우들과 담소를 나누며 긴급 출격 신호를 기다리겠지.

이러한 어찌 보면 치기어리기까지 한 용기를 가진 덕분에 콜린과 그의 친구들은 간간이 벌어진 독일 공군의 공습 와중에도 기가 죽지 않았다. 하지만 여름이 지나면서 공습이 격화되자, 콜린도 조금은 어두워졌다. 8월 28일, 콜린은 일기에 이렇게 썼다.

"지금 얼마나 피곤한지 모른다. 잠이 이렇게 소중한 것인 줄은 과거에는 알지 못했다. 금요일 새벽 이래로 독일 폭격기들이 끊임없이 날아왔고, 그 때문에 공습경보가 잠잘 틈도 없이 이어지고 있다."

콜린의 이러한 기록은 당시 독일군의 폭격에 대한 영국 국민들의 생각을 반영하고 있다는 점에서 매우 흥미로운 것이다. 콜린은 소규모로 끊임없이 폭격을 해대는 '귀찮은 폭격기들'이 대규모 공습보다 훨씬 더 골치 아픈 문제라고 생각했다. 이 '귀찮은 폭격기들'은 단독으로, 혹은 2대가 짝을 지어 날아왔다. 이들의 목적은 단순히 공습경보를 발령시킴으로써 영국 국민들의 생활에 지장을 주는 것이었다. 이에 대해 콜린은 이렇게 기록하고 있다.

"이 귀찮은 놈들의 목적은 우리 영국인들의 사기를 저하시키는 것이다. 이놈들 때문에 모든 런던 시민들은 매일 밤 여러 시간을 방공호에서 뜬눈으로 보내야만 한다."

이런 식의 공습이 계속되자, 콜린은 런던 시민들이 "폭격기가 날아와도 침대에서 계속 잠을 잠으로써 자신들의 용기를 과시하는 동시에 수면 욕구도 충족시킬 수 있었다"고 썼다.

또 콜린은 자신의 일기에 이렇게 썼다.

"공습 중에도 대부분의 경우 나는 침대에 계속 누워 있었다. 하지만 화요일 오전에는 도저히 그럴 수가 없었다. 새벽부터 독일군 폭격기들이 10분 간격으로 6시간 동안이나 우리 집 상공을 지나갔기 때문이었다."

이런 모든 일에 대한 콜린의 감상은 지극히 단순명료했다.

"아주 피곤하고 좀 우울해지기도 했지만, 하느님께 맹세코 이런 고난들은 히틀러를 물리치겠다는 우리의 결의를 더욱 강하게 해줄 뿐이었다. 이런 폭격으로 인해 전 영국은 그 어느 때보다도 단결된 모습을 보이고 있다."

영국 본토 항공전을 승리로 이끄는 원동력이 되었던 영국 국민들의 이러한 결의는 이후 수 주간에 걸쳐 독일 공군의 공습이 더욱 격화됨에 따라 큰 시험에 들게 되었다. 9월 9일 월요일 일기에서는 콜린의 어조가 크게 바뀌어 있었다. 쾌활하기까지 했던 대담함과 명랑함은 사라지고 대신 전쟁의 현실에 대한 충격이 곳곳에 묻어나 있었다.

런던, 나의 런던이 큰 상처를 입었다. 어제 저녁 7시 59분, 공습경보가 발령되었고 곧 상공은 급강하와 급상승을 하는 비행기들로 가득 찼다. 나는 클래펌 커먼Clapham Common 상공에서 엄청난 대공포화가 작렬하는 모습을 보았다. …… 독일군이 투하한 폭탄에 벡턴Becton 지역의 가스관이 명중당했다. …… 우리는 잠시 방공호에 머물렀지만, 나는 곧 쌍안경을 들고 여기저기 뛰어다녔다. 그러다 잠시 동안은 겨우 18야드 떨어진 곳에 있는 방공호로 뛰어갈 수 없을 정도로 폭격이 너무 심해서 어느 건물의 콘크리트 벽에 의지하여 몸을 피하기도 했다. 이렇게 치열한 공습이 끝나고 공습경보 해제 사이렌이 울린 것은 다음날 오전 5시 반이 되어서였다.

하지만 콜린이 폭격의 참상을 직접 느끼게 된 것은 폭격이 끝나고 나서였다. 다음날 콜린은 전날 공습으로 인한 흥분과 수면 부족 때문에 극도로 피곤한 상태에서 직장에 출근했다. 뱅크Bank 역까지 지하철을 타고 간 콜린은 한번 프린세스 가Princess Street까지 가보기로 했다. 그러나 프린세스 가는 완전히 파괴되어 '지금까지와는 전혀 다른 모습'이었다.

차량들이 도로를 가득 메웠고 사람들이 여기저기로 뛰어다녔다. 하지만 다들 침착하고 조용한 모습이었다. 소방차와 구급차들이 여기저기 보였다. 이스트 엔드East End 지구로부터 피난민들이 쏟아져 나왔고, 알데이트Aldate 방면에서 자동차와 자전거, 온갖 짐들과 아기들이 밀려왔다. 지난밤 공습 때 독일군의 폭탄이 근처 은행의 정문과 구 왕립 재무부 건물을 아슬아슬하게 벗어나 스레드니들Threadneedle 가 한가운데 떨어졌다. 우리 사무실 근처의 런던 중심가가 …… 내게 있어서 거의 신성불가침의 영역이 냉혈한 히틀러의 손에 박살이 난 것이다. 우리 사무실도 유리창이 모두 금이 가거나 박살이 났고 …… 내 의자는 흙먼지로 덮여 있었다. 3층을 보자 창문에는 아예 유리창이 남아 있지 않았고, 파편과 먼지만이 가득했다. 나는 이 광경을 보고 비틀거릴 수밖에 없었다. 겨우 쌍안경을 가지고 지붕 위로 올라간 나는 가장 무서운 광경을 보게 되었다. 런던 중심가가 불길에 휩싸였고, 사방에 소방 호스들이 널려 있었다. 나는 그때 내가 느낀 기분을 어떻게 말로 표현할 수가 없다. 너무나 충격적인 광경에 나는 넋을 잃고 가만히 서 있을 뿐이었다.

이 날을 기점으로 콜린의 일기에는 큰 변화가 일어났다.

그날 이후 내 일기는 더 이상 '신나고 나도 한몫 끼고 싶은' 사건의 기록이 아니게 되었다. 내 일기는 이제 독일군의 공습에 맞서는 시민들의 결연한 의지보다는 전쟁에 대한 무감각함과 무의미함의 기록이 되었다. 일기 속에는 피투성이가 된 시민들과 산산조각 난 시체들, 수많은 비극, 그리고 파괴된 집과 가족들의 이야기로 가득 차게 되었다. 하지만 나치가 저지른 이 끔찍한 범죄의 현장과 모든 시체들보다 훨씬 높은 저곳에는 뜨겁게 빛나는 무엇인가가 있었다. 그것은 바로 이 시련을 이겨내고자 하는 영국 국민들의 의지이며, 이 정신으로 우리는 결국 승리를 거둘 것이다.

1940년 가을에 콜린 페리는 영국 해군 상선단에 입대했으며, 11월 17일에 HMT 스트라탈란Strathallan의 서기로 배속되었다. 전쟁이 끝난 후 콜린은 1971년에 자신의 일기를 책으로 냈다.

전반전 종료
시작의 끝

1943년 말, 히틀러의 독일은 1941년 말과는 아주 다른 상황에 처해 있었다. 1941년 12월, 히틀러의 제3제국은 서쪽으로는 대서양에 면한 프랑스의 해안지대에서부터 동쪽으로는 거의 모스크바까지 펼쳐져 있었다. 1943년 말, 제국의 서쪽 국경은 그대로 유지되고 있었지만, 동쪽 경계선은 느리기는 하지만 돌이킬 수 없는 기세로 점점 서쪽으로 움직이고 있었다.

　1939년과 1943년 사이에는 수많은 사건이 일어났다. 그리고 끝없이 솟아오르기만 할 것 같던 독일의 별도 마침내 추락의 기미를 보이기 시작했다. 여기에는 몇 가지 이유가 있었다. 첫째, 1941년 12월 7일에 벌어진 일본의 진주만 공습으로 미국이 전쟁에 참가하게 되면서 전체 전국의 전략적 상황이 완전히 뒤바뀌었다. 히틀러가 왜 성급하게 1941년 12월 11일에 미국에 선전포고를 했는지는 아직도 이론이 분분하다. 과연 히틀러의 대미 선전포고는 몰락을 자초한 멍청한 결정이었을까, 아니면 어차피 미국이 전쟁에 참가할 것이라는 불가피한 미래에 대한 자연스러운 대응이었을까?

1941년 말까지 미국의 루스벨트 대통령은 영국에 막대한 지원을 제공해주었으며, 미국 국민들의 여론도 분명한 친영, 반나치 경향을 보였다. 독일의 선전포고 이전에도 미국의 행동은 중립을 유지하려는 국가의 행동으로 보기는 어려웠다. 미국이 무기대여법Lend-Lease Act*을 제정하자, 영국은 대금은 나중에 지불하는 조건으로 막대한 미국 물자를 받아쓸 수 있게 되었다. 이는 최악의 상황에 처해 있던 영국의 군사력을 크게 개선시켜주었다. 하지만 당시 루스벨트는 유럽에서 벌어진 전쟁에 미국이 참전하는 것에 대해 반대하는 국내 여론에 부딪히고 있었다. 하지만 진주만의 미군 태평양 함대를 일본군이 기습하고 독일이 선전포고를 해오자, 미국은 더 이상 손 놓고 전쟁을 구경만 할 처지가 아니라는 사실을 깨닫게 되었고, 미국 국내의 전쟁 반대 여론도 수그러들었다.

1943년 초반 서방 연합군은 유럽 대륙 진공 계획을 짜면서 독일군에게 점령된 프랑스에 대한 상륙작전을 펴기 위해 필요한 물자를 축적하고 있었다. 1943년 말까지만 해도 히틀러의 유럽 제국은 여전히 광활한 영토를 자랑하고 있었다. 그러나 이미 제국의 동쪽과 남쪽 국경은 서서히 뒤로 밀리고 있었다. 소련의 붉은 군대는 1943년 초에 스탈린그라드에서 독일 제6군을 섬멸했고, 1943년 8월에는 쿠르스크에서 전 전력을 동원해서 감행한 독일군의 대공세를 물리쳤다.

---

* **무기대여법** 제2차 세계대전 중인 1941년 3월, 미국이 연합맹방에 군사원조를 하기 위해 제정한 법률. 유럽에서 제2차 세계대전이 일어나자 미국은 연합국 측의 병기창이 되었으면서도 전쟁에는 직접 참전하지 않았으나, 미국 방위에 필요하다고 인정되는 어떤 나라에도 무기를 대여할 것을 결정하여 이 법을 제정했다.

소련군의 쿠르스크 돌출부에 대한 독일군의 공격은 동부전선에서 독일이 취한 마지막 대공세였다. 원래 독일군은 중장비를 대량으로 운용하기 위해 해빙기에 진창이 된 지면이 단단하게 말라붙는 5월에 공세를 벌이고자 했으나, 여러 가지 이유로 작전 실행은 계속 연기되었다. 히틀러는 그로부터 두 달이 지난 7월 초에 마침내 작전 실시 명령을 내렸다. 히틀러가 신속하게 작전을 시작하지 않은 것은 좀더 시간을 두고 보다 강력한 기갑부대를 구성해서 공격하는 것이 낫다고 생각했기 때문이었다. 또 작전 개시를 늦출수록 개발 막바지 단계에 있던 신형 판터^{Panther} 전차를 더 많이 투입할 수 있을 것이라는 계산도 있었다. 이제 본격적인 전시체제에 들어간 독일 산업계는 막대한 양의 신무기들을 생산했지만, 이 두 달간의 지연 덕분에 소련군 역시 부대를 재편성하고 장비를 보충하며 종심 방어진지를 구축할 수 있는 시간적 여유를 얻게 되었다.

쿠르스크 전투의 결과는 많은 이들의 예상을 완전히 뒤엎는 것이었다. 신속한 기동에 바탕을 둔 전격전의 선두주자였던 독일 국방군은 히틀러의 명령에 따라 잘 준비된 적의 방어진을 공격하면서 본연의 힘을 제대로 발휘해보지도 못하고 점점 힘을 잃어갔다. 야전군에 대한 직접 지휘권을 장악하게 된 히틀러는 1939년~1943년에 독일군에게 수많은 승리를 안겨준 과감한 사고방식을 완전히 잃어버린 것처럼 보였다. 쿠르스크 전투 이후 독일군은 치열한 전투를 벌이면서 서서히 밀려났고, 결국 1,000년이나 프로이센과 독일의 수도였던 베를린에서 마지막 전투를 벌이게 된다.

1943년 7월, 연합군이 시칠리아에 상륙하면서 독일 점령 하의 유럽 대륙에 대한 연합군의 첫 공격이 시작되었다. 두 달 후 9월이 되자, 연합군은 이탈리아 본토에 상륙하여 북쪽으로 진격을 개시했다. 독일군은 이탈리아 반도의 험한 지형을 최대한 이용하여 격렬하게 저항했고, 비좁은 이탈리아 반도의 지형적 특징으로 인해 연합군은 신속하게 진격할 수가 없었다. 결국 연합군은 독일이 1945년에 무조건 항복을 할 때까지 이탈리아에서 독일군을 밀어내지 못했다. 하지만 연합군이 유럽 대륙에 발을 붙이게 되었다는 사실은 이제 전세가 크게 변했다는 것을 보여주는 사건이었다.

1944년 6월, 히틀러의 제3제국에 큰 의미를 지니는 두 가지 사건이 벌어졌다. 첫 번째는 1944년 6월 6일에 이루어진 연합군의 노르망디 상륙이었다. 이 사건으로 인해 오버로드 작전Operation Overlord*과 디데이라는 말이 인기 있는 일상어로 자리 잡게 되었다. 연합군이 상륙하면서 제2전선을 열어서 소련군에 대한 부담을 덜어달라는 스탈린의 오랜 요구가 실현되었다. 스탈린이 바랐던 것보다 훨씬 늦게 상륙작전이 이루어져서 소련과 연합국 각국 사이에 상당한 긴장 관계가 조성되기도 했지만, 어쨌든 노르망디 상륙작전으로 인해 히틀러와 점점 더 불리한 싸움을 하고 있던 독일군은 양면 전쟁이라는, 전략적으로 악몽과도 같은 상황에 봉착하게 되었다.

이탈리아 전투에 상당수의 독일군 병력이 묶여 있었지만, 이탈리아는 결코 전쟁의 향방에 결정적인 영향을 주는 전장이 되지는 못했다. 독일에게 양면 전쟁의 문제점과 우선순위 결정의 어려움을 보여주기라도 하듯, 스탈린은 1944년 6월 22일 바르바로사 작전 3주년 기념일에 소련군 사상 최대의 공세를 시작했다. 바그라티온 작전Operation Bagration**으로 인해 동부전선의 독일 중앙집단군은 궤멸당하고 말았으며, 독일 국방군은 빈사상태에 빠지게 되었다.

1944년 6월 이후 동쪽에서는 소련군이 무자비하게 진격해오고 서쪽

---

* 오버로드 작전 노르망디 상륙작전의 암호명.
** 바그라티온 작전 1944년 동부 폴란드와 벨로루시에 포진해 있던 독일군을 일소하기 위한 소련군의 하계 공세 암호명.

에서는 영국-미국-캐나다-자유 프랑스군이 밀고 들어옴에 따라, 히틀러의 제국은 빠른 속도로 쪼그라들고 있었다. 모든 면에서 독일의 패배가 분명했지만, 독일군은 치열한 저항을 계속했다. 특히 동부전선에서 저항의 치열함은 극에 달했다. 소련군이 독일 본토로 진격해올 경우 그동안 독일군이 소련에서 저지른 만행에 대해 소련군이 어떤 식으로 보복해올지 잘 알고 있었기 때문에, 독일군은 쉽게 물러날 수가 없었다. 또 공산주의와 국가사회주의의 근본적인 이념 분쟁이 전투를 더욱 격렬하게 만들었다. 서부전선에서도 독일군의 완강한 저항으로 인해 연합군의 진격은 매우 느리게 이루어졌다. 영국의 버나드 몽고메리Bernard Montgomery 장군은 마켓 가든 작전Operation Market Garden*을 통해 라인 강에 걸려 있는 중요 교량들을 장악함으로써 전쟁을 신속하게 끝내려고 시도했지만, 실패했다. 이로 인해 연합군은 격전을 벌여가며 한 발 한 발 진격을 해야 했다.

1944년 12월, 히틀러는 연합군의 진격을 뒷받침해주는 중요 보급항이었던 벨기에의 안트베르펜 항을 목표로 기습적인 대공세를 가함으로써 독일군이 여전히 공세를 펼칠 능력이 남아 있음을 보여주었다. 아르덴에서 벌어진 이 공세는 후일 '벌지 전투Battle of the Bulge'로 이름을 남기게 되었으며, 다시 한 번 독일 육군의 탁월한 전술적 능력을 보여주었다. 하지만 독일군은 공세를 지속할 여력을 빠르게 상실했고, 독일군은 아무런 성과도 거두지 못한 채 아르덴 전투는 끝이 나고 말았다.

독일군은 1945년 5월까지 전투를 계속했지만, 이것은 이미 패배가 확

---

* 마켓 가든 작전 제2차 세계대전 당시 벨기에와 알자스-로렌 지역까지 진격한 연합군이 보급 문제로 진격이 정체되자 북쪽의 네덜란드에서 전력이 약화된 것으로 믿은 독일군을 단숨에 돌파하여 바로 라인 강을 건너 전쟁을 크리스마스 전에 끝내자는 욕심으로 1944년 9월 17일~9월 25일에 벌인 작전이다. 이 작전은 결국 실패로 끝이 났고, 독일은 서부전선에서 최후의 승리를 거두었다.

실시된 상황에서 무의미한 몸부림을 치는 것에 불과했다. 소련은 나치 독일군과의 싸움에서 전혀 사정을 봐주지 않고 무자비하게 몰아쳤다. 나치의 인종적 이데올로기의 잔인함을 직접 경험한 소련인들은 독일인들에게 자신들이 당한 것을 그대로 돌려주었다. 1945년 초에 열린 얄타 회담^{Yalta Conference}*에서 붉은 군대가 베를린을 점령하도록 서방 연합국들이 결정한 것은 어찌 보면 너무나 당연한 것이었다. 소련군은 독일의 수도를 공격하면서 독일군의 치열한 저항에 직면하여 10만 명이 넘는 사상자가 발생했지만, 결국 독일 제국 의회 옥상에는 소련의 붉은 깃발이 나부끼게 되었고, 이는 제2차 세계대전을 상징하는 장면이 되었다.

---

* **얄타 회담** 제2차 세계대전 종반(1945년 2월 4일~11일)에 소련 흑해 연안의 얄타에서 미국, 영국, 소련의 수뇌들이 모여 독일의 패전과 그 관리에 대하여 의견을 나눈 회담.

제2차 세계대전

탐욕의 끝, 사상 최악의 전쟁

2부
바다에서의 전쟁

바다에서의 전쟁

육상에서와는 달리, 해상에서는 전쟁 기간 내내 '가짜 전쟁' 따위는 벌어지지 않았다. 전쟁 첫날부터 치열하게 벌어진 해상전은 전쟁의 마지막 날까지 계속되었다. 1939년 9월 1일 독일의 폴란드 침공 당시 처음으로 포문을 연 것도 폴란드군이 지키고 있던 베스터플라테 요새에 포격을 가한 독일 해군의 구식 전드레드노트급 전함 슐레스비히-홀슈타인의 11인치(280밀리미터) 주포였다.

전쟁의 배경
각국의 해군력

제1차 세계대전 당시 영국과 독일은 인류 역사상 가장 강력한 해군을 보유하고 있었지만, 실망스럽게도 실제 전쟁에서 해군의 역할은 기대에 훨씬 못 미쳤다. 1914년 당시 해군력의 척도는 바로 전함이었다. 1916년 5월 31일, 양국의 거대 전함들이 유틀란트^{Jutland} 반도 앞바다에서 맞붙었다(유틀란트 해전*). 그 결과에 대해서는 오늘날까지도 치열한 논쟁이 벌어지고 있는 이 전투에 양국은 어마어마한 전력을 쏟아부었다. 영국은 해

---

* **유틀란트 해전** 1916년 5월 31일 유틀란트 반도에 면한 북해에서 일어난 영국과 독일의 전투. 제1차 세계대전 중 최대의 해전으로, 대전 중 유일한 영국 해군과 독일 해군 주력 함대의 교전이었다. 양국은 모두 승리를 주장했다. 수적으로 우세했던 영국은 선박과 인명 손실을 크게 입었음에도 불구하고 북해에서의 제해권을 상실하지 않았고, 그러자 독일 함대는 잠수함전에 의존하게 되었다.

■■■■■ 장대하면서도 우아함을 풍기는 영국의 순양전함 HMS 후드(Hood)의 선수부 모습. (George Malcolmson Collection)

군 제독 존 젤리코John Jellicoe 경의 지휘 하에 전함 28척과 순양전함 9척, 그리고 수많은 구축함들을 투입했으며, 독일은 라인하르트 셰어Reinhard Scheer 제독의 지휘 하에 전함 16척과 순양전함 5척, 그리고 구축함보다 작은 수 뢰정들을 대량 투입했다. 단순히 양측의 손실만 따져보면, 전투 자체는 독일군의 우세로 끝이 났다고 할 수 있다. 독일은 총 11만 1,980톤의 영국 해군 함선을 격침시키고 6,945명의 사상자를 발생시킨 반면, 영국 해군이 격침시킨 독일 함선의 총 톤수는 거의 그 절반에 불과한 6만 2,233톤이었으며, 독일 해군의 사상자 수도 2,921명에 불과했다. 그러나 전략적인 측면에서 승자는 영국 왕립 해군이었다. 수적으로 압도적인 우위를 점하고 있던 영국 해군은 유틀란트 해전 바로 다음날에도 충분히 전투를 벌일 수 있는 전력을 보유하고 있었지만, 독일의 대해함대High Sea Fleet는 훨씬 적은 피해를 입고서도 피해 복구를 위해 킬Kiel 군항에 정박해 있어야 했다. 이로써 제해권은 완전히 영국 해군의 손에 넘어가게 되었다. 하지만 영국 해군도 과거에 넬슨Nelson이 거두었던 것과 같은 압승을 거둔 것은 결코 아니었다. 전투의 대차대조표만 놓고 보자면, 압도적인 전력으로 전투에 임했으면서도 2배나 되는 피해를 입은 영국 해군은 체면을 크게 구긴 셈이었다. 이로 인해 이 전투에서 영국 해군이 저지른 수많은 과오들에 대한 논란은 오늘날까지도 계속되고 있다.

사실, 영국의 약화와 관련하여 제1차 세계대전 무렵 이미 "과연 영국이 여전히 바다를 지배하고 있는가?"라는 의문이 제기되고 있었다. 게다가 1916년 이후 독일의 유보트 잠수함들이 대서양을 누비며 마음대로 영국 상선들을 격침시키고 다니면서 이런 의구심은 더욱 커지게 되었다. 당시 대부분의 물자를 해외 수입에 의존하던 영국은 독일의 잠수함 작전으로 인해 아사餓死 직전의 위기에 몰렸다. 독일의 무제한 잠수함 작전이 절정에 달한 1917년 초반에는 4월 한 달 동안만 약 90만 톤의 영국 선박이 격침당했다. 해양강국인 영국으로서도 이 정도의 손실을 계속 감당할 수는 없었다. 당시까지만 해도 잠수함의 위협을 대수롭지 않게 여겼던 영국군은 대잠수함전을 수행할 만한 장비가 없었다. 수백 년 동안 영국 해군은 막강한 수상함대를 보유하면서 함대 결전을 통해 승부를 결정한다는 교리를 신주단지 모시듯 지켜왔지만, 잠수함이라는 새로운 강적에게 수상함대는 그렇게 효과적인 해결책이 되지 못했다. 분명 잠수함 자체는 해상 운항에 여러모로 불리한 특징을 가지고 있었고 지속적인 항해 능력도 크게 떨어졌기 때문에, 함대 결전 사상에는 맞지 않는 무기였다. 따라서 대부분의 독일 잠수함들은 광대한 대양을 홀로 누비며 연합군의 수송선을 사냥했다.

영국 해군이 직면한 또 다른 문제는 물속에서 비밀스럽게 움직이는 새로운 적을 어떻게 찾아내느냐 하는 것이었다. 맹렬한 공격정신으로 적을 찾아내 격파하는 것에 익숙했던 영국 해군은 이렇게 완전히 낯선 적을 잘못된 방법으로 상대했다. 영국의 구축함들이 떼를 지어 잠수함을 찾아 여기저기를 무익하게 들쑤시고 다니는 동안, 영국 상선들은 독일 잠수함에게 무더기로 격침당했다. 상황이 계속 악화되자, 견디다 못한 영국의 정치인들이 나서서 영국 해군 전투함들이 직접 수송선단을 호위하라는 명령을 내렸다. 이런 선단호위체계는 대잠수함 작전에 이상적인 전술이었지만, 늘 강대한 적과의 장렬한 결전을 로망으로 생각해온 영국 해군은 이런 '폼 안 나는' 전투 방식을 별로 달가워하지 않았다. 어쨌든 선단호위체계가 도입되면서 바다에서의 전략적 상황은 빠르게 호전되었다. 영국 해군의 호위함 함장들은 느릿느릿 움직이는 수송선에 보조를 맞추느라 답답해 죽으려 했지만, 그래도 덕분에 텅 빈 바다를 뒤지며 허탕 치는 일 없이 수송선단을 공격하려고 제 발로 기어들어오는 독일 잠수함들에게 뜨거운 맛을 보여줄 수 있었다. 잠수함은 발견하기가 힘들어서 문제지, 일단 발견하기만 하면 비교적 손쉽게 처리할 수 있었다. 수중청음기와 대포, 폭뢰로 무장한 호위함들이 수송선단을 호위하자, 잠수함들은 더 이상 수송선단에게 위협이 될 수 없었다.

1918년 11월 11일, 휴전조약이 체결되면서 제1차 세계대전은 종결되었다. 독일의 패배로 전쟁이 끝나면서 독일 대해함대가 보유한 전함 9척, 순양전함 5척, 그리고 50척이 넘는 전투함들도 함께 몰락의 길을 걷게 되었다. 연합군에게 몰수당한 이들 함선들은 영국의 감시 하에 영국 해군의 모항인 스카파 플로로 끌려갔다. 하지만 전쟁이 끝난 다음해인 1919년 6월

21일, 스카파 플로에 정박해 있던 독일 전함의 승무원들은 자신들의 배를 자침시켰다. 이는 한때 막강했던 독일 대해함대의 자존심을 끝까지 지키기 위한 마지막 몸부림이었다.

제1차 세계대전이 끝난 후 전쟁 마지막 해에 참전한 미국을 포함한 연합국 각국은 전례 없는 규모로 4년이나 벌어진 전쟁의 손익을 계산하느라 분주했다. 막대한 전비 부담으로 인해 각국은 등골이 휠 지경이었고, 이는 제1차 세계대전과 제2차 세계대전 사이의 기간 동안 각국의 해군에게 엄청난 영향을 미쳤다. 전쟁으로 인해 경제 파탄 상태에 빠진 유럽 각국은 엄청난 빚더미에 올라앉게 되었고, 설상가상으로 1929년 월스트리트의 주가가 대폭락하면서 세계 경제는 암흑기를 맞게 되었다. 세계 금융 업계를 주도하던 대영제국도 1920년대와 1930년대의 불경기와 대공황의 여파를 비껴갈 수는 없었다. 심각한 재정 위기에 봉착한 영국 정부는 긴축 예산 정책을 펼 수밖에 없었고, 국방비 역시 예외일 수는 없었다.

이제 영국 해군에게 수많은 전함을 몰고 다니던 황금기는 옛이야기가 되었다. 영국 해군은 점점 줄어들기만 하는 예산으로 새로운 변화와 과제에 대처해야 하는 어려운 상황에 놓이게 되었다. 제1차 세계대전 중에 이루어진 여러 기술적 혁신 중의 하나는 바로 해군용 항공기의 발전이었다. 해군용 항공기들은 이후 벌어진 제2차 세계대전에서 전쟁의 향방을 바꾸는 결정적인 무기가 되었다. 영국 해군은 1914년 12월 25일 쿡스하펜 Cuxhaven에 있는 독일군 시설에 대해 최초의 공습을 개시했다. 그러나 왕립 해군 항공대는 1918년 새로이 창설된 왕립 공군에 통합되었으며(반면, 새로이 등장한 항공모함은 계속 해군 소속으로 유지되었다), '폭격기 만능론'에 빠진 영국 공군의 일부로서 겨우 그 명맥을 유지할 수 있었다.

지속되는 재정 압박에 대처하기 위해 영국 정부는 1921년 '게데스의 도끼Geddes axe' 법안과 '10년 규정10-year rule(향후 10년간 어떠한 대규모 전쟁에도 참가하지 않을 것을 가정하고 예산안을 편성할 것을 규정한 법안' 등을 제정하고 다양한 군축조약에 가입하면서 국방 예산을 대폭 삭감했다. 군축조약들 가운데서도 가장 큰 영향을 미친 것은 1921년~1922년에 걸쳐 체결된 워싱턴 해군군축조약Washington Naval Agreement이었다. 이것을 비롯한 여러 군축조약을 체결하고 이로 인해 국방 예산이 삭감되면서 필연적으로 영국 해군의 전력은 감소할 수밖에 없었지만, 덕분에 영국 정부는 과도한 국방비의 부담을 덜 수 있게 되었다.

독일에서는 히틀러가 이끄는 국가사회주의(나치)당 정권이 들어서면서 베르사유 조약의 무효화를 선언하자, 독일 해군도 부활의 시기를 맞게 되었다. 당시 알거지나 다름없던 독일 해군은 무無에서부터 다시 해군력을 건설해야 했지만, 이는 영국이나 기타 다른 해군 강국들처럼 기존 해군 전력 구조의 제약을 받지 않고 발전을 추구할 수 있다는 의미이기도 했다. 베르사유 조약의 무효화와 함께 해군력 재건에 들어간 독일 해군은 해군군축조약의 제한을 뛰어넘는 비스마르크(배수량 5만2,000톤)와 같은 거대 전함을 건조하면서 완전히 새로운 주력함 건조 프로젝트를 추진하는 한편, 유보트의 대량 건조 계획을 세웠다.

1930년대에 유럽 각국은 서로 다른 시각에서 독일의 재무장을 바라보았다. 이탈리아의 국가 지도자였던 베니토 무솔리니는 히틀러의 이념적

워싱턴 해군군축조약

1921년에 워싱턴에서 열린 군축회담 결과, 주요 열강들은 건함 및 함대 규모에 일련의 제한을 가하기로 합의했다. 이 합의의 주요 골자는 영국과 미국, 그리고 일본은 각각 5:5:3의 비율(5는 50만 톤)로 보유 전함의 배수량을 제한하고, 다른 국가들은 이보다 더 적은 비율로 보유 전함의 배수량을 제한한다는 것이었다.

동조자로서 극우적인 국가사회주의를 공유하고 있었다. 또 이탈리아 제국 건설을 꿈꾸던 무솔리니는 적극적으로 확장정책을 추진하여 1935년에는 에티오피아를 침공했다. 1940년 무렵의 이탈리아 해군은 전함 6척, 순양함 19척, 구축함 61척, 그리고 잠수함 105척을 보유한 지중해 일대의 강자였다. 이렇게 강력한 전력을 보유한 이탈리아 해군은 독일의 지중해 전략 계획에 있어서 매우 유용한 자산이 되어주었다.

프랑스는 독일의 재무장을 지켜보면서 큰 우려를 가지게 되었다. 전쟁이 터지기 전까지 역대 프랑스 행정부는 국제연맹(1920년에 설립)과 각종 조약, 그리고 프랑스군의 전력 강화를 통해 독일이 가하는 위협에 대처하고자 했다. 당시 프랑스는 전함과 순양전함 5척, 항공모함 1척, 순양함 15척, 다수의 지원함과 호위함으로 이루어진 강력한 해군을 보유하고 있었다. 그러나 프랑스 정부는 해군을 육성하기보다는 프랑스와 독일 국경선에 강력한 요새를 구축하는 쪽을 선택하여 1929년부터 마지노 선 건설에 착수했다. 하지만 육상 방어선에 의존해 독일의 공격을 막겠다는 프랑스의 계획은 독일이 요새선이 미처 구축되지 않은 벨기에 방면에서 침공해 들어오면서 완전히 헛일이 되고 말았다.

극동지역에서는 1931년에 군국주의 일본이 확장정책의 일환으로 만주사변을 일으켰다. 국제연맹은 이러한 일본의 행동을 전혀 억제하지 못함으로써 그 무력함을 만천하에 드러내게 되었다. 군사적 대응을 할 수 있는 능력이 없는 데다가 아시아 변방 국가에서 일어난 전쟁에 끼어들고 싶지 않았던 유럽 각국의 소극적인 태도 때문에, 국제연맹은 노골적인 침략 야욕을 드러낸 일본에 대해 도덕적 비난 이상의 조치를 취할 수 없었다. 일본의 침략 행위에 대한 국제 사회의 무기력한 대응을 목도한 히틀러와 무솔리니는, 자신들이 일본과 똑같이 확장정책을 추진하더라도 별다른 제재를 받지 않을 것이라는 확신을 가지게 되었다. 일본은 또한

1930년대 들어 전투함 규모에 관한 국제 조약을 무시하고 비밀리에 배수량 7만 톤에 18.1인치(460밀리미터) 구경의 거포를 보유한 세계 최대 전함인 야마토大和를 건조하기 시작했다.

극동지역에서 유럽 각국이 가지고 있는 이해관계를 일본의 위협으로부터 지켜줄 수 있는 유일한 국가는 미국이었다. 하지만 미국은 제1차 세계대전이 끝난 후 고립주의로 회귀하는 모습을 보이면서 1920년에는 국제연맹 창설을 주도해놓고 정작 가입은 거부하기도 했다. 이어진 세계적 불경기와 대공황은 미국에도 큰 타격을 주었다. 미국의 여러 주 가운데서도 오클라호마Oklahoma 주와 같은 가난한 주에서는 수천 명이 아사 직전의 위기에 몰리기도 했다. 하지만 루스벨트 대통령이 뉴딜 정책을 실시하면서 미국은 서서히 공황의 수렁에서 빠져나올 수 있었다. 루스벨트 대통령은 나치즘의 등장으로 유럽의 상황이 위험해지고 있다는 사실을 알고 있었지만, 고립주의를 벗어나선 안 된다는 국내 여론이 강했기 때문에 실질적으로는 아무런 조치도 취할 수가 없었다. 하지만 그런 상황에서도 미국 해군은 1933년 이래 주력함 부문에서 상당한 규모의 확장을 이루었다. 유명한 아이오와Iowa급 전함의 설계가 이루어진 것도 바로 이 시기였다.

1939년에 이루어진 영국의 대독 선전포고는 독일 해군으로서는 정말 달갑지 않은 충격이었다. 당시 독일군은 재무장을 완료하고 전쟁을 시작할 수 있는 시점을 1939년이 아니라 1940년대 중반, 아무리 빨라도 1940년대 초반으로 잡고 있었기 때문이었다. 독일 해군은 항공모함 4척과 전함 13척, 유보트 250척으로 이루어진 강력한 해군 건설을 목표로 한 소위 'Z-계획Z-Plan'을 추진하려고 했지만, 1938년 당시 이 계획은 말 그대로 서류상으로만 존재하는 계획이었다.

1939년 당시, 연합국과 독일은 모두 제대로 전쟁 준비가 되어 있지 않은 상태였다. 그러나 영국과 프랑스의 입장에서는 제대로 준비가 되어 있

■■■■■ 제1차 세계대전 당시의 표준적인 전함들은 모두 그 뿌리를 최초의 현대식 전함인 HMS 드레드노트에 두고 있었다. 1906년, 영국 해군이 건조한 이 전함은 크기(배수량 1만8,000톤)와 속도(21노트), 그리고 화력(12인치 포 10문) 등 모든 면에서 이전의 전함과는 차원을 달리하는 혁신적인 배였다. 드레드노트가 등장하고 나서 이전의 모든 전함들은 순식간에 구식이 되어버렸고, 이후 제1차 세계대전이 벌어질 때까지 1척이라도 더 많은 드레드노트급 전함을 보유하기 위해 영국과 독일 사이에는 치열한 건함 경쟁이 벌어졌다. (Naval Historical Foundation, NH63376)

지 않더라도 독일이 완전히 준비를 갖추기 전에 싸우는 편이 전쟁에서 승리할 가능성이 높았다.

참전국
내키지 않는 싸움

제1차 세계대전의 승리자는 영국 왕립 해군이었다. 영국 해군은 독일 해군이 바다에 나올 엄두도 못 내게 만들고 독일과 그 동맹국들에 대해 성공적인 해상 봉쇄를 수행함으로써 독일 경제를 반신불수로 만들고 궁극적으로는 전쟁 수행 능력을 붕괴시켜버렸다. 비록 트라팔가르^{Trafalgar} 해전*과 같은 드라마틱한 승리를 거두지는 못했지만, 1916년에 벌어진 유틀란트 해전에서 영국 해군은 독일의 대해함대를 상대로 계속 제해권을 유지하기에 충분할 만한 승리를 거두었다. 또 비록 상당한 어려움을 겪기는 했지만, 영국 해군이 독일의 잠수함이라는 새로운 무기체계의 위

---

* 트라팔가르 해전 1805년 10월 21일 넬슨의 영국 함대가 프랑스-에스파냐 연합 함대를 에스파냐 남서쪽 끝의 트라팔가르에서 격파한 해전.

협을 물리치는 데 성공함에 따라 미국의 물자와 병력이 유럽 대륙으로 쏟아져 들어올 수 있었다. 더 나아가 영국 해군은 해군 항공대라는 새로운 분야를 개척해냈다. 1918년 당시 영국은 해군 항공대의 발전 및 활용 부분에서 세계 최고를 달리고 있었다.

하지만 그와 같은 과거의 성과가 반드시 미래의 성공으로 이어지는 것은 아니다. 다른 유럽 국가들과 마찬가지로 영국도 전후 심각한 경제적 어려움에 봉착하게 되었다. 따라서 1920년대와 1930년대에 영국 해군은 점점 줄어드는 예산으로 어떻게든 살림을 꾸려나가지 않으면 안 되게 되었다(예를 들어, 평시 해군 예산은 전시에 비해 30퍼센트나 삭감되었다). 결국 영국 정부는 1922년에 워싱턴 해군군축조약을 체결하면서 미국이 영국과 동등한 전력을 보유하는 것을 인정했다. 워싱턴 해군군축조약이 체결되고 각국이 함대 감축에 들어가자, 영국은 주요 전력이었던 전함과 항공모함 보유량에 제한을 받게 되었다. 워싱턴 해군군축조약과 이후 체결된 여러 해군군축조약은 원래 단기적으로는 과다한 군비 경쟁과 그로 인한 전쟁 가능성을 억제하자는 차원에서 추진되었지만, 장기적으로는 영국 해군의 함선 설계 및 성능에 부정적인 영향을 미치게 되었다.

비록 이 시기에 영국 해군은 자원 부족으로 새로운 함선을 개발하는 데 지장이 있었지만, 경험 많은 유능한 해군 지휘관들을 다수 보유하고 있었기 때문에 다가올 전쟁에 효과적으로 대처할 수 있었다. 이 지휘관들은 대부분 제1차 세계대전 당시 구축함을 타고 직접 전투를 경험한 자들이었다. 전쟁이 끝난 후 영국 해군은 왜 자신들보다 약한 독일 함대를 유틀란트 반도 앞바다에서 격멸시킬 수 없었는지를 집중적으로 연구했다. 하지만 그 밖의 분야에서는 전쟁에서 피를 흘려가며 얻은 소중한 교훈들을 잊고 말았다. 일례로 1917년 독일의 유보트들에게 그렇게 아픈 경험을 당하고 영국의 번영과 국가의 존립이 대외 무역에 달려 있다는 사실에도

■■■■■ 제1차 세계대전이 끝난 후 영국 해군은 1916년 유틀란트 반도 앞바다에서 왜 독일 해군을 완전히 격파하지 못했는가라는 문제를 연구하는 데 심혈을 기울였으며, 이를 위해 대규모 함대 기동 훈련을 자주 실시했다. 사진은 그런 기동 훈련 중 하나에 참가한 로열 소버린(Royal Sovereign)급 전함들의 모습. (IWM SP1501)

불구하고 수송선단 호위를 우선시하지 않았다. 이런 사정은 공격적인 잠수함 작전도 마찬가지였으며 상륙작전은 이보다 더 소외를 당했다.

또 1918년에 영국 해군은 해군 항공대를 분리하여 그 지휘권을 새로이 창설된 왕립 공군에게 준다는 결정에 큰 타격을 받았다. 당시 세계 최초로 육군, 해군과 동등한 1개 군으로 독립한 영국 공군은 고유의 입지를 확보하고 강화하기 위해 혈안이 되어 있었기 때문에, 해군을 지원하는 항공대를 육성·발전시키는 데는 별로 신경을 쓰지 않았다. 그 결과, 영국 해군의 항공모함 탑재기의 개발은 상대적으로 공군기 개발에 비해 찬밥

취급을 받게 되었고, 결국 영국 해군은 공군과 상관없이 해군 항공대를 운영하면서 전용 기체를 개발한 미국과 일본 해군에 비해 성능이 크게 떨어지는 항공기들을 가지고 전쟁에 뛰어들어야 했다.

1930년대 중반이 되자, 영국의 방위 계획 입안자들은 점점 전운戰雲이 짙어만 가는 국제 정세 속에서 근본적으로 해결이 불가능한 전략적 딜레마에 빠지게 되었다. 제2차 세계대전이 터질 무렵, 영국은 더 이상 전 세계에 흩어져 있는 식민지와 자치령을 지킬 능력이 없었다. 이런 상황에서 일본이 영토 야욕을 공격적으로 드러내자, 싱가포르Singapore와 홍콩 등의 영국 영토들이 큰 위협을 받게 되었다. 싱가포르에는 대규모 해군 기지가 건설되어 있었지만, 이 기지가 제구실을 하려면 본국에서 함대를 보내주어야만 했다. 하지만 영국의 생명줄과도 같은 지중해의 해상권을 놓고 무솔리니의 파시스트당Fassci di Combattimento이 지배하는 이탈리아와의 긴장이 고조되고 1933년에는 아돌프 히틀러마저 독일의 재무장을 선언하자, 영국으로서는 유럽 해역에서 전력을 빼서 아시아로 돌릴 여유가 없게 되었다.

상황이 위급하게 돌아가자, 영국 해군도 재정비 프로그램을 시작했다. 이 프로그램의 일환으로 영국 해군은 14인치(356밀리미터) 포 10문을 장비한 4만2,000톤급의 킹 조지 5세King George V급 전함들을 발주했다. 또 제1차 세계대전 당시에 사용되었던 함선들을 개조한 고물 항공모함 전력을 보완하기 위해, 장갑 갑판과 격납고를 갖춘 일러스트리어스Illustrious급 항공모함을 건조하기 시작하여, 1939년에 1번함 일러스트리어스를 취역시켰다. 대잠 호위함의 집중 건조 계획도 추진하면서 장차 벌어지게 될 대서양 전투에서 대활약을 한 플라워Flower급 호위함들을 대량으로 건조했다. 그러나 제1차 세계대전 이후 엄청나게 쇠퇴한 영국의 산업계는 이러한 갑작스런 대규모 건함 계획을 소화할 능력을 상실한 상태였다. 이로 인한 건함 및 함선 수리 능력 부족은 제2차 세계대전 기간 내내 영국을 괴

■■■■■■ 민간 포경선 설계에 기반해 제작된 플라워급 코르벳(Corvette)함은 험난한 북대서양에서 대잠수함 작전을 벌이기에는 지나치게 작고 느렸다. 게다가 '젖은 잔디밭에서도 뒤집어질' 것 같은 항해 성능 때문에, 120명의 승무원들은 늘 불안에 떨어야 했다. 그럼에도 불구하고 튼튼하면서 무엇보다도 많은 수가 확보되어 있던 플라워급 코르벳함은 전쟁 전 기간에 걸쳐 영국-캐나다 간을 운행하는 수송선단 호위부대의 주력으로 활약했다. (IWM A4594)

롭혔고, 영국 해군은 미국 조선소들의 힘을 빌려서야 겨우 이 문제를 해결할 수 있었다.

수년간에 걸친 힘싸움 끝에 해군 항공대가 해군의 일부로 돌아온 것은 1937년이 되어서였다. 그러나 그동안 별다른 지원을 받지 못한 해군 항공대는 동시기의 일본이나 미국 해군의 항공대에 비하면 크게 낙후된 상태였다. 게다가 영국 해군이 보유하고 있던 항공모함들은 대부분 지나치게 작은 소형 항공모함들이었고, 항모 탑재기들은 구닥다리 비행기들 뿐이었다. 게다가 해군 항공대에 배속된 장교들 상당수는 항공 전력의 유용성과 위력을 제대로 이해하지 못했다. 전쟁의 암운暗雲이 짙어만 가던 1939년 9월, 윈스턴 처칠이 다시 한 번 해군 장관으로 임명되었지만, 당시 영국 해군은 다가올 전쟁에 대한 준비가 거의 되어 있지 않은 상태였다.

하지만 유럽 방면에서 영국 해군의 주적이었던 독일 해군은 영국보다도 전쟁 준비가 더 안 되어 있는 상태였다. 1919년 제1차 세계대전이 끝나고 체결된 베르사유 조약은 독일의 군비에 엄격한 제한을 가했고, 이로 인해 독일 해군은 제1차 세계대전 전에 건조된 전드레드노트급 전함 6척과 구축함 10여 척, 그리고 비슷한 수의 어뢰정만을 보유할 수 있었고, 잠수함과 항공기는 아예 보유 자체를 금지당했다. 이런 상황에서 1928년 10월, 에리히 래더Erich Raeder 제독이 독일 해군 총사령관으로 임명되었다. 래더 제독은 이후 1939년 4월에 독일 해군의 최고 계급인 '원수Grand Admiral'가 되었지만, 1943년 1월에 대형함들을 모두 해체하라는 히틀러의 명령에 반대하다가 사령관직에서 물러나고 말았다. 래더는 처음부터 영국과의 전쟁은 피해야 한다고 극구 주장했다. 래더 제독은 영국 해군이 1920년대를 지나면서 전력이 크게 줄어들기는 했지만, 여전히 막강한 전력을 보유하고 전 세계의 요충지들을 확보하고 있는 상황에서 영국과 전쟁을 벌인다면 독일 해군은 끝장이 날 수밖에 없다는 생각을 가지고 있었다. 래더는 그 대신 프랑스와 폴란드 해군이 가해올지도 모르는 위협에 대비하는 데 모든 힘을 집중했다. 제1차 세계대전 이후에 건조한 최초의 대형 전투함인 포켓 전함pocket battleships(실질적으로는 여러 부분에서 설계가 잘못된 중순양함)들은 프랑스 해군과의 전투를 염두에 두고 건조한 것이었다.

1933년 아돌프 히틀러가 권력을 잡으면서 독일군은 대대적인 재군비 작업에 들어갔다. 독일 해군은 재군비 작업의 1번 타자로 11인치(280밀리미터) 포를 장착한 순양전함 건조에 들어갔다. 독일 해군은 순양전함을 총 5척 건조할 계획이었지만, 실제로 건조된 것은 샤른호르스트Scharnhorst와 그나이제나우Gneisenau, 이 2척뿐이었다. 전투함 전력 부족으로 인해 강력한 해군국의 주력 함대와 정면대결을 펼칠 수 없었던 래더는 유사시 상선 파괴 전략에 의존할 수밖에 없었다. 래더는 중무장한 상선 파괴 전단 구성을 목표로 1936년에 비스마르크와 티르피츠Tirpitz를 건조하기 시작했다. 이들은 배수량 4만2,000톤에 달하는 거함들로서 두터운 장갑을 갖추

■■■■■■ 히틀러와 에리히 래더 제독(독일 해군 총사령관(1928년~1943년 1월))의 모습. 히틀러는 스스로 "나는 육지에서는 용감하지만, 바다에서는 겁쟁이다"라고 말할 정도로 해군 분야에 관해서는 별다른 식견을 갖고 있지 못했다. 히틀러는 항상 자신의 해군이 승리를 거두면서 어떤 손해도 입지 않길 바랐다. 이처럼 모순된 목표는 해군 제독과 지휘관들에게 커다란 부담이 되었다. (AKG London)

고 15인치(38센티미터) 포 8문을 탑재했으며 최고 속도도 30노트에 달하는 강력한 전함들이었다.

1930년대 독일 해군은 독자적인 항공대를 갖출 필요가 있다는 사실을 깨닫게 되었다. 그러나 동시에 해군은 당시 "하늘을 나는 모든 것은 전부 내 소관이다"라는 생각을 가지고 있던 공군 총사령관 헤르만 괴링의 반대에 부딪혔다. 어쨌든 독일 해군은 2만3,000톤급의 소형 항공모함 그라프 체펠린Graf Zeppelin을 건조하기 시작했다. 래더는 이 항공모함에 강력한 Ju-87D 슈투카 급강하 폭격기 28대로 구성된 공격비행대와 Me-109T 전투기 12대를 운용할 계획이었다. 그러나 그라프 체펠린의 건조는 공정이 85퍼센트 정도 진행된 시점인 1940년 5월에 중단되었고, 같은 해 그라프 체펠린의 자매함도 건조 중에 해체되는 운명을 맞았다.

히틀러와 래더 다음으로 독일 해군 내에서 영향력 있는 인물은 칼 되니츠였다. 1935년에 되니츠는 부활한 독일 해군의 잠수함대 사령관으로 임명되었다. 되니츠는 히틀러에게 잠수함 300여 척을 건조하면 전쟁을 승리로 이끌 수 있다고 역설했지만, 이러한 주장은 실현되지 못했다. 더 나아가 개전 당시 독일 해군이 외양_{外洋} 작전에 사용할 수 있었던 잠수함의 수는 24척에 불과

■■■■■ 칼 되니츠 제독의 모습. 되니츠 제독은 대전 전 기간에 걸쳐 독일 유보트 부대의 사령관직을 맡았으며, 1943년 1월에 래더 제독이 사임하자 그의 뒤를 이어 독일 해군 총사령관이 되었다. 그리고 1945년 4월 30일 히틀러가 자살하자, 5월에 독일 제3제국의 두 번째이자 마지막 총통이 되었다. (IWM HU 3652)

했다. 그러나 처음엔 어뢰정만을 가지고 출범했던 잠수함 부대는 1920년대와 1930년대를 거치면서 늑대 떼라는 이름의 새로운 전술을 개발하면서 강력한 전력을 가진 부대로 탈바꿈했다. 적의 상선단을 효과적으로 격멸하기 위해 개발된 이 전술은 제1차 세계대전 당시에도 효과적으로 사용된 바 있었다.

1938년이 되자, 히틀러는 장기적으로 독일과 영국 간의 전쟁이 불가피할 것이라는 점을 명백히 했다. 놀란 독일 해군은 서둘러 대규모 건함 계획인 Z-계획을 시작했다. 그래도 1944년까지는 전쟁이 발발하지 않을 것이라고 생각하고 있던 독일 해군은 여전히 적의 상선단 격멸을 목표로 한 함대 건설을 추진했다. 그러나 대서양을 항해하는 영국의 상선단을 제

대로 처부수려면, 먼저 영국 해군이 장악하고 있는 북해를 돌파해야만 했다. 독일 해군은 이를 달성하기 위해, 5만6,000톤급 대형 전함 6척을 비롯해 강력한 전함들을 건조하려고 했다. 래더 제독은 히틀러에게 제대로 된 함대가 만들어지기 전까지는 영국과의 전쟁을 피해야 한다고 강력하게 주장했다. 그리고 히틀러도 폴란드 침공 전야까지는 독일 해군 사령관의 말에 귀를 기울이는 것처럼 보였다.

유럽 지역에서 긴장이 고조되자, 프랑스 역시 해군 함대를 재정비하기 시작했다. 이러한 재정비는 원래는 지중해 지역에서 이탈리아가 가해올지도 모르는 잠재적인 위협에 대비하기 위한 것이었다. 그러나 독일이 재무장을 선언함에 따라 프랑스 해군 역시 독일 해군의 동향에 신경을 곤두세우게 되었다. 그 단적인 예로, 프랑스 해군은 독일의 포켓 전함 Panzerschiffe들을 제압하기 위해 13인치(330밀리미터) 포 8문을 장비한 고성능 2만6,500톤급 신예 전함 됭케르크와 스트라스부르를 건조했다. 제2차 세계대전이 벌어지기 직전 5년 동안 프랑스는 해군의 전력 재정비 계획에 국방 예산의 27퍼센트를 쏟아부었다. 그 결과, 다를랑 제독이 지휘하는 프랑스 해군은 다수의 고성능 전투함들과 장기간 복무해온 프로 수병들을 갖춘 세계에서 네 번째로 강력한 해군이 되었다.

프랑스가 해군력을 강화하자, 이에 영향을 받아 이탈리아도 해군력 강화에 나섰다. 이탈리아 해군 총사령관 도메니코 카바냐리Domenico Cavagnari 제독은 독일의 래더 제독과 마찬가지로 1930년대 내내 영국과는 절대로 전쟁을 벌여서는 안 된다는 입장을 견지했다. 대신 이탈리아 해군은 프랑스 해군의 위협에 대처하는 데 전력을 기울였으며, 이탈리아 해군 함대 자체도 프랑스 해군과의 전투를 염두에 두고 조직했다. 이탈리아 해군은 이탈리아 육군이나 공군에 비하면 더 나은 훈련을 받은 정예들이었지만, 장비 면에서 몇 가지 근대적인 무기들을 갖추지 못했다. 당시 이탈리아 해군은 대잠수함 작전에 필수적인 음파탐지기도 없었고, 해군 항공대는 이탈리아 공군의 지휘를 받고 있었다.

대서양 건너편에 자리 잡은 미국 해군은 워싱턴 해군군축조약 체결 이후 대서양보다는 태평양에 더 많은 주의를 기울여왔다. 일본이 제국주의 확장정책을 점점 더 노골적으로 진행하자, 미국은 주력함 15척과 항공모함 5척을 비롯한 해군 주력을 태평양에 배치했다. 그 덕분에 1939년 9월 유럽에서 전쟁이 터지자, 루스벨트 대통령이 미국 해역에서 전쟁 활동이 벌어지는 것을 막기 위해 초계활동을 강화한다는 결정을 내리자 미국 해군은 이 임무를 대부분의 전력을 태평양 함대에 빼앗기고 줄어들 대로 줄어든 대서양 함대로 수행해야 했다. 미국의 북쪽에 자리 잡은 캐나다 역시 전쟁이 끝날 무렵에는 함선 365척 이상을 보유한 해양 대국으로 성장했지만, 개전 직전에 보유한 해군 병력은 2,000명이 채 되지 않는 상태였다.

1939년 1월 당시 주요 해군 강국의 전력						
	영국과 영연방 국가들	독일	프랑스	이탈리아	미국	일본
전함	12	2	5	4	15	9
순양전함	3	2	1	–	–	–
포켓전함	–	3	–	–	–	–
순양함	62	6	18	21	32	39
항공모함	7	–	1	–	5	5
수상기모함	2	–	1	–	–	3
구축함	159	17	58	48	209	84
어뢰정	11	16	13	69	–	38
잠수함	54	57	76	104	87	58
모니터함/해방함(해안 방어함)	3	–	–	1	–	1
기뢰부설함	1	–	1	–	8	10
슬루프선과 호위함	38	8	25	32	–	–
포함 및 초계함	27	–	10	2	20	10
소해함	38	29	8	39	–	12

자료 출처: S. 로스킬(Roskill) 저, 『전간기 해군 정책(Naval Policy between the Wars)』(런던: 콜린스 출판사, 1968), 제1권, 577쪽.

전쟁의 발발
서전(緒戰)의 움직임

대서양 전투는 대전 전 기간에 걸쳐 전쟁의 향방에 큰 영향을 미쳤다. 우리는 육지나 바다, 혹은 공중에서 벌어진 모든 사건들이 결국은 대서양 전투의 결과에 좌우될 것이라는 사실을 어느 한순간도 잊을 수 없었기에 수많은 걱정거리 속에서도 매일매일 변화하는 대서양 전투의 전황을 우려 혹은 희망을 가지고 지켜보았다.

_ 윈스턴 처칠

대서양 전투는 실로 대전의 향방을 결정지은 전투였다. 만약 독일 해군이 대영제국의 상선단을 상대로 미국 해군이 일본 제국의 상선들에 대해 거두었던 것만큼의 성공을 거두었다면, 영국은 도저히 전쟁을 지속할 수 없었을 것이다.

육상에서와는 달리, 해상에서는 전쟁 기간 내내 '가짜 전쟁' 따위는 벌어지지 않았다. 전쟁 첫날부터 치열하게 벌어진 해상전은 전쟁의 마지막 날까지 계속되었다. 1939년 9월 1일 독일의 폴란드 침공 당시 처음으로 포문을 연 것도 폴란드군이 지키고 있던 베스터플라테^{Westerplatte} 요새에 포격을 가한 독일 해군의 구식 전드레드노트급 전함 슐레스비히-홀슈타인의 11인치(280밀리미터) 주포였다. 소규모 폴란드 해군은 도저히 독일 해군의 상대가 될 수 없었다. 운항이 가능했던 구축함 3척은 전쟁이 터지기 직전에 영국으로 도망쳤고, 잠수함 5척이 나름대로 열심히 싸웠지만, 이 역시 순식간에 독일군에게 제압당하고 말았다.

9월 3일, 왕립 해군은 전 해군 함대에 2통의 역사적인 전문을 보냈다. '독일과의 전면전'과 '윈스턴이 돌아왔다'는 이 2통의 전문은 전면전의 시작과 윈스턴 처칠의 해군 장관 복귀를 알리는 것이었다. 이 무렵, 독일의 수상함과 보급함, 그리고 잠수함은 이미 대서양 깊숙이 침투하여 대영제국을 상대로 한 상선파괴전을 수행할 준비를 마친 상태였다. 그러나 8월 중순부터 대서양에 나가 있던 포켓 전함 그라프 슈페^{Graf Spee}와 도이칠란트^{Deutschland}에 상선파괴활동에 대한 허가가 떨어진 것은 9월 26일이 되어서였다.

대서양에서 최초로 영국에 일격을 가한 것은 유보트였다. 비록 본격적으로 상선파괴활동에 나서기에는 수가 너무 적었지만, 전쟁이 시작되자마자 몇 시간도 지나지 않아 U-30이 여객선 아테니아^{Athenia}를 격침시킨 것이었다. 이는 제1차 세계대전 당시에 독일의 잠수함 작전으로 호되게 혼이 났던 영국으로서는 너무나 불길한 전조였다. 당시 U-30은 여객선 아테니아를 영국의 보조 순양함으로 오인했고, 그로 인해 승객 112명은 불귀의 객이 되고 말았다. 이 사건이 벌어진 후 래더 제독은 잠시 교전 수칙을 강화하는 조치를 취했지만, 영국으로서는 독일이 또다시 무제한 잠수함 작전을 벌이고 있다고 믿게 된 것도 무리는 아니었다. 어쨌든 9월 23일이 되자 북해 전역에서 잠수함 작전에 대한 제한이 모두 풀렸고, 10월 4일이 되자 무제한 잠수함 작전 지역은 서쪽으로 더욱 확대되었다.

늘 공격에 나서는 것을 선호했던 윈스턴 처칠은 항공모함을 중심으로 조직된 수 개 대잠수함전대들에게 남서쪽 항로를 통행하는 선단을 지원하라는 명령을 내렸다. 해군 항공대는 제1차 세계대전 당시 독일 잠수함을 물리치는 데 큰 공헌을 했고, 후일 대서양 전투에서도 큰 역할을 했다. 그러나 전간기에 항공기를 이용한 대잠수함 작전 연구가 거의 이루어지지 않았기 때문에, 개전 초반에 처칠이 취한 이 같은 조치는 별다른 성과를 거두지 못했다. 영국 해군 항공대는 훈련도 제대로 받지 못했고, 유보트를 탐지할 장비는커녕 유보트를 발견할 경우에도 이들을 파괴할 수 있는 무기조차 제대로 갖추고 있지 못했다.

게다가 당장 유보트의 위협이라는 급한 불을 끄기 위해 항공모함을 동원한 처칠의 조치는 안 그래도 부족한 금쪽같은 항공모함들을 큰 위험에 노출시키는 결과를 가져왔다. 9월 14일, 영국의 항공모함 아크 로열^{Ark Royal}은 독일 잠수함 U-39의 어뢰 공격을 간신히 피했고, 독일 잠수함이 발사한 어뢰는 항공모함이 뒤에 남긴 항적 속에서 폭발해버렸다. 그러나 또 다른 영국 해군의 항공모함이었던 커리저스^{Courageous}는 그렇게 운이 좋지 못했다. 아일랜드 근해에서 독일 잠수함 U-29가 발사한 어뢰 2발에 명중당한 커리저스는 승무원 519명과 함께 침몰했다. 이렇게 큰 피해를 입게 되자, 처칠도 대잠수함 작전에서 항공모함들을 뺄 수밖에 없었다.

뒤이어 독일 해군의 유보트 부대는 영국 해군의 모항인 오크니^{Orkney} 제도의 스카파 플로를 과감하게 급습했다. 1939년 10월 14일, U-47의 함장 귄터 프린^{Günther Prien}은 영국 해군 기지 방어망의 틈을 뚫고 들어가 정박해 있던 전함 로열 오크^{Royal Oak}를 격침시켰다. 10월 30일에는 U-56이 스

■■■■■ 1939년 8월 26일, 전쟁의 기운이 짙어지자 영국 해군의 수송선단 관리국은 모든 영국 국적 선박에 대한 통제권을 장악하고 호송선단체계를 도입했다. 시간이 지나면서 영국 수송선단들은 모두 영국 해군의 호위를 받게 되었다. 호송선단은 매우 폭이 넓은 대형을 유지하면서 유조선이나 탄약운반선처럼 중요한(그리고 공격을 당하면 폭발할 위험이 높은) 선박들은 공격을 받지 않도록 최대한 대형 안쪽에 배치하고 덜 중요한 화물을 실은 선박들은 그보다 위험도가 높은 바깥쪽에 배치하는 식으로 운항했다. 1942년 후반에 전 세계의 바다를 연결하는 호송선단체계가 도입되었고, 80척으로 선단을 구성해도 40척으로 이루어진 선단에 비해 방어선이 7분의 1밖에 더 길어지지 않는다는 연구 결과가 나온 이후로 선단의 규모는 더욱 확대되었다. (Topham Picturepoint)

코틀랜드 근해에서 영국 전함 넬슨Nelson과 로드니Rodney, 그리고 후드Hood를 발견한 뒤 공격했다. 어뢰 2발이 넬슨에 명중했지만, 전쟁 초반기의 어뢰들이 대부분 그랬듯이 불발되는 바람에 넬슨은 무사할 수 있었다.

한편, 독일과 영국 양측 모두 방어 및 공격을 목적으로 막대한 양의 기뢰를 부설하기 시작했으며, 상대방에게 가는 물자를 차단하기 위한 해상 봉쇄를 실시했다. 독일은 카테가트Kattegat 해협과 스카게락Skagerrak 해협, 그리고 발트 해에서 초계 및 해상 검문을 실시하여 9월 하순 동안에만 20여 척의 선박을 억류했다. 영국 해군에게 해상 봉쇄는 오랜 전통을 가진 전술이었다. 그러나 제2차 세계대전 당시의 독일은 제1차 세계대전 당시만큼 해상 봉쇄에 취약하지 않았다. 북해의 남쪽 출입구는 쉽게 봉쇄되었지만, 주로 여객선을 개조해 만든 보조 순양함들로 구성된 '북부 초계전대Northern Patrol'는 북해의 북쪽 출구를 넘나드는 밀수선들을 단속하기 위해 많은 고생을 해야 했다.

10월 말까지 북부 초계전대는 총 283척을 임검하여 71척을 보다 철저한 수색을 위해 오크니 제도의 커크월Kirkwall로 끌고 갔으며, 그 가운데 숨어 있던 독일 밀수선 8척을 적발하는 개가를 올렸다. 11월, 북부 초계전대의 활동을 방해하기 위해 독일로부터 순양전함 샤른호르스트와 그나이제나우가 출격했다. 11월 23일, 영국의 보조 순양함 라왈핀디Rawalpindi를 지휘하던 E. C. 케네디Kennedy 함장은 이 두 독일 순양전함을 발견했다. 이들이 북해 봉쇄선을 돌파하여 대서양으로 진출하려 한다고 판단한 케네디 함장은, 이들의 발을 늦추기 위해 보잘것없는 보조 순양함으로 용감하게

■■■■■■ 독일과 영국 모두 방어와 공격을 목적으로 대량의 기뢰를 부설했다. 제2차 세계대전 전 기간에 걸쳐 연합국과 추축국이 부설한 기뢰의 수는 총 50만 개에 달했다. 이 기뢰들은 사진 속의 독일 이보트(E-boat)와 같은 선박이나 잠수함, 혹은 공중 투하를 통해 부설되었다. 기뢰의 종류는 흔히 볼 수 있는 철퇴처럼 생긴 뿔이 달린 구형 접촉 기뢰부터 자기 기뢰에 이르기까지 다양했다. 전쟁 중에 격침당한 전체 수송선 중에서 기뢰에 접촉해 격침당한 연합군 수송선의 비율은 6.5퍼센트에 불과했지만, 기뢰밭이 조성된 해역은 물론이고 기뢰밭이 조성되어 있다고 의심이 가는 해역조차도 해상 작전에 커다란 영향을 미쳤다. (AKG London)

맞섰다. 그러나 제대로 된 장갑도 갖추지 못하고 포라야 6인치(152밀리미터) 포가 전부인 여객선을 개조한 보조 순양함은 독일 최강 함대*의 적수가 될 수 없었다. 결국 교전이 시작된 지 14분 만에 라왈핀디도 침몰당하는 신세가 되었다.

그라프 슈페

9월 말, 독일의 포켓 전함 그라프 슈페와 도이칠란트(곧 뤼초프^{Lützow}로 개명)가 연합군 상선단을 대상으로 공격을 개시하자, 영국과 프랑스 해군은 이들이 대서양에 있든 인도양에 있든 이들을 잡아낼 수 있도록 8개 그룹(A·B·C·D·E·F·G·H그룹)을 편성했다. 하지만 영국 해군도 모르는 사이 뤼초프는 11월 8일 독일로 귀항해버렸다. 12월 6일 새벽, 헨리 하우드$^{Henry\ Harwood}$ 제독이 지휘하는 남대서양 담당 G그룹[8인치(203밀리미터) 주포를 장착한 영국 순양함 엑제터^{Exeter}와 6인치(152밀리미터) 포를 탑재한 영국 순양함 아작스^{Ajax}와 뉴질랜드 순양함 HMNZS 아킬레스^{Achilles}로 구성]은 남아메리카의 라플라타$^{La\ Plata}$ 강 하구에서 그라프 슈페 호와 조우했다. 그라프 슈페의 함장 한스 랑스도르프$^{Hans\ Langsdorff}$ 대령은 영국 함대와의 접촉을 피하라는 명령을 받은 상태였다. 이어진 90분간의 격렬한 교전에서 영국의 순양함들이 용감하게 그라프 슈페에 육박하여 포격을 퍼부었고, 결국 그라프 슈페는 수리를 위해 중립국인 우루과이의 몬테비데오^{Montevideo} 항으로 도망칠 수밖에 없었다. 그러나 교전국 선박의 중립국 장기 정박을 금한 국제법 때문에 그라프 슈페는 몬테비데오 항에 72시간 이상 머물 수

---

*이때는 전함 비스마르크가 아직 취역하지 않은 상태였다.

■■■■■■ 1939년 12월 17일, 라플라타 강 하구에서 자폭한 그라프 슈페 호의 모습. 당시 그라프 슈페는 헨리 하우드 제독이 지휘하는 영국 순양함전대와 격렬한 전투를 치른 후 몬테비데오 항으로 도주한 상태였다. 그라프 슈페는 독일이 건조한 포켓 전함 3척 가운데 1척이었다. 그러나 그라프 슈페는 '전함'으로 보기에는 부족한 면이 있는 배였다. 비록 11인치(280밀리미터) 포 6문을 탑재하여 전함급의 강력한 화력을 확보하는 데는 성공했지만, 배수량 1만 톤의 작은 함체에 전함급 주포를 탑재하다 보니 장갑을 희생할 수밖에 없었기 때문이었다. (IWM A5)

가 없었다. 엔진 상태도 과연 본국까지 항해할 수 있을지 불확실할 정도로 좋지 못했고, 게다가 강력한 함대가 몬테비데오 항 바깥에서 그라프 슈페가 나오기만을 기다리고 있다는 영국군의 기만 공작이 효과를 거두어 이제는 도망갈 도리가 없다고 판단한 랑스도르프는 1939년 12월 17일에 자침을 명령했다. 1914년 12월, 그라프 슈페 제독이 지휘하던 독일 해군의 태평양전대가 포클랜드Falklands 근해에서 영국 해군에게 전멸당한 때로부터 딱 25년이 지난 후의 일이었다.

그러나 그라프 슈페의 이야기가 정말로 종지부를 찍은 것은 1940년 2월 16일이 되어서였다. 당시 HMS 코사크Cossack 호에 탑승하여 제4구축함전대를 지휘하고 있던 영국 해군의 필립 비안Philip Vian 대령은 노르웨이의 중립과 초계정의 경고를 무시하고 노르웨이의 피오르드 지대에 불법으로 숨어 있던 그라프 슈페의 보급선 알트마르크^{Altmark} 호를 검문했다. 남대서양을 휩쓸던 그라프 슈페에 의해 포로로 잡혔던 영국인 선원 299명이 풀려나면서 파란만장했던 그라프 슈페의 이야기도 마침내 끝이 나게 되었다.

그러나 알트마르크 호 사건을 계기로 노르웨이에 연합국과 추축국의 관심이 쏠리게 되었다. 독일에게 노르웨이는 전략적으로 아주 중요한 존재였다. 노르웨이는 독일의 북쪽 측면을 커버할 수 있는 위치에 자리 잡고 있었다. 또 독일이 전쟁을 수행하는 데 있어 핵심적인 자원이었던 스웨덴의 철광석도 겨울에 발트 해가 얼어붙을 경우 노르웨이 근해를 경유하여 독일로 수송되었다. 알트마르크 호 검문 사건은 영국이 노르웨이를 침공하여 독일의 목구멍에 칼을 들이대려 한다는 히틀러의 의구심을 확신으로 바꿔놓았다. 그리고 히틀러는 프랑스를 짓밟기 전에 영국보다 먼저 노르웨이를 장악하겠다는 구상을 실천에 옮기기로 했다. 1940년 4월 7일, 독일 해군 전 함대는 11개 집단으로 나뉘어 덴마크와 노르웨이 침공 길에 올랐다.

노르웨이

제2차 세계대전에 일어난 최초의 주요 해상 작전이었던 독일의 노르웨이 침공작전(베저위봉 작전^{Operation Weserübung})은 1940년 4월 9일에 노르웨이군 비행장들에 독일군 공수부대가 기습적으로 강하하면서 시작되었다. 공수부대가 점령한 비행장에는 곧 독일 공군 전투기와 폭격기들이 착륙했고, 이를 기반으로 독일은 순식간에 노르웨이 일대의 제공권을 장악할 수가 있었다. 독일군이 하늘을 마음대로 날아다니게 되자, 해군 제독 찰스 포브스Charles Forbes 경이 지휘하는 영국의 본국 함대Home Fleet는 독일 상륙 집단을 중간에 요격하려는 시도를 포기할 수밖에 없었다.

노르웨이는 영국 본토에서 출격하는 전투기의 활동 범위에서 한참 벗어난 곳에 위치해 있었다. 영국과 프랑스군은 노르웨이 북부의 나르빅이나 트론트하임 등 몇 개 지역에 역상륙을 하겠다는 계획을 세웠지만, 독일 공군이 하늘을 지배하는 상황에서 상륙이 성공할 가능성은 더욱 희박해졌다. 그래도 서둘러 상륙작전을 감행하기는 했지만, 연합군의 상륙작전은 혼돈 그 자체였다. 이는 20년이나 상륙작전 분야 연구를 등한시한 영국이 효과적인 상륙작전을 펼치기 위해서는 얼마나 더 많은 노력을 기울여야 하는지를 단적으로 보여주는 사건이었다. 어쨌든 어느 정도의 연합군 병력이 노르웨이에 상륙하는 데 성공했지만, 5월 10일 독일이 프랑스와 베네룩스 3국에 대한 침공작전을 시작하자, 노르웨이 북부에서 싸우고 있던 연합군 병력은 서둘러 철수할 수밖에 없었다.

독일이 노르웨이를 점령함에 따라 독일 해군은 북해와 북대서양으로 진출하기가 훨씬 용이해졌고, 독일 잠수함과 해상 세력, 그리고 공군기들이 노스 곶North Cape을 지나 소련으로 가는 항로를 장악할 수 있게 되었다. 그러나 히틀러는 노르웨이 침공을 통해 작전 목표대로 독일의 북쪽 측면의 안전을 확보하는 데 성공했지만, 영국이 노르웨이 방면에서 계속 반격을 가해올 것이라는 불안을 떨치지는 못했다. 그리고 처칠과 새로이 조직된 연합작전사령부Combined Operations Headquarters는 이러한 히틀러의 불안을 최대한 활용했다. 1941년 3월 3일, 로포텐Lofoten 제도에 대한 기습작전을 시작으로 새로이 조직된 영국의 코만도 부대들은 노르웨이 일대에 노출된 채 고립되어 있는 독일군 진지들에 대한 일련의 습격작전을 감행했다. 영국이 자꾸 노르웨이 일대를 집적거리자, 영국군의 침공 가능성에 대해 확신을 가지게 된 히틀러는 스칸디나비아 반도의 독일 점령지를 지키기

■■■■■■ 노르웨이 전역 내내 격렬한 해상 전투가 벌어졌다. 사진은 1940년 4월 13일에 벌어진 제2차 나르빅 전투 직후 해안에 좌초한 독일 구축함 에리히 기제(Erich Giese)의 모습. 이 전투에서 독일 해군은 현대적인 구축함 8척과 잠수함 1척을 잃은 데 반해, 영국 해군은 단지 구축함 1척이 손상을 입는 경미한 손해를 입는 데 그쳤다. 이는 독일로서는 도저히 감당할 수 없는 손실교환비였다. (IWM A21)

위해 상당수의 병력을 노르웨이에 주둔시켰다.

노르웨이 전역은 영국 해군 장교들이 항공모함에 대해 가지고 있던 생각이 완전히 잘못되었음을 보여주었다. 당시 영국 해군 지휘부는 항공모함에서 발진한 전투기가 제공하는 공중 엄호를 있으면 좋고 없어도 별 상관없는 것으로 보고 있었다. 그러나 노르웨이 전역을 거치면서 하루아침에 대부분의 지휘관들이 적대 세력이 제공권을 잡고 있는 지역에서 해상 작전을 벌이는 것은 거의 불가능하다는 사실을 깨닫게 되었다. 그러나 노르웨이 전역 이후에도 영국 해군은 계속해서 전간기에 해군 항공대 육성을 게을리한 대가로 엄청난 고생을 했다. 항공기의 중요성을 깨닫기는 했지만, 그렇다고 대형 항공모함과 고성능 항공모함 탑재용 전투기를 하루아침에 만들 수 있는 것은 아니었기 때문이었다.

영국의 항공모함과 항공기들은 정찰이나 대함 공격과 같은 임무는 잘 수행할 수 있었지만, 영국 해군 당국이 가지고 있는 자원조차 제대로 활용하지 못하는 상황에서 별다른 활약을 할 수 없었다. 설상가상으로 6월 9일, 노르웨이 철수작전을 지원하고 있던 영국 항공모함 HMS 글로리어스Glorious는 난데없이 나타난 독일의 순양전함 샤른호르스트와 그나이제나우 콤비와 조우하게 되었다. 빌헬름 마르샬Wilhelm Marschall 준장이 지휘하고 있던 독일 전함들은 곧바로 공격을 개시했다. 항공전에 대한 이해가 부족한 글로리어스의 함장 도일리 휴즈D'Oyly Hughes는 항공모함의 탑재기들을 제대로 활용하지 못했다. 그 결과 항공모함 글로리어스는 물론 항공모함을 보호하기 위해 용감하게 순양전함들과 맞섰던 호위 구축함 HMS 아카스타Acasta와 HMS 아덴트Ardent까지 모두 격침당하고 승무원 1,400명은 모두 차가운 노르웨이 앞바다에서 불귀의 객이 되고 말았다.

그러나 영국 해군은 큰 피해를 입으면서도 꿋꿋하게 버티어 적에게 제해권을 넘겨주지 않았다. 영국 해군의 구축함 HMS 글로웜Glowworm이 독일의 중순양함 히퍼Hipper에게 가한 충돌 공격은 영국 해군의 감투정신을 잘 보여주는 사례였다. 또 전함 HMS 워스파이트Warspite를 앞세우고 오포트피오르드Ofotfjord를 거슬러 올라간 와버튼-리Warburton-Lee 대령의 제2구축함전대는 거의 피해를 입지 않고 나르빅에 정박하고 있던 독일 구축함전대를 괴멸시키는 대전과를 올렸다. 안 그래도 전력이 크게 부족한 판에 이런 식으로 적에게 별다른 피해도 주지 못하면서 전멸에 가까운 피해를 입은 독일군은 결국 연말까지 거의 아무런 활동도 벌일 수가 없었다. 이렇게 노르웨이 전역에서 양측이 입은 물질적인 피해나 심리적인 충격은 이후 해상전의 전개에 큰 영향을 미치게 되었다.

됭케르크

아직 노르웨이의 연합군 철수작전이 채 완료되지 못한 시점에서 독일군의 전격전으로 인해 벨기에와 프랑스의 연합군이 붕괴되자, 영국 해군은 노르웨이 철수작전보다 훨씬 더 어려운 철수작전을 수행하지 않으면 안 되게 되었다. 독일군에게 포위당한 채 됭케르크에 옹기종기 모여서 하염 없이 바다만 바라보고 있던 영국 원정군 주력과 프랑스군 일부의 머리 위에는 히틀러 총통에게 공군력만으로 연합군을 섬멸해 보이겠다고 호언장담한 괴링의 지시를 받은 독일 공군기들이 난무하고 있었으며, 독일 공군기들의 집요한 공격에 영국군은 구축함 9척과 다수의 병력 철수용 민간 선박을 잃는 큰 피해를 입어야 했다. 그러나 버트람 램지^{Bertram Ramsay} 준장의 지휘 하에 5월 28일부터 6월 4일까지 지속된 철수작전을 통해 영국 해군은 총 33만8,226명의 영국군과 프랑스군 병사들을 철수시키는 데 성공한다(그러나 대부분의 장비를 됭케르크 해변에 그대로 버려두고 와야 했기 때문에, 이후 영국은 미국의 도움을 받을 때까지 계속 장비 부족에 시달려야 했다). 이제 영국은 강대한 독일 제3제국에 홀로 맞서야 하는 상황에 놓이게 되었다.

인도양과 홍해 1939~1941

제2차 세계대전에서 인도양은 세 번째로 큰 전장이었다. 인도양의 넓이는 2,800만 제곱마일(7,250만 제곱킬로미터)에 달했으며, 전 세계 해양 면적의 5분의 1을 차지하고 있었다. 주로 연안 항해에 사용되던 선박들은 인도양의 광대함에 적응하기 위해 고생을 해야 했다. 일례로 남아프리카의 케이프 타운Cape Town에서 싱가포르까지의 항해 거리는 6,000마일(9,650 킬로미터)에 달했다. 인도양에서 벌어진 해전에는 다른 해역에서 벌어진 전투의 주역들이 빠짐없이 참가했고, 잠수함전과 상선파괴전(독일과 일본 의 군함과 위장 상선들이 주로 수행), 상륙작전과 항공모함이 동원된 항공전 이 모두 벌어졌다. 또 인도양 전장에서만 볼 수 있던 특징도 있었다. 마이 클 윌슨Michael Wilson이 지적했듯이 인도양은 "전 세계에서도 아주 드물게 7 개국(영국, 네덜란드, 미국, 프랑스, 이탈리아, 독일, 일본) 잠수함들이 모두 작 전과 전투를 벌인" 전장이었다.

그러나 제2차 세계대전의 전장이 된 다른 해역들에 비해 인도양은 종 종 덜 중요한 전장으로서 다른 해역들에서 벌어진 전투를 보조하는 역할 에 그친 것으로 간주되어왔다. 인도양에서는 대서양과 지중해, 태평양에 서처럼 함대와 함대가 부딪치는 격렬한 해전이 벌어진 적은 없었다. 그러 나 만약 영국이 인도양을 자유롭게 항행할 수 없었다면, 영국은 북아프리 카와 인도, 오스트레일리아로 보급품을 수송할 수 없었을 것이고, 오스트 레일리아군이 영국을 지원하기 위해 유럽과 북아프리카로 이동할 수도 없었을 것이다. 영국은 인도양을 자유롭게 이용할 수 있었기 때문에 추축 국의 공격을 견디고 전쟁을 지속할 수 있었다.

만약 일본이 그들의 잠수함과 상선 파괴 부대를 이탈리아와 독일의 해군 부대와 조직적으로 연계하여 연합군의 인도양 수송로를 차단하는 작전을 벌였다면, 영국의 전쟁 수행 능력은 엄청난 타격을 받았을 것이 다. 연합군의 전쟁 수행에 있어서 특히 중요한 두 가지는 바로 중동의 석 유와 실론Ceylon의 고무였다. 만약 추축국이 성공적으로 이 두 가지 자원의 공급을 차단했다면, 연합국의 군수 물자 생산에 막대한 지장을 초래할 수 도 있었다. 중동의 석유와 실론의 고무는 인도양을 통해 수송되었고, 연 합국은 별다른 방해를 받지 않고 이러한 전략 물자를 수송할 수 있었다.

이는 추축국들이 인도양과 같은 해역에서도 실질적인 효과를 거둘 수 있을 만큼 충분한 해군력을 육성하기보다는 다른 해역에 주된 노력을 기울였기 때문이었다.

전쟁 초반에 인도양에서 벌어진 전투는 주로 안전한 항로를 확보하기 위해 노력하는 영국 및 중립국 선박들과 이들을 차단하려는 추축국 상선파괴함 사이에 벌어졌다. 개전 직전, 인도양의 영국 함대는 본국 수역으로 다급하게 이동했지만, 곧 독일의 상선파괴함을 추적하고 중요 수송선단을 보호하기 위해 인도양으로 돌아와야 했다. 인도양에서 독일 해군은 간단하면서도 다양한 방법으로 연합군을 괴롭혔다. 독일의 상선파괴함은 무장 상선이 주류를 이루었지만, 그라프 슈페 같은 본격적인 전투함도 잠시 인도양을 사냥터 삼아 연합국 선박들을 사냥하고 다녔다(물론, 그라프 슈페는 곧 영국 함대에게 쫓기다 몬테비데오 앞바다에서 비장한 최후를 마쳤다). 상선들은 대구경 함포를 탑재하지는 못했지만, 이러한 화력 상의 약점을 어뢰와 항공기, 기뢰 등으로 보충하고 있었다. 게다가 연합국에게는 설상가상으로, 추축국 상선파괴함들이 연합국 수송선을 나포한 후 이를 이용하여 여기저기 기뢰를 부설하고 다니기도 했다. 추축국 상선파괴함 중 상당수는 이런 식으로 오스트레일리아 연안에 대량의 기뢰를 부설했으며, 이는 연합국 선단에 큰 피해를 입혔다. 여기에는 1940년 11월에 격침된 시티 오브 레이빌^{City of Rayville}도 포함되어 있었다. 시티 오브 레이빌은 전쟁 중에 격침당한 첫 번째 미국 선박이었다.

수송선단 보호 문제를 더욱 악화시킨 것은 영국의 호위함 부족 사태였다. 그리고 이 문제는 전쟁이 끝날 때까지도 완전히 해결되지 못했다. 게다가 인도양을 항해하는 비^非영국 국적 선박들은 수송선단에 편입되기보다는 단독으로 자유롭게 항해하기를 고집했다. 영국은 추축국의 상선 공격에 대처하기 위해 전투함과 항공기, 잠수함을 동원하여 해상 초계를 강화했다. 또 소중한 전략 물자 수송로를 보호하기 위해 인도양 함대의 규모를 꾸준히 증가시켰다. 이는 1944년에 동인도 함대가 창설된 이후에도 계속되었다.

전투
전 세계 바다에서 벌어진 전투

바다사자 작전

프랑스의 항복을 받아낸 히틀러는 이제 영국 침공 계획을 추진하기 시작했지만, 영국 침공작전(바다사자 작전)을 입안하고 추진하는 과정에서 독일군 고위 지휘부, 특히 공군 사령관 헤르만 괴링과 해군 사령관 에리히 래더 사이의 알력이 두드러지기 시작했다. 사실, 독일은 전쟁 전 상륙전에 관심을 가지고 어느 정도 연구를 진행하기도 했다. 그러나 영국 상륙은 베저위붕 작전(노르웨이 침공작전)과는 비교도 안 될 정도로 복잡하고 어려운 작전이 될 것이 분명했고, 문제는 당시 독일이 그런 작전을 수행할 만한 준비가 전혀 되어 있지 않았다는 것이었다.

　게다가 괴링의 독일 공군은 영국 공군의 필사적인 저항에 연일 고전을 거듭해야 했다. 결국, 영불 해협에 면한 프랑스 항구들이 급하게 라인 강에서 사용하던 바지선barge들을 개조한 상륙용 바지선들로 가득 차게 됐음에도 상륙작전 성공 가능성이 보이지 않자, 히틀러는 동쪽으로 관심을 돌리고 소련 침공을 준비하기 시작했다. 그리고 10월 12일, 히틀러는 마침내 바다사자 작전을 연기한다고 발표했다. 하지만 바다사자 작전은 전쟁이 끝날 때까지도 끝내 실시되지 못했다. 그리고 설사 독일 공군이 처칠이 묘사한 '이렇게 적은 사람들the few*'로부터 제공권을 빼앗는 데 성공했다고 하더라도, 영국 왕립 해군의 사력을 다한 저항을 받으면서 영불 해협을 건너 상륙부대를 수송한다는 것은 성공을 장담할 수 없는 어려운 과업이라는 점을 감안하면, 상륙작전이 성공했을지는 여전히 미지수로 남아 있다. 래더 제독은 안 그래도 전력이 부족한 상황에서 노르웨이에서 큰 타격을 입고 더욱 약화된 당시 독일 해군으로서는 도저히 그런 과중한 임무를 수행할 수 없다고 경고했다.

그러나 전력이 한계에 달해 있기는 영국 해군도 마찬가지였다. 영국 해군 역시 노르웨이와 됭케르크에서 적지 않은 손실을 입었다. 영국 해군은 미국이 구식 구축함 50척을 제공해줘서 전력 부족 문제에 있어서 숨통이 좀 트이기는 했지만, 여전히 수송선단 호위와 독일에 대한 해상 봉쇄 작전을 계속 실시하는 동시에 독일의 대형 전투함들이 대서양으로 돌파해 나오는 사태에 대비해야 했으며 설상가상으로 시시각각 심각해지는 독일의 영국 본토 상륙 위협에도 대처해야 했다. 게다가 프랑스의 붕괴로 영국 해군이 지고 있던 부담은 더욱 커졌다. 독일이 프랑스를 무너뜨리자, 무솔리니는 재빨리 "승자 편에 붙는다"는 결정을 내렸고, 이로 인해

---

*처칠이 독일 공군을 물리친 영국 공군 전투기 조종사들에게 보낸 "이렇게 많은 사람들이 이렇게 적은 사람들에게 이렇게 큰 빚을 진 적은 없었다"는 찬사에서 인용한 말이다.

영국은 지중해에서 프랑스의 도움 없이 규모는 작지만 무시할 수 없는 전력을 보유한 이탈리아 함대를 단독으로 상대해야 하는 불리한 상황에 처하게 되었다. 게다가 지중해의 영국 함대는 북아프리카의 영국군을 지원하는 임무까지 수행해야 했다.

설상가상으로 겨울이 다가오면서 독일의 영국 본토 침공 가능성은 크게 줄었지만, 유보트의 위협은 오히려 점점 더 커져만 갔다. 영국 해군은 전쟁이 터지기 전, 유사시 독일 잠수함들이 빠져나오기 전에 북해를 막아버린다는 계획을 세우고 다수의 단거리 해상 초계기와 소형 대잠 호위함들을 준비해놓았지만, 프랑스의 항복으로 되니츠의 유보트들이 로리앙 Lorient이나 생나제르와 같이 대서양에 면한 프랑스 해군 기지들을 거점으로 활동할 수 있게 되자, 영국 해군의 계획은 휴지조각이 되어버렸다.

늑대 떼 전술

그러나 전쟁 초반, 되니츠의 유보트들은 아직 수적으로는 보잘것없었다. 게다가 본격적인 잠수함 건조 작업이 아직 본궤도에 오르지 못한 상황에서 전쟁 초반 노르웨이 등지에서 손실을 입었기 때문에, 되니츠는 대서양 작전 시작 무렵에 사실상 개전 당시보다도 적은 전력을 가지고 있는 상태였다. 하지만 프랑스가 함락되면서 되니츠는 대서양으로 나가기 위해 불필요하게 북해를 지나 영국을 멀리 우회할 필요가 없게 되었으며, 덕분에 더 많은 잠수함들을 작전 지역에 투입할 수 있게 되었다. 사실, 전쟁이 시작되자마자, 되니츠는 여러 척의 잠수함으로 동시에 연합국 수송선단을 공격한다는 새로운 전술을 시험해보았다. 영국 근해에서 최초로 사용된 이 전술은 큰 성공을 거두었지만, 동시에 손실 또한 컸다. 하지만 이제 필

■■■■■■ 영국 해협을 고속으로 항해하고 있는 독일의 이보트. 이러한 어뢰정들은 보통 40노트 정도의 속도를 낼 수 있었다. 독일과 영국은 북해와 영불 해협, 에게 해, 흑해 등 주요 전장 이외의 주변부에서 어뢰정을 동원해 서로 치열한 접전을 벌였다. 독일은 250여 척의 이보트를 건조했으며, 이들의 주요 임무는 영국 연안을 항해하는 연합국 선박들을 공격하는 것이었다. (U-Boat Archive)

요한 잠수함 수를 지속적으로 유지할 수 있게 되었고, 영국 연안 방어 부대들의 방해를 받지 않을 정도로 먼 바다에서 안정적으로 작전을 벌일 수 있는 프랑스 거점 항구들을 확보함으로써 되니츠의 '늑대 떼'들은 독일 잠수함 작전의 첫 절정기를 맞게 되었다.

'늑대 떼' 전술은 대충 다음과 같은 방식으로 전개되었다. 먼저 xB-딘스트ˣᴮ⁻ᴰⁱᵉⁿˢᵗ*나 항공 정찰을 통해 수송선단의 예상 항로를 파악한 후, 그 주변에 잠수함들로 초계선을 구축한다. 그리고 초계하던 잠수함이 수송선단의 모습을 발견하면 이 선단의 위치를 무선으로 유보트 사령부에 바

---

* xB-딘스트 독일의 통신 감청 부대. 당시 독일은 이런 부대를 통해 영국 해군의 암호 통신을 상당 부분 해독하고 있었다.

로 전송하고, 사령부는 다른 유보트들에게 해당 선단을 집중 공격할 것을 명령한다. 공격은 주로 밤에 이루어졌으며, 유보트 함장들은 대담하게 호위함들의 안쪽을 파고들어가 수송선들을 공격했다.

당시 독일 잠수함들은 부상한 상태로 수송선단보다 더 빨리 달릴 수 있었고(수상 항행 시 최고 속도 약 17노트), 고성능 무선 통신 장비를 탑재하여 다른 잠수함 및 사령부와 함께 효과적인 연계작전을 펼칠 수 있었다. 나중에 연합군은 독일 잠수함들이 이처럼 수상 항주를 통해 수송선단을 추격하고 무선 통신을 이용한다는 점을 이용해 결국 독일 잠수함들을 물리치는 데 성공했지만, 전쟁 초반에 이런 전술에 대처할 준비가 안 되어 있던 영국 해군은 되니츠의 잠수함들에게 큰 피해를 입었다. 1940년 10월 말을 살펴보면, 속도가 느린 SC7 선단은 유럽 방면으로 이동하다가 수송선 30척 가운데 21척을 잃는 큰 피해를 입었다. 그에 비해 비교적 고속 수송선들로 구성된 HX-79 선단은 수송선 49척 가운데 12척을 잃는 데 그쳤다.

지중해 전투

지중해의 주도권을 둘러싼 전투는 처음에는 매우 느린 속도로 진행되었다. 그러나 시간이 흐름에 따라 지중해는 영국, 프랑스, 독일, 그리스, 이탈리아, 미국이 한데 맞붙은, 대전 중 가장 복잡하고 치열한 전투의 무대가 되었다. 지중해는 아프리카와 아시아, 유럽 대륙을 갈라놓는 중요한 위치에 자리 잡고 있었으며, 서쪽 지브롤터에서부터 동쪽 팔레스타인 Palestine에 이르는 2,000마일(3,200킬로미터)에 걸쳐 펼쳐져 있었다. 그러나 지중해의 남북간 거리는 동서만큼 일정치 않아서 지역에 따라서는 600

■■■■■■ 독일 유보트 부대의 중핵을 이룬 것은 7형(Type Ⅶ) 잠수함이었다. 7형 잠수함을 비롯한 당시 대부분의 잠수함들은 주기적으로 부상하여 디젤 엔진으로 항해하면서 배터리를 채워야 했으며, 오늘날의 원자력 잠수함들에 비하면 차라리 잠수가 가능한 어뢰정에 더 가까웠다. 수상에서 디젤 엔진으로 항해 시, 7형 잠수함들은 최대 17노트로 항주할 수 있었다. 이 정도 속도면 당시 연합국의 느린 수송선단을 추격하거나 공격 후 이탈하는 데 충분한 속도였다. 그러나 잠수 시의 속도는 겨우 4~5노트에 불과했으며, 잠수할 수 있는 시간도 그다지 길지 않았다. 연합국의 항공 세력이 점차 강화되자, 독일 잠수함들은 수상 항주보다는 물속에 잠수해 있는 시간이 길어질 수밖에 없었다. (AKG Berlin)

마일(1,000킬로미터)이 되는 경우도 있었지만, 튀니지^Tunisia와 시칠리아의 경우처럼 남쪽 끝에서 북쪽 끝까지의 거리가 100마일(160킬로미터)도 채 되지 않는 경우도 있었다. 육지로 둘러싸인 지중해의 전략적 중요성은 19세기에 이집트에 수에즈 운하가 건설되면서 큰 전기를 맞게 되었다. 수에즈 운하 건설로 유럽에서 극동으로 가는 항로는 크게 단축되었다. 이제는 남아프리카의 희망봉을 돌아서 가지 않아도 되었기 때문에, 유럽에서 아시아로 향하는 뱃길은 거의 1만3,000마일(2만1,000킬로미터)이나 줄어들었다. 이로 인해 지중해 항로는 영국 같은 식민지 제국에게는 생명줄과도 같은 존재가 되었다.

1940년 6월 22일, 프랑스(와 북아프리카의 프랑스 식민지들)가 독일에 항복하고 같은 달 이탈리아가 추축국 편에서 참전을 선언하면서 지중해에서의 해상 전투는 빠른 속도로 격화되었다. 이 무렵, 영국은 지중해에서 최악의 상황에 직면해 있었다. 국가적으로 봤을 때, 당시 영국은 됭케르크에서 치욕적인 철수를 한 이후 단독으로 독일을 막아야 하는 입장에 처하게 되었으며, 독일군의 침공을 막기 위해 필사적으로 영국 본토 항공전을 전개하고 있었다. 바다에서 독일 해군은 포켓 전함 그라프 슈페와 유보트, 수상기 등을 효과적으로 이용해 열세의 전력으로 영국 해군의 전력이 한계에 다다르게 만들었다.

게다가 프랑스가 항복하면서 영국은 북아프리카에 근거지를 둔 프랑스 함대가 위협을 가해올 경우도 대비해야 했으며, 이탈리아가 참전을 선언하자 이탈리아 해군까지 상대해야 했다.

당시 영국이 지중해에 가지고 있던 핵심 요충지는 이집트, 지브롤터, 몰타, 이 세 곳이었다. 다행히도 당시 영국 지중해 함대 사령관은 가장 유능한 제독으로 손꼽히던 해군 제독 앤드류 브라운 커닝햄Andrew Browne Cunningham 경이었다. 1940년 여름, 커닝햄의 지중해 함대는 전통적인 영국 지중해 함대의 기지였던 몰타가 아

■■■■■ 해군 제독 앤드류 브라운 커닝햄 경(친구들에게는 A.B.C.라는 애칭으로 불리기도 했음)은 제2차 세계대전 중 영국의 해군 지휘관들 가운데 가장 우수한 제독이었다. 불같은 성격을 가지고 있던 그는 언제나 적을 찾아내서 파괴하려고 했던 공격적인 지휘관이었다. 커닝햄의 지휘 하에 있던 지중해 함대는 타란토와 마타판에서 놀라운 승리를 거두었으며, 몰타에 대한 보급선도 계속 유지하는 데 성공했다. 그 공로로 커닝햄 제독은 1943년 10월에 제1해군경(First Sea Lord)으로 임명되었다. (IWM MH31338)

▪▪▪▪▪▪ HMS 워스파이트는 1915년 취역한 퀸 엘리자베스급 전함으로서, 제1차 세계대전 당시 유틀란트 해전에서 격전을 치른 역전의 용사였다. 1936년, 함의 엔진, 장갑, 무장 등 핵심 부분에 대한 근대화 개장을 받으면서 주포인 15인치(38센티미터) 포의 앙각 상승 개장도 함께 받아 주포 사정거리가 일약 3만2,0000야드(2만9,260미터)까지 늘어나게 되었다. 그러나 이러한 개장에도 불구하고 1940년 당시, 다른 나라들의 현대적인 전함들이 최대 30노트까지 속도를 낼 수 있었던 데 비해, 워스파이트는 최고 속도가 24노트밖에 되지 않았다. (IWM A20652)

닌 알렉산드리아에 머물고 있었다. 당시 지중해 함대는 별 볼일 없는 규모에 불과했다. 4척에 불과한 전함〔HMS 워스파이트(커닝햄 제독의 기함), HMS 말라야Malaya, HMS 로열 소버린Royal Sovereign과 HMS 밸리언트Valiant (1940년 8월에 지중해에 도착)〕들은 모두 구식이었고, 항공모함은 HMS 이글Eagle 1척뿐이었으며, 이외에 경순양함 5척과 구축함 17척을 보유하고 있을 뿐이었다.

한편, 해군 준장 제임스 소머빌James Somerville 경이 지휘하고 있던 영국 해군의 지브롤터 전대는 'H전대Force H'로 이름이 바뀌었다. 그와 동시에 전대의 구성도 크게 바뀌었으며, 한때는 그 유명한 순양전함 HMS 후드가 배속되기도 했다. 1940년 8월 무렵, H전대는 전함 HMS 레졸루션Resolution, 순양전함 HMS 리나운Renown, 항공모함 HMS 아크 로열, 순양함 1척, 구축함 7척으로 구성되어 있었다.

연일 추축국의 폭격을 당한 몰타 섬의 방어 전력은 1940년이 되자 최

악의 상황에 이르러 남아 있는 거라고는 겨우 시 글래디에이터 Sea Gladiator 전투기 3대(몰타섬 방어 부대와 주민들은 이 금쪽같은 전투기 3대에 각각 '신념Faith', '희망Hope', '박애Charity'라는 이름을 붙여주었다)와 고사포 38문이 전부였다. 시칠리아와 북아프리카 해안 사이에 위치한 몰타 섬은 매우 중요한 전략요충지였다. 영국군은 이 섬을 거점으로 항공기와 전투함, 잠수함을 운용하여 북아프리카의 추축군 보급로를 차단할 수 있었고, 이탈리아와 독일은 몰타를 무력화시키

■■■■■ H전대 사령관 해군 준장 제임스 소머빌 경은 유능한 지휘관으로서 부하들 사이에서도 인기가 높았다. 지브롤터의 특성상 대서양과 지중해 양쪽 모두에서 작전해야 했던 H전대는 1941년 5월 27일 프랑스 앞바다에서 비스마르크를 격침시키는 작전을 지원하는가 하면, 몰타로 향하는 보급선단을 호위하는 등 막중한 임무를 수행해야 했다. 이후 소머빌은 대장으로 승진하여 1942년 2월에 큰 타격을 입은 동양 함대(Eastern Fleet)의 지휘를 맡게 되었다. (IWM A30166 WA)

지 않으면 북아프리카에서 제대로 싸울 수 없었기 때문에, 양측은 이 자그마한 섬을 두고 연일 치열한 격전을 벌였다.

오랑과 메르스엘케비르

1940년, 프랑스가 무너지고 페탱 원수의 영도 하에 새로이 비시Vichy 정권이 들어서자, 북아프리카에 주류하고 있던 프랑스 해군은 이도저도 못하는 상황에 처하게 되었다. 당시 북아프리카의 프랑스 식민지는 프랑스령 서부아프리카West Africa의 다카르Dakar에서부터 모로코, 알제리, 튀니지 일

부에까지 뻗쳐 있었고, 이 지역의 해군 기지에 머물고 있던 함대의 규모는 상당했다. 알제리의 항구도시인 오랑과 메르스엘케비르에는 전함 4척, 구축함 13척, 수상기 모함 1척, 잠수함 4척이 정박해 있었고, 다카르에는 신조 전함 2척이 정박해 있었으며, 알렉산드리아에는 영국군 감시 하에 전함 1척과 구축함 4척이 머물고 있었다. 프랑스 항복 이후 프랑스 해군 총사령관 다를랑 제독은 프랑스 해군 함대가 가만히 앉아서 다른 열강의 손아귀에 들어가는 일은 없을 것이라는 점을 명백히 했다. 그러나 1940년 6월 27일에 다를랑이 비시 정부의 각료직을 수락하자, 연합군 측은 프랑스 함대의 향배에 대해 우려를 하지 않을 수 없게 되었다.

반면, 이탈리아는 1940년 6월 10일 이후 어느 편에 서서 싸울지에 대해 보다 명확한 입장을 보였다. 당시 이탈리아는 아프리카의 리비아^{Libya}, 소말릴란드^{Somaliland}, 그리고 에티오피아를 식민지로 보유하고 있었으며, 1,200대가 넘는 항공기를 보유한 공군^{Regia Aeronautica}의 지원을 받는 강력한 해군^{Regia Marina}을 비롯한 총 50만 명에 이르는 병력을 보유하고 있었다. 그라치아니^{Rodolfo Graziani} 원수가 지휘하는 리비아 주둔 이탈리아군은 최소한 서류상으로는 북아프리카 주둔 영국군을 압도하는 전력을 보유하고 있었고, 무솔리니와 이탈리아 군부는 단기간 내에 영국군을 섬멸하고 북아프리카를 장악할 수 있을 것으로 낙관하고 있었다. 지중해 전선에 최초로 투입된 독일군은 비록 규모 면에서는 보잘것없었지만, 질적인 측면에서 봤을 때는 절대 얕잡아볼 수 없는 강력한 정예부대들이었다. 1940년 12월, 독일 공군의 함선 전문 공격 부대였던 제10항공군단이 이탈리아에 배치되었고, 소수의 유보트들이 북아프리카 연안으로 진출했으며, 1941년 2월이 되자 에르빈 롬멜 원수가 지휘하는 아프리카 군단이 리비아에 상륙했다.

북아프리카의 프랑스 해군 함대가 연합군에게 위협이 될 가능성이 점

■■■■■ 독일의 에르빈 롬멜 장군은 제2차 세계대전 당시 가장 훌륭한 지휘관 중 한 명이었다. 독일군 병사들은 장교로서는 이례적으로 부하들의 고충을 잘 이해주는 그를 열렬히 따랐다. 대전 초반, 롬멜이 지휘하는 독일 아프리카 군단에 농락당해야 했던 영연방군 병사들은 롬멜이 '수퍼맨'이라고 생각했다. (IWM)

점 커지자, 영국의 총리와 해군 장관은 마침내 소머빌의 H전대에게 후세에 정말 파렴치한 사건으로 이름을 남기게 된 캐터펄트 작전Operation Catapult을 실시하라고 명령했다. 영국군은 공격에 앞서 현지 프랑스 함대 지휘관 장술 Marcel-Bruno Gensoul 제독과 협상을 시도했지만, 이 협상은 아무런 성과도 거두지 못한 채 끝이 났다. 결국 1940년 7월 3일, 영국 해군은 메르스엘케비르의 프랑스 함대에 대대적인 공격을 가했다. 갑작스런 영국 해군의 공격에 프랑스군 전함 2척(됭케르크와 프로방스Provence)과 수상기모함 코망당트 테스트Commandante Teste는 속수무책으로 대파당했고, 전함 브르타뉴Bretagne는 폭발해버렸다. 하지만 혼란의 와중에도 순양전함 스트라스부르는 간신히 탈출에 성공하여 툴롱Toulon에 도착했다. 이 영국군의 공격으로 1,250명에 이르는 프랑스 수병들이 사망했다. 5일 후, 영국 함대는 다카르를 공격하여 전함 리슐리외Richelieu를 작전 불능 상태로 만들었다. 이와는 대조적으로 알렉산드리아에서 커닝햄 제독(프랑스 해군을 상대로 한 무력 사용을 반대했다)은 프랑스 함대 지휘관 고드프루아René Godfroy 제독을 설득하여 무력을 사용하지 않고도 프랑스 함대를 무장 해제시키는 데 성공했다.

영국의 지중해 함대와 이탈리아 해군이 최초로 본격적으로 맞붙은 것은 1940년 7월 9일 칼라브리아Calabria 앞바다에서였다. 이 첫 접전에서 이후 전쟁 기간 내내 반복될 한 가지 패턴이 자리를 잡게 되었다. 몰타에서 지브롤터를 향해 출항하는 영국군 수송선단을 엄호하기 위해 함대를 이끌고 출격한 커닝햄은 호위작전을 수행하는 도중, 이탈리아 수송선단이 이탈리아에서 리비아로 출항했다는 정보를 입수했다. 커닝햄은 전통적인 영국 해군의 공격 정신을 발휘하여 이탈리아 해군을 격멸하기 위해 항로를 바꿨다. 당시 이탈리아군의 선단은 전함 2척과 구축함 십수 척, 그리고 다수의 구축함으로 구성된 강력한 함대의 호위를 받고 있었다. 1940년 7월 8일, 먼저 이탈리아 공군이 공중에서 영국 함대에 공격을 가해오기 시작했다. 그러나 이탈리아 공군은 몇 차례에 걸쳐 반복적인 공격을 가했음에도 불구하고 순양함 HMS 글로체스터Gloucester에 약간의 피해를 입히는 것 이상의 성과를 거둘 수 없었다. 다음날, 드디어 이탈리아 함대와 영국 함대가 조우했다. 영국 제7순양함전대의 지휘관 J. C. 토베이John Tovey 준장은 유명한 '적 함대 발견Enemy battle fleet in sight' 신호를 보냈다. 곧이어 영국 전함 HMS 워스파이트와 이탈리아 전함 줄리오 체사레Giuloio Cesare가 몇 차례 포격을 주고받았다. 이탈리아 함대 지휘관 리카르디Arturo Riccardi 제독은 전세가 불리하게 돌아가자 연막을 치고 질서 정연하게 물러났다.

영국 해군은 항공모함 HMS 이글 소속 함재기들의 활약 덕분에 이탈리아군 구축함 1척을 격침시키는 데 성공했다. 하지만 커닝햄은 전함들의 속도가 느려 이러한 성과를 바탕으로 전과 확대에 나설 수가 없었다. 도주하는 이탈리아 해군 함대를 따라잡기에는 워스파이트와 같은 제1차 세계대전 시기에 건조된 전함들은 속도가 너무나 느렸다. 그러나 영국 해군은 특유의 공격 정신에 더하여 수적·기술적 우세를 점하고 있었기 때문에, 전투 의지가 부족한 이탈리아 해군을 압도할 수 있었다.

타란토

1940년 11월 11일, 영국 해군 항공대^{Fleet Air Arm, FAA} 소속 항공기들이 대전
초반 지중해에서 벌어진 가장 중요한 전투 중 하나로 손꼽히는 타란토
^{Taranto} 공습(혹은 저지먼트 작전^{Operation Judgement})을 실행에 옮겼다. 영국 해군
의 라이스터^{Lyster} 소장은 이탈리아 해군의 본거지인 타란토 항을 항공기
로 습격한다는 계획을 세웠고, 커닝햄 제독은 그의 계획을 적극적으로 지
원해주었다. 원래는 항공모함 2척을 동원해 공습을 감행할 예정이었지
만, HMS 이글이 고장이 나는 바람에 영국 해군은 항공모함 1척만으로 작
전을 실행할 수밖에 없게 되었다. 전함 5척, 순양함 2척, 구축함 13척으로
이루어진 대규모 호위함대의 보호를 받으며 타란토 항으로 접근한 영국

■■■■■■ 무솔리니(왼쪽)와 이탈리아 해군에게 지중해는 '마레 노스트룸(mare nostrum: '우리 바다'라는 뜻)'
이었다. 그러나 타란토 항 공습으로 인해 지중해에서의 세력 균형은 하룻밤 사이에 영국 해군 쪽으로 기울게 되
었다. 그러나 이탈리아 해군 총사령관 카바냐리 제독은 막대한 전력을 상실한 것 이상으로 엄청난 심리적 타격
을 받았다. 또 타란토 공습은 그 자체로 세계 해군 역사에서 혁명적인 사건이었으며, 이제 해군의 주력은 전함이
아니라 항공모함이라는 사실을 알리는 사건이기도 했다.

해군 항공모함 일러스트리어스는 타란토로부터 170마일(275킬로미터) 떨어진 지점에서 공격대를 발진시켰다. 소드피쉬Swordfish 뇌격기 21대는 2개 제파로 나뉘어 초저녁 무렵에 타란토 항 상공에 진입했다. 당시 항구에는 이탈리아 해군 전함 6척과 순양함 및 구축함 몇 척이 정박해 있었다. 해군 사상 처음으로 항공기를 이용해 모항에 정박한 적 주력 함대를 기습 공격한 작전은 대성공을 거두었다. 전함 콩테 디 카보우르Conte di Cavour는 항구 내에서 격침되었고(후에 인양되지만 결국 대전 기간 내내 실전에 투입될 수 없었다), 리토리오Littorio(이탈리아Italia로 개명)는 어뢰 3발을 맞았으며, 카이오 둘리오Caio Duilio도 어뢰 1발을 맞았다. 이외에 중순양함 트렌토Trento와 구축함 몇 척도 피해를 입었으며, 항구의 유류저장시설도 타격을 입었다. 그러나 저지먼트 작전에서 영국군이 입은 피해는 고작 항공기 2대를 잃은 것이 전부였다.

지중해의 보급전

지중해 전투는 근본적으로 보급의 싸움이었다. 지중해 전투의 주역이었던 영국, 독일, 이탈리아의 전략의 핵심은 북아프리카에서 싸우고 있는 지상군에 대한 보급선을 어떻게 유지하느냐였다. 당시 대량의 보급품과 병력, 장비를 운송할 수 있는 유일한 수단은 함대의 호위를 받는 수송선단뿐이었다. 물론 수송기를 동원할 수도 있었지만, 항공 수송으로 보급할 수 있는 물자의 양은 선단의 수송량과 비교하면 새 발의 피에 불과했다. 따라서 지중해 해상 작전의 초점은 자연스럽게 보급선단 호위와 상대편 보급선단 격멸에 맞춰지게 되었다.

영국은 본토로부터 지브롤터와 몰타를 경유해 이집트(그리스 철수 이후 이집트 전선은 1943년까지 영국이 독일군과 직접 맞붙은 유일한 전선이 되었다)에 이르는 보급선을 보호하는 데 H전대와 지중해 함대 전력의 대부분을 투입했다. 그리고 1940년 8월 초의 허리 작전Operation Hurry(몰타에 방공용 허리케인 전투기 12대를 수송한 작전)과 1940년 11월 중순의 코트 작전 Operation Coat(몰타에 방공용 허리케인 전투기 12대를 추가로 수송한 작전. 그러나 몰타 근해에서 발진한 허리케인 전투기 12대 가운데 8대는 바다에 추락하고 겨우 4대만이 몰타에 도착했다)을 포함해 여러 차례의 보급수송작전을 실시했다. 영국이 벌인 보급수송작전 가운데 가장 유명한 것은 단연 1942년 8월에 실시한 페데스탈 작전Operation Pedestal이었다.

반면, 리비아로 향하는 독일과 이탈리아 수송선단에게 있어서 몰타는 마치 눈엣가시와도 같은 존재였다. 독일과 이탈리아의 잠수함들이 알렉산드리아에서 출항한 영국군 선단에게 큰 피해를 입힌 것과 마찬가지로,

페데스탈 작전

1942년 8월 13일 개시된 페데스탈 작전은 전함 2척과 함재기 72대를 탑재한 항공모함 3척, 순양함 7척, 구축함 24척이 동원된 대규모 수송작전이었다. E. N. 사이프렛Syfret 소장의 지휘 하에 시행된 이 작전의 목표는 또 다른 항공모함에 적재된 스핏파이어 전투기 36대와 중요 물자를 실은 상선 14척을 몰타까지 안전하게 호송하는 것이었다. 그러나 이를 가만둘 리가 없는 독일군이 치열한 공격을 가해옴에 따라 선단은 엄청난 피해를 입었다. 항공모함 HMS 이글은 침몰했고, 또 다른 항공모함 1척은 큰 손상을 입었다. 이외에 이탈리아군 잠수함 악숨Axum의 뇌격에 순양함 2척이 대파되었고, 또 다른 순양함 1척은 항행을 제대로 하지 못할 정도의 피해를 입었다. 또 구축함 1척이 침몰했고, 또 다른 1척은 대파되었으며, 중요 호위 대상이었던 상선도 9척이나 격침당했다.

지중해 전투

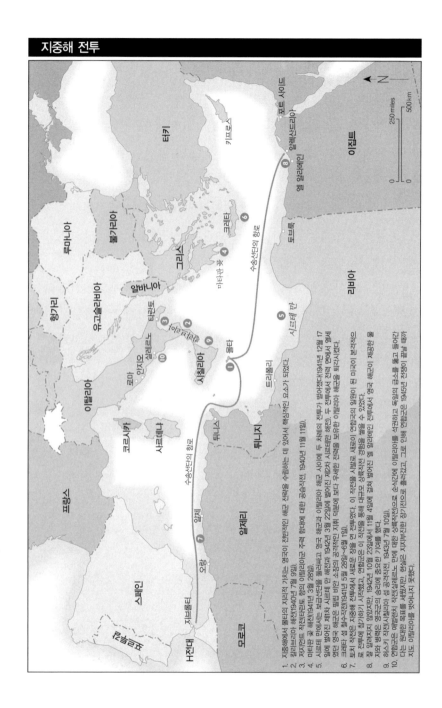

■■■■■ 영국 잠수함 함장 중 가장 유명한 지휘관은 HMS 업홀더(Upholder)의 함장이자 빅토리아 십자장(Victoria Cross) 수훈자인 M. D. 왱클린(Wanklyn) 소령이었다. 1941년 9월 18일 업홀더는 이탈리아의 1만 9,500톤급 병력수송선 넵투니아(Neptunia)와 오세아니아(Oceania)를 격침시켰다. 1941년 6월과 9월 사이 영국 잠수함들은 15만 톤에 달하는 추축국 선박을 격침시키는 전과를 올렸다. (IWM A7293)

영국군 잠수함들도 북아프리카에서 싸우고 있는 롬멜에게 꼭 필요한 금쪽같은 보급품을 싣고 가던 추축국 선단을 습격했다. 추축군과 영국군 모두 상대편 선단을 수색하고 공격하는 데 있어서 특히 항공기를 유용하게 사용했다. 그리고 독일은 항공기를 이용한 선단 공습이나 수에즈 운하에 대한 기뢰살포작전과 같은 항공전에서 영국군보다 한 수 위의 기량을 보여주었다.

홍해 1940~1941

1940년 6월, 이탈리아가 참전하면서 인도양의 연합국 선박의 안전은 단기적으로 더욱 악화되는 것처럼 보였다. 이탈리아는 홍해에 면한 에리트레아Eritrea의 주요 항구도시 마사와Massawa에 많은 잠수함과 대형 호위함을 배치해놓고 있었다. 수에즈 운하가 폐쇄되면서 이들 부대와 본토와의 연락은 끊어지게 되었지만, 그래도 얼마 동안 이들은 연합군 선박들에게 큰 위협이 될 것으로 보였다. 그러나 이런 상황은 곧 변화를 맞게 되었다. 영국군 상선단의 규모에 비하면 이탈리아군의 전력은 보잘것없었기 때문에 곧 영국 선박들은 이탈리아 해군을 무시하고 홍해와 수에즈 운하를 거의 자유로이 드나들 수 있었다. 대부분의 이탈리아 잠수함들은 홍해의 비좁은 수역에서 제대로 활약할 수 없었고, 열대 지역에서 작전하면서 열악한 환경에서 지내야 했던 승무원들은 큰 고통을 받았다. 물론, 드넓은 인도양으로 나가면 훨씬 쉽게 연합군 선박들을 공략할 수 있었지만, 이탈리아 잠수함들은 외양작전에 소극적인 태도를 보였다.

영국군의 공습과 호위선단의 반격, 그리고 빈약한 보급 등의 요인이 겹치면서 홍해의 이탈리아 해군 전력은 점차 약화되어갔고, 1941년 초에는 함선 대부분을 잃게 되었다. 하지만 그래도 이들은 동아프리카에서 벌어지고 있던 지상전에서 싸우던 연합군에게 여전히 위협 요소로 남아 있었다. 영국 해군은 1940년에 동아프리카 지역에서 병력을 철수했다가, 1941년 초에 다시 동아프리카의 이탈리아군을 상대로 반격에 나선 영국군을 지원하는 작전을 수행하게 되었다. 동아프리카 일대의 전황은 영국군에게 유리하게 전개되었다. 이 지역에서 영국군이 승리를 거두고 강력한 영국 해군 함대가 접근해오자, 이제 이탈리아 해군 기지의 함락은 시간문제가 되었다.

이탈리아 해군 사령부는 해당 지역의 잔존 수상함대로 영국군에 대한 기습 공격을 가하는 한편, 잠수함들을 (희망봉을 거쳐) 1만3,000마일(2만 1,000킬로미터)이라는 장거리를 돌아 안전한 독일군 점령 하의 프랑스까지 철수시킨다는 결정을 내렸다. 이 결정에 따라 이탈리아 잠수함들은 프랑스로 오는 길에 독일의 지원함들과 상선파괴함들로부터 재보급을 받을 예정이었다. 이 작전이 시작되자마자 이탈리아 수상함들은 영국 해군에게 바로 요격당했지만, 이탈리아 잠수함 4척은 놀랍게도 그 험하고도 먼 길을 주파하여 목적지인 프랑스에 도달하는 데 성공했다.

홍해 인근의 이탈리아 해군 세력이 일소되면서 1941년의 나머지 기간 동안 영국군 선박들은 안전하게 홍해와 인도양을 항해할 수 있게 되었고, 이탈리아 해군의 방해가 사라지면서 북아프리카에 대한 보급 물자 지원도 훨씬 원활하게 이루어지게 되었다. 그러나 이런 호시절도 겨우 연말까지밖에 지속되지 못했다. 이후 일본이 점점 호전적인 태도를 보이면서 동쪽으로부터 전운이 감돌기 시작했지만, 당시 수에즈 동쪽의 영국 영토들은 아무런 방어 준비가 되어 있지 않았다.

마타판

대서양에서와 마찬가지로 지중해에서 영국군이 큰 성공을 거둘 수 있었던 데는 독일군의 에니그마Enigma 암호 통신을 중간에서 가로채 해독해서 얻은 정보가 큰 역할을 했다. 그리고 1941년 3월 28일에 벌어진 마타판 곶 Cape Matapan에서 커닝햄 제독이 지중해 전역에서 가장 화려한 승리를 할 수 있었던 것도 바로 그렇게 입수한 정보 덕분이었다.

야치노Iachino 대장 지휘 하에 15인치(381밀리미터) 주포를 탑재한 전함 1척(비토리오 베네토Vittorio Veneto), 8인치(203밀리미터) 주포를 장비한 중순양함 6척(폴라Pola, 피우메Fiume, 트리에스테Trieste, 트렌토, 볼차노Bolzano, 자라Zara), 6인치(152밀리미터) 주포를 장비한 경순양함 2척, 구축함 13척으로

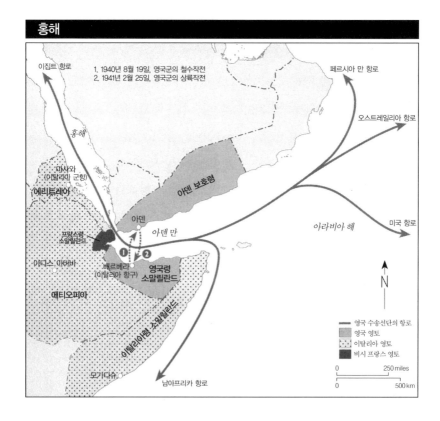

홍해

1. 1940년 8월 19일, 영국군의 철수작전
2. 1941년 2월 25일, 영국군의 상륙작전

이집트 항로
페르시아 만 항로
오스트레일리아 항로
홍해
아라비아 해
미국 항로
마사와
(이탈리아 군항)
에리트레아
아덴 보호령
아덴
아덴 만
프랑스령
소말릴란드
베르베라
(이탈리아 항구)
아디스 아바바
영국령
소말릴란드
애티오피아
이탈리아령 소말릴란드
모가디슈
남아프리카 항로

N

영국 수송선단의 항로
영국 영토
이탈리아 영토
비시 프랑스 영토

0   250 miles
0   500 km

구성된 이탈리아 함대는 그리스로 병력을 수송하던 영국의 '러스터Lustre'
선단을 요격하기 위해 3개 집단으로 나뉘어 바다로 나섰다. 이탈리아 함
대가 출동했다는 소식을 들은 커닝햄은 이들을 잡기 위해 전함 3척(워스
파이트, 바함Barham, 밸리언트)과 항공모함 1척(포미더블Formidable), 구축함 9
척을 이끌고 서둘러 알렉산드리아 항을 나섰다. 또 커닝햄을 지원하기 위
해 지중해 함대 부사령관인 프리드햄-위펠Pridham-Wippell이 6인치 포를 장비
한 순양함 4척과 구축함 9척을 이끌고 본대보다 앞서서 항진해나갔다.

3월 28일 오전, 프리드햄-위펠은 이탈리아 중순양함 3척과 조우했다.
화력에서 밀리게 된 프리드햄은 천천히 물러나면서 이탈리아 함대를 80
마일(130킬로미터) 떨어진 영국 전함들 앞으로 유인했다. 커닝햄은 자신이 지휘하는 느려터진 전함들로 이탈리아 함대를 잡기 위해서는 먼저 이들의 발을 늦춰야 한다는 것을 깨닫고 정오 무렵 항공모함 포미더블에 이탈리아 함대에 대해 공중 공격을 가할 것을 명령했다. 포미더블에서 발진한 영국 해군기 5대는 비토리오 베네토에 일격을 가하여 전함의 속도를 15노트까지 늦추는 데 성공했다. 그리고 저녁 무렵 실시된 또 한 차례의 공중 공격으로 중순양함 폴라가 제대로 움직일 수 없는 상태가 되었다. 커닝햄은 속도가 느려진 이탈리아 전함을 잡을 수 있기를 바랐지만, 결국 비토리오 베네토는 전장을 이탈해 모항으로 돌아가는 데 성공했다. 하지만 중순양함 2척과 구축함 2척의 호위를 받으며 뒤에 남겨졌던 폴라는 비토리오 베네토만큼 운이 좋지 못했다.

레이더를 갖추지 못한 이탈리아 순양함들은 야간에 영국 함대가 거의 코앞이라고 할 수 있는 4,000야드(3,660미터)까지 다가와 포문을 열 때까지 이들의 접근을 까맣게 모르고 있었다. 전함 3척의 포격을 덮어쓴 피우메와 자라는 5분 만에 산산조각이 났고, 구축함 2척 역시 똑같은 운명을 맞았다. 그리고 5시간 후에는 앉은뱅이 신세가 된 폴라 역시 이들의 뒤를 따라야 했다. 이 전투로 폴라 호위 함대를 지휘하고 있던 카타네오^{Cattaneo} 중장을 비롯해 2,400명의 이탈리아 해군 수병들이 수장당하고 말았다. 혹자는 마타판 곶 해전이 트라팔가르 해전 이후 영국 해군이 거둔 최대의 승리로 평하지만, 무엇보다도 이 해전은 이탈리아 해군에 대한 영국 해군의 확실한 우위를 보여줬다는 데 그 의미가 있다.

무솔리니가 수치상으로 봤을 때 지중해의 이탈리아 해군에 비해 열세의 전력을 배치한 영국을 상대로 전쟁을 선언한 것은 나름대로 승산이 있는 도박으로 볼 수도 있다. 그러나 이로 인해 본국과의 연락과 보급이 끊기게 된 홍해의 이탈리아 해군은 순식간에 고립된 신세가 되고 말았다. 이탈리아가 이집트와 동아프리카의 영국군을 몰아내지 않는 한, 홍해에 고립된 이탈리아 해군 분견대는 압도적인 영국 해군의 전력에 무너질 수밖에 없었다. 개전 초에는 동아프리카의 지상에서 이탈리아군이 영국군보다 우세해서 영국군은 육로와 바다를 통해 아라비아 반도로 철수할 수밖에 없었다. 그러나 영국군은 철수를 가능하게 해주었던 그 해군 및 공군 전력을 이용해 다시 동아프리카로 돌아올 수 있었고, 결국에는 1941년에 동아프리카의 이탈리아군을 물리치고 이탈리아 해군 기지들을 점령할 수 있었다.

크레타

마타판 곶 해전이 지중해에서의 영국군 최대 승리라고 한다면, 크레타^{Creta}섬 철수는 가장 비참한 패배라고 할 수 있을 것이다. 개전 초반, 이집트의 영국 및 영연방군은 침공해오는 이탈리아군을 말 그대로 박살을 내고 리비아까지 진격해 들어갔다. 그러나 바로 그때 처칠은 북아프리카의 영국군을 그리스와 크레타 방어에 투입한다는 결정을 내렸고, 이로 인해 지중해의 전국은 큰 전환을 맞게 되었다. 그리스와 크레타로 이동한 영국군은 이번엔 위기에 처한 이탈리아군을 구하기 위해 몰려온 독일군에게 박살이 나버렸다. 영국 해군은 이들을 빼내기 위해 철수작전을 두 차례(1941년 4월 24일~29일, 5월 28일~6월 1일) 벌이면서 전함 2척, 항모 1척 손상, 순양함 3척 격침(5척 대파), 구축함 6척 격침(7척 침몰)이라는 막대한 손해를 입었지만, 그래도 1만8,000명의 영국 육군 병사들을 구출할 수 있었다.

1941년 12월 19일에 영국 해군으로서는 정말 악몽 같은 해였던 1941년의 마지막을 장식하는 사건이 벌어졌다. 소형 잠항정(인간 전차^{human chariot})을 타고 영국 해군의 소굴인 알렉산드리아 항에 침투한 일단의 용감한 이탈리아 해군 잠수 특공대가 전함 퀸 엘리자베스^{Queen Elizabeth}와 밸리언트에 폭탄을 설치하여 폭파시킨 것이었다. 이로 인해 선복^{船腹}에 구멍이 뚫린 양 전함은 당분간 전투에 참가할 수 없는 처지가 되어버렸다. 그로 인해 지중해에서 당장 가용한 영국 해군의 전력은 전함 3척과 몇 안 되는 구축함이 전부인 상태가 되어버렸다.

전함 비스마르크

1940년 가을, 독일의 대형 함들은 다시 한 번 대서양으로 사냥 여행을 떠났다. 11월 초 대서양에 들어선 어드미럴 셰어^{Admiral Scheer}는 무장 상선 저비스 베이^{Jervis Bay}의 호위를 받아가며 항진하고 있던 HX-84 선단의 수송선 42척을 덮쳤다. 그러나 압도적인 화력 차이에도 불구하고 최후까지 저항한 저비스 베이의 불굴의 감투정신 덕분에 대부분의 수송선들은 무사히 도망칠 수 있었으며, 어드미럴 셰어는 황금 같은 기회를 잡고도 겨우 수송선 5척을 격침시키는 전과로 만족해야 했다. 이후 계속 남대서양과 인도양을 돌며 상선 사냥을 계속한 어드미럴 셰어는 1941년 4월에 모항으로 돌아올 때까지 상선 17척을 격침시키는 전과를 거두었다. 1940년 12월 초, 중순양함 어드미럴 히퍼^{Admiral Hipper}는 1941년 봄 노르웨이로 가기 전에 떠났던 두 차례의 대서양 사냥 여행 가운데 첫 번째 여행을 떠나게 되었다. 비슷한 시기에 샤른호르스트와 그나이제나우 역시 대서양에 들어서서 2월과 3월에 걸쳐 독일군의 공격을 피하기 위해 여기저기 분산된 수송선단을 사냥하며 22척을 포획, 혹은 격침시키는 전과를 거두고 이듬해 3월 23일에 모항인 브레스트^{Brest}로 회항했다.

　그나이제나우와 샤른호르스트는 이후 새로 취역한 4만2,000톤급 전함 비스마르크, 중순양함 프린츠 오이겐Prinz Eugen, 유조선 7척, 그리고 기타 지원함들과 합류하여 독일 해군 사상 가장 야심찬 상선 파괴작전인 '라인 연습 작전Operation Rheinübung'을 벌일 예정이었다. 그러나 영국 공군 폭격기사령부가 전함들을 무력화시키기 위해 지속적으로 폭격을 퍼부었고, 이로 인한 피해 때문에 그나이제나우와 샤른호르스트는 예정대로 작전에 참가하는 것이 불가능하게 되었다. 결국 독일 해군은 비스마르크와 프린츠 오이겐만으로 라인 연습 작전을 실행하기로 결정을 내렸고, 비스마르크와 프린츠는 5월 18일에 각각 고텐하펜Gotenhafen과 킬 군항을 나섰다.

그로부터 얼마 지나지 않아 카테가트 해협에 있던 스웨덴 순양함과 베르겐 남쪽 그림스타드 피오르드Grimstad fjord에서 재급유를 받고 있던 영국 공군의 스핏파이어 사진 정찰기는 북쪽으로 향하는 비스마르크와 프린츠 오이겐의 모습을 포착했다. 지중해에서 영국 해군이 큰 타격을 입은 상황에서 이제 강력한 독일 전함이 대서양으로 접어들게 된 것이다. 당시 비스마르크가 북해에서 대서양으로 나가기 위해서 꼭 지나야 하는 덴마크 해협Denmark Strait과 아이슬란드-셰틀랜드Iceland-Shetland 사이를 지키고 있던 것은 순양함 몇 척에 불과했다. 하지만 이들의 뒤에는 홀랜드Holland 대장이 지휘하는 순양전함 후드와 신조 전함 프린스 오브 웨일즈로 구성된 전함전대가 버티고 있었다. 하지만 당시 프린스 오브 웨일즈는 건조 중 제대로 마무리도 못하고 서둘러 취역한 상태였기 때문에, 여전히 민간 조선 기술자가 탑승해서 조정 작업을 하고 있는 상태였다. 한편, 비스마르크가 움직였다는 소식을 들은 영국 본토 함대 사령관 존 토베이 대장은 프린스 오브 웨일즈의 자매함 킹 조지 5세에 탑승한 뒤 항공모함 빅토리어스Victorious를 이끌고 스카파 플로를 떠났다.

5월 23일 저녁, 덴마크 해협을 순찰하던 영국 순양함 노포크Norfolk와 서포크Suffolk가 독일 함선들을 발견했다. 영국 순양함들은 레이더를 이용

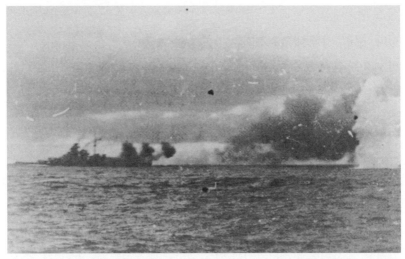

하여 북대서양으로 진입하기 위해 남쪽으로 향하던 비스마르크와 프린츠 오이겐의 뒤를 미행했다. 순양함들로부터 독일 함정의 위치를 보고받은 후드와 프린스 오브 웨일즈는 독일 함정 쪽으로 접근하여 다음날 새벽에 이들과 교전을 시작했다. 새벽 5시 52분, 후드가 포문을 열었다. 그러나 독일군도 즉각 정확한 반격탄을 날려 첫 번째 일제 사격으로 후드를 명중시켰다. 후드의 장갑을 뚫고 들어간 독일군의 포탄은 후방 탄약고를 유폭시켰고, 그 직후 전방 탄약고도 폭발해버렸다. 이로 인해 후드는 말 그대로 눈 깜짝할 사이에 바닷속으로 사라져버렸으며 후드에 탄 승무원 1,420명 가운데 생존자는 3명에 불과했다. 프린스 오브 웨일즈는 포탄 몇 발을 맞은 후 간신히 이탈하는 데 성공했다. 이후 프린스 오브 웨일즈는 노포크 및 서포크와 합류하여 독일 함정들을 미행했다.

그러나 후드와의 교전으로 비스마르크도 타격을 입어서 연료가 유출되고 속도가 줄어들어버렸다. 그래도 후드를 잡았다는 데 크게 만족한 뤼첸스Lütjens 대장은 브레스트로 가서 손상을 입은 부분을 수리하기로 결정했다. 한편, 영국 해군은 뤼첸스의 기함인 비스마르크를 잡기 위해 소머빌 대장의 H전대를 포함한 모든 가용 전력을 끌어 모았다. 그 결과 19척에 이르는 전함, 항공모함, 순양함, 그리고 거의 20여 척에 달하는 구축함이 비스마르크 사냥에 나서게 되었다.

그동안 항공모함 빅토리어스에서 발진한 소드피쉬 뇌격기와 풀머Fulmar 전투기들이 공격을 했지만, 독일 함정들에게 별다른 피해를 주지는 못했다. 영국 함재기들의 공격이 끝난 후, 뤼첸스는 프린츠 오이겐을 분리시켜 독자적으로 대서양에서 상선파괴활동을 벌이도록 명령을 내렸다. 그리고 그 사이에 비스마르크는 영국 해군을 따돌리는 데 성공했다. 하지만 프랑스로 향하던 비스마르크는 다시 한 번 영국 해군에게 포착되었다. 5월 26일 오전 10시 30분 경, 영국 공군 해안경계사령부Coastal Command의 카탈리나Catalina 비행정이 브레스트에서 서쪽으로 700마일(1,125킬로미터) 떨어진 해상을 항진하던 비스마르크를 발견한 것이다. 당시 영국 본토 함대는 비스마르크를 따라잡을 수 없는 위치에 있었지만, 그날 저녁 9시경 H전대의 항공모함 아크 로열에서 발진한 T. P. 구드Goode 중위가 지휘하는 소드피쉬 뇌격기대가 비스마르크를 덮쳤다. 비스마르크는 대부분의 어뢰를 피하는 데 성공했지만, 그중 1발이 조타 장치에 명중하고 말았다. 영국 함대 쪽으로 방향이 고정된 채 조타장치가 움직이지 않게 된 비스마르크는, 그날 밤새 영국 구축함들에게 시달리다가 5월 27일 오전 9시가 되기 조금 전에 킹 조지 5세와 로드니, 순양함 도세트셔Dorsetshire와 노포크로 구성된 토베이의 주력 함대와 맞닥뜨리게 되었다. 109분 동안 영국 함대로부터 몰매를 맞던 비스마르크는 결국 도세트셔가 발사한 어뢰에 맞아 최후를 맞게 되었다. 비스마르크의 승무원 가운데 구조된 사람의 수는 109명에 불과했다.

일각에서는 1940년~1941년 기간이야말로 독일이 대서양에서 승리를 거둘 수 있었던 유일한 기간이라는 주장이 제기되기도 했다. 영국 해군은 해상과 공중에서 대잠 초계 활동의 범위를 넓히기 위해 무진 애를 썼고, 그 결과 독일 잠수함들을 보다 서쪽으로 밀어내는 데 성공했지만, 당시 영국 해군과 공군 해안경계사령부는 독일의 늑대 떼 전술에 효과적으로 대처할 수 있는 전술과 장비가 부족한 상태였다. 하지만 되니츠 역시 충분한 수의 잠수함을 확보할 수 없었다. 게다가 1941년이 중반으로 넘어가면서 대서양에 투입하기에도 부족한 해군 전력의 일부를 바르바로사 작전을 지원하기 위해 북해 방면으로 돌려야 했고, 북아프리카 전선이 형성되자 지중해에도 전력을 투입해야 했다.

연합군의 대서양 방면 작전 태세 정비

한편, 영국군은 유보트의 무선 암호 통신 해독의 성공 빈도를 높여가기 시작했다. 비록 1942년에 독일군이 유보트에 탑재된 에니그마 암호 통신기의 성능을 개선하면서 잠시 제동이 걸리기는 했지만, 영국은 영국 해군이 노획한 에니그마 암호 통신기 몇 대를 사용하여 독일 암호체계 분석 작업을 계속했다. 노획된 암호 통신기 가운데 하나는 U-110에 탑재된 것으로서 1941년 5월 9일에 HMS 불독Bulldog 호의 데이비드 밤David Balme 중위가 이끄는 승선팀이 침몰 직전의 유보트에 뛰어들어 독일 승무원들을 제압하고 건져온 것이었다. 블레츨리 파크Bletchley Park에 자리 잡은 정부암호학교Government Code and Cipher School, GCCS의 영국군 암호해독 전문가들은 독일군의 암호체계를 해독하기 위해 엄청난 노력을 기울였지만, 개별 잠수함들의 위치를 파악할 수 있는 정보를 얻을 수는 없었다. 하지만 이러한 노력을 통해 영국 해군은 소위 '젖소Milchkühe'로 불리던 독일의 잠수함 보급선 및 보급 잠수함들에게 큰 타격을 줄 수 있었다. 그리고 무엇보다도 연합군은 독일군의 무선 통신을 부분적으로나마 해독함으로써 독일 잠수함들이 집중되어 있는 것으로 알려진 해역으로 향하는 수송선단의 항로를 변경할 수 있게 되었고, 그 덕분에 유보트의 공격으로 인한 피해를 줄일 수 있게 되었다.

1941년 2월, 대부분의 수송선단의 목적지가 리버풀로 변경되면서 플리머스에 있던 서부항로사령부Western Approaches Command 역시 리버풀로 자리를 옮겼다. 또 1942년 11월이 되자, 그때까지 서부항로사령부를 지휘하고 있던 해군 대장 퍼시 노블Percy Noble 경이 물러나고 제1차 세계대전 기간 동안 잠수함 함장으로 명성을 날렸던 맥스 호튼Max Horton 대장이 신임 사령관으로 임명되었다. 또 해군성이 1941년 4월부터 영국 공군 해안경계사령부의 작전 활동 통제권까지 넘기면서 서부항로사령부는 보다 효과적으로 대잠수함 작전을 벌일 수 있게 되었다. 리버풀의 더비 하우스Derby House로 이전한 서부항로사령부는 수송선단에 호위함들을 배정하고 해군성의 작전정보센터Operational Intelligence Centre 산하 잠수함 추적실Submarine Tracking Room로부터 정보를 받아 수송선단의 항로를 조정하는 역할을 맡고 있었다. 그밖에 서부항로전술부대Western Approaches Tactical Unit, WATU도 리버풀로 자리를 옮겼다. 이 부대의 소임은 프레더릭 워커Frederick Walker 중령과 같은 개별 대잠 호위함 함장들의 보고를 분석하여 보다 효과적인 대잠 전술 교리를 개발하는 것이었다.

1941년 봄, 영국은 보다 효율적으로 선박 자원을 활용하는 한편, 배급제 실시를 통해 자원 수입량을 줄임으로써 수송 수요 자체를 줄여나갔다. 1941년 동안 영국의 수입 물량은 전쟁 전과 비교했을 때 겨우 절반에 불과했다. 또 1941년에 영국은 대규모 선박 건조 프로그램을 실시하여 영국

■■■■■■ 1941년 2월, 리버풀의 더비 하우스로 이전한 서부항로사령부는 해군성의 작전정보센터 산하 잠수함 추적실로부터 받은 정보 보고를 토대로 수송선단의 항로를 조절하고 호위함을 배정하는 책임을 맡고 있었다. 또 서부항로사령부는 1941년 4월부터는 영국 공군 해안경계부대의 작전 활동에 대한 통제권까지 확보하게 되었다. 해군 대장 맥스 호튼 경의 지휘 하에 서부항로사령부는 연합군이 대서양 전투에서 승리를 거두는 데 큰 기여를 했다. (IWM A25746)

내 조선소에서 120만 톤의 선박을 건조하기 시작했고, 또 미국의 조선소 에도 700만 톤에 달하는 선박 건조를 주문했다. 그 덕분에 영국은 1941년 에만 360만 톤에 달하는 선박을 잃고도 1941년 말에 보유한 실질적인 선 박 톤수는 오히려 이전보다 늘어나 있었다. 영국이 잃은 선박 가운데 210 만 톤은 잠수함에게 격침당했고, 나머지는 독일의 위장 상선이나 독일 공 군, 상선 파괴 부대에 의해 격침당했다.

또 1941년이 되자, 미국의 개입도 점점 본격화되기 시작했다. 사실, 미 국은 일본의 진주만 공습을 받기 훨씬 전부터 전쟁에 발을 들여놓고 있었 다. 1941년 4월, 영국은 아이슬란드에 공군 및 호위함 기지를 건설하여 서 경 35도 지점까지 소규모 호위 부대를 운용할 수 있는 발판을 마련했다. 1941년 8월, 루스벨트는 플라센티아 만^{Placentia Bay}에서 처칠과 회담을 가진 자리에서 미국이 아이슬란드를 포함한 대서양 서부에 대한 책임을 지고 9월 중순부터는 대서양 서부와 미국 사이의 구간에서 고속 수송선단에 대한 호위를 제공하기로 했다. 10월 31일, 영국의 HX-156 선단을 호위하던 미국 구축함 루벤 제임스^{Reuben James} 호가 독일 잠수함 U-522호에게 격침당하면서 미국 수병 100명이 전사하는 사건이 발생했다. 루벤 제임스 호는 제2차 세계대전 중 처음으로 격침당한 미 해군 함선이었다. 한편, 저속 수송선단 호위 임무는 캐나다 해군이 맡게 되었지만, 제대로 훈련받은 수병도, 장비도 없던 캐나다 해군은 별다른 활약을 보이지 못했다.

인도양 1942년

1942년 초, 영국 해군과 처칠은 여전히 1941년 12월 프린스 오브 웨일즈와 리펄스를 일본군에게 격침당한 충격에서 헤어 나오지 못하고 있었다. 하지만 1942년 봄이 되자, 영국 동양 함대^{Eastern Fleet}는 소머빌 대장의 지휘하에 다시 한 번 인도양에서 작전 활동에 나섰다. 동양 함대의 주요 목표는 일본 함대의 대규모 침입을 차단하고 인도양 주변의 영국 영토와 선단을 보호하는 것이었다.

서류상으로 봤을 때, 소머빌 대장은 전함 5척, 항공모함 3척, 다수의 호위함으로 구성된 상당한 전력을 보유하고 있었다. 하지만 실제로 전함들 가운데 근대화 개장을 받은 것은 1척뿐이었고, 항공모함들도 정작 함재기들이 별로 없는 상태였을 뿐만 아니라 그나마 있는 함재기들도 모두 일본 함재기에 비하면 성능이 떨어졌다.

설상가상으로 인도양 함대는 대공화기를 제대로 갖추고 있지 못했고, 실론 섬의 해군 기지 역시 항공 공격에 매우 취약한 상태였다. 아듀 환초

Addu Atoll에 있는 재급유 기지는 추축군의 공격을 피할 수 있는 피난처는 될 수 있었지만, 함대 활동을 뒷받침해주는 지원 시설까지 갖추고 있지는 못했다.

소머빌 대장과 런던의 영국군 사령부는 프린스 오브 웨일즈와 리펄스의 비극을 다시 되풀이하지 않으려고 갖은 애를 썼다. 그 결과, 영국군과 일본군과의 직접 교전은 발생하지 않았다. 1942년 4월에 항모 5척, 전함 4척, 기타 함선으로 구성된 일본군의 대규모 함대가 인도양으로 진입해 들어왔다. 4월의 첫 몇 주 동안 일본군 함대는 실론과 인도, 그리고 주변 해상에 있는 선박들을 공격하여 중순양함 콘월Cornwall과 도세트서, 항공모함 허미즈Hermes 등을 격침시키면서 영국군에게 엄청난 손해를 안겨주었다.

이후 영국군 사령부는 소머빌에게 취약한 함정들은 서부 인도양으로

■■■■■■ 허미즈는 영국 왕립 해군 사상 최초로 처음부터 항공모함 용도로 건조된 함이었으며, 항공기에 의해 격침된 최초의 영국 항공모함이기도 했다. 1942년 4월 9일, 항공기를 싣지 않은 상태로 육상기지 항공대의 엄호도 없이 항해 중이던 허미즈는 제1항모기동함대 소속의 일본 함재기들의 공격을 받게 되었다. 순식간에 40여 발에 달하는 직격탄과 지근탄을 맞은 허미즈는 승조원 300명과 함께 침몰했다. 설사 허미즈가 함재기를 싣고 있었다 하더라도 그 대부분은 구식 소드피쉬 뇌격기였을 게 분명하기 때문에, 허미즈는 침몰 신세를 벗어나지 못했을 것이다. (IWM HU1839)

마사와

봄베이

캘커타

버마

인도

아라비아 해

벵갈 만

랑군

시암

실론

안다만 제도

말라야

싱가포르

몸바사

이듀 환초

디에고 수아레즈

마다가스카르

인도양

N

오스트레일리아

영국/연합군 수송선단
영국군, 마다가스카르 상륙
(1942년 5월~9월)
일본 항공모함 기동부대의 침입
(1942년 3월~4월)
일본의 습격(1942년)

0   1000 miles

0   2000 km

이동시키라는 지시를 내렸다. 이 무렵이 인도양의 영국 해군에게는 최악의 시기였다. 버마와 싱가포르를 잃고 인도와 실론 섬도 제대로 지킬 수 없었던 영국 왕립 해군은 동양 함대가 조직될 때까지 인도양 진출 야망을 드러낸 일본에 대해 현존 함대 전략fleet in being을 구사할 수밖에 없는 상황에 처하게 되었다.

북극해의 수송선단

미국이 전쟁에 본격적으로 개입하기 시작한 것은 환영할 만한 일이었지만, 그렇다고 해서 영국 왕립 해군의 부담이 가벼워진 것은 아니었다. 게

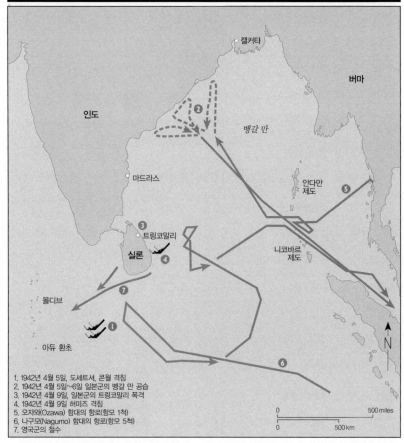

1942년 4월 일본군이 동부 인도양에서 벌인 대규모 작전

캘커타

버마

인도

벵갈 만

마드라스

안다만 제도

⑤

실론

트링코말리

③

④

니코바르 제도

몰디브

⑦

①

아두 환초

⑥

N

0   500 miles

0   500 km

1. 1942년 4월 5일, 도세트셔, 콘월 격침
2. 1942년 4월 5일~6일 일본군의 벵갈 만 공습
3. 1942년 4월 9일, 일본군의 트링코말리 폭격
4. 1942년 4월 9일 허미즈 격침
5. 오자와(Ozawa) 함대의 항로(항모 1척)
6. 나구모(Nagumo) 함대의 항로(항모 5척)
7. 영국군의 철수

■■■■■ 태평양 전쟁 전 기간을 통틀어 일본군이 인도양에서 대규모 작전을 벌인 것은 1942년 4월의 공격작전단 한 차례뿐이었다. 일본군은 다수의 영국군 함선을 격침시키고 소머빌 대장의 함대를 인도양 서쪽으로 물러나게 만들었다. 하지만 그런 성과에도 불구하고 일본 함대는 자신들의 전력상의 우위를 제대로 살리지 못하고 실론 섬과 벵갈 만의 영국군 거점만을 폭격한 후 태평양 방면으로 돌아가버렸다.

다가 왕립 해군은 1941년 8월부터 북극권의 수송선단을 호위해야 하는 책임까지 떠맡게 되었다. 1941년 6월 22일, 독일이 전격적으로 소련을 침공하자 소련과 영국은 같은 편에 서게 되었고, 영국은 어떻게든 새로운 동맹국에게 물자와 무기를 원조할 방도를 모색하기 시작했다. 그 결과,

1941년 8월 21일에 대소련 수송선단이 스카파 플로를 출항하게 되었다. 미국이 무기대여법에 따라 기타 연합국들에게 제공한 원조물자 가운데 약 4분의 1에 달하는 450만 톤의 무기, 트럭, 항공기, 장비가 얼어붙을 듯이 춥고 위험한 노스 곶 항로를 통해 소련으로 수송되었다. 그러나 그 가운데 8퍼센트에 해당하는 수송선단은 최종 목적지였던 무르만스크, 아르한겔스크^{Arkhangelsk}, 몰로토프스크^{Molotovsk}에 도착하지 못하고 도중에 불귀의 객이 되고 말았다.

북극해의 수송로는 지리와 기상에 제한을 받았다. 겨울이 되면 해수면이 얼었기 때문에, 수송선단은 독일군 손에 들어간 노르웨이에 근접해서 항해할 수밖에 없었다. 그나마 기나긴 겨울 밤이 수송선단에게 약간의 보호막이 되어주긴 했지만, 수송선들과 승조원들은 험한 파도와 엄혹한 추위에 시달려야 했다. 조금만 주의를 소홀히 해도 배 전체가 얼음으로 뒤덮였고, 이 얼음을 빨리 제거하지 않으면 얼음의 무게 때문에 배가 전복될 수도 있었다. 게다가 배가 침몰할 경우, 제대로 된 생존 장구 없이는 생존자가 얼음같이 차가운 바닷물 속에서 살아남을 가능성은 거의 없었다. 하지만 1942년 3월이 될 때까지 독일은 북극해의 연합군 수송선단에게 별다른 신경을 쓰지 않고 있었다.

드럼비트 작전

아이러니하게도 미국의 공식적인 참전은 대서양을 평화롭게 만들기는커녕, 오히려 더 위험하게 만드는 결과를 가져왔다. 제1차 세계대전과 제2차 세계대전 초반 영국이 죽도록 고생하면서 얻은 교훈을 완전히 무시한 미 해군의 작전 담당부장 킹^{Ernest King} 대장은 미국 동해안 인근 해역에서 호위선단체계 도입을 거부하고 대신 항로 주변에서 공격적으로 순찰 활동을 펼친다는 전술을 채택했다. 1942년 1월부터 시작된 '드럼비트 작전 Operation Drumbeat'을 통해 되니츠는 휘하의 잠수함들을 미국 해안 일대의 해역에 집중시켰다. 미국 근해에서 독일 잠수함들은 등화관제를 지키지 않는 해안 주변 마을이나 고속도로의 조명 덕분에 너무나 선명하게 보이는 독항선獨航船들을 상대로 신나는 사냥을 벌일 수 있었다. 5월과 6월 사이에만 유보트들은 미국 근해에서 100만 톤에 달하는 연합국 선박을 격침시켰다. 이때가 독일 잠수함 부대의 두 번째 '전성기'였다.

뜨거운 맛을 본 미 해군이 호위선단체계를 도입하고 더 많은 호위함들을 동원하고 나서야(미국은 단기간에 충분한 호위함을 확보할 수 없자, 영국과 캐나다로부터 호위함 20여 척을 넘겨받기도 했다) 연합국은 선박 손실을 줄일 수가 있었다. 점점 늘어나는 호위 세력에 밀려난 되니츠의 잠수함들은 이번에는 카리브 해에서 연합국 선박들을 상대로 사냥을 계속했다. 하지만 거미줄처럼 엉켜서 대서양 전역을 커버하는 호위선단체계가 확고하게 자리를 잡고 또 항공기를 이용하여 연합군이 보다 효율적으로 공중 초계를 실시하자, 독일 잠수함들이 연합국 선박을 손쉽게 해치울 수 있는 사냥터는 줄어만 갔다.

영불 해협 돌파작전

1942년 초, 되니츠의 잠수함들이 미국 해안에서 신나게 미국 상선들을 파괴하고 있을 무렵, 영국 코만도 부대가 노르웨이 인근 도서 지역에 몇 차례 기습을 실시하자, 히틀러는 연합군이 노르웨이를 침공하려는 것이 아닌가 하는 불안에 시달리게 되었다. 냉정한 판단력을 점점 잃어가던 히틀러는 당시 프랑스 브레스트에서 연합군 수송선단에 상당한 위협을 가하고 순양전함 샤른호르스트와 그나이제나우, 그리고 순양함 프린츠 오이겐을 스칸디나비아 반도로 이동시켜 (실제로 있는지도 불분명했던) 연합군의 침공 기도를 차단하겠다는 결정을 내리고, 이들 함정들에게 영불 해협을 돌파하여 노르웨이로 이동할 것을 명령했다. 독일 해군 총사령관인 에리히 래더 대장은 '케르베로스 작전Operation Cerberus'으로 명명된 이 작전의 위험 부담이 지나치게 크다고 보고, 자신은 이 작전에 대한 일체의 책임을 지지 않겠다는 입장을 분명히 했다.

하지만 기계 오류와 그것을 조작하는 인간들의 실수로 영국 해군과 공군은 독일군의 기도를 파악할 수가 없었다. 2월 11일, 독일 함정들이 브레스트를 출항해서 영불 해협을 돌파하고 있다는 사실이 영국 해군성에 전해졌을 무렵에는 이미 이를 막기 위한 조치를 취하기에는 너무 늦은 상황이었다. 영국군은 독일 해군의 이동을 막기 위해 닥치는 대로 가용한 소부대를 이용해 별 효과도 없는 공격을 가하거나 6대의 소드피쉬 뇌격기대가 행한 것과 같은 자살행위나 다름없는 공격(독일 함정들을 엄호하던 전투기들에게 요격당한 이들 뇌격기들은 단 1대도 살아남지 못했다)을 가할 수밖에 없었다. 결국 독일 함정들은 독일까지 무사히 도달하는 데 성공했고, 영국은 최강 해군국의 자존심에 커다란 상처를 입었다. (물론, 독일 해군은 회심의 미소를 지었다.) 하지만 돌파작전의 마지막 순간에 순양전함 샤른호르스트와 그나이제나우 모두 영국이 항공기를 이용해 부설해둔 기뢰에 접촉해 큰 피해를 입었다. 샤른호르스트는 수리 끝에 전열에 복귀해 1943년 3월에 노르웨이에 도착했지만, 그나이제나우는 수리를 위해 건선거dry-dock에 들어간 상태에서 이어진 영국 공군의 폭격으로 수리 불능의 피해를 입고 결국에는 해체되는 운명을 맞고 말았다.

다시 북극해로

1942년 3월, 손쉽게 승리를 거둘 줄 알았던 동부전선에서 어려운 싸움이 거듭되자, 독일은 어떻게든 점점 더 많이 소련으로 흘러들어가는 연합군의 보급품을 차단하기 위해 노르웨이 북부로 전력을 집중하기 시작했다. 당시 연합군의 소련행 수송선단은 구축함과 소형 호위함들이 가까이에서 호위하고, 순양함들이 그 외곽을 호위했다. 그러나 1942년 3월 이후에 비스마르크의 자매함 티르피츠가 노르웨이의 피오르드에 자리를 잡고 연합군 수송선단에 위협을 가하기 시작했다. 이에 대응하기 위해 영국 해군은 본국 함대에서 전함을 빼내어 수송선단을 원거리에서 호위하도록 배치해야 했다.

그러나 실제로 연합군 수송선단에게 가장 큰 위협이 되었던 것은 독일 공군이었다. 1942년 5월 27일, 소련으로 향하던 연합군의 PQ16 선단은 항해 도중 총 108대에 이르는 독일 공군기들의 공격을 받고 수송선 7척을 잃었다. 그 다음에 편성된 PQ17 선단이 아이슬란드를 떠난 것은 1942년 6월 27일이었다. 울트라 Ultra 암호해독기를 통해 전함 티르피츠와 중순양함 히퍼, 포켓 전함 어드미럴 셰어와 뤼초프가 수송선단을 요격하기 위해 출동했다는 사실을 접한 영국 해군성은 PQ17 선단에게 공격을 피하기 위해 분산할 것을 명령했다. 그러나 분산한 선단은 독일 공군의 좋은 먹이가 되었다. 결국 37척으로 구성된 선단 가운데 최종 목적지에 도착한 수송선은 11척에 불과했다. 이 대재앙으로 인해 승조원 153명이 사망했고, 수송선에 실려 있던 항공기 2,500대, 전차 400대, 그리고 차량 약 4,000대가 차가운 북극해 속으로 가라앉아버렸다. PQ17 선단이 전멸에 가까운 피해를 입고 지중해에서 전세가 급박하게 돌아가자, 북극해를 통한 연합군의 대소련 보급작전은 1942년 12월까지 전면 중단되었고, 그로 인해 스탈린은 상당히 곤란한 처지에 놓이게 되었다.

마다가스카르

비시 프랑스의 지배 하에 있던 아프리카 인근의 거대한 섬 마다가스카르는 1941년 말에 일본이 태평양 전쟁을 시작한 이래로 연합국 수뇌들에게 상당한 근심거리가 되어왔다. 마다가스카르는 남아프리카의 희망봉을 거쳐 중동과 인도로 가는 항로 인근에 자리 잡고 있었고, 일본 잠수함들이 연합군의 핵심 보급로를 차단하는 작전을 벌이기 위해 전진기지로 사용할 가능성이 있었다. 그런 사태가 벌어지기 전에 화근을 미리 잘라버려야겠다고 생각한 연합군 수뇌부는 마다가스카르 섬을 점령하기 위해 아이언클래드 작전Operation Ironclad 개시를 명령했다. 작전 계획 작성은 엄중한 보안 속에 이루어졌기 때문에, 자유 프랑스군조차도 작전이 실제로 시작될 때까지 마다가스카르 공격작전의 존재 유무를 알지 못할 정도였다.

마다가스카르 공격을 위해 본국 함대와 H전대로부터 상당한 전력이 차출되었고, H전대 사령관인 시프릿Syfret 소장이 작전의 총 지휘를 맡게 되었다. 마다가스카르 상륙작전은 1940년 노르웨이와 다카르 상륙작전 이래 연합군이 처음으로 벌이는 대규모 상륙작전이었다. 1942년 5월 1일 더반Durban을 떠난 영국군 병사 1만3,000명은 5월 5일 아침 일찍 마다가스카르에 대한 상륙을 시작했다. 이들의 최초 목표는 섬 북쪽에 있는 거대한 항구도시 디에고 수아레즈Diego Suarez였다. 항구를 점령하기 위해 육해공 입체 작전이 벌어졌고, 항공모함 일러스트리어스와 인도미터블Indomitable의 함재기들이 상륙군을 위한 항공지원을 제공했다. 전투가 시작된 지 수 시간 만에 디에고 수아레즈는 연합군의 손에 떨어졌고, 5월 7일 저녁 무렵이 되자 연합군 선박들은 디에고 수아레즈 항을 자유롭게 이용할 수 있게 되었다.

9월, 마다가스카르 섬의 수도 타나나리브^{Tananarive}에 또 한 차례 상륙작전을 벌인 영국군은 수도를 쉽게 점령할 수 있었다. 그러나 단기간에 마다가스카르 섬을 점령할 수 있으리라는 예상은 크게 빗나갔다. 비시 프랑스군이 1942년 11월까지 섬 곳곳에서 저항을 계속했기 때문이었다. 비록 1942년 중반에 잠깐 동안 일본군 잠수함과 무장 상선들이 인도양에서 활발한 활동을 벌이면서 수십 척의 선박을 격침시키기도 했지만, 이제 마다가스카르 섬이 연합군의 손에 떨어진 이상 서부 인도양의 연합군 보급선에 대해 걱정할 필요가 없게 되었다. 아이언클래드 작전은 대성공을 거두었고, 영국군은 이 작전을 통해 얻은 교훈을 후일 지중해 방면에서 유용하게 써먹었다.

1942년 말이 되자, 인도양은 연합군의 전쟁 수행에 있어서 중요도가 점점 떨어지는 지역이 되었다. 태평양에서 일본군의 공격을 막아내기에 급급했던 미군은 이제 서서히 반격에 나설 태세를 갖추고 있었고, 대서양과 지중해의 연합군은 북아프리카 침공을 위한 토치 작전^{Operation Torch} 준비에 열을 올리고 있었다. 때문에 인도양에서 놀고 있던 동양 함대는 토치 작전과 이탈리아 상륙작전에 대부분의 전력을 빼앗기게 되었다. 영국 전쟁사학자 코렐리 바넷^{Correlli Barnett}은 이에 대해 다음과 같이 썼다.

1942년 가을, 해군성은 동양 함대에게 항공모함 1척과 전함 2척만을 남기고 나머지 전력을 토치 작전 지원을 위해 지중해로 돌릴 것을 명령했다. 1943년 봄, 소머빌은 그나마 남아 있던 유일한 항공모함과 전함까지 다른 전선에 빼앗기고 말았다. 이제 동양 함대는 구축함과 순양함만으로 이루어진 함대가 되었으며, 인도양은 전략적으로 잊혀진 지역이 되고 말았다.

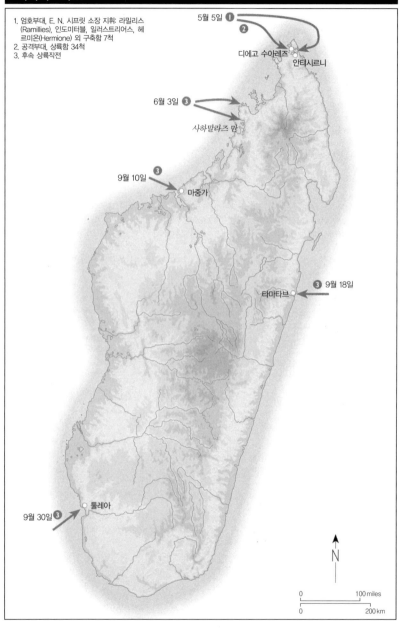

마다가스카르

1. 엄호부대, E. N. 시프릿 소장 지휘: 라밀리스
   (Ramillies), 인도미터블, 일러스트리어스, 헤
   르미온(Hermione) 외 구축함 7척
2. 공격부대, 상륙함 34척
3. 후속 상륙작전

5월 5일 ❶
❷

디에고 수아레즈
안티시르니

6월 3일 ❸

사하말라즈 만

9월 10일 ❸
마중가

❸ 9월 18일
타마타브

9월 30일 ❸
툴레아

N

| 0 | | 100 miles |
| 0 | | 200 km |

디에프

이제 최악의 고비를 넘기고 어느 정도 여유를 되찾은 연합군은 1942년 8월 19일에 독일 점령 하의 프랑스 항구도시 디에프에 대규모 기습 상륙 작전을 실시한다는 결정을 내렸다. 이것은 전쟁 전 기간에 걸쳐 내려진 최악의 결정 가운데 하나였다. 이 작전의 실행을 결정하는 데는 제2전선을 구축해달라고 요청한 스탈린을 달래기 위한 목적이 일부분 작용했지만, 그 밖에도 처칠과 영국 군부에 대해 뭔가 획기적인 성과를 보이라는 정치적·군사적 압박에 더해 처칠이 군사적으로 더 위험한 일을 저지르기 전에 뭔가 손을 써야 한다는 군부의 불안감과 작전 실행 책임을 맡은 마운트배튼의 야망 등 복잡다단한 요소들이 작용했다.

연합군은 디에프 작전을 위해 전투함과 상륙함 총 237척을 동원했지만, 영국 해군성이 이런 무모한 작전에 전함을 투입시켜 위험에 빠뜨릴 수 없다고 거부함에 따라 전함은 1척도 투입되지 않았다. 동원된 상륙함에는 캐나다군 약 5,000명과 영국군 1,000명, 미군 50명으로 구성된 상륙 병력이 분승했으며, 그 밖에 74개 전투기중대가 상공에서 엄호할 예정이었다. 그러나 독일군이 철통같이 지키고 있던 해안 지역에 실시된 얼치기 작전은 참담한 실패로 끝이 났고, 캐나다군은 전사자 900명을 포함해 약 3,000명의 사상자를 냈다. 영국군도 사상자 275명 이외에 구축함 1척과 상륙정 33척, 항공기 106대를 잃었다.

▬▬▬▬▬ 왼쪽 지도 전쟁 초반, 몇 차례 상륙작전 실패를 겪은 영국군에게 아이언클래드 작전은 그동안 상륙작전 능력을 얼마나 개선시켰는지를 볼 수 있는 좋은 시험대가 되었다. 마다가스카르 상륙작전에서 이전의 상륙작전과 달리 눈에 띄게 개선된 점은 바로 대량의 함재기를 적극적으로 활용했다는 것이다. 영국군은 상륙작전에 동원된 항공모함 2척(일러스트리어스와 인도미터블)에 소드피쉬, 알바코어(Albacore), 풀머, 마틀렛(Martlet: 미제 와일드캣(Wildcat)), 시 허리케인(Sea Hurricane) 등 당시 영국 해군이 운용하던 거의 모든 함재기들을 투입했다. 일러스트리어스는 9월에 이루어진 후속 상륙작전에도 참가했다.

토치 작전

1941년 12월, 진주만 공습으로 미국이 본격적으로 참전하게 되면서 지중해의 전략적 상황도 완전히 바뀌었다. 그때까지 추축군의 공세를 막기에 급급했던 영국 왕립 해군은 순식간에 대규모 상륙작전을 벌일 수 있을 만한 여력을 가지게 되었다. 그런 여력을 가지고 1942년 11월 8일에 실시한 토치 작전은 북아프리카에 있는 이탈리아군, 독일군, 비시 프랑스 세력의 종말을 알리는 전주곡과도 같은 것이었다.

때마침 영국 해군의 커닝햄 대장이 연합군 해군 총사령관으로 임명되었다(물론, 연합군 총사령관은 드와이트 아이젠하워Dwight Eisenhower 대장이었다). 토치 작전의 입안 책임자는 연합군 해군 부사령관이었던 영국 해군 대장 버트람 램지 경이었다. 버트람 램지 대장은 서부 상륙부대로 카사블랑카Casablanca를, 중앙 상륙부대로 오랑을, 동부 상륙부대로 알제Algiers를 공격한다는 교묘한 작전을 짰다. 연합군의 대규모 반격의 서막을 알리는 이 작전에서는 상륙 단계에서만 거의 10만 명에 가까운 병력이 동원되었다.

연합군은 토치 작전을 통해 1943년 2월까지 튀니지를 정복하는 것을 목표로 했지만, 실제로 북아프리카의 추축군이 항복한 것은 5월 13일이었기 때문에, 그때까지 연합군은 토치 작전으로 상륙시킨 부대뿐만 아니라 동쪽으로부터 영국 제8군까지 동원해 치열하게 전투를 벌여야 했다. 이 시기에 영국 왕립 해군은 토치 작전뿐만 아니라 제8군을 위해 엄청난 보급 물자를 수송해줌으로써 10월 23일에서 11월 5일 사이에 걸쳐 벌어진 엘 알라메인 전투에서 영국 제8군이 승리를 거두는 데 큰 기여를 했다. 또 1943년 1월~5월에 연합군은 추축국 화물선 500여 척(56만 톤)을 격침시키면서 북아프리카의 추축군 보급 사정을 크게 악화시키는 데 지대한 공헌을 했다.

바렌츠 해 해전

1942년 12월, 대소련 물자 수송을 위한 북극 항로 운항이 재개되었다. 12월
31일, 운항 재개 후 두 번째로 소련으로 향한 수송선단인 JW51B 선단이
뤼초프와 어드미럴 히퍼 및 독일 구축함 6척으로부터 공격을 받았다. 로
버트 셔브룩Robert Sherbrooke 대령이 지휘하는 선단 호위 구축함들은 외곽의

■■■■■ 북극 항로는 연합군의 물자 수송로 가운데 가장 위험한 항로였다. 이 항로를 운항하는 연합군 수송선
들은 독일의 잠수함, 항공기, 전투함 모두로부터 공격을 받을 것을 각오해야 했다. 사진은 1942년 9월, 소련으로
가는 길에 독일 공군의 격렬한 공습을 받고 있는 PQ18 선단의 모습. (IWMA12022)

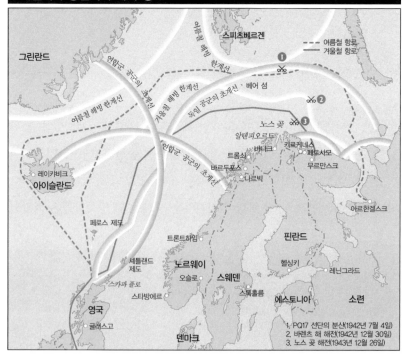

하절기와 동절기의 북극 항로

- - - - 여름철 항로
———— 겨울철 항로

그린란드

스피츠베르겐

여름철 해빙 한계선

독일 공군의 초계선

베어 섬

1. PQ17 선단의 분산(1942년 7월 4일)
2. 바렌츠 해 해전(1942년 12월 30일)
3. 노스 곶 해전(1943년 12월 26일)

노스 곶
알텐피오르드
바낙
트롬쇠
바르두포스
나르빅

키르케네스
페트사모
무르만스크

아르한겔스크

레이캬비크
아이슬란드

페로스 제도

트론트하임

핀란드

헬싱키

레닌그라드

셰틀랜드 제도
오슬로

노르웨이

스웨덴

스카파 플로
스타방에르

영국

스톡홀름

에스토니아

소련

글래스고

덴마크

■■■■■ 1941년 8월부터 영국 왕립 해군은 노르웨이 북부를 돌아가는 항로를 통해 독일에 고전하고 있는 소련에 중요한 전략 물자들을 수송하기 시작했다. 대전 전 기간을 통해 이 북극 항로를 통해 450만 톤에 달하는 전쟁 물자가 소련에 공급되었다. 그러나 이와 같은 물자 수송 작전은 좋지 않은 지리적 여건과 북극해의 끔찍한 날씨뿐만 아니라, 1942년 3월부터는 독일 항공기, 잠수함, 노르웨이의 피오르드에 도사리고 있는 독일 전투함들의 위협에 부딪쳐야 했다. 북극 항로는 연합군의 해상 수송로 가운데 가장 위험한 항로로서 연합군은 물자 수송 작전에 동원된 화물선 가운데 8.5퍼센트가 격침당하는 큰 피해를 입어야 했다.

호위 순양함들의 지원을 받아가며 압도적인 적을 상대로 결연한 방어전을 벌였다. 적을 쳐부수되 절대 어떠한 손해도 입지 말라는 히틀러의 명령을 받은 독일 함대가 적극적인 공격을 펼치지 않은 덕분에, 영국군은 구축함 2척과 소해함 1척을 잃고 독일 구축함 1척을 격침시키면서 독일군의 공격을 물리칠 수 있었다. 1943년 3월, 대부분의 호위함들이 대서양의 독일 잠수함 토벌에 투입되자, 북극 항로 운항은 또다시 중단되었다.

JW51B 선단에 대한 공격 실패와 바렌츠 해Barents Sea 해전 결과를 보고

받은 히틀러는 (그 실패 원인의 상당 부분은 자신에게 있었음에도 불구하고) 불같이 화를 냈다. 당장 래더를 경질한 히틀러는 되니츠를 해군 총사령관으로 임명한 후, 독일 해군의 주요 함정들을 모두 해체하고 승조원들은 잠수함 부대로 전환 배치할 것을 명령했다. 그러나 되니츠는 독일 해군을 해체해버리겠다는 히틀러를 필사적으로 설득하여 결국 주력 함정을 계속 유지한다는 약속을 받아내는 데 성공했다. 이 무렵 되니츠는 휘하에 작전 가능한 유보트 400여 척을 보유하고 항시 대서양에 100척을 투입할 수 있는 태세를 갖추었다.

대서양 전투의 승리

한편, 미국 조선소들이 리버티급 화물선을 말 그대로 '찍어낸' 덕분에 연합군은 항상 잃은 화물선보다 더 많은 화물선을 보충받을 수 있었다. 하지만 연합군이 유럽 대륙에 대한 본격적인 상륙작전을 실시하기 위해 대규모로 물자와 인력을 집적하기 위해서는 그 전에 대서양을 안전하게 만들어둘 필요가 있었다. 이를 잘 알고 있던 연합군 수뇌부는 1943년 1월 카사블랑카 회담Casablanca Conference*에서 대서양의 안전 확보를 최우선 목표로 설정했다. 그러나 그 시점에도 대서양에서는 처절한 사투가 계속되고 있었다.

---

* **카사블랑카 회담** 1943년 1월 14일~26일 북아프리카 프랑스령 모로코의 카사블랑카에서 개최된 미국 대통령 루스벨트와 영국 수상 처칠의 제3차 연합국 전쟁지도회의. 1943년의 연합국 측 공동작전을 토의하여 구체적으로는 시칠리아 섬 상륙을 결정했다. 회담에서 루스벨트는 처음으로 이 전쟁을 추축국의 무조건 항복으로써 종결시킨다는 방침을 명백히 했다.

■■■■■■ 1940년 9월, 영국은 미국 조선소에 간단한 영국식 설계대로 선박 60척을 건조해줄 것을 주문했다. 생산 속도를 한층 높이기 위해 미국 조선소들은 설계를 다소 변경하여 건조 시 리벳 대신 주로 용접을 사용했다. 1941년 1월, 미국은 자신들의 비상 선박 건조 프로그램의 목표 건조량을 달성하기 위해 개량된 영국식 설계를 이용하여 총 200척에 달하는 7,126톤급 화물선 건조 계획에 착수했다. '리버티(Liberty)' 급으로 불리게 된 이 급의 화물선은 대전 중 총 2,710척이 건조되었으며, 그중 200척은 영국에 넘겨졌다. 이들 선박의 대부분은 카이저(Kaiser) 조선소에서 대량 생산 방식으로 건조되었으며, 그 가운데 1척은 용골이 깔린 지 4일 하고도 15시간 30분 만에 진수되는 기록을 남기기도 했다. (IWM A23033)

독일의 유보트 수가 늘어나자, 연합군도 개전 후 18개월간 엄청난 피해를 입으면서 대잠수함 작전 교리와 장비를 크게 개선시켰다. 대잠수함 작전 훈련 및 전술에 있어서도 큰 발전이 이루어졌다. 고성능 호위함의 수도 크게 늘어났고, 대잠 전문 부대가 창설되었으며, 대잠 함정들은 새로운 탐지 장치와 대잠 무기들을 탑재했다. 새로운 장비 가운데 가장 중요한 두 가지는 고주파방향탐지기(허프-더프^{Huff-Duff})와 레이더였다. 신형 레이더는 파장이 4인치(10.16센티미터)도 안 되는 전파를 사용하는 고성능 레이더였다.

당시 유보트들은 작전 활동에 있어 무선 통신에 크게 의존했다. 연합군은 선박에 탑재된 '허프-더프'로 독일 잠수함의 교신을 탐지해 잠수함이 근처에 있다는 경보를 내릴 수 있었고, 호위함들이 공격할 수 있도록

■■■■■ 영국 특공대가 실시한 일련의 기습작전으로 인해 독일군은 서부유럽에서의 제2전선 형성 가능성에 대해 큰 우려를 품게 되었다. 1942년 3월 27일~28일 밤에 벌어진 이 특공작전에서 영국 해군의 HMS 캠벨타운(Campbeltown) 호는 생나제르의 독일군 방어 시설을 돌파하여 도크 갑문에 충돌하는 데 성공했으며, 그 사이에 상륙한 코만도 대원 268명은 해군 기지 시설 파괴작전을 벌였다. 이 특공작전에 참가한 영국군 병사 630명 가운데 144명은 전사하고 200명은 포로로 잡혔다. 그러나 이 작전은 여기서 끝난 것이 아니었다. 다음날, 캠벨타운의 선수에 숨겨둔 폭약 5톤이 폭발하면서 대서양에 면한 도크 가운데 티르피츠를 수용할 수 있는 유일한 대형 도크가 사용 불능이 되었다. 독일군은 전쟁이 끝날 때까지도 이 도크를 복구할 수 없었다. (IWM)

유보트의 정확한 위치를 파악할 수도 있었다. 고성능 레이더는 선박과 항공기에 모두 탑재할 수 있었다. 상황이 이렇게 되자, 수상 항주에 의존해 항해하던 유보트들은 매우 취약한 입장에 놓이게 되었다. 대부분의 경우, 유보트들은 항공기들로부터 공격을 받을 때까지 자신들이 탐지되었다는 사실을 알지 못했다. 유보트들은 어쩔 수 없이 수중으로 항해하는 시간을 늘릴 수밖에 없었지만, 수중 항주로는 속도를 낼 수도 없었고, 또 오랫동안 물속에서 버틸 수도 없었다.

1942년 가을, 그와 같은 우수한 대잠 장비를 갖춘 영국 해군의 6개 고속 수송선단 호위전단은 독일 잠수함을 상대로 성공적인 전투를 수행해 나갔다. 반면, 저속 수송선단을 호송하던 4개 캐나다 호위전단과 1개 미국 호위전단은 영국 해군만큼 좋은 장비를 갖추지 못했고, 그 차이는 뚜렷했다. 1942년 7월~12월에 대서양에서 연합군이 잃은 수송선의 80퍼센트가 캐나다 해군이 호위하던 선단에서 발생했다. 결국 1943년 무렵이 되자, 연합군 지휘부는 캐나다 호위전단을 전선에서 철수시킨다는 결정을 내렸다. 하지만 영국 해군은 여유 있는 호위 전력으로 별도의 호위 지원 그룹을 편성해 대잠수함 탐지 작전에 투입함으로써 선단 직속 호위전단은 계속 수송선 호위에만 전념할 수 있는 여건을 만들었다.

1942년이 되자, 항공기를 이용한 대잠수함 초계 전술도 크게 발전했다. 이 무렵 대잠 초계기들은 더 이상 수송선단 상공만 맴도는 것이 아니라 잠수함이 있을 것으로 예상되는 선단의 전방이나 측방으로 멀리 진출하여 독일 잠수함들이 '늑대 떼' 진형을 형성하는 것을 사전에 차단했다. 하지만 기존 초계기들의 항속 거리 문제로 인해 대서양 중앙 지역 일대에는 초계기들의 손이 닿지 않는 공백지대가 생기게 되었다. 물론, 리버레이터Liberator와 같은 항속거리가 긴 항공기들을 동원하면 이런 지역도 커버할 수 있었지만, 여러 가지 문제 때문에 그렇잖아도 수가 부족한 장거리 초계기를 동원하는 데는 무리가 있었다. 미국은 태평양 방면에서 초계기들을 빼오고 싶어하지 않았고, 영국은 영국대로 전략폭격 임무에 투입된 장거리 폭격기들의 일부를 수송로 확보를 위해 대서양으로 돌려야 하는지의 문제를 놓고 해군과 공군 해안 경비대 및 해리스 중장이 지휘하는 폭격기사령부 간에 치열한 암투가 벌어지고 있었기 때문이었다. 결국, 더 많은 장거리 항공기를 대서양으로 돌린다는 결정이 내려지기는 했지만,

■■■■■ 독일의 유보트는 평상시에는 주로 수상 항주에 의존해 항해했다. 그러나 연합군의 해상 초계기, 특히 레이더를 장비한 초계기들 때문에 유보트들은 더 이상 수면 위에서 활동할 수가 없게 되었다. 초계기 중에서도 장거리 항속 성능과 다목적으로 활용될 수 있는 능력을 가지고 있던 미국제 리버레이터는 1943년 봄에 다른 초계기들이 커버할 수 없었던 거리까지 초계 활동을 실시하는 데 있어 핵심적인 역할을 수행했다. 사진은 리버레이터의 수송기 버전. (Topham Picturepoint)

이 결정이 실제로 실행에 옮겨진 것은 1943년 봄이 되어서였다. 조금 늦기는 했지만, 그래도 1943년 3월 중순에 영국군 해안방어사령부는 초장거리 대잠 초계기 B-24D 리버레이터 III 2개 중대를 보유하게 되었다. 이 리버레이터의 등장은 대서양 전투에 큰 전환점이 되는 사건이었다.

장거리 초계기 외에 수송선단에 항공 엄호를 제공하는 또 다른 방법은 함재기들을 이용하는 것이었다. 하지만 1939년에 시험 삼아 수송선단 엄호에 항공모함을 투입했다가 큰 손실을 입은 경험이 있던 영국 해군성은 다른 여러 가지 대안을 모색했다. 맨 처음 시도된 방식은 화물선에서 사출기를 이용해 허리케인 전투기를 말 그대로 '발사'하는 방식이었다. 그러나 주로 독일군의 장거리 항공 공격에 맞서기 위해 사용된 이 방법에는 한 가지 큰 단점이 있었다. 사출기를 이용해 일단 이륙한 허리케인이 착륙할 방법이 없었던 것이다. 결국 허리케인 조종사는 임무를 수행한 후

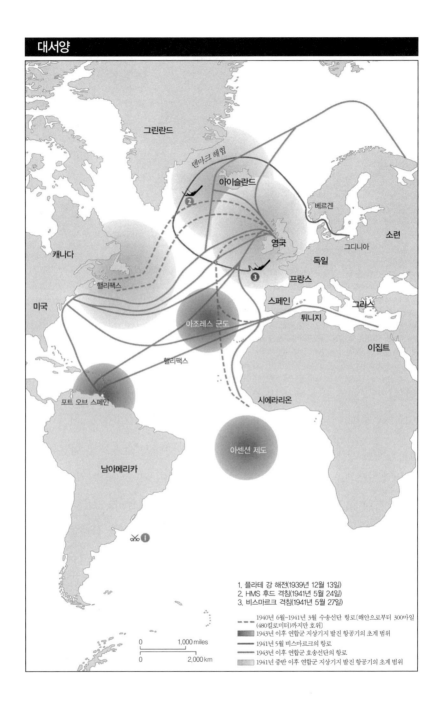

그린란드

덴마크 해협

아이슬란드

베르겐

소련

그디니아

캐나다

영국

독일

핼리팩스

프랑스

미국

스페인

그리스

아조레스 군도

튀니지

핼리팩스

이집트

포트 오브 스페인

시에라리온

남아메리카

아센션 제도

1. 플라테 강 해전(1939년 12월 13일)
2. HMS 후드 격침(1941년 5월 24일)
3. 비스마르크 격침(1941년 5월 27일)

- - - 1940년 6월~1941년 3월 수송선단 항로[해안으로부터 300마일 (480킬로미터)까지만 호위]

1943년 이후 연합군 지상기지 발진 항공기의 초계 범위

1941년 5월 비스마르크의 항로

1943년 이후 연합군 호송선단의 항로

1941년 중반 이후 연합군 지상기지 발진 항공기의 초계 범위

0   1,000 miles

0   2,000 km

낙하산으로 탈출하거나 아군 선박 가까이에 불시착하는 위험을 감수할 수밖에 없었다. 이런 방식의 한계를 잘 알고 있던 영국 해군은 서둘러 항공 공격뿐만 아니라 잠수함에도 대처할 수 있고 조종사들에게도 더 안전한 대안을 강구했다. 그 결과, 곡물 운반선 19척과 유조선을 개조하여 활주로와 항공기 4, 5대를 수용할 수 있는 격납고를 설치한 항공모함을 만들었다. 이렇게 탄생한 상선 개조 항공모함들은 유보트를 1척도 잡지는 못했지만, 이들이 호위한 수송선단들은 단 1척의 손실도 입지 않았다.

보다 효과적인 해결책은 본격적인 호위 항공모함을 붙이는 것이었다. 전쟁 전부터 그러한 개념에 대한 검토 작업을 한 적이 있던 영국 해군성은 1941년에 독일의 바나나 수송선을 개장한 항공모함 오대서티Audacity를 건조했다. 1941년, 워커 중령의 지휘 하에 본토로 향하던 HG76 수송선단 호위 임무에 투입된 오대서티는 선단을 덮쳐오는 독일 잠수함들을 상대로 어뢰를 맞고 격침당하기 전까지 치열하게 싸우면서 호위 항모로서의 역할을 다했다. 1942년 말이 되자, 미국의 조선소들은 수송선과 함께 호위 항모들도 대량 생산하기 시작했다. 이들 호위 항모들은 다양한 임무에 동원되었으며, 상륙작전 시에는 지상 부대에 대한 근접 항공 지원 임무에 투입되기도 했다. 그리고 1943년 봄 무렵이 되자, 호위 항모들은 대서양을 항해하는 선단을 호위하는 데 있어 빠지지 않는 구성요소가 되었다.

1943년 초반의 상황은 얼핏 보기엔 영국군에게 좋지 않아 보였지만, 전반적인 전황은 빠르게 연합군에게 유리한 방향으로 흐르고 있었다. 당시 영국 해군성의 한 상황보고서는 1943년 3월 1일~20일에 독일이 미국과

■■■■■ 왼쪽 지도 제2차 세계대전 당시 해상전에서 가장 중요한 사항은 누가 대서양을 지배하느냐였다. 영국 해군은 비스마르크와 같은 독일의 대형 수상함들이 가하는 위험은 손쉽게 대처할 수 있었다. 그러나 수송선단을 덮치는 독일의 잠수함들은 그보다 훨씬 더 어려운 상대였고, 전쟁이 진행될수록 독일 잠수함들의 전술은 더욱 교묘해졌다. 연합군은 1943년 늦봄에 대서양에 대한 적절한 지휘체계가 확립되었고, 지상기지 발진 장거리 해상 초계기들이 대량으로 확보된 이후에야 독일 잠수함의 위협을 해소할 수 있었다.

■■■■■■ 호위 항공모함들이 미국 조선소의 상선 건조 라인을 이용해 대량으로 생산되기 시작한 것은 1942년 말이 되어서였다. 이 호위 항공모함들은 상륙작전 시 근접 항공 지원 등 다양한 목적으로 사용되었다. 그리고 1943년 봄부터 영미 해군이 운용하는 호위 항공모함들은 대서양의 수송선단 호위부대에 빠지지 않는 필수 구성 요소가 되었다. 사진은 1944년, 대서양의 거친 풍랑 속을 헤쳐 나가는 호위 항공모함 HMS 엠페러(Emperor)의 모습. (IWM A24181)

유럽 대륙 간의 물자 수송을 거의 차단하는 지경에 이르렀다는 암울한 내용을 담고 있었다. 하지만 이것은 실제보다 훨씬 더 비관적인 내용을 담은 보고서로서, 사실에 기반한 분석이라기보다는 오랫동안 지속된 전쟁에 지친 영국 왕립 해군 상층부의 피로감을 반영한 것이라고 볼 수 있다.

손실은 받아들이기에는 여전히 너무 컸지만(상황보고서가 다루고 있는 3

월 1일~20일 동안에만 50만 톤의 선박이 침몰했다), 손실을 전혀 입지 않고 도
착하는 수송선단의 수도 점점 늘어나고 있었다. 또 3월에 들어온 낭보 가
운데는 독일군의 암호체계 개선으로 여러 달 동안 에니그마 통신을 감청
할 수 없었던 블레츨리 파크의 암호해독반이 다시 한 번 독일군의 암호체
계를 분석해내는 데 성공했다는 소식도 있었다. 하지만 영국 해군은 해독
된 독일군의 통신 내용을 바탕으로 독일 잠수함들이 집결한 지역을 피해
서 선단을 운항하는 대신 오히려 유보트들이 득실거리는 지역을 통과하도
록 함으로써 공격해오는 유보트들을 격파하는 전략을 사용하기 시작했다.

4월 무렵, 북대서양에서 작전 활동을 벌이는 유보트의 수는 101척까
지 증가하여 사상 최대치를 기록했고, 이들은 4개 집단으로 나뉘어 연합
군 선단 사냥에 나섰다. 그러나 이제 북대서양 전투의 주도권은 서서히
연합군에게 넘어가고 있었다. 일례로 미국으로 물자를 가지러 가는 빈 수
송선들로 구성된 ONS 5 선단은 5월 4일과 5일에 걸쳐 최소 41척에 달하
는 핑크Fink 집단 소속 유보트들의 공격을 받았다. 이 선단은 상선 12척을
잃었지만, 공격해오던 유보트를 7척이나 격침시키고 5척에는 손상을 입
히는 대전과를 거두었다. 게다가 유보트들끼리 충돌하면서 또 다른 유보
트 2척을 잃게 되자, 유보트 사령부는 이 선단에 대한 공격을 중단할 수밖
에 없었다.

그러나 독일군 잠수함 부대의 손실은 여기에서 그치지 않았다. 5월 한
달 동안에만 유보트 41척이 격침당하자, 되니츠는 자신의 '늑대 떼'들을
도로 불러들일 수밖에 없었다. 이제 유보트들은 기지에 머물면서 재정비
를 하고 새로운 전략을 짜면서 신형 잠수함의 도착을 기다리지 않으면 안
되는 신세가 되었다. 그러나 연합군으로서는 다행스럽게도, 독일의 신형
잠수함은 전쟁이 끝날 때까지도 대량으로 실전에 투입되지 못했다. 이제
대서양은 사실상 잠수함의 공격으로부터 안전해졌으며, 연합군은 마음

놓고 오버로드 작전(노르망디 상륙작전)을 위한 전력 비축에 나설 수 있게 되었다.

허스키 작전

1943년 7월 10일에 벌어진 허스키 작전Operation Husky(시칠리아 침공작전)은 지중해를 둘러싼 싸움에 있어 새로운 장을 여는 사건이었다. 약 2,590척의 전투함과 상륙함으로 구성된 연합군 함대는 3일 만에 시칠리아 섬에 대부분 영국군 소속인 병력 8만 명(최종적으로는 45만 명)과 전차 300대, 그리고 각종 차량 7,000대를 상륙시키는 데 성공했다. 연합군이 시칠리아 섬 남쪽에 이렇게 수월하게 상륙할 수 있었던 것은 램지의 조심스러운 계획과 전함 6척, 순양함 10척, 구축함 수십 척, 항공모함 2척의 무시무시한 화력 지원 덕분이었다.

이탈리아군과 독일군은 치열하게 저항했지만, 결국 8월 11일에서 16일에 걸쳐 이탈리아 본토로 철수할 수밖에 없었다. 하지만 이탈리아 해군의 바로네Barone 제독과 독일 해군의 폰 리벤슈타인von Liebenstein 대령이 세운 훌륭한 계획 덕분에, 추축군은 전사에 길이 남을 성공적인 철수작전을 펼칠 수 있었고 약 11만7,000명에 이르는 추축군 병사들이 사지를 빠져나올 수 있었다. 허스키 작전이 미친 가장 큰 파급효과는 7월 25일의 무솔리니 정권 붕괴였다. 뒤이어 들어선 새로운 이탈리아 정부는 9월 8일에 연합군과의 휴전 조약을 받아들였고, 다음날 이탈리아 함대 전체가 연합군에게 항복했다.

이탈리아의 항복과 동시에 연합군은 이탈리아 본토의 살레르노 만 Salerno Bay에 대규모 상륙작전(애벌랜치Avalanche 작전)을 벌여 보병 27개 대대,

전차 150대, 화포 350문, 영국 코만도와 미국 레인저Ranger 2개 여단을 상륙시켰다. 그러나 이탈리아 본토에서 연합군은 독일군의 능란한 방어작전에 고전을 면치 못했다. 결국 독일군의 강력한 구스타프Gustav 방어선에서 진격이 정지되어버린 연합군은 1944년 1월 22일에 안지오Anzio에 또다시 상륙작전을 실시했다. 1944년 6월 6일, 마침내 로마가 연합군에게 함락되었고, 같은 날 오버로드 작전이 실시되면서 프랑스에 드디어 제2전선이 열리게 되었다.

지중해에서의 전쟁 종식

지중해 전역은 연합군에게 실망스러운 결과를 남기면서 끝이 났다. 연합군은 1945년 4월까지도 케셀링Albert Kesselring 원수의 독일 C집단군을 이탈리아 반도로부터 축출해낼 수 없었다. 그 무렵에는 어차피 전쟁 자체가 끝난 것이나 다름없었다. 그러나 지중해 전역은 영국 지상군에게 추축군과 성공적으로 맞서 싸울 수 있는 (나중에 이탈리아에서는 빼도 박도 못하는 상황에 처하기도 했지만) 기회를 제공해주었다. 지중해에서 벌어진 연합군의 모든 작전의 성패는 이미 한계에 다다른 영국 왕립 해군이 영국 본토와 지중해의 전장 사이에 놓인 생명선과도 같은 보급로를 유지할 수 있는지 여부에 달려 있었다. 그리고 영국 왕립 해군은 불굴의 의지와 용기, 커닝햄 및 소머빌과 같은 훌륭한 지휘관의 지휘를 통해 그러한 어려운 목표를 달성할 수 있었다.

독일군에게 북아프리카 전선과 북아프리카 철수 이후에 벌어진 이탈리아 전투는 순전히 부차적인 전선에 불과했다. 그러나 롬멜이나 케셀링과 같은 지휘관들은 이 지역에서 그 위명을 드날리게 되었다. 미국인들에게 지중해는 그렇게 적극적으로 개입하고 싶은 전역은 아니었다. 그러나 미국의 생각대로 1944년 이전에 프랑스에 제2전선을 열었다가는 엄청난 재앙이 일어나리라는 것을 잘 알고 있었던 영국은 부탁 반, 강요 반으로 미국을 지중해 전선에 끌어들였다. 전반적으로 봤을 때 연합군은 지중해 전역을 통해 히틀러의 주요 동맹국이었던 이탈리아를 붕괴시키면서 소중한 육해공 연합작전의 경험을 쌓을 수 있었고, 이는 1944년 6월, 기다리고 기다리던 프랑스 상륙작전이 마침내 시작되었을 때 엄청난 도움이 되었다.

티르피츠와 샤른호르스트

1943년, 연합군은 독일의 '늑대 떼'를 물리치는 데 성공했지만, 티르피츠와 샤른호르스트 같은 독일의 대형 함들은 여전히 연합군에게 큰 위협이 되고 있었다. 1943년 5월 당시 티르피츠와 샤른호르스트는 모두 노르웨이 북부의 피오르드에 틀어박혀 있었다. 이들 때문에 영국군은 이들이 해상으로 나올 경우를 대비해 상당한 전력을 따로 떼어놓아야 했다. 이 독일 대형 함들은 연합군 수송선단뿐만 아니라 이후 벌어질 예정이었던 노르망디 상륙작전에도 큰 위협이 되는 존재였다.

1943년 9월, 영국 왕립 해군의 특수잠항정들이 독일군의 방어망을 뚫고 알텐피오르드Altenfjord에 정박 중이던 티르피츠에 폭탄을 장치하여 폭파시키는 데 성공했다. 이로 인해 티르피츠는 6개월간 작전 활동을 벌일 수 없었다.

대서양 전투가 격화되면서 소련으로 가는 수송선단의 운항은 1943년 12월부터 중단된 상태였다. 그러나 전세가 호전되면서 대소련 수송선단 운항이 재개되고 동부전선의 전황이 크게 악화되자, 독일 해군 총사령관 되니츠 제독은 마지막 남은 활동 가능한 주력함인 샤른호르스트에게 연합군의 소련행 수송선단 요격을 명령했다. 그러나 이 수송선단 역시 영국 본국 함대 사령관 브루스 프레이저Bruce Fraser가 독일의 주력함을 잡기 위해 던져놓은 미끼였다. 암호해독반으로부터 샤른호르스트 출격 소식을 들은 프레이저 대장은 능란한 함대 운용으로 에리히 베이Erich Bey 제독이 지휘하던 샤른호르스트를 자신이 지휘하는 2개 전함전대 사이에 몰아넣는 데 성공했다. 12월 26일, 끔찍한 날씨 속에서 노스 곶 앞바다에서 벌어진 이 전투에서 결국 샤른호르스트는 승조원 2,000명과 함께 불귀의 객이 되고 말았다.

■■■■■■ 1943년 12월, 해군 대장 브루스 프레이저 경의 기함이었던 킹 조지 5세급 전함 듀크 오브 요크(Duke of York)는 독일의 순양전함 샤른호르스트의 포위·격침 작전에 참가했다. 영국 해군은 전쟁 전에 전함의 중요성을 지나치게 강조했다는 비판을 받기도 했지만, 결과적으로 샤른호르스트나 그보다 더 강력한 비스마르크와 티르피츠와 같은 독일 대형 수상함들이 연합군의 대서양 수송로를 휘젓고 다니는 사태가 발생하지 않도록 막아준 것 역시 다름 아닌 이 영국의 전함들이었다. (IWM A7552)

이제 독일에게 남은 유일한 주력함은 티르피츠뿐이었다. 1944년 4월, 프레이저의 본국 함대는 텅스텐 작전Operation Tungsten을 발동했다. 6척 이상의 영국 항공모함에서 발진한 영국 해군 전폭기들은 두 차례의 공습으로 티르피츠에게 커다란 피해를 입혔다. 영국군은 티르피츠를 제거하기 위해 총 22차례나 폭격작전을 벌였고, 결국 1944년 11월 12일에 트롬쇠Tromsø에서 더 이상 움직이지도 못하는 해상 부유포대로 전락한 티르피츠에게 영국 공군의 랭카스터 폭격기들이 1만2,000파운드짜리 톨보이Tallboy 폭탄을 퍼부었다. 그중 최소 2발이 티르피츠에 명중하면서 결국 티르피츠는 전복되어버렸고, 1,000명이 넘는 승조원들이 함과 운명을 함께했다.

오버로드 작전

독일을 최종적으로 패배시키기 위해서는 북서유럽에 대규모 상륙작전을 실시할 필요가 있었다. 이 문제를 두고 고심하던 미국과 영국은 1943년 1월, 카사블랑카 회담에서 북서유럽 상륙작전에 관한 최종 합의에 도달했다. 그리고 1943년 8월, 퀘벡 회담Quebec Conference*에서 작전에 관한 초기 계획들이 승인되면서 역사상 가장 복잡한 최대 규모의 상륙작전에 대한 계획 입안과 준비가 시작되었다.

---

* 퀘벡 회담 제2차 세계대전 중 퀘벡에서 열린 미국 대통령 루스벨트와 영국 총리 처칠의 수뇌회담. 두 차례에 걸쳐 열렸는데 제1차는 1943년 8월, 제2차는 다음해 9월에 열렸다. 제1차 회담에서는 미국과 영국 양국이 일찍이 소련에 약속했으면서도 그 실행을 연기해온 유럽 제2전선의 문제를 다루었으며 노르망디 상륙작전을 수립했다. 그리고 동남아시아 연합군사령부를 창설하고 마운트배튼을 그 사령관에 임명할 것을 결정했다. 제2차 회담에서는 대일본 작전에 영국 주력 함대와 영국 공군을 참가시키는 문제, 전후 독일에 대한 조치에 관한 문제를 다루었다.

엄청난 양의 정보를 세밀히 검토한 연합군 사령부는 상륙 장소로 영국과 가깝지만 독일군의 방어가 엄중한 칼레Calais 지역이 아니라, 영국과 거리는 좀 멀지만 그래도 경계가 덜한 노르망디 지역의 르아브르와 셰르부르 반도 사이에 위치한 칼바도스Calvados 해안을 선택했다. 그리고 연합군은 철저한 기만작전을 성공시킴으로써 독일군으로 하여금 연합군이 칼레 일대에 상륙할 것이라고 믿게 만드는 데 성공했다. 또 상륙 지역 일대에 수심이 깊은 좋은 항구가 없다는 점을 감안해 영국에서 미리 제작한 멀베리Mulberry라는 인조 항만 시설을 배로 예인해 상륙 지점으로 이동시킨 후 현장에서 조립한다는 방침도 세워졌다.

노르망디 상륙작전

■■■■■■ 디데이 당일, 미군과 영국군 공수부대는 연합군 상륙 지역의 양 측면을 보호하기 위해 상륙부대보다 한 발 앞서 유럽 대륙에 강하했다. 영국 남부 일대로부터 Z지역에 도착한 부대들(후속 부대들은 영국 전역으로부터 올 예정이었다)과 수천 척에 이르는 다양한 선박들이 기뢰밭을 제거하고 만들어낸 비좁은 통로로 몰려 들어갔다. 6월 6일이 저물어갈 무렵, 미군 5만 7,500명과 영국군 및 캐나다군 7만5,215명이 유럽 대륙에 발을 디디게 되었다.

■■■■■■ 해군 대장 버트람 램지 경은 제2차 세계대전 중 가장 뛰어난 영국 해군 지휘관 가운데 한 명이었
다. 됭케르크 철수작전 계획 전반을 입안했고, 1942년 북아프리카와 시칠리아 상륙작전 계획 및 실행에 참
여했으며, 1944년 노르망디 상륙작전에서는 이 작전에 참여한 해군 부대들의 총사령관 역할을 맡았던 램지
대장은 유럽 지역에서 벌어진 연합군 상륙작전의 명실상부한 최고 권위자였다. (IWM A23443)

연합군 총사령관 드와이트 아이젠하워 대장이 총지휘를 맡은 오버로드 작전의 해상 및 상륙작전 부문은 따로 넵튠 작전^{Operation Neptune}이라는 이름이 붙여졌고, 이 작전의 지휘는 해군 대장 버트람 램지 경이 맡게 되었다. 6월 초, 독일 해군은 연합군의 상륙 예정 지역 일대에 유보트 25척과 구축함 5척, 이보트(어뢰정) 3척을 갖추고 있었다. 반면 상륙작전을 엄호하기 위해 연합군은 286척에 달하는 구축함과 슬루프함, 프리케이트, 코르벳, 트롤선(이 가운데 80퍼센트는 영국 해군 소속이었다)을 동원했다. 또 호위 항모 액티비티^{Activity}, 트래커^{Tracker}, 빈덱스^{Vindex}를 중심으로 구성된 6개 지원 그룹이 상륙 지역의 서부 해역과 비스케이 만^{Bay of Biscay} 경비를 담당하는 동안, 또 다른 4개 지원 그룹이 상륙 지역의 다른 쪽 해역을 커버하기로 되어 있었다. 영국 공군 역시 이 모든 지원 그룹 상공에서 대규모 항공 엄호를 제공할 예정이었다.

영불 해협에 깔린 기뢰원을 청소하기 위해 연합군은 다양한 종류의 소해정 287척을 긁어모았다. 그리고 상륙작전 자체에는 전함 7척, 모니터함 2척, 순양함 23척, 구축함 100척, 프리게이트와 코르벳함 130척을 포함한 전투함 1,213척(그 대부분은 영국 해군 소속), 4,000척이 넘는 상륙함 및 주정, 그리고 많은 특수 상륙선들이 참가할 예정이었다. 일부 상륙함들은 상륙작전 지원과 독일군의 대서양 방벽^{Atlantic Wall} 방어 시설을 제압하기 위해 수천 발의 로켓을 발사할 수 있는 로켓 발사선으로 개조되었다.

상륙작전은 두 부대가 실행할 예정이었다. 해군 소장 필립 비안 경이 지휘하는 동부 특임대는 오른^{Orne} 강과 포르앙베생^{Port-en-Bessin} 사이의 골드^{Gold} · 주노^{Juno} · 소드^{Sword} 해변에 영국 제2군과 캐나다군을 상륙시키고 미국 해군의 앨런 G. 커크^{Alan G. Kirk} 소장이 지휘하는 서부 특임대는 포르앙베생과 바르빌^{Varreville} 사이의 오마하^{Omaha}와 유타^{Utah} 해변에 미 제1군을 상륙시키기로 되어 있었다. 1944년 6월 초가 되자, 연합군 상륙부대가 집결하면서 영국 남부의 항구와 강 하구 일대는 온갖 다양한 군함과 선박들로 가득 차게 되었다.

한편, 연합군은 전략폭격을 통한 공세작전으로 사실상 서부유럽의 하늘에서 독일 공군 세력을 일소해버렸다. 상륙작전이 실행되기 전, 연합군은 폭격으로 도로, 철도, 교통 시설 및 차량, 기차들을 모두 박살내버림으로써 교두보가 구축될 지역 일대를 프랑스의 나머지 지역으로부터 완전히 차단해버렸으며 상륙일 즈음에는 연합군 전폭기들의 엄청난 폭격으로 인해 독일군의 증원 병력은 코빼기도 내밀 수가 없는 지경에 이르렀다. 상륙 당일에만 하더라도 연합군 공군은 총 1만4,000회에 이르는 출격 회수를 기록했으며, 이와 같은 항공 우세를 넘어선 제공권의 완전한 장악은 연합군 상륙작전 성공에 크나큰 힘이 되어주었다.

1944년 6월 6일, 악천후로 하루가 연기된 넵튠 작전이 마침내 개시되었다. 넵튠 작전이 개시되기 전, 6월 6일 자정에 연합군 공수부대가 상륙부대의 측면이 될 부분을 미리 확보하기 위해 한 발 앞서 강하를 시작했다. 그리고 6일 오전 6시 30분, 엄청난 함포 사격의 지원을 받으며 첫 번째 미군 부대가 유타와 오마하 해변에 상륙했고, 1시간 후 영국군과 캐나다군 부대들이 골드·주노·소드 해변에 상륙하기 시작했다.

상륙작전 당일(디데이)이 저물어갈 무렵, 미군 병사 5만7,500명과 영국군 및 캐나다군 병사 7만5,215명이 상륙했다. 6월 말, 오버로드 작전의 상륙 단계(넵튠 작전)가 끝날 무렵까지 연합군은 병력 85만279명, 차량 14만8,803대, 물자 57만505톤을 유럽 대륙에 실어 날랐다.

노르망디의 교두보 인근의 교착상태를 타개한 연합군은 해안 지역을 따라 진격하면서 지속적으로 해군의 지원을 받을 수 있었다. 독일 해군은 네덜란드의 해군 기지로부터 소형 특수잠항정들을 출동시켜 연합군의 작전을 방해하려고 했다. 재래식 유보트 역시 영국 일대의 천해淺海에서 작

디데이의 포격전

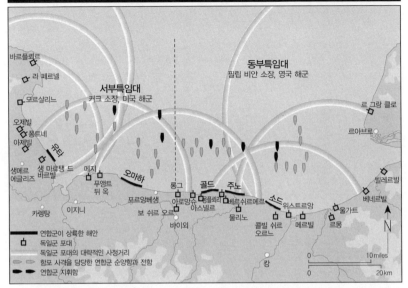

바르플뢰르
라 페르넬
모르살린
오제빌
풍트네
아제빌
퀴토
샘메르 에글리즈
생 마르탱 드 바르빌
카렝탕
이지니
메지
푸앵트 뒤 옥
오마하
롱그
포르앙베생
아로망슈
보 쉬르 오르
바이외
골드
퐁롤리
아스넬르
물리노
주노
베르 쉬르메르
콜빌 쉬르 오르느
소드
위스트르앙
메르빌
르몽
캉
울가트
베네르빌
틸레르빌
르아브르
르 그랑 클로

서부특임대
커크 소장, 미국 해군

동부특임대
필립 비안 소장, 영국 해군

━━ 연합군이 상륙한 해안
⌂ 독일군 포대
◟ 독일군 포대의 대략적인 사정거리
◗ 함포 사격을 담당한 연합군 순양함과 전함
◖ 연합군 지휘함

N

| 0 | 10 miles |
| 0 | 20km |

■■■■■ 프랑스 해안선 일대를 방어하기 위해 독일군은 기뢰와 장애물 및 해안포진지로 구성된 '대서양 방벽'을 건설했다. 비록 노르망디 일대의 해안포대는 다른 일부 지역의 포대만큼 강력하지는 않았지만, 그래도 여러 포대가 서로 사격권을 겹쳐가며 상륙지점 전체를 커버하고 있었기 때문에 만약 이들을 효과적으로 제압하지 못한다면 상륙작전은 불가능하게 될 것이 분명했다. 하지만 연합군은 강력한 중포를 장비한 해군 함정들로 이들 포대를 제압하여 상륙에 성공할 수 있었다.

전 활동을 개시했다. 그러나 육지 근처의 얕은 바다와 육지가 근접해 있다는 조건은 소나와 레이더와 같은 탐지 장치에 큰 악영향을 미쳤으며 이로 인해 유보트들은 큰 활약을 할 수 없었다.

하지만 죽음을 무릅쓴 유보트들의 출격은 계속되었다. 1945년만 하더라도 연합군은 유보트를 무려 151척이나 격침시키면서 수송선의 피해는 겨우 46척을 잃는 데 그쳤다. 이는 1942년 당시 유보트에게 '학살' 당하던 시절과는 너무나 달라진 모습이었다. 하지만 독일군도 유보트 부대에게 수면 위로 완전히 부상하지 않고도 배터리를 충전할 수 있는 슈노켈 Schnorchel 장치를 지급하고 고속의 XXI형 및 XXIII형 잠수함도 배치하기 시작했다. 이들 고속 잠수함들이 본격적으로 활동하기 시작한다면 속도가

■■■■■ 위 오버로드 작전 성공의 일등 공신은 누가 뭐라 해도 막강한 화력을 지원했던 전함 7척, 순양함 23척, 구축함 100척, 프리게이트함 및 코르벳함 130척이었다. 이들 대부분은 영국 해군 소속 함정들이었다. 사진은 칼바도스 해안의 독일군 해안 방어 시설에 대해 15인치(381밀리미터) 함포로 사격을 퍼붓고 있는 전함 워스파이트의 모습(얼마 전 독일군의 프리츠X 유도폭탄을 맞고 수리가 끝나지 않은 바람에 후방의 3번 포탑은 선회를 못하고 제자리에 머물러 있는 모습이 보인다–옮긴이). (IWM A23914)

■■■■■ 아래 오마하 해변에서 찍은 사진. 노르망디 상륙작전 당시 연합군의 물량이 얼마나 대단했는지를 잘 보여주는 사진이다. 해안에 접안한 배들 너머로 병력과 물자 하역 순서를 기다리는 수많은 수송선의 모습이 보인다. (IWM EA26941)

느린 연합군의 호위함들로서는 속수무책일 수밖에 없는 상황이었다. 그러나 연합군으로서는 다행히도 신형 잠수함들이 건조되던 조선소들이 연합군의 폭격을 덮어쓰는 바람에 제대로 건조 작업을 할 수가 없었으며 1945년 이르러서는 이 조선소들이 아예 연합군에게 점령되는 바람에, 독일은 전쟁이 끝날 때까지 이들 신무기들을 충분히 실전에 투입할 수 없었다.

인도양에서의 승리

1944년 6월에 오버로드 작전이 벌어진 후 유럽 지역의 해상전이 그 강도와 규모 면에서 크게 줄어들게 되자, 처칠과 영국 해군은 주의를 인도양과 태평양으로 돌렸다. 하지만 처칠과 영국 해군 사이에 인도양 및 태평양 전선의 시급성에 대해서까지 완전히 의견일치가 이뤄진 것은 아니었다. 어쨌든 영국은 당장 치열하게 전투가 벌어지고 있던 버마 전선이 자리 잡은 인도양에 우선순위를 두기로 했다. 여기에는 잃어버린 영토를 회복해야 한다는 정치적인 이유도 적잖게 작용했다.

게다가 미국에서 호위 항공모함이 대량 생산되면서 인도양에도 다수의 호위 항공모함과 고성능 함재기들을 투입할 수 있게 되었다. 이런 장비들이야말로 1942년 동양 함대가 그토록 목마르게 원했던 장비들이었다.

1944년까지 동양 함대는 근본적으로 방어적인 역할을 수행해왔다. 현존 함대 전략을 채택한 동양 함대는 공세에 나서기보다는 일본군의 인도양 침입을 막고 중요한 수송로를 보호하는 임무에 주력해왔다. 하지만 1945년부터 활동을 벌이기 시작한 새로운 함대들(동인도 함대와 영국 태평양 함대)은 보다 공세적인 작전 활동을 벌였다. 동인도 함대의 임무는 호위 항공모함의 함재기들을 이용하여 버마의 일본군을 밀어붙이고 있던

..... 동인도 함대는 시파이어(Seafire)나 사진의 헬캣(Hellcat)과 같은 대형 고속 전투기들을 호위 항공모함과 같은 소규모 항공모함에서 운영하면서 갖가지 애로사항을 겪어야 했다. 그러나 이러한 고성능 전투기들이 가진 압도적인 속도와 화력은 연합군의 승리에 큰 기여를 했다. (IWM)

영국 제14군을 지원하는 한편, 전함 및 순양함, 대규모 상륙부대들을 엄호하는 것이었다. 또 동인도 함대는 작전 지역 내의 일본군 전투함들을 무력화시키고 이들이 인도양으로 침입하는 것을 막는 역할도 맡고 있었다. 이에 더하여 동인도 함대는 인도양 일대의 일본 지상기지 항공대를 격멸하는 임무까지 수행했다.

몇 차례에 걸친 수륙 양면에 걸친 기습 및 상륙작전, 함재기의 공격적 운용 및 일본의 중순양함 하구로 격침 등을 통해 이와 같은 목표는 대부

태평양에서 미군이 파죽지세로 진격하고 버마에서도 영국군이 빠르게 진격을 계속하자, 1945년 무렵 인도양의 일본군은 연합군이 벵갈 만에서 상륙작전을 벌이더라도 이를 막을 능력이 없었다. 사진은 일본군이 이미 철수해버린 랑군(Rangoon)에 접근하고 있는 영국군의 모습. 전쟁 초반인 1940년의 영국군과는 전혀 다른 모습의 영국군을 볼 수 있다. (IWM IND4659)

분 성공적으로 달성되었고, 1945년 5월 무렵에는 지상기지에서 발진한 일본군의 항공 세력도 영국 해군에게 더 이상 별다른 위협이 되지 않는 상황에 이르게 되었다. 이 무렵 전함 2척, 호위 항공모함 9척, 수송 항공모함 2척, 순양함, 구축함 잠수함, 상륙함 수십 척으로 이루어진 대함대로 성장한 동인도 함대는 과거 동양 함대와는 차원이 다른 함대로 성장해 있었고, 마침내 압도적 우위를 가지고 일본군을 상대할 수 있을 만한 전력을 갖추고 있었다. 영국의 동인도 함대는 일본 제국이 패망할 때까지 인도양에 머물면서 연합군의 지상 작전을 지원했다.

하지만 규모로 봤을 때는 자매함대인 영국 태평양 함대는 동인도 함대보다도 훨씬 더 큰 규모를 가지고 있었다. 또 태평양 함대는 단순히 규모나 화력 면에서뿐만 아니라 일본 제국의 심장부에서 마지막까지 남은 일본 해군의 대규모 전력과 맞섰다는 점에서 동인도 함대보다 훨씬 더 유명세를 탔다. 사실상, 1945년 초에 영국 태평양 함대가 편성되어 투입되었다는 사실 자체가 이제 인도양은 더 이상 주요 전장이 아니라는 사실을 보여주는 것이었다.

한 선원의 초상
영국 왕립 해군 사관 후보생(소위)
피터 허버트 오웬

대서양 전투는 전쟁 전에는 절대 상상할 수도 없을 정도로 격렬하고 치열하게 전개되었다. 전쟁 경험이 없었던 많은 해군 병사들은 실전을 통해 모든 것을 배워나가야 했다. 제2차 세계대전이 터지기 전까지 대부분의 훈련은 훈련을 위한 외양 항해와 친선 방문, 세계 일주 등이 대부분이었다. 전쟁을 직접 겪어보지 못한 어린 수병들은 고참 수병들이나 제1차 세계대전, 혹은 그 이전에 벌어진 전쟁에 관한 역사책이나 참전자들의 회고록을 읽는 것 외에는 전쟁을 경험할 수 있는 방법이 없었다.

이러한 경향은 특히 영국 해군 사관 후보생들에게서 두드러지게 나타났다. 피터 허버트 오웬Peter Herbert Owen 사관 후보생 역시 그런 젊은 사관 후보생 가운데 한 명이었다. 1939년 5월 초 다트머스의 해군 사관학교를 졸업한 오웬 소위는 전함 HMS 로열 오크에 배속되었다. 1935년 신입 생

■■■■■ 다트머스의 영국 왕립 해군 사관학교는 어린 생도들에게 안전하고 일관적인 해군 관련 교육 프로그램을 제공하기 위해 설립되었다. 19세기 중반까지만 하더라도 강 한가운데 떠 있는 선박 2척을 학교 삼아 운영하던 해군 사관학교는 산업화 시대의 변화에 발맞추어 20세기의 첫 10년에 걸쳐 근대적인 특수목적기관으로 탈바꿈했다. 그리고 해군 사관생도들의 교육 역시 군의 장교들과 민간 교수들이 함께 담당하게 되었다. (National Maritime Museum)

도로 해군 사관학교 생활을 시작한 오웬 소위는 4년간 장교 교육을 받았다. 다트머스에서 보낸 4년 동안 오웬 소위는 다양한 해군 및 학술 교과과정을 이수했으며 여러 스포츠 활동에 참가했다. 그러나 전쟁의 먹구름이 짙어지면서 오웬과 동기들의 여름 외양 항해는 조기에 종료되었다. 이

▪▪▪▪▪▪ 제1차 세계대전이 끝나고 제2차 세계대전이 벌어지기 전까지의 기간에 부분적으로 근대화 개장을 받은 로열 오크는 R급 전함 가운데 가장 현대적인 전함으로 평가받고 있었다. 그러나 로열 오크의 방뢰구획과 방수격벽은 귄터 프린의 공격을 버티지 못했다. 또 당시 스카파 플로에 정박하고 있던 본국 함대의 함선은 로열 오크뿐이었다. 영국 해군으로서는 9월에 항공모함 커리저스를 잠수함의 어뢰 공격에 잃은 지 얼마 되지도 않았는데, 또다시 로열 오크를 잠수함에게 잃은 것은 정말 뼈아픈 타격이었다. (IWM Q65784)

들은 해군 생활을 시작하자마자 그동안 원해왔던 모험과 여러 일들을 겪을 수 있었지만, 지금까지 그들이 받아온 훈련은 그런 상황에 적절하게 대처하는 데는 별다른 도움이 되지 않는다는 것을 발견하게 되었다. 하지만 영국 해군 풋내기 사관 후보생들은 전쟁을 온몸으로 겪어나가면서 점점 더 성숙해지고 발전해나갔다. 여기에 더해 참전 경험이 있는 노련한 예비역들과 자원해서 현역으로 돌아온 예비역 장교들의 가르침을 물을 빨아들이는 스펀지처럼 흡수하면서 이들 사관 후보생들은 영국 왕립 해군 하급 장교단의 중추를 형성하게 되었다.

오웬 역시 그런 사관 후보생 가운데 한 명이었다. 임관 후 2년간 사관 후보생 일지 작성 업무를 담당한 오웬은 전쟁이 터진 지 한 달도 되지 않은 1939년 10월에 자신이 배속된 로열 오크가 격침당하는 사건을 겪게 되었다. 그리고 이 사건을 전후로 오웬은 일지에 현실에 대한 냉철하고 날카로운 분석을 담아내기 시작했다. 소위들의 교관 역할을 하는 장교들은 사관 후보생(소위)들이 정확한 관찰과 간결한 표현을 통해 체계적으로 일지를 작성할 수 있도록 감독했다.

1939년 늦여름, 전쟁이 터지자 영국의 본국 함대는 전시 주둔지인 오크니 제도의 스카파 플로로 이동했다. 이러한 움직임은 제1차 세계대전 당시 대함대의 움직임을 그대로 재현한 것이었다. 그러나 문제는 영국 해군의 이러한 전술적 움직임뿐만 아니라 스카파 플로의 방어 시설 역시 1914년~1918년 때와 똑같다는 것이었다. 제1차 세계대전 이후 스카파 플로의 방어 시설을 근대화하려는 노력도 별로 없었고, 게다가 시간이 지나면서 자연적인 풍화 작용으로 인해 선박들을 침몰시켜 구축한 항만 주변의 방어선도 점점 느슨해지기 시작했다. 스카파 플로의 입구였던 커크 만을 지키고 있던 방어선에도 틈이 생겼다는 사실을 항공정찰을 통해 알아낸 독일 해군 잠수함 부대 사령관 되니츠 제독은 이를 이용해 영국 왕립 해군의 주력 함대를 공격한다는 대담한 작전을 세웠다.

1939년 10월 13일 밤~14일 새벽에 귄터 프린 대위가 지휘하는 독일 잠수함 U-47은 성공적으로 영국 해군 기지의 방어선을 뚫고 들어가 전함 로열 오크에 어뢰 4발을 명중시켜 이를 격침시켰다. 프린의 첫 번째 일제사격은 아무런 효과도 거두지 못했지만, 두 번째 일제사격은 당시 스카파 플로에 정박한 유일한 주력함을 제대로 명중시켰다.

당시 로열 오크에 탑승하고 있던 오윈은 당시의 정황을 세밀하게 기록하고 있다.

10월 14일 토요일 새벽 1시 20분, 스카파 플로의 B12 묘박지에 정박한 로열 오크에서 곤히 잠든 승무원들은 큰 폭발 소리에 잠을 깼다. 폭격을 당하고 있다고 생각한 많은 승무원들이 서둘러 방공포대로 달려 나갔고, 일부는 배의 장갑 벨트 아래쪽으로 내려갔다. 하지만 그 외의 수많은 수병들은 그냥 돌

■■■■■ 귄터 프린과 그의 아내의 모습. 영국 해군 기지에 잠입해 전함 로열 오크를 격침시킨 귄터 프린 함장은 독일로 돌아온 후 열광적인 환영을 받았다. 이후 그를 비롯해 엄청난 전과를 거둔 유보트 에이스들은 국민적 영웅이 되었다. 그러나 전쟁이 진행되면서 이들은 하나둘씩 전사하거나 포로가 되었다. (IWM HU40836)

아누워 다시 잠을 청했다. 함장은 문제가 생긴 지점을 파악하기 위해 즉각 함 수부로 향했다. 그리고 곧이어 부함장과 기관장도 합류하여 인화 물질이 들어 있는 구획을 침수시키고 가스가 새는 곳을 파악하기 위해 동분서주했다. 긴급대처반이 탄약고 온도를 재는 동안 거의 모든 승무원들은 문제가 무엇이었든 간에 함장이 해결했을 거라고 생각하고 다시 잠자리에 들었다.

새벽 1시 30분경에 후갑판으로 건너온 제독은 "발동정들은 즉각 시동을 걸어둘 것"이라며 그날 밤 처음으로 명령을 내렸다. 같은 시각, 모두 연 채로 버팀대를 괴어놓은 상태였던 해치들을 점검하기 위해 수밀 격벽 담당 장교가 순찰을 돌기 시작했다. 1시 40분 무렵, 서너 차례 대폭발이 3초 정도의 간격으로 일어났고 배가 즉각 우현으로 기울기 시작하자, 교관 직무를 담당하고 있던 대위가 사관 후보생들을 깨웠다.

이런 일들이 일어나고 있는 동안에도 고급 장교들은 계속 어디서 타는 냄새가 나는지를 찾아내는 데 골몰하고 있었다. 이들은 그 냄새가 첫 번째 폭발 이후에 닻줄이 풀리면서 나는 냄새라는 것을 알지 못했다. 닻줄이 부대끼면서 생기는 불꽃과 닻줄이 떨어지면서 물이 튀기는 것을 본 것은 그때까지도 태평스럽게 하늘만 쳐다보고 있던 방공 감시원들뿐이었다.

이처럼 처음 어뢰가 터진 지 20분이 지나도록 배와 승조원들을 구하기 위한 아무런 조치도 취해지지 않았다. 그리고 마지막 폭발이 일어난 후에는 배가 빠르게 기울어지기 시작하면서 승무원들을 구출할 시간조차 없었다. 후일 인근에 있던 페가서스^{Pegasus} 호의 승무원들은 로열 오크가 기울어지기 시작한 지 7분 만에 완전히 전복되었다고 증언했다.

배가 기울어지기 시작하자, 먼저 전기가 나갔고 사다리를 오르기가 훨씬 더 어려워졌다. 그때까지도 선저에 머무르고 있던 승조원 1,100여 명이 한 사람만 올라가기도 힘든 사다리를 타고 탈출하기란 사실상 불가능했다. 기울어지는 반대방향으로 승조원들이 몰리자, 이를 견디지 못한 좌현의 방수격벽의 받침대들이 부서지면서 방수해치들이 곳곳에서 닫혀버렸다. 결국 수많은 견습 선원들과 기관실 승무원들, 장루원들이 탈출하지도 못하고 갇혀버린 신세가 되었다. 해병 150명 가운데 탈출에 성공한 인원은 절반 정도에 불과했고, 이들 대부분은 현창을 통해 가까스로 빠져나올 수 있었다.

보트들도 우현 크레인에 매달려 있던 발동정과 대형 보트, 그리고 후갑판의 소형 보트를 제외하고는 모두 선체에 단단히 묶여 있었다. 배가 기울기 시작하자, 발동정 담당 장교는 즉각 배를 물에 띄우고 선원 60여 명을 구조했다. 여기까지는 모든 일이 그래도 순조롭게 진행되었다. 하지만 발동정이 시동이 걸리지 않자, 담당 장교는 수병들에게 노를 저으라고 명령했고, 그 순간 발동정이 그만 옆으로 크게 기울어지면서 몇 명이 물에 떨어지고 말았다. 물에 빠진 수병들이 다시 기어 올라오려고 하는 와중에 발동정은 완전히 뒤집혀버렸다. 크레인에 매달린 대형 보트에 도달할 수 있었던 유일한 사람은 대형 보트를 담당한 사관 후보생뿐이었다. 하지만 이 후보생은 도르래에 너무 꽉 묶여 있던 보트를 제때 풀 수가 없었고, 결국 보트는 전함과 함께 물속으로 가라앉고 말았다. 장교들이 후갑판의 소형 보트를 내리려고 해봤지만, 힘이 모자라 보트를 제때 물에 띄울 수가 없었다. 결국 후갑판의 소형 보트도 뒤집힌 채로 물에 둥둥 떠다니는 신세가 되었다.

한편, P.6 포대 옆에 실려 있던 구명정의 정장은 한 명이라도 더 생존자들을 구하기 위해 전함이 기울어지면서 구명정 한쪽이 물에 닿을 때까지 배를 띄우지 않고 버텼다. 하지만 그렇게 필사적인 노력을 했음에도 불구하고 구명정에 올라탄 인원은 사관 후보생 한 명에 불과했다. 이 구명정의 정장은 가라앉는 전함에 휩쓸려 구명정이 함께 침몰할 수도 있는 위험을 무릅쓰면서까지 생존자들을 구하려 한 공적으로 수훈 십자장을 수여받았다. 물론, 로열 오크에는 수많은 고무 구명정이 비치되어 있었지만, 이들은 거친 바다를 항해하면서 손상되었거나 선체에 꽁꽁 묶여 있어서 제구실을 할 수 없었다. 그리고 이 구명정들을 어떻게든 이용해야겠다고 생각한 사람도 함장밖에 없었다.

수면에는 600명 정도의 생존자들이 떠 있었다. 이들 가운데 상당수는 좌현

갑판과 크레인에 매달려 있다가 제때 물에 내려진 대형 보트에 구조되었다. 또 상당수는 발동정과 페가서스 호에서 보낸 보트들에 의해 구조되었다. 수병 15명은 해안까지 헤엄쳐가기도 했다. 하지만 나머지 200명은 그대로 익사하고 말았다. 당시 정박지 일대의 날씨는 매우 추웠고, 붙들고 헤엄칠 만한 부유물도 거의 없었다. 또 우현 쪽에서 엄청난 중유가 유출되면서 이후 많은 수병들이 오랫동안 딱딱하게 얼어붙은 기름을 퍼내야 했다.

커크월의 해변까지 헤엄쳐간 15명을 제외한 다른 모든 생존자들은 몸을 녹일 수 있도록 페가서스의 기관실로 옮겨졌다. 그리고 토요일 오전 9시에 보급함 볼테르Voltaire로 이송될 때까지 아무도 이들을 방해하지 않았다. 이후 화요일까지 생존자들은 볼테르에서 지내게 되었다.

로열 오크의 침몰로 영국 해군은 800명의 수병과 장교들을 잃었다. 이 사건 이후 스카파 플로와 그곳에 정박하는 본국 함대의 안전에 비상이 걸렸다. 결국 본국 함대의 나머지 함선들은 스코틀랜드 주변의 항구들에 분산 배치되었다. 이로 인해 일시적으로 영국 함대는 독일의 수상함대를 봉쇄하는 임무에 큰 지장을 받기도 했다. 하지만 독일 해군으로서도 로열 오크 격침 전과를 선전용 이상으로 활용할 재간이 없었다. 이를 활용해 새로운 작전을 벌이기에는 독일 해군의 전력이 너무나 빈약했기 때문이었다. 스카파 플로의 방어 역시 크게 강화되어 나중에는 커크 만과 워터 만을 가로질러 '처칠의 방벽'으로 알려진 제방이 건설되었다.

본국 함대도 곧 다시 스카파 플로로 돌아가 전쟁이 끝날 때까지 안전하게 머무르게 되었다. U-47의 귄터 프린 함장과 승무원들은 1941년 3월에 작전 행동 중 연합군의 공격을 받고 모두 전사하고 만다. 하지만 로열 오크의 비극을 다룬 오웬의 기록은 여기에서 끝나지 않았다. 볼테르에서 지내던 로열 오크의 생존자들이 다른 곳으로 이송되던 화요일의 이른 아

침, 독일 공군기들이 스카파 플로의 정박지를 공습해왔다.

우리는 조작할 대공포도 없었기 때문에 모두 선실의 현창에 달라붙어서 독일 비행기 4대가 아이언 듀크^{Iron Duke}에게 급강하 폭격을 가하는 것을 지켜보았다. 나도 내 눈으로 직접 150피트 고도에서 폭탄 2발이 투하되는 것을 볼 수 있었다. 이 폭탄들은 그 오래된 전함의 바로 옆에서 터졌고, 아이언 듀크는 곧 우현으로 크게 기울었다. 하지만 트롤선 15척이 달라붙어서 위기에 처한 전함을 얕은 여울의 진흙 위로 밀어올린 덕분에 아이언 듀크는 침몰을 면할 수 있었다.

이 공격이 있은 후 로열 오크의 선원들은 안전한 지상으로 상륙했다. 같은 날 오후 3시경, 이들은 또다시 공습을 받았지만, 다행히 피해는 거의 없었다. 오웬은 그 사건에 대해 다음과 같이 썼다.

이번 공습에서 유일하게 재미있었던 것은 '로열 오크'라는 글자가 새겨진 조끼와 바지, 작업복을 입은 수병 400명이 일시에 땅바닥에 엎어지고 그 주변에서 폭탄이 마구 터지는 장면이었다.

그날 저녁, 로열 오크의 생존자들은 휴가를 떠나도록 조치되었다.

1940년 1월, 오웬은 로열 오크의 자매함이었던 로열 소버린에 배치되었다. 이후 14개월간 로열 소버린은 계속 작전 활동에 나섰다. 오웬도 함과 함께 매우 중요한 시기에 대서양, 지중해, 인도양에서의 선단 호위와 같은 중요한 작전들에 참가했다. 한번은 몰타에 대한 보급선단 호위작전에 참가한 오웬은 "크레타가 보이는 해역에서 월요일 내내 선단이 엄청난 폭격을 받는 것"을 직접 목격하기도 했다. 오웬이 또 한 번 크게 놀랐던 일은 알렉산드리아 항에서 프랑스 해군 함선들이 커닝햄의 지중해 함대에게 무장 해제당하는 것을 목격한 것이었다. 그 사건에 대해 오웬은 다음과 같이 기록했다.

7월 초, 프랑스 함대가 적의 손에 넘어가는 것을 막기 위해 효과적인 조치를 취해야 할 필요가 있다는 것이 명백해졌다. 우리로서는 이들을 봉쇄하기 위해 따로 떼어놓을 전력이 부족했기 때문에 이들을 무력화시킬 수밖에 없었다.

오웬은 나머지 기간 동안 중요 보급 항로를 왕복하면서 독일의 상선파괴전단의 공격을 막는 임무를 수행했다. 사관 후보생으로 거의 2년을 보

H.M.S. "Royal Sovereign's" Routes.

DATE			
January 15th	1940	Left Spithead
" 23	"	Arrived Halifax. N.S. Convoy duties.
April 10	"	Left Halifax
" 23	"	Arrived Gibraltar
" 28	"	Left Gibraltar
May 3	"	Arrived Alexandria.
		Worked with Mediterranean Fleet
August 11	"	Left Alexandria - through Suez
" 16	"	Arrived Aden
" 29	"	Left Aden
Sept 15	"	Arrived Durban Dry Dock
October 5	"	Alongside at Durban
" 23	"	Left Durban
" 26	"	Arrived & Left Capetown.
November 4	"	Arrived Freetown. (Out & in once).
" 10	"	Left Freetown.
November 18	1940	Arrived Gibraltar again
December 1	"	Left Gibraltar
December 10	"	Returned Halifax & convoy duties
March 4	1941	Arrived Bermuda for Leave &
" 7	"	Left Bermuda. (Recreation!!)

COMMANDING OFFICER 20 MAR 1941 H.M.S. ROYAL SOVEREIGN

■■■■■ 오웬이 사관 후보생으로서 마지막으로 작성한 일지. 이 일지를 보면 영국 해군의 함정이 얼마나 소속 함정들을 '부려먹었는지' 알 수 있다. 또 이 일지는 로열 소버린이 전 세계를 무대로 작전 활동을 벌였음을 보여 주고 있다. (BRNC)

낸 오웬은 1941년 중위가 되었고, 그로부터 2년 후에는 대위가 되어 서부 항로사령부 휘하에서 처음에는 페르니Fernie, 그 다음에는 이글렛Eaglet에 배 속되었다. 그리고 그가 중위가 되었을 때 그의 일지도 끝이 나게 되었다.

한 시민의 초상
상선 선원 존 들래니-내쉬

제2차 세계대전이 터지자, 참전국 소속이든, 중립국 소속이든, 전 세계의 모든 상선단은 전쟁에 휘말리게 되었다. 개전 당시 자국의 상선단만으로 전쟁을 계속해나갈 수 있었던 국가는 없었다. 세계에서 가장 큰 상선단을 보유하고 있던 영국조차도 핵심 수입품의 4분의 1을 중립국 선박에 의존해 운송하고 있었다. 따라서 참전국들은 중립국 선박이 상대편에게 물자를 수송해주는 상황을 그대로 두고 볼 수가 없게 되었고, 결국에는 참전국, 중립국을 가리지 않고 모든 선박들을 공격 목표로 삼았다. 전쟁 상태에서 가장 오랫동안 활동한 상선단은 영국 상선단이었다. 영국 상선단의 선원들은 전쟁이 시작되고 9시간 후 정기 여객선 아테니아 호가 격침된 때부터 태평양 전선에서 일본이 항복하면서 전쟁이 끝날 때까지 6년 내내 전쟁 상태에서 활동했다.

존 들래니-내쉬^{John Delaney-Nash}는 그런 영국 상선단의 일원이었다. 들래니-내쉬는 6년간 북극해에서 태평양에 이르는 주요 격전장에서 전쟁을 겪고도 살아남은 행운아였다. 하지만 그도 그런 행운을 공짜로 얻은 것은 아니었다. 전쟁 중 내쉬는 놀랍고도 끔찍한 경험들을 겪어야 했고 거의 기적에 가까운 상황도 여러 번 있었다. 이에 대해 내쉬는 다음과 같이 말했다.

전쟁 중에 나는 좋은 친구들을 많이 잃었다. 나도 내가 어떻게 그런 아수라장을 겪으면서 멀쩡하게 살아나올 수 있었는지 이해가 가지 않는다.

1910년, 아일랜드의 더블린^{Dublin}에서 태어난 존 들래니-내쉬는 50년 넘게 영국 상선단에서 일했으며, 1946년에는 한 상선의 선장이 되었다. 하지만 그렇다고 그가 뱃사람 집안에서 태어난 것은 아니었다. 들래니-내쉬의 아버지는 1888년~1920년에 영국 육군에서 복무와 제대를 반복했고, 내쉬가 7세 때 그런 아버지와 합류하기 위해 온 가족이 케임브리지^{Cambridge}로 이주하면서 아일랜드 해를 건넜던 것이 내쉬가 겪은 첫 번째 항해였다. 그로부터 2년 후 해양소년단에 가입한 내쉬는 16세에 어느 차수입업자 밑에서 일하면서 런던의 독랜드^{Dockland}를 자주 드나들게 되었다. 그 다음해 그는 이글 석유운송회사와 4년 계약을 맺고 견습 갑판 선원이 되면서 이후 50여 년을 바다에서 보내게 되었다. 불행히도 그의 선원 생활의 시작은 상당히 불길했다. 내쉬의 첫 항해에서 선장이 바다에 뛰어들어 자살을 했던 것이다.

제2차 세계대전이 시작될 무렵, 내쉬는 어느 항공유 수송선의 2등 항해사가 되어 있었다. 하지만 전쟁 중에 내쉬는 2등 항해사 업무 포술장의 역할까지 맡아야 했다. 왜냐하면 당시 호위함이 부족했던 영국 해군이 독일의 상선파괴단에 저항할 수 있도록 가능한 한 많은 상선에 자위용 함포를 탑재했기 때문이었다. 이렇게 탑재된 함포들은 대부분 제1차 세계대전 당시에 사용되던 것들이었지만, 이 함포들은 상선파괴단을 막는 것 외에도 상선 선원들을 안심시키는 데 큰 역할을 했다. 이유야 어쨌든, 당시로서는 상선에 함포를 1, 2문 탑재하는 것은 매우 중요한 일로 여겨졌다.

전쟁 첫해가 저물어갈 무렵, 3,400척 정도의 상선에 함포가 탑재되었다. 처음에는 주로 해군 예비역들과 해당 상선의 선원들이 함포를 조작했다. 하지만 시간이 지남에 따라 2만4,000명 이상의 영국 해군 요원들과 15만 명의 상선 선원들, 그리고 1만4,000명 이상의 왕립 해안포대 요원들이 자위용 무장을 탑재한 상선DEMS의 함포들을 조작하게 되었다. 태평양 전쟁에 참가하게 될 무렵에는 들래니-내쉬 역시 다수의 함포 요원들을 지휘하게 되었다.

자위용 무장을 탑재한 상선에 배치된 해군 수병 33명은 쿠퍼Cooper 상사의 지휘를 받고 있었다. 쿠퍼 상사는 남아메리카의 플라테Plate 강 해전에서 독일의 강력한 전함 그라프 슈페와 맞서 싸운 경험이 있는 사람이었다. 나 역시 전에 북아프리카에서 '사막의 쥐desert rats' 부대 소속으로 싸웠던 민첸Minchen 병장 이하 11명의 해상 고사포 조작원들을 지휘했다. 이들이야말로 우리 배의 실질적인 전투원들이었다.

전쟁 중 영국 상선단은 처음에는 독일, 나중에는 이탈리아와 일본 해군의 위협을 받으며 머나먼 세계 곳곳의 항구로부터 영국으로 물자를 실어 날라야 했다. 당시 제일 위험했던 항로는 2,000마일(3,200킬로미터)에 이르는 대서양 항로였다. 하지만 지중해가 막히면서 저 멀리 남아프리카를 우회하여 수에즈로 가는 1만2,000마일(1만9,300킬로미터)에 이르는 항로도 위험하기는 매한가지였다. 또 영국 정부로서는 영국의 상선단 규모가 제1차 세계대전 때보다 2,000척이나 줄어들었다는 것도 큰 걱정거리였다. 이는 선박의 대형화로 인해 생긴 현상으로서, 제2차 세계대전 당시 상선의 평균 배수량은 제1차 세계대전 당시의 그것보다 거의 2배나 컸다. 이렇게 배가 커지면서 1척으로 훨씬 많은 물자를 수송할 수 있게 되었지만, 동시에 1척이 격침될 때마다 입게 되는 손실 또한 훨씬 클 수밖에 없었다.

그보다 더 골치 아픈 문제는 여러 가지 상황이 제1차 세계대전 당시와는 크게 달라졌다는 것이었다. 제1차 세계대전 당시 영국 해군은 북해에만 주력하면 되었지만, 1942년 당시의 영국 해군은 전 세계 곳곳에서 전투를 벌여야 했고, 따라서 전쟁 물자를 세계 곳곳에 조달해야 할 필요성도 제1차 세계대전 당시와는 비교가 안 될 정도로 커졌다. 영국 정부의 통계에 따르면, 제2차 세계대전 당시 4발 중폭격기 500대를 동원해 독일을 공습할 때마다 750만 갤런(340만 리터)의 항공유가 필요했는데, 이 연료는 전량 해상으로 수송해야 했다.

들래니-내쉬는 바로 이 항공유를 영국뿐만이 아니라 다른 여러 작전 지역으로 운송하는 임무를 맡고 있었다. 그리고 그 임무를 맡은 선박들은 엄청난 손실을 입어야 했다.

나는 4년 3개월 동안 대서양을 오가며 항공유와 휘발유를 수송하는 동안 내가 속한 선단에서 수많은 선박들이 격침되는 장면을 목격했지만, 나 자신은 상처 하나 없이 살아남을 수 있었다. 한번은 내가 속한 선단에서 근처를 항해하고 있던 배가 어뢰를 맞았다. 우리 배와 마찬가지로 유류를 가득 적재하고 있던 그 배는 우리 배의 앞을 가로지르면서 대폭발을 일으키며 두 동강이 나버렸다. 정 중앙이 두 동강이 난 배의 앞쪽과 뒤쪽이 서로 반대방향으로 떠내려가는 가운데 항로를 바꿀 틈이 없었던 우리 배는 두 동강 난 배의 이물과 고물 사이의 틈을 똑바로 가로질러 나가야 했지만, 다행히 어떤 충돌이나 손상도 입지 않고 파괴된 조각들 사이를 빠져나올 수 있었다. 하지만 불타는 선박의 열기가 얼마나 뜨거웠던지 나를 비롯한 우리 배의 선원들은 모자로 가려진 부분 밑으로 노출된 머리털과 눈썹, 속눈썹이 모두 타버리고 말았다.

어뢰를 맞아 불바다가 된 배 위에서는 온몸이 불길에 휩싸인 선원들이 여기저기 뛰어다니고 있었고, 일부는 바다에 뛰어들기도 했지만 이들도 결국은 불바다가 된 수면을 벗어나지 못하고 물속에서 최후를 맞았다.

들래니-내쉬는 그 자체로도 위험천만한 항공유를 싣고 추축국의 잠수함이나 상선파괴전대가 득실거리는 대서양과 멕시코 만으로부터 북극해와 인도양까지 항해해야 했다. 전쟁이 시작되고 그러기를 4년간이나 계속해온 내쉬는 마침내 자신의 운이 곧 다하지는 않을까 하는 불안감에 시달리기 시작했다.

나는 인사담당자인 그래블Grabble 씨에게 가서 도대체 나를 죽이려는 거냐고 따졌다. 깜짝 놀란 그래블 씨는 나에게 갑자기 무슨 소리냐고 반문했다. 나는 단도직입적으로 그래블 씨에게 내가 4년 9개월 동안 위험하기로는 폭탄이나 진배없는 항공유를 싣고 추축국 잠수함이 우글대는 대서양을 오갔는데, 사람이 항상 운이 좋을 수만은 없지 않느냐고 말했다. 즉각 내 말뜻을 알아들은 그래블 씨는 나에게 항공유 운반선보다는 덜 위험한 중유 운반선에 배속되도록 조치를 취해주겠노라고 말했다.

내쉬는 원하던 대로 항공유 운반선보다는 훨씬 안전한 중유 운반선에 배속되게 되었다. 하지만 새로운 배에 배속된 들래니-내쉬는 곧 '안전'하다는 것도 상대적인 개념에 불과하다는 사실을 깨닫게 되었다. 그가 속한 중유 운반선은 새로이 창설된 영국 태평양 함대의 보급선으로서 전투함대와 행동을 같이해야 했기 때문이었다. 함대를 따라 1944년 8월 영국을 떠난 내쉬는 전투함대를 따라다니며 기름을 대주느라 1946년 4월까지 영국으로 돌아오지 못했다.

전쟁 중 상선들은 엄청난 손실을 입어야 했다. 그래도 사정이 좀 나아진 1942년 이후에도 연합국은 1,200만 톤 이상의 선박을 잃었다. 하지만 그러한 손실에도 불구하고 나포한 선박과 중립국 선박을 활용하고 미국에서 선박을 대량 생산함에 따라 영국 상선단은 원래 규모를 유지하는 것을 넘어 오히려 훨씬 많은 선박을 보유하게 되었다. 그러나 사람의 목숨은 그렇게 보충할 수 있는 자원이 아니었으며, 전쟁 기간 동안 수만 명의 영국 선원들이 목숨을 잃어야 했다. 당시의 문필가 단 반 데어 바트[Dan van der Vat]는 선원들이 겪어야 했던 전쟁에 대해 다음과 같이 쓰고 있다.

너무도 생생하여 잊혀지지 않는 전쟁의 이미지들이 있다. 불타는 기름으로 불바다가 된 바다에서 온몸이 불에 타고 연기에 질식해가는 선원들, 물에 닿기만 해도 순식간에 얼어붙는 북극해의 차가운 바닷속에서 얼어 죽어가는 선원들, 탄약고에서 불꽃이 번쩍하면서 산산조각이 나는 군함들, 격침된 잠수함에서 떠오르는 끔찍한 잔해들, 불꽃에 휩싸여 추락하는 항공기들, 공격을 받고 단말마의 몸부림을 치는 배들, 물속에서 살려달라고 외치는 선원들의 끝없는 비명소리들이 바로 그런 장면들이다. 하지만 총력전이 벌어지는 전장에서도 여기저기에서 기사도가 빛을 발했다.

이 글은 대서양 전투를 묘사하기 위해 쓴 것이지만, 제2차 세계대전 당시 전쟁의 향방에 결정적인 영향을 미친 보급 및 수송선단의 전쟁을 온몸으로 수행한 전 세계의 민간 상선 선원들을 묘사한 것으로 봐도 적절할 것이다.

이제 남은 유일한 질문은 도대체 존 들래니-내쉬와 같은 사람이 지옥과 같은 전쟁을 겪으면서도 멀쩡하게 제정신을 유지할 수 있었을까 하는 것이다. 다시 한 번 그의 회고가 그러한 질문에 대한 답이 되어줄 수 있을 것이다.

독일 어뢰정들이 득실거리는 해역을 지나가다가 우리는 독일 항공기의 공격을 받았다. 사방에서 총탄이 빗발치는 가운데 모두가 밤하늘을 날고 있는 독일 비행기에 사격을 퍼붓느라 여념이 없었다. 그때, 조타실에서 굵직한 목소리가 들려왔다. "독일놈들은 신경쓰지 말게. 지금 배가 항로를 제대로 지키고 있는가, 항해사?" 당시 선장에게는 날파리 같은 독일 비행기들보다는 선원들이 제자리를 지키는 것이 훨씬 더 중요한 일이었던 것이다. 나는 늘 그런 사고방식이야말로 전형적인 영국인의 사고방식이며, 고난 속에서도 영국인들이 강건하게 버틸 수 있게 해준 원동력이라고 생각한다.

해전의 종결
괴멸된 독일 해군

유럽 해상전의 종결은 전쟁이 시작되었던 발트 해에서 이뤄졌다. 1944년 1월, 소련 전함, 순양함, 구축함, 그리고 포함들이 퍼붓는 2만4,000발에 이르는 지원 포격을 받으며 공세에 나선 소련군은 마침내 레닌그라드의 포위를 푸는 데 성공했다. 그리고 발트 해의 독일 해군은 포위된 병력의 철수작전과 대공세를 벌이면서 독일군 전선 후방에 상륙하려는 소련군의 시도를 저지하는 데 매달리게 되었다.

    1945년 1월, 붉은 군대가 동프로이센의 독일군을 포위하자, 이 병력을 구하기 위해 사상 최대의 철수작전이 벌어지게 되었다. 정원을 훨씬 넘긴 인원을 태운 잡다한 독일 선박들이 목숨을 걸고 소련군이 깔아놓은 광범위한 기뢰밭과 소련 잠수함들이 득실거리는 바다를 건넜다. 그러나 그 과정에서 빌헬름 구스틀로프^{Wilhelm Gustloff}, 게네랄 슈토이벤^{General Steuben}, 고야

▪▪▪▪▪▪ 거울처럼 잔잔한 카피오르드(Kaafjord)의 수면 위에서 터그보트 1척이 티르피츠를 천천히 정박지로 예
인하고 있다.

Goya의 격침으로 인해 1만5,000명 이상의 독일 민간인과 병사들이 차가운

발트 해 속으로 사라졌다. 최종적으로 철수작전에 동원된 선박 1,081척

가운데 245척이 격침되었으나 그런 막대한 희생을 치른 끝에 독일은 1944년~1945년에 240만 명 이상의 민간인들을 발트 해를 통해 서방으로 탈출시킬 수 있었다.

1945년 4월 30일, 소련군이 베를린에 돌입하자 아돌프 히틀러는 자신의 벙커에서 자살하고 말았다. 그의 후임으로 해군 원수 되니츠가 제3제국의 지도자가 되었다. 되니츠는 플렌스부르크-뮈어비크Flensburg-Mürwik의 독일 해군 사관학교에 최후의 나치 정부를 세웠다. 5월 4일 저녁, 버나드 몽고메리 원수의 지휘소로 파견된 독일 특사가 다음날 오전 8시부터 발효되는 항복 문서에 서명을 했다. 이 문서는 '네덜란드, 독일 북서부, 덴마크 등에 있는 독일 국방군 및 해당 지역의 모든 해군 함선들'에게 효력을 미치는 것이었다.

전쟁은 끝났지만, 연합군에게 인도될 독일 함대의 모습은 찾아볼 수가 없었다. 종전 시까지도 바다에서 활동하고 있던 독일 잠수함들에게는 연합군 항구로 가서 항복하라는 명령이 떨어졌지만, 많은 독일 잠수함 함장들이 연합군에게 배를 넘기느니 명령을 무시하고 잠수함을 자침시키거나 중립국 항구로 가는 쪽을 선택했다. 5월 7일, 랭스Reims에 있던 연합군 총사령관 아이젠하워의 지휘본부에서 독일 육·해·공군의 무조건 항복 조인식이 공식적으로 이뤄졌고, 다음날, 베를린에서 똑같은 문서가 조인되고 소련군 대표들에게 최종 승인을 받았다. 이렇게 유럽에서의 전쟁은 끝이 났다.

제2차
세계대전

탐욕의 끝, 사상 최악의 전쟁

3부

지중해 전선 1940~1945

지중해 전선 1940~1945

영국에 대한 승리를 거두기 위한 대안으로 지중해 방면에서 공세로 나서자는 전략이 제기되기도 했지만, 지중해 및 아프리카 방면에는 별다른 관심이 없었던 히틀러와 독일 국방군 최고사령부는 소련 전선이 주요 무대라며 지중해 전선은 하나의 막간극 정도로 취급했다. 하지만 그리스와 아프리카에서 이탈리아가 연전연패를 거듭하면서 무솔리니 정권의 존립이 위태로워지자, 히틀러는 위기에 처한 무솔리니를 구하기 위해 독일군을 파견했다.

전쟁의 배경
이탈리아의 제국주의적 야망

파시스트당의 집권

1922년 10월, 파시스트당 총수였던 베니토 무솔리니는 이탈리아의 총리가 되었다. 그로부터 3년 후 무솔리니는 총리직을 발판으로 독재권까지 손에 넣었다. 무솔리니 정권은 집권과 동시에 리비아와 에리트레아, 이탈리아령 소말릴란드 및 도데카네스Dodecanese 제도와 같은 식민지들도 함께 지배하게 되었다. 하지만 집권 초기 무솔리니는 비교적 평화주의적인 외교정책을 펼쳤다. 무솔리니는 국내 지지 기반을 확고히 하기 위해 노력하는 한편, 파시즘이 유럽의 평형과 평화를 유지하는 초석이 되기 위해 노력할 것이며, 각국과 체결한 상호우호조약들을 준수함으로써 이탈리아의 이익을 보호할 것임을 천명했다.

하지만 무솔리니는 유능한 정치인이었다기보다는 허풍선이었다. 무솔리니는 자신의 지위를 유지하기 위해 선전활동과 과장된 수사로 파시스트 정권이 이룬 업적과 자신의 중요성을 부풀렸다. 또 무솔리니는 이탈리아가 세계 무대에서 유력한 열강으로 대접받기를 원했다. 특히 무솔리니는 자신이 늘상 '이탈리아의 호수'라고 강조한 지중해 일대에 강한 집착을 보였고, 영국과 프랑스가 아프리카에 이탈리아보다도 훨씬 더 광활한 식민 제국을 구축한 것에 대해 두고두고 배 아파하고 있었다. 무솔리니는 이탈리아가 야만세계에 세 번이나 문명을 선사했다고 자랑하고 다녔다. 그뿐만 아니라 무솔리니는 이탈리아인이야말로 유럽에서 가장 강인하며 순수한 단일민족으로서 전 지중해에 이탈리아 제국의 깃발을 올리고 로마를 다시 한 번 서방 문명 세계의 수도로 만들 운명을 타고났다는 과대망상에 빠져 있었다.

하지만 현실 속에서 이탈리아는 중간 수준의 열강에 불과했다. 경제적으로는 영국과 프랑스보다 약하고 군대도 근대화되지 않은 상태에서 무솔리니는 국내 지지 기반을 확고히 하기 위해 뭔가 대단한 정치적 선전 거리가 필요했다. 그러던 차에 무솔리니는 당시 모든 나라들이 이탈리아를 자기편으로 끌어들이기 위해 애쓰고 있던 상황을 틈타 에티오피아를 정복하고 이탈리아 왕을 황제로 만든다는 결정을 내렸다. 1935년 10월 3일, 그라치아니가 지휘하는 이탈리아군이 이탈리아령 소말릴란드로부터 에티오피아를 침공했다. 비록 지휘부의 무능으로 어려움을 겪기도 했지만, 압도적인 수적 우세를 보였던 이탈리아군은 별다른 저항도 받지 않고 에티오피아 정복에 성공했다. 1936년에 에티오피아의 하일레 셀라시에 Haile Selassie 황제는 에티오피아를 떠나 망명길에 올라야 했다. 이탈리아는 에티오피아 정복 후 즉각 에리트레아, 이탈리아령 소말릴란드, 에티오피아를 합쳐 이탈리아령 동아프리카 연방을 만들고 그라치아니(나중에 아오스타^{Aosta} 공이 됨)를 해당 지역의 총독으로 임명했다. 1936년 5월 9일, 휘황찬란한 조명이 비치는 가운데 베네치아궁의 발코니에 선 무솔리니는 대규모 군중 앞에서 로마 제국의 수립을 선포했다.

무솔리니로서는 이때가 그의 정치 인생의 절정기였다. 하지만 겉보기에는 화려했던 이탈리아의 세력 확대는 내부적으로는 상당한 문제를 안고 있었다. 본국에서 지나치게 멀리 떨어진 곳에 식민지를 마구 확장한 탓에 빈약한 지중해의 해상 수송로에 의지해야 하는 이탈리아는 더욱 취약한 입장에 놓이게 되었다. 무솔리니는 새로이 확보한 식민지에서 풍부한 광물자원과 식량을 확보할 수 있다고 큰소리쳤지만, 이탈리아는 국내 발전과 군 근대화에 써야 할 수십억 리라의 예산을 갑자기 늘어난 식민지를 유지하고 현지 반발세력을 억누르는 데 써야 했다. 게다가 일단 에티오피아를 정복하는 데는 성공했지만, 에티오피아 전역에 대한 확고한 지배권을 확립하는 것은 훨씬 더 어려운 일이었다. 결국 이탈리아는 독가스와 같은 무지막지한 억압책을 사용하게 되었고, 이에 분노한 현지 주민들은 틈만 나면 반란을 일으킬 움직임을 보였다. 하지만 실상이 어찌되었든 간에 무솔리니는 그동안 거둔 표면적인 성과에 큰 자신감을 얻었고, 이제 "로마가 지배한다^{Roma doma}"라는 말이 이탈리아의 새로운 표어가 되었다. 상황이 이렇게 되자, 무솔리니는 지금까지 해오던 대로 계속 해도 별 탈이 없을 것이며, 그렇게 해서 유럽에서 이탈리아가 차지하는 비중을 크게 높일 수 있을 거라는 환상을 품게 되었다.

이탈리아의 에티오피아 침공은 엄청난 여파를 불러일으켰다. 이탈리아의 침공에 대해 영국과 프랑스는 아무런 제재 조치도 가하지 못했고, 당시 세계의 집단 안보 체제 확립을 위한 국제 기구로 설립된 국제연맹의 존재 의미와 신뢰성에 치명타를 입혔다. 히틀러는 무솔리니의 예를 보고 국제적인 반대가 있더라도 이를 무시하고 호전적인 정책을 밀어붙이면

짭짤한 이득을 얻을 수 있을 거라는 결론을 내렸다. 이와 함께 독일의 잠재적 적국이었던 이탈리아는 독일의 우방으로 자리 잡게 되었다. 시간이 지나면서 무솔리니와 독일의 나치는 점점 더 많은 공통분모를 가지게 되었고, 민족주의와 군국주의, 공산주의에 대한 적대감을 함께하는 파시스트 정권들은 본격적인 한패로 뭉치게 되었다. 그 결과, 민주 정체를 가진 국가들은 이제 파시스트들의 위협에 대처하기 위해서는 재무장을 하지 않으면 안 된다는 사실을 깨닫게 되었다. 이렇게 유럽 각국은 세계대전으로 가는 첫걸음을 떼어놓게 되었다.

로마-베를린 추축 동맹

스페인 내전은 무솔리니에게 파시즘과 이탈리아의 권위를 지중해 전역에 과시할 또 한 번의 기회를 제공해주었다. 스페인 내전은 결과적으로 유럽의 세력 균형을 크게 뒤흔들어놓으면서 독일과 이탈리아가 서로 친밀한 관계를 맺게 되는 계기가 되었다. 하지만 무솔리니는 의도적으로 도무지 종잡을 수 없고 모순된 외교정책을 지속했다. 비록 겉으로는 늘 호전적인 태도를 취해온 무솔리니였지만, 이탈리아의 힘이라는 것이 사실상 선전과 허세에 기반한 종이호랑이에 불과하다는 사실을 잘 알고 있던 그는 진짜 적다운 적과의 전면전이 터지는 상황이 벌어질까 봐 내심 두려워하고 있었다. 그래서 무솔리니는 프랑스에 이탈리아군이 독일이 공격적인 행동에 나서는 것을 막겠다고 약속하는 한편, 독일과는 1936년 11월에 로마-베를린 추축 동맹을 체결하는 양다리 외교를 펼쳤다. 추축 동맹 자체도 이 무렵까지는 정치적 이해에 기반한 우호조약에 불과했을 뿐, 군사동맹이라고는 할 수 없는 것이었다.

하지만 그런 이중적인 모습은 차치하고서라도, 당시 무솔리니는 열렬한 반공투사로서 폭넓은 존경을 받고 있었고, 처칠까지도 그를 높이 평가했다. 무솔리니는 점점 깊어지는 독일과의 관계에 대한 반대쪽 균형추로서, 그리고 지중해에 대한 그의 야망을 숨기려는 노력의 일환으로 1937년 1월에 영국과 지중해에서의 양국 선박의 자유로운 이동을 인정하는 '신사 협정'을 체결했다. 그리고 1938년 4월, 무솔리니는 이 협정을 재확인했다. 이러한 제스처 자체는 별다른 의미가 없었지만, 그 과정에서 그는 지중해의 현 균형 상태를 유지하고 해당 지역에서 영국과 이탈리아 양국군의 전력과 배치를 크게 변경하거나 변경할 계획을 입안할 경우 그것에 대한 정보를 매년 서로 교환한다는 중요한 양보를 했다.

무솔리니는 한결같이 독일의 오스트리아 점령을 막겠다고 약속했지만, 정작 1938년 3월에 히틀러가 이탈리아에 알리지도 않고 오스트리아 합병을 선언했을 때는 묵묵히 이를 지켜보고만 있었다. 무솔리니는 히틀러에게 철저히 기만당하고 국제 사회에서 완전히 바보취급을 당한 셈이 되었지만, 동시에 히틀러에게 큰 빚을 지우는 데 성공했다. 어쨌든 상황이 이렇게 되자, 무솔리니도 영국과의 전쟁이 불가피하다는 사실을 깨닫게 되었다. 그런 상황에서 1937년 9월 독일을 방문한 무솔리니는 독일의 국력과 나치 군대의 위용에 큰 인상을 받고 앞으로 전쟁이 벌어지면 독일이 틀림없이 승리할 것이라는 생각을 가지게 되었다. 사실, 무솔리니와 히틀러는 서로 깊이 불신하고 있었지만, 다른 우방을 찾을 수 없는 상황에서 자기들끼리 서로 좀더 친밀한 관계를 맺을 필요가 있었다. 이런 배경에서 1938년 5월에 이뤄진 히틀러의 로마 방문은 두 독재자들의 관계를 더욱 돈독하게 만들어주었다. 1938년 9월 뮌헨 회담에서 무솔리니는 유럽 평화의 중재자이자 수호자 역할을 하면서 이 회담으로 체코의 주데텐란트 지역을 집어삼킬 수 있게 된 히틀러가 보내는 온갖 찬사를 마음껏

즐겼다.

무솔리니는 또 발칸 반도를 이탈리아의 지배 하에 두겠다는 계획을 세웠다. 그리고 1930년대 말이 되자 이탈리아의 파시스트들은 알바니아를 사실상 이탈리아의 보호령으로 간주하게 되었다. 하지만 1939년 3월 15일, 히틀러가 전격적으로 체코슬로바키아를 침공해 점령하자, 무솔리니는 깜짝 놀랐다. 무솔리니는 이제 독일이 창끝을 크로아티아와 아드리아^{Adriatic} 해 연안 지역으로 돌리지 않을까 두려워하지 않을 수 없었다. 만

약 독일이 발칸 지역으로 진격해온다면, 오랫동안 무솔리니 정권이 이탈리아의 영역이라고 주장해온 지역을 독일에게 고스란히 빼앗길 수도 있기 때문이었다. 4월 7일, 독일의 위협적인 세력 확장에 다급해진 무솔리니는 알바니아를 침공했다. 이탈리아군은 알바니아 침공 과정에서 지리멸렬하고 무능한 모습을 보여주었다. 이 사건을 주의 깊게 관찰한 사람이라면 누구나 이탈리아군이 얼마나 약체이며 열악한 상황에 놓여 있는지를 분명하게 알 수 있었다. 지금까지 큰 효과를 거둬온 파시스트의 선전

활동도 알바니아에서 이탈리아군이 겪은 고난과 어려움까지 완전히 가릴 수는 없었다. 하지만 알바니아를 점령한 무솔리니의 고삐 풀린 자만심은 이제 더 이상 통제 불가능한 지경에 이르게 되었다.

그러나 민주주의 국가들에게 무솔리니는 히틀러와 공모한 또 다른 파시스트 독재자일 뿐이었다. 루스벨트 대통령은 유럽에서 독재자들이 힘을 얻는 상황을 저지하기 위해 중재자 역할을 자처하고 나섰고, 미국의 중립법Neutrality Act을 개정하려고 시도했다. 영국과 프랑스 역시 폴란드와 그리스, 터키와 루

■■■■■■ 1939년 5월, 이탈리아 피렌체(Firenze)에서 회동한 무솔리니와 히틀러의 모습. 둘은 이곳에서 강철 조약을 체결했다. (IWM HU48859)

마니아에 추축국이 적대행위를 할 경우를 대비해 안전보장협정을 체결했고, 영국은 여기서 한 걸음 더 나아가 의무 군사훈련을 도입하며 당시까지 유지해온 정책의 일대 전환을 꾀했다. 이런 작은 사건들이 계속되면서 민주주의 국가들과 파시스트 국가들 사이의 틈은 이제 돌이킬 수 없이 벌어지게 되었고, 파시즘에 반대하는 국가들의 연합이 서서히 그 모습을 드러내기 시작했다.

1939년 5월 22일, 이탈리아와 독일은 강철 조약Pact of Steel을 체결하면서 정치·경제 면에서 하나의 추축을 형성했다. 이 조약은 히틀러가 전쟁을 시작할 경우 이탈리아가 즉각, 그리고 무조건적으로 전쟁에 참가할 것을 규정했다. 무솔리니는 전쟁을 기정사실로 간주하고 이에 대한 적극적인 대비책을 마련하는 동시에 한편으로는 개전 시기를 아무리 빨라도 1942년 이후로 늦추기 위해 노력했다. 당시 이탈리아가 재무장을 완료하려면 최소한 3년이 필요했기 때문이었다. 이탈리아군이 효율적인 정예군대라는 자신의 선전과 허풍을 스스로도 믿게 된 무솔리니는 전쟁에 뛰어들지 않으면 안 되는 상황으로 스스로를 몰아붙인 꼴이 되었다. 하지만 이와 동시에 무솔리니는 이탈리아군과 국민 모두가 전쟁을 지속할 능력이 없다는 사실 역시 잘 알고 있었다. 하지만 그럼에도 불구하고 서로에 대해 의심을 품고 있던 이탈리아와 독일은 군사적으로 협력하려는 노력을 거의 하지 않았다. 당시 독일과 이탈리아는 어느 쪽도 통합 지휘체계 구축이나 기본적인 전략 방향 합의, 혹은 고위급 협의 등을 적극적으로 하려 하지 않았고, 이는 이후로도 마찬가지였다. 양측 모두 추축국의 강철 같은 단결을 선전했지만, 정작 히틀러와 무솔리니는 서로를 깊이 불신하고 있었고, 최대한 상대방에게 구속되지 않고 행동할 수 있는 자유를 확보하려고 했다.

1939년 9월 전쟁이 터질 당시 이탈리아군은 1915년 당시와 전혀 다를 것이 없는 상황이었다. 무솔리니도 이탈리아가 대규모 전쟁을 치를 능력이 거의 전무하다는 사실을 잘 알고 있었지만, 그가 여러 해 동안 전 세계에 자랑해온 강력한 정예 강군이 사실은 종이호랑이에 불과하다는 사실이 드러나기를 원치 않았다. 자신의 드높은 야망과 시궁창 같은 현실 사이에서 고민하던 무솔리니는 이탈리아에게 남겨진 유일한 합리적인 선택은 중립뿐이라는 결론을 내리게 되었다. 하지만 18년간 전쟁을 찬양해온 탓에 대놓고 중립이라는 말을 사용하기가 껄끄러웠던 무솔리니는 이를 소위 '비교전국'이라는 그럴듯한 말로 포장했다. 주역의 자리에서 밀려난 상황에서 무솔리니는 매우 미묘한 입장에 처하게 되었다. 따라서 그는 재무장과 전쟁 준비에 집중하는 대신, 국내 지지 기반을 다지기 위해 지속적으로 공공정책 사업을 지속하면서 독일의 승리가 확실해지기를 기다렸다. 무솔리니의 속셈은 독일의 승리가 확실해졌을 때 전쟁에 뛰어듦으로써 아무런 위험 부담도 지지 않고 승리의 과실을 누리겠다는 것이었다.

히틀러는 지중해 일대에는 별 관심이 없었다. 또 히틀러는 강철 조약을 통해 독일이 티롤Tyrol 이남 지역에서 이해관계를 추구하지 않을 것이라는 점을 명확히 했다. 히틀러의 계획은 독일의 세력권을 다뉴브Danube 강까지 확대하고 이를 바탕으로 평화적인 협상을 통해 헝가리, 루마니아, 유고슬라비아, 더 나아가 불가리아를 위성국으로 만들어 이후 독일 제국의 동방 진출의 기반으로 삼는 것이었다. 또 다른 한편으로 히틀러는 무솔리니에게 지중해는 이탈리아의 영역이며 독일은 절대 지중해에 관여하지 않을 것이라는 점과 무솔리니가 지중해 일대에서 세력을 확장하는 것을 기꺼이 허용하겠다는 점을 거듭 명확히 했다. 히틀러는 혹시나 가능하다면 무솔리니가 몰타를 공격해주기를 바라기도 했지만, 이탈리아가 발칸 반도 국가들과 전면전을 벌이는 것은 달가워하지 않았다. 이탈리아의 발칸 반도 진출은 발칸 일대의 정세를 크게 불안정하게 만들 것이고, 그렇게 되면 이는 히틀러의 동방 진출에도 큰 지장을 줄 것이기 때문이었다.

스페인 내전 기간 동안 히틀러는 프랑코 장군에게 막대한 지원을 해주었고, 1939년 3월, 프랑코는 독일과 우호조약을 체결했다. 자신에게 큰 빚을 진 프랑코가 당연히 독일 편을 들 것으로 본 히틀러는 지중해의 서쪽 출입구를 봉쇄하기 위해 스페인과 협력하여 지브롤터를 공격하는 한편, 카나리아 제도의 섬들 중 하나를 독일의 잠수함 기지로 사용하기를 원했다. 히틀러는 그 대가로 프랑코에게 스페인이 점령할 영국 식민지의 통치권을 줄 생각이었다. 프랑코는 방공협정에는 가입했지만, 격심한 내전으로 폐허가 된 스페인은 또 다른 전쟁을 치를 여유가 없었고, 특히나 식량을 해외 수입에 크게 의존하고 있던 상황에서 전쟁에 뛰어들기가 곤란한 상황이었다. 이것을 잘 알고 있던 프랑코는 독일을 따라 전쟁에 뛰어들 생각이 별로 없었다. 1940년 10월 23일, 히틀러가 프랑스-스페인 접경지대인 앙다이에Hendaye까지 직접 와서 프랑코와 독대를 했지만, 프랑코는 독일과 협력하여 전쟁에 뛰어들기를 끝내 거부했다. 장장 9시간에 걸친 회담에서 프랑코는 완전히 터무니없는 수준의 영토와 군비 지원을 요구하여 히틀러를 크게 실망시켰다. 회의를 마친 히틀러는 격분하여 프랑코를 다시 만나느니 자기 이빨을 모두 뽑아버리겠다고까지 말했다. 히틀러는 지브롤터를 공수부대로 공격하겠다는 생각을 하기도 했지만, 프랑코는 끝내 지브롤터에 대한 합동 공격에 대해 아무런 확답도 주지 않았다. 독일로서도 스페인을 만족시킬 만한 유인책을 제시하지 못했고, 히틀러의 압력을 못이긴 프랑코는 수개 사단을 소련 전선에 파견하기는 했지만, 전쟁이 끝날 때까지 히틀러에게 적극적으로 협력하지 않았다.

갈림길에 선 대영제국

영국은 지중해의 장악이 나폴레옹 전쟁과 제1차 세계대전을 승리로 이끈 핵심적인 요소라고 생각해왔다. 또 실제로도 시간이 지나면서 수에즈 운하의 통제권과 인도와 남아시아의 식민지, 그리고 극동으로 가는 지중해 항로의 확보는 대영제국 유지에 없어서는 안 될 핵심 요소가 되었다.

19세기 동안 유럽은 근동近東지역을 호시탐탐 노렸지만, 이 지역은 아프리카처럼 쉽사리 식민지로 만들 수가 없었다. 하지만 영국은 텔엘케비르Tel el Kebir 전투 이후 이집트를 점령하고 1885년에 수단을 평정한 이후 계속 군사력을 증강했다. 영국은 이집트와 키프로스 및 페르시아 만의 소국小國들을 비록 정식으로 제국의 일부로 편입시키지는 않았지만, 사실상 지배 하에 두면서 지중해의 지브롤터로부터 몰타를 거쳐 인도에 이르는 지역 일대에 전략적 식민지 벨트를 형성했다. 이와 같은 정책적 안배는 1914년 제1차 세계대전이 터지면서 그 가치를 톡톡히 발휘했다. 영국은 이 식민지 벨트로 이루어진 통로를 활용해 호주와 뉴질랜드, 인도 및 영국군 병력을 손쉽게 중동 전역에 투입하여 오스만 투르크 제국을 제압할 수 있었다. 1918년이 되자, 영국은 이집트에 거대한 군사 기지를 가지게 되었고 전후 협약을 통해 팔레스타인 일대를 직할령으로 두는 한편, 국제연맹으로부터 트랜스요르단Transjordan과 이라크에 대한 통치를 위임받았다. 그 결과, 영국은 이집트에서 페르시아 만에 이르는 지역 일대를 지배하게 되었다.

1922년에 이집트가 독립하고 그로부터 10년 후에는 이라크에 대한 위임 통치도 종료되었지만, 4개 개별 조약이 체결되면서 이집트와 중동지역 일대의 외국의 이해관계 및 제국의 통신·운송망을 보호하기 위해 중동에 지속적으로 영국군을 주둔시킬 근거가 마련되자, 영국은 중동지역에서 사실상 이전과 똑같은 영향력을 행사할 수 있었다. 더 나아가 영국 공군이 크게 성장하고 영국 육군의 기계화가 진전됨과 동시에 영국 해군의 주요 연료가 석탄에서 석유로 전환되면서, 영국의 중동지역 유전에 대한 의존도는 빠르게 증가했다. 1936년에 영국과 이집트 간에 맺어진 협정으로 영국은 이집트에 대한 특정 권리들을 계속 유지할 수 있었고, 1939년 9월 1일, 전쟁이 발발하자 영국은 "전쟁이 터질 경우 이집트의 왕 파루크Farouk는 항구와 비행장, 통신 수단의 사용을 포함한 가용한 모든 시설과 지원을 영국군에게 제공한다"는 조항을 발동시켰다. 이로 인해 이집트는 사실상 영국군 점령에 들어간 것이나 다름없게 되었다.

그렇게 해서 전쟁이 시작될 무렵 지중해는 영국 육·해군 작전 활동의 주요 거점이 되어 있었다. 영국의 세력은 서쪽으로는 지브롤터에서 지중해 중심의 몰타를 지나 동쪽으로는 지중해 함대의 근거지인 알렉산드리아까지 뻗어 있었다. 프랑스 역시 서쪽으로는 북서아프리카의 프랑스 보호령인 모로코 및 튀니지와 식민지 알제리로부터 동쪽으로는 국제연맹의 위임을 받아 통치하고 있는 시리아와 레바논 등을 근거로 지중해에 강한 영향력을 행사하고 있었다. 따라서 영국은 지중해 서부 일대를 장악하여 북아프리카와 프랑스 사이의 연락로를 확보하고 있는 프랑스 해군과 협력한다면, 이탈리아가 추축국 편에서 참전하더라도 수월하게 지중해 항로의 안전을 확보할 수 있을 것이라고 보았다.

참전국
이탈리아의 정치적 선전, 독일의 프로 근성, 연합국의 산업 역량

이탈리아

개전 당시 이탈리아는 마치 난공불락처럼 보였다. 이탈리아군은 지중해 전역에 퍼져 있는 기지들을 바탕으로 유리한 전략적 위치를 확보하고 있었고, 수적으로도 지중해에 배치된 연합군보다 훨씬 우세했다. 그러나 무솔리니가 전쟁 준비를 전혀 하지 않은 탓에 이탈리아군의 실제 전력은 매우 취약했다. 게다가 한술 더 떠서 이탈리아군은 통합 지휘부나 전략적 계획 따위는 있지도 않았고, 장비들도 대부분 케케묵은 구식뿐이었다.

이탈리아 육군Regio Esercito Italiano, REI은 73개 사단, 총 병력 160만 명으로 구성되어 있었다. 73개 사단 가운데 3개는 기갑사단이었고, 43개는 보병사단, 17개는 '자력 이동이 가능한' 보병사단이었다. 하지만 이들은 대부분 2개 연대만으로 구성되어 있어서 실질적인 전력은 다른 나라의 사단들보다 크게 뒤떨어졌다. 이탈리아 사단들의 전력 약화의 원흉은 바로 무솔리니였다. 1938년, 2개 연대로 사단 편제를 바꿀 것을 명령한 무솔리니는 전 세계를 상대로 이탈리아 육군의 전력이 2배로 늘어났다고 자랑해댔다. 이러한 변경은 전쟁이 코앞으로 다가온 시점에 각 사단의 전력을 크게 약화시키는 동시에 엄청난 군 조직상의 혼란을 야기했다. 사단 수가 2배로 늘어나면서 증가된 것이라고는 장군 수가 2배로 늘어난 것뿐이었다.

1936년 10월, 무솔리니는 이탈리아 육군이 무장병력 800만 명을 가진 막강한 군대라고 자랑하고 다녔지만, 사실 개전 직전까지 이탈리아 육군은 가장 기본적인 화기인 소총마저도 150만 정밖에 확보하지 못했고, 그나마도 상당수는 1891년에 만들어진 골동품이었다. 대포들도 대부분 제1차 세계대전 당시의 것들로, 근대화 프로그램은 1942년~1943년경에나 실시될 예정이었다. 기갑 전력으로 말할 것 같으면 제1차 세계대전 당시 영국군의 장갑차를 기반으로 만든 불면 날아갈 것 같은 CV3 외에는 전차는커녕 제대로 된 기갑 차량도 거의 전무한 상태였다. 물론 소수의 M11 및 M13 전차가 북아프리카에 급히 투입되기는 했지만, 이들은 무전기도 제대로 갖추지 못한 데다가 성능 역시 말 그대로 '없는 것보다 조금 나은' 수준에 불과했다.

개전 당시 동아프리카 지역에서는 아오스타 공이 이탈리아군 9만 1,000명과 식민지 병사 20만 명을 지휘하고 있었고, 리비아에서는 로돌포 그라치아니 원수가 제10군과 제5군의 25만 병력을 지휘하고 있었다. 비록 머릿수는 상당했지만, 이 병력들은 제대로 된 훈련이나 장비도 받지 못했고, 무엇보다도 차량이 크게 부족했다. 게다가 이탈리아군 지휘부의 무능까지 겹쳐 차량 부족 문제는 점점 더 심각하게 이탈리아군의 발목을 잡게 되었다. 영국군과 독일군 모두 이탈리아군 병사들의 감투정신은 높이 평가했지만, 무능한 이탈리아 장교들은 경멸했다. 1941년 2월, 제10군이 격파당하고 제5군이 산산조각나면서 아프리카의 이탈리아군은 군 단위의 작전 능력을 상실하고 가리볼디^{Gariboldi}와 에토레 바스티코^{Ettore Bastico} 대장이 지휘하는 기갑군단을 비롯해 사단이나 군단 단위로만 독일군과 함께 작전을 벌이는 신세가 되었다. 1942년, 이들은 독일-이탈리아 혼성 기갑군^{Panzermee}으로 통합되었으며, 이후 혼성 기갑군은 아프리카 전역이 막바지에 이르는 시기에 이탈리아 제1군으로 명칭이 바뀌고 조반니 메세^{Giovanni Messe} 대장의 지휘를 받게 되었다. 튀니지의 이탈리아군이 연합군에게 항복한 이후, 시칠리아와 이탈리아 본토를 수비할 이탈리아군 병력은 15개 사단에 불과했다. 이들 가운데 일부는 1943년 연합군과의 휴전조약이 체결된 이후에는 연합군과 함께 독일 점령군에게 맞서 종전 시까지 전투를 계속했다.

이탈리아군은 전쟁 중 병력이 최대 300만 명까지 증가했지만, 무솔리니는 이탈리아의 경제, 산업, 농업 생산력을 전시 체제로 돌리기 위한 어떠한 노력도 기울이지 않았다. 이탈리아의 전시 생산량은 평시 생산량과 크게 다를 것이 없었고, 이탈리아의 군수 산업은 근대적인 무기들을 만들어낼 수 없었다. 하지만 이래저래 모든 것이 다 부족한 상황에서도 무솔리니는 장비를 잘 갖춘 병력을 22만 명이나 소련 전선으로 파견했다. 만약 무솔리니가 이 병력들을 아프리카로 돌렸다면 아프리카의 이탈리아군은 훨씬 효과적으로 전투를 벌일 수 있었을 것이다.

이탈리아의 파시스트들은 이탈리아 공군이 세계 최강의 공군으로서 고성능 항공기 8,530대를 보유하고 있다고 자랑했다. 그러나 이탈리아 공군이 보유한 근대적인 기체의 수는 900대에 불과했다. 그나마 이들 대부분은 동시대 영국 기체들보다 속도나 기동성, 무장, 모든 면에서 열세였고, 심지어는 스페인 내전 당시에 날아다녔던 피아트 CR42와 같은 복엽기들까지 여전히 날아다니고 있는 실정이었다. 야간 비행 장비나 무전기를 갖춘 비행기도 거의 없었으며, 승무원들도 정말 보잘것없는 훈련만을 받았을 뿐이었다. 물론 보다 진보적인 마키 202^{Macchi 202} 전투기를 비롯하여 비록 속도는 느리지만 신뢰성이 높은 사보이아^{Savoia} S79 및 S84 뇌격기들을 몰고 용감하게 출격한 이탈리아 조종사들은 1941년 9월 지중해의 수송로 확보를 둘러싼 전투에서 전함 HMS 넬슨에게 타격을 준 것을 비롯하여 많은 연합군 수송선과 전투함들을 격침, 혹은 대파시킴으로써 영국 해군에게 상당한 타격을 입히기도 했다. 하지만 1943년 중반이 되자, 가용한 이탈리아 공군의 근대적인 기체의 수는 100대 이하로 줄어들었으며, 그 무렵 이탈리아의 하늘은 수적으로 압도적인 연합군 항공기들이 장악한 상태였다.

도메니코 카바냐리 대장이 지휘하는 이탈리아 해군은 이탈리아 전군 가운데서도 가장 좋은 장비를 갖춘 최고 정예들이었다. 이탈리아 해군성은 '현존 함대 전략'에 기반한 해군을 건설했다. 현존 함대 전략의 주요 골자는 강력한 주력함들을 안전한 지역에 계속 대기시킴으로써 영국 해군이 지중해에서 감히 적극적으로 작전 활동을 벌일 엄두를 내지 못하게 한다는 것이었다. 이는 부분적으로 이탈리아 해군이 손실을 입을 경우 이를 대체할 여력이 크게 부족했을 뿐만 아니라, 영국 해군과 전면전을 벌일 경우 아무리 잘해봐야 엄청난 장비와 전략적 손실을 감수해야 하는 껍데기뿐인 승리를 거둘 수 있을 뿐, 근본적으로 영국 해군을 완패시킬 수는 없기 때문이었다. 이와 같은 이탈리아군의 전략에 대해 전후 영국은 "영국 해군의 감투정신이 우위를 보인 것"이라거나 이탈리아 해군의 의지가 "마비된 것"이라고 주장했지만, 이런 주장은 잘못된 것이라고 할 수 있다. 대전 중 이탈리아군은 현존 함대 전략이라는 큰 틀을 벗어나지는 못했지만, 결연한 의지와 용기를 가지고 전투에 임하면서 3년이라는 기

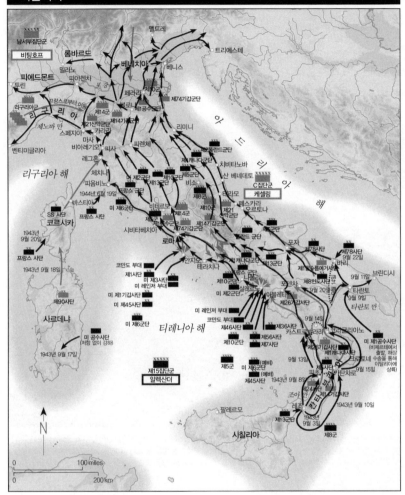

간 동안 영국 해군이 지중해에서 마음대로 행동할 수 없게 만들었기 때문
이다.

또 이탈리아 해군의 명성 또한 무시할 수 없는 요소였다. 이탈리아 해
군의 대형 함들은 강력한 함포와 고속 성능을 갖추고 있었지만, 반면에
작전행동 반경, 장갑 방어력, 대양 항해 성능, 포술 면에서는 상당히 취약

■■■■■■ 선단 호위에 나선 이탈리아 해군의 순양함. 이탈리아 해군은 막강한 함대를 갖추고 영국 해군을 위협했으나, 연료 부족으로 인해 그 위력을 100퍼센트 발휘할 수가 없었다. (Imperial War Museum A1985859)

했다. 개전 당시 이탈리아 해군이 보유하고 있던 전함 6척과 순양함 19척은 모두 고성능 전투함들로서 영국 해군에게 큰 위협을 주었다. 하지만 전쟁이 진행될수록 레이더 개발 실패로 인한 야간 작전 능력 부족, 항공모함 및 상륙작전 능력의 부재가 점점 더 이탈리아 해군의 발목을 잡게 되었고, 결국 이탈리아 해군은 기울어져가는 전세를 바라만 볼 수밖에 없게 되었다.

한편, 개전 당시 구축함 52척, 어뢰정 76척으로 구성된 이탈리아 해군 소형 함 세력은 아프리카의 추축군을 위한 보급로를 성공적으로 유지함으로써 이탈리아 해군이 거둔 가장 큰 성공에서 핵심적인 역할을 수행했다. 잠수함 113척으로 이뤄진 이탈리아 잠수함대도 매우 효과적인 전력이었으며, 이탈리아가 개척한 소형 특수 잠항정 및 인간 어뢰와 같은 소형 잠수정들은 대전 참전국들이 개발한 모든 소형 잠수정들 가운데서도 가장 발전된 잠수정들로서 전과 면에서도 가장 큰 성공을 거두었다. 또 '감마 맨Gamma Man'으로 알려진 이탈리아의 특공 잠수부들은 거의 아무런 손해도 입지 않고 20만 톤의 영국 선박들을 격침시켰다. 이런 면에서 봤을 때 이탈리아가 대형 함 대신에 가볍고 은밀한 소형 함들로 함대를 구성했다면 훨씬 큰 전과를 거두었을 것이라는 주장도 상당한 설득력을 가진다고 볼 수 있다.

독일

영국에 대한 승리를 거두기 위한 대안으로 지중해 방면에서 공세로 나서자는 전략이 제기되기도 했지만, 지중해 및 아프리카 방면에는 별다른 관심이 없었던 히틀러와 독일 국방군 최고사령부는 소련 전선이 주요 무대라면 지중해 전선은 하나의 막간극 정도로 취급했다. 하지만 그리스와 아프리카에서 이탈리아가 연전연패를 거듭하면서 무솔리니 정권의 존립이 위태로워지자, 히틀러는 위기에 처한 무솔리니를 구하기 위해 독일군을 파견했다. 히틀러는 소련 전선의 남쪽 후방이 될 발칸 지역은 대규모 부대를 동원해 깨끗이 청소를 했지만, 아프리카 지역에는 단지 이탈리아군을 위기에서 구하는 것만을 목표로 에르빈 롬멜 대장 지휘 하에 소규모 특별 차단부대Sperrverband를 파견했다. 하지만 롬멜은 탁월한 리더십을 바탕으로 사막이라곤 구경도 한 적이 없는 잡다한 부대로 구성된 이 파견대를 제병 합동 전술을 효과적으로 구사하는 정예 아프리카 군단으로 키워 냈다. 보급의 난맥상과 히틀러 및 독일 국방군 최고사령부의 무관심으로 엄청난 어려움을 겪고 병력 규모 자체도 3개 사단을 넘은 적이 없었지만, 롬멜은 창의적인 새로운 전술과 적절한 기만작전 및 노련한 부대 운용으로 수적으로나 경험 면에서 훨씬 우월한 영국군을 연거푸 패퇴시키면서 그에 걸맞게 '사막의 여우'라는 별명을 얻게 되었다.

롬멜은 명목상으로는 이탈리아군 총사령관 바스티코 대장의 지휘를 받고 있었지만, 히틀러와 직통으로 연결되어 사실상 아프리카의 모든 추축군 병력을 직접 지휘했다. 지휘체계가 혼란스럽기는 고위 지휘부도 마찬가지였다. 지중해 및 아프리카 방면 추축군의 총지휘는 우고 카발레로 Ugo Cavallero 원수가 지휘하는 이탈리아군 총사령부가 담당하고 있었으나, 1941년 12월, 히틀러는 알베르트 케셀링 원수를 남부 지역 사령관으로 임명하고 지중해 지역 일대에 연합군에 대한 추축군의 우위를 달성할 것을 명하면서 명목상으로는 지중해 일대의 전 추축군에 대한 지휘권을 맡겼다. 하지만 사실, 독일군과 이탈리아군 지휘관들은 서로에 대해 깊은 불신을 품고 있었고, 전쟁 기간 동안 이들은 끝끝내 통합 지휘체계를 가지고 전략 행동을 서로 조율하는 동맹군으로서 전투를 수행하지 못했다. 그리고 전쟁 초반 독일은 지중해 지역 일대에서 영국 세력을 축출하고 이집트와 수에즈 운하, 더 나아가 중동의 유전 지대를 장악했을 경우 어떤 가능성을 가지게 될 수 있는지 이해하지 못했다. 1942년이 되어서야 히틀러는 뒤늦게 롬멜의 아프리카 군단과 카프카스Kavkaz로 진격하는 독일군을 연결할 수도 있겠다는 생각에 눈을 뜨게 되지만, 이마저도 구체적인 실천 계획은 아니었다. 게다가 이 무렵, 산업 생산력이 본격적으로 가동된 연합군이 서서히 물량의 힘을 보여주면서 전세는 돌이킬 수 없는 전환기를 맞게 되었다. 연합군이 북서아프리카에 상륙하자, 히틀러는 위르겐 폰 아르님^{Jürgen von Arnim} 대장이 지휘하는 제5기갑군 병력 1만7,000명을 파견했지만, 이 무렵 북아프리카의 추축군은 연합군의 반격에 밀려 전면 퇴각하고 있었으며, 증원군도 명백한 패배와 항복을 조금 지연시키는 것 이상의 역할은 할 수 없었다.

무솔리니가 실각하자, 히틀러는 케셀링을 C집단군 사령관으로 임명한 후 16개 사단을 보내면서 이탈리아를 지키라는 명령을 내렸다. 케셀링은 방어에 이상적인 조건을 갖추고 있던 중부 이탈리아 지역의 지형을 최대한 활용하여 연합군의 진격을 완강하게 저지했다. 결국 전쟁이 끝날 때까지 독일 제10군과 제14군은 한 방어선을 지키다 한계에 이르면 다음 방어선으로 철수하는 식으로 천천히 북쪽으로 철수해갔으며, 이 과정에서 양측은 마치 제1차 세계대전을 방불케 하는 피비린내 나는 소모전을 벌였다.

영국 및 영연방 국가들

1939년 8월, 중동지역 사령관으로 임명된 웨이벨^{Archibald Wavell} 대장은 원래 이집트, 수단, 팔레스타인-요르단과 키프로스 일대를 책임지고 있었다. 그러나 전쟁이 터지면서 그의 담당구역은 빠르게 확장되어 동아프리카, 그리스, 터키, 불가리아, 이라크, 아덴^{Aden}, 페르시아 만 일대까지 신경을 써야 하는 상황에 처하게 되었다. 지중해 지역 영국군 총사령부에는 웨이벨과 같은 계급의 해군 및 공군 사령관들도 있었지만, 그중에서 제일 고참이었던 웨이벨이 사실상의 총사령관 역할을 맡게 되었다. 웨이벨이 맡은 책임은 엄청났다. 웨이벨은 단순히 이집트와 동아프리카, 그리스, 시리아의 군사작전을 지휘하는 것뿐만 아니라, 이라크의 반란도 진압해야 했고 영국 정부의 대변인으로서 어떤 의미에서는 외교관의 역할도 수행해야 했다.

애당초 웨이벨 휘하에는 5만 명의 영국군 병사들밖에 없었고, 이들 대부분은 이집트에 집중되어 있었다. 하지만 이들은 규모는 작지만 기동력이 뛰어난 정예 병력들로서 이탈리아군을 상대로 눈부신 승리를 거두었다. 하지만 처칠이 이들을 이미 전세가 기울어진 그리스와 크레타 섬에 투입하는 우를 범하는 바람에 기껏 이러한 승리로 얻은 기회는 전혀 활용되지도 못하고 사라지고 말았다. 당장 북아프리카의 병력이 비게 되자, 영국은 영국 본토와 영연방 남부 지역에서 병력을 차출해 북아프리카로 급파했고, 나일 강 삼각주 일대는 빠르게 거대한 보급 및 군사 행정 기지로 탈바꿈했다. 영국은 각지에서 긁어모은 지원 병력에 팔레스타인 및 시리아를 담당한 제9군과 페르시아 및 이라크를 담당한 제10군으로부터 병력을 차출해 제8군을 창설했다. 그 사이 영국군은 동아프리카와 시리아에서 큰 성공을 거두기도 했지만, 북아프리카에서 새로이 편성된 부대가 사막에 적응하기까지는 많은 시간이 필요했다. 그다지 참신한 모습을 보여주지 못한 영국군 지휘부는 결국 기갑부대와 보병의 합동 공격 전술을 끝내 깨우치지 못했고, 롬멜과의 전투에서 똑같은 과오를 거듭했다. 이런 문제점들은 1942년 8월, '몬티Monty' 몽고메리 대장이 제8군의 지휘를 맡게 된 후에야 해결이 되었다. 병력 19만5,000명과 포 1,029문, 전차 1,051대라는 막대한 병력을 지휘하게 된 몽고메리는 압도적인 수적 우세로 엘 알라메인에서 추축군을 격파했다. 영국군의 엘 알라메인 전투 승리는 제2차 세계대전의 전환점이 되는 중요한 사건 중 하나였다.

영미 연합군이 아프리카 북서부에 상륙한 후 동쪽에서 진격해온 영국 제8군은 튀니지에서 영국 제1군과 통합되어 제18집단군을 형성하게 되었

■■■■■ 인도군 병사들이 브렌 건 캐리어(Bren gun carrier)를 타고 한 아랍 마을을 지나고 있다. 영국군에는 영연방 구석구석에서 온 다양한 민족, 인종, 국적의 병사들이 섞여 있었다. (Topham Picturepoint M00984440)

고, 제18집단군은 북아프리카에 남아 있던 추축군들을 일소해버렸다. 이후 다시 제15집단군으로 개칭된 제18집단군은 시칠리아와 이탈리아 상륙 작전에 참가하여 독일군의 치열한 저항에 맞서 싸우면서 한발 한발 이탈리아 반도를 북상해갔다.

1940년 6월, 알렉산드리아를 거점으로 한 지중해 함대와 프랑스 함대의 빈자리를 메우기 위해 지브롤터에서 편성된 H전대는 모두 합쳐 전함 7척, 항공모함 2척, 순양함과 구축함 37척, 잠수함 16척을 보유하고 있었다. 하지만 항공기와 잠수함 수량이 부족했던 영국 해군은 이탈리아군의 수송선단이 아프리카로 물자를 보급하는 것을 막을 수 없었고, 작전의 우선순위 자체도 추축국 선단의 공격보다는 롬멜의 측면에 박힌 가시이자 북아프리카를 향해 지중해를 가로질러가야 하는 영국군 수송선단의 지원 기지 역할을 하고 있던 몰타 섬 방어에 주어졌다. 설상가상으로 1941년의 마지막 3개월 동안 영국 왕립 해군은 항공모함 1척과 전함 3척, 그리고 몰

시칠리아 섬

타를 근거지로 활동하던 K전대를 잃는 대피해를 입고 말았다. 영국군에게 큰 타격을 입히면서 지중해의 제해권과 제공권을 장악하게 된 추축군은 이후 지속적으로 몰타에 대전 중 가장 치열한 집중 폭격을 가했다. 하지만 필사적으로 싸운 영국군은 1942년 말이 되자 다시 전쟁의 주도권을 되찾아올 수 있었고, 서서히 추축군의 숨통을 조여가면서 이후 연속적으로 전개될 상륙작전의 준비를 차근차근 해나갔다.

미국

미국이 참전을 결정했을 때 루스벨트 대통령은 사실상 군사 보좌관들의 조언을 무시하고 미군을 먼저 지중해 전선에 투입하기로 결정했다. 루스벨트는 영국과의 동맹 관계에서 군사적인 부분뿐만 아니라 정치적인 면도 매우 중요하다는 사실과 미군이 막대한 피해를 입을 위험이 없는 곳에서 실전 경험을 쌓을 필요가 있다는 사실을 잘 알고 있었다. 북서아프리카 침공은 바로 그런 목적을 달성하기에 이상적인 작전이었다. 아이젠하워 대장이 연합군 원정군 총사령관으로 임명된 후 연합군은 미국과 영국에서 선박 752척에 병력 6만5,000명을 태우고 비시 프랑스 장악 하의 모로코와 알제리 지역에 당시로서는 사상 최대의 상륙작전을 펼쳤다.

북아프리카 상륙작전은 연합군이 당시 주로 영국군의 활동 무대였던 지중해를 매우 중요하게 여기고 있었음을 보여주는 사건이었다. 1943년 1월과 5월의 회담에서 루스벨트와 처칠은 시칠리아와 이탈리아에 상륙하기로 합의했다. 하지만 이탈리아 공격은 영국이 1944년에 북서유럽에 제2전선을 만드는 데 꼭 참가하겠다는 약속을 하고 나서야 이뤄질 수 있었다. 튀니지에서 벌어진 전투에서 풋내기 미군 병사들은 노련한 독일군에게 그야말로 몰매를 맞았지만, 이후 계속적인 실전을 겪은 미군은 시칠리아에서 조지 S. 패튼George S. Patton이 이끄는 제7군의 대활약을 통해 전 세계에 강력한 군대로 거듭났음을 보여줄 수 있었다. 물론 이탈리아 전선에서 미 제5군이 치열한 전투를 벌이기는 했지만, 전반적으로 미군 참모부는 웬만하면 이탈리아에 투입되는 미군의 규모를 제한하려고 애를 썼고, 심지어는 이탈리아 전선의 병력을 빼서 프랑스령 리비에라Riviera에 상륙시키기도 했다. 1943년 12월, 통합 지중해 사령부가 창설된 후 사령관으로는 영국의 메이틀런드 윌슨Maitland Wilson 원수가 임명되었다. 이는 지중해 방면 연합군이 대부분 영국군으로 구성되어 있다는 점을 감안한 인사였다.

비시 프랑스

프랑스가 독일에 항복한 후, 적도 아프리카 지역의 프랑스 식민지들은 드골 대장과 자유 프랑스군의 편에 서기로 결정한 반면, 지중해 일대의 프랑스 식민지들은 페탱 원수의 비시 프랑스에 충성을 바칠 것을 천명했다. 프랑스가 독일과 휴전조약을 체결한 이후 웨이강Weygand 대장이 지휘하는 프랑스의 아프리카군은 25만 명까지 병력이 늘어났으며, 또 시리아에도 앙리 덴츠Henri Dentz 대장이 지휘하는 프랑스군 4만5,000명이 있었다. 공식적으로 추축군에 소속되지는 않았지만, 잘 무장하고 비시 프랑스 정권에 충성을 바치던 이들 지중해의 프랑스군은 연합군에게 상당한 어려움을 안겨주기도 했다.

전쟁의 발발
평행 전쟁

무솔리니의 야욕

1940년 6월 10일, 히틀러가 프랑스를 거꾸러뜨린 것이 거의 확실시될 무렵, 무솔리니는 프랑스에 선전포고했다. 이 무렵은 영국으로서는 가장 암울한 시기이기도 했다. 영국은 프랑스에 나가 있던 병력을 간신히 본토로 철수시킬 수 있었지만, 독일의 다음 목표가 영국이라는 것은 누가 봐도 명백했다. 게다가 프랑스가 전열에서 탈락하면서 영국은 지중해를 혼자서 감당해야 하는 처지에 놓이게 되었다. 한편, 신속한 승리를 거둘 수 있을 것으로 자신한 무솔리니가 전쟁을 결심하자마자 바로 선전포고를 해버리는 바람에 며칠만 더 있었으면 이탈리아로 돌아올 수 있었던 수많은 이탈리아 선박들이 중립 항구에서 마른하늘에 날벼락 격으로 연합국에 나포되어버렸다. 이렇게 무솔리니의 성급함 때문에 나포된 이탈리아 선박들의 수는 전체 이탈리아 상선단의 3분의 1에 달했다. 히틀러가 벌이는 전쟁을 함께 수행할 능력도, 의지도, 생각도 없었던 무솔리니는 "독일 편에 서되 독일을 위해서가 아니라 이탈리아를 위해" 소위 "평행 전쟁"을 벌일 계획을 짰다. 무솔리니의 속셈은 독일의 승리로부터 떡고물을 챙기는 동시에 이를 이용해 지중해에서 이탈리아의 주도적 위치를 확립한다는 것이었다.

연합국에 선전포고를 한 무솔리니는 즉각 이탈리아 육군으로 프렌치 알프스French Alps 일대에서 프랑스 영토를 향해 지리멸렬한 공격을 개시하는 한편, 내켜하지 않는 그라치아니에게 리비아로부터 이집트를 침공하라는 명령을 내렸다. 프랑스가 연합국의 일원일 때만 해도 이탈리아는 프랑스령 튀니지의 프랑스군과 이집트의 영국군을 앞뒤로 경계해야 했지만, 프랑스가 연합국 전열에서 떨어져나간 후에는 리비아의 전군을 이집트 국경지대에 집중시킬 수 있게 되었다. 9월 13일, 그라치아니는 국경지대를 지키는 소수 영국군을 조심스럽게 공격하기 시작했다. 하지만 50마일(80킬로미터)을 진격해 들어간 그라치아니는 시디 바라니Sidi Barrani에서 진격을 멈추고 일련의 방어진지를 구축한 다음 그 자리에 들어앉아버렸다. 영국군 병사들은 이탈리아군을 조롱하는 의미로 이런 상황을 독일의 전격전에 비유하여 '앉은뱅이 전쟁sitzkrieg'이라고 불렀다. 하지만 전리품 챙기기에 골몰해 있던 무솔리니에게 군사적 승리는 부차적인 목표에 불과했다. 그는 평화협상 테이블에서 영향력 있는 협상 주도국이 되기 위해서는 "전사자가 수천 명쯤은 나와줘야 한다"고 공공연하게 떠들고 다녔다.

프랑스에서 추축국이 거둔 승리에 사실상 전혀 아무런 기여도 하지 못한 주제에 무솔리니는 자신의 욕심을 줄이려는 생각 따위는 전혀 하지 않았다. 10월 4일, 브레너 고개Brenner Pass에서 히틀러와 회동한 무솔리니는 프랑스 남부 일대와 코르시카, 몰타, 튀니지, 알제리, 모로코의 대서양 연안 일대, 프랑스령 소말릴란드, 이집트, 수단에서 영국이 누리던 지위를 이탈리아가 가져야 한다고 주장했다. 하지만 히틀러는 히틀러 나름대로 생각이 있었다. 이탈리아의 요구대로 프랑스 영토들을 떼어줬다가는 비시 프랑스를 달래서 이탈리아-프랑스-스페인으로 구성된 반영국 동맹을 만든다는 히틀러의 계획은 수포로 돌아갈 수밖에 없었다. 때문에 이탈리아의 확장은 아프리카 쪽으로 이뤄져야 한다고 생각한 히틀러는 무솔리니에게 아프리카 쪽으로 관심을 기울일 것을 권했다. 결국 이탈리아는 독일과 프랑스 사이에 체결된 휴전협정에서 아무런 소득도 얻을 수 없었고, 무솔리니가 그토록 원해온 이탈리아의 영광은 실현할 수 없었다.

더 나아가 이미 소련 침공 계획을 구체화시키고 있던 히틀러는 대놓고 무솔리니에게 소련이 경계심을 품을 염려가 있으니 발칸 반도에는 손을 대지 말 것과 유고슬라비아와 그리스를 상대로 군사적 움직임을 벌이지 말 것을 요구했다. 하지만 그로부터 나흘도 채 지나지 않아 이탈리아인들은 독일군이 루마니아에 진주했다는 소식을 듣게 되었다. 무솔리니는 그때까지도 자신이 히틀러에게 파시즘의 선배 격이라고 생각하고 있었지만, 히틀러가 빠르게 승리를 거두면서 엄청나게 세력을 확장하자 이에 대해 질투 반, 분노 반의 감정을 품게 되었다. 무솔리니로서는 겨우 프랑스 땅이나 조금 따먹고 원래 이탈리아의 영토가 되어야 했을 땅에 히틀러가 세력을 확장하는 꼴을 보려고 전쟁에 참가한 것이 아니었기 때문이었다. 결국 히틀러에게 앙심을 품게 된 무솔리니는 독일의 동유럽 진출에 격렬하게 반발하면서 "히틀러는 늘 일을 저지른 다음에 나에게 사후 통고만을 해주었다. 이번에는 내가 히틀러에게 똑같이 해줄 것이다"라고 선언했다. 발끈한 무솔리니는 말 그대로 홧김에 별다른 계획이나 준비 없이 대규모 동원 해제를 명령해놓은 상태에서 곧장 그리스를 침공하기로 결정했다.

　모든 조건이 불리한 상황에서 10월 28일, 이탈리아군은 알바니아로부터 그리스 국경을 넘었다. 하지만 침공을 시작한 지 1주일도 지나지 않아 이탈리아군은 그리스군에게 참패하고 쫓겨나는 신세가 되었다. 파파고스 Alexandros Papagos 대장이 지휘하는 그리스군은 11월 14일, 과감한 반격작전을 개시하여 이탈리아군을 패퇴시키면서 알바니아까지 진격하는 기염을 토했다. 1941년 1월 10일, 그리스군은 영국 공군 5개 폭격기중대의 지원을 받아가며 클리소라 Klissoura를 점령하고 항구도시 벨로나 Velona로 육박해 갔다. 이탈리아군은 알바니아-그리스 국경지대에서 30마일(48킬로미터)이나 밀려난 후에야 간신히 전선을 안정시킬 수 있었다. 그리스군은 1월과 2월에 다시 공세를 재개했지만, 이번에는 혹독한 추위와 험한 지형으로 인해 그리스군도 별다른 성과를 거둘 수가 없었다. 양측이 서로 결정적인 성공을 거둘 수 없었던 것은 혹독한 기후와 지형의 영향이 컸다. 그러나 또 한편으로 그리스군은 결연한 의지와 용기로 전투에 임한 반면에 이탈리아군은 무능 그 자체였고, 이는 지휘부가 두 번이나 교체된 후에도 마찬가지였다.

　1917년, 이탈리아군은 독일군을 상대로 격렬한 전투를 치르면서 눈부신 용맹을 과시했지만, 20여 년 동안 파시스트들의 지배를 겪으면서 이탈리아 육군의 장비와 훈련, 지휘부는 오히려 제1차 세계대전 당시보다도 뒤떨어지게 되었다. 당연히 이탈리아군은 그리스 전선에서 엄청난 손실을 입을 수밖에 없었고, 병사들의 사기도 땅에 떨어졌다. 파시스트들의 선전으로도 이런 실패는 숨길 수가 없었고, 많은 이탈리아인들이 실제로 무슨 일이 일어나고 있는지 진실을 알게 됨에 따라 무솔리니가 이끄는 파시즘의 신화적인 위상도 산산이 부서지고 말았다.

　히틀러는 성마른 무솔리니의 그리스 침공 소식에 격분했다. 무솔리니

▪▪▪▪▪▪ 그리스 침공을 위해 알바니아에 상륙하는 이탈리아군 병사들. 훈련에서부터 장비, 지휘부의 능력 등
모든 면에서 엉망진창이었던 이탈리아군은 그리스를 침공하자마자 그리스군에게 쫓겨나는 신세가 되고 말았다.
(Topham Picturepoint M00983942)

가 발칸 반도를 난장판으로 만든 탓에 발칸 반도를 조용히 독일의 세력 하에 두겠다는 그의 계획이 큰 지장을 받게 되었기 때문이었다. 발칸 지역은 독일의 식량 공급원이기도 했고, 루마니아의 플로에슈티^{Ploesti} 유전 지대는 독일의 유일한 석유 공급원이었다. 게다가 무솔리니가 이 지역에 손을 대면서 영국도 발칸 지역에 발을 들여놓을 구실이 생기게 되었다. 만약 발칸 지역에서 출격한 영국 폭격기가 루마니아의 유전지대 등을 타격할 경우 이는 독일의 전쟁 수행 능력에 직접적인 타격을 줄 수도 있었다. 결국 히틀러는 이 성가신 동맹국 때문에 자국의 전략적 이해를 위해서나 무솔리니의 체면을 살려주기 위해서나 발칸 반도에 직접 개입하지 않으면 안 되는 상황에 처하게 되었다. 하지만 발칸 반도는 지중해와 면해 있었기 때문에 발칸 반도에서 작전을 벌이게 되면 독일군으로서는 자연스럽게 지중해 전역에 참가할 수밖에 없었다. 결국 히틀러의 전략적 초점은 크게 흐트러지게 되었고, 독일군은 히틀러가 예상한 것보다 훨씬 광범위하게 지중해 전역에 말려들게 되었다. 이후 지중해 전역의 흐름을 결정하는 것은 무솔리니의 평행 전쟁 전략이 아니라 독일군이 되었다. 이탈리아의 그리스 침공이 실패한 순간부터 무솔리니는 영향력 있는 전쟁 지도자로서의 지위를 상실하게 된 것이나 다름없었다.

태세를 가다듬는 영국

프랑스가 무너지면서 영국의 수송선단은 지중해를 이용할 수가 없게 되었다. 결국 중동과 인도, 극동으로 가는 영국 선박들은 아프리카 대륙 남쪽 끝의 희망봉까지 먼 길을 돌아가지 않으면 안 되었다. 중동지역으로 물자를 보급하는 선박들은 지중해를 통하면 4,800킬로미터만 가면 되었던 것을 이제는 2만1,000킬로미터라는 장대한 거리를 주파해야만 했고, 인도의 봄베이까지 가는 항로도 9,600킬로미터였던 것이 1만8,000킬로미터로 거의 2배가 늘어났다. 거리가 늘어나면서 항해 일수도 90일에서 122일 정도까지 늘어나버리는 바람에 영국의 전반적인 해상 수송 능력은 25퍼센트 정도 감소하게 되었고, 결과적으로 영국 상선단이 져야 하는 부담도 크게 늘어났다.

하지만 영국에게 더 큰 문제는 세계 제4위의 규모를 자랑하던 프랑스 해군 함대의 향배였다. 당시 영국군은 지중해 방면에 항공모함 2척과 전함 7척을 가지고 있던 반면, 이탈리아군의 주력함은 전함 6척이었기 때문에 얼핏 보기에는 영국이 유리한 상황이었다. 하지만 이탈리아군은 순양함, 구축함, 잠수함, 지상 발진 항공기 등의 부분에서 큰 우위를 보이고 있었기 때문에, 꼭 이탈리아가 열세라고만은 할 수 없었다. 독일과 프랑스 간에 체결된 휴전협정에는 독일 점령 하에 있지 않은 항구의 프랑스군 함정들은 모두 작전 불능 상태로 만들도록 규정되어 있었다. 프랑스군 함대 지휘관들은 프랑스 함대가 추축군의 손에 들어가는 일은 절대로 없을 것이라고 주장했지만, 영국으로서는 이런 주장을 믿고 앉아만 있기에는 너무나 불안했다. 프랑스 함대의 향배에 대한 불안감을 거둘 수 없었던 처칠은 결국 프랑스 해군 주력함들이 항구적으로 독일군의 손이 미치지 않는 지역에 배치되지 않는다면 파괴할 수밖에 없다는 결정을 내렸다. 당시 프랑스군 함대의 상당수는 영국의 항만에 정박하고 있었지만, 주력은 여러 아프리카 항구에 분산 배치되어 있었다. 그중 가장 큰 함대는 오랑 인근의 메르스엘케비르에 정박하고 있던 마르셀 브루노 장술 제독의 전대였다. 이 전대에는 당시 최신, 최강의 전함들로 간주되던 스트라스부르와 됭케르크도 포함되어 있었다.

영국은 프랑스군 함대 제압 임무를 수행하기 위해, 지브롤터를 근거지로 하는 H전대를 편성하고 제임스 소머빌 중장을 지휘관으로 임명했다. H전대는 전함 3척, 항공모함 1척, 순양함 2척, 구축함 11척으로 구성되었다. 1940년 7월 3일 메르스엘케비르에 도착한 소머빌은 장술에게 영국군에 합류하든지, 영국군의 호위를 받아 영국 항구로 가서 그곳에 억류되든지, 영국 해군의 호위를 받아 카리브 해로 가서 그곳에서 무장 해제하든지, 이도저도 아니면 자침하라는 최후통첩을 보냈다. 이런 노골적인 위협을 받은 장술은 모든 제안을 거부했다. 지리한 협상이 계속되었지만, 해군 당국으로부터 날이 저물기 전에 결말을 지으라는 압박을 받고 있던 소머빌은 마지못해 프랑스 함대를 공격하라는 명령을 내릴 수밖에 없었다. 스트라스부르를 비롯한 기타 함정 12척은 툴롱으로 도망치는 데 성공했지만, 전함 브르타뉴는 격침당해버렸고 전함 프로방스와 됭케르크는 대파되고 말았다. 그리고 1,297명에 달하는 프랑스 해군 수병들이 목숨을 잃었다. 또 독일군을 피해 영국 항만으로 피신한 프랑스군 함정 59척도 모두 억류 조치되는 과정에서 약간의 충돌이 발생하기도 했다. 7월 7일, 영국군은 이번에는 다카르에 공격을 가해 전함 리슐리외에 피해를 입혔다. 알렉산드리아에서도 비슷한 비극이 일어날 뻔했지만, 다행히도 영국

■■■■■■ 메르스엘케비르에서 함미에 영국군의 포격을 맞은 프랑스군 구축함. (Topham Picturepoint M00984452)

해군 대장 앤드류 커닝햄 경과 프랑스 해군 대장 르네 고드프루아가 이성적으로 협력한다는 합의를 이뤄내면서 제2의 메르스엘케비르 사태를 피할 수 있었다. 메르스엘케비르의 프랑스 함대가 영국 해군의 공격을 받아 큰 피해를 입었다는 끔찍한 소식을 듣고도 커닝햄과 고드프루아는 협상을 계속한 끝에 결국 알렉산드리아 항구에 정박해 있던 프랑스군 함정 11척을 무장 해제한다는 합의를 이끌어냈다.

메르스엘케비르의 끔찍한 사건은 제2차 세계대전 중 일어난 가장 비극적이고도 논란이 된 사건 중의 하나였으며, 영국과 프랑스 사이에 수세대에 걸쳐 지속될 앙금을 남겼다. 바로 몇 주 전까지 아군이었던 쪽에게 포탄을 퍼붓는다는 것은 정말 끔찍한 일이었지만, 전쟁을 지속하기 위해서 지중해를 꼭 확보해야 했던 영국군으로서는 추축국에게 항복한 프랑스 함대를 그냥 내버려두는 것은 도박과도 같은 일이었다. 게다가 처칠의 그 유명한 "우리는 모든 해변에서 싸울 것이다"라는 연설이 있은 지 얼마 지나지 않아 이뤄진 프랑스 해군에 대한 공격은 전 세계, 특히 미국에게 영국은 패배의 위기에 몰려서도 용기와 결의를 가지고 끝까지 싸울 것이며 최종 승리를 거둘 때까지 절대 멈추지 않을 것임을 보여주는 계기가 되었다.

7월 9일, 제2차 세계대전 중 유일하게 이탈리아 해군 전함들이 전투에 참가한 해전이었던 푼타 스틸로Punta Stilo 해전이 벌어졌지만, 양측은 끝까지 승부를 내지 않고 전투를 중지했다. 이후 이탈리아 해군은 주력함들을 항구에 꽁꽁 숨겨놓고 있었다. 당시 지중해의 영국 해군은 아주 어려운 상황에 놓여 있었다. 몰타가 완전히 고립되면서 사실상 전진기지로서의 의미를 상실한 상황에서 수많은 임무를 수행해야 했던 커닝햄은 부지런히 움직일 수밖에 없었고, 영국 해군에게 큰 위협이었던 이탈리아 해군을 반드시 무력화시켜야만 했다. 여러 가지 방법을 생각한 영국 해군은 결국 메르스엘케비르에서의 교훈을 거울삼아 이탈리아군이 엄중하게 방어하고 있던 타란토 해군 기지에 항공 공격을 가하기로 결정했다. 치밀한 계획에 따라 11월 11일 밤, 항공모함 일러스트리어스에서 페어리 소드피쉬 뇌격기 21대가 이륙했다. 당시 소드피쉬는 이미 한물간 구닥다리 복엽기에 불과했지만, 믿을 만한 튼튼한 비행기였다. 이 공격으로 영국 해군은 이탈리아군 전함 3척에 큰 피해를 입히는 대전과를 거두었다. 리토리오와 듈리오는 독에서 몇 달 동안이나 수리를 받아야 했고, 카보르Cavour는 전쟁이 끝날 때까지도 전열에 복귀할 수 없었다. 이외에도 영국군의 타란토 해군 항만 시설도 큰 피해를 입었다. 다음날, 피해를 입지 않은 이탈리아군 함정들은 보다 안전한 북쪽의 나폴리Naples 항으로 황급히 대피했다. 하지만 나폴리 항은 영국군의 보급항로로부터 멀리 떨어진 항구였고, 그 덕분에 영국군 선단에 대한 이탈리아 함대의 위협은 크게 줄어들게 되었다. 영국군의 공습으로 그때까지 전투를 피하고 현존 함대 전략을 추구해온 카바냐리는 해임되고 후임으로 아르투로 리카르디 대장이 이탈리아 해군 사령관으로 임명되었다. 비록 타란토 항 공습으로 인해 이탈리아 해군의 위협이 크게 줄어들기는 했지만, 이 위협이 완전히 사라진 것은 아니었다. 이탈리아 해군은 큰 피해를 입기는 했어도 여전히 상당한 전력을 가지고 있었다.

타란토 항 공습은 이외에도 한 가지 사건에 큰 영향을

■■■■■ 1940년 8월, 신조 항모 일러스트리어스가 알렉산드리아의 커닝햄 제독 함대에 배속되었다. 일러스트리어스는 최신 함정으로 레이더를 비롯한 당시로서는 최신 장비들을 탑재하고 있었다. 또 일러스트리어스와 그 자매함 빅토리어스와 포미더블은 3인치 장갑 비행갑판도 갖추고 있었으며, 이는 이후 태평양 전선에서 그 진가를 발휘하게 되었다. (Imperial War Museum)

■■■■■ 일러스트리어스에서 이륙하고 있는 알바코어 뇌격기. 비록 지중해에 머문 기간은 6개월에 불과했지만, 일러스트리어스는 지중해의 전세를 영국 해군에게 유리하게 바꾸는 데 핵심적인 역할을 수행했다. 또 일러스트리어스의 타란토 공습은 지중해뿐만이 아니라 지구 반대편의 일본에까지 영향을 미쳤다. (Topham Picturepoint M00984445)

미치기도 했다. 일본은 타란토 항 공습에 지대한 관심을 가지고 즉각 해군 사절을 파견해 타란토 현지를 둘러보고 영국군의 작전과 그 결과를 분석했다. 그리고 이러한 타란토 항 공습에 대한 연구 성과는 1년 후에 벌어진 일본군의 진주만 공습에 고스란히 반영되었다.

결론

개전 후 6개월 동안 지중해 주변에서 벌어진 전투들은 별다른 상호 연관성이 없었다. 무솔리니는 히틀러가 연합국들을 상대로 전쟁을 벌이는 동안 나름대로 제한전을 벌이면서 위험부담은 지지 않고 이득을 취하려 들었다. 하지만 무솔리니가 거둔 성과라고는 이전까지 식민지 분쟁 수준에 그쳤던 지중해 지역 전투를 대전쟁으로 확대시키면서 추축국의 전략적 부담을 크게 늘려준 것뿐이었다. 반면, 거대한 추축군 세력을 홀로 상대해야 하는 상황에서도 영국은 굳은 결의로 전투를 지속하면서 전세를 서서히 뒤집는 한편, 이탈리아 본토를 침공할 준비를 하기 시작했다.

전투
동시 전방위 전투

초기 사막전

개전 초 리비아에 주둔하고 있던 그라치아니의 이탈리아 제10군은 리처드 오코너Richard O'connor 대장이 지휘하는 서부사막군Western Desert Force, WDF을 수적으로 압도하고 있었다. 3만6,000명의 영국군, 뉴질랜드군, 인도군 병사들로 구성된 서부사막군은 이집트를 지키는 역할을 맡고 있었고, 처칠은 이 부대를 나일군Army of the Nile이라고 부르기도 했다. 비록 수적으로는 크게 뒤지고 있었지만, 전쟁 전 여러 해 동안 훈련을 거듭해온 영국군은 사막전의 베테랑이 되어 있었기 때문에 웨이벨은 이탈리아군이 밀고 들어와도 별다른 두려움을 느끼지 않았다. 웨이벨은 전투 초반부터 적극적인 공세로 나가기로 결심하고 크리그Creagh 대장의 제7기갑사단(북아프리카에 서식하는 날다람쥐를 사단 마크로 한 이 부대는 이후 '사막의 쥐'로 명성을 날리게 된다)을 이용하여 연속적인 기습 공격을 가해 이탈리아군을 괴롭혔다. 그 결과, 1940년 6월에서 9월 사이 이탈리아군은 3,500명에 달하는 사상자가 발생했고 방어 진지 밖으로 나올 엄두도 못 내게 되었다. 반면, 영국군의 사상자는 150명에 불과했다. 상황이 이렇게 되자, 사막은 영국군의 놀이터

▪▪▪▪▪ 초기 사막전에서 영국군의 승리를 이끈 서부사막군 지휘관 리처드 오코너와 중동지역 사령관 아치볼드 웨이벨의 모습. (Topham Picturepoint 0032644)

나 다름없게 되었고 영국군의 사기는 치솟은 반면, 이탈리아군의 사기는 바닥을 기게 되었다.

사막 깊숙이 침투하여 작전을 벌이는 특수부대들이 창설된 것 역시 영국군이 사막전의 특성을 잘 이해하고 있음을 보여주는 사례였다. 1940년 6월, 랠프 배그널드Ralph Bagnold 대위의 주도로 창설된 장거리 사막 정찰대Long Range Desert Group, LRDG는 사막지대의 운전 및 탐험 전문가들로 구성된 부대로, 특별 개조된 중무장 트럭을 타고 대활약을 했다. 자원자들로 구성된 장거리 사막 정찰대는 추축군 후방 깊숙이 침투하여 정찰 활동 및 스파이 침투, 비행장 및 연료 저장소에 대한 기습 공격을 벌였다. 그리고 이런 활약 가운데서도 가장 의미 있는 성과는 롬멜의 보급부대의 움직임을 낱낱이 파악한 것이었다. 또 망명한 벨기에인 블라디미르 페니아코프 Vladimir Peniakoff가 이끄는 팝스키 부대Popski's Private Army, PPA 역시 규모는 작았

지만 독일군의 후방을 교란하며 대활약을 벌였고, 데이비드 스털링David Stirling 중령에 의해 1941년 10월에 창설된 특수부대 SAS Special Air Service는 은밀하게 낙하산으로 적 후방에 침투하여 교란 활동을 벌이거나 정찰 임무를 수행했다. 장거리 사막 정찰대와 SAS의 연합 작전은 북아프리카 전역 내내 커다란 성공을 거두었고, 북아프리카 전역이 종식되고 전선이 유럽으로 옮겨진 후에도 비밀작전을 계속 벌였다. 전후에도 SAS는 세계 최고의 특수부대로서 그 명성을 오늘날까지 이어오고 있다.

영국 본토 항공전이 한창일 무렵, 언제 독일군이 상륙해올지도 모르는 상황에서 처칠은 대담하게도 중동으로 3개 기갑연대를 증파했다. 여기에 오스트레일리아와 인도로부터도 증원군이 속속 도착했지만, 그라치아니는 리비아-이집트 국경에 설치된 '철조망 지대(이후 추축군과 연합군이 이 지역을 중심으로 진격과 철수를 반복하면서 이 '철조망 지대'는 사막전의 중요한 이정표가 되었다)'를 넘어선 이후 시디 바라니 일대에 건설한 일련의 방어 진지에 틀어박혀서는 아무런 움직임도 보이지 않았다. 웨이벨은 일단 동아프리카의 이탈리아군을 먼저 제압하면서 리비아 방면의 이탈리아군을 흔들어놓을 계획을 짰다. 웨이벨은 이동 수단이 부족했기 때문에 지속적인 공세가 아니라 4, 5일에 걸친 대규모 기습 공격을 가한다는 작전을 세웠을 뿐, 작전이 성공을 거둘 경우의 후속 조치에 대해서는 아무런 계획도 세우지 않았다. 이와 같은 준비 부족은 나중에 영국군의 발목을 잡는 결과를 초래했다.

1941년 12월 7일, 이틀간에 걸쳐 사막을 70마일(112킬로미터)이나 행군하는 대담한 기동과 함께 콤파스 작전Operation Compass이 시작되었다. 이탈리아군 방어 거점 사이의 틈을 몰래 빠져나가 이탈리아군 방어선의 후방으로 침투한 제4인도사단은 중장갑을 갖춘 제7왕립전차연대의 마틸다 Matilda 보병전차 50대를 앞세우고 니베이와Nibeiwa의 이탈리아군 거점을 후방으로부터 짓밟아 들어갔다. 영국군이 후방에서 나타나리라고는 꿈에도 생각지 못했던 이탈리아군은 혼비백산했고, 영국군은 거의 아무런 손해도 입지 않고 이탈리아군 4,000명을 포로로 잡는 대전과를 거두었다. 동※

▪▪▪▪▪▪ 콤파스 작전 기간 중 영국군 트럭이 사막을 모래먼지를 일으키며 달리고 있는 모습. 이 사진은 사막지역에서 운전이 얼마나 힘든지를 잘 보여주고 있다. 사막에서 유일한 항법장치는 나침반과 태양뿐이었고, 수많은 운전병들이 표지가 될 것이라고는 아무것도 없는 '푸른 바다(the blue: 영국군이 바다에 빗대어 사막을 지칭하던 말)'에서 길을 잃었다. (Imperial War Museum E974)

투마르Tummar East와 서西투마르Tummar West의 이탈리아군 거점 역시 단 하루 만에 영국군에게 점령당했고, 시디 바라니 인근의 거점들 역시 다음날 힘 없이 나가떨어졌다. 작전 개시 3일차에 제7기갑사단은 부크부크Buq Buq를 지나 해안지대를 향해 쾌속으로 진격하면서 도망치는 이탈리아군의 퇴로를 차단했다. 작전 개시 3일 만에 영국군은 포로 4만 명과 포 400문을 획득했다. 이탈리아군의 잔존 병력은 이탈리아령 식민지의 국경 도시인 바르디아Bardia까지 도망쳐서 겨우 한숨을 돌렸지만, 이곳도 곧 영국군에게 포위당하는 신세가 되었다.

하지만 작전이 이렇게까지 성공적으로 진행될 거라고는 생각지 않았던 영국군 지휘부가 장기전 준비를 하지 않은 탓에 이후 영국군의 작전 활동은 큰 어려움을 겪게 되었다. 또 영국군 지휘부는 빠르게 한 건 하고 병력들을 다른 곳으로 돌릴 계획이었기 때문에, 작전 개시 4일째 한창 신나게 진격 중인 제4인도사단을 정지시키고 수단으로 보내야만 했다. 영국군은 기껏 대승을 거두고도 동쪽으로 물러나고 이탈리아군은 공황 상태에 빠져 정신없이 서쪽으로 도망치면서 전장에서는 양군이 동시에 반대 방향으로 사라져가는 기묘한 광경이 벌어지기도 했다. 제6오스트레일리아사단 역시 팔레스타인으로 이동해가고 여기에 더해서 부족한 트럭으로 병력을 수송하고 막대한 수의 이탈리아군 포로를 먹이고 이동시키느라 영국군이 다시 작전 활동을 시작할 수 있게 된 것은 거의 3주가 지나고 나서였다. 영국군은 사막 곳곳에 보급품 더미를 묻어두는 참신한 방법을 사용하여 장거리 물자 수송의 부담을 덜 수 있었지만, 만약 대량의 이탈리아군 트럭을 노획하지 못했다면, 그리고 포로가 된 이탈리아군 운전병들의 협조가 없었다면, 작전은 성공하지 못했을 것이다.

한편, '벼락 수염'이라는 별명을 가진 이탈리아군의 베르곤촐리Bergonzoli 대장은 무솔리니에게 "현재 이탈리아군은 바르디아로 물러났으며 이곳을 지킬 것"이라는 무전을 보냈지만, 영국군의 공격이 재개된 지 3일 만인 1941년 1월 3일, 포 462문과 전차 129대와 함께 바르디아의 이탈리아군 4만5,000명은 영국군에게 항복하고 말았다. 이번에도 마틸다 중^重전차(이탈리아군 포로는 사실상 이 전차를 격파할 수단이 없었다)가 영국군의 승리를 이끌었으며, 오스트레일리아군 사령관 I. G. 맥케이^{Mackay} 소장은 이 전차 1대가 보병 1개 대대의 몫을 한다고 찬사를 보냈다. 또 영국 제7기갑사단은 바르디아 전투가 끝나기도 전에 서쪽으로 진격해 토브룩^{Tobruk}을 포위하여 고립시켰다. 1월 21일, 아직도 기동이 가능한 마틸다 전차 16대가 이탈리아군의 요새선을 돌파하면서 시작된 영국군의 공격에 토브룩 요새는 얼마 버티지 못하고 다음날 함락되고 말았다. 이 전투 결과, 이탈리아군 3만 명이 포로가 되었으며, 포 236문과 전차 87대가 영국군의 손에 떨어졌다.

토브룩 점령은 영국군의 진격에 있어 실로 큰 의미를 가지는 것이었

■■■■■■ 1941년 1월 22일, 이탈리아군 수비대가 항복한 뒤 촬영한 토브룩의 항공사진. 불타는 중유탱크 너머로 화재가 발생한 이탈리아군 순양함 산 조르지오(San Giorgio)의 모습이 보인다. (Australian War Memorial 106640)

콤파스 작전과 롬멜(1)

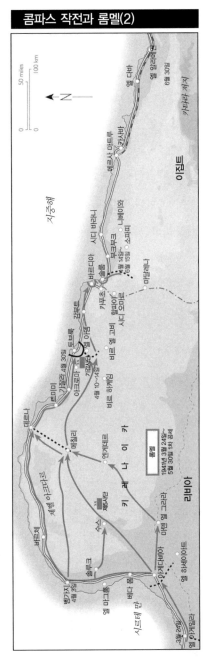

콤파스 작전과 롬멜(2)

다. 이제 알렉산드리아로부터 해상 수송을 통해 물자를 보급받을 수 있게 된 오코너는 지원 부대를 기다리는 동안 제13군단으로 개칭된 서부사막군에게 휴식을 허가했다. 2월 3일이 되자, 오코너는 이탈리아군이 키레나이카와 벵가지를 버리고 비좁은 엘 아게일라 통로 너머로 철수할 준비를 하고 있다는 정보를 입수했다. 오코너는 즉각 얼마 남지 않은 전차들을 사막을 가로질러 신속하게 진격시켜 퇴각하는 이탈리아군의 퇴로를 벵가지 남쪽에서 차단한다는 대담한 작전을 세웠다. 메킬리^{Mechili}에서 출발한 영국군 전차들은 겨우 33시간 만에 험난한 지형을 100마일(160킬로미터)이나 주파한 끝에 2월 5일 늦게 이탈리아군보다 한발 앞서 베다 폼^{Beda Fomm}에 도착했다. 뒤이어 도착한 이탈리아군은 필사적으로 돌파를 시도했지만, 겨우 3,000명 정도에 불과한 병사들과 순항전차 39대로 이뤄진 영국군을 뚫을 수 없었다. 사기가 바닥까지 떨어진 이탈리아군 2만 명은 결국 항복해버렸고, 이 과정에서 영국군은 또다시 포 216문, 전차 120대를 획득했다. 마치 사냥 결과를 알리기라도 하듯이 오코너는 "개활지에서 여우를 잡았다"라는 무전으로 웨이벨에게 승리를 알렸다. 오코너는 나중에 유명해진 이 말을 무솔리니의 부아를 돋우기 위해 암호도 아닌 평문으로 전송했다.

겨우 10주 사이에 2개 영연방군 사단은 700마일(1,126킬로미터)을 진격하면서 포로 13만 명을 잡고, 380대 이상의 전차와 포 845문, 3,000대가 훨씬 넘는 차량들을 노획했다. 반면, 영국군의 손실은 전사자 500여 명, 부상자 1,373명, 실종자 55명에 불과했다. 작전 개시 전의 모든 예상을 훨씬 뛰어넘는 전과를 거둔 오코너는 이제 트리폴리까지 진격할 수 있는 길이 열렸으니 이탈리아의 식민지인 리비아를 곧 일소할 수 있다는 확신을 가지게 되었다. 일부 역사가들은 이때 리비아로 치고 들어갔다면, 아프리카 전선에서 최종 승리를 거둘 수도 있었음에도 불구하고 영국군 지휘부가 황금 같은 기회를 날려버렸다고 주장하기도 한다. 그러나 나중에 이뤄진 연구는 만약 벵가지 항을 확보하지 못하고 공격을 시작했다면, 영국군은 엄청난 어려움을 겪게 되었을 것이라고 주장한다. 그리고 처칠로부터 벵가지를 향한 진격을 중지하고 키레나이카를 지키기 위해 소수의 병력만 남겨둔 채 주력을 그리스로 돌리라는 명령을 받은 웨이벨로서는 어차피 별다른 선택의 여지가 없었다.

히틀러는 영국군이 더 이상 진격할 생각이 없다는 것을 알지 못했지만, 이대로 이탈리아가 패전을 거듭한다면 무솔리니의 파시스트 정권에게 치명타가 될 것이라는 사실은 잘 알고 있었다. 그라치아니의 군대가 최종적으로 괴멸되던 날, 히틀러는 롬멜을 불러들였다. 롬멜의 탁월한 지휘 능력과 병사들의 사기를 이끌어내는 능력을 높이 산 히틀러는 롬멜에게 아프리카로 파견할 소규모 기계화부대인 DAK의 지휘를 맡겼다. 한편, 그 무렵 시칠리아와 남부 이탈리아 지방으로 이동한 제10항공군단은 1월 10일부터 몰타 무력화를 목표로 한 공격을 시작하는 한편, 트리폴리로 향하는 추축군 보급함대의 엄호 및 키레나이카로 진격하는 영국군에 대한 공격을 개시했다. 2월 12일 트리폴리로 날아온 롬멜은 예상되는 영국군의 공격을 방어하라는 명령을 받았지만, 이틀 후 DAK의 선도부대가 트리폴리에 도착하자 이들을 곧장 전선에 투입한 후 진격을 시작했다.

이탈리아령 동아프리카의 정복

아오스타 공의 지휘를 받고 있던 동아프리카의 이탈리아군은 이탈리아가 개전을 선언한 후 곧 공격에 나서 수단과 케냐의 영국군 전초진지 및 영국령 소말릴란드를 점령하며 기세를 올렸다. 당시 이탈리아군은 대부분 해당 지역 출신으로 구성된 영국군을 수적으로 크게 압도하고 있었다. 하지만 서부 사막지역에서 연거푸 들려오는 이탈리아군의 패전 소식에 기가 꺾인 아오스타 공은 당시 영국이 가장 취약하던 시기에 방어 태세로 전환하는 우를 범했다. 설상가상으로 영국 정보부가 이탈리아 육군과 공군의 암호체계를 해독하는 데 성공하면서 이탈리아군 지휘부가 내리는 명령은 내려지는 순간 바로 영국군에게 파악당하는 지경이 되었다. 이렇게 이탈리아군의 현황을 손바닥 들여다보듯 하고 있던 윌리엄 플랫William Platt 소장은 1941년 1월 19일, 제4·제5인도사단으로 에리트레아에 대한 공격을 시작했다. 수 주 동안 격전을 벌인 양 사단은 3월 27일에 케렌Keren을 점령했다. 그리고 이것이 전투의 분수령이 되어 이탈리아군은 퇴각을 거듭했고, 4월 8일에 영국군은 마사와에 입성했다. 한편, 2월 11일에는 앨런 커닝햄Alan Cunningham 중장이 동아프리카군과 남아프리카군을 지휘하여 케냐로부터 이탈리아령 소말릴란드를 공격해 들어가 큰 성과를 거두었다. 2월 25일, 이탈리아령 소말릴란드의 수도인 모가디슈Mogadishu를 점령한 커닝햄은 공격의 창끝을 북쪽으로 돌려 3월 26일에는 에티오피아의 하레르Harer를 점령했다. 또 아덴에서 출격한 소규모 영국군 부대는 별다른 저항도 받지 않고 영국령 소말릴란드를 되찾은 후 커닝햄의 부대와 합류하여 4월 6일에는 아디스 아바바Addis Ababa를 점령했다. 단 8주 사이에 커닝햄이 이끄는 영국군은 1,700마일(2,735킬로미터)을 진격하면서 아오스타 공의 주력을 분쇄했고, 영국군의 손실은 겨우 501명에 불과했다.

하지만 이보다 더 눈부신 승리를 거둔 이가 있었으니, 나중에 버마의 친디트 부대 사령관으로 위명을 떨치게 되는 오드 윈게이트Orde Wingate가 바로 그 주인공이었다. 패트리엇Patriots이라고 불리는 현지 출신 병사 1,600명을 지휘하고 있던 윈게이트는 자신의 부대를 '기드온 부대Gideon force'로 명명하고 효과적인 게릴라 전술과 기만작전을 시의적절하게 잘

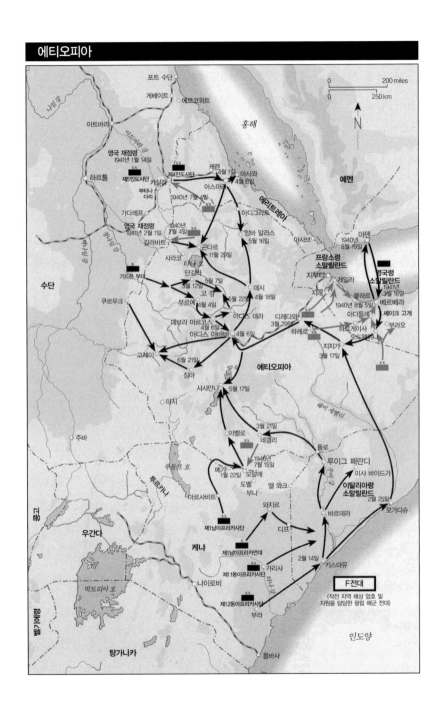

사용하여 데브라 마르코스 Debra Markos에서 이탈리아군을 대파하고 5월 5일, 망명 중이던 에티오피아의 하일레 셀라시에 황제를 수도 아디스 아바바로 복귀시켰다. 5월 16일, 영국군에게 쫓겨 험준한 산악지대를 전전해야 했던 아오스타 공이 항복하면서 두 곳에서 포위된 채 저항을 계속하던 부대들을 제외하면 동아프리카에서 이탈리아군의 저항은 종식되었고, 포위망 속에서 버티던 이탈리아군도 결국 1941년 11월에는 영국군에게 일소되고 말았다.

▪▪▪▪▪ 에티오피아의 황제 하일레 셀라시에 황제의 모습. 1936년, 무솔리니의 이탈리아군이 에티오피아를 점령하면서 망명길에 오르게 된 셀라시에는 1941년 5월, 대담한 게릴라전을 벌인 끝에 윈게이트가 에티오피아를 해방시키면서 다시 고국으로 돌아와 황제의 자리에 복귀한다. 에티오피아는 제2차 세계대전 중 추축국에게 점령되었다가 해방된 첫 번째 지역이었다. 하지만 에티오피아의 독립을 제대로 지켜낼 수 없었던 셀라시에 황제는 결국 1974년 퇴위하게 되었다. (Imperial War Museum BM1986)

동아프리카에서 연합군이 거둔 승리는 두 가지 면에서 중요한 의미를 가지고 있었다. 하나는 무솔리니가 가장 자랑스러워하는 업적인 에티오피아 정복을 무효화시켰다는 것이었고, 또 다른 하나는 추축국 점령지를 최초로 해방시켰다는 것이었다. 여기에 추가로 23만 명에 이르는 이탈리아군을 포로로 잡은 것 외에도 이제 영국군은 동아프리카에 묶여 있던 부대들을 서부 사막지역에 투입할 수 있게 되었다. 또 울트라 암호해독기와 블레츨리 파크의 암호해독기관이 최초로 연합군의 승리에 핵심적인 역할을 수행하면서 연합군은 작전 성공에 정보가 미치는 영향에 대해 이루 말로 다할 수 없는 중요한 교훈을 얻게 되었다. 그리고 동아프리카 지역에서의 승리는 또 하나의 중요한 전략적 결과를 가져왔다. 영국군의 승리로 동아프리카 연안 일대의 안전이 확보되면서 4월 11일에 미국의 루스벨트 대통령은 홍해와 아덴 만 일대를 전쟁 지역에서 해제했고, 그 결과 미국 선박들이 수에즈 운하로 물자를 운송하게 되면서 영국 수송선단은 큰 부담을 덜게 되었다.

그리스

키레나이카와 동아프리카에서 영국군이 거둔 승리는 영국이 여전히 전략적으로 중요한 지역에서 추축국에게 수치스러운 패배를 안겨줄 만한 역량을 가지고 있음을 보여주는 사건이었다. 영국 지중해 함대는 1941년 2월 9일에 제노바 항에 대담한 폭격을 가하고 3월 28일에는 마타판 곶 해전(이탈리아 해군은 이탈리아군 전함 비토리오 베네토가 어뢰를 맞고 대파된 것 외에도 순양함 3척과 구축함 2척을 잃는 큰 피해를 입은 반면, 영국군은 피해를 거의 입지 않았다)에서 이탈리아 함대를 상대로 승리를 거두면서 그러한 사실을 다시 한 번 확인시켜주었다. 또 웨이벨이 거둔 눈부신 승리는 당시 연일 독일군의 공습에 시달리던 영국 국민의 사기를 크게 높여주었다. 그러나 이러한 승리는 그리스에서의 패배로 곧 빛이 바래고 말았다.

그 무렵 처칠은 제1차 세계대전 당시 못 이룬 야망, 즉 발칸 반도로부터 독일의 급소를 강타한다는 전략을 다시 한 번 시도하려는 생각을 하게 되었다. 당시 그리스가 압도적인 이탈리아군을 맞아 대단한 선전을 벌이고 있었던 점도 처칠의 결정에 큰 영향을 미쳤지만, 어차피 영국으로서는 독일의 침공으로부터 그리스를 보호해주겠다는 협정을 체결해놓은 상태였기 때문에, 발칸 반도에 발을 들여놓을 수밖에 없었다. 그리고 이렇게 신의를 지키는 영국의 모습이 미국의 태도에 영향을 미칠 것이라는 것까지 계산하고 있던 처칠은, 그리스-터키-유고슬라비아에 가능하면 불가리아까지 합류시켜서 발칸 지역에 반독일 전선을 구축하겠다는 원대한 계획을 세우고 있었다.

1941년 2월, 영국은 어떤 형태의 지원을 제공할 것인가를 놓고 그리스와 협상하기 시작했다. 사실, 당시 그리스를 지배하고 있던 독재자 이오아니스 메탁사스Ioannis Metaxas는 자칫 독일의 전면 침공을 유발할 수도 있다는 이유로 영국의 도움을 받는 것을 내켜하지 않았다. 만약 메탁사스의 실용주의 노선으로 협상이 진행되었다면, 영국은 성공 가능성도 거의 없고 그리스에게는 별 도움도 안 되었으면서 손해는 엄청나게 본 그리스 전선에 무익하게 발을 들여놓지 않아도 되었을 것이다. 하지만 1월 29일에 메탁사스가 사망한 후 그의 후계자로 그리스를 다스리게 된 그리스군 총사령관 알렉산드로스 파파고스 대장은 그의 전임자와 같은 정치적 능력을 찾아볼 수 없는 인물로서, 영국군의 그리스 진입을 허가하라는 처칠의 압력에 굴복하고 말았다. 웨이벨과 당시 영국 외무장관이었던 앤서니 이든Anthony Eden으로부터 아주 낙관적인 상황 보고서를 받고 용기를 얻은 처칠은, 서부 사막지역에서 싸우고 있던 영국군 일부를 그리스 전선에 투입하라는 명령을 내렸다.

1940년 11월, 헝가리와 루마니아가 삼국 동맹에 가입하면서 독일은 본격적으로 그리스를 침공할 준비를 갖추기 시작했다. 이는 동맹국인 이탈리아를 돕기 위해서이기도 했지만, 동시에 소련 침공에 대비하여 남쪽 측면의 안정을 도모한다는 의미도 있었다. 하지만 그리스에서 이탈리아군이 수렁에 빠지고 영국군이 그리스에 본격적으로 투입될 기미가 보이자, 히틀러는 아예 그리스 전체를 점령해버린다는 결정을 내렸다. 제1차 세계대전 참전 용사였던 히틀러는 그리스의 살로니카에 주둔한 연합군이 1918년 서부전선의 독일군에게 어떤 영향을 미쳤는지를 생생하게 기억하고 있었다. 만약 영국군이 그리스에 주둔하게 된다면 이는 장차 소련을 공격해 들어갈 독일군의 배후에 직접적인 위협이 되며, 만약 그리스에서 출격한 영국군 폭격기가 루마니아 유전지대를 폭격하기라도 한다면 이는 독일의 전쟁 수행 능력을 근본적으로 뒤흔들 여지마저 있었다.

3월 1일, 불가리아마저 삼국 동맹에 가입하자, 독일군은 즉각 다뉴브 강을 도하하기 시작했다. 당시 유고슬라비아의 섭정攝政을 맡고 있던 파울Paul 대공은 삼국 동맹 가입을 탐탁지 않게 여겼지만, 3월 25일이 되자 별수 없이 추축국에 가담한다는 결정을 내렸다. 하지만 그로부터 겨우 이틀 후, 파울 대공은 시모비치Simovic 대장이 주도한 쿠데타로 실각하는 신세가 되고 말았다. 파울 대공의 실각 소식에 크게 분노한 히틀러가 즉각 그리스뿐만 아니라 유고슬라비아에도 전면적인 침공을 가하기로 결정함에 따라 4월 16일에 양국에 대한 침공작전인 마리타 작전Operation Marita이 시작되었다. 리스트 원수가 지휘하는 독일 제12군은 7개 기갑사단과 항공기 1,000대를 갖추고 불가리아로부터 그리스와 유고슬라비아 남부를 동시에 치고 들어갔으며, 4월 8일과 10일에는 독일군, 이탈리아군, 헝가리아군이 북부와 중부 유고슬라비아에 대한 공격을 개시했다. 4월 13일, 유고슬라비아의 수도 베오그라드Belgrade가 대규모 폭격을 받고 엄청난 희생자가 발생한 후 추축군의 손에 떨어졌고, 그로부터 4일 후에 유고슬라비아 정부는 독일에 항복하고 말았다. 당시 유고슬라비아군의 규모는 100만 명에 달했지만, 구식 장비뿐인 비효율적인 군대에 불과했다. 덕분에 독일군은 겨우 151명의 사상자만 내고 유고슬라비아 전토를 순식간에 점령할 수 있었다. 이탈리아, 헝가리, 루마니아 역시 마치 시체를 노리는 하이에나처럼 전리품을 챙겼다. 또 다른 한편에서는 크로아티아의 민족주의 단체인 우스타쉬Ustashi와 슬로베니아인들이 독립을 선포했고, 세르비아에는 꼭두각시 정권이 들어섰다. 그리고 이와 함께 대규모 민족 이동과 광범위한 학살로 점철된 제2차 세계대전 기간 동안 벌어진 가장 참혹한 살육전 중의 하나가 시작되었다*.

유고슬라비아보다 조금 낫기는 했지만, 그리스도 어이없이 무너지기는 매한가지였다. 3월 4일, 그리스군을 지원하기 위해 영국군이 그리스에 도착했다. 당시 그리스에 상륙한 영국군은 사전에 합의한 대로 그리스군이 알리아크몬Aliakmon 방어선으로 물러나 있을 거라고 생각하고 있었다. 알리아크몬Aliakmon 강에서 베로이아Veroia와 에데사Edessa를 거쳐 유고슬라비아 국경을 향해 뻗어 있는 알리아크몬 방어선은 알바니아 국경지대보다 훨씬 방어하기 유리한 지형을 가지고 있었다. 그러나 협상 과정의 혼란으로 인해 영국군이 도착한 시점까지도 그리스군의 주력 2개 군은 여전히 알바니아와 살로니카 전선에 머물러 있었다. '점보Jumbo'라는 별명을 가진 메이틀런드 윌슨 중장이 지휘하는 영국 지원군은 1개 비행대의 지원을 받는 뉴질랜드사단 및 제6·제7오스트레일리아사단, 기갑여단 등 총 5만 명의 병력으로 구성되어 있었다. 하지만 그리스군과 합류할 수 없는 상황에서 영국군이 그리스군을 돕기 위해 할 수 있는 일은 거의 없었다. 유고슬라비아로부터 그리스를 침공한 독일군은 모나스티르 일대의 간격Monastir Gap을 뚫고 들어와 트라케Thrake의 그리스군을 우회하여 포위하는 한편, 알바니아 전선의 그리스군을 고립시켜버렸다. 이후 남쪽으로 계속 밀고 내려온 독일군이 영국군의 측면을 우회하자, 영국군까지 포위당할 위기에 빠지게 되었다. 4월 10일부터 서서히 물러나기 시작한 영국군은 상황이 완전히 가망이 없게 되자, 4월 21일에 전면 철수를 결정했다.

---

*발칸에서의 이러한 대규모 살육전은 20세기 말에도 또다시 반복되었다.

그리스

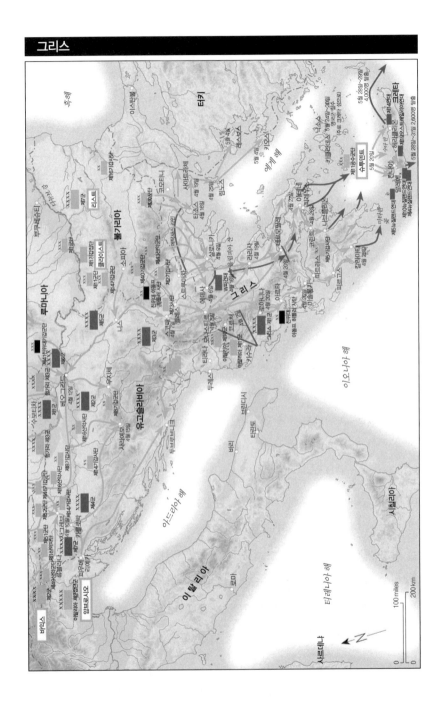

다시 한 번 됭케르크에서와 같은 극적인 철수작전이 펼쳐지면서 영국군은 4월 29일까지 대부분의 병력을 그리스의 해안지대로부터 철수시킬 수 있었지만, 역시나 됭케르크 철수작전 때와 마찬가지로 이들 병력은 금쪽 같은 중장비와 차량들을 해변에 버려두고 알몸으로 빠져나와야만 했다.

영국군이 크레타 섬을 군함대와 폭격기 발진 기지로 이용할 가능성을 우려한 히틀러는 전격전술의 주역이었지만, 지금까지 벨기에 요새지대 장악 등 소규모 작전 외에는 별달리 큰 활약을 하지 못한 공수부대들을 동원하여 크레타 섬을 점령함으

■■■■■ 1941년 4월, 그리스를 점령한 독일군 병사들.
(Topham Picturepoint 0156318)

로써 발칸 전역의 대미를 장식하고자 했다. 그리고 5월 20일, 500대의 수송기와 글라이더에 탑승한 슈투덴트Kurt Student 대장의 제11공수군단이 크레타 섬에 강하하면서 메르쿠르 작전Operation Merkur(Mercury)이 시작되었다. 영국군은 독일군의 공격을 방어해내지 못했고, 결국 뉴질랜드의 제1차 세계대전 전쟁 영웅이자 빅토리아 십자장Victoria Cross 수상자인 버나드 프레이버

그^{Bernard Freyberg} 중장이 이끄는 크레타 섬 수비대 3만5,000명은 소총 한 자루 외에는 모든 장비를 버리고 크레타 섬을 간신히 탈출했다.

3,000명으로 구성된 독일 공수부대의 선봉대는 첫날 주요 목표인 말레메^{Maleme}의 비행장을 점령하는 데 실패했지만, 밤사이 뉴질랜드군이 비행장에서 철수하자 독일군은 격렬한 박격포와 포병 사격을 무릅쓰고 비행장에 증원 부대를 착륙시켰다. 하지만 크레타에서 독일 공수부대는 엄청난 희생을 치러야 했다. 이들은 영국군이 우글거리는 지역에 낙하산을 타고 내려오다 착지하기도 전에 무수히 죽어나가야 했고, 착륙한 후에도 무기 컨테이너에서 무기를 회수하기 전에 속절없이 영국군 수비대에게 사살당하는 경우가 허다했다. 게다가 공격 이틀째 밤에 실행될 예정이었던 증원 부대의 상륙조차 영국 해군에게 저지당하고 말았다. 하지만 독일군은 다대한 손실에도 불구하고 증원 부대를 공중과 해상을 통해 꾸역꾸역 밀어넣고 처절한 전투를 1주일이나 벌인 끝에 프레이버그의 영국군 수비대를 전면 철수하게 만들었다.

크레타 섬 강하작전은 전쟁 중 가장 과감하고 극적인 작전 중 하나였지만, 동시에 가장 희생이 컸던 작전이기도 했다. 영국 및 영연방군은 그리스에서 1만3,000명을 잃은 것 외에도 크레타에서 추가로 약 1만6,000명이나 손실을 입었다. 이들 대부분은 전사한 것이 아니라 포로가 되었지만, 중동지역을 지킬 병력이 크게 부족한 상황에서 2개 사단에 해당하는 병력을 날려버린 것은 영국군에게 뼈아픈 손실이 아닐 수 없었다. 영국 지중해함대 역시 그리스로부터 영국 지상 부대를 철수시키다가 구축함 2척을 격침당한 외에도 순양함 3척과 구축함 6척을 추가로 격침당했으며, 함정 17척이 대파당하는 큰 손실을 입었다. 게다가 파손된 함정 가운데는 지중해함대 유일의 항공모함과 전함 2척, 순양함 3척까지 포함되어 있었다. 지중해 함대의 이러한 대피해는 지상 발진 항공기가 활동하는 수역에서는

함대가 작전할 수 없다는 사실을 다시 한 번 보여주는 것이었다. 하지만 큰 피해를 입기는 독일군도 마찬가지였다. 공수작전에 동원된 항공기 수백 대가 파괴되거나 큰 손상을 입었고, 강히한 공수부대 2만2,000명 가운데 7,000명이 전사하거나 부상을 입었다. 이러한 사상자 수는 발칸 반도 전역 전 기간에 걸쳐 발생한 독일군 사상자 수를 뛰어넘는 것이었다. 독일군 스스로도 크레타 섬 점령에 성공한 것은 천행天幸으로 여길 정도였고, 공수부대가 입은 엄청난 손실에 경악한 히틀러는 이제 공수부대의 시대는 끝났다고 결론 내리고 크레타보다 훨씬 큰 전략적 가치를 지니고 있던 몰타 섬을 공수부대로 점령한다는 계획을 전면 백지화하는 동시에 이후로는 공수부대를 일반 보병부대로 활용하게 되었다.

롬멜의 첫 공세

당시 키레나이카를 지키고 있던 영국군 부대는 훈련도 제대로 못 받고 전력도 별 볼일 없는 제2기갑사단과 제9오스트레일리아사단뿐이었다. 그러나 울트라 암호해독기를 통해 롬멜이 절대 공격에 나서지 말라는 명령을 받고 있으며 또 롬멜 휘하의 병력 역시 보잘것없다는 사실을 알고 있던 웨이벨은 그런 오합지졸만으로도 키레나이카를 지키는 데는 별 문제가 없을 것으로 생각하고 있었다.

그러나 롬멜은 당장 가용한 제5경사단과 이탈리아의 아리에테^{Ariete} 사단을 동원하여 엘 아게일라를 손쉽게 탈환하고 내친 김에 3월 31일부터는 전면적인 공세를 시작했다. 이는 5월에 제15기갑사단이 도착할 때까지는 수비에 전념하라는 히틀러와 이탈리아 사령부의 명령을 정면으로 위반하는 것이었다. 롬멜은 사막전 경험이 전혀 없었음에도 불구하고 겨우 2주 사이에 키레나이카 전역을 휩쓸면서 오코너가 이뤄놓은 성과를 모두 허사로 만들어놓았다. 롬멜의 진격은 솔룸^{Sollum}에서 정지되었지만, 그 사이에 이미 토브룩은 포위되어버렸고, 영국군으로서는 설상가상으로 혼란의 와중에 오코너와 님^{Neame} 대장까지 독일군의 포로가 되고 말았다. 롬멜의 전광석화와도 같은 진격으로 독일군은 몰타에 공격을 가할 수 있는 중요한 항공 기지를 확보할 수 있었다. 그러나 수비에 주력하라는 명령을 무시하고 공격에 나선 롬멜에 대해 당시 독일군 총참모장이었던 할더 대장은 "완전 또라이"라고 평했다. 사실, 증원군이 도착한 이후에도 독일군의 전력은 너무나 보잘것없었고, 그 때문에 롬멜은 토브룩 요새에서 버티고 있던 '토브룩의 쥐새끼들', 즉 오스트레일리아군, 영국군, 폴란드군을 축출할 수가 없었다. 롬멜은 역동적이고 에너지가 넘치는 지휘관이었지만, 사막이라는 가혹한 환경이 가하는 제약과 이로 인한 보급상의 어려움은 그로서도 어쩔 수 없는 일이었다. 그나마 쓸 만한 항구인 토브룩에 영국군이 계속 버티고 있는 상황에서 제아무리 롬멜이라도 머나먼 트리폴리로부터 위험할 정도로 가늘어진 보급선을 통해 수송되는 물자만으로는 더 이상 이집트를 향한 공세를 지속할 수가 없었다.

반대로 발칸에서 실패를 거듭하던 처칠은 빨리 어디서든 승리를 거둬야 한다는 강박관념에 시달리고 있었다. 승리를 거둘 데가 어디 없나 고민하던 처칠은 북아

▪▪▪▪▪ 롬멜은 어떻게 보더라도 절대 광신적인 나치 추종자는 아니었다. 롬멜은 1940년 프랑스 전역에서 번개 같은 진격으로 명성을 날렸지만, 북아프리카 전역을 지휘하면서 히틀러의 눈 밖에 나게 되었다. 전쟁 말, 히틀러 암살미수사건이 벌어진 후 롬멜도 음모에 가담했다고 생각한 히틀러는 롬멜에게 자살하든지 반역죄로 재판을 받든지 둘 중의 하나를 선택할 것을 강요했다. 1944년 1월, 롬멜은 결국 자살을 선택했다. 히틀러는 그가 뇌졸중으로 사망했다고 발표하고 성대하게 국장을 치러주었다.

프리카야말로 자신의 목적을 이루기 가장 적절한 곳이라고 판단하고 대규모 증원 부대를 파견하기로 결정했다. 처칠은 타이거^{Tiger}라는 암호명이 붙은 수송선단에게 자신의 '호랑이 새끼들(전차 238대)'을 실은 후 안전하지만 훨씬 멀리 돌아가야 되는 남아프리카 항로가 아니라 위험천만한 지중해를 직접 통과해서 북아프리카의 알렉산드리아로 향하라는 거의 강요에 가까운 명령을 내렸다. 웨이벨은 빨리 북아프리카에서 롬멜을 '격파'하고 '결정적인' 승리를 거두라는 처칠의 압박을 견디다 못해 두 차례에 걸쳐 제한적인 공세를 시작했다. 새로이 도착한 전차들을 동원해 시작한

■■■■■■ 1941년 4월 15일, 메르사 엘 브레가(Mersa el Brega)에서 전투를 벌이고 있는 독일의 88밀리미터 고사포. 이 포는 원래 고사포로 제작되었지만, 롬멜은 이를 대전차포로 사용했다. 그 어떤 영국군 전차도 격파할 수 있는 능력을 가지고 있던 이 고성능 고사포는 영국군에게 심대한 피해를 입혔다. (Imperial War Museum HU1205)

5월의 브레비티 작전Operation Brevity과 6월의 배틀액스 작전Operation Battleaxe은 처칠의 강압에 못 이겨 서둘러 입안하여 실행한 작전으로, 결국 큰 손해만 입고 실패로 끝나고 말았다. 영국군의 작전 실패의 주요 원인은 잘못된 전술에 있었다. 롬멜은 교묘하게 대전차포의 '밭'을 만들어두고 여기에다 고성능 88밀리미터 대공포대까지 대전차포대로 전용했다. 또 영국군이 순항 전차와 마틸다 중전차를 제대로 협동 운용하지 못했던 데 반해, 롬멜은 원래 수비에나 써야 할 대전차포대를 기갑연대와 함께 공세적인 기동 세력으로 운용했다. 양측이 가진 기갑전 능력의 시험 무대가 된 영국군의 공세에서 영국군은 어렵게 수송해온 전차를 91대나 잃었지만, 독일군이 입은 전차 손실은 12대에 불과했다. 안달이 난 처칠은 지금까지

웨이벨이 거둬온 성과를 모두 무시하고 그를 인도 방면군 총사령관이었던 클로드 오친렉Claude Auchinleck 대장으로 교체했으며, 확대 개편된 서부사막군(제8군으로 개칭)의 사령관으로는 커닝햄 대장을 임명했다. 하지만 영국군은 박살이 나면서 얻은 소중한 교훈들, 특히 자신들이 입은 피해의 주범이 전차가 아니라 대전차포였다는 사실을 제대로 활용하지 못했으며, 차기 공세를 위한 전술 개발도 소홀히 하는 우를 범하고 말았다.

이라크와 시리아

독일군이 발칸 반도와 지중해 일대에서 계속 승리를 거두자, 이에 고무된 이라크의 친추축국 세력이 4월 2일에 쿠데타를 일으키면서 라시드 알리 엘-가일라니Rashid Ali el-Gaylani가 권좌에 오르게 되었다. 아랍 민족주의자들은 독일의 승리가 영국의 지배에 신음하는 아랍 민족과 국가들에게 해방을 가져다주고 또 당시 점점 늘어나고 있던 팔레스타인 지역으로의 유대인 유입을 막아줄 것이라고 기대했다. 독일로부터 항공 지원 및 시리아를 통한 물자 공급 약속을 받은 라시드 알리는 영국과 맺은 조약에 명시된 영국군의 이라크 영토 통과 권리를 무효화하고 바그다드로부터 서쪽으로 25마일(40킬로미터) 떨어진 곳에 자리 잡은 하바니야Habbaniya의 비행장을 포위했다. 당시 영국군은 서부 사막지역과 그리스, 동아프리카에서 모두 작전을 벌이고 있던 상황이라, 이라크인들은 지금이야말로 봉기하기에 최적기라고 생각하고 행동에 나선 것이었다.

그러나 인도와의 연락로가 막히고 이라크로부터의 석유 공급이 중단될 것을 우려한 영국군은 5월 2일에 필사적인 공세에 나섰다. 인도에서 출발한 제10인도사단이 바스라에 상륙하는 것과 동시에 팔레스타인에서는 5,800명의 병력으로 구성된 하브 전투단Habforce이 하바니야에 포위된 영국군을 구원하기 위해 사막을 가로지르는 행군을 시작했다. 이라크를 지원하기 위해 독일군 항공기들이 시리아를 거쳐 바그다드까지 날아왔지만, 별다른 도움이 되지는 못했다. 만약 이라크인들이 한 달만 더 기다렸다면 독일로부터 효과적인 지원을 받을 수도 있었겠지만, 이들이 너무 성급하게 행동에 나서는 바람에 독일도 지원을 해주고 싶어도 해줄 수 있는 것이 없었다. 결국 5월 31일, 영국군이 바그다드를 함락하면서 이라크는 다시 영국의 세력권이 되었다.

한편, 울트라 암호해독기를 통해 독일의 움직임을 낱낱이 탐지하고 있던 영국은 비시 정부의 시리아 지역 책임자였던 앙리 덴츠 대장이 이라크인들에게 무기를 공급하고 독일과 긴밀하게 협력하고 있다는 사실을 알게 되었다. 당시 히틀러는 조만간 이뤄질 소련 침공작전에 말 그대로 '꽂혀' 있어서 중동지역이 어떻게 되든 아무런 신경을 쓰고 있지 않았지만, 이를 모르고 있던 영국은 독일이 당시 비시 프랑스의 군사 지휘권을 장악한 반영 성향의 다를랑 제독의 지원을 받아 크레타에서 거둔 승리를 발판으로 시리아를 통해 중동지역으로 밀고 들어올지도 모른다고 불안해하고 있었다. 게다가 이집트의 영국군 기지에 대한 추축군의 위협까지 증대되자, 영국군은 시리아와 레바논을 침공해 후방의 안전을 확고히 한다는 결정을 내렸다.

6월 8일, 여기저기서 끌어 모은 병력을 바탕으로 윌슨 대장의 지휘 하에 익스플로러 작전Operation Explorer이 시작되었다. 하브 전투단과 제10인도사단이 이라크로부터 시리아의 팔미라Palmyra와 알레포Aleppo로 밀고 들어가는 동안 제6사단은 팔레스타인에서 다마스커스Damascus로, 제7오스트레일리아사단은 하이파Haifa로부터 베이루트Beirut를 향해 침공을 개시했다. 5주간에 걸친 치열한 전투 끝에 7월 14일이 되자 마침내 덴츠가 항복을 했다. 한때 동맹이었던 국가들 간에 벌어진 이 비극적이고도 유감스러운 사건으로 인해 3,500여 명이 목숨을 잃어야 했다. 그리고 이 전투에서 서로 맞붙게 된 비시 프랑스군과 드골의 자유 프랑스군은 오히려 독일군을 상대할 때보다도 더욱 치열한 적개심을 가지고 서로를 상대로 전투를 벌였다. 어쨌든 영국은 시리아와 레바논을 정리함으로써 지중해의 동쪽 일대를 공고히 할 수 있었고, 독일이 터키를 통해 중동으로 침입해 들어올 경우에 대비한 든든한 방어 진지를 확보하게 되었다.

몇 주 후, 영국은 소련과 손을 잡고 이란을 점령했다. 이는 무기대여법에 따라 소련으로 물자를 공급하기 위한 통로를 확보하기 위한 것이기도 했지만, 영국은 이를 통해 중동지역에서의 입지를 더욱 확고히 다질 수 있었다. 보다 대국적으로 봤을 때 1941년 여름이 되자 독일은 발칸 지역 일대를 정리하여 자신의 세력권으로 편입시킬 수 있었지만, 중동 전역은 영국이 장악하게 되었다. 이제 중동지역의 영국군 사령관은 다른 지역에 신경 쓸 필요 없이 리비아의 롬멜을 격파하는 데 전력을 집중할 수 있게 되었고, 이와 동시에 중동 전역에 여기저기 흩어져 있던 영국군 부대들을 모두 북아프리카 전선으로 집결시키는 깃도 가능하게 되었다. 반면 6월부터 독일이 소련 침공을 시작하면서 히틀러의 관심은 온통 동부전선으로 쏠리게 되었고, 그로 인해 롬멜은 별다른 지원을 바랄 수 없는 상황에 처하게 되었다. 한편, 주변 정황이 그렇게 돌아가는 동안 토브룩 지역에서는 치열한 전투가 여전히 계속되었고, 또 월광이 없는 밤을 틈타 영국 해군이 토브룩의 오스트레일리아군을 영국군과 폴란드군으로 교체하는 작전을 벌이기도 했지만, 그런 소규모 교전들을 제외하면 사막 전선에서는 한동안 소강상태가 지속되었다. 그러나 전선이 조용한 가운데서도 양측은 이를 이용해 다음번 대전투를 준비하기에 여념이 없었다.

지중해

이제 지중해 중앙부에 남아 있는 영국군의 거점은 몰타밖에 남지 않게 되었다. 하지만 전략적 위치상 몰타는 롬멜의 옆구리에 박힌 커다란 가시 같은 존재였다. 몰타는 지브롤터와 알렉산드리아 거의 한가운데 자리 잡고 있었고, 이탈리아와 아프리카 사이를 오가는 롬멜의 보급선들이 지나는 항로 바로 위에 걸터앉아 있는 형세를 띠고 있었다. 이러한 몰타의 입지는 알렉산드리아와 몰타 사이를 오가는 수송선을 호위하던 필립 비안 중장의 제15순양함전대와 지브롤터에서 몰타로 가는 수송선단을 호위하던 H전대에게는 그야말로 하늘이 내려준 절호의 작전 환경이었다. 하지만 1941년 1월부터 독일 공군이 지중해 일대에서 작전을 시작하면서 몰타는 완전히 고립된 채 점점 격렬해지는 독일군의 공습에 끊임없이 시달려야 했다. 게다가 그리스, 크레타, 리비아에도 독일군이 똬리를 틀고 들어앉게 되면서 몰타에 대한 보급은 더욱더 어렵게 되었다.

하지만 그런 악조건에도 불구하고 영국은 끊임없이 몰타를 지키기 위해, 그리고 몰타를 발판으로 추축군에 대한 공격을 가하기 위해 조금씩이나마 몰타에 물자와 병력을 공급했다. 6월만 하더라도 항공모함 아크 로열 단독으로, 혹은 아크 로열과 항모 퓨리어스Furious, 빅토리어스가 짝을 지어 벌인 일련의 항공기 수송 작전을 통해 영국군은 몰타 섬에 항공기 140대 이상을 배치할 수 있었고, 당장 긴급한 연료와 물자는 잠수함을 통해 그럭저럭 수송할 수 있었다. 하지만 영국군은 울트라 암호해독기를 통해 롬멜에게 물자를 수송해주는 추축군 선단이 얼마만한 규모로 언제, 어디를 통과하는지 손바닥 보듯이 알고 있었으면서도 항공기와 잠수함 전력의 부족으로 이들에게 별다른 타격을 가할 수 없었다. 물론 그 덕분에 롬멜은 전혀 피해를 보지 않고 보급 물자를 고스란히 받을 수 있었다.

여름이 가까워오면서 몰타의 상황은 거의 한계에 달했다. 하지만 그동안 몰타에 공격을 퍼부어온 제10항공함대가 6월에 동부전선으로 이동하면서 지중해의 영국군은 한숨을 돌릴 수 있게 되었다. 7월이 되자 서브스턴스 작전Operation Substance으로 1월 이후 최초로 공세를 위한 물자를 적재한 선단이 몰타에 도착했고, 뒤이어 9월에는 할버드 작전Operation Halberd으로 두 번째 공세 물자 선단 역시 성공적으로 몰타에 도착했다. 이러한 보급작전으로 수송선 약 40척이 몰타에 도착했으며, 손실은 1척에 불과했다. 반면 호위함대는 구축함 1척과 순양함 1척이 격침당했고, 전함 1척, 항모 1척, 순양함 2척이 파손되는 비교적 큰 손실을 입었다. 이렇게 공세물자가 도착하면서 몰타는 잠시 동안이기는 하지만 다시 한 번 영국 해군의 주요 기지 역할을 할 수 있게 되었다. 6월에서 9월 사이에 영국 잠수함들은 15만 톤에 달하는 추축군 선박 49척을 격침시켰고, 여기에 영국 왕립 공군까지 활발하게 활동하면서 리비아로 물자를 수송하는 추축군 선단에게 엄청난 손실을 입혔다. 또 추축군 선단에 대한 공세를 더욱 강화하기 위해, 영국군은 몰타에서 9월에는 잠수함전대를, 그 다음달에는 K전대(순양함 2척, 구축함 2척으로 구성)를 새로이 편성했다.

11월 무렵에 영국은 다시 지중해 중부를 완전히 장악하게 되었고, 이탈리아에서 출발한 물자의 68퍼센트가 영국군의 공격에 의해 지중해 바닷속으로 사라지는 상황이 벌어지자, 롬멜은 크나큰 곤경에 처하게 되었다. 11월 9일, K전대가 보급선 7척과 호위구축함 2척으로 구성된 추축군의 뒤스부르크Duisburg 선단을 완전히 전멸시킨 것은 이러한 당시 정황을 잘 보여주는 사건이었다. 뒤스부르크 선단 전멸을 계기로 이탈리아군은 모든 선단의 운항을 정지시키고 그 대신 고속 수송선을 단독 항해시키거나 전투함을 사용해 북아프리카에 대한 물자와 연료를 공급하기로 결정했다.

하지만 영국군은 곧 새로운 난관에 직면하게 되었다. 10월 27일, 히틀

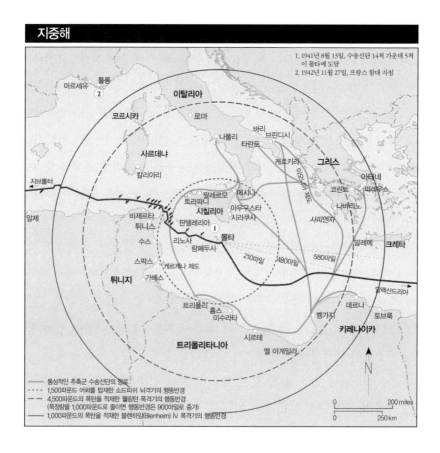

지중해

1. 1941년 8월 13일, 수송선단 14척 가운데 5척
이 몰타에 도달
2. 1942년 11월 27일, 프랑스 함대 자침

마르세유
툴롱 ②
이탈리아
코르시카
로마
사르데냐
나폴리 바리 브린디시
타란토
칼리아리
케르키라 그리스
지브롤터
메시나
아테네
코린트 피레우스
알제
팔레르모
트라파니
시칠리아
아우구스타
시라쿠사
비제르타
튀니스
판텔레리아
나바리노
수스
리노사 몰타
210마일 480마일
사피엔차
스팍스
람페두사
580마일
말레메 크레타
튀니지
케르케나 제도
가베스
알렉산드리아
트리폴리
홈스
미수라타
데르나
벵가지
토브룩
키레나이카
트리폴리타니아
시르테
엘 아게일라

N

── 통상적인 추축군 수송선단의 경로
┄┄ 1,500파운드 어뢰를 탑재한 스토피쉬 뇌격기의 행동반경
╌╌ 4,500파운드의 폭탄을 적재한 웰링턴 폭격기의 행동반경
(폭장량을 1,000파운드로 줄이면 행동반경은 900마일로 증가)
━━ 1,000파운드의 폭탄을 적재한 블렌하임(Blenheim) IV 폭격기의 행동반경

0   200 miles
0   250 km

러는 대서양에서 작전 중이던 유보트 24척을 지중해로 돌리라는 명령을
내렸다. 이후 1944년 5월까지 유보트 총 64척이 영국군이 삼엄한 경계를
펼치고 있는 지브롤터 해협을 통과해 지중해에 투입되었다. 11월 14일,
항모 아크 로열이 독일 잠수함의 어뢰를 맞고 격침당했다. 그로부터 11일
후에는 전함 바함이 어뢰를 맞고 전복되었다가 탄약고가 유폭되면서 엄
청난 폭발을 일으키며 두 쪽이 난 후 승무원 800명과 함께 바닷속으로 사
라져버렸다. 12월 19일에는 K전대가 이탈리아군이 부설한 기뢰밭에 걸려
큰 피해를 입었다. 순양함 넵튠Neptune과 구축함 칸다하르Kandahar는 격침당
했고, K전대 소속 순양함 3척과 구축함 4척 가운데 피해를 입지 않고 기

■■■■■■ 1941년 11월 14일, 영국 구축함이 독일 잠수함 U-81이 발사한 어뢰를 맞고 침몰하는 아크 로열로부터 탈출하는 승무원들을 구조하고 있다. 아크 로열이 피격되고 1주일 후에는 전함 바함이 독일 잠수함 U-331이 발사한 어뢰를 맞고 탄약고 유폭으로 엄청난 폭발을 일으키면서 격침당했다. (Topham Picturepoint M00983945)

■■■■■■ 이탈리아 해군은 최초로 '인간 어뢰*' 전술을 개척했다. 1941년 12월 19일, 이탈리아 잠수특공대원들은 알렉산드리아 만에 침투하여 전함 퀸 엘리자베스와 밸리언트를 대파·착저시킴으로써 이탈리아 해군 최대의 전과를 기록했다. 이로 인해 영국군은 한동안 이탈리아 함대를 상대할 만한 전력을 구성할 수가 없었다. (Topham Picturepoint M00984390)

---

* **인간 어뢰** 특수잠항정에 탑승하여 적 항구에 침투한 뒤 폭파 공작을 벌이는 잠수특공대원들을 지칭한다. 전쟁 말기 태평양 전선에서 일본군이 사용한 '유인 어뢰(사람이 어뢰를 조종해서 적함에 갖다 박는 방식)'와는 다른 개념이다.

■■■■■ 독일의 남부지역 사령관 알베르트 케셀링
원수. 케셀링은 늘 밝고 명랑한 성격으로 주변을 즐겁
게 해주었기 때문에, 병사들로부터 '스마일 알베르트'
라는 별명을 얻었다. 지중해와 이탈리아의 모든 추축
군을 지휘하는 역할을 맡고 있던 그는 공군 장교인 데
다가 지휘 경험도 일천하다는 핸디캡을 극복하고 유능
한 외교관이자 군사 지도자로서의 면모를 보여주었다.
(Imperial War Museum KY66846)

뢰밭을 빠져 나온 것은 구축함 3척에 불과했다. K전대가 죽음의 기뢰밭에서 빠져 나오기 위해 몸부림치던 바로 그날 오전, 이탈리아 제10경[輕]전대 소속 잠수특공대원들이 알렉산드리아 항으로 침투하여 당시 커닝햄 제독이 승함하고 있던 전함 퀸 엘리자베스와 전함 밸리언트, 그리고 구축함 1척과 유조선 1척의 선저에 폭탄을 부착했다. 폭탄이 터지면서 양 전함 모두 대파·착저했으며, 이로 인해 지중해 함대는 당장 가용한 전함 세력이 없어져버리고 말았다. 동시에 일본이 진주만 공습과 함께 동남아 침공을 시작하자, 이에 대처하기 위해 여타 전함 세력들이 아시아로 파견됨에 따라 지중해 함대의 전력은 더욱 약화되었다.

히틀러는 이렇게 다시 한 번 지중해에서 공세를 강화하는 한편, 알베르트 케셀링 원수를 남부지역 총사령관으로 임명하고 동부전선에서 제2항공함대 사령부와 제2항공군단을 차출해 시칠리아, 사르데냐Sardinia, 그리고 이탈리아 남부에 배치했다. 케셀링은 이러한 막강한 전력으로 지중해 일대에서 추축군의 우위를 다시 한 번 확립하고 리비아와 키레나이카로 가는 보급선의 안전을 확보하는 동시에 몰타를 마비시키고 북아프리카의 추축군 세력과 협력 작전을 펼치면서 지중해의 연합국 수송망을 차단하라는 명령을 받았다. 케셀링은 명목상으로는 무솔리니의 하급자였지만, 그의 지위는 상당히 애매해서 추축군 지휘부에는 일대 혼란이 야기되었다. 자존심 센 이탈리아군 지휘부는 케셀링이 추축군 최고 지휘관 노릇을 하는 것을 용납하지 않았다. 그러나 케셀링은 이탈리아군 총참모장인 육군 원수 우고 카발레로 백작과 긴밀한 관계를 맺으면서 이탈리아군 총사령부의 자발적인 협력을 얻어냈다. 케셀링은 독일 공군을 지휘하면서 독일 및 이탈리아 해군에게도 명령을 내리고 북아프리카의 추축군 세력과도 협력해서 작전을 벌였지만, 롬멜이 지휘하고 있던 아프리카 기갑집단Panzergruppe Afrika에 대한 명령권은 가지고 있지 않았다.

1941년~1942년 계속되는 사막 전투

영국군의 하계 공세가 실패로 끝나자, 처칠은 무슨 일이 있어도 롬멜에게 결정적인 패배를 안겨주겠다는 오기를 품게 되었다. 극동지역, 특히 싱가포르 요새의 방어를 강화해야 한다는 권고도 무시하고 처칠은 북아프리카에 증원 부대를 쏟아부었다. 11월이 되자, 영국 제8군은 모든 면에서 롬멜을 압도하는 전력을 갖추게 되었다. 영국군이 전차 700대를 보유하고 추가로 예비 전차와 수송 중인 전차 500대를 확보하고 있던 데 반해, 롬멜은 독일 전차 174대와 구식 이탈리아 전차 146대를 보유하고 있을 뿐이었으며, 항공 전력 측면에서도 영국군은 700여 대에 이르는 항공기를 보유한 데 반해, 롬멜은 독일 항공기 120대와 이탈리아군 항공기 200대를 보유하고 있을 뿐이었다. 롬멜은 기존에 보유하고 있던 부대 외에는 독일 본국으로부터 추가적인 증원을 받지 못했으며, 기껏 증원된 이탈리아군 부대들은 트럭과 같은 기본 운송 수단이 부족했기 때문에 기동성이 크게 떨어졌다. 하지만 롬멜은 50밀리미터 대전차포를 대량 지원받은 덕분에 대전차 전력은 상당히 강화된 상태였다. 롬멜은 빈약한 전력을 그러모아 다시 한 번 토브룩에 대한 공격을 시작할 계획을 세웠으나, 롬멜이 공격을 시작하기도 전에 오친렉이 11월 18일에 크루세이더 작전Operation Crusader을 개시하면서 한발 먼저 독일군에 대한 공격을 실시했다.

오친렉이 세운 작전의 요지는 제13군단으로 이집트 국경지대의 독일군 전초진지의 주의를 끄는 사이에 기동성이 뛰어난 기갑연대들로 구성된 제30군단을 남쪽 깊숙이 기동시켜 요새화된 독일 전초선을 우회한 후 독일 아프리카 군단의 등뼈를 이루고 있는 롬멜의 기갑부대를 찾아내 격파한 후 토브룩으로 진격하여 토브룩 요새 수비대와 함께 안팎으로 요새를 포위한 추축군을 공격·섬멸한다는 것이었다. 따라서 작전 시작부터 양 군단은 협동 작전이 아니라 개별적으로 공격을 하도록 되어 있었다.

작전 개시 전날 밤 불어닥친 폭풍으로 인해 사막지역 일대는 수렁이 되었고, 그 때문에 독일군 정찰기들도 제대로 정찰 비행을 할 수가 없었다. 하지만 영국군의 공격은 대체로 손발이 맞지가 않았고, 기껏 편성해 놓은 대규모 기갑부대를 조금씩 축차투입하는 우를 범하면서 영국군은 기습 달성으로 얻은 이득을 제대로 활용하지 못했다. 대부분의 전투는 시디 레제그Sidi Rezegh의 급경사면 주변에서 벌어졌다. 이 급경사면 아래에는 롬멜의 보급로 역할을 하는, 이탈리아가 건설한 도로가 달리고 있었고, 위쪽에는 독일군의 공군 기지가 자리 잡고 있었다. 영국군은 하계 공세 때 저질렀던 과오를 고스란히 되풀이하면서 기갑부대를 집중 운용하지 않고 여기 찔끔, 저기 찔끔 투입했다.

영국과 독일 기갑부대들은 이리 밀리고 저리 밀리는 역동적인 전장에서 적과 아군이 뒤죽박죽이 된 채 전투를 벌였으며, 아군 전선 후방에서 적과 만나거나 적 전선 후방에서 아군과 조우하는 일들도 비일비재했다. 5일간 계속된 이러한 격전은 11월 23일에 절정을 맞았다. 마침 이 날은 독

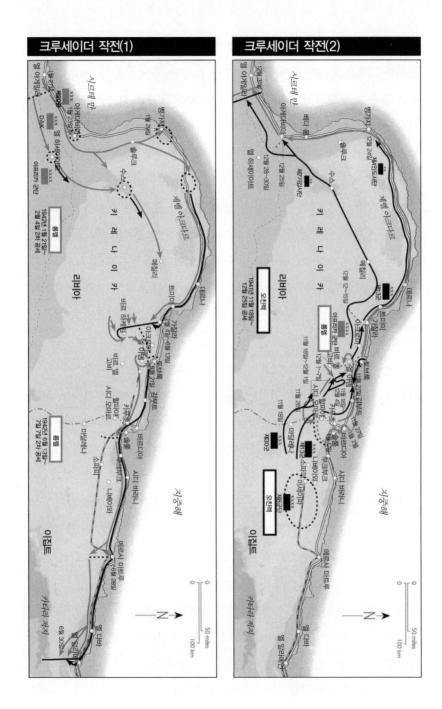

크루세이더 작전(1)

시르테 만

엘 아게일라

제21오
아리에테

DAK

엘 하세이아트

아프리카 군단

벵가지

1월 29일

1월 2일

솔루크

수수

크레나이카

1월 29일

1월 2일

제병 아크다르

메칠리

1942년 1월 21일~
2월 4일 2차 공세

롬멜

키레나이카

키 레 나 이 카

리비아

트미미

데르나

가잘라

가잘라

4월 14일

1월 6~8월 13일

아크로마

비르 하케임

비르 하케임

6월 2일

토브루크

5월 26일

엘 아뎀

비르 엘 곱비

가잘라

시디 레제그

카푸초

솔룸

할파야

6월 11일

바르디아

시디 오마르

마드레나

소피피

니베이아

1942년 6월 13일~
7월 7일 2차 공세

롬멜

이집트

메르사 마트루

엘 다바

6월 28일

엘 알라메인

6월 30일

카타라 저지

지중해

N

0

0

50 miles

100 km

크루세이더 작전(2)

12월 3일

시르테 만

엘 아게일라

아게다비아

베다

폼

벵가지

12월 24일

제15오아사인

12월 28~30일

제21기갑사단

솔루크

수수

12월 25일

크레나이카

제병 아크다르

12월 12~15일

메칠리

1941년 11월 18일~
12월 25일 공세

오친렉

키 레 나 이 카

리비아

트미미

데르나

가잘라

7월 2일

토브루크

아프리카 군단 비르켈

11월 18일~12월 초

12월 1~7일

11월 27일

11월 18일

11월 27일

12월 4일

11월 27일

11월 26일

시디 레제그

엘 아뎀

카푸초

솔룸

할파야

12월 2일

바르디아

롬멜

12월 18일

시디 오마르

니베이아

제30군

11월 18일

제13군

소피피

미디이

니베이아

시디 바라니

오친렉

제30군

카타라 저지

메르사 마트루

엘 다바

엘 알라메인

이집트

지중해

N

0

0

50 miles

100 km

일 달력에서 '죽음의 일요일Totensonntag'로 불리는 날이기도 했다. 롬멜은 능란한 기동으로 영국군에게 큰 타격을 입혔고, 영국군은 남은 전차가 70대에 불과한 상황까지 몰리게 되었다. 하지만 다음날 영국군이 총공세를 가하면서 롬멜 역시 남아 있는 전차 160대 가운데 70대를 잃는 대피해를 입었다. 롬멜은 비록 전장에서는 대승리를 거뒀지만, 영국군이 엄청난 예비 전력을 보유하고 있으며 지금까지 입은 것보다 훨씬 더 큰 피해도 충분히 버텨낼 수 있다는 사실을 잘 알고 있었다. 롬멜은 지금까지 성공적으로 해온 대로 영국군의 혼란을 최대한 이용하여 영국군 병사들과 지휘관들의 사기와 자신감을 무너뜨리기로 결심했다. 롬멜은 직접 DAK의 기동부대를 이끌고 전선 깊숙이 진격하여 영국 제8군의 후방으로 침투해 들어갔다. 롬멜은 이를 통해 영국군 내부에 공황 상태를 일으키고 영국군의 물자 집적소를 탈취하는 동시에 이집트 국경지대에 고립된 추축군 전초진지들을 구출할 속셈이었다. 롬멜이 과감하게 이집트 국경지대로 진격하자, 실제로 영국군은 엄청난 공황상태에 빠졌다. 커닝햄까지도 거의 자포자기한 채 철수 허가를 요청할 정도였다. 그러나 불굴의 의지를 가진 오친렉은 철수를 허용하지 않고 커닝햄을 네일 리치Neil Ritchie 소장으로 교체했다.

롬멜은 다시 한 번 토브룩을 포위하고 있는 추축군 부대와의 연결에 성공하고 또 토브룩 구출을 목표로 진격하던 영국 제13군단에 크나큰 손실을 안겨주었지만, 추축군의 손실과 보급 상황은 거의 한계에 이르렀다. 결국 롬멜은 철수를 결의하고 12월 7일부터 물러나기 시작했다. 그 과정에서 롬멜은 바르디아와 솔룸의 전초진지들을 포기할 수밖에 없었지만, 전투 시에 보여주었던 능란함을 다시 한 번 유감없이 발휘하여 키레나이카로부터 9개월 전 공세 출발선이었던 엘 아게일라까지 아무런 피해도 입지 않고 철수를 성공시키는 위업을 달성했다.

롬멜이 퇴각함으로써 영국군은 개전 이후 최초로 독일 육군을 상대로 승리를 거두게 되었다. 전과도 상당해서 영국군은 토브룩의 포위를 풀어 내면서 추축군에게 3만3,000명의 인명 피해를 안겨준 반면, 영국군의 인명 피해는 1만8,000명에 불과했다. 그러나 추축군 손실은 이탈리아군이거나 국경지대의 전초진지에서 철수하지 못하고 1월 중순에 항복한 행정병들이 대부분이었다. 반면, 영국군 사상자들은 대부분 많은 경험을 가진 노련한 사막전 전문가들로서 쉽게 대체할 수 있는 인력들이 아니었다. 게다가 영국군은 롬멜의 기갑부대를 섬멸한다는 가장 중요한 목표를 달성하는 데는 실패하고 말았다. 이제 롬멜은 훨씬 짧아진 보급선 덕분에 물자 공급 및 병력 충원이 원활해진 반면, 영국군은 극도로 신장된 보급선을 이용해 차기 공세를 준비해야 하는 상황에 놓이게 되었다.

또 추축군이 다시 한 번 지중해 중부의 통제권을 장악하면서 이탈리아군은 롬멜에게 더 많은 물자와 증원 부대를 보냈다. 전차와 연료를 공급받은 롬멜은 1942년 1월 21일에 다시 한 번 공세를 개시했고, 다음날 롬멜의 부대는 아프리카 기갑군Panzerarmee Afrika으로 개칭되었다. 롬멜이 벌인 탐색전에 지레 겁을 먹은 영국군이 서둘러 철수함으로써 롬멜은 손쉽게 벵가지를 다시 점령할 수 있었다. 그러나 그때까지도 그의 아프리카 군단은 전력이 너무 약화된 상태여서 영국군이 토브룩에서 서쪽으로 35마일(56킬로미터) 떨어진 곳에 자리 잡은 가잘라Gazala로부터 남쪽으로 50마일(80킬로미터) 떨어진 사막 깊숙한 곳에 위치한 비르 하케임Bir Hacheim에 이르는 지역에 건설한 가잘라 방어선을 뚫고 진격할 수가 없는 상태였다.

추축군이 다시 제공권을 장악하면서 몰타에 대한 공습도 재차 강화되었다. 3월과 4월에 걸쳐 영국 본토 항공전 당시 런던에 투하된 양의 2배에 이르는 폭탄이 몰타에 떨어지면서 영국군은 공세는커녕 버티기에도 급급한 상황이 되었고, 이탈리아군은 아프리카로 가는 수송선단 운항을 재개

했다. 당시 추축군 선박들은 영국군의 공격을 받을 걱정을 하지 않고 몰타 섬에서 겨우 50마일(80킬로미터) 떨어진 바다를 지나 벵가지로 직접 물자를 수송할 수가 있었다. 하지만 영국군도 무기대여법에 따라 미국산 장비들을 포함해 막대한 물자와 장비들을 공급받았다. 덕분에 5월이 되자, 양측 모두 지난 11월 공세가 시작될 무렵보다 더 강력한 전력을 보유하게 되었다. 영국군은 전차 850대를 전선에 배치하고 450대를 예비로 확보해두었으며, 그 가운데 400대는 신형 미제 그랜트Grant 전차였다. 강력한 75밀리미터 포를 탑재한 그랜트 전차가 등장하고 나서야 영국군은 독일군의 강력한 4호 전차와 정면으로 맞붙을 수가 있었다. 반면, 롬멜의 전차 보유 대수는 560대에 불과했으며, 그중에 쓸 만한 독일제 전차는 280대뿐이었다. 그나마 항공 전력은 사정이 나아서 항공기 600대를 보유

한 영국군에 크게 뒤지지 않고 롬멜도 항공기 530대를 보유하고 있었다. 물론, 추축군 항공기의 상당수는 구식 이탈리아군 항공기였지만, 영국군 항공기들 역시 질적인 면에서는 독일군의 항공기에 비해 여러모로 열세였다.

영국군은 차기 공세를 위해 엄청난 물자를 비축했지만, 롬멜이 5월 26일에 선수를 쳐서 먼저 공세를 시작했다. 차량 1만 대 행렬을 이끌고 진격을 시작한 롬멜은 비르 하케임 남쪽을 크게 우회하여 영국군의 지뢰밭과 강력한 방어진을 직접 상대하지 않고 영국군 후방으로 쇄도해갔다. 하지만 영국군의 그랜트 전차들이 독일군에게 막대한 손해를 입히고 독일군의 연료와 탄약이 소진되자, 영국군 후방에 강력한 충격을 가해 신속한 승리를 거둔다는 롬멜의 계획은 수포로 돌아가게 되었다. 그러나 롬멜은 능수능란한 사막전 전문가의 모습을 과시하며 직접 보급부대를 이끌고 영국군의 지뢰밭을 돌파하여 그의 전차부대들을 다시 전투 가능 상태로 돌려놓았다. 뒤이어 2주간에 걸쳐 공방전이 벌어지면서 전투가 벌어진 지역 일대는 그 전투의 치열함 때문에 '가마솥Cauldron'이라고 불리게 되었다. 롬멜은 다시 한 번 훨씬 우월한 전력을 가지고서도 축차적으로 투입되는 영국군을 물리치는 데 성공했다. 6월 14일이 되자 오친렉은 퇴각을 명령했고, 영국군은 곧장 이집트 국경지대를 향해 허둥지둥 물러났다. 토브룩이 또다시 포위되는 상황이 올 거라고 예상치 못했던 영국군은 토브룩 요새를 거의 무방비 상태로 방치해놓았다. 덕분에 롬멜은 6월 20일 공격을 개시한 지 하루 만에 대부분 남아프리카 병사들로 구성된 요새 수비대 3만5,000명을 포로로 잡으면서 토브룩을 점령하는 데 성공했다. 토브룩은 그 자체로도 전략적으로 매우 중요한 곳이었지만, 영국군의 불굴의 저항정신을 상징하는 곳이기도 했다. 그렇기 때문에 토브룩 함락 소식에 영국 국민들의 사기는 크게 떨어질 수밖에 없었다. 훗날 처칠은 그보다

3개월 앞서 일어난 일본군의 싱가포르 함락을 제외하면 토브룩 함락이 가장 치욕적인 사건이었다고 평했다.

롬멜은 가잘라에서의 승리로 엄청난 양의 보급품과 트럭을 노획하는 동시에 원수로 승진하는 영광을 누렸다. 그러나 이후의 작전 방향을 놓고 추축군은 고민에 빠질 수밖에 없었다. 원래 계획대로라면 일단 토브룩을 점령한 후 롬멜이 잠시 진격을 멈춘 사이 몰타 점령을 위한 헤르쿨레스 작전Operation Hercules이 실시될 예정이었다. 그러나 롬멜의 과감한 진격으로 이집트 전체에서 영국군을 축출하고 더 나아가 중동지역 전체의 지배권을 장악할 기회가 열리게 되었다. 케셀링과 이탈리아군 사령부는 진격을 계속하는 것을 반대했지만, 롬멜은 영국군이 아직 혼란에 빠져 있을 때 계속 몰아붙일 것을 주장했다. 그리고 공수부대에 대한 신뢰를 잃은 히틀러와 카이로Cairo에서 열릴 승전 기념식에 대비해 자신이 탈 백마까지 아프리카로 미리 보내놓은 무솔리니는 둘 다 진격을 계속해 이탈리아를 점령한다는 롬멜의 계획을 더 선호했다. 6월 24일, 롬멜의 기갑부대는 진격을 재개하여 때로는 퇴각하는 영국군 부대들을 앞서나가면서 6월 30일에는 엘 알라메인에 도달했다.

계속되는 독일군의 공격으로 영국군 사령부의 혼란은 극에 달했다. 이러한 혼란을 보다 못한 오친렉은 리치를 해임하고 자신이 직접 제8군의 지휘를 맡았다. 카이로와 알렉산드리아에서도 공포 분위기가 확산되었고, 지중해 함대도 홍해로 철수했다. 그러나 제1차 엘 알라메인 전투로 알려진 일련의 소규모 교전을 통해 오친렉은 추축군의 진격을 정지시키는 데 성공했다. 당시 롬멜이 이끄는 군의 전력은 크게 약화된 상태였다. 아프리카 군단 소속 '사단'들은 대부분 겨우 전차 50여 대와 병력 2,000명 정도밖에 보유하지 못했고, 병사들 역시 극도로 피로한 상태였다. 이런 상황에서 오친렉이 침착하고도 능란하게 차근차근 반격을 가해오자,

롬멜은 패주 직전의 위기에 몰리게 되었다. 하지만 당시 영국 제8군의 사기도 말이 아니었다. 그리고 북아프리카의 전황에 실망한 처칠은 오친렉 대신 해롤드 알렉산더Harold Alexander 대장을 중동지역 총사령관으로, 버나드 몽고메리 중장을 영국 제8군 사령관으로 임명했다. 8월이 되자, 롬멜은 마지막으로 나일 강을 향해 필사적으로 공격해보았지만, 알람 할파Alam Halfa 전투에서 몽고메리가 점점 전력이 증강되고 있던 영국군을 훌륭하게 지휘하여 연료가 다 떨어져가던 독일 기갑군의 공격을 막아내면서 이마저도 허사로 돌아가고 말았다. 알람 할파 전투가 끝난 후 양측 모두 다음번 결전을 준비하면서 전선은 다시 한 번 소강상태에 빠졌다.

한편, 그 사이에도 추축군은 몰타에 한층 더 치열한 폭격을 가하고 있었다. 5월 10일이 되자 케셀링은 몰타가 완전히 무력화되었다고 발표했다. 결과적으로 그러한 발표는 성급한 결론이었다는 것이 드러났지만, 당시 몰타의 상황은 완전히 무력화되었다고 봐도 무리가 없을 정도이기는 했다. 영국군은 여러 차례 몰타에 항공기 수송을 시도했지만, 항공기들이 몰타에 도착하자마자 추축군의 맹렬한 공격으로 박살나는 경우가 빈번했으며, 간신히 스핏 파이어 61대를 무사히 몰타에 배치한 후에도 상황은 여전히 암울하기만 했다. 6월, 동쪽의 하이파와 수에즈, 그리고 서쪽의 지브롤터로부터 동시에 몰타에 수송선을 보낸다는 작전이 실행되었지만, 그럴듯해 보였던 이 작전은 작전에 동원된 수송선 17척 가운데 2척만이 몰타에 도착하는 재앙과도 같은 결과로 끝이 나고 말았다. 8월에는 재차 14척으로 구성된 수송선단이 전투함 44척의 호위를 받아가며 다시 한 번 몰타에 대한 물자 보급에 나섰다. 페데스탈 작전으로 명명된 이 작전에서 끝까지 몰타에 도착한 수송선은 5척에 불과했고, 그중에 유조선 오하이오Ohio는 침몰 직전의 배를 구축함들이 질질 끌고 몰타에 입항해야 할 지경이었다. 영국 해군 역시 수송선단 호위를 수행하면서 다대한 피해를 입

■■■■■ 유조선 오하이오가 구축함 펜(Penn)(우현)과 레드버리(Ledbury)(좌현)에 견인되어 몰타의 그랜드 하버(Grand Harbor)에 입항하고 있다. 오하이오의 선체는 추축군의 계속적인 공습을 받은 끝에 자력 항행 능력을 상실하고 양현에 구축함들이 들러붙어 부축을 하고서야 겨우 몰타에 입항할 수 있었다. (Imperial War Museum GM1505-1)

었다. 항공모함 이글의 경우에는 스핏 파이어 1개 중대를 탑재한 채로 수장되어버렸고, 순양함 3척과 구축함 6척 역시 같은 운명을 맞았다. 그러나 엄청난 피해를 입으면서도 수송선단은 결정적인 몰타 방어와 엘 알라메인 전투가 벌어질 시기에 추축국 보급선단에 대한 공세에 필요한 연료를 공급하는가 하면, 기아에 시달리던 몰타 주민들에게 식량을 공급해줌으로써 몰타 주민들이 추축군에게 항복하는 상황을 막는 데 성공했다.

보급선 차단으로 곤란을 겪기는 롬멜도 마찬가지였다. 영국 해군 및 공군의 활약으로 이탈리아를 떠난 물자의 4분의 1만이 아프리카에 도달하는 데다가 한술 더 떠서 엄청난 거리를 육상으로 수송해야 하다 보니 정작 롬멜에게 도착하는 물자는 필요량의 극히 일부에 불과했다. 영국의 잠수함들과 항공기 1,500대를 보유한 96개 중대로 구성된 사막 공군Desert Air Force은 울트라 암호해독기가 제공하는 정보를 기반으로 한 전례 없는 정보전에서의 우위를 바탕으로 추축국 선단을 그냥 공격하는 것이 아니라 연료를 수송하는 선박만을 골라서 마음대로 공격을 퍼부었다. 그 결과, 추축군은 수송기로 연료를 아프리카까지 실어 날라야 했고, 그로 인해 충분한 양을 공급할 수가 없었다. 따라서 롬멜의 기갑부대는 늘 연료 부족으로 그 자리에서 정지해버릴지도 모르는 위험 속에서 싸울 수밖에 없었다. 한편, 영국과 미국의 전시 생산체제가 본격적으로 가동되기 시작한 효과가 전선에도 서서히 나타나기 시작했다. 영국 제8군은 23만 명의 병력과 함께 미국에서 갓 생산된 신형 그랜트 전차 200대와 고성능* 셔먼 전차 300대를 포함해서 1,900대에 이르는 전차를 보유한 반면, 이에 맞서는 롬멜의 기갑군은 병력 15만2,000명을 보유하고 있었지만, 그나마 전투력이 괜찮은 독일군 병력은 9만 명에 불과했으며, 전차도 겨우 572대뿐인데다가 강력한 미제 전차를 상대할 수 있는 전차들도 거의 없는 상태였다.

무자비한 효율성 추구로 이름 높았던 몽고메리는 엄격한 규율과 세밀한 전술 계획으로 병사들의 사기를 돌려놓았다. 또 북아프리카의 다른 지역과는 달리 엘 알라메인 일대의 남부지역은 개활지가 아니었기 때문에, 롬멜은 자신의 장기인 기계화부대의 기동성을 살린 대우회기동을 제대로 실행에 옮길 수가 없었다. 알람 할파에서 롬멜을 물리친 몽고메리는 이전의 영국군 지휘관들이 그랬던 것처럼 롬멜을 트리폴리타니아Tripolitania까지 쫓아가기보다는 단계적인 치밀한 소모전을 통해 롬멜의 공세 수행 능력을 아예 근본적으로 파괴할 계획을 세웠다.

10월 23일, 몽고메리가 라이트풋 작전Operation Lightfoot을 개시하면서 엘 알라메인 전투의 막이 올랐다. 라이트풋이라는 명칭은 이 작전에서 영국군 보병들이 '악마의 정원'으로 알려진 롬멜의 치밀한 지뢰밭을 공격해 들어가도록 되어 있었기 때문에 붙여진 이름이었다. 제1차 세계대전 이

---

*당시 기준으로 셔먼은 분명 독일군 전차보다 우월한 성능을 가진 고성능 전차였다.

■■■■■■ 1942년 10월 23일 밤, 제2차 엘 알라메인 전투 개시를 알리면서 포격을 퍼붓고 있는 영국군 포대의 모습. 포화의 섬광 사이로 전방으로 이동하기 위해 대기 중인 보병 수송차와 앰뷸런스들의 모습이 보인다. (Imperial War Museum E18465)

래 최대라고 할 수 있는 거의 1,000문에 달하는 화포의 포격 지원을 받으며 제30군단 소속 3개 사단이 4.5마일(7.5킬로미터)의 비좁은 전면을 공격해 들어가는 동안 제13군단은 독일군의 주의를 돌리기 위한 양동공격을 개시했다. 몽고메리가 '도그파이트dog-fight' 단계로 명명한 전투 첫 주 동안, 양군은 북아프리카 전역이 열린 이래 가장 처절한 전투를 벌였다. 그리고 영국군은 불굴의 의지로 독일군의 지뢰밭에 통로 2개를 뚫는 데 성공하면서 '적 방어선 분쇄'라는 몽고메리의 첫 번째 작전 목표를 달성했다. 롬멜은 능란한 전술과 운, 그리고 무엇보다도 마지막 남은 연료 한 방울까지 짜내서 영국군의 진격을 저지해냈다. 그러나 11월 2일, 몽고메리가 예비대를 동원해서 수퍼차지 작전Operation Supercharge을 개시했다. 이 작전을 통해 영국군은 제10군단의 전차들이 추축군 방어선을 뚫고 진격할 수 있는 통로를 확보했다.

롬멜은 다른 지휘관들이었다면 애초에 짓밟혔을 전력으로 오랫동안 영국군의 공격을 막아내는 초인적인 능력을 보여주었지만, 그도 거기까지가 한계였다. 11월 4일, 더 이상의 전력 소모를 감당할 수 없게 된 롬멜은 "한 치의 땅도 내주지 말라. 승리하지 못한다면 죽어라"라는 히틀러의 직접 명령을 정면으로 무시하고 철수를 감행했다. 영국군은 비록 1만 3,500명에 이르는 사상자를 내고 500대가 넘는 전차를 잃었지만, 롬멜의 기갑군에게 치명적인 패배를 안겨주었다. 이후 북아프리카의 독일군은 제대로 된 전투부대로서의 역할을 수행할 수가 없었다. 그러나 롬멜은 비참한 패배를 당하고도, 그리고 트럭이 없는 이탈리아군 보병 4만 명을 포기해야 했음에도 불구하고 끝까지 포기하지 않고 퇴각하는 독일군을 함정에 빠뜨리려는 영국군의 기도를 그때마다 무산시키면서 교묘하게 서쪽으로 물러났다. 토브룩과 벵가지를 탈환한 몽고메리는 엘 아게일라에서 부대 정비를 위해 잠시 정지한 후 1943년 1월 23일에 마침내 트리폴리를

■■■■■ 1942년 11월 5일, 엘 알라메인으로부터 철수를 시작한 추축군의 뒤를 쫓아 맹렬한 기세로 사막을 가로지르는 영국 제8군의 셔먼 전차들의 모습. 이 신뢰성 높은 미제 전차들은 영국군이 사용한 전차 가운데 최초로 독일군 전차와 대등한 장갑과 화력을 갖춘 전차였다. (Imperial War Museum E18971)

점령했다. 엘 알라메인에서 공격을 시작한 지 3개월 만에 1,240마일(2,000
킬로미터)이라는 장대한 거리를 주파하고 얻은 성과였다.

북서아프리카 전역

1942년 11월 8일, 롬멜이 철수를 시작한 지 4일 후, 아프리카 북서부 지역
에 대한 영미 연합군의 상륙작전이 시작되었다. 연합군이 아프리카 북서
부에 상륙하기로 결정한 것은 1942년 7월 무렵이었다. 그리고 마치 채팅
이라도 하듯 대서양을 가로질러 미친 듯이 전문을 주고받은 끝에 처칠과
루스벨트는 마침내 북아프리카 지역 중에서도 대서양에 면한 모로코와
지중해에 면한 알제리에 동시에 상륙하기로 합의했다. 카사블랑카는 미
국에서 직접 출항하는 미군 2만4,500명으로 구성된 서부 상륙부대(조지 S.
패튼 소장 지휘)가, 오랑은 미군 1만8,500명으로 구성된 중부 상륙부대(로
이드 R. 프리덴달Lloyd R. Fredendal 소장 지휘), 그리고 알제는 영국으로부터 출
항하는 영미 연합군 1만8,000명으로 구성된 동부 상륙부대(찰스 라이더

Charles Ryder 소장 지휘)가 점령한다는 계획이 세워졌다. 동부 특임대 수송에는 650척에 이르는 선박이 동원될 예정이었으며, 이들의 대부분은 영국 선박이었다.

그리고 연합군 원정군 사령관으로는 드와이트 아이젠하워 중장이 임명되었다. 원정군 부사령관인 마크 클라크Mark Clark 대장과 공군 지휘관 중 한 명 역시 미군 장성이었지만, 이를 제외하면 나머지 고위 지휘관들은 모두 영국군 소속이었다. 이렇게 양국 장성들이 뒤섞인 가운데 아이젠하워는 연합군 사령부Allied Forces Headquarters를 설치했다. 연합군 사령부는 최초의 연합군 3군 통합 사령부로서 단일 목적을 위해 각 군의 효과적인 협력을 조율하는 진정한 의미의 통합 사령부였다. 이러한 통합 사령부가 설치된 것은 연합군으로서는 실로 다행스러운 일이었다. 최초의 연합 작전이었던 북아프리카 상륙작전은 군사적으로 복잡한 작전이었을 뿐만 아니라, 정치적·외교적으로도 대단히 복잡한 문제였기 때문이었다. 당시 상륙 예정 지역에는 상륙군보다 훨씬 많은 비시 프랑스군 12만 명이 주둔하고 있었기 때문에, 상륙이 성공하기 위해서는 이들을 연합군 편으로 만들 수는 없어도 최소한 중립을 지키도록 만들어놓을 필요가 있었다. 당시 비시 프랑스는 프랑스가 항복한 후 영국 해군이 프랑스 해군을 공격한 사실에 대해 이를 갈고 있었기 때문에, 연합군은 작전 수행에 있어서 최대한 영국군의 색깔을 빼기 위해 안간힘을 썼으며, 루스벨트는 영국군 병사들에게 입힐 미군 군복을 제공하겠다고 제안하기도 했다. 어쨌든 연합군은 북아프리카의 프랑스군과 복잡다단한 협상을 계속했고, 그 과정에서 프랑스군을 설득해서 연합군에게 협조하도록 만들기 위해 상륙작전이 실행되기 전 클라크 대장이 비밀리에 북아프리카로 잠입하기도 했다. 하지만 연합군은 미군의 지나치게 조심스러운 태도 때문에 연합군에게 동조하는 프랑스 현지 지휘관들의 협력을 얻을 수 있는 황금 같은 기회를 놓치고

말았다.

상륙 자체는 완전한 기습을 달성하며 성공적으로 이뤄졌지만, 상륙 초반에 연합군은 치열한 저항에 부딪혔다. 특히 오랑과 카사블랑카에서 프랑스 해군이 극렬하게 저항하면서 미군 1,400명과 프랑스군 700명이 전사하거나 부상을 입었다. 하지만 당시 우연하게도 연합군의 상륙이 이 뤄지던 날, 페탱이 이끄는 비시 프랑스군의 최고사령관 다를랑 제독 역시 중병으로 위독한 아들을 보기 위해 알제리를 방문하고 있었다. 미국은 다 를랑과 직접 협상을 벌였지만, 영국은 비시 프랑스 정부의 고위 인사일 뿐만 아니라 친독 성향인 다를랑과 협상을 벌이는 것에 대해 회의적인 태 도를 보였다. 협상 끝에 11월 9일, 다를랑은 휴전을 선포하기로 연합군과

튀니지

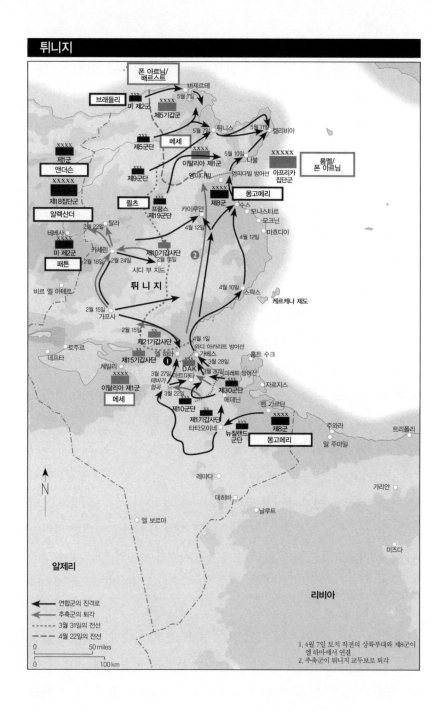

폰 아르님/
배르스트

브래들리

미 제2군

제5기갑군

버제르테

5월 7일

5월 7일 튀니스 5월 11일 켈리비아

메세

제5군단

이탈리아 제1군 5월 10일 나불

폰 아르님

제1군

앤더슨

제9군단

엔피다빌

엔피다빌 방어선 아프리카 롬멜/

집단군

제18집단군

알렉산더

필츠

프랑스

제19군단

카이루안

제8군

몽고메리

수스

모나스티르

테베사

미 제2군

탈라

2월 22일

카세린

패튼

2월 18일

2월 24일

제10기갑사단

2월 18일

2

무크닌

마흐디아

4월 12일

시디 부 지드

튀 니 지

4월 12일

비르 엘 아테르

2월 15일

가프사

2월 15일

제21기갑사단

제15기갑사단

4월 10일

스팍스

케르케나 제도

토주르

네프타

4월 1일

와디 아카리트 방어선

엘 하마

가베스

3월 28일

홈트 수크

케빌리

이탈리아 제1군

메세

DAK

3월 27일

아트마타

테바가

협곡

3월 22일

3월 20일 마레트 방어선

제30군단

자르지스

벤 가르단

제10군단

메데닌

제1기갑사단

타타오이네

뉴질랜드

군단

몽고메리

제8군

주와라

일 주마일

트리폴리

레마다

가리안

데히바

날루트

엘 보르마

미즈다

N

알제리

리비아

연합군의 진격로

추축군의 퇴각

3월 31일의 전선

4월 22일의 전선

0   50 miles

0   100 km

1. 4월 7일 토치 작전의 상륙부대와 제8군이
엘 하마에서 연결
2. 추축군이 튀니지 교두보로 퇴각

합의했다. 덕분에 영국군은 부기Bougie와 뵌Böne 항을 점령하고 지상을 통해 튀니지로 진격할 수 있는 후방 기지를 확보할 수 있었다. 하지만 이 협상은 엄청난 정치적 후폭풍을 가져왔다. 페탱은 즉각 다를랑이 내린 휴전 명령을 취소시켰지만, 분노한 히틀러가 비시 프랑스를 점령해버리는 사태를 막을 수는 없었다. 또 독일군은 튀니지의 비행장들을 장악하고 현지 프랑스군 사령관 에스테바Estéva 대장의 묵인 하에 항공기로 북아프리카에 병력을 증원하기 시작했다.

지나치게 조심스러운 태도를 보인 미군이 튀니지보다 동쪽 지역으로는 상륙하려 들지 않은 데다가 상륙부대 편성에 있어서도 차량보다는 더 많은 병력을 투입하는 쪽에 중점을 둔 탓에, 연합군은 상륙에 성공하고도 튀니지를 향해 신속하게 진격할 수가 없었다. 비록 영국 제1군이 튀니스Tunis로부터 13마일(21킬로미터)도 떨어지지 않은 지점까지 진격하는 데 성공했지만, 독일군은 11월 말까지 병력 1만7,000명을 급파했다. 독일군이 치열하게 저항하자, 연합군의 진격은 정지되고 말았다. 히틀러는 북아프리카가 무너지면 무솔리니 정권이 붕괴될 뿐만 아니라 독일의 급소에 해당하는 남부유럽 전체가 연합군의 공격에 노출된다는 것을 깨닫게 되었다. 갑자기 현실의 심각성에 눈을 뜨게 된 히틀러는 당시 동부전선에서 한 대의 전차, 한 명의 병사가 급하던 시기에 엄청난 증원 병력을 아프리카에 투입할 것을 명령했다. 이후 몇 달에 걸쳐 독일군은 거대한 글라이더에 엔진을 단 Me323 기간트Gigant까지 동원해가며 병력 15만 명과 고성능 신형 티거 전차까지 북아프리카로 실어 날랐다. 독일군은 이 병력과 장비를 이용해 위르겐 폰 아르님 대장을 사령관으로 하는 제5기갑군을 편성했다. 1943년 1월 무렵, 아르님은 연합군을 밀어내면서 서부 도르살Dorsal 지역에 있는 중요한 고개들을 다시 탈환했고, 철수를 계속하던 롬멜은 전쟁 전에 프랑스군이 남부 튀니지에 건설해놓은 방어선인 마레트

■■■■■■ 튀니지에서 촬영한 독일군의 티거 전차. 두터운 장갑과 엄청난 위력을 가진 88밀리미터 포를 장비한 이 괴물은 동시기의 모든 영미군의 전차를 압도하는 성능을 지니고 있었다. (Topham Picturepoint M00984402)

Mareth 선에 도착했다. 이렇게 되자 전략적 상황이 뒤바뀌어서 동서로 병력이 분산된 연합군에 비해 병력이 집결된 독일군은 잠깐이기는 하지만 강한 반격을 가할 기회를 얻게 되었다. 2월 14일, 롬멜은 파이드Faid에서 2개 기갑사단을 동원해 튀니지의 남부전선을 지키고 있던 미 제2군단에 대한 공격을 개시했다. 미군을 격파하고 북쪽으로 진격하여 영국군의 후방으로 돌입할 계획이었던 롬멜은 2월 20일 무렵에 카세린Kasserine 고개를 돌파하여 탈라Thala와 테베사Tebessa를 향해 진격을 계속했다. 하지만 아르님이 비협조적으로 나오는 바람에 롬멜은 예전에 리비아와 이집트의 사막에서 그랬던 것처럼 마음대로 이탈리아군 총사령부의 지시를 무시하고 달려나갈 수가 없었다. 롬멜의 공세는 제한적인 목표를 달성하고 연합군을 튀니지에서 거의 몰아내는 직전까지 이르렀다. 그러나 점점 거세지는 연합군의 저항과 험한 지형으로 인해 독일군의 진격 속도는 상당히 느려졌다. 진격이 제대로 이뤄지지 않자, 롬멜은 별 진전이 없는 공격을 계속하느니 몽고메리의 제8군 본대가 튀니지 전선에 도착하기 전에 영국군의 예봉을 꺾기로 결심하고 튀니지 남부에서의 공세를 중단했다. 롬멜로부터 제대로 한수를 지도받은 미군은 굴욕적인 패배를 당하면서 많은 사상자가 발생했지만, 소중한 전투 경험을 얻을 수 있었으며, 패배를 통해 얻은 전술적 교훈을 즉각 반영하여 기존 전술을 개선해나갔다.

롬멜은 아프리카 집단군^{Army Group Afrika} 사령관으로 승진하는 동시에 그의 기갑군 역시 이탈리아 제1군으로 개칭되었다. 그러나 아프리카 전역이 시작된 이래 줄곧 아프리카에서 지내왔던 롬멜은 건강이 매우 악화되어 있었다. 3월 9일, 롬멜은 튀니지 교두보를 철수시켜야 한다고 히틀러를 설득하기 위해 베를린으로 날아갔지만, 이후 다시는 아프리카로 돌아오지 못했다. 그동안 영국군은 토치 작전 상륙군과 이집트에서 진격해온 제8군을 통합하여 제18집단군을 창설하고 알렉산더 대장을 지휘관으로 임명하는 한편, 통합 공군 사령부를 설치했다. 당시 북아프리카의 추축군 2개 군 역시 강력한 전력을 가지고 있었지만, 연합군 해·공군이 지중해를 바짝 조여버리는 바람에 본국으로부터 거의 보급을 받을 수가 없었다. 3월 말, 마레트 방어선을 점령한 몽고메리는 4월 초에 제1군과 합류하는 데 성공했다. 4월 22일, 알렉산더는 최종 공세를 개시했고 끝까지 버티던 독일군들도 5월 13일이 되자 결국 모두 항복하고 말았다. 그라치아니가 무솔리니의 등쌀에 억지로 이집트로 쳐들어간 지 3년이 흐른 뒤의 일이었다. 이로 인해 추축군 총 25만 명이 포로가 되었다. 이는 당시까지 추축군이 항복한 사례로는 최대 규모의 것이었다. 스탈린그라드에서 대패를 당한 지 얼마 되지 않아 아프리카 집단군이 붕괴된 것은 히틀러에게 엄청난 굴욕이었지만, 무솔리니에게는 단순한 굴욕을 넘어 재앙이었다. 이탈리아군의 주력이 사라지면서 무솔리니 정권의 기반이 되어온 이탈리아 제국도 사라지고 말았다. 이제 무솔리니는 전적으로 모든 것을 히틀러에

토치 작전

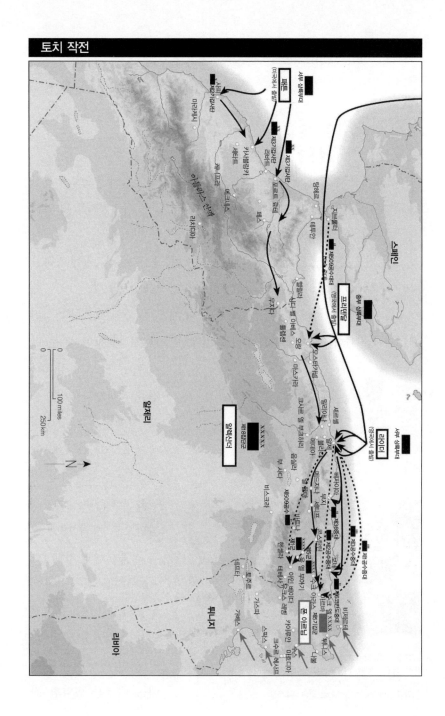

게 의지해야만 하는 신세가 되었다.

유럽 진공 작전

북아프리카를 점령한 연합군이 지중해를 장악하고 유럽 대륙으로 귀환하기 위해 취할 다음 행동이 시칠리아 침공이라는 것은 삼척동자도 다 아는 사실이었다. 어차피 지중해를 지나 유럽에 상륙하기 위해서는 시칠리아를 그냥 놔둘 수 없었기 때문에, 처칠과 루스벨트는 1943년 1월에 카사블랑카 회담에서 시칠리아 점령을 위한 허스키 작전을 승인했다.

1월 10일, 몽고메리의 제8군과 패튼의 미 제7군을 합쳐 새로이 편성된 제15집단군(알렉산더 대장이 지휘)이 유럽에서 실행된 상륙작전 중 두 번째로 큰 규모의 상륙작전을 시작했다. 이를 통해 연합군은 대함대의 함선 2,590척과 4,000대에 이르는 항공기의 지원을 받아가며 상륙 제1파만으로 병력 18만 명과 전차 600대, 차량 1만 4,000대를 시칠리아에 상륙시켰다. 당시 시칠리아를 지키고 있던 23만 명의 이탈리아 수비대는 대부분 빈약한 전

■■■■■ 1943년 7월, 시칠리아 상륙작전을 위해 출항하기 전, LCT(전차상륙정) 367호의 함장이 승무원들에게 작전에 관한 브리핑을 해주고 있다. LCT와 LST(전차상륙함)과 같은 특수함선들의 등장으로 보병들이 전차와 함께 동시에 상륙하는 것이 가능하게 되었다. (Imperial War Museum NA4252)

■■■■■■ 미 제7군 사령관 조지 패튼 중장이 참모들과 함께 전선의 한 마을에서 작전 진행 상황을 바라보고 있다. '피칠갑을 한 고집불통 늙은이(Old blood and guts)'라는 별명을 가지고 있던 그는 미 육군에서 가장 많은 논란을 불러일으킨 가장 유능한 장군이었다. (Imperial War Museum MH10946)

력을 가진 해안방어사단들이었고, 그나마 위협이 되었던 것은 한스 후베 Hans Hube 대장이 지휘하는 재편성된 독일군 2개 사단 정도에 불과했다. 연합군의 상륙은 별다른 저항을 받지 않고 성공적으로 진행되었지만, 계획 단계에서의 혼란과 악천후, 신경이 곤두선 조종사들과 사격 규율이 엉망인 해군 대공포 사수 등의 요인이 겹치면서 연합군이 최초로 실시한 대규모 공수작전은 대재앙으로 끝이 났다. 많은 공수부대 병사들이 바다에 떨어졌으며, 아군의 대공포 사격에 격추당한 수송기들도 부지기수였다. 패튼이 시칠리아 섬의 서쪽 절반을 점령하는 동안 몽고메리는 시칠리아 섬의 동쪽 해안과 에트나 Etna 산의 양측을 돌아 진격해 나가면서 메시나 해협 Straits of Messina 을 통해 이탈리아 본토로 퇴각하려는 추축군의 퇴로를 차단하려고 했다.

그러나 연합군의 압도적 항공 세력에게 엄청난 공습을 받고 또 연합군이 퇴로를 차단하기 위해 추축군 후방에 벌인 일련의 상륙작전에도 불구하고, 독일군은 여러 개 강력한 방어선을 구축하여 영국군의 진격을 늦추었다. 케셀링은 시칠리아 섬 수비대에게 8월 11일부터 전면 철수를 시작하라는 명령을 내렸고, 교묘한 계획과 효과적인 작전을 통해 거의 10만 명에 이르는 추축군 병력과 1만 대에 이르는 차량들을 거의 아무런 피해도 입지 않고 고스란히 이탈리아 본토로 철수시킬 수 있었다. 1주일 후 연합군은 메시나에 입성했지만, 추축군 주력을 놓친 연합군으로서는 이겨도 이긴 것이 아니었다.

비록 시칠리아 전투를 통해 연합군, 특히 미군은 유럽 지역에서의 전투에 익숙해질 수 있었지만, 연합군 지휘관들은 무능하고 서로에 대한 질시와 불신으로 가득 차 있었다. 이런 상황이 악화되면서 영국군과 미군 지휘부 사이에는 치열한 알력싸움이 벌어지기도 했다. 하지만 그런 부작용은 이탈리아의 지배자 무솔리니가 허스키 작전으로 입은 타격에 비하면 아무것도 아니었다. 이탈리아 국내에서 소요 사태가 증가하고 이탈리아군이 연합군에게 적극적으로 저항하는 모습을 보이지 않자, 파시스트 대평의회Fascist Grand Council는 쿠데타를 일으켜 무솔리니를 몰아내고 1940년 그리스에서의 참패 책임을 지고 해임당한 피에트로 바돌리오Pietro Badoglio 원수를 새로운 지도자로 내세워 신정부를 구성했다. 바돌리오는 즉각 연합군과 휴전협상을 시작했지만, 협상은 난항을 거듭했다. 상황이 이렇게 된 이유는 알제리에서 비시 프랑스 장성들과의 지리멸렬한 협상에 질려버린 루스벨트가 무조건 항복을 고집했기 때문이었다.

마침내 9월 3일에 '단기 휴전조약'이 체결되었지만, 히틀러는 이 짧은 휴전 기간을 이용해 최정예 제1친위기갑사단을 포함한 16개 사단을 이탈리아로 추가 파병하여 이탈리아 전국을 장악하고 이탈리아군을 무장 해제시켰다. 이탈리아 해군 함대는 대부분 몰타로 피신했지만, 전함 로마Roma는 항해 중 독일군의 신무기 FX-1400폭탄을 맞고 격침되고 말았다. FX-1400은 무게가 3,000파운드에 이르는 대형 철갑탄으로, 이를 투하한 비행기가 무선조종으로 목표까지 활공시키는 유도폭탄이었다. 히틀러는 친위대 장교인 오토 슈코르체니^{Otto Skorzeny}에게 명령을 내려 쿠데타로 그랑 사소^{Grand Sasso}의 산장에 연금되어 있던 무솔리니를 과감한 강습작전을 통해 구출해낸 후 북부 이탈리아에 세워진 괴뢰정부인 이탈리아 사회주의 공화국^{Italian Socialist Republic}의 지도자로 세웠다. 독일군이 진주하면서 바돌리오와 국왕 비토리오 에마누엘레^{Vittorio Emanuele}는 브린디시로 도망쳐버렸고, 이로 인해 권력층이 진공상태가 되자 참혹한 내전이 벌어지면서 수많은 비극을 낳았다.

한편, 무솔리니 정권 붕괴를 틈타 처칠은 도데카네스 제도를 공격할 것을 주장했다. 처칠은 미국의 반대를 무릅쓰고 어떻게든 로도스^{Rhodes} 섬의 비행장을 점령하여 영국군 폭격기부대로 루마니아의 유전지대를 폭격하려고 했다. 처칠은 이를 통해 유고슬라비아와 그리스 빨치산들의 사기를 높이는 동시에 무엇보다도 터키를 반추축국 연합에 가입시킬 수 있을 것이라고 생각했다. 9월, 영국군 병사 4,000명이 도데카네스 제도의 섬 중 8개를 점령했지만, 제일 중요한 로도스 섬을 지키고 있던 이탈리아군 수비대 3만 명은 섬에 함께 주둔하고 있던 독일군 7,000명에게 제압당해버렸다. 10월과 11월에 걸쳐 독일군은 영국군이 점령한 섬을 다시 탈환하고 영국군에게 협력했던 현지 이탈리아인들에게 잔인한 보복을 가했다. 연합군으로서는 도데카네스 점령 작전은 독일군에게 별다른 손실도 입히지 못하면서 5개 대대에 해당하는 병력 약 5,000명과 다수의 항공기, 구축함 6척, 잠수함 2척을 잃고도 작전 목표들 중 그 어느 하나 달성하지 못했다는 점에서 변명의 여지가 없는 대실패였다.

게다가 미군 측에서 이탈리아 전선에 더 많은 병력을 투입하는 것을 탐탁지 않게 여기는 바람에, 연합군은 이탈리아인들의 협력을 얻어 북이탈리아에 대규모 상륙작전을 실행하는 동시에 대규모 공수작전을 통해 로마를 점령할 수 있는 황금 같은 기회를 날려버렸다. 하지만 8월에 열린 퀘벡 회담에서 미국과 영국은 현재 진행 중인 작전의 연장선상에서 원칙적으로 이탈리아에 상륙하기로 합의했다. 9월 3일, 몽고메리의 제8군이 시칠리아로부터 좁은 해협을 건너 칼라브리아로 상륙했으며, 6일 후에는 제1공수사단이 배를 타고 타란토에 상륙했다. 그리고 같은 날, 애벌랜치 상륙부대의 주력인 16만5,000명에 달하는 영미군이 혼성 편성된 제5군(클라크 대장 지휘)이 나폴리 남쪽 35마일(56킬로미터) 지점인 살레르노에 상륙했다. 당시 연합군은 일단 상륙하기만 하면 그 해가 가기 전까지 로마를 향한 돌파구를 뚫을 수 있을 것이라고 생각했다.

케셀링은 이탈리아가 지닌 천혜의 자연조건을 활용하면 이탈리아를 손쉽게 방어할 수 있다고 히틀러를 설득했다. 이탈리아 반도의 지형을 살펴보면, 반도 중심을 따라 남북으로 높이가 1만 피트(3,000미터) 이상 되는 아펜니노Appennino 산맥이 등뼈처럼 뻗어 있고, 그로부터 수많은 지맥支脈들이 바다를 향해 동서로 솟아올라 있으며, 각 지맥에는 넓은 강들이 바다로 빠르게 흘러가고 있었다. 반도를 남북으로 가로지르는 통로는 아드리아 해와 티레니아Tyrrhenia 해 인근의 20마일(32킬로미터) 폭의 비좁은 통로들뿐이었으며, 이 통로 중간 중간에 건설된 교량 인근에는 이 교량들을 감제할 수 있는 천혜의 방어거점들이 자리 잡고 있었다. 케셀링은 이탈리아 남부에서 6개 사단을 모아 제10군을 편성하고 사령관으로 하인리히 폰 비팅호프Heinrich von Vietinghoff를 임명하는 동시에 연합군이 살레르노에 상륙할 것으로 예상하고 인근 지역에 제16기갑사단을 배치했다.

연합군이 상륙해오자, 독일군은 빈약한 전력이었지만 치열한 공격을 퍼부어서 애벌랜치 작전으로 상륙한 연합군 부대를 거의 바닷속으로 쓸어넣기 직전까지 밀어붙이기도 했다. 그러나 연합군은 무지막지한 공습과 함포 사격을 퍼붓고 엄청난 예비 병력을 상륙시켜 간신히 교두보를 지켜낼 수 있었다. 몽고메리는 자신이 주역을 맡지 못했다는 사실에 큰 불만을 품고 있었고, 진격에 있어서 지나치리만큼 조심스러운 태도를 보였다. 몽고메리의 진격이 얼마나 지지부진했던지 일단의 종군기자들은 자기들끼리 차를 몰고 '독일군 점령지역'을 가로질러 몽고메리의 부대보다 하루 앞선 9월 16일에 제5군과 합류하는 어이없는 일이 벌어지기도 했다.

9월 18일이 되자, 케셀링은 연합군 상륙지역에서 전투를 벌이고 있던 독일군 부대들에게 산악지역에 구축해놓은 일련의 방어선으로 후퇴할 것을 명령했다. 케셀링은 이탈리아 반도를 동서로 가로질러 다수의 방어선을 구축해두고 로마로 진격해오는 연합군을 차근차근 막아낼 생각이었다. 10월 1일, 제5군이 나폴리를 점령하는 동안 제8군은 아드리아 해 연안을 따라 진격하여 포자Foggia의 비행장을 점령했다. 미군은 이 비행장을 기지로 제15항공군을 편성하고 독일 본토에 대한 전략폭격을 시작했다. 10월 초, 연합군 2개 군은 볼투르노Volturno 강과 비페르노Biferno 강을 따라 120마일(193킬로미터) 길이의 전선을 형성했다. 하지만 겨우 3주 사이에 제5군은 1만2,000명에 달하는 사상자가 발생하는 등 피해 역시 막심했다.

이후 이탈리아에서 벌어진 전투는 지지부진하고 무자비한 소모전이 되었다. 게다가 눈과 비로 인해 전장이 수렁이 되면서 이탈리아 전선은 마치 제1차 세계대전의 서부전선 같은 양상을 띠게 되었다. 케셀링은 가에타Gaeta와 페스카라Pescara 사이에 다수의 요새화된 방어선을 건설해놓았다. 전체적으로 겨울 방어선Winter Line이라고 불리게 된 이들 방어선 중에서도 가장 강력한 방어선은 서쪽 끝의 가릴리아노Garigliano 강과 라피도Rapido 강을 따라 건설된 구스타프 선으로, 몬테 카시노Monte Cassino의 아베이Abbey 요새는 이 방어선의 핵심 거점이었다. 10월 초부터 연합군은 구스타프 선에 대한 접근로를 확보하기 위해 일련의 공세작전을 시작했다. 그러나 연합군은 볼투르노 강과 산그로Sangro 강 도하 과정에서 벌어진 전투들을 비

■■■■■ 이탈리아의 전투 여건은 끔찍했으며 때로는 제1차 세계대전 당시의 서부전선을 방불케 했다. 사진은 1943년 11월에 산그로 인근의 전방 지역에서 촬영한 것으로, 노새를 이용한 탄약 수송대가 수렁에 빠진 셔먼 전차 옆을 지나고 있다. (Imperial War Museum NA8942)

롯해 개전 후 서구 연합군과 독일군 사이에서 벌어진 전투 가운데 가장 처절하고 필사적인 전투를 치르고서도 1944년 1월 중순이 되도록 구스타프 선 근처에도 도달하지 못했다. 병사들의 피로가 극에 달한 상태에서 시작된 마지막 최종 공세도 눈보라가 몰아치면서 별다른 성과를 거두지 못하고 종결되고 말았다.

살레르노에 상륙한 이후 4개월 동안 연합군은 악전고투를 벌이면서 70마일(112킬로미터)을 진격했지만, 로마에 도착하기 위해서는 아직도 80마일(129킬로미터)이나 더 진격을 해야 했다. 게다가 당시 연합군 제5군만 해도 사상자 수가 독일군의 사상자 수보다 훨씬 많은 4만 명이었고, 여기에 추가로 5만 명이 질병으로 제대로 전투를 할 수 없는 상태인 데다가 노르망디 상륙작전을 위해 6개 사단이 서유럽으로 차출되는 등 이탈리아의 연합군은 여러 악재에 시달리고 있었다. 노르망디 상륙작전 준비가 본격적으로 시작되면서 아이젠하워와 몽고메리가 이를 지휘하기 위해 이탈리아를 떠난 후 지중해 지역 사령관으로는 해당 전선의 주력이 영국군인 점을 감안해 영국의 윌슨 대장이 임명되는 한편, 제8군의 사령관으로는 올리버 리스Oliver Leese 대장이 임명되었다.

그 무렵 케셀링은 많이 약화되기는 했지만 그래도 15개 사단을 보유하고 있던 제10군을 지휘하면서 구스타프 선을 꿋꿋이 고수하고 있었다. 독일군의 방어가 흔들릴 기미가 보이지 않자, 연합군은 어떻게든 돌파구를 뚫어보기 위해 독일군 후방에 상륙작전을 벌이기로 결정하고 1944년 1월 22일, 셩글 작전Operation Shingle을 통해 로마로부터 남쪽으로 30마일(48킬로미터) 떨어진 곳에 위치한 안지오에 상륙했다. 존 루카스John Lucas 소장이 지휘하는 미 제6군단은 완벽한 기습을 달성하면서 작전 개시 1주일 만에 병력 7만 명을 상륙시키는 데 성공했지만, 기습으로 얻은 이점을 살리는 데는 실패하고 말았다. 나중에 처칠은 안지오 상륙작전에 대해 "우리는 독일군의 후방에 날뛰는 고양이를 던져넣을 계획이었지만, 실제 안지오에 상륙한 연합군은 날뛰는 고양이는커녕 마치 육지에 올라앉아 꼼짝 못하는 고래처럼 행동했다"고 평했다. 반면, 케셀링은 서둘러 8개 사단으

■■■■■ 처칠은 안지오의 연합군을 "육지에 밀려 올라온 고래"로 묘사했다. 안지오 상륙을 통해 지지부진한 몬테 카시노 방면의 전황을 일거에 뒤집는다는 목표를 달성하는 데 실패한 연합군은 됭케르크 식의 대규모 철수작전으로 안지오의 병력을 탈출시키는 방안을 모색하기도 했다. (Imperial War Museum)

로 제14군을 편성하고 에버하르트 폰 마켄젠Eberhard von Mackensen을 사령관으로 임명했다. 폭탄을 장착하고 적진에 접근하여 자폭하는 무선조종 '골리앗Goliath'과 같은 신무기까지 동원해 결연한 반격에 나선 제14군은 안지오의 영미 연합군을 거의 바닷속으로 처넣기 직전까지 몰아붙였다. 연합군이 교두보를 지킬 수 있었던 것은 울트라 암호해독기를 통해 독일군의 움직임을 손바닥 보듯 들여다볼 수 있었기 때문이었다. 이는 전쟁중 울트라 암호해독기가 거둔 가장 중요한 성과들 중의 하나였다. 지지부진한 전황에 분노한 연합군 지휘부는 루카스 소장을 루서스 트러스코트Lucius Truscott 대장으로 교체했지만, 트러스코트도 이후 3개월 동안 쪼그라든 해안 교두보를 지키는 것 이외에는 아무것도 하지 못했다.

1월 17일, 제5군단은 몬테 카시노에 대한 일제 공격에 나섰지만, 한 달 동안 겨우 7마일(11킬로미터)을 진격하면서 사상자가 1만7,000명이나 발생하자 공격을 중단할 수밖에 없었다. 이후 연합군은 B-17기 145대가 몬테 카시노 수도원에 폭격을 퍼부은 후(이 폭격의 필요성에 대해서는 오늘날에도 치열한 논란이 벌어지고 있다) 뉴질랜드 군단을 동원해 몬테 카시노에 직접 공격을 가했다. 그러나 당시 몬테 카시노 정상을 지키고 있던 제1팔슈름예거사단은 이 정도 공격에는 꿈쩍도 하지 않았다. 이후 한층 더 격렬한 포·폭격을 퍼부은 후 다시 한 번 뉴질랜드군과 인도군 병사들이 공격을 해보았지만, 이 역시 실패로 돌아가고 말았다(연합군의 공격이 연거푸 실패한 데에는 연합군의 폭격으로 부서진 수도원 건물의 잔해가 독일군에게 이상적인 방어진지를 제공해준 것도 큰 원인이 되었다).

5월 11일, 알렉산더는 제5군과 제8군을 하나의 집단군으로 편성하여 몬테 카시노의 독일군을 쳐부수기 위한 네 번째 공격을 시작했다. 다시 한 번 독일군과 치열한 접전을 벌인 연합군은 눈부신 용맹을 과시한 자유 폴란드군과 자유 프랑스군의 활약에 힘입어 드디어 몬테 카시노를 점령

하고 구스타프 선에 구
멍을 뚫는 데 성공했다.
그러나 대전 중 연합군
지휘관 가운데 가장 자
기중심적이고 이기적이
었던 클라크가 독일군을
포위하라는 명령을 따르
는 대신 제일 먼저 로마
를 점령하겠다는 개인적
인 욕심을 채우는 쪽을
선택하는 바람에, 연합
군은 이탈리아 전선에서

■■■■■ 1944년, 로마를 점령한 연합군은 시민들의 열렬한 환영
을 받았다. 콜로세움 앞에서 이탈리아 군중들에게 둘러싸인 영국
군 병사의 모습. (Imperial War Museum CAN2916)

결정적인 승리를 거둘 수 있는 황금 같은 기회를 눈앞에서 날려버리고 말
았다. 5월 25일, 클라크의 제5군은 마침내 제6군단과의 연결에 성공하고
6월 4일, 당당하게 로마에 입성했지만, 로마 점령 소식은 바로 이틀 후 벌
어진 연합군의 프랑스 상륙작전 소식에 완전히 묻혀버리고 말았다. 클라
크의 성마른 행동으로 인해 케셀링은 독일 제10군과 제14군을 로마에서
북쪽으로 150마일(241킬로미터) 떨어진 피사Pisa-리미니Rimini 선까지 철수
시킬 수 있었다. 피사와 리미니 사이에는 다수의 방어선으로 구성된 고딕
Gothic 선의 최초 방어선이 건설되어 있었다. 8월이 되자, 독일군은 고딕 선
으로의 철수를 완료할 수 있었다. 알렉산더는 여전히 빈Wien으로 진격할
수 있을 것이라는 희망을 품고 있었지만, 이 무렵이 되자 이탈리아 전선
은 프랑스 전선에 비하면 부차적인 전선에 불과한 상황이 되어 있었다.
여름이 되자 연합군은 이탈리아 전선에서 6개 사단을 철수시켰고, 가을
이 되면서 비와 진흙으로 인해 별다른 작전 활동을 벌일 수가 없게 되자

추가로 7개 사단을 철수시켰다.

　이제 남유럽 전선의 초점은 남부 프랑스 침공작전(앤빌 작전Operation Anvil, 혹은 드라군 작전Operation Dragoon)에 맞춰지게 되었다. 미군은 오버로드 작전을 보조하기 위해 프랑스의 리비에라에 상륙해서 론Rhône 계곡을 따라 진격하는 것이 이탈리아 전선에서 지지부진한 전투를 계속하는 것보다 훨씬 효과적이라고 생각했다. 결국 영국군의 심한 반대를 무릅쓰고 알렉산더 패치Alexander Patch 중장이 지휘하는 미 제7군은 1944년 8월 15일 남부 프랑스에 상륙했다. 전투함 887척과 2,000대가 넘는 항공기의 지원을 받으면서 트러스코트의 미 제6군 소속 3개 사단이 상륙한 이후 뒤이어 프랑스 제1군의 7개 사단이 프랑스 땅을 밟았다. 반면, 요하네스 블라스코비츠의 독일 G집단군 소속 3개 사단과 항공기 200대는 안 그래도 약체인 데다가 연합군의 공습을 피하기 위해 여기저기 분산되어 있었기 때문에

▪▪▪▪▪▪ 1944년 8월 15일, 영미 간에 오랜 줄다리기 끝에 연합군은 남부 프랑스에 대한 상륙작전을 시작했다. 이탈리아 전선의 병력을 빼내서 상륙부대를 구성하는 등 작전 계획 단계에서 많은 우여곡절이 있었지만, 작전 자체는 대성공을 거두어 이후 연합군은 남부 프랑스의 항구들을 통해 물자를 보급받을 수 있게 되었다. (Topham Picturepoint M00984374)

제대로 된 저항을 할 수가 없었다. 연합군은 거의 아무런 저항도 받지 않은 덕분에 별다른 사상자도 내지 않고 상륙에 성공했다. 그리고 연합군은 휴양지로 이름 높은 리비에라의 위락 시설들을 자유롭게 이용할 수 있었던 덕분에 이 작전을 두고 우스갯소리로 '샴페인 작전'이라고 말하기도 했다. 하지만 제7군은 실제로는 휴양지에서 노닥거리지 않고 신속하게 북쪽으로 진격하여 9월 11일에는 노르망디에서 남쪽으로 진격해온 패튼의 미 제3군과 디종Dijon에서 합류했다.

한 병사의 초상

겸손한 영웅

빅토리아 십자장을 두 번 수상한 찰스 헤이즐릿 업햄

찰스 헤이즐릿 업햄Charles Hazlitt Upham은 뛰어난 용기와 지도력으로 빅토리아 십자장을 두 번이나 수상했다. 영국 역사를 통틀어 빅토리아 십자장을 두 번 수상한 사람은 3명에 불과하며, 그중 군인은 업햄이 유일하다. 업햄이 처음 빅토리아 십자장을 수상한 것은 1941년 5월 크레타에서였으며, 두 번째 십자장을 받은 것은 1942년 7월 북아프리카에서였다.

업햄은 1908년 9월 21일 뉴질랜드 크라이스트처치Chirstchurch에서 태어나 크라이스트 대학 및 캔터베리 농업대학Canterbury Agricultural College에서 공부했다. 어려서부터 업햄은 조용하고 의지가 강했으며, 강한 독립심을 키워나갔다. 또 그는 정당하다고 생각되지 않을 경우에는 어떠한 권위에도 굴하지 않았다. 업햄은 부당한 행동을 무엇보다도 혐오했다. 이러한 정의감은 그가 보여준 불굴의 의지의 원천이 되었다.

대지와 함께하는 소박한 삶을 좋아했던 업햄은 6년 동안 고지대의 양목장에서 목동, 소몰이꾼, 농장 관리인 일을 하며 보냈고, 전쟁이 터지기 직전에는 정부의 농장 사정관직을 맡고 있었다. 1938년, 업햄은 한 경주장에서 만난 간호원 마리 에일린 맥탐니

■■■■■ 1946년, 뉴질랜드에서 재회한 찰스와 마리 에일린 업햄. (Alexander Turnbull Library, National Library of New Zealand C22557-1/2)

Mary(Molly) Eileen McTamney와 약혼했다. 그러나 이들이 함께 보냈던 시간도 맥탐니가 싱가포르를 거쳐 영국으로 가게 되면서 몇 달 만에 끝나게 되었다. 이후 맥탐니는 대전 전 기간을 런던에서 보내게 되었다. 거친 고산지대의 열악한 환경에서 생활하는 과정에서 업햄은 강인한 육체와 지칠 줄 모르는 체력, 그리고 어떤 상황에도 흔들리지 않는 냉정함을 얻는가 하면, 목동들이 자주 사용하던 많은 욕설에도 익숙하게 되었다. 이는 전쟁 중 지중해 일대에서 전투를 치르던 업햄에게 크나큰 도움이 되었다.

1939년 9월 전쟁이 터지자, 당시 30세였던 업햄은 불타는 정의감과 나치를 막아야 한다는 신념으로 당장 자원입대했다. 그러나 병사로서 그가 맨 처음 해야 했던 임무는 아주 지겨운 일들뿐이었다. 군 당국은 농대를

졸업한 업햄의 특기를 감안하여 번햄^{Burnham} 기지 사령부 주변에 잔디를 까는 일을 맡겼다. 이런 임무는 전쟁에는 아무짝에도 쓸모가 없다고 생각하고 있던 데다가 이 일을 하느라 총검술 훈련을 빠져야 했던 업햄은 이의를 제기했지만, 어쨌든 잔디 까는 임무를 완수했다. 하지만 군생활 초반부터 업햄은 탁월한 지도력과 천부적인 전술적 재능, 전투병으로서 지녀야 할 실질적인 기술을 습득하고자 하는 강렬한 열망 등 그야말로 이상적인 군인의 자질을 두루 갖추고 있었고, 이러한 자질들은 전투를 치러가면서 더욱 빛을 발하게 되었다. 상병으로 진급한 업햄은 지극히 실전적인 방법을 고안하여 병사들을 훈련시켰으며, 부하들과 상관들로부터 진정한 지휘관으로 인정받게 되었다. 그의 능력을 눈여겨본 상부에서는 그에게 장교 훈련 과정^{Officer Cadet Training Unit}을 밟을 것을 권유했지만, 업햄은 이를 끝끝내 거부하고 1939년 12월, 제20뉴질랜드대대의 병장으로서 이집트로 떠나는 뉴질랜드 원정군 선발대와 함께 지중해로 향했다.

전투 기술이라면 배우려고 눈에 불을 켜고 덤비던 업햄은 곧 총검술과 기관총, 그리고 수류탄의 전문가가 되었지만, 연병장에서의 행진이나 제식에는 그야말로 젬병이었다. 게다가 업햄은 자신이 허례허식이라고 느끼는 군의 관습이나 계급체계도 무시하기 일쑤였다. 그는 전쟁에 직접 도움이 되지 않는 것은 용납하지 않았고, 조금이라도 부당한 대우에는 직설적으로 반발하고 나섰다. 상관들의 명령도 부당하다고 생각될 경우에는 단숨에 거부해버렸기 때문에 장교들과 불화가 일어나지 않을 수 없었다. 하지만 이처럼 상관들의 골칫덩어리이자 빨리 전투에 참가하고 싶어 안달하던 업햄도 결국에는 1940년 7월에 장교 코스를 밟으라는 설득에 굴복하게 되었다. 그러나 그는 거리낌 없는 언행과 교육과정의 거의 모든 사항들에 대해 끊임없이 질문을 퍼부어댔기 때문에 영국군 장교들 사이에서 기피대상으로 낙인찍히고 말았다. 그는 장교에 대한 전술 교육에서 적의 전차 및 항공기에 대한 대응 훈련이 거의 이뤄지지 않는다는 점과 당시 사용하는 전술들이 대부분 제1차 세계대전 당시 성공을 거두었던 구식 전술을 그대로 답습하고 있다는 것을 직설적으로 비판했다. 그 결과, 그는 꼴찌로 장교 코스를 졸업하게 되었지만, 1940년 11월에 소위로 임관하게 되었다.

이후 업햄은 거친 뉴질랜드 남부 지역 출신의 억센 사나이들로 구성된 제20뉴질랜드대대 C중대 제15소대에 배속되었다. 업햄은 곧 부하들을 혹독하게 훈련시키면서도 그들의 안전과 복지를 챙겨주는 유능한 장교라는 평판을 얻게 되었다.

1941년 3월, 뉴질랜드 사단은 그리스로 파견되었다. 그러나 그리스로 파견된 뉴질랜드군을 비롯한 영국군은 제대로 싸워보지도 못하고 곧 철수해야 하는 상황에 놓이게 되었다. 그 와중에 업햄은 이질에 걸려 엄청난 고생을 했다. 다른 음식은 아무것도 먹지 못하고 부하들이 모든 방법을 동원해 구해온 농축우유로 연명했던 업햄은 체중이 줄어들면서 거의 빈사지경에 빠졌다. 그러나 업햄은 제대로 걷지도 못하는 상황에서도 억지로 당나귀를 타고 대대 본부와 담당 구역 사이의 언덕을 오르내리며 담당 부대를 지휘했다.

이후 업햄과 그의 부하들은 다행히 크레타로 무사히 철수하는 데 성공했지만, 5월 20일에 독일 공수부대의 크레타 침공이 시작되었다. 당시 업햄과 그의 부하들은 독일군 공격의 핵심 목표가 된 말레메 비행장 인근에 주둔하고 있었다. 치열한 전장 한복판에서 격전을 벌이던 업햄은 용기뿐만 아니라 근접전에서 적의 생각을 뛰어넘는 전술 감각을 보여줌으로써 동료들로부터 찬사를 받았다. 그의 절제된 용기와 순발력 넘치는 재치, 그리고 한 명이라도 더 독일군을 죽이겠다는 의지가 빛을 발하면서 그의 이름은 크레타의 전 영국군에게 널리 알려지게 되었다. 훈장은 수훈

■■■■■ 1941년 11월, 빅토리아 십자장을 수상한 찰스 헤이즐릿 업햄 중위가 소대 선임부사관인 밥 메이(Bob May) 병장으로부터 축하를 받고 있다. (The War History Collection, Alexander Turnbull Library, National Library of New Zealand F-2108-1/2-DA)

자의 한 가지 행동을 높이 사서 수여되는 경우가 대부분이지만, 업햄은 5월 22일~30일에 보여준 눈부신 무공과 탁월한 지도력, 전술적 능력, 일신의 위험을 신경 쓰지 않는 용기 등 여러 가지 이유로 빅토리아 십자장을 받게 되었다.

5월 22일, 부하 4명이 총에 맞자, 업햄은 '얼음처럼 차가운 분노'로 다수의 독일군 기관총 진지를 자신의 장기인 수류탄으로 박살을 냈다. 그는 자신의 소대가 철수하게 되자, 적의 포화를 무릅쓰고 한 부상병을 업어 날랐으며 더 많은 병사들을 모아 부상병들을 수송하는 한편, 적이 점령한 지역을 600야드(550미터)나 가로질러가 고립된 1개 중대를 데려오기도 했다. 만약 업햄이 위험을 무릅쓰고 데리러 가지 않았다면, 이 중대는 완전 포위되어 항복할 수밖에 없었을 것이다.

이후 이틀 동안 그의 소대는 계속해서 적의 포화를 받았다. 업햄은 근처에 박격포탄이 터지면서 날아가기도 하고, 또 다른 포탄이 터졌을 때는 왼쪽 어깨 뒤에 파편상을 입기도 했으며, 발목에 총을 맞기도 했다(2주 후 이집트로 철수한 후에야 이 총알을 제거할 수 있었다). 그는 당시까지도 이질을 심하게 앓고 있었음에도 불구하고 부상에는 아랑곳하지 않고 후송을 거부한 채 전선에 남아 있었다.

특히 이 무렵에 업햄의 무용을 잘 보여주는 한 가지 사건이 벌어졌다. 5월 25일, 그의 소대는 갈라타스Galatas 인근에서 독일군과 치열한 교전을 벌이면서 격렬한 박격포 및 기관총 사격을 받았다. 업햄의 소대는 독일군 40명을 사살한 시점에서 철수 명령을 받았다. 업햄은 전방에 고립된 병사들에게 철수 명령을 전하기 위해 앞으로 달려나갔다. 하지만 중간에 매복하고 있던 독일군 2명이 올리브 숲 가장자리에서 그를 덮쳤다. 업햄의 부하들은 멀리 떨어진 개활지 반대편에서 독일군 병사들이 업햄에게 총을 쏘는 것을 무력하게 지켜보고만 있어야 했다. 조금이라도 잘못 움직이면 목숨이 왔다갔다하는 상황에서 업햄은 죽은 척하고 침착하게 적 병사들이 접근하기를 기다렸다. 총에 맞은 한쪽 팔이 덜렁거리는 상태에서 업햄은 나무 등걸에 총을 올려놓고 첫 번째 독일군을 사살했다. 한손으로 재장전을 한 업햄은 그 사이 바로 코앞에까지 접근한 두 번째 독일군을 사살하는 데 성공했다. 당시 양자 간의 거리가 얼마나 가까웠던지 총에 맞은 독일군 병사는 업햄의 소총 위로 쓰러졌다.

크레타 전투 전 기간에 걸쳐 부상을 당하고 계속 이질에 시달리면서 제대로 먹지도 못해 매우 약해진 상태였는데도 업햄은 탁월한 전술 감각과 용맹, 일신의 안전 따위는 전혀 신경 쓰지 않는 헌신적인 태도와 어떤 상황에도 흔들리지 않는 냉정한 판단력을 보여주었다. 하지만 크레타 전투가 끝날 무렵, 병마와 곪아 터진 상처, 그리고 피로에 시달린 업햄은 말 그대로 '걸어다니는 뼈다귀'와 같은 몰골이 되어 부하들에게 질질 끌려서 철수선을 타게 되었다. 업햄의 엄청난 용기와 솔선수범하는 리더십에 감화된 그의 소대원들 역시 크레타 전투 내내 눈부신 활약을 보여주었으며, 더 나아가 대대 전체의 전투 의지까지 크게 고양시켰다. 하지만 업햄은 자신만이 빅토리아 십자장을 받게 되었다는 사실에 격렬하게 반발했다. 업햄은 훈장을 진정 받아야 할 사람은 자기가 아닌 수많은 부대원들이라고 생각했기 때문에, 그의 부대원들의 용기와 공로를 인정해 이 훈장을 수여하는 것이라는 설득을 받고서야 마지못해 훈장을 받아들였다. 이후에도 그는 훈장 수상자임을 나타내는 기장 착용을 끝까지 거부하다가 그렇게 하라는 직접 명령을 받고서야 이를 착용하기도 했다. 또 그는 자신이 전투가 한창일 때 부하들에게 했던 약속을 지키기 위해 전투 전 기간 내내 죽지 않고 살아남은 부하 5명을 카이로의 최고급 호텔인 셰퍼드 Shepheards 호텔의 1류 식당에 데려가 밥을 사주기도 했다.

1941년 11월, 업햄은 중위로 진급했지만, 당시 그의 최고 지휘관이었던 키펜버거Kippenberger 중장에 의해 크루세이더 작전 참가 인원에서 제외당했다. 키펜버거 중장은 업햄의 전투 참가 열의가 지나쳐서 너무 빨리 전사할까 봐 이런 조치를 취한 것이었지만, 업햄에게 이런 배려는 오히려 굴욕적인 일이었다. 하지만 영국군에게 업햄처럼 경험 많은 군인은 큰 손실을 입은 부대들을 재편하는 데 있어 꼭 필요한 존재였다. 어쨌든 큰 타격을 입은 그의 대대가 재편된 이후 업햄은 중대장이 되었다. 이후 또다시 폐렴과 황달로 한바탕 고생을 한 업햄은 뉴질랜드 사단과 함께 시리아로 이동하여 혹시나 있을지도 모르는 터키를 통한 독일의 중동지역 침공에 대비하는 한편 지속적으로 훈련을 거듭했다.

롬멜의 가잘라 공격 이후 뉴질랜드군은 급히 서부 사막지역으로 파견 되어 제8군 소속으로 진 격해오는 롬멜을 제1차 엘 알라메인 전투에서 막 아내기 위해 격전을 벌였 다. 그 과정에서 업햄은 다섯 차례에 걸쳐 눈부신 용맹을 과시했다. 이는 그 자체로 빅토리아 십자장 2개를 수상할 만한 위업 이었지만, 한 사람에게 빅 토리아 십자장 3개가 수 여되는 것은 전례 없는 일 이었다.

▥▥▥▥▥ 1941년 무렵에 촬영한 찰스 헤이즐릿 업햄 중위의 사 진. 왼쪽 가슴에 빅토리아 십자장 수상자임을 나타내는 기장이 보인다. (Alexander Turnbull Library, National Library of New Zealand F-1993-1/4-DA)

6월 27일, 뉴질랜드군 은 전진해오는 독일군과 민콰르 콰임Minqar Qaim 능선에서 치열한 접전을 벌 였다. 온 사방에 전차포, 곡사포, 박격포, 기관총의 포화가 작렬하는 가운 데 업햄은 개활지를 가로질러 담당구역 방어진지들을 돌아다니면서 부하 들을 격려했다. 한번은 업햄이 그의 중대에게 큰 피해를 입히고 있던 적 진지를 관측하기 위해 부하들이 지켜보는 앞에서 겨우 약모(머리가 유난히 컸던 업햄에게 맞는 철모가 거의 없었기 때문에 업햄은 철모를 잘 쓰지 않았다) 만 쓴 채 트럭 위로 기어올라가 적 진지를 관측하기도 했다. 독일군의 연 속적인 공격을 잘 버텨내던 뉴질랜드군은 결국에는 독일군에게 포위당하면서 퇴로가 끊기고 말았다. 하지만 뉴질랜드군은 야간에 철수작전을 벌여 독일군의 포위망을 뚫고 나왔다. 업햄은 선두에 서서 치열한 백병전을 벌이면서 부대의 철수를 이끌었다. 치열한 전장 한가운데서도 그의 부하들은 독일군 차량 여러 대에 돌진하는 업햄의 함성을 들을 수 있었다. 독일군이 치열하게 퍼부어대는 총화를 무릅쓰고 돌진하던 업햄은 폭발로 인해 부상을 당하면서도 수류탄만으로 독일군 차량들을 모조리 격파해버렸다.

7월 14일~15일에 벌어진 루웨이사트 Ruweisat 능선 전투에서 전황을 파악하기 위해 장교를 한 명 전방으로 보내라는 명령을 받은 업햄은 자신이 직접 전장으로 나가 독일군 기관총 진지 수 개소를 쳐부수고 전황 정보를 수집해 상부에 보고했다. 20일 미명에 업햄이 속한 대대는 전방으로 진격하라는 명령을 받았지만, 곧 적의 강력한 방어거점으로부터 날아온 수많은 포화를 덮어쓰게 되었다. 업햄은 한 치의 망설임도 없이 그의 중대를 이끌고 과감한 총검 돌격을 벌였다. 팔에 기관총탄을 맞으면서도 업햄은 혼자서 수 개소의 독일군 기관총 진지와 전차 1대, 야포 몇 문과 차량 여러 대를 수류탄만으로 격파하는 괴력을 보여주었다. 이후 통증과 출혈로 힘을 잃은 업햄은 연대 구급소로 후송되었지만, 상처에 붕대를 감자마자 다시 전선으로 돌아와 부하들과 전투를 계속했다. 업햄은 치열한 야포와 박격포의 포격을 맞아가면서 담당구역을 끈질기게 방어했지만, 근처에서 터진 박격포탄의 파편 때문에 다리에 큰 부상을 입게 되었고, 결국에는 그의 진지가 독일군에게 점령당하면서 업햄도 포로가 되었다. 당시 처절한 방어전을 벌였던 그의 중대는 그의 발군의 용기와 탁월한 지도력에도 불구하고 생존자가 겨우 6명에 불과했다.

독일군 전방 구급소의 끔찍한 환경 속에서 이탈리아 군의관들은 그의 부상당한 팔을 마취도 안 하고 잘라내려고 들었지만, 업햄은 끝까지 자신의 팔을 못 자르게 막았다(당시의 악조건을 감안하면, 팔을 절단했을 경우 오히려 합병증 등으로 사망했을 가능성이 더 높았다. 그의 고집이 자신을 살린 셈이었다). 이탈리아의 병원에서 건강을 회복한 업햄은 포로수용소로 보내졌지만, 그곳에서도 자신의 '싸움꾼' 기질을 발휘하여 끈질긴, 어찌 보면 무모하기까지 한 탈출 시도를 계속함으로써 추축군에 대한 자신만의 전쟁을 이어나갔다. 첫 번째 탈출 시도에서 업햄은 독일 무장친위대 간수들이 총격을 퍼붓는 가운데서도 트럭에서 뛰어내리려고 했다. 이후 1943년 9월 독일로 이송된 업햄은 다수의 탈출 계획에 연루되었고, 그 가운데는 백주 대낮에 철조망을 혼자서 넘어가려는 과감한 시도도 있었다. (하지만 그렇게까지 하고서도 사살당하지 않았다는 점에서 업햄은 정말 운이 좋은 사나이라고 할 수 있었다.) 이 말썽 많은 고집불통 사나이를 위험인물로 낙인찍은 독일군은 1944년 10월, 그를 악명 높은 콜디츠Colditz 성의 포로수용소로 보내버렸다. 그러나 콜디츠 수용소로 이송되는 열차에서도 업햄은 한밤중에 달리는 열차의 화장실 창문으로 뛰어내리면서 또다시 탈출을 시도했다.

1945년 4월, 연합군의 진격으로 포로 신세에서 벗어나게 된 업햄은 곧바로 전투에 다시 뛰어들려고 했지만, 군 당국은 그를 영국으로 보냈다. 영국에서 몰리 맥탐니와 재회한 업햄은 곧 간호사로 일하고 있던 맥탐니와 결혼식을 올렸다. 5월 11일에는 조지 6세George VI가 정식으로 업햄에게 빅토리아 십자장을 수여했다. 1945년 9월 뉴질랜드로 돌아온 업햄은 다시 양을 기르는 농부로 돌아갔다.

고향으로 돌아온 업햄은 곧 자신의 빅토리아 십자장에 기장이 하나(두 번째 빅토리아 십자장) 더 추가될 것이라는 소식을 듣게 되었다. 업햄은 일약 스타가 되었지만, 그는 단지 "이러한 영광을 받는 것이 자랑스럽기는 하지만, 저보다 더 큰 활약을 한 사람들이 수백, 수천 명이나 있습니다.

이 훈장은 그런 사람들 중 한 명에게 줬어야 했는데요"라고 말할 뿐이었다. 업햄은 늘 자신이 받은 훈장은 자기가 아니라 자신의 부하들과 부대의 몫이라고 고집했으며, 이 훈장이 사람들로 하여금 자신에 대해 너무 기대하게 만든다면서 차라리 빅토리아 십자장을 받지 않았으면 좋았을 것이라고 말하곤 했다. "나는 다른 병사들과 조금이라도 다른 대우를 받고 싶지 않다"는 것이 그의 한결같은 주장이었다. 유명세를 타는 것을 혐오한 업햄은 자신의 인기를 달갑지 않게 여기면서 강인하고 솔직한 뉴질랜드 사나이로 남는 쪽을 선택했다.

겸손한 영웅이었던 업햄은 자신을 응당 해야 하는 의무를 수행한 뉴질랜드인 이상으로 여기지 않았다. 그는 진심으로 자신이 얻은 유명세와 명예를 부끄럽게 여기고 늘 국제 언론의 주목을 피하려 했다. 게다가 업햄은 기사 서임마저 거부하고 전후 고향으로 돌아온 병사들에게 주는 토지마저 받지 않겠다고 거절했다. 캔터베리 주민들이 그에게 농장을 사주려고 1만 파운드를 모금했을 때도 그는 이것을 받지 않고 대신 참전 용사 자녀들의 대학 학비 보조를 위한 장학 재단에 기탁해줄 것을 부탁했다. 이후 참전용사 정착 융자금으로 북캔터베리North Canterbury의 콘웨이Conway 강 하구에 땅을 산 업햄은 팔에 입은 부상 후유증으로 고생하면서도 열심히 일해서 아무것도 없는 황무지를 훌륭한 농장으로 바꿔놓았다. 그 사이 세 딸을 얻은 업햄 부부는 이후 가끔씩 언론이 그들에게 쏟으려는 유명세를 피하면서 일생을 자신들이 일군 농장에서 보냈다.

1994년 11월 22일, 업햄은 뉴질랜드 크라이스트처치에서 사망했다. 그는 용감한 병사인 동시에 날카로운 상황 판단 능력을 갖추고 냉정하게 위험을 분석한 후 과감하게 다음 행동을 결정할 줄 아는 유능한 지휘관이었다. 두려움이라고는 눈곱만큼도 없는 끈질기면서도 무서운 집중력 이외에도 나치와 그 동맹국들에 대한 깊은 증오심은 그의 성공에 큰 역할을 했다. 어떻게 살아생전에 빅토리아 십자장을 두 번이나 받는 유일한 인물이 될 수 있었느냐는 질문에 업햄은 "내가 독일인들을 싫어했기 때문이지요"라고 답했다. 독일에 대한 그의 증오심은 세월이 흘러도 거의 변하지 않았다. 그의 부고訃告 기사에는 "찰리 업햄의 농장에 독일제 차가 굴러다닌 적은 단 한 번도 없었다"라고 쓰여 있었다.

업햄은 강한 의무감을 가진 강인하면서도 고결한 인물로서, 평생을 그의 아내와 가족에게 충실했다. 겸손하면서 욕심이 없었던 그는 늘 예전 전우들과 함께 시간을 보내는 것을 즐겼으며, 그의 표현을 빌리자면 "풍요와 평화 속에서" 뉴질랜드인들이 살 수 있도록 하기 위해 그의 세대가 치른 희생을 늘 생생하게 기억하고 있었다. 찰스 업햄은 제2차 세계대전에서 싸웠던 가장 훌륭한 군인 가운데 한 명으로 널리 알려져 있으며, 의심의 여지없이 근대 분쟁에서 싸웠던 가장 용감한 지휘관들 중의 한 명이었다.

한 민간인의 초상

1940년~1943년 포위당한 몰타 섬의 소년

레온 감빈

지중해 전역의 한 가지 두드러진 특징은 대부분의 전투가 민간인이라고는 거의 찾아볼 수 없는 곳에서 벌어졌다는 것이다. 하지만 여기에도 단한 가지 극단적인 예외가 있었으니, 그것이 바로 몰타였다. 몰타는 면적이 겨우 117제곱마일(188제곱킬로미터)인 작은 섬으로 와이트Wight 섬 크기의 3분의 2 정도 되었지만, 주민의 수는 무려 27만 명에 달해 유럽에서도 가장 인구밀도가 높은 지역의 하나로 꼽히고 있었다. 또 시칠리아 섬으로부터 겨우 60마일(96킬로미터)밖에 떨어져 있지 않는 입지 조건(비행기로는 10분 정도밖에 걸리지 않음) 덕분에 추축군은 몰타를 무력화시키기 위해 격렬한 폭격을 쉽게 퍼부을 수 있었다.

레온 감빈Leon Gambin은 센글레아Senglea에서 가족들과 함께 살고 있던 12세 소년이었다. 센글레아는 비토리오사Vittoriosa와 코스피쿠아Cospicua와 함께 그랜드 하버 반대편의 발레타Valetta 남동쪽에 자리 잡은 3대 도시를 형성하고 있었다. 센글레아에는 1565년에 몰타를 점령하러 온 터키군 대함대를 세 차례나 물리친 격전의 흔적이 많이 남아 있었다. 이로 인해 센글레아는 '정복당하지 않은 도시'라는 의미의 '시타 인빅타Citta Invicta'라는 자랑스러운 칭호를 얻게 되었다. 레온은 고풍스러운 3층 집들이 좌우로 늘어선 가운데 해자垓字와 항구를 향해 난 좁고도 가파른 길에서 형제들과 뛰어놀곤 했다. 레온의 아버지는 상점 2개와 스톨 영화관의 소유주로서 여름이면 부두 지역에서 매점을 운영하곤 했다. 그럴 때면 레온도 선원들과 그들의 여자 친구들로부터 아이스크림과 음료수 주문을 받으며 아버지의 일을 돕곤 했다.

그러나 1940년 6월, 이탈리아가 전쟁을 선포하면서 이러한 조용한 풍경도 큰 변화를 겪게 되었다. 폭격이 있을 것을 우려한 레온의 아버지는 가족들을 몰타의 전통적인 말이 끄는 택시라고 할 수 있는 카로진Karozzin에 태워서 보다 안전한 라바트Rabat 근처의 시기위Siggiewi 마을로 보냈다. 최초의 폭격으로 사망자가 발생하자, 센글레아의 거의 모든 가정은 재빨리 간단한 필수품만 챙겨들고 시골 지역으로 대피했으며, 도시에는 집 없는 개들과 고양이들만 남게 되었다. 몰타의 유일한 방어수단이라고는 '신념', '희망', '박애'라는 이름의 복엽기 3대밖에 없었지만, 이탈리아군은 폭격에 별다른 열의를 보이지 않았기 때문에 이후 6개월에 걸쳐 레온과 그의 가족을 포함해 거의 모든 센글레아 시민들은 다시 도시로 돌아올 수 있었다.

그러나 1941년이 되자, 독일군이 처음으로 몰타에 대한 격렬한 공습을 시작했다. 그다지 위협적이지 않은 이탈리아군의 폭격(몰타 주민들은 이탈리아군의 폭격에 대해 "색종이를 떨어뜨리러 온다"고 말하기도 했다)과는 달리, 독일군은 진짜 폭탄다운 대형 폭탄을 퍼부어댔다. 2시간 동안 이어진 폭격으로 센글레아 마을은 큰 피해를 입고 21명이 사망했다. 많은 가정들이 지하실 바닥의 부드러운 석회암 바닥을 잘라내 방공호를 만들고 터널을 파서 이웃집 지하실이나 우물과 연결시켜 만약에 지하실 입구가 막히더라도 빠져나올 수 있도록 조치했다. 레온은 공습 때 별다른 위험을 겪지 않았지만, 그의 동생 마리Mary는 잔해 밑에 갇혔다가 다른 집 우물을 통해 탈출할 수 있었다. 또 독일군의 폭격으로 인해 1565년에 몰타 기사단이 터키군에게 거둔 승리를 기념하기 위해 지은 승리의 성모 교회당이 폭삭 주저앉고 말았다. 그러나 성모 교회당의 십자가상만은 전혀 피해를 입지 않고 잔해 한가운데 꼿꼿이 서 있었다. 신앙심 깊은 몰타인들은 이것을 몰타가 터키의 공격을 이겨냈듯이 독일의 공격도 이겨낼 수 있을 것이라는 의미로 받아들였다.

레온의 아버지는 다시 한 번 식구들을 시기위로 데리고 갔다. 당시 레온의 가족은 시기위에 친척이나 지인들이 전혀 없었지만, 몰타 주민들은 생판 처음 보는 도시의 집 잃은 피난민들을 따뜻하게 맞아주었다. 레온의 아버지는 상인의 재능을 최대한 발휘하여 곧 라바트에 가게를 하나 냈다. 가게 이름을 '감빈 과자점'이라고 지은 레온의 아버지는 물물교환으로 조달할 수 있는 모든 물품을 팔았으며, 그중에서도 특히 주류와 특제 사탕과자 판매에 주력했다. 1941년 4월 7일에 시작된 배급제는 처음에는 설탕, 커피, 비누, 성냥만을 배급 품목으로 실시되었지만, 9월이 되자 거의 모든 품목이 배급 대상이 되었다. 동전이 부족해지면서 장사에 큰 지장이 있기도 했지만, 몰타인들은 잔돈 대신에 서로간의 신뢰를 바탕으로 약식 차용증을 광범위하게 사용하면서 이러한 어려움을 극복했다. 가정주부들 역시 뛰어난 임기응변 능력과 창의력을 발휘하여 어려운 생활의 숨통을 조금이나마 틔워주었다. 많은 여성들이 영국군의 담요를 사용해 아이들의 옷을 만들었고, 자동차 타이어를 신발 밑창 재료로 사용했으며, 거의 모든 것을 마르고 닳도록 재활용했다.

레온의 집은 그래도 폭격으로 파괴되지는 않았다는 점에서 다른 집들보다 사정이 나았다. 레온의 어머니는 그래도 요리를 할 수 있는 도구를 가지고 있었고, 레온의 아버지는 장사를 통해 형성한 인맥을 이용해 가족을 먹여 살릴 수 있었다. 한편, 당시 몰타에 주둔하고 있던 영국군 역시 몰타의 민간인들과 똑같은 수준의 배급밖에 받지 못하고 있었다. 레온의 가족은 다른 이들과 나눠먹을 것이 없는 상황 속에서도 가게를 자주 방문하는 단골 병사들에게 은밀하게 도움을 주기도 했다. 이 병사들이 가게에 와서 비밀 암호로 정해놓은 대로(먹을 것이 부족한 상황에서 병사들에게 먹을 것을 나눠준다는 소문이 나서는 안 되었기 때문에 취한 조치였다) 베레모를 의자 위에 뒤집어놓으면, 레온은 그의 어머니에게 달려가 "톰이 왔어요. 먹을 것을 좀 넣어달라고 베레모를 놓아뒀어요"라고 말했다. 그러면 레온의 어머니는 무언가 먹을 것(대부분은 잘 만든 몰타 샌드위치였다)을 베레모에 넣어주었고, 그러면 병사는 베레모에 먹을 것을 싸들고 조용히 가게를 나가곤 했다. 자기들 먹을 것도 없는 상황에서 이렇게 병사들에게 먹을 것을 나눠주는 행동은 섬을 지켜주는 사람들에 대한 몰타 주민들의 고마움의 표시이기도 했다.

몰타 섬의 동굴과 지하 무덤들은 섬의 모든 주민들의 방공호가 되기에는 턱없이 부족했다. 그래서 영국 공병대 소속의 광부들은 자기 집에 방공호를 만들 여유가 없는 주민들을 위해 대규모 공공 방공호를 팠다. 독일군의 폭격이 심해지면서 하루에 평균 8, 9회나 공습경보가 울렸다. 단일 폭격으로 가장 장시간 이뤄진 폭격은 무려 13시간 동안이나 계속되었고, 어떤 날은 공습경보가 21시간이나 계속되기도 했다. 공습경보가 울

■■■■■ 몰타는 유럽에서 가장 인구밀도가 높은 지역 중 하나로서, 전쟁 중 가장 격렬한 폭격으로 인해 큰 피해를 입었다. 비좁은 섬에서 대부분의 주택들은 항구나 비행장 등 군사 시설 근처에 위치할 수밖에 없었고, 이로 인해 대부분의 주민들은 폭격을 피하기 위해 오랫동안 지하에서 생활하면서 굶주림을 견뎌내야 했다. (Imperial War Museum A8613)

릴 때마다 주민들은 여러 시간 동안 지하에 틀어박혀 있어야 했고, 폭격의 강도가 강해지면서 1941년 12월부터는 전 주민이 아예 항상 지하에서 생활하는 지경에 이르게 되었다. 방공호 생활은 끔찍했다. 지하 방공호는 춥고 습하며 더러웠다. 제대로 된 위생 시설도 없었고 어둠을 밝혀주는 것이라고는 촛불과 재난용 램프뿐이었다. 사람들은 이런 고난을 이겨내기 위해 신앙에 매달렸다. 많은 방공호가 예배당으로 바뀌었으며, 공동 기도회가 열리기도 했다. 많은 남녀가 공포와 공황 상태를 이기지 못하고 비명을 지르기도 했지만, 몰타 주민들은 폭탄이 바닷속에 떨어지게 해달라는 그들의 기도가 파괴와 죽음으로부터 그들을 구해줄 것이라고 굳게 믿었다.

공습과 공습 사이에 찾아오는 잠간 동안의 시간에는 일상적인 생활이
이뤄졌다. 레온이 다니던 비르키르카라 성 알로이시우스 예수회 학교
Birkirkara St Aloysius Jesuit College는 최대한 정상적으로 수업을 진행하기 위해 많
은 노력을 기울였다. 그러나 학생들의 생활은 정상적인 생활과는 거리가
멀었다. 연료를 아끼기 위해 버스 종점들은 시 외곽으로 옮겨졌고, 그 때
문에 라바트에 살고 있던 레온과 친구 3명은 매일 버스를 타기 위해 타칼
리Ta' Qali 비행장을 가로지르는 위험을 무릅써야 했다. 당시 스핏파이어 전
투기들의 기지로 사용되고 있던 이 비행장은 빈번하게 폭격을 당했기 때
문에 레온과 친구들은 주의 깊게 하늘을 관찰한 후 추축군 비행기들이 보
이지 않을 때 재빨리 비행장을 가로지르거나 폭격이 끝날 때까지 숨을 수
있는 돌담이나 기타 안전한 장소를 찾아야 했다. 레온이 실수를 저질렀던
적은 딱 한 번뿐이었다. 방과 후 집으로 가는 버스를 타기 위해 걸음을 서
두르던 레온은 안전하다는 판단을 내리고 비행장을 건너기 시작했다. 그
때 스핏파이어 2대에게 쫓기던 독일군 전투기 1대가 저고도로 비행장을
향해 다가왔다. 독일군 전투기는 폭격기는 아니었지만, 기체를 가볍게 해
서 추격자들을 떨쳐내기 위해 달고 있던 폭탄을 떨어뜨렸고 이 폭탄은 바
로 레온이 서 있던 곳 근처에서 폭발했다. 이 폭탄이 폭발하면서 레온은
흙먼지를 덮어썼지만, 다행히 아무런 부상도 입지 않았다.

아이들은 답답한 방공호를 나와서 놀 수 있는 기회가 생길 때마다 평
소보다 더 활발하게 놀았지만, 이들이 놀던 곳은 단순한 놀이터가 아니었
다. 당시 추축군은 펜이나 나비, 혹은 정어리 깡통 모양으로 만든 대인용
지뢰를 몰타 섬 전역에 뿌려놓았다. 라디오는 연일 수상한 물건은 건드리
지 말라는 경고방송을 했지만, 호기심을 이기지 못하고 그런 물건들을 건
드린 많은 아이들이 불구가 되었다. 또 아이들은 폭탄 구덩이를 아주 신

나는 놀이터 겸 탐험 대상지로 생각하는 경향이 있었다. 하지만 공습 직후에는 공중에서 쏟아지는 뜨겁고도 위험한 대공포탄 파편이 비처럼 쏟아져 내렸기 때문에, 새로운 폭탄 구덩이를 찾아다니는 아이들은 큰 위험을 무릅써야 했다.

1942년 3월 21일, 레온은 끔찍한 경험을 했다. 당시 타칼리 비행장의 영국군 장교들의 숙사로 사용되던 라바트의 포인트 드 뷰Point de Vue 호텔이 폭격을 맞자, 이를 탐험하러 간 레온은 폭탄 때문에 머리가 없어진 조종사 시체 5구를 처음으로 발견했다. 그날의 사건은 그에게 큰 충격을 안겨주었고, 그 충격은 레온이 성인이 된 후에도 사라지지 않았다. 반면, 햇빛이 찬란하게 빛나던 5월 9일 일요일은 기분 좋은 날이었다. 그날, 레온과 친구들은 타칼리 비행장이 내려다보이는 언덕 위에 앉아 미국 항공모함 와스프Wasp와 영국 해군 항공모함 이글로부터 이륙한 스핏파이어 전투기 64대가 착륙하는 모습을 보며 환성을 터뜨렸다. 이들은 곧장 재급유와 재무장을 갖추고 다시 떠올라 공습해오는 독일군에게 뜨거운 환영식을 베풀어주었다.

1942년 여름, 식량 재고가 크게 줄어들면서 영양실조가 퍼지기 시작했다. 빵의 품질은 날로 떨어졌다. 빵 만드는 데 사용되는 밀가루의 20퍼센트는 감자로 대체되었고, 설상가상으로 빵집들은 장작이 없어서 빵을 제대로 구울 수가 없었다. 성인 1일 열량 섭취량은 1,110칼로리로 제한되었고, 5월 5일이 되자 몰타 섬 당국은 1인당 빵 배급량을 300그램으로 줄인다는 극단적인 조치를 취하는 지경에 이르렀다. 식량 및 연료 부족 현상이 심각해지면서 정부는 공습으로 취사도구를 잃어버린 사람들에게 음식을 제공하는 동시에 연료와 식량을 좀더 절약하기 위해 각지에 '승리를 위한 부엌Victory kitchens'을 설치했다. 1942년 6월에는 42곳에 불과했던 '승리를 위한 부엌'의 수는 한때 몰타 섬 전역에 200개까지 증가했으며,

이를 통해 식량을 공급받는 사람들의 수도 1942년 10월에 10만 명이던 것이 1943년 1월에는 17만5,536명으로 늘어났다.

그러나 대부분의 몰타 주민들은 '승리를 위한 부엌'을 '포위된 부엌 Siege kitchen'이라고 불렀다. 그리고 이 '포위된 부엌'에서 나오는 음식은 정말 형편없었다. 모든 음식이 '끓이기'라는 한 가지 방법으로만 조리되었기 때문에 사람들은 맛보다는 정말 목숨을 부지하기 위해 '포위된 부엌'에서 만든 음식을 먹었으며, 많은 독자들이 《몰타 타임즈Times of Malta》 편집부에 음식 맛에 대한 불평을 써 보냈다. 한 독자는 음식에 대한 불만을 다음과 같이 써 보냈다.

주식은 가죽처럼 질긴 염소고기에 토마토 소스 약간과 콩 몇 알뿐이었다. 그나마 우리 동네 요리사가 염소고기를 갈아서 미트로프로 만들어준 덕분에 이빨이 상하는 일 없이 먹을 수 있었다. 하지만 매 끼가 이 모양이다.

또 다른 독자는 야채스프의 일종인 미네스트라Minestra에 대해 다음과 같은 글을 써 보냈다.

야채들이 모두 큼직큼직한 덩어리로 썰려 있었다. 순무 반덩어리에 긴 서양 호박 조각이 껍질도 안 벗겨진 채 떠 있었다. 순무 줄기가 많았고, 일반 호박과 토마토는 흔적만 보였다. 수프 색깔은 조금 불그스레한 정도였다. 그리고 둥둥 떠 있는 파스타 몇 줄기를 제외하면 이건 완전 물 그 자체였다.

독일은 몰타에 총 1만7,000톤의 폭탄을 투하한 것으로 추산되고 있다. 1942년 10월 8일이 되자, 가옥 9,000채가 완파되었고 1만7,000채는 대파되었다. 모든 생필품이 부족한 상황에서도 몰타 주민들은 의지를 잃지 않았지만, 몰타 섬 당국은 '추수일Harvest Day', 혹은 '목표일Target Day'이라는 이름으로 굶주림을 견디지 못한 몰타인들이 항복하게 될 경우를 대비해 계획을 세우기 시작했다. 1942년 4월 15일, 조지 6세는 용감한 몰타 섬 주민들에게 조지 십자장George Cross을 수여한다고 발표하면서 이들의 영웅적 행동과 헌신이 역사에 길이 남게 될 것이라고 밝혔다. 훈장 수여 소식은 일시적으로 섬 주민들의 사기를 북돋워주기도 했지만, 레온의 가족을 비롯해 굶주리고 있던 수천 가구의 몰타 주민들이 정말로 시급하게 필요했던 것은 훈장이 아니라 빵이었다. 식량 문제가 해결될 기미가 보이지 않자, 섬 주민들 사이에서는 서서히 반영 분위기가 확산되기 시작했다.

하지만 1942년 8월, 페데스탈 수송선단이 도착하면서 몰타는 당장 급한 불을 끌 수 있게 되었다. 영국을 떠난 수송선 15척 가운데 실제로 몰타에 도착한 것은 5척에 불과했지만, 몰타 주민들은 엉망이 돼서 입항하는 수송선들을 열광적으로 환영했다. 유조선 오하이오의 경우는 거의 갑판까지 물에 잠긴 상태로 말 그대로 구축함 2척의 부축을 받으며 그랜드 하버에 간신히 입항했다. 부족하나마 연료와 식량을 공급받은 몰타 주민들은 기아에서 벗어나 전투를 계속할 수 있었다. 하지만 수송선단이 한 번 도착했다고 고립이 완전히 풀린 것은 아니었다. 빈약한 배급과 배고픔은 1943년 초까지 계속되었다. 그러나 이후 지중해의 전세가 완전히 연합군 쪽으로 기울면서 수송선단이 안전하게 몰타에 도달하게 되자, 모든 문제가 해결되었다.

몰타의 역사에 있어서 1565년에 터키군의 포위를 물리친 날인 9월 8일은 매우 중요한 날이었다. 동시에 이 날은 센글레아의 대표적인 축제인 승리의 성모 축일Il-Festa tal-Bambina이기도 했다. 1943년의 승리의 성모 축일은 1941년 1월에 전화를 피해 안전한 곳에 숨겨놓은 성모상을 제자리에 옮겨놓는 뜻 깊은 날이 되었다. 1939년 이후 최초로 이루어지는 축제일 퍼레이드를 위해 대규모 행렬이 조직되었고, 레온의 가족을 포함한 많은 센글레아 주민들은 오랜만에 기념일을 축하하고 또 3년간의 고난으로부터 자신들을 지켜준 성모상을 옮기는 행렬을 위해 거리의 잔해들을 청소했다. 성모상을 옮기는 행렬이 공습으로 엉망이 된 부두에 이르자, 몰타 교구의 사제가 이탈리아가 조금 전에 항복했다는 기쁜 소식을 전했다. 그리고 항구에 정박한 배들도 서치라이트를 켜서 몰타 주민들이 오랫동안 겪어온 고난과 어려움이 끝났음을 축하했다.

지중해에서의 전투 종료
아직도 요원한 평화

발칸 반도

1944년 한 해 내내 처칠은 유럽 쪽으로 넘쳐 들어오고 있는 붉은 물결과
전후 유럽에서의 공산주의 세력 확대에 대해 점점 더 큰 우려를 하게 되
었다. 지중해에서 영국의 이해관계를 지키려면 그리스를 꼭 확보해야 한
다고 생각했던 처칠은 그리스의 공산화를 막기 위해 1944년 5월에 스탈
린과 협약을 맺고 소련이 루마니아를 장악하는 대신 그리스는 영국의 영
향력 하에 둔다는 약속을 받아냈다. 그리고 1944년 10월, 모스크바에서
열린 회의에서 이 협약의 효력은 헝가리, 불가리아, 유고슬라비아까지 확
대되었다. 애초에 양측은 헝가리와 유고슬라비아는 50:50으로, 불가리아
와 기타 국가들은 소련이 75, 영국이 25의 비율로 지분을 나눠갖기로 했

으나, 이어진 흥정 끝에 소련이 헝가리와 불가리아에서 80의 지분을 차지하는 쪽으로 결론이 났다.

같은 해 8월 20일, 스탈린은 우크라이나 전선에서 남동유럽을 '해방'하기 위한 대공세를 개시했다. 8월 23일, 루마니아가 항복하면서 소련의 진격 속도는 한층 더 탄력을 받게 되었다. 8월 30일에는 플로에슈티가, 그다음날에는 부쿠레슈티Bucharest가 소련군의 손에 떨어졌고, 9월 6일이 되자 소련군은 유고슬라비아의 국경을 이루고 있는 다뉴브 강에 도달했다. 9월 9일, 불가리아는 아무런 저항도 하지 않고 소련에 항복했고, 9월 말이 되자 10만 명 이상에 달하는 독일 제6군 전체가 포로가 되었다. 당시 남동유럽 지역 독일군 사령관이었던 막시밀리안 폰 바익스Maximilian von Weichs 원수는 트리에스테에서 에게 해에 이르는 지역에 60만 명의 병력을 보유하고 있었지만, 발칸 지역의 독일군이 붕괴되기 시작하면서 이들도 버티기가 점점 어렵게 되었다. 독일 E집단군은 9월 12일부터 그리스 도서지역으로부터 철수를 시작했고, 소련군이 불가리아로부터 서방으로 새로운 공세를 시작하면서 유고슬라비아를 통과하는 핵심 철도가 위협을 받게 되자 10월 12일부터는 그리스 전역으로부터 전면적인 철수를 시작했다. 이들이 목숨을 건질 수 있는 유일한 방법은 1941년에 세계의 주목을 받은 전격전으로 그리스를 점령했던 진격로를 따라 철수하면서 유고슬라비아의 F집단군과 합류하는 것뿐이었다. 불가리아군과 빨치산의 방해를 좀 받기는 했지만, 11월 첫째 주까지 마지막 독일군 부대가 비교적 원활하게 그리스로부터 철수를 완료했다.

10월 18일이 되자, 게오르기오스 파판드레우Georgios Papandreou 총리의 지도 하에 새로이 수립된 국민 통합 정부가 그리스에 돌아왔다. 당시 연합군으로부터 합법적인 정부로 인정을 받은 국민 통합 정부는 로널드 스코비Ronald Scobie 중장이 이끄는 영국 원정군의 지원을 받고 있었다. 공산주의 세력이었던 EAM-ELAS(그리스 민족해방전선-민족민중해방군)*가 정부 요직을 요구하면서 다소 마찰이 있기도 했지만, 처칠과 스탈린 사이에 맺어진 합의에 따라 스탈린이 공산주의자들에 대한 지원을 거두자 이 문제는 자연스럽게 해결되었다. 그리스의 주요 빨치산 세력들은 무장을 해제하고 그리스군의 통제를 받으면서 사실상 그리스 정부군의 역할을 수행하기로 합의했지만, 정치 세력들 간의 긴장은 계속 고조되기만 했다. 12월 3일, EAM이 아테네에서 대규모 시위를 벌이는 과정에서 경찰의 발포로 21명이 사망하는 사건이 발생했다. 오늘날까지도 그 진실이 밝혀지지 않은 이 사건으로 인해 공산당의 대규모 봉기가 촉발되었고, 며칠 지나지 않아 ELAS와 영국 원정군은 아테네 거리에서 피비린내 나는 시가전을 벌이게 되었다.

영국은 아테네를 안정시키기 위해 어쩔 수 없이 안 그래도 병력이 부족한 이탈리아 전선에서 병력을 빼내서 그리스에 투입했다. 6주 후 전투가 잦아들면서 봉기는 끝이 났지만, 영국군은 병사 200명을 잃어야 했다. 제2차 세계대전 중 그리스의 경우와 같이 추축군에게 쫓겨났던 망명세력들끼리 분쟁을 벌이는 사례는 거의 없었다. 하지만 그리스 정파들 간의 증오는 매우 심해서 1944년 크리스마스 이브에 아테네를 방문한 처칠도 정파들 간의 정치적 합의를 이끌어낼 수가 없었다. 1945년 1월, 교전 중지 합의가 이뤄지고 2월에는 정치적인 합의도 이뤄졌지만, 간신히 이뤄진 평화도 잠시 뿐, 그로부터 18개월 후 공산 세력은 다시 한 번 전국적인 봉기를 일으켰다. 이렇게 봤을 때, 그리스에서 추축국의 압제로부터의 해방은 그저 또 다른 정치적 공백과 혼란을 불러왔을 뿐이었다. 그리고 이러

---

* EAM-ELAS 제2차 세계대전 때 독일군에 점령당한 그리스에서 활동한 좌익계 저항조직(1941년 9월 결성)과 그 조직의 군대(1942년 12월 결성).

한 정치적 혼란은 1949년에 미제 장비로 무장하고 미국식으로 훈련받은 그리스군이 공산 세력을 진압하면서 마침내 끝이 났다. 이는 뒤이어 다가올 냉전의 전주곡과 같은 사건이었다. 일단 분쟁은 가라앉았지만, 정권을 탈취하려 했던 그리스 공산 세력의 만행은 당시 그리스인 모두에게 깊은 상처를 남겼으며, 이는 오늘날 그리스 사회에도 깊은 영향을 미치고 있다.

소련군이 신속하게 진격하여 유고슬라비아 국경지대에 갑자기 모습을 나타내자, 전설적인 유고 빨치산 지도자 티토^{Tito}는 당장 모스크바로 날아가 스탈린과 독대했다. 스탈린은 제3우크라이나 전선군으로 베오그라드 탈환을 도울 것과 티토가 체트니크^{cetnik}*가 장악하고 있던 세르비아를 점령할 수 있도록 14개 빨치산 사단을 무장시켜주는 것에 동의했다. 스탈린은 또한 티토가 전후 유고슬라비아를 지배하는 것을 허용하는 대신, 소련의 붉은 군대가 유고슬라비아를 통과해 보다 수월하게 헝가리 남부로 진격할 수 있게 해달라고 요청했다. 뒤이어 10월 14일부터 베오그라드 점령을 위한 치열한 전투가 시작되었다. 독일군은 2만5,000명의 사상자를 내가며 치열하게 저항했지만, 6일 후 베오그라드는 티토와 붉은 군대의 수중에 떨어지고 말았다. 독일의 F집단군은 그리스에서 철수해온 E집단군과 합류하는 데는 성공했지만, 소련군 역시 유고슬라비아를 가로질러 거침없이 진격을 계속했다. 그러나 히틀러가 헝가리에서 쿠데타를 배후 조종하여 전쟁에서 발을 빼려는 호르티^{Horthy}를 몰아내고 친독 정권을 세운 후 부다페스트를 '요새도시'로 선언하자, 다뉴브 강을 따라 진격하던 소련군은 독일군과 일전을 치르지 않을 수 없게 되었다. 스탈린이 처칠과

---

* **체트니크** 제2차 세계대전 중 유고슬라비아 망명정부의 전쟁장관이었던 미하일로비치가 세르비아 건설을 위해 조직한 군사조직.

의 합의를 염두에 두고 있었는지는 불확실하지만, 헝가리 쪽의 위협이 증대되자 스탈린은 유고슬라비아의 소련군을 빼내서 헝가리 전선으로 돌린다는 결정을 내렸다. 지금 돌아보면 당시 유고슬라비아에서 최종 승리를 거두기 직전에 소련군 병력을 빼낸 스탈린의 결정은 전후 소련이 동유럽 전체를 장악할 기회를 날려버린 실책이라고 볼 수 있다.

소련군이 빠졌음에도 불구하고 이제 수십만의 잘 무장된 정규군화된 빨치산 병력을 지휘하게 된 티토는, 독일군과 유고의 친독 세력들을 서서히 밀어내면서 유고 해방의 과업을 계속 수행할 수 있었다. 1945년 3월 19일, 유고슬라비아 제4군은 일대 공세를 개시하여 4월 30일에 트리에스테에 도달했다. 하지만 독일이 최종적으로 항복한 이후에도 전투는 5월 15일까지 계속되었다. 이후 티토는 공산당 주도 하에 국제적으로 인정을 받은 정부를 수립한 후 독립적이고 전제적인 공산 정권을 세웠다. 여러 민족과 종교들 간에 긴장상태가 계속되었음에도 불구하고 티토는 국가 해방을 위해 투쟁한 빨치산 영웅의 권위를 바탕으로 '형제애와 단결'을 내세우며 1980년 사망할 때까지 평생 동안 유고슬라비아를 통치할 수 있었다.

이탈리아 전선의 종언

1944년 가을과 겨울에 걸쳐 연합군은 폭격기를 이용한 지속적인 후방 차단 작전을 실시하여 이탈리아와 중부유럽의 주요 통로였던 브레너 고개를 사실상 차단해버렸다. 이로 인해 북이탈리아에 주둔하고 있던 하인리히 폰 비팅호프의 C집단군은 심각한 연료 부족 사태로 기동에 막대한 지장을 받게 되었다. 당시 이탈리아 전선의 독일군은 여전히 50만 명이 넘는 병력을 가지고 있었지만, 연합군은 사기, 브라질 원정군을 포함한 대규모 병력 증원, 무기의 양과 질 등 모든 면에서 독일군을 압도하고 있었다. 1945년 4월 9일, 봄비로 인해 수렁으로 변한 지면이 충분히 마른 후 알렉산더는 제8군으로 대규모 춘계 공세를 시작하여 아르젠타 간격Argenta Gap 돌파를 시도했다. 4월 15일, 제5군도 공격을 시작했고, 그로부터 겨우 10일 후에 양군은 피날레 넬 에밀리아Finale nell'Emilia에서 합류했으며, 그 과정에서 이들은 마지막 독일군 부대를 포위하여 섬멸하는 데 성공했다. 이후 연합군은 북쪽으로 진격을 계속하여 미군은 4월 29일 밀라노를 점령했고, 영국군은 5월 2일에 트리에스테에 도달했다. 제5군 역시 오스트리아를 향해 진격을 계속해 5월 6일에는 브레너 고개에서 북쪽에서 진격해온 미 제7군과 연결하는 데 성공했다.

아무런 희망도 없이 고립된 상황에서 북이탈리아 군관구 및 해당 지역 친위대 사령관이었던 칼 볼프Karl Wolff 친위대 대장은 암암리에 협상을 진행하면서 빠르면 1945년 2월에 항복을 할 방법을 모색했다. 스위스의 미국 전략사무국American Office of Strategic Services 국장 앨런 딜레스Allen Dulles의 주선으로 진행된 협상은 성사만 된다면 엄청난 결과를 가져올 수도 있었지만, 독일과 연합군 모두 서로를 깊이 의심했기 때문에 협상은 지지부진하기만 했다. 볼프는 무의미한 파괴와 인명 살상을 피하는 한편, 공산주의 세력의 확장을 막는 동시에 전범 재판에 회부될 경우에 대비해 서방 연합군에게 좋은 인상을 심어주려고 했다. 그리고 연합군으로서는 볼프를 잘만 이용하면 나치가 알프스에 최후의 거점을 만들어 들어앉는 상황을 손쉽게 저지할 수도 있었다. 하지만 양자 간의 협상을 눈치 챈 히틀러가 끼어들면서 결국 연합군의 춘계 공세가 시작될 때까지 볼프와 연합군은 아무런 성과도 거둘 수 없었다.

4월 23일이 되자, 볼프와 비팅호프는 베를린의 명령을 무시하기로 결심했다. 4월 25일, 볼프는 친위대 병력들에게 이탈리아 빨치산에게 저항하지 말 것을 명령했다. 4월 29일, 이탈리아 주둔 독일군의 무조건 항복 문서에 대한 서명이 이뤄졌고, 5월 2일에 항복 문서가 발효되었다. 그로부터 엿새 후, 서유럽 독일군 전체가 연합군에게 항복했다. 그 무렵 연합군은 이미 군사적 승리를 확정지어놓은 상황이었지만, 보다 원활하고 신속하게 전투를 종결함으로써 극렬 파시스트들이 자살적인 마지막 저항에 나서는 것을 효과적으로 예방할 수 있었다. 무솔리니 역시 전쟁 말기에 독일의 등 뒤에서 연합군과의 합의를 모색했다. 그러나 이탈리아의 독일군이 이미 연합군과 협상을 벌이고 있다는 것을 알게 된 무솔리니는 스위스로 탈출을 시도했다. 그러나 코모^{Como} 호수 근처에서 빨치산에게 체포된 무솔리니는 4월 28일, 정부^{情婦} 클라라 페타치^{Clara Petacci}를 비롯한 주요 파시스트 인사들과 함께 총살당하고 말았다. 이들의 시신은 이후 밀라노

■■■■■ 1945년 4월 29일, 스위스로 탈출하려다 코모 호수 인근에서 이탈리아 빨치산들에게 사살된 파시스트 지도자들의 시신들이 밀라노 로레타 광장의 한 정비공장 지붕 골조에 거꾸로 매달려 있다. 가운데 옆선이 들어간 바지를 입은 인물이 무솔리니이고, 그 오른쪽에는 끝까지 무솔리니의 옆을 지켰던 정부 클라라 페타치의 모습이 보인다. (Australian War Memorial P01387.002)

로 실려가 로레타 광장Piazzale Loreto에서 고기를 매다는 갈고리에 거꾸로 걸린 채 이탈리아 군중의 구경거리가 되었다. 이러한 끔찍한 장면은 20년에 걸친 이탈리아에서의 파시스트 독재와 지중해 전역을 장악해 이탈리아 제국을 건설하겠다는 무솔리니의 꿈의 마지막을 알리는 것이기도 했다. 무솔리니는 국민들이 전혀 싸울 준비도 되어 있지 않고 싸울 의지도 없는 전쟁에 국민들을 끌고 들어간 대가를 그렇게 치르게 되었다.

제2차
세계대전

탐욕의 끝, 사상 최악의 전쟁

4부
태평양 전쟁

태평양 전쟁

태평양 전쟁 기간 중 장기간에 걸쳐 대규모 지상전을 치른 적은 없다. 주요 전장이 태평양 바다였기 때문에 태평양 전쟁의 주역은 해군과 공군이 될 수밖에 없었다. 태평양 전쟁 중에 미국의 산업력은 연합군에게 결정적인 이점으로 작용했고, 전쟁이 끝날 무렵에 미군은 태평양에 사상 최대의 함대를 보유하게 되었다. 일단 연합군이 해상 및 공중 전력을 집중하기 시작하자, 일본의 패배는 돌이킬 수 없는 기정사실이 되었다.

전쟁의 배경
일본 제국의 팽창

태평양 전쟁은 일본 제국의 팽창주의적 야심에서 비롯되었다. 그리고 이와 관련해 연달아 벌어진 일련의 국제적 사건들이 어떻게 전쟁으로 이어졌는지를 설명하기란 어렵지 않다. 그러나 정작 이해하기 어려운 것은 왜 일본이 그들을 여지없이 분쇄할 힘을 가진 강대국 미국을 상대로 감히 전쟁을 일으켰느냐 하는 것이다. 아마도 그 원인은 일본 특유의 문화와 역사에서 찾아야 할 것이다. 과거 1000여 년 동안 전쟁에서 진 적이 없던 일본인들은 자신들의 인종적·문화적·정신적 우월성에 깊은 확신을 가지고 있었기 때문에 패배는 생각조차 할 수 없었다. 일본인들은 많은 희생자가 나기는 하겠지만, 결국은 살아 있는 신神인 천황을 모시고 있는 자신들이 승리를 거둘 것이라고 생각했다.

그런 면에서 태평양 전쟁의 근본적인 원인은 2세기 이상 외부세계로부터 고립되어 있던 일본이 갑자기 개항을 통해 세계 무대에 나오게 된 데서 찾아볼 수 있을 것이다. 17세기 초, 외세의 침입을 경계한 일본은 모든 외국인을 추방하는 동시에 외국의 접근을 엄격히 제한했다. 그러나 이러한 고립 상태는 1853년 미국의 전함 4척이 도쿄 만에 나타남으로써 깨지게 되었다. 미국 함대 사령관 매튜 페리^{Matthew Perry} 제독의 무력시위에 굴복한 일본은 미국과 통상조약을 체결했다.

1868년, 메이지^{明治} 천황이 메이지 유신*을 선언하면서 봉건 영주들은 몰락했으며, 이후 일본은 급속도로 근대화의 길을 걷게 되었다. 일본은 모호하기는 하지만 어쨌든 민주적인 헌법을 채택했고, 선거에 의한 회의체, 즉 의회제도를 도입했다. 또 이때 의무교육제도도 도입했는데, 교육 과정에서 가장 강조한 것은 천황에 대한 복종이었다. 당시 교사가 학생들에게 "가장 고귀한 이상이 뭐냐"고 물으면, 학생들은 "천황폐하를 위해 죽는 것"이라고 대답했다. 일본인들은 유럽의 기술과 전문성을 갈망했지만, 서구의 민주사상이나 자유주의를 흡수할 시간이 없었고, 또 기질적으로도 그런 서구식 정치제도는 일본인들에게 맞지 않았다.

---

* 메이지 유신 일본 메이지 천황 때 막번체제幕藩體制를 무너뜨리고 왕정복고를 이룩한 변혁 과정. 그 시기는 대체로 1853년에서 1877년 전후로 잡고 있다. 1853년 미국의 동인도 함대 사령관 매튜 페리 제독이 미국 대통령의 개국 요구 국서國書를 가지고 일본에 왔다. 이때 유신의 싹이 텄고, 1854년 미일 화친조약에 이어 1858년에는 미국을 비롯하여 영국, 러시아, 네덜란드, 프랑스와 통상조약을 체결했다. 이 유신으로 일본의 근대적 통일국가가 형성되었다. 경제적으로는 자본주의가 성립되었고, 정치적으로는 입헌정치가 개시되었으며, 사회·문화적으로는 근대화가 추진되었다. 또 국제적으로는 제국주의 국가가 되어 천황제적 절대주의를 국가 구조의 전 분야에 실현시켰다. 유신을 이룩한 일본은 구미에 대한 굴종적 태도와는 달리 아시아 여러 나라에 대해서는 강압적·침략적 태도로 나왔다.

일본의 불안과 팽창

일본인들은 자신들의 취약점을 예민하게 의식하고 있었다. 유럽 열강은 이미 수 세기에 걸쳐 아시아 태평양 지역에 식민지들을 확보해왔다. 영국은 말라야와 버마, 인도를, 프랑스는 인도차이나를, 네덜란드는 동인도(지금의 인도네시아)를, 그리고 독일은 뉴기니아의 일부를 손에 넣었다. 유럽 여러 국가와 미국은 국력이 약해지고 혼란에 빠진 중국으로부터 다양한 양여讓與를 얻어냈다. 이런 상황에서 일본이 살아남으려면 무엇보다도 강력하고 근대적인 육군과 유능한 해군을 보유할 필요가 있었다. 그리고 이런 군사력을 유지하려면 하루빨리 산업화를 이뤄야 했다. 천연자원은 부족하지만 부지런한 노동자들이 풍부했던 일본은 원자재 조달처와 상품 판매 시장이 필요했다.

일본인들은 유럽 열강이 막강한 군사력과 능란한 외교력으로 아시아에서 엄청난 경제적 이권을 취하는 것을 지켜보았다. 일본은 서구 열강의 행동을 그대로 모방하여 1894년 한국에 대한 주도권을 놓고 중국과 벌인 전쟁(청일 전쟁)에서 승리를 거두었다. 이듬해, 일본은 중국으로부터 포모사Formosa(타이완)와 만주 남쪽의 랴오둥遼東 반도를 할양받았다. 랴오둥 반도 남단에는 아름다운 뤼순旅順(혹은 포트 아서 Port Arthur라고도 불림)이 자리 잡고 있었다. 그러나 일본의 세력이 커지자, 러시아, 독일, 프랑스가 압력을 가했고*, 결국 일본은 만주에서 철수해야 했다. 러시아는 이를 기화로 만주에 진입했고, 독일과 프랑스는 중국으로부터 더 많은 특권을 얻어냈다. 죽 쒀서 개 준 꼴이 된 일본으로서는 분통이 터질 노릇이었지만, 상대

---

* **삼국간섭** 청일 전쟁의 강화조약인 시모노세키 조약에서 인정된 일본의 랴오둥 반도 영유에 반대하는 러시아, 독일, 프랑스의 공동간섭.

가 유럽 열강이냐 아시아 국가냐에 따라 게임의 룰이 다르다는 것을 인정할 수밖에 없었다. 한편, 그로부터 3년 후, 미국은 필리핀의 지배권을 손에 넣었다.

한번 쓴맛을 본 일본은 그들의 경제적 생존에 있어 중요하다고 생각하는 지역을 이번에는 기필코 손에 넣기로 작심했다. 1904년 일본은 뤼순 항을 봉쇄하고 한국과 만주에 군대를 보냈다. 일본과 러시아 양측 모두 엄청난 전사자를 내가면서 처절한 공방전을 벌인 끝에, 일본은 만주에서 러시아 육군을 궤멸시켰고, 봉쇄된 뤼순 항을 구하러 온 러시아 함대를 격파했다. 사상 처음으로 아시아 군대가 유럽 군대를 패배시킨 것이었다. 이로 인해, 일본 육군은 엄청난 명성과 힘을 얻게 되었다. 일본은 랴오둥 반도의 지배권을 쥐게 되었고, 만주 철도 보호를 위해 군대를 진주시켰으며, 1910년에는 한국을 합병했다.

그 후, 일본은 제1차 세계대전에서 어마어마한 이득을 얻었다. 일본은 유럽에 지상군을 보내지 않았음에도 불구하고 연합국의 일원으로서 독일이 중국과 태평양에서 점유하고 있던 땅을 모두 점령했다. 전쟁으로 인해 발생한 엄청난 군수품 수요 덕분에 일본의 산업은 계속 확장되었고, 생산된 물자를 해외로 보다 효과적으로 운송하기 위해 상선대merchant navy가 창설되었다.

제1차 세계대전이 끝나고 열린 강화회의에서 일본은 국제연맹으로부터 독일이 보유했던 태평양 식민지들의 통치를 위임받게 되었다. 또한 일본은 연합국들로부터 인종차별을 하지 않는다는 선언을 보증받기를 원했지만, 연합국들은 이러한 일본의 요구를 거절했다. 하여튼 이렇게 일본은 태평양의 주요 세력 가운데 하나로 국제사회의 인정을 받게 되었다. 그러나 영국과 미국은 여전히 일본의 의도에 의문을 품고 있었다. 1921년~1922년 워싱턴에서 열린 군축회의에서 미국과 영국, 그리고 일본은 그들의 주력함 수를 5:5:3의 비율로 제한했고, 또 미국과 영국은 태평양에 가지고 있는 식민지를 더 이상 요새화하지 않기로 합의했다. 일본은 자국 해군에 가해진 명백한 제한에 분노했지만, 미국과 영국은 태평양뿐만 아니라 대서양에서도 해군력을 유지해야 한다는 점을 감안하면, 이런 비율로도 일본은 서태평양에서 가장 강한 해군국으로 남을 수 있었다. 여전히 일본을 미심쩍어하던 영국은 1923년 싱가포르에 해군 기지를 건설하기로 결정했다. 이는 태평양에서 위기가 발생할 경

■■■■■ 일본 천황 히로히토(裕仁). 1926년 25세에 황위에 올랐다. 유럽을 여행했으며 아마추어 해양생물학자로 이름이 높았다. 국가수반으로서 권력을 행사한 적은 거의 없지만, 그가 군국주의자들을 부추겼는지에 대해서는 아직도 논쟁이 계속되고 있다. 어쨌든 한 사람의 민족주의자로서 히로히토는 전쟁의 불가피성을 운명적으로 받아들인 것으로 보인다. (AKG Berlin)

우 싱가포르로 주력 함대를 파견해 이곳을 근거지로 작전을 벌인다는 계획 하에 결정된 사항이었다.

이 무렵, 일본의 경제와 사회는 심각한 어려움을 겪고 있었다. 엎친 데 덮친 격으로 1920년대 일본은 1923년에 일어난 도쿄 대지진을 포함해 수많은 지진을 겪으면서 수많은 공장들이 파괴되었다. 세계 경제의 호황세가 주춤하면서 서구 각국은 무역장벽을 세웠고, 이는 일본 경제에 엄청난 타격을 입혔다. 일반적으로 대공황은 1929년 월스트리트의 주가폭락이 그 시초라고 생각하지만, 일본에서는 이미 1926년에 300만 명 이상의 산업노동자들이 실직하는 등 경제 공황을 겪고 있었다. 주변 여건이 어려워

지면서 일본 정부는 소장파 육군 장교들을 주축으로 한 호전적인 민족주의자들로부터 점점 강한 압력을 받게 되었다. 다시 말해서, 독일에서는 나치즘이, 이탈리아에서는 파시즘이, 기타 여러 국가에서는 공산주의가 일어나게 된 것과 유사한 환경이 만들어진 것이다. 일본인은 단일민족이라는 믿음, 그리고 동아시아 지배는 하늘이 일본에 내린 사명이라는 믿음을 바탕으로 일본 특유의 군국주의가 탄생한 것이다.

만주와 중국 북부에서 일본은 새로운 난관에 부딪혔다. 러시아는 일본이 극동지역에 세력을 뻗치는 것에 반발할 것이 분명했고, 중국에서는 민족주의자들이 장제스를 중심으로 단결하고 있었다. 역설적이게도 일본은 스스로 광적인 민족주의에 도취되어 있었음에도 불구하고 중국이나 한국 등 다른 아시아 국가들의 민족주의적 열망은 무시했다.

만주 철도의 치안을 담당하던 일본의 관동군關東軍은 고도로 정치적인 조직으로서, 일본군의 우수하고 야심만만한 장교들이 이곳에 배치되기 위해 서로 치열하게 경쟁했다(러일 전쟁에서 승리를 거둔 일본은 전리품으로 러시아가 조차했던 랴오둥 반도를 인수해 관동주라고 칭하고 군대를 주둔시켰는데, 이것이 관동군의 시초다). 관동군은 표면적으로는 중국 영토인 만주지역의 상업 활동을 보호하고 발전시키는 것을 목표로 하고 있었다. 그러나 1931년 9월 18일, 관동군 장교들은 중국인들이 뤼순-무크덴Mukden 철도*에 사보타주를 일으켰다고 주장하면서 이를 핑계로 일본 본국 정부나 관동군 사령관의 뜻을 어기고 수적으로는 우세하지만 질적으로는 상대가 안 되는 중국의 지방군벌을 공격하여 순식간에 만주를 유린했다. 실권이 없던 일본 정부는 마지못해 이를 승인할 수밖에 없었다. 그 다음해, 일본은 괴뢰국인 만주국을 건국하고 푸이溥儀를 황제로 등극시켰다. 그러나 그

---

* 뤼순-무크덴 철도 이른바 선다철도瀋大鐵道를 말함. 무크덴은 펑텐奉天(현 선양瀋陽)을 말함.

는 이름뿐인 수반에 불과했고, 실권은 일본의 관동군 사령관이 쥐고 있었다. 1932년, 일본은 만주 서쪽 지역인 제홀Jehol*을 점령하고 1935년에는 차하르Chakhar**의 동부 지역을 추가로 탈취했다. 이로써 만주국은 인구 3,400만의 국가로 성장했으며, 여기에는 일본 이민자 24만 명도 포함되어 있었다(일본 이민자 수는 1939년 무렵 83만7,000명으로 늘었다).

이것이 이른바 만주사변으로서, 이것을 시발점으로 일본은 전면적인 아시아 침략을 시작했다. 이에 대해 미국 국무장관은 일본을 맹비난했으며, 국제연맹은 조사를 실시한 후에 일본을 침략자로 낙인찍었다. 이에 반발한 일본은 1933년 국제연맹을 탈퇴했다. 일본의 국방장관 아라키 사다오荒木貞夫 대장은 국제연맹이 동양에 평화를 확립한다는 일본의 '신성한 사명'을 존중해주지 않는다고 불만을 표시하면서 "우리는 전 세계가 우리의 국가적 덕목을 우러러보게 만들 것"이라고 다짐했다.

이렇게 군부는 큰소리를 떵떵 치고 있었지만, 당시 일본 정부는 사실상 와해 상태였다. 한 평론가의 표현을 빌리면, 일본은 '암살에 기반한 정부'였다. 1930년 11월, 런던 해군군축회의에서 굴욕적인 조건을 수락했다는 이유로 일본 수상이 암살되었으며, 1932년 2월에는 정치지도자 2명이 피의 형제단Blood Brotherhood 단원(근대의 사무라이 전사라 할 수 있는 이들은 일본의 국익을 위해서라면 기꺼이 목숨을 바칠 각오가 되어 있는 사람들이었다)에 의해 피살되었다. 같은 해 5월, 피의 형제단은 만주 침략을 비판했다는 이유로 또다시 수상을 암살했다. 그러나 국방장관 아라키는 이 암살자들을

---

* **제홀** 청나라 때 러허성熱河省의 일부 지역. 오늘날 허베이성河北省과 랴오닝성遼寧省의 경계선 지역에 해당.
** **차하르** 중국 허베이성河北省 쥐융관居庸關 밖, 완리창청萬里長城 북방 지역. 명나라 때부터 몽골족 차하르 부部가 있었으며, 1952년에 남부는 허베이성에 편입되고 그 외는 네이멍구/蒙古 자치구에 편입되었다.

'억제할 수 없는 애국자'라고 묘사했다. 암살자들은 징역형을 선고받았지만 나중에 감형되었다.

1936년 2월에는 급진적인 육군 장교들이 쿠데타를 일으켜 내각의 유력 장관 여러 명을 살해했다. 이 쿠데타는 실패로 돌아갔으나, 육군의 힘은 오히려 더 커졌다. 1937년, 국방장관*은 정부에게 산업, 노동, 언론에 대한 절대적인 통제권을 주는 법안을 의회에 제출했다. 반대했다가는 무슨 일을 당할까 봐 두려웠던 일본 의회는 고분고분 이를 통과시킬 수밖에 없었다. 또한 일본 정부는 전면전을 3년 정도 감당해낼 만한 규모로 중공업을 확장하는 계획을 시작했다. 1936년 11월, 육군은 독일 및 이탈리아와 방공협정Anti-Comintern Pact (반反 국제공산당 조약) 체결을 추진했다. 이는 당시 중국을 후원하던 소련에 대한 직접적인 정면 도전이었다.

중일 전쟁

1937년 7월 7일 밤, 베이징北京에서 수 마일 떨어진 곳에서 기동훈련 중이던 일본군 파견대가 총격 사건을 일으켰다**. 지난 6년 동안 일본군과 중국군 간에는 이런 유의 소규모 충돌이 수없이 일어났지만, 이 무렵에 중국 국민당 지도자 장제스는 더 이상 일본의 도발을 용인할 수 없다는 생각을 하게 되었다. 어떤 역사가들은 중국과 일본이 이때부터 1945년까지

---

* 메이지 유신 초기의 국방장관 직이 1872년부터 육군장관과 해군장관으로 분리되었고, 이 중 육군장관을 국방장관으로 불렀다. 국방장관은 내각원이면서도 천황에게 직접 보고했고, 현역 군인 중에서 임명되었다.
** 이것을 이른바 루거우차오蘆溝橋 사건이라 한다. 이 사건이 확대되면서 지나 사변, 즉 선전포고 없는 전쟁이 시작되었다.

■■■■■■ 1937년 11월, 상하이의 중국군 포대를 점령한 후 승리의 포즈를 취하고 있는 일본군의 모습. 중국군은 그 해 8월부터 11월 초까지 상하이를 점령하려는 일본군의 공세에 맞서 치열하게 저항했다. 상하이 함락 후 일본군은 신속히 진격하여 12월 13일에는 난징을 점령했다. (AKG Berlin)

전쟁 상태를 유지했다는 점에서 일본인들이 '지나사변支那事變*'이라고 부르기도 하는 이 사건이 진정한 의미에서 제2차 세계대전의 시발점이라고 주장하기도 한다.

　1937년 8월 14일, 중국 국민당 군대의 비행기들이 상하이上海에 정박 중이던 일본 군함들을 공격했다. 당시 일본군은 중국 북부에 10개 사단을, 상하이에 5개 사단을 주둔시키고 있었다. 10월, 루스벨트 대통령이 마침내 이 사태는 일본의 침략 때문이라고 규탄하자, 얼마 후 외무장관에 취임하기로 되어 있던 일본 지도자 마쓰오카 요스케松岡洋右가 이렇게 반발했다.

---

* **지나 사변** 일본에서 중일 전쟁을 이르던 말.

"일본은 팽창 중이다. 팽창기의 국가치고 이웃 나라를 침략하지 않는 나라가 어디 있는가?'

11월, 일본군은 중국 국민당 군대를 상하이 외곽으로 축출했고, 12월에는 중국 국민당의 수도인 난징을 장악한 후 살인, 강간, 약탈의 향연을 벌였다. 이로 인해 민간인 25만 명 이상이 살해당했다.

서방측 여론에 코웃음이라도 치듯, 일본 비행기와 해안포대는 난징으로부터 외교관들을 소개시키던 미국 포함 퍼네이USS Panay 호를 격침시켰다. 이에 대해 미국 정부는 일본의 사과를 받는 선에서 사건을 마무리했다. 그렇지만 다수의 선교사들을 비롯해 수많은 주駐중국 서방 관측통들이 일본군의 잔학성을 폭로하자, 미국 정부도 차츰 중국 국민당 정부를 도울 방법을 모색하기 시작했다.

■■■■■ 1937년 12월 일본군이 난징에 입성하고 있다. 일본군은 이곳에서 악명 높은 난징대학살을 저질렀다.
(AKG Berlin)

1938년 말, 중국 대륙 깊숙이 진격한 일본군은 중국 대륙 북부의 거의 전역과 양쯔강 하안河岸, 그리고 중국 해안지역의 여러 거점을 확보했다. 일본군의 공세에 밀린 장제스는 그의 정부를 내륙도시 충칭重慶으로 후퇴시키고, 마오쩌둥毛澤東이 이끄는 중국 공산당과 협력을 모색하기에 이르렀다. 당시 중국 공산당은 점령지에 괴뢰정부를 세운 일본군을 상대로 게릴라전을 펼치고 있었다. 국민당 정부는 국공합작을 모색하는 한편, 미국의 후원을 얻기 위해 심혈을 기울였다.

이 시점에서 일본은 딜레마에 봉착했다. 중국 전토를 점령한다는 것은 너무나 힘겨운 일이었다. 전쟁은 밑 빠진 독처럼 일본의 자원, 연료, 재정을 소모시키고 있었다. 반면, 일본 육군 지도자들은 중국 땅에서의 전쟁을 하루 속히 끝내고, 전력을 주적인 소련에게 집중하기를 원했다. 그러나 일본이 대對중국전을 빨리 끝내려면, 동남아시아의 석유와 기타 자원이 반드시 필요했다. 당시 일본으로서는 서방 국가들이 석유를 공급하지 않으면 강탈을 해서라도 조달해야 할 판이었다. 그러나 일본 해군 지휘관들은 일본의 남방 진출은 곧 미국과의 전쟁을 의미하는 것임을 잘 알고 있었다. 이렇게 일본은 진짜 큰 전쟁에 한발 한발 다가서고 있었다.

1938년 말, 일본 수상 고노에 후미마로近衛文麿 공작은 새로운 동아시아 질서 구축에 관한 상세한 계획을 발표했다. 이 계획의 주요 내용은 동아시아에서 유럽 및 미국의 제국주의 세력과 공산주의 세력을 뿌리 뽑겠다는 것이었다. 그 후 일본은 이른바 대동아공영권을 건설하겠다는 국가 목표를 선언하기에 이른다. 그러나 소위 이 대동아공영권이라는 것도 결국은 아시아 국가들을 일본의 자원공급원 겸 일본 공산품의 시장으로 만들겠다는 것에 불과했다.

한편, 소련이 중국을 지원하고 나서면서 관동군과 소련군 간에 수 차례에 걸친 충돌이 일어났다. 1939년 7월, 마침내 관동군은 몽골 국경을 넘어 진격했으나, 노몬한^{Nomonhan} 부근에서 소련군의 반격을 받아 1만8,000명이 넘는 전사자가 발생하는 큰 피해를 입었다*. 그러나 이 전투 도중 독소불가침조약 체결 소식을 접한 일본은 서둘러 소련과 타협하여 휴전을 선언했다.

남쪽으로 시선을 돌린 일본

일본은 중국 전선이 지지부진할 뿐만 아니라 소련의 견제도 심한 상황에서 어찌해야 할지 모르고 갈팡질팡하고 있었다. 바로 그때, 1939년 9월 독일이 폴란드를 침공함에 따라 영국과 프랑스가 독일에 전쟁을 선포했다. 그리고 1940년 5월, 독일이 프랑스를 침공하면서 일본은 해외로부터 중국에 공급되던 보급 물자를 차단할 수 있는 기회를 잡게 되었다. 유럽 대륙에서 독일군에게 쫓겨난 데다가 거의 매일 독일군의 공습에 시달리던 영국은 1940년 7월 버마의 랑군에서 충칭으로 가는 도로를 폐쇄하라는 일본의 요구를 거부할 여력이 없었다. 이 도로는 국민당 정부에게 절대적으로 중요한 보급로였다. 독일 점령 이후에 세워진 비시 프랑스 정부 역시 하이퐁 항을 폐쇄하고 일본 비행기들이 북베트남으로부터 남중국을 공격할 수 있도록 기지를 사용하게 허가해달라는 일본의 요구를 거절할 수가 없었다.

그러나 프랑스가 독일에 함락되면서 미국의 참전 움직임 역시 탄력을 받게 되었다. 1940년 5월, 미국은 태평양 함대를 하와이에 전진 배치하기

---

*이것을 노몬한 사건이라 한다. 1939년에 만주와 몽골 국경인 노몬한에서 일어난 소련과 일본의 국경 분쟁으로, 일본군이 대패하여 같은 해 9월에 정전협정이 성립되면서 국경선은 대략 소련의 주장대로 확정되었다.

■■■■■■ 1940년 9월, 일본의 국방장관 도조 히데키(東條英機) 대장(중앙)과 외무장관 마쓰오카 요스케(오른쪽에서 두 번째)가 독일, 이탈리아, 일본 3국 간의 삼국동맹 조약 체결을 축하하고 있다. 이 조약을 통해 독일은 일본이 주도하는 아시아 지역의 대동아공영권이라는 신질서 구축을 승인했다. '그렇게 현명한 편은 아니었던 직업군인' 도조는 1941년 10월 수상에 취임하여 일본을 전쟁으로 몰고 갔다. 내무장관직까지 겸임했던 '면도날' 도조는 나중에 자신의 정적들을 체포하라고 지시했다. (Australian War Memorial)

로 결정하고, 6월부터는 대서양과 태평양 모두에서 동시에 작전을 벌일 수 있도록 대규모 해군력 확장 프로그램을 시작했다. 이어서 9월에 미국 의회는 평시 징병제 실시를 규정한 법안을 통과시키는 한편, 중국 국민당 정부에 1억 달러의 차관을 공여하기로 결의했다. 그러자 일본 제국 해군은 총동원령(1941년 12월에야 이 동원령은 실행이 완료되었다)으로 이에 대응했다.

1940년 하반기에 이르자, 일본, 미국, 영국 간에 전쟁이 일어날 가능성이 매우 높아졌다. 동남아 일대에 식민지 등으로 중요한 이해관계를 가지고 있던 영국, 미국, 오스트레일리아, 네덜란드는 공동으로 해당 지역의 방어 계획을 숙의했다. 영국은 뒤늦게 영국·인도·오스트레일리아군

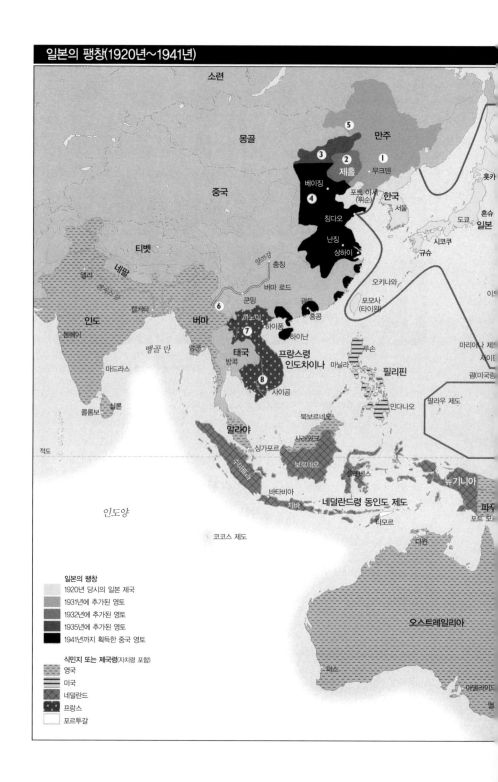

일본의 팽창(1920년~1941년)

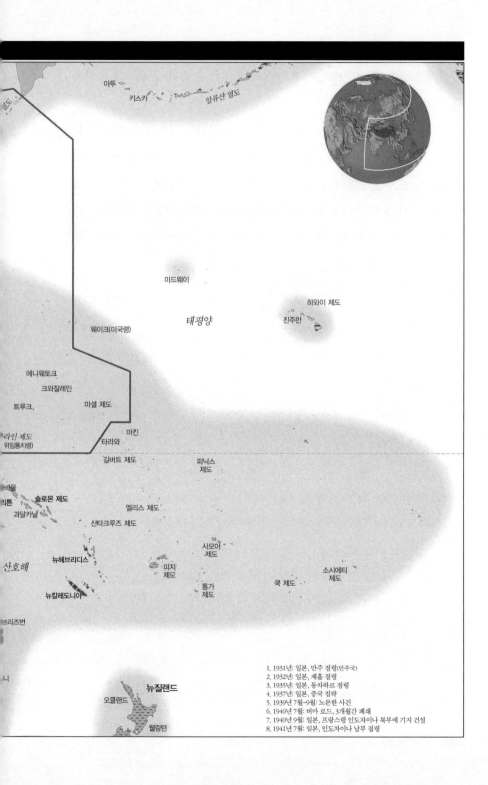

아투
키스카   알류샨 열도

미드웨이
하와이 제도
태평양   진주만
웨이크(미국령)

에니웨토크
크와질레인
트루크   마셜 제도
마킨
라인 제도   타라와
위임통치령)
길버트 제도   피닉스
제도

바울
킨튼   솔로몬 제도   엘리스 제도
과달카날   산타크루즈 제도
사모아
제도
산호해   뉴헤브리디스
피지   소시에티
제도   제도
뉴칼레도니아   통가   쿡 제도
제도
브리즈번

니

뉴질랜드
오클랜드

웰링턴

1. 1931년: 일본, 만주 점령(만주국)
2. 1932년: 일본, 제홀 점령
3. 1935년: 일본, 동차하르 점령
4. 1937년: 일본, 중국 침략
5. 1939년 7월~9월: 노몬한 사건
6. 1940년 7월: 버마 로드, 3개월간 폐쇄
7. 1940년 9월: 일본, 프랑스령 인도차이나 북부에 기지 건설
8. 1941년 7월: 일본, 인도차이나 남부 점령

으로 말라야와 싱가포르 방어를 강화했다. 그러나 이미 유럽과 중동에서 벌어지고 있는 전쟁만으로도 코가 석자인 영국은 말라야 방어에 우선순위를 둘 수가 없었다.

그러나 1941년 6월 독일의 소련 침공으로 상황은 급변하게 되었다. 일본은 소련이 유럽에서 국운을 건 전투를 치르는 틈을 타서 소련의 극동 영토를 넘볼 수도 있었고, 아니면 유럽에서의 전쟁 때문에 소련이 만주에 신경을 쓰지 못하는 사이에 안심하고 남방으로 세력 팽창을 계속할 수도 있었다. 그러나 같은 해 4월 소련과 불가침조약까지 체결한 상태였던 일본은 7월 2일, 결국 남방을 공격하기로 결정했다.

참전국
확실한 패배에 직면한 일본

일본은 군사력과 산업력 측면에서 봤을 때, 연합국의 상대가 전혀 되지 못했다. 일본은 100만 명 이상의 대군을 전개할 수 있었지만, 3대 연합국 역시 그만한 군사력을 동원할 수 있었다. 또 일본은 세계에서 세 번째로 큰 해군을 보유하고 있었지만, 영국과 미국은 그보다 더 거대한 해군을 보유하고 있었다. 그러나 일본은 몇 가지 중요한 이점을 가지고 전쟁을 시작했다. 일본은 선제 기습공격을 통해 진주만의 미국 태평양 함대에게 괴멸적인 타격을 입혔고, 큰 위협이 될 수도 있었던 필리핀 주둔 미군 폭격기들을 없애버렸으며, 말라야의 영국군을 패퇴시켰다. 미국은 서태평양 기지(필리핀)를 잃었기 때문에 한동안 수천 마일을 건너와서 일본과 싸워야 했다. 게다가 미국은 유럽과 태평양 두 전선에서 동시에 싸워야 했다. 영국은 더더욱 유럽 전쟁에 집중하느라 아시아 지역에 해군력을 충분히 투입할 수 없었으며, 어느 정도 여유를 찾고 이 지역에 해군을 증강한 것은 대전 말기가 되어서였다.

일본의 군사력

1937년에 일본은 7,000만 인구를 보유한 선진 열강이었다. 1930년대는 일본의 개방적 시장 경제가 전시 통제 경제로 전환되는 시기였다. 일본 경제의 취약점은 연료, 천연자원, 쌀의 해외 의존도가 너무 높다는 것이었다.

1941년 무렵, 일본 육군은 본토의 31개 사단과 관동군 13개 사단으로 구성되었고, 각 사단은 약 1만8,000명으로 편성되어 있었다. 서방의 기준으로 평가할 때, 육군의 중장비는 폐물 수준이었지만, 병사들은 훈련이 잘 되어 있었고 중국에서 수년에 걸쳐 실전 경험을 쌓은 베테랑들이었다. 대전이 끝날 무렵, 일본 육군의 병력은 170개 보병사단, 13개 항공사단, 4개 기갑사단, 4개 고사포사단 등 총 230만 명으로 증가했다. 전차와 중포가 턱없이 모자랐지만, 이것은 정글이나 섬 전투에서 크게 중요한 요소는 아니었다. 그러나 일본군은 1939년 노몬한에서 소련에 참패한 것에서 알 수 있듯이, 개활蓋蓋 지형에서 무장을 잘 갖춘 군대와 싸울 경우에는 참패할 수밖에 없는 군대였다.

일본군의 힘의 원천 가운데 하나는 전사의 정신자세와 행동 강령, 즉 무사도武士道였다. 모든 병사들은 천황에게 충성을 다해야 했고 병사들에 대한 훈련은 상관의 명령에 대한 절대복종과 후퇴금지를 강조했다. 이런 교육의 결과, 일본군은 전투 시 광란에 가까운 저항을 하곤 했으며, 최후의 순간에는 "천황폐하 만세!"를 외치며 자살적인 돌격을 감행하는 경우

■■■■■ 일본군의 제로(Zero)기(미쓰비시 A6m2 0식 해군 함상 전투기)는 대전 기간 동안 가장 뛰어난 전투기 가운데 하나로 손꼽힌다. 제로기는 최고의 속도와 기동성을 얻기 위해 장갑판과 자동방루식(自動放漏式) 연료탱크를 포기해야 했지만, 1941년 당시 연합국의 어떤 비행기보다도 뛰어난 성능을 자랑했다. 잘 훈련받고 경험 많은 조종사들은 제로기에 탑승해 큰 전과를 올렸다. (US National Archives)

가 많았다. 전쟁 말기 일본 조종사들이 연합군의 군함을 상대로 감행한 소위 가미카제 자살공격도 이런 교육이 빚어낸 결과물이었다. 연합군 포로들에 대한 잔혹한 대우 역시 이러한 교육의 또 다른 부작용이었다. 그러나 징집당한 일본 군인들 역시 힘든 군생활과 가혹한 훈련을 견뎌야 했다.

1941년 12월, 일본 해군은 전함 10척과 항공모함 10척을 포함하여 총 391척의 군함을 보유했다. 일본 해군은 훈련이 잘 되어 있었으며, 능란한 항해술과 함께 고성능 함포도 보유하고 있었다. 그리고 일부 신조함들은 여러 신무기들을 탑재했다. 그중에도 롱 랜스Long Lance* 어뢰는 여타 해군의 어뢰에 비해 성능이 탁월했다. 하지만 낡은 구식 함정 역시 많았다. 일본 해군의 강점은 대규모 항공기 세력을 갖추고 있었다는 점이었다. 개전 당시 일본 해군은 항공모함이나 육상 기지를 이용하여 작전을 수행하는

---

* 롱 랜스 일본의 장사정 어뢰인 '61센티미터 93식 산소어뢰'의 별명.

전투기, 뇌격기, 폭격기 등을 1,750대 보유하고 있었다.

일본 육군 항공대는 주로 중국에 기지를 두고 있었지만, 전쟁이 진행되면서 뉴기니아, 필리핀 등지에도 전개되어 활동했다. 서구 열강에 근접하는 산업 역량을 보유했던 일본은 1941년~1945년에 7만여 대에 이르는 항공기를 생산했지만, 연합국들처럼 끊임없는 기술 향상을 이루지는 못했다. 전쟁이 진행되면서 일본군의 비행기는 성능 면에서 연합군의 비행기에 점점 뒤처지게 되었다.

이론상 일본의 군사 행동은 일본군 총사령부라고 할 수 있는 대본영★ ★本營(1937년에 설치)의 지휘를 받았다. 그러나 실제로는 육군과 해군 참모본부가 각자 독자적으로 작전을 수행했다. 육군은 일반적으로 중국원정군, 남방원정군, 관동군으로 나뉘어 전쟁을 수행했다. 각 원정군과 관동군 예하에는 방면군area armies이 있었고, 각 방면군은 보통 몇 개 군(서방의 군단 corps에 해당)과 1개 항공군air army으로 구성되었다. 한편, 일본 해군의 모든 군함은 연합함대에 소속되어 있었다. 1941년 당시 연합함대 사령관은 야마모토 이소로쿠 대장이 맡고 있었고, 연합함대 예하에는 전함대나 기동부대와 같은 다양한 구성의 소함대들이 있었다.

일본의 군사작전은 전략적 방향이 분명치가 않아서 피해를 자초하는 경우가 많았다. 이런 경우가 자주 발생한 근본적인 원인은 육군과 해군 지휘부 간에 협력이 제대로 이루어지지 않았기 때문이었다. 그러나 전체적으로 봤을 때, 일본군의 패인은 지휘부의 분열 때문이라기보다는 미국의 생산력에 도저히 상대가 되지 않았기 때문이었다.

미국의 군사력

전쟁 발발 당시 미국 인구는 일본 인구의 2배에 해당하는 1억4,100만 명이었으며, 산업력의 격차는 그보다 훨씬 더 컸다. 그 일례로 1937년에 미국의 철강 생산량은 2,880만 톤에 달한 데 반해, 일본의 경우는 겨우 580만 톤에 불과했다. 이런 엄청난 산업 역량과 인구 덕분에 미국은 전례 없는 속도로 군대를 확대하는 동시에 엄청난 양의 군사 장비와 물자를 자국군은 물론 여러 연합국에게 공급할 수 있었다.

미국은 유럽에서 전쟁을 치르면서 태평양에도 대규모 병력을 배치했다. 1940년 초 미 육군의 병력은 겨우 16만 명이었지만, 1940년 9월 징병제가 도입되면서 그 수는 급속히 늘어나 12월에 160만 명이 되었으며, 1945년 3월에는 810만 명에 달했다. 이 수치에는 미 육군 항공대의 병력까지 포함되어 있으며, 항공대 역시 같은 기간 동안 병력이 27만 명에서 180만 명으로 늘었다. 1945년 4월, 해외에 파견된 미 육군은 500만 명이었으며, 그중 145만 명이 태평양, 중국, 버마, 인도 전역戰域에서 전투를 벌였다. 또한 미 육군은 예하 11개 야전군field army 가운데 2개 군은 미 본토에, 6개 군은 유럽 전역에, 3개 군(제6군과 제8군은 남서태평양에, 제10군은 오키나와沖繩에)은 태평양에 투입했다. 각 야전군은 2개 또는 그 이상의 군단으로 구성되었고, 각 군단은 2개 또는 그 이상의 사단을 보유했다. 전쟁 기간 중 미국 육군은 90개 사단을 유지했으며, 조지 C. 마셜George C. Marshall 대장이 전쟁 기간 내내 육군 참모총장으로 육군을 지휘했다.

미 육군 항공대는 16개 항공군air force 가운데 7개를 중국·버마·인도·태평양 전역에 투입했다. 1939년 9월, 미 육군 항공대는 겨우 2,470대의 비행기를 보유하고 있었지만, 항공기 보유 대수가 절정에 달한 1944년 7월에는 그 수가 7만9,908대에 이르렀다. 미국의 항공기 생산 능력은 실

■■■■■ 리버티급 선박들이 미국 조선소에서 대량 건조되고 있다. 1940년, 영국이 60척을 주문하면서 '마일 단위로 건조해 야드 단위로 절단'해도 될 정도로 설계가 단순한 이 선박의 생산이 시작되었다. 이듬해, 미국 정부는 7,126톤 11노트짜리 이 수송선을 200척 주문했으며, 전쟁 기간 중 2만7,103척에 이르는 리버티급 선박이 건조되었다. (US National Archives)

로 경이적인 것이었다. 미국은 전쟁 기간 동안 30만 대에 이르는 항공기를 해마다 수많은 개량을 해가면서 생산해내는 괴력을 발휘했다. 미 육군 항공대는 형식상으로는 육군의 일부였지만, 사실상 독립적인 군대로 움직였으며, 4인으로 구성된 미군 합동참모본부의 일원이었던 햅 아놀드Hap Arnold 대장이 육군 항공대를 지휘했다.

미 육군과 공군(육군 항공대)이 유럽과 태평양에 나뉘어 배치된 데 비해, 미 해군의 주력은 태평양에 배치되어 있었다. 다른 군과 마찬가지로, 미 해군도 전쟁 중에 엄청나게 확장되었다. 1940년 7월에 16만997명이었던 해군 병력은 1945년 8월에는 450만 명으로 증가했다. 1941년 12월 진주만에 기지를 둔 태평양 함대는 전함 9척, 항모 3척, 중·경순양함 21척, 구축함 67척, 잠수함 27척을 보유하고 있었으며, 마닐라Manila를 모항으로 한 아시아 함대는 순양함 3척, 구축함 13척, 잠수함 29척, 수상기모함 2척, 포함 16척을 보유하고 있었다. 그러나 이 정도의 전력으로 일본 해군을 상대하기에는 역부족이었다. 그리고 이 격차는 진주만 기습으로 큰 손실을 입게 되면서 더욱 크게 벌어졌다.

하지만 1930년대 말부터 1940년 사이에 미국이 어마어마한 조선 프로

그램을 실시하면서 얼마 안 가 양측의 전력비는 뒤집어지게 되었다. 전쟁 기간 중 미국은 상륙정 8만8,000척과 잠수함 215척, 그리고 최대 90대의 함재기를 탑재하는 대형 정규 항공모함에서 함재기 16~36대를 탑재하는 소형 호위 항공모함들에 이르기까지 각종 항공모함 147척, 기타 군함 952척을 건조했다. 미국 해군은 강력한 항공 전력(1940년 1만1,000명에서 1945년 43만 명으로 증가)과 해병대도 보유하고 있었다. 6개 사단으로 이뤄진 미 해병대는 거의 전원이 태평양 전선에 투입되었다. 1942년 3월, 미 해군 함대 총사령관으로 취임한 어니스트 킹 대장은 종전 시까지 그 자리를 지켰다.

대영제국

전쟁을 시작한 지 2년이 지난 1941년 12월, 영국 육군은 1940년 프랑스에서 밀려난 이후 중동지역에서 일련의 힘겨운 전투를 치르고 있었다. 영국 공군은 독일 공군의 공습에 맞서 치열한 방어전을 벌이고 있었지만, 독일의 공습은 그칠 줄을 몰랐다. 영국 해군은 대서양에서 독일의 유보트와 싸우며 지중해의 영국군을 지원해야 했다. 상황이 이렇다 보니, 영국은 극동지역에 보낼 만한 전력이 없는 상태였다. 말라야 주둔 영국군 병력은 인도군 2개 사단과 편성 정수도 다 못 채운 오스트레일리아군 1개 사단이 전부였고, 이들이 보유한 비행기는 대부분 일본군 항공기들에 비해 성능이 크게 떨어졌다. 이 지역에 배치된 해군은 항공모함은커녕, 대형 함정조차 거의 없는 상황이었다.

동남아시아의 영국군은 병력과 장비 공급의 우선순위에서 항상 뒤로 밀렸기 때문에, 인도에서 편성한 병력이 없었다면 아무런 작전 활동도 할

■■■■■ 1941년 말라야에서 훈련 중인 인도군 포병들. 1939년 인도군 병력은 인도인 20만 명에, 여타 제후국 병사들 8만3,000명, 그리고 영국군 6만3,000명으로 구성되어 있었다. 인도군은 급속히 증가하여 종전 무렵에는 250만 명에 이르렀으며, 이들 모두는 자원병들이었다. 거의 모든 인도군 부대의 지휘부는 영국군 장교로 구성되어 있었으며, 인도군 여단에는 대개 영국군 대대가 하나씩 포함되어 있었다. (Imperial War Museum, London, print from MARS, Lincs)

수 없었을 것이다. 1943년 8월에 설치된 영국의 동남아시아 사령부 예하에 배속된 100만 병력 가운데 70만 명은 인도인, 10만 명은 영국인, 나머지 9만 명은 동·서아프리카의 각 식민지에서 온 병력이었다. 대전 기간 동안 인도 이외의 지역에서 싸운 인도군 병력 17개 사단 가운데 2개 사단은 말라야에서, 11개 사단은 버마에서 싸웠다.

영국의 공군 세력은 동남아 지역 연합군 공군 세력의 대부분을 구성하고 있었다. 그 일례로 1943년 12월에 동남아시아 공군사령부 예하에 배속된 전투 가능한 67개 비행대대 가운데 44개 대대는 영국 공군, 19개 대대는 미 육군 항공대, 2개 대대는 인도 공군, 1개 대대는 캐나다 공군, 1개 대대는 네덜란드 공군이었다.

인도양에서 작전 활동을 벌이던 영국의 동양 함대는 1944년 이전까지는 별다른 전력을 보유하지 못했다. 좀더 구체적으로 살펴보면, 1943년 이 함대는 전함 1척, 호위 항공모함 1척, 순양함 7척, 무장상선 2척, 구축함 11척, 호위함 13척, 그리고 잠수함 6척을 보유하고 있을 뿐이었다. 그러나 1945년에 창설된 영국의 태평양 함대는 전함 2척, 항모 4척, 순양함 5척, 구축함 14척으로 대전 기간 중 편성된 영국 해군 최대 최강의 함대로서 미국과 함께 태평양에서 작전을 수행했다.

오스트레일리아와 뉴질랜드

전쟁 전의 오스트레일리아 육군은 파트타임 자원자 8만 명으로 구성된 소규모 민병대에 불과했다. 공군 역시 낡은 비행기 160대로 이뤄진 보잘 것없는 규모였다. 그나마 순양함 6척, 고물이기는 해도 구축함 5척, 슬루프sloop형 포함* 2척을 보유한 해군만이 다가오는 전쟁에 대비해 그럭저럭 준비가 된 상태였다. 전쟁 발발과 함께 지원병으로 증강된 육군과 공군은 해군과 함께 중동지역과 유럽에 투입되어 영국군과 합동으로 추축군과 전투를 벌였다. 그러나 태평양에서 전쟁이 발발하자, 이들 대부분은 오스트레일리아로 귀환하여 맥아더 장군의 지휘 하에 남서태평양지역에서 일본군과 싸우게 되었다.

1942년 중반에 자국 영토 안에 11개 사단을 보유하고 있던 오스트레일리아는 1942년과 1943년 동안 남서태평양 전역의 연합군 지상 병력 대부분을 제공했다. 병력 증강이 최고조에 이르렀을 때, 인구 700만 명인 오

---

* **슬루프형 포함** 위갑판에만 함포를 갖춘 소형 포함.

스트레일리아는 50만 명에 달하는 병력을 보유하게 되었으며, 그중 6개 사단 병력이 남서태평양 일대에서 일본군과 전투를 벌였다. 오스트레일리아군 병력은 지원병으로 구성된 대영제국군 소속 병력과 징집병들이 포함된 민병대 병력으로 나뉘어 있었다. 지원병으로 구성된 대영제국군 소속 병력은 세계 각지에 투입되어 전투를 벌였고, 징집병들이 포함된 민병대 병력은 오스트레일리아 영토 안에서만 싸웠다. 50개 중대 이상의 규모로 확대된 공군은 미국제 또는 오스트레일리아에서 조립한 영국제 비행기로 태평양 일대의 연합군 공군 작전에서 큰 활약을 했으며, 유럽 전선에서의 전략폭격에도 큰 공을 세웠다. 해군 역시 연합군 해군 병력과 함께 강력한 전력을 형성했지만, 자체적으로 항공모함을 보유하지는 못했다. 오스트레일리아는 인구가 적고 산업 기반이 취약함에도 불구하고 태평양 전쟁에서 연합군이 거둔 승리에 큰 기여를 했다.

뉴질랜드는 병사들을 유럽 전선에 투입하는 쪽을 선호했기 때문에, 태평양 전쟁에서는 오스트레일리아에 비해 기여도가 훨씬 작았다. 태평양에서 싸운 뉴질랜드군은 1개 사단급 병력이 소규모 해·공군 단위부대와 함께 솔로몬 제도에서 싸운 것이 전부였다.

중국

중국의 군사력은 국민당 정부군과 공산당 소속 병력, 그리고 여러 군소 군벌의 사병으로 나뉘어 있었다. 1937년에 120만 명이던 국민당 정부군은 1945년 8월에는 300개 사단 570만 명으로 늘어나 있었다. 중국군 병사들은 모두가 징집병들로서 매우 열악한 처우를 받고 있었다. 장비 역시 빈약했고 훈련도 미흡했기 때문에, 이들의 전투력은 매우 낮았다. 그러나 버마에 파견되어 미군의 지휘 하에 싸웠던 몇몇 중국군 사단들은 혁혁한 전공을 세우기도 했다. 중국 공군은 미국인 자원자들로 구성되어 있었다. 공산당의 군사력은 1937년에 9만2,000명이던 것이 1945년에는 91만 명으로 불어났다. 공산군은 게릴라전에 집중하면서 농민들의 지지를 얻는 데 성공했다.

결론

일본, 미국, 중국, 인도는 각기 100만 명 이상의 병력을 동원·배치했으며, 소련 역시 수백만 명의 병력을 투입할 수 있었다. 그러나 몇몇 예외적인 경우를 제외하고는 태평양 전쟁 기간 중 이 병력들이 장기간에 걸쳐 대규모 지상전을 치른 적은 없다. 주요 전장이 태평양 바다였기 때문에 태평양 전쟁의 주역은 해군과 공군이 될 수밖에 없었다. 태평양 전쟁 중에 미국의 산업력은 연합군에게 결정적인 이점으로 작용했고, 전쟁이 끝날 무렵에 미군은 태평양에 사상 최대의 함대를 보유하게 되었다. 일단 연합군이 해상 및 공중 전력을 본격적으로 집중하기 시작하자, 일본의 패배는 돌이킬 수 없는 기정사실이 되었다.

전쟁의 발발
전쟁을 향해 치닫는 국제 정세

1941년 12월에 일본이 개전을 할 결단을 내린 것은 일련의 정치적 사건들 때문이었다. 각료 중 가장 광적인 군국주의자였던 외무장관 마쓰오카는 독일이 소련을 침공하자 일본도 소련을 공격해야 한다고 주장했다. 그러나 1941년 7월 2일, 다른 각료들은 마쓰오카의 주장과는 반대로 인도차이나 남부의 기지들을 점령하기로 결정했으며, 7월 16일 고노에 수상은 마쓰오카를 해임했다. 하지만 그때까지도 일본 내각은 어느 정도까지 미국과 협상을 추진해야 하는지를 놓고 의견 일치를 보지 못하고 있었다. 대미 협상의 전망에 대해 비관적이었던 도조 히데키 국방장관은 연말이 되면 열대 몬순이 불어 작전이 어려워지므로 대미 개전을 하려면 그 이전에 해야 한다고 강력하게 주장했다. 반면에 고노에 수상은 가능한 한 끝까지 협상을 시도하고자 했다. 그러나 일본 정치 지도부는 중국에서 철수할 수 없다는 점에는 의견을 함께했다.

이러한 정치적 긴장 상황을 비롯한 몇 가지 요인 때문에 그 후 몇 달 간 일본의 외교적 행보는 혼선을 거듭했다. 그러나 미국과 영국 정부는 일본 정부의 교섭 제의를 액면 그대로 받아들이기를 주저했다. 미국 해군 의 암호해독가들은 정교함과 끈기로 일본의 외교 암호를 해독하는 놀라 운 성과를 거두었으며, 이들은 그렇게 확보한 이른바 '매직Magic'이라고 알려진 정보를 토대로 일본의 의도를 분명하게 파악할 수 있었다. 미국과 영국, 오스트레일리아 지도부는 일본이 남방을 치기로 7월 2일에 결정을 내렸다는 사실을 그로부터 며칠도 지나지 않아 알 수 있었다.

루스벨트 대통령은 매직을 통해 일본이 외교적 노력과 전쟁 준비를 병행하고 있음을 파악하고 있었다. 덕분에 일본이 7월 26일 인도차이나 남부를 점령할 무렵에 루스벨트 대통령은 이미 그에 대한 대처 방안을 준 비해놓은 상태였다. 이틀 후, 미국은 영국 및 네덜란드와 합의 하에 일본 자산을 동결하고, 추가적인 무역 금지 조치를 취함으로써 일본과의 교역 량을 4분의 1로 줄이는 동시에 미군에서 퇴역한 후 필리핀군 사령관을 맡 고 있던 더글러스 맥아더 장군을 현역에 복귀시켜 극동지역 미군 사령관 직을 맡겼다. 8월 1일, 루스벨트는 고옥탄 휘발유와 원유의 대일 수출을 금지시켰다.

이러한 통상 금지 조치들로 일본 경제는 막대한 타격을 입게 되었다. 이미 1941년 6월에 육·해군 합동조사위원회는 이대로 가면 1944년 중반 에 일본의 기름은 바닥이 날 것이라는 결론을 내렸다. 하지만 인도차이 나, 그리고 더 나아가 최종적으로는 중국에서 철수하는 것을 엄청난 체면 손상으로 여기고 있던 일본 정부와 국민들은 이것을 받아들일 수가 없었 다. 결국, 남은 대안은 남방 진출을 계속하기 위해 필요한 자원을 말라야 와 네덜란드령 동인도 제도에서 빼앗는 것뿐이었다. 한편, 일본 해군의 전략 입안가들은 미국이 계속 중립으로 남아 있지는 않을 것이며, 유사시 필리핀 주둔 병력으로 일본군 침략 함대의 측면을 공격하리라는 것을 잘 알고 있었다.

사실, 일본은 이미 1941년 초부터 미국과의 전쟁을 준비해왔다. 다년간 주미 대사관의 무관으로 근무했던 연합함대 사령관 야마모토 이소로쿠 제독은 미국 산업계의 저력을 아주 잘 알고 있었다. 그는 개전에 반대했지만, 꼭 전쟁을 해야 한다면 일본의 유일한 희망은 하와이 진주만에 기지를 둔

■■■■■ 주미 일본 대사관의 무관으로 근무하면서 미국 산업계의 역량을 잘 알고 있던 야마모토 이소로쿠는 1940년 9월 고노에 수상에게 "만약에 (미국과 전쟁을 하라고) 명령하신다면, 처음 6개월 정도는 승산이 있겠습니다만, 만일 전쟁이 2~3년 동안 계속된다면, 어떻게 될지 저는 전혀 자신이 없습니다"라고 말했다. (US National Archives)

미국 태평양 함대를 선제공격하는 길뿐이라고 확신했다. 그의 그러한 주장이 받아들여져 일본 해군은 진주만 공습을 위해 진주만과 유사한 외진 항만에서 저공비행을 통한 어뢰 공격 훈련을 비밀리에 실시했다. 야마모토는 공격 날짜를 항공모함을 포함한 대부분의 미군 함정들이 주말을 맞아 으레 진주만에 정박하는 12월 7일 일요일 새벽으로 정했다.

9월 6일, 일본 내각은 히로히토 천황을 만나 협상을 계속하되 만일 10월 10일까지 진전이 없으면 개전을 하는 것을 전제로 외교적 협상과 전쟁 준비를 병행하기로 결정했다. 협상이 아무런 진전을 거두지 못하고 시한이 지나자, 도조 국방장관은 고노에에 대한 불신을 표시했고, 이에 고

노에는 사임하고 말았다. 10월 17일, 도조가 국방장관직을 겸한 채 총리 직에 취임했다. 도조는 극동에서 일본의 우위를 확보하고 극동에 식민지를 가진 서방 국가들을 물리치는 동시에, 중국을 병합하면서 동남아 지역에 대동아공영권을 확립하겠다는 야망에 차 있었다.

11월 2일, 도조는 천황 앞에 나아가 지금 기회를 잡아야 한다고 역설했다. 사흘 후 일본 정부는 전시 훈령을 내려 외교관들에게 협상을 11월 25일까지 결말지으라고 못 박았다. 11월 7일, 미국은 암호로 된 일본 외교 메시지를 해독하여 11월 25일이 아주 중요한 날짜임을 알아냈다. 일본은 미국이 중국 문제에 간섭하지 않는다면 석유가 생산되는 어떤 섬도 점령하지 않겠다고 제안했다. 그러나 일본이 이미 전쟁 준비를 하고 있다는 것을 파악하고 있던 미국은, 11월 26일에 국무장관 코델 헐^{Cordell Hull}을 통해 인도차이나와 중국에서 철수할 것과 장제스 정권의 정통성을 인정할 것, 그리고 독일 및 이탈리아와 맺은 삼국 동맹을 탈퇴할 것을 다시 촉구했다.

이 무렵 일본군은 이미 공격 개시 지점으로 이동하고 있었다. 11월 17일, 진주만을 공격하기로 되어 있던 함정들이 모항을 떠나 북방의 외진 쿠릴 열도의 한 정박지에 모여들었다. 11월 26일, 야마모토 총사령관은 항모 기동함대 사령관인 부제독 나구모 주이치^{南雲忠一}에게 "니타카 산^{新高山}에 오르라"는 내용의 개전을 알리는 암호전문을 보냈다. 나구모의 전력은 일본의 최정예 항모 6척, 전함 2척, 순양함 2척, 전위 구축함대, 그리고 지원함 8척이었다. 일단 쿠릴 열도를 떠난 그들은 철저한 무선 침묵을 유지하며 하와이로 가는 기존 항로로부터 아주 멀리 떨어진 태평양의 최북단 바닷길을 항해해나갔다.

연합군은 이 항모선단의 존재는 알고 있었지만, 목적지가 어딘지는 알 수 없었다. 그러나 일본 해군이 아무리 철저히 보안을 유지해도 모든 전쟁 준비 행동을 숨길 수는 없었다. 11월 26일, 루스벨트 대통령은 일본 군 5만 명을 태운 대규모 수송선단이 타이완 남쪽 바다에 있다는 보고를 받았다. 이튿날 미 해군 작전국장 해롤드 스타크Harold Stark 대장은 각각 진 주만과 마닐라에 정박해 있던 태평양 함대와 아시아 함대의 사령관 허스 번드 킴멜Husband Kimmel 대장과 토머스 하트Thomas Hart 대장에게 '전쟁 경보' 를 발령했다. 이는 일본과의 협상이 중단되었고 지금부터 수일 내에 일본 군의 공격적인 움직임이 예상되며, 일본군이 필리핀, 태국, 말라야, 혹은 보르네오에 상륙해올지도 모른다는 것을 뜻했다.

일본은 선전포고 없는 기습을 시도하면서도 자기네 불만 사항을 열거 하며 이에 대한 해결책을 요구하는 최후통첩을 보내는 등 지속적으로 기 만적인 외교 제스처를 취했다. 일본은 주미 대사에게 이 외교 문서를 12월 7일 일요일 오후 1시에 미 국무장관에게 전달하도록 명령했다. 14개 부분 으로 되어 있는 이 암호 메시지가 도쿄에서 주워싱턴 일본 대사관으로 타 전되자마자, 미국 정보부는 이를 해독하여 그날 일요일 오전 중에 루스벨 트 대통령에게 보고했다. 이 보고서를 받아든 루스벨트 대통령은 "이건 전쟁을 하자는 소리군"이라고 말했다. 그러나 암호 해독 속도가 미국보 다 오히려 늦었던 주워싱턴 일본 대사관은 그날 오후 2시 반이 되도록 해 당 문서를 코델 헐 장관에게 제출하지 못했다. 그 시각, 루스벨트와 헐은 이미 1시간 전부터 하와이가 일본군의 공습을 받고 있다는 보고를 받았 다. 어쨌거나 일본은 완전한 기습을 달성하는 데 성공했다.

진주만 공습

12월 7일 먼동이 틀 무렵, 일본 함대는 하와이 북쪽 275마일(440킬로미터)

■■■■■■ 12월 7일 아침 6시, 하와이 북쪽 275마일(440킬로미터)에 있던 항공모함 6척으로부터 발진하는 일본 비행기들의 모습. (US National Archives)

지점에 도착해 있었다. 그리고 이들과는 별도로 소형 잠수정 5척도 진주만으로 접근하고 있었다. 아침 6시, 함재기들이 항공모함의 갑판에서 이륙을 시작했다. 경험 많은 비행지휘관 후치다 미쓰오淵田美津雄의 지휘 하에 폭격기 183대가 편대를 갖추었다. 철갑탄을 장착한 발Val* 함상 폭격기 49대, 치명적인 산소 어뢰를 실은 케이트Kate** 뇌격기 40대, 엄호와 지상 목표물 공격을 위한 제로전투기 43대로 구성된 일본군 폭격대가 오아후 Oahu 북쪽의 구릉지대 사이로 몰래 침투해올 무렵, 하와이 비행장의 공군 병사들과 항만의 해군 수병들은 아무것도 모른 채 나른한 일요일 오전을 맞고 있었고, 정박지에는 미 태평양 함대 거의 전부가 정박 중이었다. 그

* 발 일본의 아이치 D3A 급강하 폭격기에 연합군이 붙인 암호명.
** 케이트 나카지마中島 B5Ns 뇌격기에 연합군이 붙인 별명.

러나 대부분의 중순양함들을 포함한 여러 호위함들과 일본군의 주요 공격목표였던 항공모함 2척은 그곳에 없었다. 아침 7시 55분, 일본군의 급강하 폭격기들의 공습이 시작되었으며 45분 뒤에 176대로 이뤄진 2차 공격대가 공격해왔다.

일본군은 항공기 29대를 잃으면서 전함 6척을 격침시키고 2척에 손상을 입혔으며, 구축함 3척, 경순양함 3척, 기타 선박 4척을 격침 또는 손상시켰을 뿐만 아니라, 육상 비행장의 비행기 164대를 대파시켰고 128대에 손상을 입혔다. 또 폭격으로 인한 군인과 민간인 사망자 수도 2,403명에 달했다.

그러나 이것은 전술적 승리였을 뿐, 일본인들은 애초에 그들이 기대했던 전략적 승리를 거두지는 못했다. 미군은 손상된 함정을 신속하게 복구했고, 피해를 입은 전함들도 3척을 제외하고는 모두 수리하여 현역에 복귀시켰다. 또 일본군이 미 해군의 연료저장시설을 파괴하지 않는 바람에 미군은 450만 배럴의 유류를 그대로 사용할 수 있었다. 만약, 연료저장소와 기타 항만시설이 모두 파괴되었다면, 미 해군은 미 대륙 서해안으로 퇴각할 수밖에 없었을 것이다. 당장 전함 8척이 전열에서 탈락하게 되었지만, 항공모함과 중순양함들은 손상을 면했다. 일본군은 그날 늦게 또 한 차례 공격을 감행할 수도 있었지만, 하와이 근처에 남아 어물댔다가는 미군 항모의 공격을 받을지도 모른다고 우려한 나구모 중장은 본국 귀환을 서둘렀다. 이로써 일본군은 미 해군에게 결정타를 가할 천금 같은 기회를 놓치고 말았다.

일본의 공격은 비록 미 태평양 함대를 전멸시키지는 못했지만, 미국의 군사적 자존심을 한방에 뭉개놓았다. 킴멜 제독은 사무실에서 공습 상황을 지켜보다가 가슴에 유탄을 맞았다. 후일 그는 동료에게 "차라리 그때 죽는 게 나았을 것"이라고 말했다. 킴멜 제독과 하와이 주둔 육군 사령관 월터 쇼트Walter Short 중장은 기습을 허용한 책임을 지고 직위 해제되었다. 그 후 4년 동안 어떻게 해서 그렇게 철저하게 기습을 당했는지 이유를 밝히기 위한 조사가 일곱 차례나 실시되었다.

종전 후 양원 합동조사 결과, 일본의 암호를 일부 해독하고 있는 상태에서 일본의 진주만 공격을 암시하는 정보를 얻을 수도 있었음이 드러났다. 진주만 기습 허용의 책임이 어느 특정인에게 전부 지워지지는 않았지만, 킴멜과 쇼트는 자신들이 다른 이들의 과오를 덮기 위한 희생양이 되었다고 주장했다.

그 후, 일부 역사가들은 루스벨트가 의도적으로 일본을 자극했거나, 아니면 적어도 일본이 진주만을 공격하리라는 것을 알고 있으면서도 먼저 공격하지 않고 미국이 참전할 구실을 만들기 위해 아무런 조치도 취하

■■■■■ 1941년 12월 7일 진주만에 정박해 있다가 일본군의 공격을 받은 전함 애리조나 호의 모습. 전방 탄약고가 폭발하면서 승무원 1,103명이 사망했다. 이들은 대부분 하갑판에 갇힌 채 서서히 죽어갔다. 진주만에서 전함들이 일시에 격파당했기 때문에, 이후 미 해군은 항공모함에 의존해 작전 활동을 할 수밖에 없었다. (US National Archives)

지 않았다는 견해를 내놓았
다. 그러나 대부분의 역사가
들은 이러한 견해를 받아들이
지 않고 있다. 1962년, 저명한
미국 역사가인 로버타 월스테
터Roberta Wohlstetter는 진주만 공
습에 대해, "우리는 적절한
정보가 부족해서가 아니라 부
적절한 정보가 너무 많아서
진주만 공습을 예측하는 데
실패했다"라고 썼다.

■■■■■ 1941년 12월 8일 미국 대통령 프랭클린 루스벨트
는 의회에 선전포고를 요청하면서 다음과 같은 인상적인 말
을 남겼다. "어제, 1941년 12월 7일은 우리 역사에 불명예스
러운 날로 남을 것입니다. 미합중국은 갑작스럽고도 의도적
인 기습공격을 당했습니다." 일본의 기습공격은 미국에게
일본을 분쇄할 때까지 결코 전쟁을 중단하지 않겠다는 확고
한 의지를 심어주었다. (US National Archives)

　　연합국 암호해독가들이
추가로 해독하는 데 성공한 암호 내용을 근거로 음모론이 끈질기게 제기
되었다. 그러나 전쟁 기간 내내 진주만 주재 정보책임자였던 에드윈 레이
튼Edwin Layton 해군 소장은 1985년에 정보전이 실패한 것은 각 군 내부 및
각 군 간의 분열 때문이었다고 주장했다. 어쨌든 12월 6일 저녁, 워싱턴의
지도자들은 앞으로 며칠 내가 아니라 몇 시간 후에 일본이 전쟁을 시작하
리라는 것은 알고 있었지만, 그들 중 진주만이 표적이 되리라고 생각한
사람은 아무도 없었던 것으로 보인다.

　　몇몇 저술가들은 영국 정보기관이 일본 함대의 암호를 해독하여 야마
모토가 나구모에게 진주만 공격 명령을 내렸다는 사실을 파악했지만, 영
국 수상 윈스턴 처칠은 미국을 전쟁에 확실히 끌어들이기 위해 이 정보를
일부러 루스벨트에게 전하지 않았다는 주장을 하기도 했다. 그러나 이 역
시 뒷받침할 증거가 없는 또 다른 가설일 뿐이다.

말라야와 필리핀

진주만은 완전히 기습당했다. 그러나 그 외의 지역은 일본 상륙선단의 정확한 목적지를 알 수는 없어도 일본군이 어딘가를 공격하려 한다는 분명한 경고가 있었다. 12월 7일~8일 자정 직후(그러나 이 시각은 시차 때문에 진주만 공격 개시 몇 시간 전에 해당함), 일본군 함대가 말라야 북부의 코타 바루Kota Bahru에 대한 폭격을 시작했으며, 그날 오전 코타 바루를 비롯해 태국과 말라야 해변 각지에 일본 육군이 상륙했다.

일본은 필리핀 클라크 기지에 있는 미군 B-17 폭격기 35대가 곧 반격에 나서리라는 사실을 알고 있었지만, 공격 당일 동틀 녘에 타이완 일대에 안개가 짙게 드리우는 바람에 일본군은 클라크 기지를 공격할 폭격대를 출격시킬 수가 없었다. 그러나 필리핀군과 필리핀 주둔 미군을 지휘하고 있던 맥아더 역시 진주만 공습 사실을 통지받고도 이렇다 할 행동을 취하지 못했다. 정오 직후, 일본군 폭격대가 클라크 기지를 공습하여 미군에게 진주만 공습에 필적하는 악몽을 선사하면서 지상에 있는 미군기 대부분을 격파했다. 이 공습으로 미국은 B-17기 절반과 다른 항공기 86대를 잃었다.

14시간도 되지 않는 짧은 시간 동안 일본은 말라야, 하와이, 태국, 필리핀, 괌Guam 섬, 홍콩, 웨이크 섬을 순서대로 공격했다. 이제 외교관들과 군 참모들은 일본의 의도를 예측하기 위해 더 이상 머리를 싸맬 필요가 없게 되었다.

전투
태평양 전쟁의 전개

1941년 12월부터 1942년 3월까지 일본군은 역사상 가장 성공적인 군사작전을 펼쳤다. 그중에서도 가장 괄목할 만한 것은 말라야 진공작전이었다. 12월 8일, 말라야 북동부에 상륙한 야마시타 도모유키 중장의 제25군 예하 6만 병력은 아서 퍼시벌^{Arthur Percival} 중장이 지휘하는 영국, 오스트레일리아, 인도, 말라야 혼성군 8만8,000명과 대치했다. 그러나 공군력에 있어서는 항모와 육상 기지를 가진 일본이 수적인 면에서나 성능 면에서 영국군을 완전히 압도하고 있었다. 12월 10일, 남지나해에서 전함 프린스 오브 웨일즈와 순양전함 리펄스가 일본군 항공기들에게 격침당하자, 영국은 크나큰 충격을 받았다.

  1942년 1월 31일 무렵, 일본군은 600마일(1,000킬로미터) 이상을 진격하여 영연방군을 싱가포르 섬으로 몰아넣었다. 당시 싱가포르의 영연방군은 심각한 타격을 받기는 했지만, 병력을 보충받아 8만5,000이 넘는 병력을 보유하게 되었다. 그러나 야마시타는 2월 8일 야음을 틈타 3만5,000명의 병력을 이끌고 조호르Johore 해협을 과감하게 도하하여 싱가포르의 영연방군을 공격했다. 버티다 못한 퍼시벌 중장은 2월 15일에 항복을 선언했다. 싱가포르 함락으로 극동에서 영국의 권위는 바닥에 떨어졌다. 후일 윈스턴 처칠은 이에 대해 "영국군 역사상 최악의 재난이었다"고 회고했다.

다른 곳에서 벌어진 전투들도 비슷한 양상으로 전개되었다. 12월 둘째 주, 일본군이 필리핀에 상륙하기 시작했으며, 1941년 12월 22일에는 일본군의 주력인 혼마 마사하루本間雅晴 중장의 제14군이 루손 섬 링가옌Lingayen 만에 상륙했다. 미군이나 필리핀군이 일본군의 적수가 되지 못한다는 것을 인정한 맥아더는 마닐라를 비무장도시open city로 선언하고 바탄Bataan 반

■■■■■ 1942년 2월 15일 싱가포르에서 일본군 장교의 안내를 받아 야마시타 장군에게 항복하러 가는 퍼시벌 장군(오른쪽)의 모습. 싱가로프 함락과 함께 영연방군 13만 명이 포로가 되었으나, 일본군 사상자 수는 5,000명에 불과했다. (Imperial War Museum, London, print from MARS, Lincs)

도로 철수하여 마닐라 만에 있는 코레히도르Corregidor 섬에 자신의 사령부를 설치했다. 1942년 1월 2일, 마닐라는 일본군의 손에 떨어졌다. 마닐라 함락 후에도 바탄 반도 수비군은 완강하게 버텼으나, 식량과 탄약 부족으로 큰 고통을 겪어야 했다. 루스벨트 대통령의 명령으로 맥아더는 3월 12일 PT 어뢰정을 타고 코레히도르 섬을 빠져나와 민다나오Mindanao 섬으로 간 후 비행기로 옮겨 타고 오스트레일리아로 피신했다. 바탄에 남아 있던 미군과 필리핀군은 4월 9일에 항복했으며, 맥아더의 후임으로 바탄 반도의 미군을 지휘했던 조나단 웨인라이트Jonathan Wainwright 중장은 5월 6일에 코레히도르 섬에서 항복했다.

1941년 12월 8일에는 일본군이 홍콩을 공격하기 시작했다. 그러나 캐나다군 800명을 포함한 수비대 4,400명은 크리스마스까지 저항을 계속했다. 또 같은 날, 일본 비행기들은 웨이크 섬에 있는 미국의 태평양 기지를 폭격했다. 해안 대공포대와 해병대 소속 전투기들은 격렬하게 저항하여 일본군의 공격을 물리쳤지만, 12월 23일에 일본군이 다시 한 번 대규모 공습을 실시하자 웨이크 섬 수비대는 결국 압도당하고 말았다.

말라야와 필리핀을 장악한 일본군은 네덜란드령 동인도 제도로 눈을 돌렸다. 연합국은 이 지역 방어를 위해 1942년 1월 15일에 ABDA(미국-영국-네덜란드-오스트레일리아)군 사령부를 조직하고, 그 본부를 자바Java 섬에 두었다. 버마에서 싱가포르를 거쳐 동인도 제도와 오스트레일리아 북부에 이르는 광대한 지역 일대의 방어책임자로 아치볼드 웨이벌 경이 임명되었지만, 이 지역의 연합군은 전반적으로 병력도 부족하고 공조체제도 허술했다.

1월 11일, 보르네오 근해에 있는 타라칸Tarakan 섬을 장악한 일본군은 23일에는 뉴브리튼 섬에 위치한 라바울Rabaul의 오스트레일리아군 수비대를 분쇄했다. 31일에 암본Ambon을 공격하기 시작한 일본군은 사흘도 안 되어 네덜란드와 오스트레일리아 수비대를 모두 포로로 잡았다. 2월 14일, 일본군 해군과 공수부대가 합동으로 수마트라 공격에 나섰다. 2월 19일, 다음날 있을 서티모르(네덜란드령)와 동티모르(포르투갈령) 침공군을 보호하기 위한 사전 조치로서 일본군 항공기들이 오스트레일리아의 다윈 Darwin 항구를 강타했다.

2월 27일에는 자바 해에서 네덜란드인 카렐 도어만 Karel Doorman 해군 소장의 지휘 아래 미국, 영국, 네덜란드, 오스트레일리아의 순양함 5척과 구축함 9척은 자바 침공에 나선 일본 함대를 중도에서 요격하려 했지만 실패하고 말았다. 태평양 전쟁 개전 이후 최초로 벌어진 함대전인 이 전투에서 연합군은 순양함 2척, 구축함 3척을 잃고 도어만 소장은 전사했다. 다음날 밤, 전날 전투에서 살아남은 오스트레일리아군 순양함 퍼스 Perth 와 미군 순양함 휴스턴 Houston 은 순다 Sunda 해협에서 또 다른 일본 상륙함대와 전투를 벌였다. 이들은 일본군 함정 2척을 침몰시켰지만, 자신들도 격침당하고 말았다. 이제 일본군의 앞을 가로막는 장애물은 아무것도 없었다. 3월 12일, 웨이벨을 비롯한 고위 지휘부 장교들이 피신한 후 껍데기만 남아 있던 자바 섬의 ABDA군 사령부가 공식적으로 항복하면서 ABDA군 사령부는 생긴 지 얼마 되지도 않아 사라지는 운명을 맞게 되었다.

일본군은 1941년 12월 8일 말라야 침공과 동시에 후방 확보 차원에서 태국 남부에도 상륙했다. 이튿날 태국 수상은 태국군에게 저항중지 명령을 내렸으며, 그 다음 달인 1942년 1월에는 영국과 미국에 전쟁을 선포했다. 1월 중순 태국 주둔 일본 제15군은 태국을 가로질러 버마로 진격했다. 버마를 지키고 있던 영국군 2개 사단(하나는 버마군, 다른 하나는 인도군)은 중과부적衆寡不敵으로 밀려났고, 결국 3월 7일에 랑군은 일본군에게 함락되었다. 자신들의 생명선과도 같은 보급로인 버마 로드 Burma Road 가 차단당할까 봐 두려워한 중국 국민당 정부가 버마로 병력을 급파했지만, 기세를

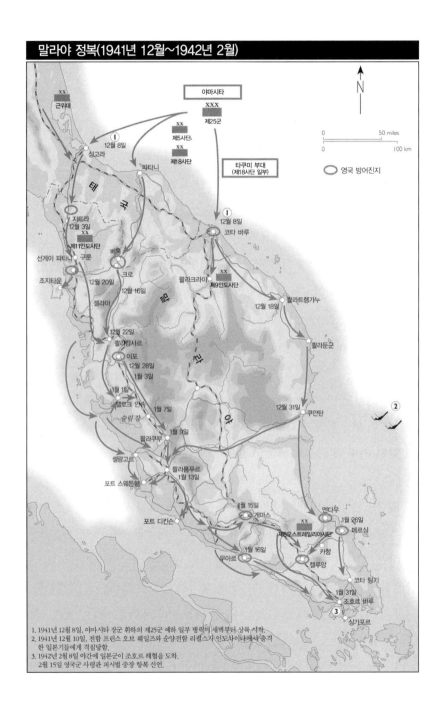

말라야 정복(1941년 12월~1942년 2월)

야마시타

XXX
제25군

XX
제5사단

XX
제18사단

타쿠미 부대
(제18사단 일부)

XX
근위대

① 12월 8일

싱고라

파타니

태
국

지트라
12월 3일

XX
제11인도사단

선게이 파타니

베퉁
구룬

조지타운

크로
12월 16일

셀라마

12월 20일

① 12월 8일 코타 바루

칼라크라이

XX
제9인도사단

12월 18일 쿠알라트렝가누

쿠알라둥군

12월 22일

쿠알라캉사르

이포

12월 28일
1월 3일

1월 1일

텔로크 안손

1월 7일

슬림 강

쿠알라쿠부

1월 9일

셀랑고르

포트 스웨튼햄

12월 31일 쿠안탄

②

포트 디킨슨

1월 13일 쿠알라룸푸르

1월 15일 게마스

XX
제8오스트레일리아사단

엔다우

1월 26일 메르싱

카항

켈루앙

1월 16일 무아르

코타 팅기

1월 31일 조호르 바루

③

싱가포르

영국 방어진지

0   50 miles
0   100 km

N

1. 1941년 12월 8일, 야마시타 장군 휘하의 제25군 예하 일부 병력이 새벽부터 상륙 시작.
2. 1941년 12월 10일, 전함 프린스 오브 웨일즈와 순양전함 리펄스가 인도차이나에서 출격
   한 일본기들에게 격침당함.
3. 1942년 2월 8일 야간에 일본군이 조호르 해협을 도하.
   2월 15일 영국군 사령관 퍼시벌 중장 항복 선언.

탄 일본군을 저지할 수는 없었다. 먼저 영국군과 중국군을 갈라놓은 일본군은 5월 20일경에는 영국군을 버마에서 몰아내 인도 국경까지 쫓아냈다. 이와 동시에 일본군은 태평양 전선의 서쪽을 확실히 굳히기 위해 진주만과 다윈 항을 공격했던 나구모 제독의 항모부대를 인도양으로 출격시켜 콜롬보Colombo의 영국군 기지를 강타했다. 이 공격으로 4월 5일~ 9일에 영국은 순양함 2척과 항공모함을 포함한 군함 7척을 잃었다.

일본군은 짧은 시기에 엄청난 성과를 올렸지만, 다른 한편으로 이런 빠른 승리는 일본군에게 독이 되기도 했다. 1942년 1월 5일, 개전 전에 정해놓은 모든 목표들을 3월 중순에 전부 달성할 수 있을 것이라는 전망이 나오자, 일본 연합함대 참모장은 그의 일기에 "이제부터 어디로 가야 하나? 오스트레일리아 대륙으로? 하와이 섬으로? 아니면 기회를 봐서 소련을 쳐야 할까?"라고 썼다. 두 달 동안 일본의 대본영은 이 문제를 토론하며 소중한 시간을 보냈지만, 쉽사리 결론을 내릴 수가 없었다.

해군은 오스트레일리아를 침공하자고 주장했지만, 일본 육군은 계획상 침공에 필요한 10개 내지 12개 사단을 중국이나 만주에서 빼낼 여력이 없다는 것을 이유로 여기에 반대했다. 일본 육군으로서는 독일의 전격전에 붉은 군대가 무너질 때 시베리아를 칠 수도 있다는 가능성을 생각하지 않을 수 없었다. 또 이보다 더 결정적인 문제는 오스트레일리아를 본격적으로 공략하기 위해서는 150만~200만 톤의 물자를 수송해야 하는데 그러려면 새로 점령한 동남아시아의 자원을 일본으로 수송할 수송선을 전부 오스트레일리아 공격 지원에 투입해야만 한다는 것이었다. 결국, 일본 육군은 오스트레일리아 대신 인도를 공격하자는 제안을 내놓았다.

일본 해군 역시 오스트레일리아 침공에 대해 의견이 통일된 것은 아니었다. 연합함대 사령관 야마모토는 미 태평양 함대를 끌어내서 결전을 벌이기 위해 태평양 한복판에 있는 미드웨이 섬을 공격하고 싶어했다. 결국, 고심에 고심을 거듭하던 일본군 지휘부는 3월 15일에 오스트레일리아나 인도 침공은 포기하는 대신 포트 모르즈비Port Moresby와 남솔로몬 제도를 장악하고, 피지, 사모아, 뉴칼레도니아를 점령하여 오스트레일리아를 고립시킨다는 타협안을 내놓았다. 일본 군부는 오스트레일리아를 고립시키기만 해도 미국이 오스트레일리아를 반격의 발판으로 사용하지 못할 것이라는 계산 하에 오스트레일리아를 점령하기보다는 대동아공영권을 둘러싸는 원형 방위망을 구축하고자 했다.

산호해와 미드웨이

일본의 공세가 한창인 가운데, 태평양 전선의 연합군은 새로운 전략의 틀을 짜는 데 골몰했다. 당시 추축국에 대한 포괄적인 전쟁 전략은 미국과 영국의 참모총장들로 구성된 양국 연합참모본부가 담당하고 있었다. 이들은 독일과의 전쟁에 우선순위를 두기로 하고 태평양 전쟁은 미군 합동참모부가 단독으로 관할하기로 했다. 미국은 전쟁의 초점을 독일에 맞추기로 했지만, 새로이 미 해군 참모총장에 임명된 어니스트 킹 제독은 태평양 전선에 활력을 불어넣기 위해 애를 썼다. 진주만에 본부를 둔 체스터 니미츠 제독은 보유 전력이 겨우 항모 3척에 불과했지만, 가능한 한 빨리 일본인들에게 전쟁의 뜨거운 맛을 보여주려는 결의에 차 있었다. 한편, 남서태평양지역 총사령관으로 임명된 맥아더는 오스트레일리아 멜버른Melbourne에 사령부를 설치했다. 이 사령부는 미군 단독이 아닌 연합군 사령부로서 오스트레일리아 전투부대 전부와 비교적 소수의 미국 비행기, 함정, 지상군 병력을 지휘했다.

일단 공세에 나서기로 결심한 니미츠는 곧 행동에 나섰으며, 2월과

3월 중에 그의 항모에서 발진한 비행기들이 길버트Gilbert 제도와 마셜Marshall 군도에 건설된 일본군 기지들과 뉴기니아 부근의 일본군 수송선단을 공습했다. 4월 18일에는 제임스 둘리틀James Doolittle 대령이 이끄는 B-25기 16대가 미 해군 항모 호네트Hornet에서 발진하여 일본 본토를 공습했다. 이 공습은 일본에 별다른 피해를 주지는 못했지만, 그 덕분에 야마모토는 미드웨이를 쳐야 한다는 자신의 주장을 관철시킬 수가 있었다.

■■■■■ 미 태평양 함대 및 중부태평양지역 총사령관 체스터 니미츠(왼쪽) 대장의 모습. 진주만 공습 이후, 루스벨트는 니미츠에게 "당장 하와이로 가서 승리를 거둘 때까지 돌아오지 말라"고 명령했다. 니미츠는 성격이 원만하고 상냥한 사람이었지만, 필요할 때는 거칠고 위험을 무릅쓸 줄도 아는 뛰어난 전략가이기도 했다. (US National Archives)

　한편, 일본군도 새로운 전략 구상에 따라 뉴기니아 남해안에 있는 포트 모르즈비를 점령하기 위해 라바울로부터 함대를 출격시켰다. 통신 감청을 통해 이러한 사실을 파악한 연합군은 항공모함 렉싱턴Lexington과 요크타운Yorktown을 포함한 함대를 급파하여 서둘러 산호해를 항해 중인 일본 함대 요격에 나섰다. 5월 7일과 8일, 서로가 상대방을 보지 못한 가운데 벌어진 첫 해전에서 미군 비행기들은 일본군의 경항모 쇼호祥鳳를 격침시켰고, 대형 항모 쇼카쿠翔鶴에 손상을 입혔다. 반면, 미군은 렉싱턴을 잃고 요크타운이 손상을 입었다.

　일본군은 이 전투에서 작은 전술적 승리를 거두었지만, 포트 모르즈비 공격 작전 자체는 취소되고 말았다. 이후 일본군은 6월 초로 예정된

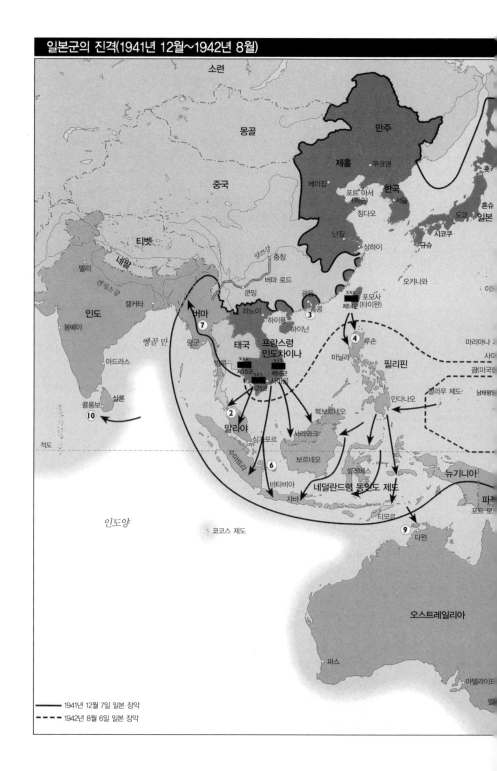

일본군의 진격(1941년 12월~1942년 8월)

소련

몽골

만주

제홀

무크덴

베이징

중국

포트 아서
(뤼순)

한국

서울

도쿄

일본

칭다오

오키나와

혼슈

시코쿠

규슈

난징

상하이

티벳

네팔

양쯔강

충칭

버마 로드

쿤밍

광둥

델리

인도

갠지스강

캘커타

버마

7

하노이

하이퐁

홍콩

3

포모사
(타이완)

제14군

xxx

봄베이

벵골 만

랑군

태국

프랑스령
인도차이나

하이난

마닐라

루손

4

마리아나

사이

마드라스

제15군

제25군

제16군

사이공

필리핀

괌(미국령)

남태평

팔라우 제도

실론

콜롬보

10

2

말라야

싱가포르

북보르네오

사라와크

민다나오

적도

수마트라

6

바타비아

자바

보르네오

셀레베스

네덜란드령 동인도 제도

뉴기니아

파푸
포트 모

인도양

코코스 제도

티모르

9

다윈

오스트레일리아

퍼스

아델라이드

멜

—— 1941년 12월 7일 일본 장악

---- 1942년 8월 6일 일본 장악

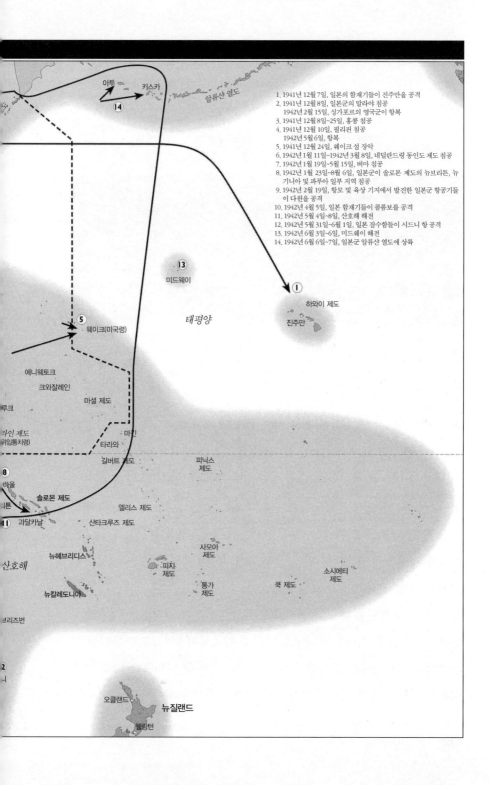

1. 1941년 12월 7일, 일본의 함재기들이 진주만을 공격
2. 1941년 12월 8일, 일본군의 말라야 침공
   1942년 2월 15일, 싱가포르의 영국군이 항복
3. 1941년 12월 8일~25일, 홍콩 침공
4. 1941년 12월 10일, 필리핀 침공
   1942년 5월 6일, 항복
5. 1941년 12월 24일, 웨이크 섬 장악
6. 1942년 1월 11일~1942년 3월 8일, 네덜란드령 동인도 제도 침공
7. 1942년 1월 19일~5월 15일, 버마 침공
8. 1942년 1월 23일~8월 6일, 일본군이 솔로몬 제도의 뉴브리튼, 뉴기니아 및 파푸아 일부 지역 침공
9. 1942년 2월 19일, 항모 및 육상 기지에서 발진한 일본군 항공기들이 다윈을 공격
10. 1942년 4월 5일, 일본 함재기들이 콜롬보를 공격
11. 1942년 5월 4일~8일, 산호해 해전
12. 1942년 5월 31일~6월 1일, 일본 잠수함들이 시드니 항 공격
13. 1942년 6월 3일~6일, 미드웨이 해전
14. 1942년 6월 6일~7일, 일본군 알류산 열도에 상륙

아투   키스카
⑭
알류산 열도

⑬
미드웨이

①
하와이 제도
진주만

태평양

⑤
웨이크(미국령)

에니웨토크
크와잘레인
마셜 제도

루크

라인 제도
(위임통치령)

마킨
타라와

길버트 제도

피닉스
제도

⑧
바울

솔로몬 제도

⑪ 과달카날

엘리스 제도

산타크루즈 제도

뉴헤브리디스

산호해

피지
제도

사모아
제도

뉴칼레도니아

통가
제도

쿡 제도

소시에티
제도

브리즈번

오클랜드
뉴질랜드
웰링턴

미드웨이 공격의 결과를 두고 본 다음 향후 공략전 재개 여부를 결정하기로 했다. 산호해 해전이 가져온 또 하나의 중요한 결과는 여기서 입은 손실 때문에 미드웨이 공격에 나설 일본군의 전력이 약화되었다는 것이었다. 당시 해상전에서 항공모함이 1척 더 있느냐 없느냐는 전투의 승패를 가를 수도 있는 중요한 요소였다. 그런 부분은 차치하더라도, 연합군은 산호해 해전을 통해 결정적인 순간에 뉴기니아에 병력을 증강시킬 수 있는 여유를 얻게 되었다. 이로써 일본군의 연승 행진은 끝이 났다.

미드웨이 해전은 태평양 전쟁의 분수령을 이루는 결정적인 전투였다. 일본군의 암호를 해독하여 나구모 제독이 항공모함 4척으로 이루어진 기동부대로 미드웨이를 공격하려 한다는 것을 알아낸 니미츠는 이를 막기 위해 그나마 부족한 전력을 총동원했다. 절름발이가 되어서 진주만에 돌

■■■■■ 1942년 6월 4일 미드웨이 해전에서 일본 함대 공격에 나선 미군 급강하 폭격기들의 모습. 미군 함재기들의 공격은 처음에는 아무런 효과도 거두지 못했고, 첫 공격에서 미군 뇌격기들은 출격한 41기 가운데 35기나 격추당하면서 거의 괴멸당했다. 그러나 그 덕분에 미군 급강하 폭격기들은 귀중한 공격 기회를 잡을 수 있었고, 얼마 지나지 않아 일본군 항모 3척을 불타는 난파선으로 만들었다. (US National Archives)

아온 요크타운도 수리 전문가들의 필사적인 노력으로 단 3일이라는 경이적인 시간 내에 수리를 마치고 미드웨이 방어에 나선 항모함대에 가담했다. 엔터프라이즈Enterprise, 호네트, 그리고 요크타운으로 구성된 이 항모함대는 신중하면서도 결단력 있는 지휘관이었던 레이먼드 스프루언스Raymond Spruance 소장이 지휘하고 있었다. 6월 4일, 미군은 미군 항공모함의 존재를 까맣게 모르고 방심하고 있던 일본 기동함대를 포착하고 공격에 들어갔다. 해전이 끝난 날인 6월 7일까지 일본 기동함대의 항모 4척은 모두 격침당해버렸다. 미군은 요크타운이 또다시 손상을 입고 결국 일본 잠수함에 의해 격침당했지만, 미드웨이 해전으로 일본은 최초의 결정적인 패배를 당했으며, 이로 인해 태평양에서의 양측 전력의 균형에 큰 변화가 일어났다.

이제 일본은 뉴칼레도니아, 피지, 그리고 사모아를 점령하려던 웅대한 구상을 접어야 했다. 그 대신, 포트 모르즈비를 서둘러 점령해야 할 필요성은 더 커졌지만, 항공모함을 잃은 상태에서 상륙작전은 불가능했다. 결국 대본영은 6월 7일 라바울 주둔 햐쿠다케 하루키치百武晴吉 중장에게 험준하기 짝이 없는 오웬 스탠리Owen Stanley 산맥을 넘어 육로로 포트 모르즈비를 점령할 계획을 입안하라는 명령을 내렸다. 전략적 측면에서는 전쟁의 흐름이 서서히 방향을 바꾸기 시작했지만, 일본군은 여전히 치명적인 공격을 가할 수 있는 역량을 보유하고 있었다.

과달카날과 뉴기니아

1942년 7월 2일, 미드웨이 해전의 승리로 크게 고무된 워싱턴의 미 합동참모부는 라바울을 탈환하기 위해 뉴기니아와 솔로몬 제도 해역에서 공세에 나서기로 했다. 미 해군과 미 육군의 라이벌 의식으로 인해 이 공세는 육·해군 공동으로 실시한다는 결정이 내려졌다. 6월, 일본군이 솔로몬 제도 남쪽에 있는 과달카날 섬에 활주로를 가설 중이라는 보고를 받은 미 지휘부는 로버트 곰리Robert Ghormley 해군 소장에게 미 제1해병사단을 주면서 과달카날 섬을 포함한 솔로몬 제도 남부 섬들을 탈환하라는 명령을 내렸다. 미군의 계획은 일단 해병대가 과달카날 섬에 상륙하면, 맥아더가 파푸아 북쪽 해안의 부나Buna로 진출하여 그곳에 라바울 탈환을 지원할 활주로를 건설한다는 것이었다.

그러나 이 계획은 일본군이 한발 먼저 움직이면서 수포로 돌아가게 되었다. 일본군이 가벼운 저항을 물리치고 7월 21일 밤 부나에 상륙했던 것이다. 한편, 일본 남방파견군South Seas Detachment은 산악지대를 넘어 포트 모르즈비를 공격하라는 명령을 받았다. 맥아더는 뒤늦게 부랴부랴 뉴기니아로 증원군을 보내기 시작했다.

　　8월 7일, 미 해병대가 과달카날 섬에 상륙하자, 전세는 일본에 불리하게 흘러가기 시작했다. 자신들이 새로 닦아놓은 활주로를 빼앗긴 게 못내 분했던 일본군은 라바울 기지의 비행기들로 미군을 공격했다. 일본군의 공습에 견디다 못한 잭 플레처Jack Fletcher 해군 소장이 그의 항모 3척을 철수시키자, 나머지 미군 함선들은 일본군의 공격에 고스란히 노출될 수밖에 없었다. 이런 상황에서 8월 8일에서 9일로 넘어가는 밤에 벌어진 사보Savo 섬 전투에서 일본군 순양함들은 오스트레일리아 순양함 캔버라Canberra 외에 미국 순양함 3척을 격침시켰다. 이 승리의 여세를 몰아 일본군은 1,000명을 과달카날 섬에 상륙시켜 섬 탈환을 노렸지만, 8월 21일 헨더슨Henderson 비행장 공격에 나선 일본군 지상 부대는 강력한 미군의 방어선에 막혀 처참한 패배를 당했다. 비행장을 사수한 덕분에 미군은 낮에는 주변 바다를 지배할 수 있었지만, 야간에는 반대로 일본군이 부근 해역을 장악하고 전략적으로 매우 중요한 과달카날 섬의 활주로를 빼앗기 위해 증원 병력을 계속 상륙시켰다.

　　파푸아에서는 맥아더의 오스트레일리아군이 비슷한 상황을 겪고 있었다. 8월 26일, 일본군은 2개 방면에서 동시에 공격을 가했다. 일본군은 먼저 오웬 스탠리 산맥을 넘는 구불구불한 산길 코코다 트레일Kokoda Trail을 따라 공격을 개시하면서 동시에 뉴기니아 남동단 해안에 있는 밀른Milne 만에 해군 육전대陸戰隊를 상륙시켰다. 맥아더는 자신이 맡은 지역이 위기에 처하게 되자, 그 책임을 오스트레일리아군의 빈약한 전투 능력 탓으로

▪▪▪▪▪▪ 1942년 8월, 코코다 트레일을 행군 중인 오스트레일리아군 제39대대 장병들의 모습. 오스트레일리아군은 보급품이 크게 부족한 상태에서도 끈질기게 싸우면서 오웬 스탠리 산맥으로 철수하여 증원군이 도착할 때까지 시간을 벌었다. 그로 인해 일본군은 보급품이 고갈되는 지경에 이르렀다. (Australian War Memorial)

돌렸지만, 9월 6일에 반격에 나선 오스트레일리아군 2개 여단은 밀른 만에서 일본군을 무찌르고 퇴각하게 만들었다. 반면, 코코다 트레일의 오스트레일리아군은 악전고투를 벌이면서 필사적인 후퇴를 거듭했다. 그러나 일본군은 이곳에서도 결국 패배를 당하고 말았다. 코코다 트레일이 예상보다 너무 험해서 공격을 지탱할 수 있을 만큼 제대로 보급을 하는 것이 불가능했기 때문이었다. 게다가 라바울의 일본군 지휘부마저 병력과 물자를 과달카날 섬 쪽으로 돌리기 위해 오웬 스탠리 공세를 중단하라는 명령을 내렸다.

이 무렵, 과달카날과 그 인근에서는 일종의 소모전이 벌어지고 있었다. 9월과 10월 내내 일본군은 헨더슨 비행장을 탈환하기 위해 공세를 거듭했다. 그중 하나였던 피의 능선Bloody Ridge 전투에서는 일본군 2,000명이

대거 돌격하여 그중 일부는 비행장으로부터 불과 3,000피트(900미터)밖에 떨어지지 않은 지점까지 접근하기도 했다. 이때 비행장을 빼앗겼더라면 과달카날 전투는 일본군의 승리로 끝날 수도 있었을 것이다. 그러나 미군은 일본군의 거센 공격을 끝까지 버텨냈고, 당시 비행장 수비 지휘관이었던 메리트 A. 에드슨Merit A. Edson 중령은 후에 미 의회로부터 명예훈장Medal of Honor을 수여받았다. 또 헨더슨 비행장에서 출격한 해병 비행기들, 이른바 '선인장 공군Cactus Air Force *'은 적절한 항공 지원을 제공해줌으로써 미군 수비대가 방어하는 데 큰 기여를 했다. 10월에는 일본 해군 함정들의 포격으로 한동안 비행장이 기능을 상실하기도 했지만, 증원군이 도착하

---

* 선인장 공군 '선인장'은 과달카날 섬에 연합군이 붙인 암호명.

자 연합군 해병들은 점차 행동 반경을 넓혀나갔다. 일본군은 비록 공세에는 실패했지만 주변의 산과 밀림지대 계곡을 방어진지 삼아 진격해오는 미군에게 강력하게 저항했다.

한편, 과달카날 섬 부근 해역에서도 해전이 계속되었다. 미국 항모 1척이 격침되고 다른 1척이 손상을 입자, 함대 지휘관이었던 플레처 소장이 해임되었다. 이어, 10월 18일에는 곰리가 과달카날 방면 사령관에서 물러나고 윌리엄 할제이 해군 소장이 후임으로 임명되었다. 미군은 이후 10월

■■■■■ 윌리엄 할제이 제독은 1942년 10월 과달카날 전투 지휘를 시작으로, 1944년 3월까지 솔로몬 제도에서 미 해군을 지휘했다. 그와 스푸르언스는 교대로 태평양 함대의 주력 부대를 지휘했다. 이 태평양 함대의 주력 부대는 할제이가 지휘할 때는 제3함대, 스푸르언스가 지휘할 때는 제5함대라는 이름으로 활동했다. (US National Archives)

25일~27일에 있었던 산타크루즈^{Santa Cruz} 해전에서 항모 호네트를 잃고 엔터프라이즈가 파괴되는 손실을 입었다. 이어서 11월 12일, 과달카날 해전이 시작되어 사흘간 계속되었다. 전투가 시작된 지 첫 24분 만에 미군은 군함 6척을 잃었고, 일본은 전함 1척을 포함하여 군함 3척을 잃었다. 그러나 시간이 지나면서 전세는 서서히 미군 쪽으로 기울기 시작했다.

뉴기니아에서는 제7오스트레일리아사단이 코코다 트레일을 거꾸로 진격하여 북쪽 해안에 도착한 후 미군 제32사단과 합류했다. 병마와 굶주림에 시달리던 오스트레일리아군과 미군은 별다른 지원도 없이 정글과 늪지대에 잘 구축된 일본군 방어선을 공격해야 했다. 설상가상으로 맥아

더는 어이없게도 그런 그들에게 서둘러 공격을 성공시킬 것을 요구했다. 맥아더는 미군 사령관 로버트 아이첼버거Robert Eichelberger 중장에게 "부나를 점령할 것. 그러지 못할 때는 살아서 돌아오지 말 것"이라고 명령했다. 결국 일본군이 1943년 1월 22일에 사나난다Sanananda에서 바다로 쫓겨날 때까지 일본군 1만 3,000명 이상과 오스트레일리아군 2,000명 이상 그리고 미군 600명 이상이 전사했다. 그리고 미군과 오스트레일리아군 약 2만 명이 말라리아에 걸렸다.

일본군은 과달카날에서도 비슷한 운명을 맞았다. 하지만 일본의 고위 지휘부는 태평양 전쟁을 통틀어 가장 중요한 결정의 하나로 손꼽히는 결단을 내리면서 전략적 방어 태세로 전환하기로 결정하고 과달카날 섬의 일본군에게 철수 명령을 내렸다. 2월 실시된 철수작전으로 일본군은 살아남은 병력을 대부분 무사히 철수시키는 데 성공했다. 일본군은 과달카날 섬에서 2만 4,000명의 병력을 잃은 것으로 추정되며, 반면 미군은 약 1,600명을 잃었다. 그리고 이 전투에서 최정예 조종사들과 많은 해군 항공기를 잃은 일본군은 전쟁이 끝날 때까지 그 손실을 끝내 회복하지 못했다.

뉴기니아와 과달카날 지역의 지상 전투는 우거진 열대 밀림과 악취 나는 늪지대에서 치러졌기 때문에, 재보급이 매우 어려웠다. 연합군은 토착민 짐꾼을 쓰거나 공중투하로 보급을 유지했다. 게다가 열대 지방의 질병은 적의 총탄 못지않게 치명적이었다.

일본군은 마지막으로 뉴기니아의 와우Wau 지역에서 대공세를 벌였지만, 오스트레일리아군이 서둘러 1개 여단을 항공편으로 투입하면서 일본군의 공격은 좌절되고 말았다. 일본군은 태평양 일대의 방어를 강화할 목적으로 창설한 제18군으로 뉴기니아를 보강하려는 계획을 세웠다. 증원군을 실은 대규모 일본군 수송선단이 접근 중이라는 통신정보부대와 정찰기들의 경보를 받은 남서태평양지역 연합군 공군사령관 조지 케니

■■■■■■ 1943년 3월 2일~3일에 치러진 비스마르크 해 해전에서 미군과 오스트레일리아군 비행기의 공격을 받고 있는 일본 수송선의 모습. 일본은 수송선 8척, 구축함 4척을 잃었으며, 수송 중이던 7,000여 명의 병력 가운데 절반이 목숨을 잃었다. (Australian War Memorial)

George Kenny 중장은 이 수송선단을 비스마르크 Bismarck 해에서 요격하라고 명령했다.

이 무렵 연합군의 암호해독가들은 야마모토 제독이 솔로몬 제도 북쪽의 부건빌 Bougainville 섬을 방문할 것이라는 암호를 해독하는 데 성공했다. 1943년 4월 13일, 야마모토 제독이 탄 비행기는 이 정보를 기반으로 헨더슨 기지에서 출격하여 야마모토의 목적지를 향해 날아간 P-38 라이트닝 Lightning 전투기들에 의해 격추당하고 말았다. 남서태평양에서 이미 수세에 몰리고 있던 일본군은 야마모토 제독의 죽음으로 또다시 커다란 타격을 입었다. 야마모토의 뒤를 이어 연합함대 총사령관 자리에 오른 것은 고가 미네이치古賀峯一 대장이었다.

알류샨 열도

1942년 6월 6일 밤, 일본군 1,200명이 아득히 먼 북방의 알류샨 열도 서쪽 끝에 자리 잡은 아투^Attu 섬에 상륙했다. 작은 섬들이 염주처럼 점점이 늘어선 형태로 이뤄진 알류샨 열도는 알래스카^Alaska에서 북태평양 쪽으로 1,000해리 떨어진 곳에 있다. 이튿날에는 소규모 부대가 그보다 서쪽에 자리한 키스카^Kiska 섬을 점령했다. 이 섬들에는 수비대는커녕 토착 주민조차 거의 없었다. 그런데도 일본이 작전을 벌인 이유는 부분적으로는 미국이 이 섬들을 일본 본토 북부 지역을 공격하기 위한 기지로 쓸지도 모른다는 염려에서였지만, 진짜 중요한 이유는 미드웨이 방면으로부터 미국의 주의를 분산시키기 위해서였다. 일본군이 이 섬들을 점령해보았자 아무런 위협도 되지 않았지만, 엄연한 미국 영토가 점령당했다는 소식에 분노한 미국 국민들 사이에는 이를 탈환해야 한다는 여론이 일었다.

일본의 이런 움직임에 대한 대응으로 미 해군 함정들이 혹시 있을지도 모르는 일본군 수비대의 증강을 차단하는 작전을 펴는 동안, 제11항공군은 이 두 섬에 장거리 폭격을 실시했다. 그러나 이 지역 기후의 특성상 이 섬들에는 수시로 안개가 끼고 비가 내렸기 때문에, 미군은 작전 수행에 큰 어려움을 겪어야 했다. 1943년 3월, 태평양 전쟁에서 발생한 몇 안 되는 원양 '함대전^fleet action'이 벌어졌다. 미일 순양함들이 상호 난타전을 벌인 것이다. 미군은 고전 끝에 간신히 살아남았고, 일본 함대는 그대로 일본으로 돌아가버렸다. 이때 후퇴한 일본 함대의 지휘관은 이후 지휘권을 박탈당했다.

1943년 5월 11일, 아투 섬에 상륙한 미 육군 제7보병사단은 거센 저항을 받았지만, 5월 29일 마지막까지 살아남은 일본군의 자살적인 총검돌격을 끝으로 일본군의 저항은 끝이 났다. 아투 섬 점령 과정에서 미군은

600명이 전사했고, 생포된 28명을 제외한 나머지 일본군 2,351명 역시 싸늘한 시체가 되었다.

1943년 7월 28일 밤~29일 새벽에 일본군은 대담하게도 안개가 잔뜩 낀 틈을 타서 키스카 섬의 일본군 수비대 5,000명을 철수시켰다. 그런 줄도 모르고 8월 15일 이 섬에 상륙한 미군과 캐나다군 3만4,000명은 며칠이 지나고 나서야 일본군이 없다는 사실을 알게 되었다. 알류샨 열도 원정은 그렇지 않아도 남태평양과 남서태평양에서 점점 큰 압박을 받고 있던 일본군에게 별다른 성과도 없이 엄청난 인력과 물자의 손실을 안겨주었을 뿐이었다.

라바울을 향한 진격

1943년 1월, 루스벨트와 처칠은 각자 군사고문을 대동하고 새해의 전략적 방향을 정립하기 위해 모로코의 카사블랑카에서 회담을 가졌다. 이 회

■■■■■■ **497쪽 지도 설명**

지상전
1. 1942년 8월 7일, 미군, 과달카날 섬에 상륙. 일본군, 1943년 2월 7일 철수.
2. 1942년 8월 25일~9월 6일, 밀른 만에 상륙한 일본군, 오스트레일리아군에게 패퇴.
3. 1942년 8월 26일~11월 2일, 일본군, 코코다 트레일을 따라 포트 모르즈비로부터 97마일(155킬로미터) 떨어진 곳까지 진격. 그러나 오스트레일리아군에게 밀려 후퇴.
4. 1942년 11월 16일~1943년 1월 22일, 미군과 오스트레일리아군, 부나, 고나(Gona), 사나난다에서 일본군을 격파.
5. 1943년 1월 28일~9월 11일, 일본군, 와우 공격. 그러나 오스트레일리아군의 반격으로 살라마우아까지 후퇴.
6. 1943년 6월 30일, 미군, 뉴조지아에 상륙.
7. 1943년 6월 30일, 미군, 나소(Nassau) 만에 상륙.
8. 1943년 8월 15일, 미군, 벨라 라벨라에 상륙.
9. 1943년 9월 4일, 오스트레일리아군, 라에에 상륙.
10. 1943년 9월 5일, 나드잡에 상륙한 오스트레일리아군, 마크햄 밸리(Markham Valley)까지 진격.
11. 1943년 9월 22일, 오스트레일리아군, 핀쉬하펜에 상륙.
12. 1943년 11월 1일, 미군, 부건빌에 상륙.
13. 1943년 12월 15일과 26일, 미군, 뉴브리튼 섬에 상륙.
14. 1944년 2월 15일, 뉴질랜드군, 그린(Green) 섬에 상륙.
15. 1944년 1월 2일, 미군, 사이도르에 상륙.
16. 1944년 2월 29일, 미군, 로스 네그로스에 상륙.
17. 1944년 3월 20일, 미군, 에미라우(Emirau)에 상륙.
18. 1944년 4월 22일, 미군, 홀란디아와 아이타페에 상륙.
19. 1944년 4월 24일, 오스트레일리아군, 마당에 상륙.

해전
A. 사보 섬 해전(1942년 8월 9일)
   에스페란스 곶(Cape Esperance) 해전(1942년 10월 11일)
   과달카날 해전(1942년 11월 12일~15일)
   타사프롱가(Tassafronga) 해전(1942년 11월 30일)
B. 솔로몬 해전(1942년 8월 24일)
C. 산타크루즈 해전(1942년 10월 26일)
D. 비스마르크 해전(1943년 3월 2일~4일)
E. 쿨라(Kula) 만 해전(1943년 7월 5일~6일)
F. 콜롬방가라(Kolombangara) 해전(1943년 7월 12일~13일)
G. 벨라(Vella) 만 해전(1943년 8월 6일~7일)
H. 벨라 라벨라 해전(1943년 10월 6일~7일)
I. 엠프레스 오거스타 만 해전(1943년 11월 2일)

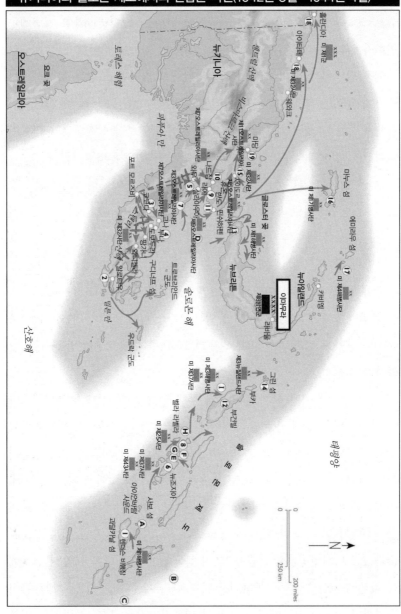

뉴기니아와 솔로몬 제도에서의 연합군 작전(1942년 8월~1944년 4월)

담에서 태평양 전쟁의 우선순위는 (대서양, 소련, 지중해, 영국에 이어) 제5
위로 격하되었지만, 라바울을 점령해야 한다는 1942년 7월의 지침에는
변화가 없었다. 이를 위해 미군은 다시 한 번 임무를 분담했다. 남태평양
지역을 담당한 할제이 제독이 과달카날에서 라바울을 향해 북상하면서
중간에 솔로몬 제도 북부의 부건빌을 점령하는 동안, 맥아더에게는 뉴기
니아의 휴온Huon 반도와 뉴브리튼 섬의 서쪽 끝부분을 탈환하라는 명령이
내려졌다. 전체 작전은 카트휠 작전Operation Cartwheel으로 명명되었다.

이에 맞서는 일본군은 라바울에 사령부를 둔 이마무라 히토시今村均 중
장의 제8방면군이었다. 방면군 예하 제17군(햐쿠다케 중장 지휘) 소속 3개
사단은 솔로몬 제도와 뉴브리튼 섬을 지키고 있었고, 아다치 하타조安達二十
三 중장의 제18군 예하 3개 사단은 뉴기니아를 수비하고 있었다. 이들 일
본군의 총 병력은 8만~9만 명 정도였지만, 이들은 3주 이내에 약 6만 명
을 증원받을 수도 있었다. 이외에 일본군은 현지에 전투기 약 320대를 보
유하고 있었고, 48시간 이내에 전투기 270대를 추가로 지원받을 수도 있
었다.

1943년 6월 30일 할제이의 주력 부대가 뉴조지아New Georgia와 렌도바
Rendova에 상륙하면서 카트휠 작전이 시작되었다. 뉴조지아 상륙전에 투입
된 오스월드 그리스월드Oswald Griswold 소장의 예하 3개 사단은 얼마 지나지
않아 거세게 저항하는 일본군을 상대로 악전고투를 벌이게 되었다. 한편,
라바울에서 급히 출발한 일본군 지원 부대는 전투함들의 호위를 받으며
남하하다가 몇 차례 미 해군과 충돌했다. 야간 전투에 강한 일본군은 미
군과 오스트레일리아군 군함을 몇 척 침몰 또는 손상시켰지만, 한 전투에
서 일본 수송선 3척이 침몰하면서 약 1,500명에 이르는 일본군 병사들이
물귀신이 되었다. 9월 중순에 이르자 희생자가 2,000명이나 발생한 일본
군은 뉴조지아에서 퇴각하기 시작했다. 그러나 이 무렵 미군도 1,000명

■■■■■■ 맥아더의 육상 병력은 명목상 오스트레일리아 육군 대장 토머스 블래미(Thomas Blamey) 경(오른쪽)의 지휘를 받았지만, 사실, 대부분의 미군은 미 제6군 사령관 월터 크뤼거(Walter Krueger) 중장(왼쪽)의 지휘를 받았다. 용맹스럽고 경험 많은 블래미 경은 주로 오스트레일리아군 부대로 구성된 뉴기니아군을 지휘했다. (Australian War Memorial)

이상이 전사한 상황이었다. 미군은 몇 개 섬을 건너뛰어 곧바로 벨라 라벨라Vella Lavela에 상륙했고, 10월에는 미군과 뉴질랜드군 부대들이 부건빌 부근의 몇 개 섬에 상륙했다.

11월 1일 미 제3해병사단이 부건빌 섬 남부의 대규모 일본군 집결지를 우회하여 서해안 쪽에 있는 엠프레스 오거스타Empress Augusta 만에 상륙했다. 다음날 아침, 미 해군 기동부대가 일본 순양함 1척과 일본군 제8함대 소속 구축함 1척을 대파시켰다. 구리다 다케오栗田健男 소장이 이끄는 강력한 일본의 기동부대가 라바울에 나타나자, 할제이 제독은 항모 2척으로 이루어진 기동부대를 일본군 항공기들의 세력권 안으로 출동시키는 대도박을 감행했다. 육상에 기지를 둔 케니의 제5공군의 지원을 받은 할제이의 해군기들은 구리다에게 심각한 타격을 입혀 트루크Truk로 철수하게 만들었다. 이후 계속된 연합군의 공중 공격으로 일본군은 라바울의 항공기 부대들과 함대를 철수시켜야 했다. 1944년 3월, 부건빌에 대한 일본군의 전면적인 대공세가 있었지만, 미군은 이를 성공적으로 막아냈다. 이후 뉴기니아 전선에서는 전쟁 끝무렵에 오스트레일리아군이 미군으로부터 전선을 인수할 때까지 사실상 휴전 상태가 유지되었다.

뉴기니아 지역에서는 솔로몬 제도에서와 달리, 이렇다 할 해전이 없었고 주로 대규모 지상전이 이어졌다. 1943년 3월~8월에 제3오스트레일리아사단은 와우에서 살라마우아Salamaua에 이르는 밀림으로 뒤덮인 산악지대를 꾸준히 진격했다. 일본의 제4항공군은 뉴기니아에 추가로 항공기들을 배치했지만, 암호 해독을 통해 이를 사전에 알고 있던 케니의 제5항공군은 새로이 건설된 전진 비행기지들에서 전폭기들을 출격시켜 웨와크Wewak 부근 지상에 대기 중이던 일본기들을 무참하게 파괴했다.

제9오스트레일리아사단이 9월 4일 라에Lae 부근에 상륙한 지 며칠 지나지 않아 기습 강하한 미군 공수부대가 장악한 나드잡Nadzab 비행장에 제7오스트레일리아사단이 수송기를 타고 착륙했다. 이후 9월 11일에는 살라마우아가, 15일에는 라에가 함락되었다. 핀쉬하펜Finschhafen에 상륙한 오스트레일리아군은 뉴기니아 해안을 따라 계속 진군했으며, 내륙에서는 제7사단이 제5항공군을 위한 비행장들이 건설되고 있던 마캄Markham과 라무Ramu 계곡을 소탕한 후 마당Madang을 향해 밀고 나갔다. 개전 초반에 벌어진 전투에서와 마찬가지로 열대 기후와 험한 지형과 밀림은 연합군에게 일본군 못지않은 골칫거리였다.

12월 15일, 뉴브리튼 섬 남해안에 상륙을 시작한 미군의 주력은 12월 26일 글로체스터Glouchester 만에 상륙한 제1해병사단이었다. 상륙 지점에서 치열한 전투를 치른 해병대는 곧 상륙지역 일대를 확보할 수 있었다. 1944년 1월 2일에는 미군 제32사단이 뉴기니아 해안의 사이도르Saidor에 상륙했다. 일본군 제20사단과 제51사단 병력은 미군의 공격에 큰 피해를 입고 겨우 탈출에 성공했다. 1943년 3월~1944년 4월에 블래미의 오스트

레일리아군 5개 사단은 겨우 1,200명의 전사자를 내면서 일본군에게 3만 5,000명 이상의 손실을 입혔다.

카트휠 작전은 미군과 오스트레일리아군이 정글전 노하우를 마스터 했음을 여실히 보여주었다. 일본군은 말라야, 버마, 필리핀, 뉴기니아에서 여러 차례 연합군에 대한 기습을 성공시켰다. 개인 장비가 가볍고 어려운 여건 속에서도 고단한 삶에 익숙한 일본군 보병들은 깊은 밀림 속을 잽싸게 이동하면서 고정된 방어거점에 얽매인 연합군을 쉽게 우회했다. 방어 면에서도 일본군은 잘 위장된 거점들을 구축하고, 높은 전투 의지와 기술을 가지고 있었다. 그러나 일본군 지휘관들은 작전 수립 면에서 상상력이 부족했으며, 대규모 포격의 위력을 충분히 인식하지 못했다. 미국이 점차 제해권을 쥐기 시작하자, 섬에 갇혀서 빠져나갈 구멍이 없어지게 된 대부분의 일본군 방어부대들은 일본군에게 항복은 있을 수 없는 일이었기 때문에 죽을 때까지 싸우는 것 외에는 다른 선택의 여지가 없었다.

미군은 정글전 스킬을 실전을 통해 배워야 했고, 그 과정에서 많은 시행착오를 겪어야 했다. 하지만 곧 정글전에 익숙해진 미군은 나름대로의 방식으로 전쟁을 수행해나갔다. 미국의 어느 사단 역사가는 미군의 전투 방식에 대해, "양키 스타일의 전투는 좀 기다리는 한이 있더라도 포병들이 적진에다가 생명체라곤 하나도 살아남지 못할 정도로 포격을 한 다음에 시작된다. 이 방식은 시간은 오래 걸리지만, 미군 희생자 수를 많이 줄여주었고 성과도 훨씬 좋았다"라고 간단하게 말했다. 보다 거시적인 관점에서 보면, 미군은 육상 부대 작전을 지원하기 위해 동원 가능한 모든 해·공군 자원을 투입했다. 그리고 이러한 전투 방식은 대규모 군수 지원 없이는 불가능한 일이었다.

오스트레일리아군 병사들 중 다수는 이미 중동에서 전투를 경험했지만, 이들 역시 정글전에 적응하는 데는 시간이 걸렸다. 특히 정찰 활동에 심혈을 기울인 오스트레일리아군은 미군처럼 대량의 무기와 보급품을 가지고 있지는 않았지만, 효과적인 정찰 활동을 통해 처음부터 전투에서 일본군을 능가할 수 있었다. 미군과 오스트레일리아군은 일본군보다 훨씬 나은 의료지원체계를 보유하고 있었고, 그 덕분에 열대 질병, 특히 말라리아에 일본군보다 훨씬 더 효과적으로 대처할 수 있었다.

개구리 뜀뛰기 작전

킹 제독은 늘 미국의 해군력을 중부태평양에서 일본군을 공격하는 데 써야 한다고 주장했다. 반면에 맥아더는 병력과 자원을 자신에게 집중시켜 뉴기니아를 경유해 필리핀을 탈환해야 한다고 주장했다. 만일 두 가지 접근법을 동시에 시행하는 것이 처음부터 가능했다면 아마 태평양 전쟁의 전세는 일찌감치 결정이 났겠지만, 미 해군이 중부태평양에서 그런 작전들을 독자적으로 수행할 수 있는 능력을 갖추게 된 것은 1943년 후반이 되어서였다. 진주만 기습 당시 미 해군은 태평양에 겨우 항모 3척을 가지고 있었을 뿐이었지만, 1943년 말에 니미츠 제독은 대형 및 중형 항공모함 10척과 호위 항공모함 7척, 전함 12척을 보유하고 있었다. 이것들은 스푸르언스 소장이 이끄는 제5함대의 주력이기도 했다.

1943년 말부터 미군은 이 막강한 전력을 동원하여 태평양의 여러 섬에 건설된 일본군의 기지들을 공습하기 시작했고, 1943년 11월 20일에는 미 해병과 육군 부대들이 길버트 제도에 있는 타라와^{Tarawa}와 마킨^{Makin}에 상륙했다. 타라와에서는 저항이 거셌지만, 마킨은 비교적 쉽게 점령할 수 있었다. 이후 미 해군은 관심을 마셜 군도로 돌려, 1943년 12월과 1944년 1월에 고속 항모 기동부대가 해당 지역 섬들에 대한 공습을 실시했다. 1월 31일, 미 해병과 육군 병력은 콰잘레인^{Kwajalein} 섬에 상륙했으며, 2월 17일에는 에니웨토크^{Eniwetok}를 계획보다 6주나 앞서 함락시켰다. 그 사이 마크 미처^{Marc Mitscher} 소장이 지휘하는 항공모함들은 트루크의 일본 해군 기지를 폭격하여 막대한 타격을 입혔다.

미 해군이 중부태평양에서 예상보다 빨리 진격해나가자, 해군에 뒤지기 싫었던 맥아더는 1944년 2월 29일 대담한 '습격'을 감행하여 애드미럴티^{Admiralty} 군도의 로스 네그로스^{Los Negros}를 점령했다. 또 연합군은 라바울 공략 계획은 포기한다는 결정을 내렸다. 덕분에 라바울을 지키고 있던 막대한 수의 일본군 수비대는 이후 종전까지 하릴없이 시간만 보내게 되었다. 라바울을 내버려둔다는 결정이 내려진 후, 맥아더는 라바울 대신 뉴기니아 북쪽 해안 여기저기에 병력을 상륙시켜 웨와크 지역의 일본군 4만 명을 고립시키는 작전을 실시했다. 맥아더의 병사들은 4월 24일에 아이타

■■■■■ 1943년 11월 20일, 미 제2해병사단이 일본군이 엄중하게 방어하고 있던 길버트 제도의 산호섬인 타라
와 섬에 상륙했다. 5일 동안의 혈전 끝에 미 해병은 1,000명이 전사했으며, 일본군은 수비대 5,000명 전원이 전
사했다. (AKG Berlin)

페^{Aitape}와 홀란디아^{Hollandia}를, 5월 17일에는 와크데^{Wakde}를, 5월 27일에는 비아크^{Biak}를, 7월 2일에는 노엠푸르^{Noemfoor}를, 7월 30일에는 산사포르^{Sansapor}를 점령했다. 맥아더는 항공모함은 1척도 없고 중부태평양으로부터의 지원도 한정적인 상태에서 상륙하는 곳마다 비행장을 건설해 다음 상륙을 지원할 공군 기지를 마련하는 방식으로 3개월 동안에 850마일(1,400킬로미터) 이상을 진격하는 기염을 토했다.

맥아더가 진격하는 동안, 니미츠는 마리아나^{Mariana} 군도에 관심을 집중하고 있었다. 마리아나 군도를 구성하고 있는 사이판^{Saipan}, 괌, 티니안^{Tinian} 등의 주요 섬들을 점령하고 비행장을 건설한다면, 미군은 일본 본토를 폭격할 수도 있었다. 그런 위험성을 인식한 일본 연합함대 총사령관(고가 미네이치 대장 전사 이후 도요다 소에무^{豊田副武}가 맡음)은 항모 9척과 비행기 450대를 집결시킨 뒤 집중공격을 감행하여 미군을 분쇄할 것을 명령했다. 반면 미처의 제58기동함대의 엄호를 받아 마리아나 침공을 지휘하게 된 스푸르언스는 항모 15척과 항공기 1,000대, 그리고 13만 명에 달하는 병력을 보유하고 있었다. 마리아나 작전보다 9일 앞서 6월 6일에 노르망디에서 벌어진 오버로드 작전에 투입된 병력보다 겨우 2만2,500명 적은 대규모 병력이었다. 스프루언스는 이 대규모 병력을 배 535척에 태우고 마리아나로 향했다.

6월 11일, 항모 탑재기들의 공격이 시작되었다. 6월 15일에는 해병 중장 홀랜드 스미스^{Holland Smith}가 이끄는 제5상륙군단이 사이판 섬에 상륙하기 시작했다. 일본군은 6월 19일 항모와 지상 기지에서 발진한 항공기로 미군 함대를 공격했지만, 항공기 성능이나 조종사들의 기술 면에서 미군에게 완전히 압도당하고 말았다. '마리아나의 칠면조 사냥^{Great Marianas Turkey Shoot}'으로 역사에 이름을 남기게 된 마리아나 일대의 공중전에서 일본은 항공기 400대를 잃은 반면, 미국의 손실은 겨우 30대뿐이었다. 일본은 이외에도 항모 3척을 잃었으며, 그중 2척은 미국 잠수함에 의해 격침당했다. 반면, 지상의 미 해병과 육군은 방어군 3만2,000명을 상대로 무지막지한 전투를 치러야 했다. 일본군 병사들은 폭탄을 메고 미군에게 자폭공격을 가했으며, 일본 민간인들은 미군에게 잡히느니 절벽에서 몸을 던져 죽는 쪽을 택했다. 악다구니 같은 일본군의 저항을 물리치고 미군이 사이판을 확보한 것은 7월 9일이 되어서였다. 일본 측 사망자 총수는 3만 명에 달했다. 그동안 다른 해병과 육군 상륙부대들은 괌과 티니안 섬을 점령했다. 일본군 고위 지휘부에게 항공모함 전력의 대량 손실과 제1차 세계대전 이후 통치해온 마리아나 제도의 상실은 커다란 타격이었다. 7월 18일, 이에 대한 책임을 지고 도조가 수상과 국방장관직에서 물러나고 고이소 구니아키小磯昭 중장이 후임 수상에 취임했다.

버마

1943년~1944년에 미국 및 오스트레일리아 해군과 일본 해군이 남서 및 중부태평양지역에서 벌어진 전투에 온통 관심을 쏟고 있는 동안, 일본 육군은 버마에서 처절한 전투를 계속하고 있었다.

1942년 5월, 일본 육군은 영국군을 인도로, 중국군 몇 개 사단을 북쪽 국경 밖으로 쫓아냈다. 이후 버마에서 물러난 영국-인도군은 인도에서 증강 및 혹독한 재훈련 과정을 거쳐야 했다. 당시 연합군의 주력이었던 영국-인도군은 병사들 대부분이 인도 출신이었고 장교는 영국 출신이었다. 그러나 나중에 버마를 탈환할 무렵의 연합군은 인도인, 버마인, 중국인, 구르카족, 영국령 동·서아프리카에서 온 흑인, 영국인, 미국인 등 각국에서 모인 다국적 혼성군이 되어 있었다. 남서태평양지역에서의 전투와 마

■■■■■ 육군 대장 윌리엄 슬림 경은 제2차 세계대전 때 가장 탁월한 지휘관 중 하나였다. 1942년에 버마 군단을 지휘하여 버마에서 성공적인 퇴각작전을 지휘한 그는 1944년 인도 방어전에서는 제14군을 지휘했으며, 1944년 ~1945년에는 버마 탈환 작전을 지휘했다. (National Army Museum)

찬가지로 버마 전선 역시 대부분의 전투가 울창한 정글에서 이뤄졌으며, 가혹한 날씨, 엄청난 비가 내리는 몬순 기후 등으로 인해 병력이 이동하기 매우 어려웠다.

1942년 10월, 버마 탈환을 위한 영국군의 첫 공세가 아라칸Arakan 해안지역에서 시작되었다. 그러나 1943년 5월, 일본군의 반격으로 영국군은 다시 밀려났으며, 이로 인해 영국군 병사들의 사기는 크게 떨어졌다. 다만, 괴짜로 알려진 오드 윈게이트가 이끄는 특전대(친디트)가 1943년 2월 버마 중앙부의 북쪽에 진출한 것이 연합군이 거둔 유일한 성공이었다. 비록 전과는 미미했지만, 친디트의 활약은 전 영국군의 사기를 진작시켰다.

1943년 10월, 해군 제독 루이스 마운트배튼 경을 사령관으로 창설된 연합군 동남아시아사령부Allied South-East Asia Command가 실론에 본부를 설치했다. 마운트배튼에게 주어진 임무는 일본군을 압박하여 태평양 전선의 일본군 전력을 버마로 분산시키는 동시에 대중국 공중 보급로를 유지하면서 버마 북부를 통과하는 육상 보급로를 개설하는 것이었다. 또 제14군 사령관 윌리엄 슬림 경은 버마 탈환을 목표로 3개 공세를 감행할 예정이었다. 이 공세들을 보다 구체적으로 살펴보면, 제14군 예하 제15군단(필립 크리스티슨^{Philip Christison} 중장)은 아라칸 지방으로 진군하고, 제4군단(제 프리 스쿤즈^{Geoffrey Scoones} 중장)이 임팔^{Imphal}을 기점으로 해서 버마 중앙부로 진군하는 한편, 북부전구사령부^{North Combat Area Command}는 버마 북부로 진입해 중국으로 가는 보급로를 열기로 되어 있었다. 까다롭기로 소문난 미 육군 중장 조지프 스틸웰^{Joseph Stilwell}이 지휘하고 있던 북부전구사령부에는 중국군 2개 사단과 '메릴의 약탈자들^{Merill's Marauders}'이라고 불리는 미군 여단도 포함되어 있었고, 이 무렵 수 개 여단으로 불어난 친디트가 이들을 지원할 예정이었다.

일본의 버마 방면군 총사령관 가와베 마사카즈^{河辺正三} 중장은 선제공격으로 연합군의 공세를 봉쇄하기로 결심하고 인도로 진격해 들어갔다. 만일 이 선제공격이 성공하여 인도 국민군^{Indian National Army}(일본군이 인도인 민족주의자, 인도군 포로들로 편성한 부대)이 인도 영토 내에서 활동할 교두보를 확보한다면, 영국 지배에 반대하는 인도인들의 반란을 촉발시킬 수도 있었다. 하여간 1944년 2월에 일본군은 아삼^{Assam} 지방에 집결한 연합군을 분산시키기 위한 양동작전으로 아라칸 지방에서 첫 공세를 시작했다. 하지만 영국군 역시 이 지역에서 공격을 시작하려던 참이었고 이 지역에 상당한 병력을 집중시키고 있었다. 일본군의 공격을 받은 2개 인도 사단은 '어드민 박스^{Admin Box}*'를 구축하여 일본군의 공격을 막아내고 공세를 재개했다.

일본군의 본격적인 공세는 1944년 3월에 3개 사단 이상의 전력을 보유한 일본군 제15군(무다구치 렌야^{牟田口廉也} 중장)이 인도의 임팔과 코히마^{Kohima}를 향해 진격을 개시하면서 시작되었다. 일본군의 공격에 영국군 제4군단이 임팔 일대와 코히마에서 포위당했지만, 아라칸에서 벌어진 일본

---

* **어드민 박스** 영국군이 구축한 원통형 방어진지.

군의 공세를 물리치고 여유가 생긴 슬림은 수송기를 동원해 서둘러 아라
칸 지역의 병력을 임팔로 이동시켰다. 그동안 포위된 영국군의 임팔 방어
거점들은 미군과 영국군 수송기들 덕분에 항공 보급을 받아가며 버티고
있었다. 얼마 후 몬태규 스톱포드Montague Stopford 중장이 코히마를 구하기
위해 제33군단을 이끌고 이동해왔다. 일본군은 인도 내륙으로 진격해 들
어가기 위해 무진 애를 썼지만, 보급품과 중화기의 부족으로 어마어마한
사상자만 내고 기세가 꺾이고 말았다. 5월 31일, 일본군은 마침내 코히마
로부터 철수하기 시작했으며, 7월 18일에는 가와베와 무다구치도 더 이
상 공세작전은 불가능하다는 데 의견일치를 보았다. 일본군은 인도 침공

■■■■■■ 1944년 6월, 유니버설 캐리어를 타고 임팔-코히마 가도를 따라 진격하는 제33군단 병사들의 모습. 제
33군단은 이 도로의 개통에 앞서 포위당한 코히마 수비대를 구출했다. 그 사이 제4군단은 임팔에서 혹독한 방어
전을 치렀다. (MARS)

시도로 재앙을 자초한 꼴이 되었다. 투입된 전투요원 8만5,000명 가운데 사상자 수는 5만3,000명에 달했고, 그중 3만 명이 전사했다. 이제 슬림의 영인군이 버마로 진격해 들어가는 길이 활짝 열리게 되었다. 이들에게 유일한 방해물은 일본군이 아니라 우기의 궂은 날씨뿐이었다.

한편, 북부전구사령부 역시 남쪽으로 진격을 시작했으며, 친디트는 일본군 보급로 중간 중간에 침투하여 활발한 파괴공작으로 일본군의 이동과 보급에 큰 지장을 초래했다. 협력체제상의 문제점에도 불구하고, 5월 17일에 미군은 미트키나^{Myitkyina} 비행장을 점령하여 중국으로의 항공 보급 통로를 열었다. 하지만 일본군의 저항이 거세서 8월 3일까지 미트키나 시내에서는 전투가 계속되었다. 중국군도 수 개 사단을 동원하여 윈난성雲南省에서 버마로 진격해 들어갔지만, 이들의 공세로도 중국으로 가는 육상 보급로를 뚫을 수 없었다. 실제로 대중국 육상 보급로가 확보된 것은 그 해 말이 다 되어서였다. 연합군의 반격이 진행되는 동안, 연합군 공병 1만7,000명은 인도의 레도^{Ledo}에서 미트키나에 이르는 도로와 송유관을 건설했다. 결국, 중국으로 가는 보급용 도로가 마침내 완성된 것은 1945년 1월이 되어서였다.

중국

중국 땅에서 벌어진 전쟁은 단지 일본군과 연합군 간의 싸움만은 아니었다. 연합군은 국민당 지도자 장제스를 중국 전역의 연합군 총사령관으로 인정했으나, 마오쩌둥이 이끄는 중국 공산당 역시 중국 땅 북서부 지역을 지배하면서 일본군에 대항해 광범위하고도 성공적인 게릴라전을 펴고 있었다. 뿐만 아니라, 반半자치권을 가진 군벌들도 각자 자신의 군대를 동원

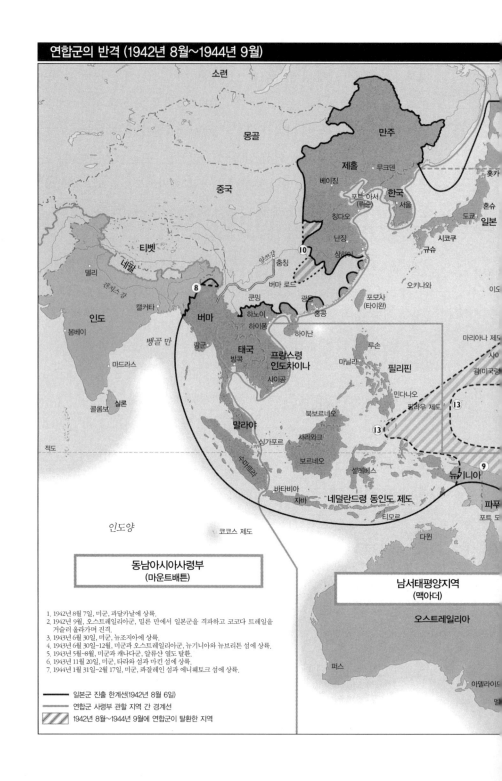

연합군의 반격 (1942년 8월~1944년 9월)

소련

몽골

만주

제홀

무크덴

베이징

포트 아서
(뤼순)

한국

서울

징다오

중국

난징

홋카

혼슈

도쿄

일본

시코쿠

규슈

상하이

10

충칭

양쯔강

버마 로드

쿤밍

광저우

홍콩

오키나와

이도

포모사
(타이완)

8

티벳

네팔

델리

랜지스 강

캘커타

인도

하노이

하이퐁

하이난

마리아나 제도

사이

괌(미국령

13

루손

마닐라

필리핀

민다나오

술루 제도

13

9

뉴기니아

봄베이

마드라스

벵골 만

콸군

버마

태국

방콕

프랑스령
인도차이나

사이공

북보르네오

사라와크

콜롬보

실론

말라야

싱가포르

보르네오

수마트라

셀레베스

적도

바타비아

자바

네덜란드령 동인도 제도

티모르

파푸

포트 드

인도양

코코스 제도

다윈

동남아시아사령부
(마운트배튼)

1. 1942년 8월 7일, 미군, 과달카날에 상륙.
2. 1942년 9월, 오스트레일리아군, 밀른 만에서 일본군을 격파하고 코코다 트레일을 거슬러 올라가며 진격.
3. 1943년 6월 30일, 미군, 뉴조지아에 상륙.
4. 1943년 6월 30일~12월, 미군과 오스트레일리아군, 뉴기니아와 뉴브리튼 섬에 상륙.
5. 1943년 5월~8월, 미군과 캐나다군, 알류샨 열도 탈환.
6. 1943년 11월 20일, 미군, 타라와 섬과 마킨 섬에 상륙.
7. 1944년 1월 31일~2월 17일, 미군, 콰잘레인 섬과 에니웨토크 섬에 상륙.

── 일본군 진출 한계선(1942년 8월 6일)
── 연합군 사령부 관할 지역 간 경계선
▨ 1942년 8월~1944년 9월에 연합군이 탈환한 지역

남서태평양지역
(맥아더)

오스트레일리아

퍼스

아델라이드

멜

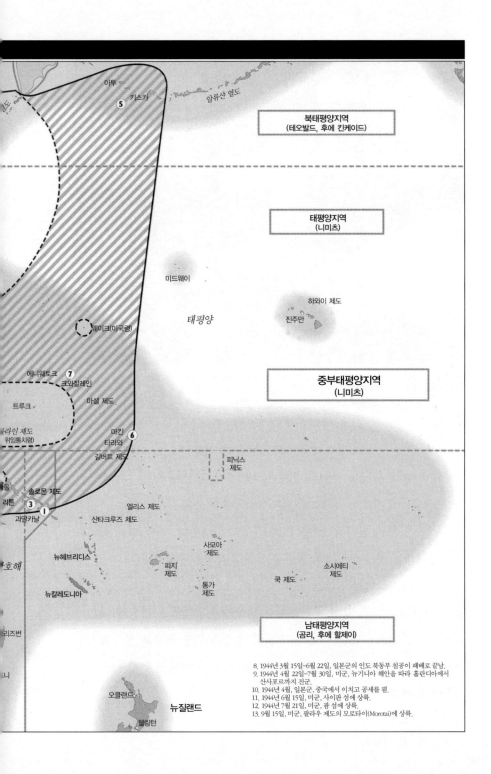

북태평양지역
(테오발드, 후에 킨케이드)

태평양지역
(니미츠)

아투

키스카

⑤

알류샨 열도

미드웨이

웨이크(미국령)

하와이 제도

진주만

태평양

에니웨토크 ⑦

크와질레인

트루크

마셜 제도

중부태평양지역
(니미츠)

라인 제도
위임통치령

마킨
타라와

⑥

길버트 제도

피닉스
제도

솔로몬 제도

리튼

③

①

과달카날

엘리스 제도

산타크루즈 제도

호해

뉴헤브리디스

피지
제도

사모아
제도

쿡 제도

소시에티
제도

뉴칼레도니아

통가
제도

남태평양지역
(곰리, 후에 할제이)

리즈번

니

오클랜드

뉴질랜드

웰링턴

8. 1944년 3월 15일~6월 22일, 일본군의 인도 북동부 침공이 패배로 끝남.
9. 1944년 4월 22일~7월 30일, 미군, 뉴기니아 해안을 따라 홀란디아에서
산사포르까지 진군.
10. 1944년 4월, 일본군, 중국에서 이치고 공세를 폄.
11. 1944년 6월 15일, 미군, 사이판 섬에 상륙.
12. 1944년 7월 21일, 미군, 괌 섬에 상륙.
13. 9월 15일, 미군, 팔라우 제도의 모로타이(Morotai)에 상륙.

■■■■■■ 1942년 4월, 버마의 메이모(Maymo)에서 함께 기념촬영을 하고 있는 중국 총통 장제스와 그의 아내 쑹메이링(宋美齡), 그리고 미군 참모장 '식초 조(Vinegar Joe)' 스틸웰 중장의 모습. 당시 버마 주둔 미군까지 지휘하고 있던 스틸웰은 장제스를 '땅콩'이라고 부르며 낮게 평가했다. (US National Archives)

해 몇몇 성省을 장악하고 있었다. 이 군벌들은 명목상으로는 충칭에 있는 국민당 정부의 통치를 받고 있었지만, 이따금 공산당과 싸우기 위해 일본 군과 협력하기도 했다. 1938년 일본은 중국에 난징을 수도로 하는 괴뢰정권을 수립하고 왕징웨이汪精衛를 그 수반으로 내세웠다. 90만 명에 이르는 왕징웨이의 군대는 공산당과 군벌을 상대로 작전을 수행했다.

1941년~1942년에 일본은 중국 북부와 중부에서 무자비한 응징 작전을 실시했지만, 공산당이 게릴라전으로 심하게 압박을 가해오자 1943년부터는 유화정책으로 전환했다. 일본의 속셈은 협상을 통해 왕징웨이의 괴뢰정권이 중국에서 주도권을 잡게 하든가, 아니면 국민당 정부와 어떻게든 타협해보려는 것이었다.

장제스는 제2차 세계대전이 연합국의 승리로 끝날 것이 분명해지자 자신의 군대를 잘 보존하여 장차 공산당과의 싸움에 대비하고자 했다. 하지만 미국으로부터 각종 무기와 장비를 지원받으려면 일본군과 싸우는 모습을 보여주지 않으면 안 되었다. 스틸웰은 적당한 훈련과 장비만 갖춘다면 중국군도 잘 싸울 수 있다고 믿었다. 미국인 지원자들로 구성된 외인부대(플라잉 타이거즈Flying Tigers)를 지휘했던 클레어 셰놀트Claire Chennault 소장의 활약에 감명을 받은 장제스는 공군력의 신봉자가 되었다.

미군의 북부 버마 작전은 중국으로 가는 통로를 확보하고자 하는 욕심에서 비롯되었다. 미국은 이를 통해 국민당 군대를 강화시키고 중국 영토 내의 기지를 이용해 남지나해를 오가는 일본 선박들과 일본 본토에 공중 공격을 가할 생각이었다. 육상 통로가 열릴 때까지 국민당 군대와 셰놀트의 '미니 공군'(비행기 수 200대 미만)은 수송기로 보급을 받아야 했다. 이를 위해 미군 수송기들은 인도 북동부의 아삼 지방에 임시변통으로 마련된 비행장에서 출발하여 1만3,000피트(4,000미터)급 산악지대를 넘어 장장 500마일(800킬로미터)이나 떨어진 중국 남부 도시 쿤밍昆明까지 비행해야 했다. 계절풍 난기류가 부는 험준한 히말라야 산맥 상공을 비행하는 일은 아주 위험했다. 미국은 1942년부터 종전까지 이 항공로를 통해 보급 물자 65만 톤을 수송하면서 비행기 600대와 승무원 1,000명을 잃었다.

1944년 4월, 일본은 62만 병력을 동원하여 중국 남부 각 도시에 산재한 연합군 비행장들을 파괴하기 위한 대공세(이치고 작전Operation Ichigo)를 펼쳤다. 중국의 군벌들과 국민당 군대는 일본군의 적수가 못 되었다. 12월이 되자, 일본군은 쿤밍과 충칭까지 위협했다. 상황이 이렇게 되자, 중국으로부터 일본 본토 남부를 공습하여 제한적이나마 성공을 거두고 있던 미군의 신형 B-29 슈퍼포트리스Superfortress기들은 인도로 철수할 수밖에 없었다. 소기의 목적을 달성한 일본군이 공세를 중지하자, 중국군은 1945

년 1월에 반격을 개시하여 일본군을 남지나해 방면으로 몰아냈다. 버마의 일본군은 1944년에는 태평양 지역으로 병력을 빼내줘야 했고, 1945년에는 점증하는 소련군의 위협에 대비하기 위해 만주로도 병력을 전출시켜야 했다. 이 무렵, 장제스의 이중적 태도와 국민당 군대의 부패상에 신물이 난 '식초 조' 스틸웰이 물러나고 보다 외교적인 앨버트 웨더마이어 Albert Wedemeyer 중장이 후임으로 임명되었다. 중국 땅에서 벌어진 전쟁으로 인해 중국인 수백만 명이 아사했으며, 중국 군인들도 130만 명이나 목숨을 잃었지만, 이들은 일본군 100만 명을 중국 땅에 묶어놓았다. 그러나 태평양 전쟁의 향방은 대륙이 아닌 태평양에서 결정되었으며, 그런 면에서 중국에서의 전쟁은 일종의 막간극에 불과했다.

잠수함 전쟁

미국 잠수함들이 일본 상선들을 싹쓸이하면서 일본 경제는 빈사지경에 빠지게 되었고, 해외에 나가 있던 일본군들은 보급품 부족으로 아사 지경에 이르게 되었다. 영국과 미국에 이어 세계 3위 해운국가였던 일본은 선박을 통한 해상 수송에 크게 의존하고 있었다. 일본의 상선들은 석유, 고무, 아연, 쌀, 기타 천연자원을 동남아시아에서 본토로 수송했을 뿐만 아니라, 본토로부터 병력과 보급품 및 각종 군사 장비를 수마트라에서 솔로몬 제도와 중부태평양에 이르는 광대한 지역에 흩어져 있는 수많은 섬들로 수송했다. 1941년 12월, 무제한 잠수함 작전을 결의한 미국은 주로 하와이와 오스트레일리아의 프리맨틀Fremantle에 기지를 둔 잠수함 50여 척으로 일본 상선단을 공격하기 시작했고, 이 공격은 곧 눈에 띄는 성과를 거두기 시작했다.

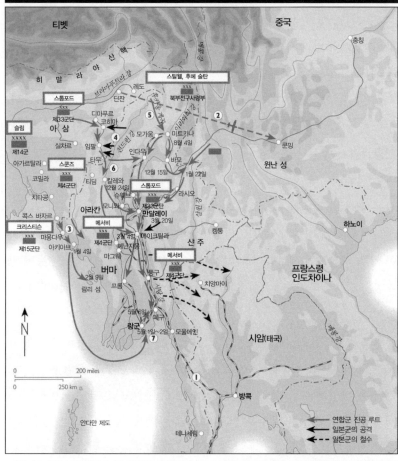

연합군의 버마 침공 (1944년~1945년)

1. 버마-태국 간 철도. 인도 공격에 나선 일본군을 위한 보급선. 일본군이 1942년 7월~1943년 10월에 포로를 동원한 노예노동을 통해 건설.
2. 히말라야 산맥을 넘어 대중국 보급에 나선 수송기들의 항로.
3. 1944년 2월~3월, 제15군, 아라칸 지방으로 진격. 일본군의 반격을 맞아 원통형 방어진지를 형성하고 일본군의 공격을 물리침. 영국군, 1944년 12월에 공세를 재개.
4. 1944년 3월 15일, 일본군, 인도 북동부 침공. 코히마와 임팔의 포위망은 각각 4월 18일, 6월 22일에 풀림.
5. 1944년 3월, 북부전구사령부가 레도에서 진군하여 5월 17일경 미트키나 비행장을 확보.
6. 1944년 12월, 영국 제14군이 버마를 침공.
7. 1945년 5월 1일, 랑군에 연합군 공수부대 투입. 이튿날 연합군, 해안에 상륙.

처음 두 해 동안 미군 잠수함들은 어뢰와 관련된 문제가 빈발하면서 제대로 성과를 거두지 못했다. 하지만 1943년에 들어서면서 진주만에서 잠수함대를 지휘하던 찰스 로크우드Charles Lockwood 해군 소장은 일본 상선단에 대한 공격을 성공시켰고, 또 수척의 일본 항공모함을 격침시킴으로써 미국의 수상함대 작전에도 크게 기여했다. 일본군이 쓰는 암호를 해독할 수 있었던 미국 잠수함들은 수송선단의 항로를 미리 파악해 매복 공격을 가하곤 했다.

미국 잠수함들이 대담한 작전 활동을 통해 엄청난 성과를 거둔 반면, 주로 해상 함대와 협동 작전을 수행했던 일본 잠수함들은 서로 협력해서 연합국의 수송선단을 공격하는 일은 거의 없었다. 물론, 일본 잠수함들이 미국 서해안이나 오스트레일리아 해안, 그리고 서쪽 멀리 마다가스카르 섬을 공격한 적이 있기는 하지만, 이런 공격은 연합군에게는 그저 귀찮은 정도의 공격에 지나지 않았고 별다른 성과도 거두지 못했다. 대양에 산재한 전초 거점들에 재보급이 어려워지자, 일본은 병력과 보급품 수송에 잠수함을 사용했다. 그러나 이는 소중한 공격 수단을 낭비하는 것이나 다름없었다.

1944년 초 유조선을 제외하고도 410만 톤에 달했던 일본의 수송선 규모는 그 해 말에는 200만 톤으로 줄어들었다. 1944년 9월, 70만 톤에 이르던 원유 반입량은 넉 달 후에는 20만 톤으로 줄었고, 1945년 들어서는 사실상 제로가 되었다. 잠수함 전쟁은 1944년 말에 거의 종결된 상태였다. 일본 선박들은 원양 항로에 나설 엄두도 못 내고 중국 연안이나 일본 근해에서만 육지에 바짝 붙어 겨우 항해할 뿐이었다. 전쟁 기간 동안 미국 잠수함들은 일본 전함 1척, 항모 8척, 순양함 11척 이외에 거의 1,300여 척에 달하는 일본 상선들을 격침시켰고, 잠수함 총 288척 가운데 52척을 잃었을 뿐이었다. 같은 기간 동안 일본은 별다른 전투를 벌이지 않았음에도 불구하고 기동 가능한 잠수함 총 200척 가운데 128척을 잃었다.

미국이 실시한 이 잠수함 전쟁의 중요성은 종종 간과되는 경향이 있지만, 종전 후 전시 일본 수상이었던 도조가 미국이 승리를 거둘 수 있었던 세 가지 원인(수개월 동안 계속해서 대양에 강력한 해군을 유지할 수 있는 능력, 일본 수비거점들을 우회해나간 개구리 뜀뛰기 작전, 미국 잠수함에 의한 일본 수송체계의 파괴) 중 하나로 미국 잠수함의 활동을 꼽을 정도로 이는 전쟁의 승패에 엄청난 영향을 미쳤다.

최종 계획의 작성

1944년 10월 중순까지도 일본의 대동아공영권은 여전히 그 틀을 유지하고 있었다. 전쟁을 시작한 지 3년이나 되었고 중요한 전투에서 일본을 번번이 패배시켰음에도 불구하고 연합국이 거둔 성과는 보잘것없었다. 연합군은 버마 북부에서 여전히 중국으로 가는 육상 운송로를 확보하지 못한 상태였으며, 남쪽에서는 네덜란드령 동인도 제도, 필리핀, 말라야, 인도차이나의 거의 전부가 여전히 일본군의 손아귀에 있었다. B-29 슈퍼포트리스를 이용해 일본 본토를 폭격하기 위한 발진 기지를 태평양의 마리아나 제도에 서둘러 건설하고 있었지만, 1942년 4월부터 이 무렵까지 미국 폭격기들이 도쿄 상공에 모습을 나타낸 적은 한 번도 없었다.

이처럼 일본 제국의 영역은 건재했지만, 일본에게도 여러 가지 불길한 징조들이 나타나고 있었다. 일본 해군이 전멸에 가까운 타격을 입는가 하면, 쉽사리 대체할 수 없는 소중한 조종사와 비행기들도 대량으로 잃었다. 일본군은 남방에서 맥아더의 진군을 막을 힘이 없었고, 버마에서는 퇴각 중이었다. 수송선단은 미국 잠수함에 의해 엄청난 손실을 입고 제구실을 할 수 없게 되었다. 상황이 이렇게 되자, 도쿄의 고위 육·해군 지도자들도 이제는 승리가 불가능하다는 것을 인정하지 않을 수 없었다. 하지만 이들에게 항복은 생각조차 할 수 없는 것이었다. 결국, 이들은 어떻게든 최대한 버텨서 연합군으로부터 강화 제의를 받아내는 것을 유일한 희망으로 삼게 되었다. 그러나 연합군은 강화나 협상 따위는 안중에도 없었다.

태평양 전쟁의 마지막 해에 일어난 주요 사건들은 1944년 9월 중순과 10월에 퀘벡과 워싱턴에서 연이어 열린 주요 연합국 회담에서 결정된 것이었다. 퀘벡에서 처칠과 루스벨트는 마운트배튼의 동남아시아사령부를 이용하여 버마를 탈환하고 궁극적으로는 말라야로 진공하여 싱가포르까지 되찾기로 결정했다. 미국은 태평양에 주요 함대를 파견해서 돕겠다는 영국의 제의를 받아들였지만, 일본 본토에 대한 전략폭격이나 필리핀 남부 민다나오 섬 상륙 등을 포함한 태평양 전쟁의 나머지 모든 군사행동은 미국이 단독으로 수행했다. 또 최종적으로는 일본 본토를 침공하고 만일 유럽에서 전쟁이 조기에 끝나면 소련이 만주를 침공해 만주의 대규모 일본군 병력이 본토로 전용되지 않도록 그들을 붙들어놓는다는 사항까지도 합의가 된 상태였다.

이런 내용의 회의가 한창 진행 중일 무렵, 태평양에서 새로운 소식이 들려왔다. 9월 7일~14일에 기동부대를 동원해 얍Yap, 팔라우Palau 제도, 민다나오 섬, 그리고 필리핀 중부에 강력한 공격을 가하던 할제이는 해당 지역 일본군의 저항이 미약하다는 사실을 파악하고 니미츠에게 달려가 이러한 사실을 보고하면서 얍, 탈라우드Talaud, 사랑가니Sarangani를 공격하려던 계획은 그만두고 이 섬들을 공격하는 데 동원할 예정이었던 병력을 중부 필리핀의 레이테 만 공격에 투입하자고 제안했다. 9월 15일, 미국 합동참모본부는 맥아더가 이끄는 군을 레이테 만에 상륙시킨다는 계획을 승인했고, 10월 20일에 상륙작전을 시작하기로 결정했다. 이로 인해 민다나오 섬 상륙 계획은 취소되었다.

10월 3일, 워싱턴의 합참본부는 맥아더가 이끄는 군으로 12월 20일에 루손 섬을 공격한다는 결정을 내리면서 지난 6개월간 골머리를 앓아온

■■■■■■ 1944년 9월 필리핀에 있는 일본군 비행장들을 공습한 후 팔라우 제도의 기지로 돌아가고 있는 할제이의 제3함대 소속 제38.3기동부대의 모습. 항모 2척과 그 뒤를 따르는 고속 전함 3척 및 순양함 4척의 모습이 미국 태평양 함대의 막강한 전력을 잘 보여주고 있다. (US National Archives)

루손을 침공할 것인가 포모사(지금의 타이완)를 침공할 것인가의 문제가 해결되었다. 이외에 합참은 니미츠의 중부태평양사령부 예하 부대들로 1945년 1월 말에 이오지마硫黃島를, 3월 1일에는 오키나와를 공격하기로 했다.

필리핀 해방 전쟁

레이테 만 침공군은 해군 소장 토머스 킨케이드Thomas Kinkaid가 지휘하는 제7함대와 경험 많은 직업군인 월터 크뤼거 장군이 이끄는 미 육군 제5군 소속 4개 보병사단으로 구성되었다. 그리고 이 막강한 지상 부대를 16척에 이르는 항모를 보유한 할제이 제독의 제3함대가 지원하고 있었다. 공격에 나선 미군의 총 전력은 함정 700척과 병력 16만 명에 달했다. 1944년 10월 20일, 미군의 선봉이 레이테 만에 상륙했으나 일본군의 저항은 경미했다.

한편, 일본 해군은 책략에 능한 오자와 지사부로 소장의 지휘 아래 모든 전력을 미군 함대를 격멸하는 데 집중했다. 오자와는 할제이를 상륙지역에서 멀리 떨어진 북쪽으로 유인하는 한편, 레이테 만으로는 2개 공격대를 파견했다. 뒤이어 10월 24일부터 벌어진 전투는 그 규모와 중요성에 있어 역사에 길이 남을 해전이었다. 전투가 시작되고 일련의 교전과 함께 전황이 팽팽하게 진행되고 있던 상황에서 일본군의 2개 공격대 중 하나를 지휘하고 있던 구리다 소장이 전투를 중지하고 퇴각하면서 전투는 일본군의 패배로 끝났다. 10월 26일까지, 일본군은 항모 4척, 전함 3척, 순양함 9척, 구축함 10척을 잃었다. 그 후 일본군은 이 전투에서 입은 피해를 다시는 복구하지 못했다. 필리핀 상륙 이전에 미 해군은 일본군의 함재기 및 육상기지 항공기 500대 이상을 파괴하여 필리핀 일대의 일본군 항공 전력을 사실상 괴멸시켰다.

바다에서 괴멸당한 데다가 필리핀까지 내주게 되면 얼마나 위험한 상황이 되는지를 잘 알고 있던 일본군 지휘부는 결사적인 반격을 시도했다. 마침 이 무렵 항공모함들이 다른 임무를 위해 이동해버리고 레이테 섬의 비행장들이 형편없이 파괴되는 바람에 제대로 항공기지 역할을 수행할 수 없게 되는 등 몇 가지 이유로 미군의 항공 우세가 약화되면서 일본군은 한숨을 돌릴 수 있게 되었다. 덕분에 일본군은 비교적 원활하게 증원 병력을 레이테 만으로 수송할 수 있었다. 해안 교두보에서 조심스럽게 전

진하던 미 제6군은 얼마 못 가 일본군의 교묘하고도 결사적인 저항에 부딪혔다. 일본은 낙하산부대를 미군 비행장에 낙하시키는 대담한 작전을 벌이기도 했지만, 지상군과의 협조가 제대로 이루어지지 않아 나흘간 전투 끝에 이들은 모두 섬멸당하고 말았다. 미군은 총 7개 사단을 동원하여 힘겨운 전투를 벌인 끝에 12월 25일에 마침내 저항을 분쇄했다. 일본군 사상자는 5만6,000명에 달했다. 미 제6군은 3,000명이 전사하고 1만여 명이 부상당했으며, 이후에 로버트 아이첼버거 중장의 제8군과 임무를 교대했다.

1945년 1월 9일, 제6군이 필리핀에서 가장 큰 루손 섬의 링가옌 만에 상륙했다. 미군은 일본군의 가미카제 공격으로 군함 25척이 침몰되거나 손상되는 피해를 입었지만, 17만5,000명의 병력을 상륙시키는 데 성공했다. 이후 벌어진 야마시타 장군이 이끄는 일본군 26만 명과의 전투는 제2차 세계대전을 통틀어 미국이 치른 대규모 지상전 중에서 1944년~1945년

필리핀 전투(1944년 10월 20일~1945년 7월)

미끼 함대(오자와)

필리핀 해

G

1월 9일

루손

2

제38.3기동부대

1월 29일

D

제38기동함대
(미국 제3함대–할제이)

마닐라 3

1월 31일

제38.2기동부대

민도로

E

12월 15일

F

사마르

제38.4
기동부대

파나이

10월 20일

4

레이테

I

중앙군(구리다)

3월 18일

세부

B

미 제7함대
(킨케이드)

남방 2군(시마)

네그로스

보홀

팔라완

4

C

6월 25일

2월 28일

A

술루 해

5월 10일

남방 1군(니시무라)

3월 10일

4

민다나오

4월 7일

영국령 북보르네오

7월 12일

0 ——— 100 miles
0 ——— 200 km

N

524 | 4부 _ 태평양 전쟁

상륙 및 지상작전
1. 1944년 10월 20일, 제6군(크뤼거) 4개 사단 레이테 만에 상륙. 3개 사단이 추가로 투입되어 12월에 이 섬을 확보.
2. 1945년 1월 9일, 제6군 4개 사단 링가엔 만에 상륙. 6개 사단이 추가로 상륙하여 루손 탈환전에 투입됨. 6월에 주요 전투는 끝났으나 고립된 일본군 거점들은 계속 저항.
3. 1945년 2월 4일~3월 3일, 마닐라 탈환전.
4. 1945년 2월~7월, 미 제8군(아이켈버거)의 5개 사단, 필리핀 남부에서 소탕전 실시. 상륙전만 50회 실시. 그중 14회는 중규모 내지 대규모 작전.

레이테 만 전투
A. 1944년 10월 23일, 미군 잠수함들 일본 순양함 2척을 격침시키고 1척에 손상을 입힘.

B. 1944년 10월 24일, 일본의 제1유격부대(니시무라)가 수리가오 해협(Surigao Straight)에 진입했다가 미군 제7함대(킨케이드)와 조우. 일본군 함정은 1척만 살아남음.
C. 1944년 10월 24일, 일본의 제2유격부대(시마)가 수리가오 해협에 들어오지 않고 철수.
D. 1944년 10월 24일, 미 해군 항모 프린스턴 호가 지상기지에서 발진한 일본 항공기에 격침당함.
E. 1944년 10월 24일, 미군, 공중 공격으로 일본 전함 1척 격침하고 순양함 1척 손상 입힘.
F. 1944년 10월 25일, 일본 주력 함대(구리다)가 순양함 2척을 잃은 후 산 베르나디노 해협을 통해 퇴각. 미국은 호위 항모 2척, 구축함 2척, 구축함 호위함 1척을 잃음.
G. 1944년 10월 25일, 할제이의 제3함대, 오자와의 미끼 함대와 조우한 후 남쪽의 위험에 대응하기 위해 철수.

에 북서유럽에서 치른 전투 다음으로 큰 전투였다. 10개 사단을 동원해 전투에 나선 제6군은 전차전, 상륙작전, 공수작전, 게릴라전 등 모든 형태의 전투를 치러야 했다. 산산이 부서진 도시 마닐라를 차지하기 위해 벌어진 2주간의 전투에서 필리핀인 10만 명, 일본군 1만 6,000명, 미군 1,000명 이상이 죽었다. 루손 전투는 6월 말이 되어서야 종결되었다. 이 전투에서 제6군은 8,000명이 죽고 3만 명이 부상을 입었으며, 일본군 사상자는 19만 명에 달했다.

루손 섬을 점령한 제6군은 일본 본토 침공 준비에 들어갔다. 한편, 제8군은 수많은 상륙작전을 벌이면서 필리핀 남부 일대에 고립된 여러 일본군 부대들에 대한 토벌작전을 벌였다. 루손 섬 상륙과 토벌작전은 필리핀 지역 대부분을 일본으로부터 해방시켰지만, 궁극적으로 대일본전에서 승리하는 데 직접적인 도움이 되지는 못했다.

오스트레일리아

오스트레일리아군이 벌인 마지막 전투도 비슷한 비판을 받을 수 있을 것이다. 오스트레일리아의 제1군 병력은 1944년 10월부터 부건빌, 뉴브리튼 섬, 뉴기니아 북쪽 해안 등지에 주둔해 있던 미군 사단들과 임무교대를 했다. 오스트레일리아군은 뉴브리튼 섬에 대해서는 봉쇄작전을 폈다. 종전 시 이 섬의 수도 라바울에 포진한 일본군 수비대 병력은 육·해군을 합해 거의 7만 명에 달했다.

그런데 오스트레일리아군 사령관 블래미 장군은 오스트레일리아군은 자국의 주변 지역을 해방시킬 의무가 있다는 주장을 굽히지 않았다. 그래서 오스트레일리아 제2군단은 부건빌에서 느리고 조심스럽게 공세작전을 폈고, 이 작전은 종전 시점까지도 끝나지 않았다. 뉴기니아에서는 제6사단이 웨와크를 탈환하고 일본군을 산악지대로 몰아냈다.

맥아더는 블래미 장군의 이런 주장을 마지못해 받아들였지만, 레슬리 모스헤드Leslie Morshead 중장이 지휘하는 오스트레일리아 제1군단의 보르네오 공격에는 적극적으로 명령을 내렸다. 오스트레일리아군은 1945년 5월 1일에 타라칸을 점령했으며, 6월 10일에는 오스트레일리아군 제9사단이 라부안Labuan 섬과 브루나이Brunei에 상륙했다. 블래미는 전보다도 더 소심한 태도를 보이며 제7사단의 발릭파판Balikpapan 상륙에 반대했다. 맥아더는 오스트레일리아 정부에 이 상륙작전을 취소하면 연합군의 전체적인 전략이 와해된다며 으름장을 놓아 겨우 오스트레일리아 정부의 동의를 얻어냈다. 사실, 맥아더의 본심은 네덜란드 정부에 미국이 네덜란드 영토 회복을 위해 노력했음을 보여주려는 목적이 더 컸다. 7월 1일에 실시된 이 상륙작전은 제2차 세계대전의 마지막 상륙작전이었다. 1944년 말~1945년에 벌어진 이 불필요한 전투들에서 오스트레일리아군 병사 1,500명 이상이 전사했지만, 이러한 희생은 일본군의 항복을 단 1분도 앞당기지 못했다.

버마 전쟁의 종말

실용주의자이면서 병사들로부터 신망이 두터웠던 슬림 대장이 지휘하는 영인군 제14군은 1944년 12월에 친드윈Chindwin 강을 건너 1945년 1월에는 버마의 중심부를 흐르는 이라와디Irrawaddy 강에 도달했다. 버마 북부에 있던 영국군, 중국군, 미군도 남하하여 1월 22일 마침내 인도에서 중국에 이르는 버마 로드가 뚫렸다.

6개 사단 26만 명 이상의 대병력을 보유하게 된 슬림은 랑군을 향해 남쪽으로 진군을 계속했다. 일본군 4개 사단이 이를 막아보려 했지만, 쇠약해질 대로 쇠약해지고 장비도 빈약한 2만 명으로는 연합군의 상대가 될 수 없었다. 5월 3일, 연합군은 바다와 공중에서 동시에 돌입하여 랑군을 함락시켰다. 이로써 버마 주둔 일본군은 완전히 분쇄되었다. 영국은 일본이 인도를 침공할지도 모르는 상황에 직면하자, 어쩔 수 없이 버마에서 싸워야 했다. 3년에 걸친 힘겨운 싸움에서 일본군은 19만 명이 죽었다.

▪▪▪▪▪▪ 버마 전쟁의 마지막 단계에 영국군 정찰대가 시탕(Sittang) 강 일대를 순찰하고 있다. 랑군을 탈환한 후 영국군은 일본군 11만 명과 대치했으나, 보급품이 부족했던 일본군은 전투부대로서의 기능을 거의 상실한 상태였다. (The Art Archive / Imperial War Museum)

버마는 해방을 맞았고, 영국은 자존심을 되찾고 이 지역의 일본군을 다른 지역에 투입하지 못하도록 효과적으로 묶어두었다. 그러나 전략적 관점에서 본다면, 1945년에 버마에서 벌어진 전투는 전쟁의 결말에 그다지 큰 영향을 미치지 못했다.

이제 영국이 말라야로 진격할 수 있는 길이 활짝 열렸다. 그러나 마운트배튼의 동남아시아사령부가 계획한 상륙작전(지퍼 작전 Operation Zipper)이 실제로 실시된 것은 일본이 항복한 후인 1945년 9월이 되어서였다.

이오지마와 오키나와

이오지마는 중요한 거점이었다. 이곳을 일본군이 점령하고 있는 한, 마리아나 제도를 이륙한 B-29들은 그곳을 피해 개다리처럼 구부러진 항로를 날아 일본 본토를 폭격해야 했으며, 그럴 경우에 연료 소비는 늘고 폭탄 적재량은 줄어들 수밖에 없었다. 반대로 미군이 이오지마를 점령하면 이 섬을 장거리 전투기들의 기지로 활용해 B-29의 공습을 호위할 수도 있었다. 뿐만 아니라, 이오지마는 귀환하는 폭격기들의 비상 착륙 장소로 사용할 수도 있었다. 게다가 이오지마는 전통적으로 일본 영토이기 때문에, 이 섬을 점령하면 일본 국민들에게 심각한 심리적 타격을 줄 수도 있었다.

루손 섬이 태평양 전쟁의 가장 큰 전투지였다면, 이오지마는 가장 피비린내 나는 격전지였다. 이오지마는 길이가 겨우 5마일(8킬로미터)에 불과한 작은 섬이었지만, 지하 벙커와 땅굴이 거미줄처럼 얽혀 있고 잘 위장된 중포가 곳곳에 배치된 어마어마한 요새이기도 했다. 섬 주민들은 이미 오래 전에 본토로 소개된 상태에서 일본군 사령관 구리바야시 타다미치栗林忠道 중장은 자살공격 따위로 병력을 낭비하지 않고 섬 전체를 지하

요새화하여 단 한 치의 땅도 악착같이 지키기로 결심했다. 실제로도 그는 죽을 때까지 싸운다는 각오로 자신의 병력을 교묘하게 지휘했다. 1945년 2월 19일, 해리 슈미트^Harry Schmidt 소장이 이끄는 미 해병 2개 사단이 전함 7척이 퍼붓는 함포 사격의 엄호를 받으며 상륙을 단행했다. 그러나 해변에 도착한 해병들은 그칠 줄 모르는 일본군의 포격과 기관총 세례를 피할 곳이 전혀 없다는 것을 발견하게 되었다. 미군은 대포, 전차, 그리고 화염방사기를 총동원하여 일본군의 무수히 많은 방어 거점들을 하나하나 공격해야 했다.

이오지마 상륙전 초기에 스리바치산攔鉢山 정상에 성조기를 꽂는 미 해병들의 모습을 찍은 사진은 제2차 세계대전에서 가장 유명한 사진 가운데 하나가 되었다. 그러나 미군이 이오지마를 실제로 장악한 것은 3월 말이 되어서였고, 이를 위해 10만 명 이상의 해병과 해군 병력을 추가로 투입해야 했다. 상륙전에 참가한 미 해병대의 24개 대대 지휘관 가운데 19명이 죽거나 부상당했으며, 해병 6,821명이 죽고 2만 명이 부상당했다. 일본군 방어 병력 2만1,000여 명은 거의 전원이 전사했다. 상륙전을 지휘했던 홀랜드 스미스 해병 중장은 "해병대 역사 168년 동안 이만큼 처절한 전투는 없었다"고 회고했다.

4월 1일의 오키나와 공격을 위해 미국은 거대한 전력을 집결시켰고, 동원된 함선만도 전함 18척, 항공모함 40척, 구축함 200척을 포함해 1,300척이나 되었으며, 여기에 영국의 태평양 함대까지 가세했다. 류큐琉球 제도*를 자국 영토의 일부로 간주해왔던 일본군은 맹렬하게 저항했다. 미 제10군은 사이먼 버크너^Simon Buckner 중장의 지휘 하에 해병 2개 사단과

---

* **류큐 제도** 오키나와 섬을 포함한 여러 섬을 말한다. 류큐 제도는 일본 본토에서 타이완 사이를 점점이 잇는 난세이南西 제도의 일부이다.

■■■■■■ 1945년 4월 13일, 미 해군 상륙정들이 오키나와에서 연료와 보급품을 내리고 있다. 미군 제10군이 오키나와의 여러 섬들을 모두 확보하는 데는 두 달 반이 걸렸다. 미군 사상자는 7,000명이 넘었고, 일본군은 전사자만 7만 명이 넘었다. 오키나와 시민들도 최소한 8만 명이 사망했다. (US National Archives)

육군 3개 사단, 총 25만 명을 상륙시켰다. 그러나 일본군의 치열한 저항을 분쇄하는 과정에서 미군은 7,600명이 전사했으며(그중에는 버크너 중장 본인도 포함되어 있었다), 6월 22일에 가서야 오키나와 섬을 완전히 점령할 수 있었다.

바다에서도 일본군 가미카제 특공대가 1,900회에 달하는 공격을 가해오면서 치열한 전투가 벌어졌다. 일본군의 특공으로 스프루언스 제독의 미 제5함대는 36척이 침몰하고 368척이 손상을 입었으며, 수병 약 5,000명이 죽었다. 일본의 거대 전함 야마토 역시 특공을 위해 세토 내해瀨戶內海를 출발했으나, 미군 비행기들에게 포착되어 일본 수병 3,000명과 함께 동중국해에 수장되었다.

전략적으로 볼 때, 오키나와 점령은 남방에서 벌어지고 있던 다른 모든 전투를 전략적으로 무의미하게 만들 정도로 중요한 의미를 지녔지만,

오키나와에서 미군이 입은 피해를 보고 미국은 큰 충격을 받게 되었다. 5월 25일, 맥아더와 니미츠에게 11월 1일 규슈^{九州}에 최초로 상륙하는 것을 목표로 일본 본토 침공을 준비하라는 명령이 떨어졌다. 그러나 오키나와 상륙전에서 미 해군 및 해병의 사상률이 무려 35퍼센트였다는 것을 감안했을 때 규슈 상륙에서 사상자가 약 25만 명 나올 것이라는 계산이 나오자, 미국은 심각한 고민에 빠지게 되었다.

전략폭격

일본에 대한 전략폭격은 신형 B-29 슈퍼포트리스 폭격기의 개발과 함께 시작되었다. 원래 이 폭격기들은 1944년 6월부터 중국에서 발진하여 공습을 실시했지만, 큰 성과는 거두지 못했다. 11월부터는 기지를 마리아나 제도로 바꾸었지만, 역시 폭격 성과는 실망스럽기만 했다. 그런데 1945년 3월, 지지부진한 일본 폭격을 실시해온 제20공군의 사령관으로 시가를 깨무는 버릇이 있는 젊은 공군 소장 커티스 르메이^{Curtis Le May}가 부임했다. 르메이는 폭격 방식을 특정 표적^{specific target}에 대한 주간 고공 공습에서 지역 표적^{area target}에 대한 야간 저공 소이탄 폭격으로 바꾸었다.

3월 9일~10일에 걸쳐 시도된 새 전술에 의한 첫 도쿄 폭격은 기대 이상의 성과를 거두었다. 미국은 작전에 참가한 비행기 334대 가운데 손실이 14대에 불과한 반면, 도쿄는 약 15제곱마일(40제곱킬로미터)이 불타면서 주민 8만 명이 사망하고 4만 명이 부상당했으며 건물 25만 채가 파괴되는 대피해를 입었다. 그 달 중으로 나고야, 오사카, 고베 또한 도쿄와 비슷한 공격을 받았다. 더 많은 폭격기를 지원받은 르메이는 공격 강도를 한층 더 높였다.

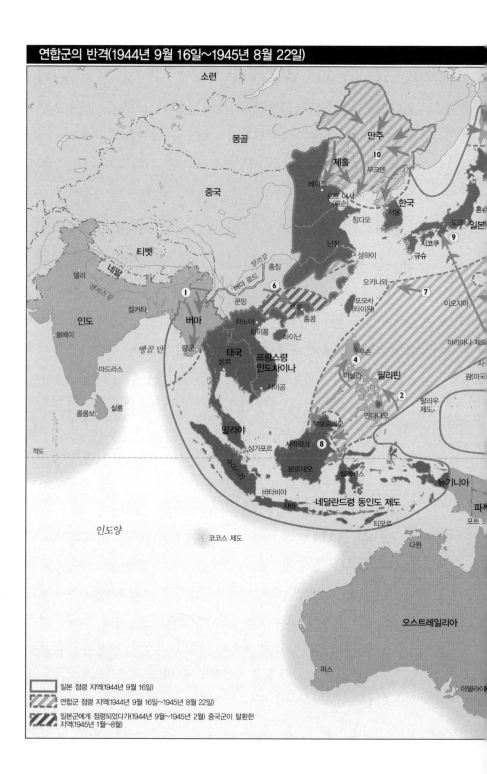

연합군의 반격(1944년 9월 16일~1945년 8월 22일)

소련

몽골

중국

만주

제훌

베이징

포트 아서
(뤼순)

칭다오

한국

서울

무크덴

난징

상하이

티벳

네팔

델리

갠지스강

양쯔강

충칭

버마 로드

쿤밍

오키나와

포모사
(타이완)

혼슈

도쿄

일본

시코쿠

규슈

이오지마

마리아나 제도

인도

봄베이

뱅골 만

캘커타

버마

랭군

하노이

하이퐁

하이난

태국

방콕

프랑스령
인도차이나

사이공

광둥

홍콩

루손

마닐라

필리핀

민다나오

팔라우
제도

마드라스

콜롬보

실론

말라야

싱가포르

수마트라

북보르네오

사라와크

괌(미국)

적도

보르네오

바타비아

자바

셀레베스

네덜란드령 동인도 제도

티모르

뉴기니아

파푸아

포트

인도양

코코스 제도

다윈

오스트레일리아

퍼스

애들레이

□ 일본 점령 지역(1944년 9월 16일)

▨ 연합군 점령 지역(1944년 9월 16일~1945년 8월 22일)

▨ 일본군에게 점령되었다가(1944년 9월~1945년 2월) 중국군이 탈환한
지역(1945년 1월~8월)

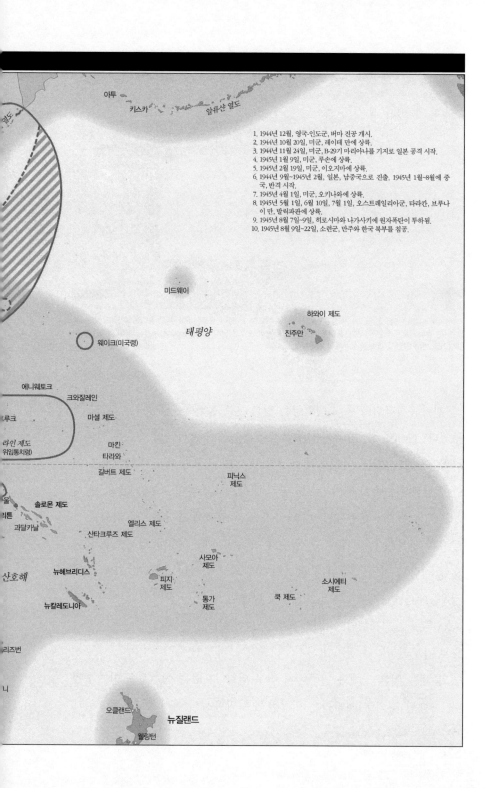

아투
키스카
알류샨 열도

1. 1944년 12월, 영국-인도군, 버마 진공 개시.
2. 1944년 10월 20일, 미군, 레이테 만에 상륙.
3. 1944년 11월 24일, 미군, B-29기 마리아나를 기지로 일본 공격 시작.
4. 1945년 1월 9일, 미군, 루손에 상륙.
5. 1945년 2월 19일, 미군, 이오지마에 상륙.
6. 1944년 9월~1945년 2월, 일본, 남중국으로 진출. 1945년 1월~8월에 중국, 반격 시작.
7. 1945년 4월 1일, 미군, 오키나와에 상륙.
8. 1945년 5월 1일, 6월 10일, 7월 1일, 오스트레일리아군, 타라칸, 브루나이 만, 발릭파판에 상륙.
9. 1945년 8월 7일~9일, 히로시마와 나가사키에 원자폭탄이 투하됨.
10. 1945년 8월 9일~22일, 소련군, 만주와 한국 북부를 침공.

미드웨이

하와이 제도

태평양

진주만

웨이크(미국령)

에니웨토크

크와잘레인

루크

마셜 제도

라인 제도
위임통치령)

마킨
타라와

길버트 제도

피닉스
제도

울

솔로몬 제도

리튼

엘리스 제도

과달카날

산타크루즈 제도

산호해

뉴헤브리디스

사모아
제도

피지
제도

소시에티
제도

쿡 제도

뉴칼레도니아

통가
제도

리즈번

니

오클랜드

뉴질랜드

웰링턴

■■■■■■ 1945년 5월 29일, 미 제20공군의 B-29 슈퍼포트리스들이 요코하마에 주간 공습을 퍼붓고 있다. 이 날 미군 호위기들은 일본 전투기 26대를 격추시켰다. 1945년 7월 당시, 일본의 60대 도시 면적의 60퍼센트가 잿더미로 변해 있었다. (Imperial War Museum)

　　전략폭격작전을 통해 연합군은 일본 본토 봉쇄를 완수하는 성과도 거두었다. 1944년 말, 미국은 잠수함전으로 일본 수송선단의 항로를 일본과 한국을 오가는 항로 정도로 축소시켰으며, 미 육군과 해군 비행기들은 연안을 항해하는 소형 선박까지도 공격 대상으로 삼았다. 1945년 3월, 미 제20공군은 여기에서 한 걸음 더 나아가 일본 영해에 조직적으로 기뢰를 부설하기 시작했다. 이로써 중국, 한국, 만주로부터 그나마 일본으로 들어오던 식량과 자원 수송마저 완전히 차단되고 말았다. 일례로 고베 항의 경우, 1945년 3월만 해도 32만 톤에 달했던 월간 물동량이 7월에는 4만 4,000톤으로 격감했다. 기뢰작전 한 가지만으로 일본 봉쇄가 아주 성공적으로 마무리되었던 것이다.

　　봉쇄는 일본 경제와 민중에게 이루 말할 수 없는 어려움을 안겨주었다. 수백만 명의 이재민들은 비참한 오두막에서 살아야 했고, 굶주림과 질병이 만연했다. 이로 인해 국민들의 사기는 바닥을 쳤지만, 일본 경찰은 패배주의적인 언동을 하는 자들을 색출해 가차 없이 처벌했다. 1945년 6월, 의회에 제출된 비밀보고서에는 악화되어가는 식량 사정을 감안할 때 1946년 봄 이후에는 전쟁을 더 이상 지속할 수가 없다고 되어 있었다. 뿐만 아니라 봉쇄는 일본의 전쟁 수행 능력 자체에도 큰 타격을 주었다. 군사 장비를 교체할 여유가 없었고, 연료 부족으로 선박과 비행기를 움직이기조차 힘들어졌다. 그러나 이런 상황에서도 일본 정부와 군부 지도자들은 전쟁을 포기할 생각은 전혀 하지 않고, 예상되는 연합군의 상륙에 대한 대항책으로 온갖 종류의 자살특공대를 조직했다.

한 병사의 초상
전우들과 끝까지 함께한 토머스 커리 데릭

태평양 전쟁에 참전한 미국이나 오스트레일리아 젊은이들 대부분이
그렇듯이, 토머스 커리 데릭^{Thomas Currie Derrick} 또한 대공황이 한창일 때 어
린 시절을 보냈다. 그 때문에 학교를 제대로 다니지 못했던 그에게 군 복
무는 민간인으로 계속 지냈다면 결코 얻을 수 없었던 여러 가지 기회를
주었다. 훗날, 그는 오스트레일리아 군대에서 가장 용감한 군인 중 한 명
으로서 혁혁한 전공을 세우기도 했다. 하지만 그 점만 빼면 그의 인생은
'전쟁이 끝날 때까지만' 군인으로 있겠다며 군에 지원했던 다른 수천 명
의 젊은이들과 다를 것이 전혀 없었다.

　1914년, 사우스오스트레일리아 주 애들레이드^{Adelaide}에서 태어난 톰
데릭은 14세 때 학교를 중퇴했지만, 그 무렵에는 공황이 한창이었기 때문
에 변변한 직업을 구할 수가 없었다. 16세가 된 그는 친구들과 자전거를

타고 140마일(225킬로미터)을 달려 머레이^{Murray} 강변 관개농업 지역의 포도원이나 과수원을 찾아다니며 떠돌이 일꾼 자리를 구하곤 했다. 낙천적이고 근면하면서도 장난기가 심했던 그는 축구와 권투, 도박을 즐겼다. 친구들은 그런 그에게 '다이버^{Diver}'라는 별명을 지어주었다. 1939년에 드디어 한 포도원에 정식으로 취직한 그는 오랜 연인인 베릴^{Beryl}과 결혼할 수 있었다.

그 해 9월에 전쟁이 선포되었지만, 신혼인 그로서는 아내를 두고 군에 지원하기가 못내 망설여졌다. 그러나 국가에 대한 충성심과 먼저 입대한 친구들에 대한 의리 때문에 그는 아내를 설득했다. 결국 아내는 그의 입대를 승낙했다. 남들과 마찬가지로, 데릭 역시 입대를 결정하는 데 있어서 1940년 5월 독일의 프랑스 침공에 많은 영향을 받았다. 바로 다음 달에 군에 지원한 데릭은 애들레이드에 창설된 제48연대 2대대에 배속되었다.

데릭은 고된 생활이 몸에 밴 터라 군 생활에 쉽게 적응했지만, 쓸데없이 군기를 잡는 상관들을 견뎌내기란 그로서도 힘든 일이었다. 11월, 데릭이 속한 대대는 중동을 향해 출항했지만, 도중에 퍼스^{Perth}에서 1주일을 머물렀다. 멋대로 시내 관광을 나갔다가 그 벌로 배에 갇힌 데릭은 자신을 괴롭히던 동료에게 얻어맞기도 했다. 그는 집에 보낸 편지에 이 일에 관해 이렇게 썼다.

"어젯밤 얻어맞았소. 이빨이 부러지고 입술이 터졌지. 그래서 나도 녀석을 실컷 두들겨 팼다오. 지금은 무단 외출에다가 싸운 데 대한 벌까지 받고 있다오."

5피트 7인치(170센티미터)의 작은 키였지만, 데릭은 힘이 세고 다부졌으며 싸움 경험도 많았다. 하지만 지휘 장교는 사고를 치고 다닌 그에게 30실링의 벌금형을 부과했다.

1941년 4월~10월에 제9오스트레일리아사단에 소속된 그의 부대는 독일군에게 포위당한 리비아의 항구 토브룩을 방어하는 임무를 수행했다. 데릭은 곧 그가 속한 분대의 리더로 떠올랐고 병장으로 승진했으며 육군 메달Military Medal 수상자로 추천도 받았다. 데릭은 메달을 받을 자격이 충분했지만, 웬일인지 훈장은 수여되지 않았다.

1942년 7월, 다시 전투에 투입된 그의 대대는 엘 알라메인 부근에 있는 추축군의 거점을 공격했다. 이 전투에서 데릭은 분대원들을 이끌고 혁혁한 전공을 세웠다. 그는 단독으로 수류탄을 던져 추축군 기관총좌 3개를 파괴하고, 적군 100명 이상을 포로로 잡았다. 독일군이 반격해오자, 그는 독일군 전차 2대를 파괴하고 밀려난 진지를 다시 회복했다. 이 활약으로 데릭은 수훈장Distinguished Conduct Medal을 받고 부사관으로 승진했다.

10월 말, 엘 알라메인에서도 데릭은 용감하게 싸웠다. 함께 참전한 동료들은 그가 빅토리아 십자장 감이라고 생각했다. 1주일 동안 처절하게 싸운 전투에서 대대는 400명 이상을 잃었고 데릭도 가벼운 부상을 입었다.

제9사단이 오스트레일리아로 돌아온 후, 데릭은 1943년 2월 휴가를 얻어 애들레이드에서 베릴과 함께 지냈다. 그 후, 대대는 퀸즈랜드Queensland 북부의 애서턴 테이블랜드Atherton Tableland를 향해 긴 기차여행 길에 올랐다. 그곳에서 대대는 일본군과의 정글전에 대비한 집중적인 훈련을 받았다. 오스트레일리아군은 1942년 파푸아 전투에서 얻은 귀중한 교훈들을 이 훈련 내용에 반영했으며, 각 소대들은 정글에서 소리 없이 정찰을 하는 법을 배웠다.

대대는 미군 제532상륙공병대대와 함께 상륙작전 실습도 했다. 데릭은 그의 편지에 "승선과 하선을 반복하는 일로 오전을 다 보냈소. 대체 그게 뭐하는 짓인지……. 정말 잘 하려고 애쓸 건더기도 없는 일이요"라고 썼다.

데릭의 대대에서 근무했던 머레이 파커Murray Farquar 중위는 데릭이 미 상륙공병단에 소속된 아직 10 대인 위스콘신 주 출신 미군 병사와 만났던 일화를 이렇게 회상했다. 말을 트게 된 그들은 시민들과 군인들로 붐비는 호텔 펍pub으로 자리를 옮겼다.

펍 안에 사람들은 너나없이 팔꿈치로 남을 밀치고 가서 자기 술잔을 채우고 있었다. 이 젊은 미국인도 남들을 밀치며 그렇게 했다. 그는 뭐랄까 처음에는 악의 없는 장난의 표적이 되었다. 그러나 촌뜨기 한두 명이 악의를 품기

■■■■■ 약 3년 동안 군 생활을 하고 중동에서 격전을 치른 톰 데릭 하사는, 대대의 다른 동료들과 마찬가지로 오랜 직업군인 티가 났다. 1943년 초 오스트레일리아에 돌아오자 그의 대대는 또 다른 종류의 전쟁, 즉 일본과의 전쟁을 위한 재훈련에 돌입했다. (Australian War Memorial)

시작했고, 결국에는 예닐곱 명 패거리가 후원하는 가운데, 그중 하나가 폭언을 퍼부었다. "야, 양키, 너 이빨 몇 개 부러지지 않고 여길 지나갈 생각이라면 오산이야!" 시비를 걸어온 사람은 정말 덩치가 대단했다. 다이버가 재빨리 상황을 파악했다. 그는 새로 사귄 친구 앞으로 나서며 말했다. "어, 그러려면 먼저 나를 통과해야 하는데?" 그는 폼 잡는 것과는 거리가 먼 그저 조용한 목소리로 말했고, 상대 패거리들을 노려보며 물러서지 않았다. …… 그들은 몇 마디 볼멘소리를 하더니 어깨를 으쓱 하곤 돌아서서 자기들끼리 술을 마시기 시작했다. …… 맥주잔을 다 비운 다이버는 큰 소리로 말했다. "이봐, 양키, 우리 딴 술집으로 옮기자." 대결은 이렇게 끝났고, 다이버는 열렬한 팬을 또 한 명 얻었다.

그러나 데릭은 이 사건에 대해 일기에 단지 "오늘은 한 일이 없다. ······ 머레이 파커와 나는 케언즈^{Cairns} 술집에 갔다가 거기서 어느 양키와 한패가 되어 즐거운 시간을 가졌다"고만 썼다.

1943년 8월, 대대는 뉴기니아의 밀른 만을 향해 닻을 올렸다. 도착 후, 데릭은 일기에 이렇게 썼다.

진흙탕 속에서 잠을 자야 했지만, 놀랍게도 별 불편을 느끼지 않고 편안하게 잘 잘 수 있었다. 이곳 원주민들은 매우 우호적으로 보였다. 캠프는 거대한 코코넛 농장 한복판에 있다. 한번 코코넛 나무에 올라가봤는데, 30피트 이상은 올라갈 수가 없었다. 하지만 다음에는 꼭대기까지 올라갈 수 있을 것이다. 이곳 코코넛 나무들은 보통 45피트쯤 된다.

9월, 대대는 라에 부근에 상륙했다. 그리고 11월에는 핀쉬하펜이 내려다보이는 새틀버그 고지를 공격했다. 연합군의 진격 여부는 비티아즈^{Vitiaz} 해협 양안에 적이 있느냐 없느냐에 달려 있었다. 새틀버그 고지는 해협의 본토 쪽 해안을 감제할 수 있는 요충지였다. 11월 17일, 대대는 여단의 공격 선두에 섰다. 그러나 공격은 지지부진하더니 11월 24일에 중단되었고, 대대는 많은 사상자가 발생했다. 그날 늦게 선봉 소대를 이끌고 있던 데릭에게 대대장이 퇴각을 명했다. 데릭은 중대장에게 항의했다.

"제기랄! 대대장 따위는 무시해버리십시오! 20분만 더 주면 우리가 여길 점령할 수 있다니까요!"

당시 데릭의 소대는 밀림에 뒤덮인 거의 직벽에 가까운 절벽에 난, 한 사람이 간신히 지나갈 수 있는 통로를 따라 공격을 하고 있었다. 이 절벽은 평시라고 해도 손과 발을 다 써야 간신히 오를 수 있을 정도로 험했다. 소대원들이 엄호하는 가운데 데릭은 혼자서 한 손으로는 몸을 지탱하고

다른 한 손으로는 수류탄을 던지거나 총을 쏘면서 그 절벽을 기어 올라갔고, 해질녘 고지 바로 밑의 작은 공터에 도달할 때까지 일본군의 기관총좌 10개소를 잠재웠다. 이 작은 공터에는 일본군 15명이 죽어 있었다. 데릭의 활약으로 데릭의 소대는 기어코 그 고지를 점령할 수 있었으며, 그날 밤에 나머지 일본군은 모두 퇴각했다. 이 날의 공로로 빅토리아 십자훈장을 받은 그는 이 날 거둔 성과는 동료들 덕분이었다고 소감을 밝혔다.

대대가 휴가 및 재교육을 위해 오스트레일리아로 돌아오자, 데릭은 장교 훈련 코스를 밟았다. 그는 정규교육을 받지 못했지만, 왕성한 학구열을 가지고 있었다. 1944년 11월, 중위가 된 데릭은 애서턴 테이블랜드에 있는 그의 대대로 복귀했다. 친구들은 아프리카와 뉴기니아에서 세 차례나 큰 전투에 참가하여 '제 몫'을 충분히 했는데 뭐하러 위험한 전장에 돌아왔냐며 핀잔을 줬지만, 데릭은 그저 "전우들이 여기 있는데, 나도 같이 있어야지"라고 말할 뿐이었다.

제48연대 2대대는 1945년 5월 1일 연합군의 보르네오 섬 타라칸 상륙작전에 투입되었다. 일본군은 연합군의 소탕작전에 맞서 격렬하게 저항했다. 5월 23일, 데릭의 소대는 프레다Freda라고 알려진 일본군 거점을 습격했다. 한 병사는 이 공격에 대해 다음과 같이 회고했다.

> 우리는 다이버의 신호에 따라 돌격했다. 수류탄이 우리 쪽으로 날아와 마구 터졌지만, 다이버는 여기 번쩍 저기 번쩍 돌아다니며 큰 소리로 우리를 격려하면서 전진하라고 밀어붙였다.

당시 그와 함께했던 병사들은 그의 활약이 빅토리아 십자훈장에 선장線章을 하나 추가할 만한 것이라고 생각했다. 그의 활약 덕분에 오스트레일리아군이 일단 고지를 장악하는 데는 성공했지만, 그날 밤에 일본군이 반격해올 것이 분명했다. 다음날 새벽 3시쯤, 일본군이 기관총으로 데릭이 자고 있는 곳에 총격을 가했다. 그는 일어나 앉아 총알이 날아오는 방향을 가늠했다. 그 순간 탄환 하나가 그의 아랫배를 가격했다. 데릭은 "나 맞았다. 아무래도 끝장인 것 같아. 창자가 터졌어"라고 말했다. 중상을 입었음에도 불구하고 다른 부상병을 먼저 후송하라고 고집하던 그는 다음날 숨을 거두었다.

전쟁터에서 보여준 탁월한 무훈을 제외한다면, 데릭은 전쟁 초기에 입대한 전형적인 오스트레일리아 청년이었다. 그는 중동에서 실전을 통해 독일인이나 이탈리아인을 상대로 어떻게 싸워야 하는지를 배웠고, 귀국한 후에는 일본인과 싸우는 법을 터득했다. 남보다 유리할 것이 하나도 없는 서민이었던 그는 동료들을 믿고 어떤 일이든 기꺼이 해냈다. 데릭은

■■■■■■ 1945년 5월 26일, 제48연대 2대대원들이 타라칸 섬에서 대대 군목이 집전한 데릭 중위의 장례식에 모였다. 죽기 직전 데릭은 신부에게 이렇게 말했다. "종부성사를 해주세요, 신부님. 이제 끝인 것 같네요." (Australian War Memorial)

웃음 띤 얼굴과 외향적인 리더십 이면에 풍부한 감수성과 사색적인 면모도 가지고 있었다. 그는 나비를 채집했으며, 시와 일기를 썼고, 정기적으로 자주 아내에게 편지를 보냈다. 만약 전쟁에서 살아남았다면, 데릭은 머레이 강변의 과수원으로 돌아가 행복하게 살았을 것이다.

데릭은 복음 선교회 신자였지만, 아주 신앙심이 깊은 사람은 아니었다. 1942년 2월 중동에서 그는 일기에 이렇게 썼다.

오늘은 교회를 바꿔서, 가톨릭 성당에 나갔다. 그렇다고 뭐 내가 더 나아진 것은 아닌 것 같다.

언제나 유머감각을 잃지 않았던 그는 타라칸에서 치명상을 입고 후송되는 도중에도 친구에게 "알아들을 수 없는 라틴어 주문을 듣고 싶으니 신부님을 불러달라"고 부탁했다. 마지막까지 낙천적이었던 그는 끝까지 자신의 의무에 충실했다. 남서태평양에서 오스트레일리아군이 맹위를 떨칠 수 있었던 것은 데릭 같은 남자들이 있었기 때문이었다.

어느 민간인의 초상
전시 일본인의 생활상을 경험한
그웬 해롤드 데라사키

일본 외교관과 결혼한 미국 여성인 그웬 해롤드 데라사키[Gwen Harold Terasaki]
는 전쟁이 최악의 길로 치닫던 시기에 일본에서 살며 평범한 일본 여성들
의 전시 생활을 목격했다. 두 문화권에 양다리를 걸치게 된 그녀는 일본
인들의 곤경을 동정했지만, 일본 정권의 군국주의와 잔혹성에는 늘 거부
감을 가졌다. 전쟁이 막바지로 치달으면서 일본 땅에 있던 거의 모든 사
람들이 그랬듯이, 그녀의 삶도 생존을 위한 투쟁으로 변했다.

테네시 주의 고향 마을을 떠나 1930년에 워싱턴에 간 그웬은 그곳에
서 남편을 처음 만났다. 일본 대사관에 근무하던 외교관 데라사키 히데나
리寺崎秀成는 미국에서 대학을 다닌 덕분에 영어를 유창하게 구사했다. 1931
년 11월에 결혼한 이들은 곧 일본으로 갔다. 당시 히데나리는 31세, 그웬
은 23세였다. 이 부부는 남편 히데나리의 다음 임지였던 상하이에서 딸

■■■■■ 1957년, 그웬 데라사키(왼쪽)는 일본에서의 전시 체험을 묘사한 저서 『태양으로 가는 다리(Bridge to the Sun)』를 출판했다. 이 책을 바탕으로 한 영화(캐롤 베이커와 제임스 시게타 출연)는 1961년에 그녀의 고향인 테네시 주 존슨 시티(Johnson City)에서 최초로 상영되었다. 그러나 일부 비평가들은 이 영화가 반미적이라고 비판하기도 했다. (Archives of Appalachia)

마리코를 얻었다. 그웬과 히데나리는 중국에서 일본군이 저지르는 행위에 우려를 품었지만, 히데나리(그웬은 남편을 테리라고 불렀다)로서는 이럴 수도, 저럴 수도 없는 입장이었다. 그는 반군국주의자였지만, 외교관으로서 국가에 충성하려고 노력했다. 테리는 그 후 아바나Havana와 베이징을 거쳐 1941년 3월에는 다시 워싱턴에 부임하게 되었다. 거기서 그는 미일 간에 전쟁이 일어나는 것을 막기 위한 외교적 노력에 참여했다.

전쟁이 발발하자, 데라사키를 비롯한 일본 외교관들과 그 가족들은 버지니아 주 핫스프링스Hot Springs에 있는 홈스테드Homestead 호텔에 억류되었다. 1942년 6월, 그들은 스웨덴 배를 타고 모잠비크Mozambique의 루랑소 마르크Lourenço Marque로 가서 거기서 일본 배로 갈아탄 후 8월 중순 경에 요코하마에 도착했다.

전시 일본에서 그녀의 복장이 사람들의 주의를 끌자, 그웬은 자신의 멋쟁이 옷들을 장롱에 처박고 전쟁 기간 내내 '바지나 스커트, 그리고 스웨터'만 입고 지냈다. 그 후, 휘발유를 구경한 것이 언제인지 기억도 안 나게 되자, 그녀는 '몸뻬'라고 부르는 옷을 입게 되었다. 그웬은 이 특이한 옷에 대해 "'일본식 판탈롱'으로, 보기에는 흉하지만 따뜻하고 실용적이었다"고 평했다.

그웬은 일본 생활 초반에 도쿄의 한 아파트에서 살면서 매일 어떻게든 가정을 꾸려나가기 위해 노력했다. 전시 통제를 어기고 그녀는 가스오븐을 써서 케이크를 구웠다. 그 후 가스가 차단되자, 그녀는 숯 풍로를 썼다. 그녀는 "'생선 몇 토막이나 당근 한 묶음'을 얻기 위해 몇 시간이고 줄을 서서 기다려야 했고, 방공호로 대피하는 훈련을 하느라 많은 시간을 보내야 했다"고 회고했다. 당시 임산부는 배급에서 우선권이 있었다. 그웬은 길게 줄을 서서 배급을 타던 어느 날 '측은하고도 우스운 사건'을 목격했다고 자신의 저서에서 밝히고 있다.

한 '임신한' 여인이 배급을 기다리는 줄 맨 앞에 섰다. 배급을 타 가지고 집으로 가는데 그녀의 오비(허리띠) 속에 감춰져 있던 쿠션이 밖으로 빠져나와 떨어졌다. 다른 여인들이 아우성을 치자, 그 여인은 눈물을 흘리며 자기는 아이들 7명을 먹여야 하며 90살 먹은 시어머니도 돌봐야 한다고 변명했다.

남들과 마찬가지로 그웬도 암시장에서 식량을 샀다. 한번은 어린 딸을 주려고 바나나를 샀는데, 그것을 끝으로 그웬은 1949년까지 바나나를 구경도 하지 못했다. 일본인들은 석탄가루를 작고 둥근 덩어리로 만든 조개탄을 썼다. 이는 조개탄이 숯보다 오래 탔기 때문이었다. 어느 날 한 남자가 그웬에게 방금 만들어 습기가 많으니 싸게 주겠다며 조개탄을 사라고 했다.

그 남자는 햇볕에 널어놓으면 곧 마를 테니 저장해두고 쓰라고 했다. 나는 내 자신을 대견하게 여기며 그것들을 몽땅 사버렸다. 그리고는 가정부와 함께 고생스럽게 그 조개탄들을 햇볕에 널었다. 그러나 웬걸, 마른 조개탄은 모두 부스러지고 말았다. 알고 보니 검게 염색한 흙덩이였던 것이다.

1944년, 데라사키 일가는 기차로 도쿄에서 3시간쯤 떨어진 곳에 있는 사가미相模 만 부근의 오다와라小田原로 이사했다. 전황은 점점 악화되고 있었지만, 라디오는 언제나 승전 소식만 전했다. 그웬은 이에 대해 "너무나 명백한 모순인지라 순진한 청취자조차도 의심할 수밖에 없었다. 생각이 있는 사람이라면 누구나 이 국가가 점점 더 절망적인 상태로 가고 있으며 막다른 골목에 몰리고 있다는 것을 알고 있었다"고 썼다. 10세~12세 남자 아이들은 기차에서 짐을 내리는 일에 동원되었으며, 그보다 어린 아이들 까지도 "옷 만드는 일부터 비행기 부품에 나사를 박는 일에 이르기까지 온갖 공장 일에 동원되었다. 학교가 나서서 어린이들을 동원하고 교사들이 이들을 공장으로 인솔해갔다."

연합군이 오다와라 지역에 상륙할지도 모른다는 염려 때문에 데라사키 가족은 1944년 말에 해안을 따라 좀더 먼 곳으로 이사했다. 거기서 엄동설한을 맞은 그들은 땔감으로 쓰기 위해 솔방울과 소나무 가지를 찾아 헤매야 했다. 1월에 소량의 말고기 배급이 나왔다. 마침 테리가 쇠약해져 있던 터에(그는 심장이 나빴다) 이는 여간 다행스런 일이 아니었다. 그래도 연합군의 상륙이 두려웠던 데라사키는 아예 내륙으로 이주하고 싶어했지 만, 그 해 3월 도쿄 공습으로 발생한 수만 명의 이재민들이 머물 곳을 찾고 있던 상황에서 집을 구하기란 쉬운 일이 아니었다. 마침내 한 친구의 호의로 이들은 해안에서 75마일(120킬로미터) 들어간 수와諏訪 시 부근의 산간 지방에 자리 잡은 조그만 여름 별장에서 지내게 되었다.

집은 구했으나 먹을거리 문제가 심각했다. 순무, 무, 콩 등을 심어봤지만, 수확은 형편없었었다. 쌀 배급은 어떤 때는 열흘씩이나 지연되곤 했다. 그런 때면 그들은 허기진 배를 채우기 위해 먹을 걸 찾아 헤맸다. 세 식구 모두 허약해졌고, 결국에는 마리코가 댕기열로 앓아누웠다.

그래도 당국은 더 많은 노동을 요구했다. 송진이 비행기 연료를 만드는 원료로 쓰이자, 시골 가정들은 일정량의 송진을 짜내어 당국에 갖다바쳐야 했다. 테리와 그의 딸은 같은 마을 어느 집보다도 적은 양의 송진을 내서 꼴찌를 했다. 그웬은 남편에 대해 다음과 같이 썼다.

테리는 가미카제 특공대 발상 자체에 반대했다. 만일 그런 방법을 계속 써야 한다면 그런 전쟁은 포기해야 한다고 테리는 말했다. 소나무에서 송진을 짜내는 일도 그를 우울하게 만들었다. 그는 입버릇처럼 말했다, "언제까지, 언제까지 이래야 하지?"

모두가 영양실조로 고통받았다. 그웬은 밥을 짓고 집 안을 청소하고 자기 몸을 씻을 힘조차 없어진 자신을 발견하곤 했다. 그녀는 이렇게 썼다.

손톱이 거의 다 없어졌다. 내가 만지는 물건에 핏자국을 내지 않기 위해 나는 손가락마다 붕대를 감아야 했다.

어느 날, 그녀는 디킨즈Dickens의 프랑스 혁명에 관한 소설 『두 도시 이야기A Tale of Two Cities』를 선물로 받았다. 비참한 상황에 처해 있던 그웬은 책의 내용을 절실하게 이해할 수 있었다.

혼돈 속에서 초근목피로 간신히 연명하기를 강요당하고 있는 사람들이 느끼는 공포…… 신문은 오로지 승리만을 이야기한다. 신문 헤드라인은 온통 "일본은 이제 최후의 일격을 가하기 위해 허리띠를 졸라매야 한다"는 말로 장식되어 있다. 하지만 일본이 막다른 골목에 이르렀음을 모르는 일본인은 거의 없다. 이 점에 관해 우리는 아무와도 이야기하지 않는다. 헌병대의 끄나풀이 어디나 깔려 있었고, 실제로 매일같이 사람들이 잡혀가 심문을 당하곤 했다. 그중에 어떤 이들은 투옥되기까지 했다.

테리가 다시 병이 났지만, 그웬 또한 심한 영양실조로 현기증이 심해 의사를 부르러 갈 기운조차 없었다. 그런데 '히로시마로부터 이상한 폭격' 소식이 들려왔다. 그웬은 '일본은 전국이 파괴되고 일본인 모두가 멸종될 때까지 싸울 것'이라고 생각했다. 그러나 테리는 "일본 정치가들 가운데는 진정한 애국심과 국민의 복리를 진심으로 생각하는 현실주의자들이 있다"고 주장하면서, 그웬의 생각에 동의하지 않았다. 그들은 소련이 선전포고를 했다는 소식과 천황이 다음날 방송을 한다는 소식을 들었다. 마을 회관에 모이라는 명령이 있었지만, 그웬은 외국인인지라, 테리와 마리코를 따라가지 않고 집에 있었다. 회관에서 돌아온 남편은 모두가 울었지만 천황이 방송을 마치자 "노인들과 여자들 그리고 그들의 자녀들이 아무 말 없이 일어서더니 서로 절을 한 다음, 아무 소리도 내지 않고 각자 자기 집을 향해 발걸음을 옮겼다"고 설명해주었다. 그웬은 그때 당시를 이렇게 썼다.

기쁜 마음에 나는 귀고리를 했다. 마리코는 흰 드레스를 입었고, 테리는 빨간 타이를 맸다. 전쟁이 끝난 것이다. 흰 옷은 전쟁 중에는 금지였다. 공중에서 눈에 잘 띈다는 이유에서다. 마리코가 흰 옷을 입으니 1941년 등화관제 이래 불을 끄고 항해해온 배가 불을 켠 것처럼 느껴졌다.

그러나 모두가 미국군이 들이닥칠 일을 걱정했다. 한 사람이 테리에게 모든 일본인들이 미군에게 절을 해야 하느냐고 물었다. 테리는 "그래야 한다면 나는 어느 일본인보다도 먼저 맨 땅에 이마를 조아릴 거요. 나는 상하이와 베이징에서 일본군들이 중국인들에게 고두叩頭*를 강요하는 걸 봤어요. 미군에게 머리를 숙여야 한다면, 차라리 내 발로 품위 있게 할 겁니다"라고 대답했다.

미군 점령 기간 동안 테리는 천황의 보좌관으로 일했다. 1949년, 마리코의 교육 문제와 테리의 적극적인 권유로 그웬과 마리코는 미국으로 건너가 그웬의 고향 마을에서 살았다. 그웬이 일본에 귀국하려 했을 때 마침 한국 전쟁이 터졌다. 테리는 오지 말고 기다려보라고 권했다. 그러나 그 후에 온 소식은 테리의 부음이었다.

마리코는 대학을 졸업하고 미국인 변호사와 결혼하여 네 자녀를 두었다. 정치에 적극적으로 뛰어든 마리코는 1976년 민주당 전국위원회 집행위원에 선출된 이후로 군비경쟁, 전쟁과 평화, 인종 및 성 평등, 정치 개혁 등 각 분야의 문제에 헌신하고 있다. 그웬은 남편의 특수한 지위 덕분에 다른 일본인들처럼 처참한 경험을 하지는 않았다. 그러나 그웬이 서구인의 눈으로 묘사한 전시 일본인들의 생활상은 일본인들이 얼마나 무거운 전쟁의 짐을 지고 살았는지 생생하게 전해주고 있다.

---

* **고두** 머리를 땅바닥에 박으면서 상대에게 경의를 표하는 인사방식.

전쟁의 종결
일본의 항복

태평양 전쟁은 어느 한쪽이 단 한 번의 대미를 장식하는 궤멸적인 패배를 당하면서 끝난 것이 아니었다. 연합군의 승리는 수많은 일본 군인과 국민들이 천황을 위해 죽을 각오를 하고 있었음에도 불구하고 가차 없이 압박을 가하여 일본의 전쟁 수행 능력을 고사시킴으로써 얻은 결과물이었다. 그런 의미에서 히로시마와 나가사키에 투하된 원자폭탄이나 소련의 대일 선전포고는 일본 정부에게 항복할 계기를 마련해준 사건에 불과했다.

1945년, 일본은 사면초가에 놓인 상태였다. 미국과 영국의 함재기들은 일본 본토를 공습했고, 미국 잠수함들은 동해까지 지배하고 있었다. 일본 해군 함정은 대부분 침몰했고, 해외의 일본 해군은 고립되거나 항복한 상태였다. 그런 상황에서도 본토의 일본 육군은 예상되는 미군의 상륙을 막기 위한 신규 사단 편성에 들어가 단기간에 60개 사단 200만 대군을 편성했다. 이외에도 가미카제 특공기 3,000대와 일반 전투기 5,000대, 자살 특공 보트 3,300척, 그리고 잠재 인원 2,800만 명에 달하는 의용군이 대기 상태였다. 그러나 일본은 장비, 연료, 식량, 기타 전쟁을 계속하는 데 필요한 자원이 거의 고갈된 상태였다.

맥아더가 지휘하는 미군은 13개 사단 병력을 투입하여 11월 1일에 규슈에 상륙했고, 이어서 1946년 3월에는 25개 사단 병력으로 도쿄가 있는 혼슈本州에 상륙할 계획이었다. 통신감청부대의 정보 보고를 통해 규슈 주둔 일본군의 전력을 알게 된 미군 지휘관들은 작전 실행 시 발생할 엄청난 사상자 수에 대해 큰 우려를 품고 있었다.

한편, 독일 포츠담Potsdam에서 열린 연합군 수뇌 회담에서 4월 12일에 서거한 루스벨트를 승계하여 미국 대통령이 된 해리 트루먼Harry Truman은 조세프 스탈린에게 미국은 원자탄을 가지고 있으며 이것을 일본에 투하하겠노라고 밝혔다. 소련도 유럽 전쟁이 끝나고 3개월 후에는 태평양 전쟁에 참전하겠다고 약속했다. 그러나 일본의 항복 가능성이 커지면서 미국은 소련의 참전에 대해 예전만큼 적극적인 모습을 보이지는 않았다. 1945년 7월 26일, 연합국은 일본이 무조건 항복을 하지 않으면 일본 본토를 철저히 파괴하겠다는 내용의 포츠담 선언Potsdam Declaration을 발표했다. 그러나 7월 28일, 일본은 연합국의 요구를 일축했다.

8월 6일, 티니안 섬의 미군 기지에서 출격한 에놀라 게이Enola Gay라는 애칭을 가진 B-29 폭격기 1대가 '리틀 보이Little Boy'라는 이름이 붙은 원자폭탄을 히로시마에 투하했다. 미국은 또다시 항복을 요구하면서 일본이 항복하지 않을 경우 원자폭탄을 또 투하하겠다고 으름장을 놓았다. 일본은 소련이 미국과의 협상을 주선해주기를 바랐지만, 그러한 일본의 소망에 대해 소련은 8월 8일에 대일 선전포고로 응답했다. 소련은 바로 다음

날 아침에 또 하나의 원자폭탄이 나가사키에 떨어져 3만5,000명이 사망했다는 뉴스가 전해지기 직전에 만주 침공을 개시했다.

두 차례에 걸친 원자폭탄 투하와 소련의 침공으로 마침내 모든 문제를 결정지었다. 8월 9일 밤, 어전회의에 참석한 각료 6명 중 3명은 항복에 동의했지만, 나머지 3명은 계속 항전하기를 원했다. 여기서 천황이 항복 쪽에 힘을 실어주면서 마침내 항복한다는 결정이 내려졌다. 다음날 아침, 일본 정부는 연합국이 천황의 특권을 손상시키지 않는다면, 연합국의 조건을 받아들이겠다고 발표했다. 이에 대해 미국은 천황이 연합군 총사령관의 권위에 복종해야 한다는 반응을 보였다. 8월 14일 늦게 일본은 연합국에게 그 조건을 수락한다고 통지했다. 그날 밤, 몇몇 육군 장교들이 항복 반대 쿠데타를 시도했다. 만일, 국방장관 아나미 고레치카阿南惟幾가 이 시도를 지지했더라면 쿠데타는 성공했을지도 모른다. 그러나 그를 비롯한 다른 군 지도자들은 자살을 택했다.

8월 15일 정오, 천황은 적대행위를 중지하라는 칙어를 방송으로 발표했다*. 천황은 항복이란 표현을 쓰지 않는 대신, 세계 대세와 전국戰局이 '일본에게 유리하지만은 않게 전개되었으며', 적이 '극도로 잔인한 새로운 폭탄'을 사용하기 때문에, '참을 수 없는 어려움을 참고 견딜 수 없는 고통을 견디며 다가올 모든 세대를 위해 원대한 평화의 길을 닦기로' 결심했다고 말했다. 극소수의 예외를 제외하고는 그때까지도 연합군에게 넘어가지 않고 남아 있던 제국 전 지역의 일본군은 적대행위를 중지하라는 이 칙령에 충실히 복종했다.

그러나 만주에서는 잠시나마 전쟁이 계속되었다. 1945년 4월~8월에 스탈린은 30개 사단 75만 병력을 유럽에서 극동지역으로 이동시켰으며, 150만(80개 사단) 대군과 기갑차량 5,500대, 그리고 비행기 약 5,000대를 보유한 극동사령부를 창설하고 그 사령관으로 알렉산드르 바실리예프스키Alexandr Vasilevsky 원수를 임명했다. 만주의 일본 관동군은 총 24개 사단으로 구성되어 있었지만, 이 가운데 8개 사단은 겨우 지난 10일 사이에 동원된 병력이었다. 일본군도 숫자상으로는 100만 명에 이르는 병력을 가지고 있었지만, 그래도 소련군보다는 수적으로 열세인 데다가 장비도 열악하고 훈련 정도나 사기는 이루 말로 할 수 없을 정도로 형편없었다.

강력한 독일군과의 전투를 통해 노련한 기계화 작전 전문가가 된 소련 지휘관들은 신속한 기동전을 펼치면서 순식간에 만주를 석권했다. 8월 18

---

* 소위 대동아 전쟁 종결의 조서大東亞戰爭終結ノ詔書를 말함.

일에는 하얼빈哈爾濱이, 8월 22일에는 뤼순이 소련군의 손에 떨어졌다. 일부 일본군 부대는 적대행위를 중지하라는 칙령을 듣지 못한 경우도 있었으나, 소련군은 일본군이 항복을 하든 저항을 하든 상관없이 더 많은 지역을 확보하기 위해 혈안이 되어 있었다. 더 나아가 소련은 8월 말에는 일본 본토의 북부인 홋카이도北海島에 상륙할 계획까지 세우고 있었다. 스탈린은 홋카이도에서 일본의 항복을 받겠다는 자신의 제안을 트루먼이 강력하게 반대하자, 그제야 겨우 계획을 취소했다. 만약 원자폭탄 투하로 인해 일본이 항복할 결심을 하지 않았다면, 소련은 홋카이도 상륙작전을 실행에 옮겼을 것이고, 그렇게 됐다면 일본 역시 독일과 한국처럼 소련과 기타 연합국에 의해 분할 점령되었을 것이다.

종전 후 약 60만 명의 일본인과 한국인이 포로로 잡혀 시베리아로 끌려가 강제노동에 시달렸으며, 이 중 22만4,000명만이 살아남아 1949년에 일본과 한국으로 귀국했다. 소련은 일본군 전사자 수가 8만3,737명에 달한다고 주장했으나, 일본의 비공식적인 한 통계는 2만1,000명이 전사했다고 밝히고 있다. 소련군은 8,000명이 전사하고, 2만2,000명이 부상을 입는 데 그쳤다.

제1차 세계대전 때, 독일은 자국 영토가 침공당하지 않은 상태에서 항복했고, 이로 인해 훗날 독일은 사실은 패전한 게 아니라는 주장이 나오게 되었다. 그 대표적인 인물이 바로 히틀러였다. 일본 역시 본토를 침공당하지는 않았다. 그러나 당시 일본이 패배했다는 것에는 의심의 여지가 없다. 미국이 대규모 화력 지원을 받아가며 일본 본토를 침공할 준비가 되어 있었다는 사실은 일본을 항복으로 이끌어낸 중요한 요소였다.

태평양 전쟁 초반부터 미국의 산업력이 전쟁의 승패를 결정지을 거라는 사실은 누가 봐도 분명했다. 1945년 7월, 미군이 태평양 전선에만 항공기 2만1,908대를 보유하고 있었던 반면, 일본군의 항공기 수는 겨우

■■■■■ 1904년~1905년 러일 전쟁으로 빼앗겼다가 1945년 8월에 만주 진격을 통해 탈환한 뤼순 주변의 한 고지에서 소련군 병사들이 해군기를 게양하고 있다. 당시 소련은 40년 전에 빼앗겼던 영토의 회복을 비롯해 일본에게 '받아내야 할 빚'이 몇 가지 있었다. (AKG Berlin)

4,100대에 불과했다. 종전 후 해군 참모장 나가노 오사미永野修身 제독은 연합국 심문관에게 이렇게 말했다.

"귀국의 승전 요인을 한 가지만 말해보라면, 그것은 바로 공군력입니다."

그러나 미국이 그 산업력을 충분히 전개하고 활용할 수 있었던 것은 전쟁 마지막 해에 들어와서였다. 오키나와 주둔 일본군 사령관이었던 우시지마 미츠루牛島満 대장은 이에 대해 "우리는 가용한 모든 전략과 전술, 그리고 기술을 활용해 용맹스럽게 싸웠다. 그러나 미국의 막대한 물량 앞에 그것은 아무것도 아니었다"고 술회했다. 한때 일본 수상이었고 또 종전 무렵에는 천황의 주요 고문이었던 고노에 공작은 "강화 결정을 내리

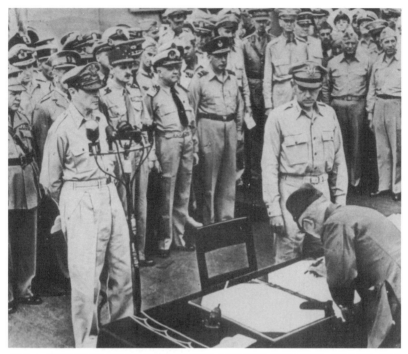

■■■■■■ 1945년 9월 2일, 도쿄 만에 정박한 전함 미주리 호에서 맥아더 대장이 지켜보는 가운데 일본 대표가 항복문서에 서명하고 있다. 맥아더 뒤에 서 있는 이들이 서명에 참가한 연합국 대표단으로서, 미국 대표로는 니미츠 제독이 서명했다. (AKG Berlin)

게 된 가장 근본적인 요인은 B-29의 지속적인 폭격이었다"고 밝혔다.

일본이 1945년 연말 이후까지 전쟁을 계속할 경제적 여력이 없다는 것을 뻔히 알면서도 미국이 굳이 원자폭탄을 떨어뜨릴 필요가 있었느냐를 놓고 많은 논쟁이 계속되어왔다. 또 계획대로 11월에 일본 본토 침공을 했을 경우 발생했을 미군 희생자 수에 대해서도 다양한 주장이 나왔다. 그러나 전쟁이 계속되었다면, 무수한 일본 민간인들이 미국의 재래식 공중 및 지상 공격에 희생당하고 고통받았을 것이다. 또 원자폭탄 투하로 큰 충격을 받은 후에도 일본 내각이 항복 여부를 두고 의견이 엇갈렸다는 사실은 원자폭탄조차 일본의 전쟁 의지를 완전히 꺾을 수는 없었음을 잘 보여주고 있다. 하지만 결국 일본의 항복을 이끌어냈다는 면에서 원자폭탄 투하는 수백만 명의 아시아와 태평양 지역 주민들에게 고마운 일이었다.

제2차
세계대전

탐욕의 끝, 사상 최악의 전쟁

5부
동부전선 1941~1945

동부전선 1941~1945

독일군 병사들은 독소전 초반에 우크라이나와 발트
해 연안 국가에서 대대적인 환영을 받고 또 엄청난
수의 소련군 포로를 잡으면서 미래에 대해 낙관적인
전망을 가지게 되었지만, 이후 몇 주 동안이나 가도
가도 끝없는 러시아의 평원과 아무리 많이 죽여도
다음날이면 더 많이 몰려오는 소련군을 경험하면서
그러한 낙관론은 서서히 힘을 잃기 시작했다.

전쟁의 배경
독재자들의 뒷거래와 배신

히틀러는 1935년에 베르사유 조약 무효를 선언하고 징병제를 재도입하는 한편, 1936년에 비무장지대인 라인란트에 군대를 진주시켰다. 히틀러가 1924년에 저술한 자신의 책 『나의 투쟁』에서 동방에 게르만족을 위한 생활권을 확보해야 한다고 주장하자, 스탈린은 독일의 재무장에 위협을 느끼고 독일을 억제하기 위한 '집단안보체제'를 구축해야 한다고 프랑스와 영국에 제안했다. 그러나 영국과 프랑스가 히틀러라는 독재자를 억제하기 위해서 스탈린이라는 그에 뒤지지 않는 사악한 독재자와 손을 잡아야 한다는 것을 내켜하지 않았기 때문에, 결국 스탈린의 제안은 유야무야되고 말았다. 그 사이에도 히틀러는 거침없이 세력 확장을 진행하여 1938년 4월에 오스트리아를 독일에 합병하고, 같은 해 8월에는 체코슬로바키아에 주데텐란트 할양을 요구하면서 이를 거부할 시에는 전쟁을 선포하겠다고 위협했다. 스탈린은 동원령을 하달하고 독일이 보유한 52개 사단의 거의 2배에 달하는 90개 사단에 대기 명령을 내렸지만, 영국과 프랑스는 체코슬로바키아의 팔을 비틀어 독일에 영토를 떼어주도록 만드는 쪽을 선택했다.

주데텐란트 할양을 비준하기 위해 소집된 뮌헨 회담에 소련이 초대되지 않자, 스탈린은 영국과 프랑스를 버리고 히틀러와 손을 잡을 방안을 모색하기 시작했다. 일련의 비밀협상이 진행된 끝에 1939년 8월 25일, 독일 외무장관 리벤트로프와 소련 외무장관 몰로토프 사이에 조약이 체결되었다. 이 조약으로 독일은 9월 1일에 마음 놓고 폴란드를 침공할 수 있었다. 몰로토프-리벤트로프 조약에는 또한 폴란드가 1920년에 소련으로부터 빼앗은 '쿠르존 선Curzon Line(베르사유 조약에 폴란드 영토의 동쪽 한계선

■■■■■■ 독일 외무장관 리벤트로프가 몰로토프-리벤트로프 조약에 서명하고 있는 모습. 그 뒤로 몰로토프와 만족스러운 미소를 짓고 있는 스탈린의 모습이 보인다. (AKG Berlin)

으로 규정된 선)' 이동以東 지역을 소련이 합병한다는 비밀 조항도 포함되어 있었다. 1939년 9월 17일에 소련 육군은 이에 근거하여 폴란드에 대한 공격을 시작했다. 또 소련은 여타 비밀 조항들을 통해 핀란드, 에스토니아, 라트비아, 리투아니아를 자국의 영역으로 확보하는 데 성공했다. 소련군에게 기지를 제공하라는 강요를 받아들일 수밖에 없었던 발트 3국은 결국 1940년에 완전히 소련에 합병되고 말았다.

스탈린은 핀란드까지 합병할 생각은 없었지만, 1939년 11월에 소련은 소련-핀란드 국경선이 레닌그라드와 너무 가깝다는 이유로 핀란드에 카렐리아 지협을 할양할 것과 핀란드 만 입구에 자리 잡은 투르쿠Turku 요새를 넘겨줄 것을 요구하면서 그 대가로 할양받는 영토의 2배 넓이에 해당하는 라도가Ladoga 호수 북쪽 땅을 주겠다고 제안했다. 그러나 핀란드인들이 일언지하에 소련의 요구를 거절하자, 스탈린은 당장 핀란드 침공을 개시하는 한편, 모스크바에 세워진 꼭두각시 정권인 핀란드 '인민정부'를 승인했다. 무지막지한 수적 우세를 앞세운 소련군은 1940년 3월에 결국 승리를 거둘 수 있었지만, 핀란드인들의 치열한 저항으로 인해 엄청난 손해를 입어야 했다. 핀란드와의 '겨울 전쟁'에서 소련군이 지리멸렬한 모습을 보이자, 히틀러는 스탈린의 대숙청으로 지휘부가 전멸당한 소련군이 '뇌사' 상태에 빠졌다는 확신을 가지게 되었으며, 프랑스·영국·미국 군부도 이와 비슷한 생각을 하게 되었다. 겨울 전쟁이 벌어지는 동안 영국과 프랑스는 핀란드에 원정군을 파견할 계획을 세우기도 했다. 이는 표면적으로는 핀란드인들을 도와주기 위해서였지만, 보다 실질적인 목적은 독일의 주요 철광석 공급원을 차단하기 위해서였다. 하지만 1940년 3월, 소련과의 정전협정이 체결되면서 핀란드는 소련뿐만 아니라 독일과도 전쟁을 벌이는 상황을 피할 수 있게 되었다.

독일군이 순식간에 덴마크, 노르웨이, 룩셈부르크, 벨기에, 네덜란드를 휩쓸고 프랑스를 3개월도 안 되어서(1940년 4월~6월) 거꾸러뜨리자, 제 1차 세계대전 때처럼 서부전선에서 장기전을 벌이게 되면 독일이 소련을 칠 엄두를 내지 못할 것이라는 생각에 히틀러와 손을 잡았던 스탈린의 예상은 완전히 빗나가고 말았다. 1940년 7월 말이 되자, 히틀러는 1941년에 소련을 침공할 계획을 입안하라고 명령했다. 하지만 독일이 아무리 용의주도하게 준비를 해도 침공 기도를 완전히 숨길 수는 없었다. 사실, 소련 침공을 위해서는 동프로이센과 독일 점령 하의 폴란드에 대규모 기지와 보급소를 건설하는 동시에 루마니아와 핀란드를 독일 편으로 끌어들여야만 하는 상황에서 모든 사항을 비밀로 유지한다는 것은 불가능한 일이었다. 소련의 정보부 또한 놀고 있던 것만은 아니어서 모스크바 역시 독일의 심상찮은 움직임을 포착하고 있었다. 또 당시 소련으로서는 매우 유용한 정보를 얻을 수 있는 정보원情報源도 둘이나 있었다. 하나는 '붉은 오케스트라Rote Kapelle'라고 불리던 베를린의 반나치 그룹이었고, 또 하나는 도쿄 주재 일본 대사와 친분을 가진 리하르트 조르게Richard Sorge라는 소련 스파이였다. 하지만 그런 고급 정보원들 말고도 국경지대에서 암약하는 첩자들이나 국경 경비대원들도 독일군의 대규모 병력 이동을 보고해왔으며, 처칠도 독일의 소련 침공 기도를 거듭 경고했다. 그러나 이런 상황에도 불구하고 몇 가지 요소가 결합되면서 독일은 1941년 6월 22일에 완벽한 전술적 기습을 달성할 수 있었다.

그중에서도 가장 큰 영향을 미친 것은 독일의 역정보逆情報 공작이었다. 독일 정보부는 일련의 기만공작을 통해 스탈린으로 하여금 독일군이 대규모로 동유럽으로 이동한 것은 영국 침공을 앞두고 영국을 기만하기 위한 작전의 일환이라고 믿게 만드는 데 성공했으며, 이를 보완하기 위해 스탈린에게 향후 영국 식민지 분할 계획에 소련도 한몫 낄 것을 제안하기까지 했다. 이러한 제안은 1940년 11월에 몰로토프가 베를린을 방문하는

■■■■■ 조세프 스탈린(1879년~1953년). 소련 공산당 서기장(1924년~1953년), 소련 수상 및 소련군 최고사령관(1941년~1953년), 대원수(1945년). (AKG Berlin)

과정에서 이뤄졌다. 스탈린은 이 제안에 상당한 관심을 보여서 이후 몰로토프에게 독일이 보다 구체적인 후속 제안을 해왔느냐고 두 번이나 물어볼 정도였다. 하지만 기만작전으로 이뤄진 제안이었으니 당연히 구체적인 후속 조치가 있을 리 없었다.

1941년 5월 15일이 되자, 상황이 점점 심상치 않게 돌아가는 것에 위기감을 느낀 국방상 티모셴코Timoshenko 원수와 참모총장 주코프Zhukov 대장은 스탈린에게 선제공격을 허가해줄 것을 요구했으나, 스탈린은 "그런 소릴 하다니, 정신이 나갔나?"라는 반응을 보이면서 오히려 독일군을 자극하는 일이 벌어진다면 "누군가의 모가지가 날아갈 것"이라고 경고했다.

일부 러시아 전문가들은 스탈린의 이러한 조심스러운 태도가 독소전 초반에 소련군이 겪은 재앙에 가까운 패배의 원인이라고 비판하고 있지만, 사실 당시 상황을 생각해보면 그런 태도가 아주 터무니없는 것만은 아니었다. 티모셴코와 주코프가 스탈린에게 오기 불과 5일 전에 히틀러의 오른팔 격이던 루돌프 헤스Rudolf Hess가 영국으로 몰래 날아가는 사건이 일어났다. 스탈린으로서는 헤스의 영국행을 독일이 영국과 평화조약을 체결하거나, 더 나아가 맹렬한 반공주의자인 처칠에게 독일의 반공反共 성전聖戰에 동참할 것을 요구하기 위한 것이라고 해석할 수밖에 없었다. 이런 상황에서 유리한 고지를 차지하기 위해서는 무슨 일이 있어도 소련을 '희생자'로 포장할 필요가 있었다. 따라서 주코프와 티모셴코의 선제공격은 도저히 받아들일 수 없는 제안이었다. 스탈린 역시 독일군이 분명히 침공해올 것이라는 사실을 인식하고 있었지만, 외교활동 및 독일과 맺은 경제협약의 철저한 준수(구데리안은 그 후 6월 22일에 독일군이 소련 국경을 넘는 순간까지도 원자재를 실은 소련 열차들이 독일로 들어오고 있었다고 회고했다)를 통해 독일의 공격을 지연시킬 수 있으리라고 생각했다.

따라서 선제공격을 거부한 스탈린의 결정은 어느 정도는 정당화될 수도 있었다. 그러나 독일을 '자극'하지 않기 위해 그가 기울인 노력은 어떻게 봐도 도를 지나친 것이었다.

키예프Kiev 군관구Military District 사령관 키르포노스Kirponos 상급대장이 독일군의 움직임에 대응하기 위해 휘하 병력을 전방 방어 진지에 배치하자, 스탈린은 당장 키르포노스를 견책하고 그의 명령을 취소시켰다. 또 소련 방공군은 침공 수 주 전부터 뻔질나게 국경선을 넘어와 정찰 활동을 벌이던 독일군 정찰기를 공격하지 말라는 엄격한 지시를 받았다. 한번은 소련 공군기들이 독일 정찰기를 강제 착륙시켰지만 곧바로 독일에 반환되었고, 과거 소련-폴란드 국경지대의 요새 시설물들도 대부분 철거되었다. 사실, 이것은 새로운 독일과의 국경지대에 병력을 전진배치시키기 위한 것이었지만, 침공 당일까지도 독소 국경지대에는 제대로 완성된 방어시설이라고는 거의 찾아볼 수가 없었다. 물론, 1940년에 독일의 전격전으로 벨기에의 요새들과 프랑스의 마지노 선이 순식간에 무력화된 것을 고려해보면, 요새 시설물이 얼마나 큰 효과가 있었을지는 미지수지만, 그래도 이런 시설들이 존재했더라면 최소한 독일군의 공격 방향을 제한하는 효과는 거둘 수 있었을 것이다. 그리고 항공기의 분산배치를 허가해달라는 공군 지휘관들의 요청 역시 거부당했다.

소련의 전쟁 준비 역시 엉망이었다. 1936년에 150만 명이었던 병력 규모는 1941년경에는 475만 명으로 3배 이상 증가했지만, 장교 양성 학교 졸업생 수는 겨우 2배 증가하는 데 그쳤다. 대부분의 훈련은 "적의 영토에서 적을 패배시킨다"는 허황한 구호에 기반한 공격 훈련에 집중되었고, 방어 훈련은 거의 이뤄지지 않았다. 뿐만 아니라 스페인 내전에서 얻은 귀중한 교훈을 잘못 해석하는 바람에 기껏 1930년대 초반에 창설된 대규모 전차 및 기계화 보병부대를 모두 해산하는 조치까지 시행되었으며, 기계화부대의 전차들은 보병을 지원하기 위한 무기로서 보병부대에 분산

소련 침공 계획 시안(a)

500 miles
500 km
N
핀란드
스웨덴
레닌그라드
에스토니아
라트비아
드비나 강
발트 해
리투아니아
스몰렌스크
모스크바
동프로이센
소련
북부집단군
민스크
베를린
비스툴라 강 루블린
프리퍄티 강
프리퍄티 습지
키예프
독일
폴란드
돈 강
남부집단군
리비프
드네프르 강
카프카스로 진격
드네스트르 강
다뉴브 강
헝가리
오데사
아조프 해
루마니아

소련 침공 계획 시안(b)

500 miles
500 km
핀란드
N
레닌그라드
스웨덴
에스토니아
아르한겔스크로 진격
라트비아
우랄 산맥으로 진격
발트 해
드비나 강
리투아니아
스몰렌스크
모스크바
북부집단군
소련
동프로이센
중부집단군
민스크
베를린
비스툴라 강
폴란드
프리퍄티 강
프리퍄티 습지
루블린
독일
키예프
돈 강
남부집단군
리비프
드네프르 강
카프카스로 진격
드네스트르 강
다뉴브 강
헝가리
오데사
아조프 해
루마니아

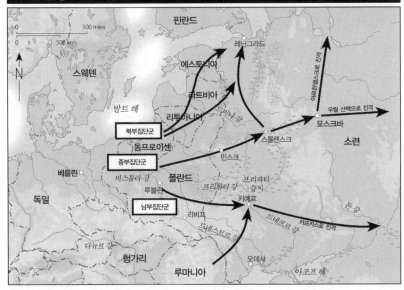

소련 침공 계획 시안(c)

소련 침공 계획 시안

(a) 1940년 8월 초, 마르크스(Marcks) 대장이 이끄는 독일 육군 최고사령부 작전팀이 내놓은 계획. 주공을 모스크바와 키예프에 두고 있다.

(b) 1940년 12월 5일, 독일 육군 최고사령부 참모총장 할더 상급대장이 채택한 계획. (a)안에 레닌그라드 방면으로도 강력한 공격을 가한다는 계획을 추가했다.

(c) 1940년 12월 18일, 히틀러가 작전명령 제21호를 통해 제시한 계획으로서 발트 3국에 주둔하고 있는 소련군을 격파하고 레닌그라드를 점령하는 것에 우선순위를 두고 있다. 모스크바는 그러한 목표를 달성한 다음에 점령해야 하는 2차 목표였다.

배치되었다. 그러나 1939년~1940년에 소련의 기계화부대와 비슷한 개념으로 편성되었던 독일 기갑사단들이 전격전을 통해 엄청난 전과를 거두자, 티모셴코는 서둘러 기계화부대를 다시 편성하려고 시도했다. 하지만 1941년 중반이 되도록 제대로 편성된 기갑부대는 거의 없는 실정이었다.

소련군이 이렇게 엉망이 된 것은 대부분 티모셴코의 전임자였던 보로실로프 전 국방상의 무능함 때문이었다(물론 그런 무능한 인물을 1940년까지 국방상에 앉혀둔 스탈린도 어느 정도 책임은 피할 수 없다). 하지만 스탈린 역시 두 가지 면에서 소련군 약화의 직접적인 원인을 제공했다. 그중 하나는 1937년~1938년에 실시된 군 지휘부에 대한 숙청이었다. 숙청의 희생자들은 대부분 젊은 소장파 장교들이었고, 스탈린과 함께 적백 내전을 치른 동료였던 보로실로프, 부데니Budenny, 쿨리크Kulik 등은 숙청 와중에서도 살아남을 수 있었다. 하지만 독소전에서 이들 원로 장군들은 현대전에 적응하지 못하는 무능한 모습을 보여준 반면, 엄혹한 숙청의 칼바람을 견디고 살아남은 젊은 소장파 장교들(주코프, 바실리예프스키, 로코소프스키Rokossovsky, 메레츠코프Meretskov, 보로노프Voronov, 말리노프스키Malinovsky, 톨부힌Tolbukhin, 로트미스트로프Rotmistrov 등)은 결국 히틀러의 장군들, 더 나아가 나폴레옹의 장군들까지도 압도하는 승리를 거두었다. 1937년~1938년에 총살당한 젊은 소장파 지휘관들 중에도 분명히 그와 같은 유능한 인물들이 많이 있었을 것이다. 만약 이들이 1941년에도 살아 있었다면, 소련군은 독일과의 전투에서 얻은 교훈을 더 빨리 소화할 수 있었을 것이며, 그 해에 겪어야 했던 처참한 피해를 크게 줄일 수도 있었을 것이다. 하지만 1939년~1941년에 독일군이 '숙청' 당한 적이 없는 서유럽 군대들을 순식간에 제압했던 것을 감안하면, 그들이 살아 있었다고 해도 전세를 완전히 뒤집기는 어려웠을 것이다.

그러한 면을 생각해보면, 전쟁 초반에 소련군이 대패한 원인을 숙청으로만 돌리는 것은 과장이라고 볼 수도 있을 것이다. 하지만 스탈린은 전쟁 전 작전 참모들이 세운 방어계획에 퇴짜를 놓는 두 번째 과오를 저질렀다. 소련군 참모들은 독일군의 주공主攻은 레닌그라드와 모스크바를 목표로 프리퍄티Pripyat 습지 북쪽을 향하고, 조공助攻은 습지 남쪽 키예프를 향해 이뤄질 것으로 예상했다. 그러나 스탈린은 독일군의 주요 목표가 우크라이나의 광물 및 곡물 자원이기 때문에 독일군의 주공 역시 남쪽을 향해 이뤄질 것이라고 고집을 부렸다. 이는 스탈린이 마르크스Marx의 경제적 결정론에 집착하고 있었기 때문이라고밖에는 설명이 되지 않는 행동

■■■■■■ 독소전 후반기 각 방면군 사령관들의 모습. 왼쪽에서 오른쪽으로 코네프, 톨부힌, 바실리예프스키, 말리노프스키, 주코프, 고보로프(Govorov), 로코소프스키, 예레멘코(Yeremenko), 메레츠코프, 바그라미얀(Bagramyan)의 모습이 보인다. (Novosti(London))

이었다. 실제로 1941년 여름, 히틀러는 우크라이나와 모스크바 중 어디를 공격할지를 놓고 심각하게 고민을 하기도 했다. 그러나 적어도 독일군의 침공 초기 단계만 놓고 생각할 때, 히틀러가 프리퍄티 습지 북쪽에 2개 집단군을 배치한 반면, 남쪽에는 1개 집단군만을 투입한 점을 고려하면 스탈린의 생각은 완전히 잘못된 것이었다.

참전국
단기전을 노린 독일의 도박

2년간 파죽지세로 승리를 거듭해온 독일군은 1941년 6월 22일에 드디어 대소련 공세를 시작했다. 그러나 독일군이 거둔 승리의 주역으로 알려진 기갑사단 및 기계화보병사단들은 사실 전체 독일군의 극히 일부에 불과했다. 이들은 주로 적의 전선을 뚫고 들어가 적의 후방을 차단한 뒤 전면에서 말이 끄는 대포와 함께 두 발로 터덜터덜 진격해오는 독일 보병사단들과 협력하여 적을 섬멸하는 전술을 사용해왔다. 이와 더불어 독일군의 성공은 전장의 제공권을 장악한 전투기부대의 호위를 받는 폭격기들, 특히 Ju87 슈투카 급강하 폭격기들이 제공하는 전술 항공 지원에 힘입은 바가 컸다.

독일군의 계획은 5월 중순에 공격을 시작하여 4개월에 걸친 공세작전을 통해 소련군을 드네프르Dnepr 강 서쪽에서 격파하고 겨울이 오기 전에 전쟁을 끝낸다는 것이었다. 하지만 이탈리아의 그리스 침공이 실패하면서 예정에 없던 발칸 반도 작전을 수행해야 했던 독일군은 당초 예정보다 5주 늦은 6월 22일 새벽 3시 30분에 소련에 대한 공격을 시작했다. 조금 늦기는 했지만, 작전이 계획대로만 진행된다면 겨울이 오기 전에 전쟁을 끝낼 수 있는 가능성은 충분했다.

침공군은 북부, 중부, 남부의 3개 집단군으로 구성되어 있었으며, 원수 3명이 각 집단군의 지휘를 맡았다. 각 집단군의 선

■■■■■■ 헤르만 호트(Herman Hoth)는 1941년에 중앙집단군의 제3기갑집단을 지휘했으며, 1942년에는 스탈린그라드에 포위된 제6군 구출작전을 지휘하기도 했다. 1943년, 히틀러는 키예프 함락의 책임을 물어 호트를 해임했다. (Imperial War Museum)

봉을 맡은 기갑집단은 4개가 편성되어 중부집단군에 2개, 북부집단군과 남부집단군에 각각 1개씩 배치되었다.

폰 레프Wilhelm Ritter von Leeb가 지휘하는 북부집단군에는 3개 기갑사단 및 3개 기계화보병사단으로 구성된 제4기갑집단과 20개 보병사단이, 폰 보크von Bock가 지휘하는 중부집단군에는 제2·제3기갑집단 예하 9개 기갑사단과 6개 기계화보병사단 외에 35개 보병사단이 배치되었고, 마지막으로 폰 룬트슈테트가 지휘하는 남부집단군은 5개 기갑사단과 3개 기계화보병사단으로 구성된 제1기갑집단과 함께 33개 보병사단 및 14개 루마니아 보병사단이 배치되었다. 이외에 핀란드에서도 8개 독일 사단이 20개 핀란드 사단과 함께 공격을 가할 예정이었다. 공세에 참가한 모든 부대들은

대부분 완편 상태였지만, 1939년~1940년에 전차 400대를 보유하고 있던 기갑사단들의 경우에는 보유 전차 대수가 각 사단마다 200대 정도로 줄어들어 있었다.

독일 육군 최고사령부Oberkommando des Heeres, OKH는 또한 예비부대로서 2개 기갑사단, 2개 기계화보병사단, 24개 보병사단을 보유하고 있었다. 전체적으로 독일군은 기갑사단 19개, 기계화보병사단 14개, 보병사단 120개 등 총 153개 사단을 투입했으며, 여기에 추가로 루마니아와 핀란드 사단 40개가 공격에 참가했다. 병력 수로 보면, 독일은 330만 명에 이르는 병력을 투입했고, 위성국가들의 병력은 50만 명에 달했으며, 투입된 전차의 대수는 3,300대나 되었다. 각 집단군에는 1개 항공함대Luftflotte가 배속되어 있었으며, 각 항공함대는 450대(북부집단군)에서 900대(중부집단군)에 이르는 항공기(전투기와 폭격기 4:6 비율)를 보유하고 있었다. 기타 지역에 배치된 55개 사단과 항공기 1,500대를 감안하면, 독일군은 소련 침공작전에 전 육군 전력의 73.6퍼센트와 공군 전력의 58.3퍼센트라는 무지막지한 전력을 쏟아부었다.

이런 엄청난 규모의 독일군에게 가장 부족한 것은 바로 정보였다. 비록 침공 개시 전에 매일같이 정찰기들이 소련 상공을 넘나들며 사진을 찍어댔지만, 독

■■■■■ 1941년 12월, 게르트 폰 룬트슈테트는 독일군의 철수를 허용하지 않았던 히틀러에게 해임되었으나, 이후 서부전선 사령관으로 다시 기용되었다. (Imperial War Museum)

일군이 가진 지도는 부정확한 경우가 많았다. 국경지대의 소련군 전력에 대한 정보는 비교적 정확했지만(147개 사단과 33개 여단이 있다고 예상했는데, 실제 소련군 병력은 170개 사단이었다), 소련군의 예비군 동원 및 무장 능력에 관한 추정치는 실제와는 완전히 동떨어졌다. 이러한 오류는 신속한 승리가 물 건너가게 된 이후 독일군에게 엄청난 (많은 경우 치명적인) 영향을 미치게 되었다.

당시 소련군은 핀란드에서 쌍코피가 터지면서 얻은 교훈을 바탕으로 한창 재편성을 실시하고 있었다. 1940년 4월, 스탈린은 국방상이었던 보로실로프를 경질하고 대신 티모셴코 원수를 그 자리에 임명했다. 티모셴코는 군 기강을 재확립하고 훈련을 강화하는 동시에 1939년 보로실로프가 해산시킨 대규모 기동부대를 다시 편성하기 시작했다. 그러나 기갑부대의 재편성이 본격적으로 시작된 것은 1941년 3월이 되어서였으며, 당초 계획된 20개 기계화군단(각 군단은 1개 전차사단과 2개 기계화보병사단으로 구성) 가운데 6월까지 장비를 갖출 수 있었던 군단은 절반도 되지 않았다. 소련군은 독일군보다 더 풍부한 병력(475만 명)과 거의 6배나 많은 전차들을 가지고 있었지만, 이 전차들은 대부분 구식이거나 오랜 사용으로 심하게 마손된 상태였고, 그나마 1941년 6월 당시 가동 가능한 전차는 전체 전차 가운데 40 퍼센트에 불과했다. 독일의 3호나 4호 전차보다 고성능인 T-34 전차와 KV 중전차가 1940년부터 본격적으로 생산되기 시작했지만, 1941년 중반까지 생산된 수는 1,475대에 불과했고, 그나마 국경지역의 부대에는 1대도 배치되지 않았다.

소련 침공 시 투입된 독일 항공기 2,000대에 대항해, 소련군은 1만 2,000대에 달하는 항공기를 보유하고 있었고, 그 가운데 8,000대를 유럽에 면한 지역 일대에 배치했다. 그러나 대부분의 소련 항공기들은 전차들과 마찬가지로 구식이었으며 가동률도 낮았다. 게다가 국경지대에 배치된 항공기들 중 1,200대는 독일군의 침공 첫날, 날아오르지도 못하고 지상에서 격파당하고 말았다. 이후 소련 공군이 어느 정도 제공권을 되찾을수 있었던 것은 1943년 중반이 되어서였다.

소련 해군은 육군을 지원하는 역할 외에는 별다른 활약을 보여주지 못했으며, 많은 수병들은 보병으로서 육지에서 싸웠다. 1941년 당시 소련 해군은 다른 어느 국가의 해군보다도 많은 잠수함을 보유하고 있었으나, 이들 역시 별다른 활약을 보여주지 못했다. 수상함대의 주요 역할은 독일군이 바다를 통해 소련 육군의 측면을 치는 것을 막는 것이었지만, 개전몇 주 만에 발트 해의 해군 기지들이 모두 독일군의 수중에 떨어지자 소련 해군 수상함들은 레닌그라드로 철수할 수밖에 없었다. 이들은 겨울 결빙으로 인해 반 년 동안 항구에 묶여 있을 수밖에 없었고, 독일이 비행기로 핀란드 만 일대에 기뢰를 뿌린 덕분에 그 이후에도 계속 레닌그라드 항구에 처박혀 있어야 했다. 하지만 이들이 독일군에게 가한 함포 사격은 레닌그라드 방어에 상당한 도움을 주었다. 흑해 함대는 오데사^{Odessa}와 세바스토폴^{Sevastopol} 수비대에 대한 보급 및 철수작전 수행에 큰 역할을 했지만, 독일군이 케르치^{Kerch} 해협을 건너 크림 반도로부터 카프카스로 진격해 들어오는 것을 막지 못했고, 흑해 연안을 따라 벌어진 전투에서 결정적인 역할을 수행하지도 못했다. 북방 함대가 연합군 수송선단 호위를 조금 도와주기는 했지만, 대부분의 호위 임무를 수행한 것은 영국 해군이었다. 태평양 함대는 1945년이 될 때까지 별다른 활동을 하지 못했지만, 다수의 태평양 함대 소속 수병들이 기차를 타고 서쪽으로 이동하여 보병으로서 독일군과 전투를 벌였다.

■■■■■■ 1941년, 빌헬름 리터 폰 레프가 지휘하는 북부집단군은 레닌그라드를 포위했지만 함락할 수는 없었다. 이후 히틀러가 작전에 점점 더 심하게 간섭하자, 레프는 1942년 1월에 사임하고 말았다. (Imperial War Museum)

소련군의 또 한 가지 특기할 만한 점으로는 '정치장교'의 존재를 들 수 있다. 일반 지휘관들과는 또 다른 지휘계통을 가진 정치장교들은 보통 일반 지휘관들의 하급자로 간주되었지만, 유사시에는 지휘관들의 결정을 무효화할 수 있는 권한도 가지고 있었다. 이들은 주로 병사들의 사상교육을 담당했고, 어느 정도는 복지도 관리했다. 그러나 이들의 가장 기본적인 임무는 당의 충실한 감시인으로서 직업 군인들의 동향을 감시하는 것이었다.

전쟁의 발발
기습에 성공한 독일군

히틀러가 구체적으로 소련 침공 명령을 내린 것은 1940년 12월 18일에 내린 작전 명령 21호를 통해서였다. 히틀러는 이 명령서를 통해 바르바로사 작전의 목표는 "신속한 작전(4개월)을 통해 소련을 붕괴시키고 최종적으로는 볼가Volga 강에서 아르한겔스크에 이르는 방어선을 확립하여 아시아적 소련을 봉쇄하는 것"으로서 필요할 경우 "우랄 산맥 너머에 마지막까지 남아 있는 소련의 공업지대를 파괴할 수도 있다"고 밝혔다. 당초 독일군은 모든 침공 준비를 1941년 5월 15일까지 완료할 예정이었으나, 그리스와 유고슬라비아 점령 과정에서 5주라는 시간을 날려버려야 했다. 하지만 6월에 작전이 시작될 때까지만 하더라도 잘만 하면 겨울이 오기 전에 전쟁을 끝낼 가능성은 여전히 상당히 높았다.

소련 지휘부는 소련의 서유럽에 면한 국경선을 따라 독일군 병력이 크게 증강되었다는 사실을 알아차리고 뭔가 일어날 것이라고 직감했지만, 독일군이 정확히 언제 침공할지에 대해서는 확실히 예측할 수가 없었다. 소련이 국경지대 군관구들에 비상을 걸 만큼 정확한 정보를 얻은 것은 겨우 침공 하루 전인 6월 21일이 되어서였다. 하지만 티모셴코와 주코프는 명령서를 작성하느라 그날 저녁과 밤 시간 대부분을 보냈고, 결국 국경지대 지휘관들은 침공 수 시간 전에야 비상령을 받게 되었다. 그 때문에 많은 부대들은 독일군 침공 시점까지도 아무것도 모르는 상태로 잠들어 있었다. 이로 인한 피해는 공군이 제일 극심해서 전방에 배치된 소련군 항공기 중 1,200대가 개전 첫날 대부분 지상에서 격파당하는 대피해를 입어야 했다. 소련 해군 사령관 쿠즈네초프F. I. Kuznetsov는 독일군이 다음 날 침공해올 것이라는 정보를 받자마자, 당장 해군 사령부로 달려가 전 해군에 최고 비상령을 하달했다. 덕분에 소련 해군 소속 함정들과 기지들은 침공 첫날을 별다른 피해를 입지 않고 넘길 수 있었으며, 해군 소속 항공기들도 아무런 피해를 입지 않았다.

그러나 소련 해군은 아주 예외적인 경우였으며, 비효율적인 명령체계와 더불어 형편없는 통신 및 교통 사정 때문에 소련군의 반응은 더더욱 늦어졌다. 무선 통신기는 극히 소수에 불과했기 때문에 대부분의 통신은 공공 전신이나 전화망을 통해 이뤄져야 했다. 하지만 이런 유선 통신망조차도 개전 첫날 독일의 포격과 폭격, 혹은 독일 후방 교란 부대들에 의해 절단되어버렸다. 결국 독일군이 코앞에 몰려올 때까지도 많은 전방 부대들은 아무런 명령도 받지 못하거나 이미 오래 전에 받았어야 할 때늦은 명령들만을 받게 되었다. 또 소련군은 전쟁이 벌어지면 동원 계획에 의거해 민간 부문에서 사용하던 트럭과 마차들을 징발해서 사용할 계획이었지만, 실제로 전쟁이 발발한 이후 자신들의 트럭이나 마차들을 내놓으려 하는 민간인들은 아무도 없었다. 당시 키예프 특별 군관구의 제9기계화군단(개전 이후 남서부전선군으로 개칭)을 지휘하고 있던 로코소프스키 소장(나중에 원수로 진급)은 상부의 정보가 아니라 독일 탈영병이 알려준 정보를 통해서 독일이 곧 침공해올 것이라는 사실을 겨우 알게 되었다. 그는 모스크바의 최고사령부나 키예프의 군관구사령부, 루츠크Lutsk의 제5군 사령부 어디와도 연락이 되지 않았기 때문에 자의적으로 판단하고 행동할 수밖에 없었다. 당시 그는 '기계화군단'을 지휘하고 있기는 했지만, '기계화'는 이름뿐이었고 전차 보유 대수는 편성 정수의 3분의 1에 불과했으며 그나마 있는 전차들도 대부분 구식에다가 엔진은 닳을 대로 닳은 것들뿐이었다. 게다가 '기계화 보병'들은 트럭은커녕 말이나 수레조차 제대로 갖추고 있지 못했다. 로코소프스키는 군단을 이끌고 철수하는 과정에서 후방 깊숙이 치고 들어온 독일 기동부대의 포위망을 몇 번이나 뚫고 나가야 했다. 또 그는 소련 공군기라고는 털끝 하나 찾기 힘든 상황에서 끊임없이 공격해오는 독일 폭격기들의 공습을 그가 가진 유일한 방어 수단인 몇 안 되는 고사포로 버텨내야 했다. 그러나 그는 당시 동급 소련 지휘관들의 능력보다 훨씬 뛰어난 지휘 능력을 과시하며 군단을 성공적으로 철수시켰고, 이를 주목한 소련군 지휘부는 3주 후 그에게 1개 군의 지휘를 맡겼다.

전투
고전하면서도 끝까지 버틴 붉은 군대

1941년

소련 침공과 동시에 독일군은 거의 완전한 기습을 달성했다. 폰 레프 원수가 지휘하는 북부집단군은 총 20개 사단으로 구성된 제16 · 제18군 외에도 회프너Hoepner 상급대장이 지휘하는 제4기갑집단(3개 기갑사단 및 3개 기계화보병사단으로 구성)까지 포함되어 있었지만, 이에 맞서는 소련의 북서부전선군(F. I. 쿠즈네초프 상급대장 지휘. 전선군은 '집단군'에 해당하는 소련군 용어)은 해안 지역에 1개 군, 그리고 내륙 지역에 또 다른 1개 군을 보유하고 있을 뿐이었다. 이들 군은 4개 기갑사단과 2개 기계화보병사단, 19개 보병사단을 보유하고 있었지만, 이들 대부분은 예전에 발트 3국 소속 군대였다가 붉은 군대에 편입된 부대들이었기 때문에 이들이 과연 스탈린을 위해 얼마나 열심히 싸워줄지는 미지수였다.

폰 보크가 이끄는 중부집단군에 맞서는 소련군 부대는 D. G. 파블로프Pavlov가 이끄는 벨로루시의 서부전선군이었다. 당시 보크는 9개 기갑사단, 6개 기계화보병사단, 35개 보병사단에 이르는 병력을 보유하고 있었고, 이에 대해 파블로프의 3개 군은 12개 기갑사단, 6개 기계화보병사단, 2개 기병사단, 24개 보병사단을 보유하고 있었다. 보크는 자신이 보유한 제2·제4기갑집단을 각각 전선의 남쪽과 북쪽에서 벨로루시 깊숙이 250마일(400킬로미터)이나 진격시킨 후 벨로루시의 수도 민스크Minsk 동쪽에서 합류시켜 일거에 파블로프의 군을 포위하여 섬멸한다는 계획을 짰다. 6월 24일, 파블로프는 모든 예비부대에게 전방으로 진출할 것을 명령했지만, 이는 보크의 계획에 완전히 놀아나는 것이었다. 6월 27일 무렵이 되자, 파블로프의 3개 군과 그를 지원하기 위해 추가로 파견된 1개 군은 비알리스톡Bialystok과 노보그로덱Novogrodek 인근에 형성된 거대한 2개 포위망에 완전히 갇히게 되었다. 설상가상으로 엉망진창이 된 통신 사정으로 인해 스탈린은 파블로프가 포위되었다는 사실을 포위망이 완성되고도 3일이나 지난 후에야 독일의 선전방송을 통해 겨우 알게 되었다. 분노한 스탈린은 당장 파블로프와 그의 부관 몇 명을 군법회의에 회부해서 총살시켜버렸다.

7월 8일까지 독일군은 소련군 2개 군을 완전히 섬멸하고 다른 3개 군에게는 엄청난 타격을 입히면서 29만 명에 이르는 포로를 획득하는 한편, 전차 2,500대와 화포 1,500문을 격파, 혹은 노획했다. 7월 15일, 구데리안은 남쪽으로부터 진격해오면서 스몰렌스크Smolensk를 점령하고, 북쪽에서 진격해오던 호트는 스몰렌스크 동쪽으로 돌아나가 7월 27일에 동쪽으로 가는 통로를 완전히 차단해버렸다. 일부 소련군 부대는 독일군의 포위를 뚫고 나오기도 했지만, 8월 8일까지 독일군은 소련군 포로 34만7,000명을 잡는 한편, 전차 3,400대와 화포 3,000문 이상을 격파, 혹은 노획하는 막대한 전과를 거두었다. 또 이후에도 독일군은 2주간에 걸쳐 소련군 7만 8,000명을 추가로 포로로 잡았다. 침공 후 겨우 두 달 사이에 중부집단군은 국경선에서 모스크바에 이르는 750마일(1,200킬로미터) 거리의 3분의 2를 주파하는 기염을 토했다.

소련군에게 큰 타격을 입힌 독일군은 이제 다음 행동을 결정해야 하는 상황에 놓이게 되었다. 오늘날 연구자들은 대부분 7월 10일에서 9월 10일 사이에 스몰렌스크 지구에 투입된 소련군 58만1,600명 가운데 83.6퍼센트에 해당하는 48만6,171명이 전사하거나 부상을 입거나 포로가 되는 등 '회복 불가능한' 손실을 입었다는 사실에 동의하고 있다. 하지만 이런 대전과에도 불구하고 소련군의 저항은 점점 더 격렬해졌고, 그에 따라 독일군의 손실도 점점 늘어났다. 뜨거운 태양 아래서 먼지가 가득한 길을 수백 킬로미터씩 진격하는 과정에서 중부집단군 소속 전차들과 트럭들은 절반 이상이 고장이 나버렸고, 두 발로 이 먼 거리를 걸어온 보병들과 보급 마차와 야포를 끄는 군마들도 피로가 극에 달해 있었다. 바르바로사 작전 명령서는 '벨로루시의 소련군을 격파'한 후에는 공격의 중점을 발트 해 연안의 소련군 격파에 맞추면서 레닌그라드를 점령해야 한다고 명시하고 있었다. 히틀러에게 모스크바는 레닌그라드를 점령한 이후에나 생각해볼 부차적인 문제였다. 병사들의 체력이 한계에 달한 상황에서 구데리안과 보크는 더 이상 전력이 소모되기 전에 모스크바로 직행하기를 원했지만, 히틀러는 이들의 요청을 무시하고 레닌그라드를 점령한다는 자신의 계획을 고집했다.

한편, 남부집단군(폰 룬트슈테트 원수 지휘)은 폴란드에 있는 제1기갑집단과 제6·제17군과 루마니아에 있는 3개 군(독일 제11군, 루마니아 제3·제4군)으로 구성되어 있었다. 바르바로사 작전 개시와 함께 폴란드에 있는

■■■■■ 독일군은 오토바이병들을 이용해 진격을 선도하는 한편, 지도가 잘못된 경우가 많았기 때문에 실제 지형과 지도가 일치하는지를 확인했다. (AKG Berlin)

5개 기갑사단, 3개 기계화보병사단, 26개 보병사단은 프리퍄티 습지 남쪽의 우크라이나를 침공해 들어갔지만, 루마니아에 있는 7개 독일군 사단과 14개 루마니아군 사단은 플로에슈티 유전을 방어하기 위해 루마니아에 계속 남아 있었고, 이들이 진격을 개시한 것은 6월 29일이 되어서였다.

히틀러의 목표가 우크라이나의 자원이라고 확신하고 있던 스탈린은 프리퍄티 습지의 북쪽보다 남쪽에 훨씬 많은 소련군을 배치해놓았다. 키르포노스 상급대장이 이끄는 남서부전선군은 4개 군을 보유하고 있었고, 신규 편성되어 루마니아 국경지대 일대에 배치된 남부전선군(튤레네프 Tyulenev 대장 지휘)은 2개 군을 보유하고 있었다. 양 전선군의 총 전력은 20개 기갑사단, 10개 기계화보병사단, 6개 기병사단, 45개 보병사단에 이르렀으며, 이는 해당 전선으로 진격해오는 독일군 병력을 훨씬 상회하는 것이었다. 그러나 다른 지역의 소련군 부대들과 마찬가지로 이들이 보유한 전차들은 대부분 구식에다가 심하게 마모되었으며, 기계화 보병들도 트럭이 매우 부족했다. 제공권 역시 완전히 독일군의 손아귀에 들어가 있었으며, 설상가상으로 해당 지역은 대부분 병합된 지 얼마 되지 않은 갈리치아Galicia, 서우크라이나, 부코비나Bukovina, 베사라비아Bessarabia로서 주민들은 발트 3국 국민들만큼이나 소련에 대해 큰 반감을 가지고 있었기 때문에 독일의 후방 교란 부대들이 마음대로 활동할 수가 있었다. 공격 개시 이틀째 되던 날, 소련 전차들과 조우한 독일 제1기갑집단은 일련의 치열한 전투를 벌이게 되었다. 이로 인해 독일군의 돌파구 형성은 크게 지연되었으며, 소련 제5군은 독일군에게 측면을 우회당할 위기에서도 질서정연하게 프리퍄티 습지로 철수할 수 있었다. 남부전선군에 대한 독일군의 공격 역시 진척이 매우 더뎠으며 소련군 포로도 거의 발생하지 않았다. 개전 후 두 달 동안 중부집단군은 500마일(800킬로미터)이나 진격하면서 수많은 포로를 잡았지만, 독일 남부집단군은 같은 기간 동안 겨우 400마일(640킬로미터)을 진격하여 겨우 드네프르 강에 도달할 수 있었으며, 포로의 수도 다른 집단군들에 비하면 보잘것없었다.

하지만 7월 중순 이후 룬트슈테트가 제1기갑집단 예하 3개 군단 가운데 2개 군단을 베르디체프Berdichev에서 페르보마이스크Pervomaysk를 향해 남

■■■■■ 겨울이 오더라도 첫 몇 주 간은 얼음이 충분히 두껍게 얼지 않기 때문에 썰매들만이 라도가 호수를 지날 수 있었다. 사진에서처럼 트럭들이 위험을 무릅쓰고서라도 지나갈 수 있으려면 얼음의 두께가 적어도 12인치 (300밀리미터)는 되어야 했다. (AKG Berlin)

서부로 진격시켜 소련군 3개 군의 후방을 차단하는 데 성공하자 남부집단군의 운도 조금씩 트이기 시작했다. 독일 제17군과 제11군의 도움으로 8월 2일에 우만^{Uman} 포위망이 완성되었고, 그로부터 6일 후 포위망 내에 갇혀 있던 소련군 10만3,000명이 항복했다. 남부전선군의 남은 병력들은 드네프르 강을 건너 서둘러 철수할 수밖에 없었고, 후방에 남은 오데사 요새는 그대로 고립되고 말았다.

그 사이에도 독일군 지휘부에서는 모스크바 진격을 놓고 격론이 계속되었다. 8월 18일에서 24일에 걸쳐 독일 육군 총사령관 브라우히치 원수와 독일 육군 참모총장 할더 상급대장, 그리고 구데리안까지 나서서 히틀러에게 모스크바 진격 허가를 얻어내기 위해 안간힘을 썼지만, 히틀러는 오히려 구데리안을 남쪽으로 진격시켜 키예프에서 동쪽으로 140마일(225킬로미터) 떨어진 로흐비차^{Lokhvytsia}에서 클라이스트의 제1기갑집단과 연결시킴으로써 소련 남서부전선군 전체를 포위했다.

그보다 3주 전인 7월 29일, 주코프는 키예프를 버리고 남서부전선군을 철수시켜야 한다고 주장했지만, 스탈린이 이를 허용하지 않았다. 주코프는 자신의 주장이 받아들여지지 않자, 참모총장직에서 사임하고 자신을 야전 사령관으로 임명해줄 것을 요구했다. 스탈린은 주코프에게 모스크바 서쪽의 전선을 담당하고 있던 예비전선군을 맡겼다. 이후 주코프는 옐냐Yelnya에서 독소전 개전 후 최초로 독일군을 물리치는 데 성공했지만, 예비전선군 좌우의 전선군들이 철수해야만 하는 상황에서 자신이 거둔 성공을 제대로 활용할 수가 없었다. 8월 18일, 주코프는 갑자기 독일군의 활동이 크게 줄어든 사실을 알아차리게 되었다. 인근의 중부전선군에서도 똑같은 사실이 관찰되자, 주코프는 스탈린에게 구데리안이 남쪽으로 진격하기 위해 재편성에 들어간 것 같다고 말하고 브랸스크Bryansk 일대에 강력한 부대를 배치하여 공격에 나서는 구데리안의 측면을 쳐야 한다고 주장했다. 스탈린은 자신이 이미 그런 가능성을 예견하고 며칠 전에 브랸스크 전선군을 편성해두었다고 답했다. 하지만 브랸스크 전선군 사령관 예레멘코 상급대장(나중에 원수로 진급)은 후일 회고록에서 당시 자신이 받은 명령은 남쪽이 아니라 동쪽으로 진격해오는 독일군을 방어하는 것이었다고 썼다. 예레멘코는 구데리안의 기갑부대들을 막을 수가 없었고, 9월 16일에 구데리안의 전차들은 클라이스트의 기갑부대와 합류하는 데 성공했다. 이틀 후 스탈린은 마지못해 키예프를 포기해도 좋다고 허가했지만, 이미 모든 것이 너무 늦어버린 이후였다. 키르포노스는 전사했고, 9월 26일 무렵이 되자 그의 4개 군은 산산조각이 났으며, 독일은 66만 5,000명의 포로를 잡았다고 선전했다. 소련 역사가들은 그러한 포로 수를 부인했지만, 나중에 공개된 소련 통계는 7월 7일부터 9월 26일 사이에 우크라이나에서 61만6,304명의 병력을 '완전히 잃었다'고 인정하고 있다. 이는 다시 말해 10주 동안 1주일에 4개 사단씩 전멸당한 셈이었다.

■■■■■■ 포위당한 후 첫 겨울을 맞은 레닌그라드의 모습. 시체 집적소에서 시신들이 실려 나가고 있다. (AKG Berlin)

　키예프 함락 후 다시 북쪽으로 돌아온 구데리안이 모스크바로 진격할 준비를 갖추는 동안 레닌그라드를 방어하고 있던 소련군은 보로실로프의 부적절한 지휘로 인해 무너져 내리고 있었다. 9월 8일이 되자, 레닌그라드는 라도가 호수를 가로지르는 위태위태한 통로를 제외하고는 외부와 완전히 단절되고 말았다. 9월 9일, 스탈린은 레닌그라드의 상황을 타개하기 위해 주코프를 파견했다. 그러나 9월 14일, 독일군이 레닌그라드로부터 4마일(6.4킬로미터)도 떨어지지 않은 핀란드 만에 도달하자, 주코프는 신속하게 행동을 취하지 않으면 안 되는 상황에 처하게 되었다. 주코프는 3일간에 걸쳐 수많은 지휘관들의 목을 자르고 무자비한 협박을 하는 동시에 수많은 임기응변 조치를 취한 끝에 (그리고 아마도 상당수의 병사들과 장교들을 총살한 후에) 사기가 바닥까지 떨어진 레닌그라드 방어군을 다시 일으켜 세울 수 있었다(여기에는 9월 12일, 제4기갑집단이 모스크바 공세를 위해 레닌그라드 전선에서 철수한 행운도 크게 작용했다). 9월 17일, 독일군 6개 사단이 남쪽으로부터 레닌그라드 방어선을 돌파하려고 시도했지만, 별다른 성과를 거두지 못하고 실패했다. 레닌그라드의 방어가 만만치 않자, 독일 북부집단군은 9월 25일부터 이후 2년간 계속될 레닌그라드 포위전을 시작했다.

하지만 곧 스탈린은 주코프를 다른 곳에 투입하지 않으면 안 되는 상황에 몰리게 되었다. 9월 30일, 독일의 모스크바 공략 작전인 타이푼 작전 Operation Typhoon이 시작되면서 모스크바를 방어하던 브랸스크 전선군과 예비전선군은 독일군의 맹공을 받게 되었다. 소련군은 총 96개 사단과 14개 여단, 125만 명의 대병력 외에도 2개 요새지대의 지원을 받을 수 있었지만, 지금까지 입은 손실로 인해 기동부대는 기갑사단 1개와 전차여단 13개

■■■■■■ 마침내 모스크바 진공을 위한 타이푼 작전이 시작되었지만, 그와 함께 추운 겨울도 시작되었다. (AKG Berlin)

로 줄어들어 있었고, 이들이 보유한 전차를 모두 합쳐도 770대밖에 되지 않았으며, 기계화보병사단도 2개밖에 남아 있지 않은 상태였다. 나머지 병력들은 9개 기병사단과 84개 보병사단들로서 박격포를 포함해 화포 9,150문을 보유하고 있었다.

이 무렵까지 독일군의 손실은 소련군에 비하면 아주 가벼웠으며(9만 4,000명 전사, 34만6,000명 부상), 8월 26일까지는 소련군에게 붙잡힌 포로도 거의 없었지만, 기갑군Panzer army으로 개칭된 기갑집단들은 서서히 심각한 전차 부족에 시달리게 되었다. 9월 말까지 제2기갑군의 전차 보유량은 정수의 절반에 불과했고, 제1·제3기갑군 역시 전시 편성 정수의 75퍼센트 정도의 전차만을 보유하고 있었다. 그래도 정수에 가까운 전력을 보유하고 있던 것은 제4기갑군이 유일했다. 또한 트럭도 30퍼센트 정도 부족했으며 병력 면에서도 동부전선에 투입된 독일군 142개 사단 가운데 54개 사단은 병력이 완편 정수보다 20퍼센트(3,000명) 이상 부족한 상태였다. 하지만 중부집단군은 북부집단군으로부터 기갑사단과 기계화보병사단들을 지원받고 남부집단군으로부터는 5개 보병사단을 지원받아 타이푼 작전 개시 당시에는 14개 기갑사단, 8개 기계화보병사단, 48개 보병사단이라는 막대한 전력을 보유하고 있었으며, 이는 동부전선 독일군 전 전력의 거의 절반에 해당하는 것이었다. 또 장비 면에서도 독일군은 모스크바를 방어하던 소련군에 비해 전차와 항공기(독일군은 1,000대, 소련군은 360대)의 경우 거의 3:1, 포병 화력의 경우 2:1의 우위를 점하고 있었다.

9월 30일, 공격을 시작한 구데리안은 브랸스크 전선군의 남쪽 측면을 뚫고 들어가 이틀 사이에 130마일(210킬로미터)을 진격하여 오렐Orel에 도달했다. 10월 6일이 되자 브랸스크 전선군 예하 3개 군은 독일군에게 포위당하게 되었고, 결국 10월 8일이 되자 이들에게 동쪽으로 뚫고 나오라는 명령이 내려졌다. 일부 병력은 간신히 독일군의 포위망을 돌파하는 데 성공했지만, 또다시 5만 명 이상의 소련군이 포로가 되었다.

서부전선군과 예비전선군의 사정은 더욱 심각했다. 10월 2일 공격을 개시한 독일 제3·제4기갑군과 제4·제9군은 구데리안의 군과 마찬가지로 순식간에 소련군의 방어선을 돌파했다. 일단 소련군 전선을 돌파한 후 호트가 이끄는 제3기갑군은 비야즈마Vyazma로, 회프너의 제4기갑군은 유흐노프Yukhnov로 진격해나갔다. 10월 7일, 양 기갑군이 비야즈마 서쪽에서 연결되면서 45개 소련군 사단이 포위망에 갇히게 되었고, 10월 19일이 되자 독일군은 소련군 67만3,000명을 포로로 잡게 되었다. 전후 소련에서 공개된 기록이 제시한 수치는 그것보다는 적었지만, 그래도 엄청나서 11월 말까지 소련군 51만4,338명이 독일군의 포로가 되었으며, 이는 양 전선군 전력의 41퍼센트에 해당하는 수치였다. 10월 18일, 독일 제40기갑군단이 모자이스크Mozhaisk를 점령했다. 모자이스크는 모스크바로부터 겨우 60마일(100킬로미터)밖에 떨어지지 않은 도시였다. 모스크바에서는 10월 16일부터 공황사태가 발생하기 시작했다. 스탈린은 모스크바에 남아 있었지만, 정부 부처들과 외교관들, 그리고 대부분의 군 사령부들은 퀴비셰프Kuybyshev(오늘날의 사마라Samara)로 소개되었다. 수천 명의 모스크바 시민들이 피난길에 올랐으며, 약탈이 광범위하게 일어났다. 혼란이 계속되자, 결국 10월 19일부터 모스크바에 계엄령이 선포되었다.

하지만 두 가지 요인으로 인해 독일군의 진격 속도는 크게 느려졌다. 첫 번째 요인은 날씨였다. 10월 6일에 첫눈이 내리고 9일부터는 진눈깨비와 호우가 끊임없이 내렸다. 차량들과 마차들은 모두 진창에 파묻혀버렸고, 무릎까지 빠지는 진창을 행군하던 보병들도 탄약과 식량을 제대로 보급받지 못해 도저히 전투를 수행할 수가 없었다. 이런 날씨는 소련군에게도 많은 어려움을 안겨주었지만, 속도가 느려졌을 때 유리한 것은 방어자 측이었다. 특히나 독일군 기갑부대가 제대로 움직일 수 없게 되자, 소련

■■■■■ 가을이 되면서 내리기 시작한 비는 도로를 진창으로 바꿔버렸고, 이는 독일군의 진격을 매우 어렵게 만들었다. 사진은 진흙탕에 파묻힌 오토바이를 파내기 위해 애를 쓰고 있는 독일군 병사들의 모습. (AKG Berlin)

■■■■■ 기온이 내려가자 지면이 얼어붙으면서 진격은 수월해졌다.

군은 한숨을 돌릴 수 있게 되었다. 기온이 떨어지면서 진흙탕이 얼어붙자 독일군은 다시 진격을 시작할 수 있었지만, 기온 하강은 또 새로이 독일 군에게 심각한 여러 문제들을 안겨주었다.

독일군의 진격 속도가 느려진 두 번째 요인은 바로 주코프였다. 스탈 린은 정확한 전황을 파악하기 위해 10월 7일 모스크바 전선에 도착한 주 코프를 곧바로 전선으로 보냈다. 10월 8일 새벽 2시 30분, 주코프는 스탈 린에게 전화를 걸어 당장 모자이스크 방어선을 강화해야 한다고 말한 후 호우와 안개 속을 뚫고 부데니 원수와 예비전선군 사령부를 찾아 나섰다. 주코프는 버려진 말로야로슬라베츠Maloyaroslavets 마을에서 겨우 부데니를 찾아냈지만, 당시 부데니는 자신이 지휘하는 부대의 현황은 고사하고 자기 사령부가 어디 있는지조차 알지 못했다.

10월 10일이 되자, 히틀러의 공보 담당 오토 디트리히$^{Otto\ Dietrich}$는 외신 기자들을 불러 전쟁의 승리를 공식적으로 선언했다. 같은 날, 스탈린은 주코프에게 서부전선군과 예비전선군 잔존 부대들의 지휘권을 부여하는 한편, 주코프의 요청대로 전 서부전선군 지휘관이었던 코네프^{Konev}를 주 코프의 부사령관으로 임명해 모스크바 전선 북부 칼리닌^{Kalinin}(오늘날의 트 베르^{Tver}) 지구 일대의 지휘를 맡겼다. 스탈린은 또한 즉각 모자이스크 방 어선을 강화하기 위해 예비대 및 여타 전선에서 14개 보병사단과 16개 전 차여단, 40개 이상의 포병연대를 차출하여 모스크바 전선의 4개 군을 재 편성했다. 당시 이들 군들은 계속된 전투로 병력이 9만 명으로 줄어들어 있었으며, 이는 겨우 완편 사 단 6개에 해당되는 정도의 병 력이었다.

10월 17일, 칼리닌 지구에 배치된 3개 군과 1개 임시 전 투단은 코네프의 지휘 하에 독 립적인 칼리닌 전선군을 형성 하게 되었다. 10월 18일, 독일 군이 칼리닌과 칼루가^{Kaluga}를 점령하여 모스크바를 남북으 로 우회할 태세를 보이자, 주 코프는 모스크바에서 겨우 40 마일(64킬로미터) 떨어진 곳에 서 그의 전선군을 재편성할 수 밖에 없었다. 방어선과 참호,

■■■■■ 모스크바에서 대전차호를 파고 있는 소련 여성 들의 모습. (AKG Berlin)

대전차호 등을 구축하기 위해 수만 명의 모스크바 시민들이 동원되었으며, 이들 대부분은 여성과 어린이들이었다. 남성들은 소총 한 자루를 지급받고 간단한 훈련을 받은 후 '인민 민병 대대people's militia battalion'로 편성되었다.

볼셰비키 혁명 기념일인 11월 7일이 다가오자, 스탈린은 붉은 광장Red Square에서 군사 퍼레이드를 포함한 정상적인 기념식을 개최하는 것이 무엇보다도 중요하다는 생각을 하게 되었다. 11월 6일, 독일 공군기들의 공습을 피하기 위해 마야코브스카야Mayakovskaya 지하철 역에서 공산당 대회가 열렸다. 스탈린은 연설에서 독일군의 손실은 7배로 부풀리고 소련군의 손실은 반으로 줄여 이야기하며 인민의 사기를 올리기 위해 안간힘을 썼다. 하지만 그런 전과나 피해 발표보다 훨씬 더 중요한 사실은 스탈린이 공산당이 아닌 조국에 대한 애국심을 자극했다는 것이었다. 다음날, 붉은 광장에서 퍼레이드를 벌인 후 곧장 전선으로 향하는 병사들에게 스탈린은 '우리의 위대한 선조들'(1240년에 튜튼 기사단을 격파한 알렉산드르 네프스키Aleksandr Nevsky부터 1812년에 나폴레옹을 물리친 쿠투조프Kutuzov에 이르는 선조들)이 거둔 위대한 승리를 다시 한 번 재현하자고 외쳤다.

11월 중순, 추운 날씨로 인해 지면이 단단해지면서 독일군은 다시 진격 속도를 회복할 수 있었지만, 곧 새로운 문제에 봉착하게 되었다. 겨울이 오기 전에 전쟁을 끝낼 심산이었던 독일군은 동절기 전투 준비가 전혀 되어 있지 않았기 때문에, 병사들은 혹독한 추위와 눈으로 뒤덮인 환경에서 여름옷을 입고 흰색 위장복도 없이 싸워야 했다. 당연히 동상 환자들이 속출했고(모스크바 공세에서만 동상 환자가 13만3,000명 발생했다), 차량들을 위한 연료, 부동액, 동절기 윤활유 모두 러시아의 엄혹한 추위에 모조리 얼어붙어버렸다. 포탄을 한 발 쏠 때마다 포탄에 얼어붙은 윤활유를 긁어내지 않으면 장전 자체를 할 수가 없었고, 야지에서 항공기와 전차,

트럭을 정비하는 것은 악몽과도 같은 일이 되었다. 또 스탈린과 주코프가 모든 소련군 부대에게 철수 전에 가능한 한 모든 건물들을 파괴하라는 초토화작전 명령을 내렸기 때문에, 독일군은 몸을 녹일 건물을 찾을 수도 없었다. 독일군은 대부분 꽁꽁 얼어붙은 채 제대로 먹지도 못하고 진격을

계속해야 했으며, 11월 말이 되자 도저히 공세를 지속할 수 없는 상황이 되었다.

독일군은 12월 1일자 정보 보고서에서 붉은 군대에 남아 있는 예비대는 전무하다고 평가했으나, 이는 곧 완전히 잘못된 판단이라는 것이 드러났다. 여러 정보원들, 그중에서도 특히 도쿄에서 암약하던 스파이 리하르트 조르게로부터 스탈린은 일본이 시베리아가 아니라 동남아시아의 미국과 유럽 식민지들을 공격하려 한다는 정보를 입수하고 극동의 대규모 소련군 부대들을 서부로 이동시켜 신규 부대를 편성했다. 이런 식으로 스탈린은 11월 말까지 총 58개 사단에 이르는 예비대를 확보할 수 있었다.

나중에 주코프는 대공세를 펼 계획은 없었다고 고백했지만, 어쨌든 국지적으로 탐색전을 벌인 소련군은 독일군이 크게 약화되었다는 사실을 파악하고 12월 5일 새벽 3시, 영하 25도의 맹추위 속에서 서부전선군과 칼리닌 전선군으로 반격을 시작했다. 당시 소련군은 전차와 항공기 수에서는 독일 중부집단군보다 열세였지만, 따뜻한 방한복과 충분한 식량을 갖춘 원기 왕성한 병사들과 충실한 동계 장비를 갖추고 있었으며, 소련군의 야포와 전차, 트럭들은 그러한 혹한 속에서도 문제없이 작동하도록 제작되어 있었다. 그리고 소련 공군 정비병들 역시 따뜻한 격납고 속에서 쾌적하게 항공기를 정비할 수 있었다.

34일간 지속된 격전에서 독일군은 소련군의 공격에 의해 전선 대부분에서 최소 60마일(100킬로미터), 심한 곳에서는 최고 150마일(240킬로미터)까지 밀려났다. 주코프는 정면 공격을 지양하면서 중부전선을 밀어내 모스크바의 안전을 확보하는 동시에 다음 해에 벌어질 공세를 위해 유리한 위치를 잡는다는 비교적 소극적인 목표를 설정하고 여기에 모든 자원을 집중 투입하고자 했으며, 참모총장 샤포슈니코프Shaposhnikov도 이러한 계획을 지지했다. 그러나 간만의 승리에 기세가 오른 스탈린은 봄 해빙기가 되기 전에 독일군을 패배시킬 수 있을 것이라고 생각하고 1월 5일에 주코프와 샤포슈니코프의 반대를 무릅쓰고 5개 전선군을 동원한 대공세를 명령했다. 1월 8일에 시작된 이 공세는 4월 20일까지 계속되면서 어느 정도 성과를 거두기는 했지만, 그 과정에서 12월에 주코프가 벌인 공세 때와는 비교도 안 되는 막대한 피해를 입어야 했다. 100만 명 이상의 병력이 투입된 것은 주코프의 공세와 스탈린의 공세 모두 마찬가지였지만, 주코프의 공세에서는 완전히 잃은 병력이 13만9,586명에 불과했던 것에 반해, 스탈린의 공세에서는 그 수가 거의 2배에 달하는 27만2,520명이었다. 게다가 소련군의 전력 소모도 심각해서 주코프 지휘 하의 일부 포대는 하루에 2발밖에 사격을 할 수 없을 지경이었으며, 진격 속도도 하루에 1.5마일 (2.4킬로미터) 정도에 불과했다. 이는 독소전 초반 독일군의 진격 속도나 전쟁 말기 소련군의 진격 속도에 비하면 거의 달팽이 수준의 속도였다.

히틀러가 직면한 문제는 모스크바 전선만이 아니었다. 남부집단군 역시 모스크바 전선의 독일군과 마찬가지로 날씨로 인해 엄청난 고생을 하고 있었고, 1941년 10월 11일이 되자 진흙탕 및 소련 남부전선군과 남서부전선군 예하 7개 군의 격렬한 저항으로 인해 진격이 완전히 정지되고 말았다. 그 날 제1기갑군은 미우스Mius 강에 도달했으나, 비바람과 소련군의 격렬한 저항으로 인해 더 이상 전진할 수가 없었다. 그보다 북쪽에서는 독일 제6군이 남서부전선군에게 큰 피해를 입힘에 따라 스타브카Stavka(소련군 최고사령부)는 남서부전선군을 도네츠Donets 강으로 철수시킬 수밖에 없었다. 하지만 이는 단순히 1개 군의 철수로 끝나지 않고 소련의 전시 생산체제 전체에 커다란 영향을 미쳤다. 이 결정으로 인해 소련은 석탄 및 철광 공급원의 3분의 2와 철강 및 알루미늄 생산의 5분의 3을 담당하고 있던 도네츠 강 일대 대부분을 포기해야 했기 때문이었다. 그래도 소련은 대부분의 공장 기계들을 뜯어내 우랄과 시베리아 일대로 이전시키는 데 성공했으며, 대부분의 광산은 폭파시켜버렸다. 그리고 광산 상실로 부족해진 석탄 생산량은 다른 탄광 지역, 특히 북쪽의 보르쿠타^{Vorkuta} 등에서 죄수들을 강제 노동시켜가며 보충할 수 있었다.

11월 20일, 독일군은 '카프카스로 가는 관문'인 로스토프온돈^{Rostov-on-Don}을 드디어 함락시켰지만, 이곳에서도 소련군은 일찌감치 대대적인 반격작전을 시작했다. 소련 제56군이 남쪽으로부터 공격을 해 독일군을 붙잡아두는 사이에 제37군은 북쪽으로부터 남쪽을 향해 공격을 하면서 독일군 후방의 해안지대를 차단하려고 시도했다. 결국 룬트슈테트는 예하 부대들에게 50마일(80킬로미터) 서쪽에 떨어져 있는 미우스 강으로 철수하라고 명령했다. 이를 알게 된 히틀러는 11월 30일에 룬트슈테트의 명령을 취소시켰지만, 이미 미우스 강으로 한창 물러나고 있던 독일군을 되돌릴 수는 없었다. 룬트슈테트는 히틀러의 간섭으로 인해 사임할 수밖에 없었고, 히틀러는 그의 후임으로 제6군 사령관이자 몇 안 되는 나치 지지 장군 중 한 명이었던 라이헤나우를 임명했다. 그 무렵에는 라이헤나우도, 히틀러도 더 이상 로스토프에서 버틸 수가 없다는 점을 인정할 수밖에 없었지만, 히틀러는 제1기갑군에게 계속 미우스 강 동쪽에서 버틸 것을 명령했다. 그러나 12월 1일, 소련군이 독일군 전선을 돌파하자, 히틀러도 결국은 미우스 강으로의 철수를 허가할 수밖에 없었다. 이는 애초에 미우스 강으로 물러나야 한다는 룬트슈테트의 판단이 옳았다는 것을 보여주는 결정이었다. 남부집단군은 미우스 강에서 1942년 중반까지 수월하게 붉은 군대를 막아낸 후 다시 로스토프와 카프카스로 진격할 수 있었다.

예상치 못한 소련군의 대반격에 히틀러가 취한 대응은 장군들의 모가지를 자르고 어떠한 퇴각도 허용하지 않는 것이었다. 12월 19일까지 브라우히치, 보크, 룬트슈테트, 구데리안, 회프너, 그리고 여러 독일군 지휘관들이 해임당했고, 이후 동부전선의 독일군은 히틀러가 직접 지휘했다. 일

■■■■■ 소련의 선전 포스터. "붉은 군대의 전사들이여! 더욱 강하게 적을 몰아붙이시오! 독일 파시스트 돼지들을 조국으로부터 몰아냅시다!"라고 씌여 있다. (Ann Ronan Picture Library)

부 독일 장군들은 나중에 히틀러의 '현지 사수' 전략으로 인해 독일군의 퇴각이 궤주로 변하는 것을 막을 수 있었다고 인정하기도 했다. 그러나

스타라야 루사
북부집단군
제16군
알멘 호수
덴얀스크
제34군
제3충격군
북서부전선군
일멘 호수
칼리닌 전선군
오스타시코프
제27군
제39군 칼리닌
제29군
제31군
제30군
제충격군
솔네크노고르스크
벨리키예루키
제4충격군
벨리노보
르제프
주브초프
사코브스카야
제4기갑군 제9군
그자츠크
루자
볼로콜람스크
제20군
제16군
모스크바
제5군
제33군
서부방면군
비테브스크
데메도프
두호브시나
브야즈마
말로야로슬라베츠
나로포민스크
제43군
카시라
서드비나 강
제3기갑군
모스크바 도로
스몰렌스크
도로고부시
빨치산
우그라
세르푸호프
제49군
제1기병군
라잔
중부집단군
모길레프
빨치산
제4군
스파스데멘스크
칼루가
제50군
미하일로프
스탈리노고르스크
제10군
카루프
수히니치
코젤스크 우파 강
벨레프
우슬로바야
돈 강
브랸스크 방면군
제3군
남서부전선군
브랸스크
오렐
0 ─── 50 miles
0 ─── 100 km
N

──── 1941년 12월 5~6일 전선
- - - 1942년 1월 1일 전선
······ 4월 말 전선
소련군 제4공수군단 강하, 1942년 1월 18~24일

전선이 안정을 찾게 된 것은 어느 정도 현지 사수 전략이 먹혔기 때문이기도 했지만 그만큼 스탈린이 지나치게 욕심을 부렸기 때문이기도 했고, 또 해빙기가 되면서 병력 이동이 곤란해졌기 때문이기도 했다. 이로 인해 현지 사수 전략을 맹신하게 된 히틀러 때문에 이후 독일군은 여러 차례 충분히 피할 수 있는 상황에서도 전멸을 당하는 재앙을 겪게 되었다.

모스크바 전투는 전쟁 시작 후 독일군이 최초로 대규모 지상전에서

■■■■■■ 1941년 12월, 모스크바 전선에 버려진 독일군 야포의 모습. (Public domain)

패배한 사례이자 전격전의 한계를 보여주는 전투이기도 했다. 붉은 군대
는 엄청난 손실을 입어가면서도 독일군과 치열한 격전을 벌인 끝에 독일
군의 계획에 큰 차질을 줄 수 있었다. 1941년 독일이 탈취하고자 했던 상
징적인 3개 주요 목표(레닌그라드, 모스크바, 키예프) 가운데 실제로 독일군
의 손에 떨어진 것은 키예프 하나뿐이었다. 독일군의 손실은 소련군보다
훨씬 적었지만, 독일군의 손실 보충 능력은 소련군보다 훨씬 빈약했다.
이후 소련군은 우랄로 옮긴 산업 기기들과 현지에 새로 건설한 산업 단지
들을 통해 막대한 장비 손실을 손쉽게 보충할 수 있었다. 게다가 12월부
터 전쟁에 뛰어들게 된 미국은 소련에게 엄청난 물자를 제공해주기 시작
했다.

■■■■■■ 1942년 1월, 토포렉(Toporec) 인근에서 눈밭을 헤치며 이동 중인 독일군 병사들의 모습(맨 앞의 병사가 소총 외에 PM40기관단총까지 소지하고 있는 모습이 이채롭다-옮긴이). (Bundesarchiv)

1942년

칼리닌 전선군과 서부전선군은 샤포슈니코프와 주코프가 주장해온 '제
한된' 공세를 계속했다. 하지만 독일군에게는 정말 불길하게도 소련군의
소위 '제한된' 공세라는 것의 규모는 웬만한 군대의 전면 공세 뺨치는 것
이어서, 공격 전면이 400마일(640킬로미터)에다가 참가 병력만도 100만
명이 넘었다(95개 사단, 46개 여단). 4월 20일, 해빙기의 진창 때문에 더 이
상 군사적 이동이 불가능한 상황에서 독일군은 모스크바를 넘볼 수 없을
정도로 밀려나 있었다.

히틀러는 1942년 전쟁 계획의 초점을 전적으로 남부전선에 맞출 심산
이었다. 당시 소련의 석유는 거의 전부가 카프카스에 있는 3개 유전에서

생산되어 볼가 강을 따라 운항하는 유조선들과 볼가 강변에 건설된 철도를 통해 모스크바와 각 산업단지로 수송되고 있었다. 또 유럽에 면한 소련에서 두 번째로 큰 강인 돈Don 강은 보로네시Voronezh 바로 남쪽에서 직각으로 꺾여 남동쪽으로 250마일(400킬로미터)을 달리다가 다시 남서쪽으로 방향을 돌려 아조프 해Sea of Azov로 흘러들었다. 이 두 번째 '만곡부'에서 돈 강과 볼가 강 사이의 거리는 겨우 45마일(72킬로미터)에 불과했다. 독일 남부집단군은 돈 강을 따라 동쪽으로 진격한 후 주요 공업도시인 스탈린그라드 북쪽에서 돈 강을 도하하면서 소련의 석유 공급로를 차단한다는 계획을 세웠다. 여기까지 작전이 성공적으로 진행되면 독일군은 카프카스로 진격해 유전을 장악할 계획이었다. 이 계획을 수행하는 데 있어서 스탈린그라드를 꼭 점령할 필요는 없었지만, '스탈린의 도시'를 점령한다는 상징적 의미에 집착한 히틀러는 스탈린그라드 점령을 고집했다.

1942년 초반과 중반의 전황은 붉은 군대에게 불리하게 돌아갔다. 티모셴코 원수는 바르벤코보Barvenkovo 돌출부에서 공세를 시작해 당시 독일군이 점령하고 있던 도시 가운데 가장 큰 도시인 하르코프Kharkov를 탈환할 계획을 세웠다. 그러나 당시 티모셴코는 독일군 역시 비슷한 시기에 소련군의 공격 시작점이 될 돌출부 뿌리 부분을 남북으로 잘라내는 것을 목표로 프리데리쿠스 작전Operation Fridericus을 세우고 있다는 사실을 까맣게 모르고 있었다. 그러나 프리데리쿠스 작전 개시 예정일로부터 6일 전인 5월 12일에 티모셴코가 공격에 나설 무렵, 독일군은 겨우 돌출부 남쪽의 공격부대(제1기갑군)만이 공격이 가능한 상태였다. 소련군의 공격 기세가 심상치 않자, 클라이스트는 5월 17일에 서둘러 '외팔이 프리데리쿠스' 작전을 시작하여 22일에 돌출부의 뿌리를 절단하는 데 성공했다. 티모셴코는 스탈린에게 증원 부대를 요청했지만, 스탈린은 "시장에서 사단을 돈 주고 살 수 있다면 당장 사주겠지만, 불행히도 사단은 시장에서 파는 물건이

아니다"라는 회답을 보내면서 또다시 만사가 다 틀어질 때까지 철수 허가를 내주지 않았다. 이로 인해 소련군 3개 군이 전멸당했고, 29개 사단이 박살이 나버렸으며, 다른 사단들도 큰 피해를 입었고, 소련군 20만 명이 포로가 된 이외에도 전차 400대가 격파당했다. 하지만 소련군에게 이러한 막대한 피해보다도 더 큰 문제는 독일군의 본격적인 공세는 아직 시작도 되지 않았다는 것이었다.

레닌그라드의 포위를 풀어보려는 시도 역시 실패로 돌아갔다. 이 과정에서 소련군은 1개 군이 포위 분쇄당하면서 막대한 피해를 입어야 했다. 남부전선에서도 상황은 크게 다르지 않았다. 소련군은 카프카스로 가는 통로인 케르치 해협에 접근하는 독일군을 막기 위해 안간힘을 썼지만, 그 과정에서 투입된 병력 6만2,500명 가운데 절반에 해당하는 3만547명을 잃었다.

1942년의 본격적인 공세를 위해 폰 보크는 독일군 4개 군과 위성국가들의 4개 군을 확보해놓고 있었다. 양익 포위 공격에 있어 북쪽 날개에 해

당되는 돈 강 일대의 지역에는 호트 상급대장이 지휘하는 제4기갑군과 파울루스Paulus 상급대장이 지휘하는 제6군이 배치되어 있었고, 남쪽 날개는 클라이스트가 지휘하는 제1기갑군과 루오프Ruoff 대장이 지휘하는 제17군이 담당하고 있었으며, 폰 만슈타인 상급대장이 지휘하는 제11군 역시 세바스토폴 공략전이 끝나면 독일군의 남쪽 날개에 합류할 예정이었다. 한편, 위성국가 군대인 헝가리 제2군과 이탈리아 제8군, 루마니아 제3군은 돈 강 일대에 배치되어 독일군의 측면을 커버할 계획이었다. 작전 개시 당시 보크는 9개 기갑사단을 포함한 89개 사단을 보유하고 있었으며, 대부분의 사단들이 편성 정수를 채웠거나 거의 채운 상태였다.

6월 9일, 독일군 공세 초기 단계의 계획서를 소지한 한 소령이 탑승한 경비행기가 소련군 후방에 추락하는 사건이 발생하면서 독일군 지휘부를 당황하게 만들기도 했다. 한편, 1941년에 히틀러가 경제적 가치가 높은 남부 지역을 노릴 것이라고 오판을 했다가 뜨거운 맛을 본 스탈린은 이제는 히틀러가 남부 지역을 노릴 리가 없다고 굳게 믿고 있었다. 그런 상황에서 독일군의 남부 지역 공세 계획이 통째로 들어오자, 스탈린은 이것을 독일군이 소련군 지휘부를 혼란시키기 위해 일부러 유출시킨 역정보라고 판단했다. 그러나 그로부터 겨우 이틀 후, 독일군은 소련군이 손에 넣은 계획서대로 보로네시를 공격하기 시작했다.

■■■■■■ 소련군 포로들이 도로를 정비하고 있다. (AKG Berlin)

보로네시는 그로부터 북동쪽에 위치한 모스크바를 공격할 수 있는 이상적인 발판이 될 수 있는 곳이었기 때문에, 소련군은 74개 사단과 6개 전차군단, 37개 여단 등 총 130만 명에 이르는 막대한 병력으로 이 도시를 엄중하게 지키고 있었다. 보크는 제4기갑군의 3개 군단 가운데 2개 군단을 투입해 보로네시를 탈취하려고 했다. 그러나 사실 독일군에게 보로네시는 그렇게 중요한 목표가 아니었다. 결과적으로 보크는 소중한 기갑전력을 7월 13일까지 쓸데없는 곳에 묶어두는 우를 범하고 말았다. 소련군은 37만 명이 넘는 병력을 완전히 손실했지만, 남서부전선군 병력 대부분은 모든 중장비를 가지고 돈 강을 따라 동쪽으로 비교적 질서정연하게 철수할 수 있었다. 독일 제6군이 이들을 추격했지만, 제6군 예하 병력 대부분은 알보병들이었기 때문에(18개 사단 가운데 기갑사단은 2개, 기계화보병사단은 1개에 불과했다), 빠르게 물러나는 소련군을 제대로 잡을 수가 없었다. 이런 실패에 분노한 히틀러는 당장 보크를 해임했으며, 이후 일어난 모든 사건들(스탈린그라드의 대재앙까지도)을 보크의 책임으로 돌렸다.

히틀러는 남부집단군을 A집단군(리스트 지휘)과 B집단군(바익스 지휘)으로 분할하고 A집단군은 카프카스로, B집단군은 볼가 강으로 각각 진격시킨 후, 자신의 사령부를 동프로이센의 라슈텐부르크^{Rastenburg}에서 우크라이나의 빈니차^{Vinnitsa}로 옮겼다. 빈니차에서 히틀러는 작전명령 제43호(7월 11일)와 제45호(7월 23일)를 통해 흑해 연안의 항구들과 카프카스의 유전을 장악함으로써 이란을 통해 소련에 물자를 지원해온 연합군의 보급로를 차단하라고 명령했다. 동시에 히틀러는 작전명령 제44호(7월 21일)도 하달하면서 무르만스크 철도를 차단하라고 명령했다. 만약 독일군

■■■■■ 스탈린그라드 시의 공장지대에서는 스탈린그라드 전투 전 기간에 걸쳐 치열한 전투가 전개되었다. (Yakov Ryumkin)

이 이러한 목표들을 달성한다면, 연합군이 소련군에게 물자를 보급할 수 있는 통로는 태평양-블라디보스톡-시베리아 루트밖에 남지 않게 되며 항공 수송을 제외한 물자 공급량은 절반으로 줄어들 수밖에 없었다.

그러나 터덜터덜 걸으면서 진격하던 독일 제6군은 소련군을 재빨리 포위할 수가 없었고, 잡힌 포로의 수도 예상에 훨씬 못 미쳤다. 그러나 히틀러는 소련 남서부전선군과 남부전선군이 돈 강을 건너 철수하고 있다는 사실을 애써 무시하면서 7월 13일에 제4기갑군에게 콘스탄티노브카Konstantinovka에서 돈 강을 도하하여 돈 강의 제방을 따라 로스토프로 남하한 후 돈 강의 서쪽에서 버티고 있을 거라고 믿고 있던 소련군을 포위하라고 명령했다. 그러나 그 무렵 소련의 남부전선군은 여름철의 집중호우와 연료 부족으로 어려움을 겪으면서도 이미 돈 강을 건너 철수를 해버린 상태였다. 7월 중순, 할더는 자신의 일기에서 소련군의 전력에 대한 히틀러의 과소평가가 이제는 거의 어처구니없는 수준에 이르러서 제대로

된 작전을 짜는 것이 거의 불가능할 지경이라고 썼다.

한편, 소련군은 몰려오는 독일군을 상대로 스탈린그라드를 지킬 제62
군의 지휘관으로 당시까지 제64군의 부사령관이었던 추이코프^{Chuykov} 중
장을 임명했다. 추이코프는 스탈린그라드로 철수하는 과정에서 독일군이

제병 협동 전술에 크게 의존하고 있다는 사실에 주목했다. 독일군 전차들은 항공기 지원 없이는 움직이려 들지 않았고, 보병들은 전차 없이는 공격하려 하지 않았다. 추이코프는 또한 소총 사정거리보다 훨씬 먼 거리에서부터 사격을 시작하는 독일군 보병들을 보고 독일군 병사들이 근접전을 좋아하지 않는다는 사실을 간파하고, 최대한 독일군 보병들과 가까운 거리에서 전투를 벌임으로써 독일군이 자랑하는 전차들과 항공기들이 아군을 다치게 할까 봐 제대로 화력을 쏟아 붓지 못하게 한다는 방침을 세웠다. 광활한 평야지대에서는 독일군에게 접근한다는 것이 말처럼 쉬운 일이 아니었지만, 폐허가 된 대도시는 그러한 접근전을 펼치기에 이상적인 조건을 제공해주었다. 물론 독일군 보병이 쏘아대는 총탄에 맞을 가능성은 훨씬 높아졌지만, 추이코프는 그러한 전술을 통해 독일군의 자랑인 제병 협동 전술을 무력화하는 데 성공했다. 그러나 이 전술이 궁극적으로 성공을 거두기 위해서는 병사들의 사기와 전투 의지가 뒷받침되어야 했다. 그리고 당시 소련군 병사들의 사기는 계속되는 패배와 철수로 인해 바닥까지 떨어진 상태였다. 전선군 사령관 예레멘코와 수석 정치장교 니키타 흐루시초프Nikita Khrushchev가 선동적인 연설을 하고 대규모 증원 병력이 도착하고 "한 발자국도 물러나지 말라"는 스탈린의 명령 제227호가 하달되었지만, 병사들이 제대로 싸우도록 만들기 위해 추이코프와 예하 지휘관들은 수없이 위협을 가하고 때에 따라서는 일부 병사들을 총살하기까지 해야 했다.

우여곡절 끝에 제62군을 시내로 밀어넣는 데 성공한 추이코프는 다시 한 번 고정관념을 탈피한 전술을 사용했다. 대부분의 전투는 실내에서 벌어졌으며 방에서 방으로 움직일 때마다 치열한 전투를 치러야 하는 상황에서 기존의 소대 및 중대 편성은 별로 효율적이지 못했다. 추이코프는 제62군을 보병 20~50명과 경포 2, 3문, 공병 및 화염 방사기나 폭발물 전문 병사 1, 2개 조로 구성된 수많은 '돌격대'로 재편성했다. 이 돌격대들은 독일군의 행동을 잘 관찰하고 있다가 독일군이 식사를 하거나 보초 교대를 할 때 취약해지는 틈을 이용해 공격을 감행했다. 돌격대에는 또 6~8명으로 구성된 공격조가 포함되어 있었다. 공격조에 소속된 병사들은 각각 기관단총, 수류탄 10~12개, 단검, 야전삽(보통 땅을 파기보다는 전투용 도끼에 가까운 용도로 사용)을 가지고 공격을 이끌어나가는 역할을 했다. 공격조가 건물에 침투하면, 중기관총, 박격포, 대전차포, 대전차 소총, 지렛대, 곡괭이, 폭발물을 소지한 지원조가 그 뒤를 따랐다. 지원조는 필요할 경우 공격조를 지원하기도 했지만, 이들의 주요 임무는 공격조가 공격하는 건물의 접근로에 매복하고 있다가 지원하러 오는 독일군 부대를 공격하는 것이었다. 공격조와 지원조 이외에 돌격대를 구성하는 세 번째 집단은 예비조였다. 이들은 필요한 경우에는 지원조의 역할을 수행했지만, 그럴 필요가 없을 때에는 몇 개의 공격조로 전환되어 공격을 했다. 치열한 시가전에서는 전차나 포병의 집중 운용은 꿈도 꿀 수 없었다. 다만, 1, 2대의 전차나 야포가 보병의 지원화기 역할을 수행하곤 했다. 또 볼가 강을 오가며 제62군에게 물자를 전달하던 보급선들에 포격을 퍼붓는 독일군 포대를 파괴하기 위해 땅굴을 파고 폭약을 매설하는 지뢰 전술이 처음으로 사용되기도 했다. 2주일 동안의 노력 끝에 소련군 공병들은 독일군 포대가 자리 잡은 건물 밑까지 땅굴을 뚫고 폭약 3톤을 채운 후 폭파시켰다. 이와 함께 제62군의 보급선을 위협하던 독일군 포대도 하늘 높이 날아가버렸다. 이후 이러한 지뢰 전술은 스탈린그라드 전역에서 광범위하게 사용되었다.

하지만 모든 전투가 실내에서만 벌어진 것은 아니었다. 스탈린그라드시는 볼가 강 서쪽 제방을 따라 수 마일 길이에 걸쳐 펼쳐져 있었고, 도시 인근에 자리 잡은 2개 대규모 공업단지(트랙터 공장과 바리케이드 공장)에서는 스탈린그라드 전투 전 기간에 걸쳐 치열한 격전이 벌어졌다. 도시 중심부를 감제할 수 있는 자그마한 언덕인 마마예프 쿠르간^{Mamayev Kurgan}의 경우에는 이 언덕을 둘러싸고 전투가 얼마나 치열하게 벌어졌던지, 지면이 달아올라 겨울이 되어도 눈이 쌓이지 않을 정도였다.

이렇게 비좁은 전장에 안전지대란 존재하지 않았다. 소련군의 중포 대부분은 볼가 강의 동쪽 제방에 자리를 잡고 시내에 숨어 있는 관측병들의 유도를 받아 포격을 가했다. 또 소련군에게는 방수 전화선이 없었기 때문에 동쪽 제방의 소련군은 며칠마다 주기적으로 독일군의 격렬한 포화를 덮어써가며 전화선을 새로 가설해야 했다. 추이코프 자신도 몇 번이나 사령부를 옮겨야 했고, 볼가 강 서쪽 제방에 건설된 석유 탱크 인근의 참호와 반쯤 가라앉은 바지선을 엄폐물 삼아 마지막으로 사령부를 설치했다. 그러나 비어 있는 줄 알았던 석유 탱크들은 사실 기름이 가득 차 있었고, 추이코프는 그 탱크들이 포격을 맞아 불이 붙고 난 뒤에야 그 사실을 알게 되었다.

소련군은 북쪽으로 공격을 가해 독일군을 격퇴해보려 했지만, 이 공격은 별다른 성과를 거두지 못했다. 9월 12일, 스탈린그라드에서 돌아온 주코프는 스탈린에게 공격 실패를 보고했다. 스탈린은 스탈린그라드 일대의 지도를 바라보는 동안 바실리예프스키에게 "뭔가 다른 방법을 찾아야만 한다"고 말했다. 스탈린은 주코프와 바실리예프스키에게 '대안'을 찾아서 다음날 저녁까지 보고하라고 명령했다. 다음날 저녁, 주코프와 바실리예프스키는 두 가지 핵심 사항으로 구성된 '대안'을 들고 스탈린 앞에 나타났다. 첫 번째 핵심 사항은 스탈린그라드를 결사적으로 지키면서 최대한 독일군을 전방에 붙들어놓는다는 것이었고, 두 번째는 그 사이에 대규모 부대를 결집하여 독일군의 양 측면을 지키고 있는 루마니아 제3군(스탈린그라드 북방)과 제4군(남방)을 목표로 대규모 양익 돌파를 실시하고 스탈린그라드의 독일군을 포위한다는 것이었다.

양익 포위의 북쪽 날개를 형성하게 될 부대들은 돈 강의 남서쪽 제방에 자리 잡은 2개 교두보(세라피모비치Serafimovich와 클레츠카야Kletskaya)에서 공격을 개시할 예정이었다. 세라피모비치 교두보에 비밀리에 집결한 로마넨코Romanenko 중장이 지휘하는 제5기갑군이 칼라치Kalach 부근의 돈 강을 향해 공격을 개시하면 포위망의 남쪽을 구성하는 부대들이 북쪽으로 진격하여 제5기갑군과 연결하여 포위망을 완성한다는 것이 계획의 핵심이었다. 이 작전은 무엇보다도 보안 유지가 관건이었다. 따라서 이후 당분간은 스탈린그라드 전선군과 남서부전선군을 지휘하고 있던 예레멘코에게도 작전의 아주 개략적인 사항 이외에는 아무런 정보도 주지 않았다.

공세를 위한 사전 준비 작업의 일환으로 스탈린그라드 전선군은 돈 전선군으로 개칭되었고, 사령관으로는 로코소프스키 중장이 임명되었다. 스탈린그라드 전선군으로 개칭된 남동부전선군 사령관으로는 예레멘코가 유임되었고, 10월 말에는 바투틴Vatutin이 지휘하는 남서부전선군이 새로 편성되어 돈 전선군의 서쪽에 배치되었다. 소련군은 공세가 시작되면 제5기갑군으로 안쪽 포위망의 서쪽 측면을 형성하고 나머지 남서부전선군이 루마니아군과 인근의 이탈리아 제8군을 뚫고 나가 서쪽을 바라보고 바깥쪽 포위망을 형성하여 독일군의 구출 시도를 차단할 계획이었다. 주코프와 바실리예프스키는 공세에 필요한 병력과 보급품을 집적하는 데 적어도 45일이 걸릴 것으로 예상했다. 이는 11월까지는 소련군이 반격에 나설 수 없다는 것을 의미했다. 이 야심찬 계획을 승인한 스탈린은 즉각 주코프를 다시 파견해 스탈린그라드 북부 지역의 정세를 정확하게 파악하도록 하는 한편, 며칠 후에는 남쪽 지역 정세 파악을 위해 바실리예프스키를 파견했다.

소련군은 반격작전 계획의 보안을 유지하기 위해 엄격한 조치를 취했

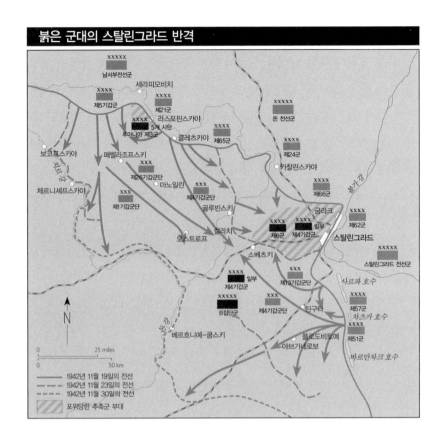

붉은 군대의 스탈린그라드 반격

다. 전화나 무선으로 작전에 관해 이야기하는 것은 철저하게 금지되었으며, 주코프와 바실리예프스키를 비롯한 스타브카의 고위 지휘관들은 스탈린그라드와 모스크바를 직접 오가며 파악한 상황을 스탈린에게 구두로 보고했다. 10월 초, 일선의 고위 지휘관들에게 작전 내용이 통지가 되기는 했지만, 하급 지휘관들은 그로부터 한 달이 지날 때까지 반격작전에 대한 어떠한 언질도 받지 못했다. 병력과 장비, 보급품은 가능한 한 밤에만 이동시켰고, 소련 공군 역시 활발한 활동을 벌이며 독일군의 항공 정찰을 최소 수준으로 제한했다.

그 결과, 소련군은 스탈린그라드 일대에 3개 전선군 66개 보병사단 및

19개 보병여단, 8개 기병사단, 5개 기갑군단 및 15개 기갑여단, 2개 기계화군단을 집결시킬 수 있었고, 또 이 대병력은 6개 항공군의 지원을 받았다. 모든 부대들은 완편 상태는 아니었지만, 그래도 병력 114만3,500명과 야포 1만3,500문(3인치 이상의 구경만 셈을 경우), 그리고 전차 894대라는 반격 부대의 규모는 독일 육군 최고사령부가 예측한 소련군의 예비대 동원 능력을 훨씬 뛰어넘는 것이었다. 물론 아무리 소련군이 조심을 해도 이러한 대규모 병력 이동을 완전히 숨길 수는 없었다. 하지만 전반적으로 독일군은 소련군이 이렇게 엄청난 전력을 동원해 반격에 나설 계획이라는 것을 전혀 알아차리지 못했다. 독일 정보부의 책임자였던 겔렌Gehlen 대령이 예측할 수 있었던 것이라고는 스탈린그라드 북부에 소련군 병력이 좀 늘어나는 것 같다는 것뿐이었고, 남쪽에도 엄청난 병력이 도사리고 있다는 것은 전혀 알아차리지 못했다.

반격작전의 또 다른 핵심 요소는 서부전선군과 칼리닌 전선군이 공세를 가해 독일군 기동부대가 스탈린그라드 전선을 지원하지 못하도록 묶어두는 것이었다. 11월 17일, 스탈린은 바로 그 임무를 수행하도록 주코프를 파견했다. 바실리예프스키는 스탈린그라드에 남아 반격에 나설 3개 전선군의 작전을 조율하는 역할을 맡았다.

9월 중순, 독일군은 새로이 공세를 시작하여 스탈린그라드를 지키고 있던 제62군을 절망적인 상태에 빠뜨렸지만, 스타브카가 예비대에서 1개 사단을 빼내어 즉각 투입함으로써 제62군은 위기를 겨우 모면할 수 있었다. 이후 10월 한 달 동안 소련군 6개 사단이 추가로 투입되면서 독일군은 결국 스탈린그라드에서 소련군을 몰아내는 데 실패하고 말았다. 소련군의 반격은 남서부전선군과 돈 전선군이 11월 9일에, 스탈린그라드 전선군이 11월 10일에 공세를 개시하면서 시작될 예정이었다. 그러나 병력, 탄약, 부동액, 군마, 기타 보급품의 도착이 늦어지면서 공격 예정일은 10

일 뒤로 미뤄지게 되었다.

9월 24일, 할더를 해임한 히틀러는 후임으로 예스맨인 쿠르트 차이츨러^{Kurt Zeitzler} 대장을 앉혔다. 그리고 11월 첫 주에 루마니아 제3군과 대치하고 있는 소련군의 병력이 크게 증강되고 있다는 증거가 속속 들어오던 시점까지도 독일 육군 최고사령부는 스탈린그라드 함락이 코앞이라는 안일한 예상만 하며 시간을 보낼 뿐이었다. 11월 초, 히틀러는 1923년 11월 8일에 자신이 시도했다 실패로 끝난 쿠데타 기념일을 위한 연설문을 준비하기 위해 베르히테스가덴으로 떠났다. 히틀러의 사령부도 빈니차를 떠나 라슈텐부르크로 다시 돌아가기 위한 작업을 시작하고 있었다. 이렇게 소련군의 대반격이 곧 이뤄질 시점에 독일군 최고 지휘부는 이러한 상황에 대처하기에는 이보다 더 나쁠 수 없는 시간과 장소에 자리 잡게 되었다. 엎친 데 덮친 격으로 10월 23일에 북아프리카에서 영국군의 반격이 시작되었고, 11월 2일에 롬멜의 부대는 철수를 시작했다. 11월 7일에는 영미 연합군이 프랑스령 북아프리카에 상륙함에 따라 히틀러는 튀니지에 대규모 부대를 파견하고 8일에는 비시 프랑스를 점령하는 조치를 취했다. 그리고 11월 19일, 마침내 소련군의 대반격작전의 뚜껑이 열렸다.

이렇게 긴급 상황이 정신없이 전개되는 동안, 히틀러는 독일 국방군 총사령부^{OKW} 소속의 소수 장교들만을 데리고 베르히테스가덴 조금 위쪽의 베르그호프^{Berghof}에 가 있었다. 동행한 장교들 가운데 동부전선을 담당한 육군 총사령부^{OKH} 관계자는 단 한 명도 없었다. 히틀러와 동행하지 않은 참모들은 베르그호프 외곽의 숙사와 잘츠부르크^{Salzburg} 기차역에 머물고 있던 히틀러의 전용열차에 머물고 있었다. 공군 총사령부^{OKL}는 육군 총사령부와 함께 라슈텐부르크에 있었지만, 공군 총사령관 괴링은 파리에 머물고 있었다. 히틀러는 11월 23일 밤 늦게 라슈텐부르크로 돌아왔다. 상황의 심각성을 전혀 파악하지 못하고 있던 히틀러는 차이츨러가 긴급 상황을 보고하려 하자, 이를 다음날로 미루려고까지 했다.

　루마니아와 이탈리아 등 독일 동맹국의 군대를 친다는 소련군의 결정은 철저하게 계산된 것이었다. 독일군은 광대한 돈 강을 모두 지킬 만한 예비 병력이 없었고, 또 어차피 소련군도 예비 병력이 없다는 생각에 히틀러는 돈 강 일대의 수비를 헝가리 제2군, 이탈리아 제8군, 루마니아 제3군에게 맡겼다. 루마니아군은 원래 루마니아 영토였다가 소련에 빼앗긴 몰다비아Moldavia, 베사라비아, 부코비나를 탈환할 때에는 열심히 싸웠지만, 소련 영토 깊숙이까지 끌려와서 독일군을 위해 목숨을 바치고 싶지 않았던 루마니아군 병사들은 그 이후에는 전투에 열의를 보이지 않았다. 설사 루마니아군의 전투 의지가 강했다고 하더라도 이들로서는 11월 19일 오전 6시 30분, 공격의 시작을 알리면서 포 3,500문이 80분간 쏟아부은 포탄을 견뎌낼 재간이 없었다. 물론 동맹군이 전투 의지도 별로 없고 전력도 약하다는 사실을 잘 알고 있던 독일 육군 사령부도 바보는 아니라서 이들을 보강하기 위해 2개 기갑사단(제14 · 제22기갑사단)을 배치해놓고 있었다. 제22기갑사단은 전차들을 위장하기 위해 대량의 짚으로 전차를 덮어놓았고, 이는 들쥐들에게 아늑한 은신처가 되어주었다. 문제는 이 들쥐들이 자기들의 보금자리를 꾸미기 위해 전차의 전선들을 끊어가버렸다는 것이었다. 소련군 반격작전의 선두에 선 로마넨코의 T-34 전차들이 덮쳐왔을 때, 독일 제22기갑사단의 전차 중 상당수는 시동조차 걸 수 없는 상태였다. 간신히 시동을 걸고 반격에 나선 제22기갑사단의 전차들은 제14기갑사단 및 루마니아 제1기갑사단과 함께 클레츠카야 교두보로부터 전진해오는 소련군 공격 부대의 제2파를 물리치기 위해 반격에 나섰다. 이후 이들은 소련 제5기갑군을 저지하기 위해 안간힘을 썼지만, 방대한 소련군의 파도 앞에 이들의 공격은 흐르는 강물에 돌멩이를 던지는 것 정도에 불과했다. 11월 21이 되자, 루마니아 제3군의 10개 사단 가운데 5개 사단이 소련군에게 항복했다.

또 소련군은 기책奇策을 사용해 칼라치의 핵심 교량을 장악하는 데 성공했다. 소련군은 노획한 독일군 차량 몇 대를 앞세워 전조등을 환하게 켜고 다리로 달려갔다. 구원 부대가 도착했다고 착각한 교량 경비병들은 자신들의 실수를 알아차리기도 전에 제압당해버렸다.

11월 20일, 마침내 스탈린그라드 남부에서도 스탈린그라드 전선군 3개 군이 반격에 나섰다. 이들 역시 완벽한 기습을 달성하면서 독일 제29 기계화보병사단 및 루마니아 제4군 예하 7개 사단 가운데 4개 사단에게 큰 타격을 주었다. 이후 소련군은 2개 기계화군단을 칼라치를 향해 진격시키는 한편, 1개 군으로는 돈 강 하류를 향해 남서쪽으로 공격을 시작했다.

11월 23일, 북쪽과 남쪽에서 진격해오던 소련군이 칼라치에서 연결되면서 독일 제6군 병력 전체와 제4기갑군 및 루마니아 제4군의 일부 등 총 20개 독일 사단과 2개 루마니아 사단을 가둔 포위망이 완성되었다.

11월 22일, 히틀러는 제6군 사령관 파울루스 상급대장에게 사령부를 스탈린그라드 시내로 옮기고 도시에서 방어전을 펼칠 준비를 하라고 명령했다. 파울루스는 일단 히틀러의 명령을 따랐지만, 같은 날 B집단군 사령관 바익스에게 제6군은 탄약과 연료가 거의 떨어진 상태이며 식량도 6일분밖에 없다는 무전을 보냈다. 파울루스는 또한 만약 충분한 공중 보급을 받을 수 있다면 버텨보겠지만, 루마니아군이 무너지면서 뚫린 구멍을 메울 수 없다면 서쪽으로 소련군의 포위망을 뚫고 나가도록 허가해줄 것을 요청했다. 바익스는 당장 제6군이 서쪽으로 치고 나오지 않으면 영원히 나올 수 없다고 생각했고, 파울루스 휘하의 군단장 5명도 같은 생각이었다. 11월 23일, 파울루스는 바익스의 지원을 등에 업고 히틀러에게 무선으로 직접 스탈린그라드 포기 허가를 요청했다. 그러나 11월 24일, 공군에게 맡겨만 준다면 스탈린그라드에 대한 공중 보급은 전혀 문제없다는 괴링의 장담을 믿은 히틀러는 파울루스의 요청을 거부했다.

그러나 괴링의 장담은 비현실적인 헛소리에 불과했다. 스탈린그라드에 갇힌 제6군을 유지하기 위해서는 하루에 물자가 750톤이 필요했지만, 당시 독일 공군의 주력 수송기였던 융커스 Ju 52 수송기가 실어 나를 수 있는 양은 최대 2.5톤에 불과했다. 이는 하루에 융커스 수송기가 300번은 날아야 겨우 제6군을 하루 먹여 살릴 수 있다는 얘기였다. 그러나 겨울 해는 무척이나 짧았고, 스탈린그라드 일대에 위치한 7개 비행장 가운데 야간 이착륙이 가능한 비행장은 피톰니크^{Pitomnik} 비행장 하나뿐이었다. 게다가 혹한으로 인해 항공기의 고장률도 높아졌고, 또 당시 독일 공군은 튀니지로 파견되는 병력을 실어 나르기 위해서도 막대한 수송기를 동원해야 했다. 이런 여건들뿐만 아니라 소련 전투기들이 기를 쓰고 독일 수송기들을 공격해올 것이라는 점을 감안하면, 괴링의 약속은 완전히 실현 불가능한 것이었다. 괴링이 제6군에 대한 보급은 충분히 가능하다고 큰소리를 떵떵 친 날, 스탈린그라드 전선을 담당한 제4항공함대 지휘관 볼프람 폰 리히트호펜^{Wolfram von Richthofen}은 바익스와 육군 최고사령부, 그리고 괴링에게 자신은 절대 그런 장담에 동의할 수 없음을 분명히 했다. 히틀러는 괴링의 장담을 믿는 쪽을 선택했지만, 불행히도 곧 리히트호펜의 판단이 옳았다는 것이 드러났다. 스탈린그라드에 보급된 물자의 양은 가장 실적이 좋았던 날에도 하루 289톤에 불과했고, 일반적으로 하루 평균 100톤도 되지 않았다. 게다가 소련군은 수송기들의 항로를 겨냥해 고사포를 집중 배치하고 이에 더해 전투기들까지 수시로 공격했다. 독일군은 이러한 소련군의 고사포와 전투기에 수송기 325대와 물자 수송에 사용된 폭격기 165대를 격추당했다.

11월 27일, 히틀러는 비테브스크^{Vitebsk}에 머물고 있던 제9군에게 남쪽으로 이동할 것을 명령하면서 제9군 사령관 폰 만슈타인 원수에게 새로

이 편성된 돈 집단군의 지휘를 맡겼다. 서류상으로 돈 집단군은 포위망 내부의 22개 사단과 더불어 4개 기갑사단, 16개 보병사단, 2개 기병사단으로 구성된 막강한 전력을 보유하고 있었다. 그러나 이들 가운데 완편상태에 가까운 전력을 보유하고 있던 것은 프랑스로부터 갓 이동해온 제6기갑사단 하나뿐이었다. 이외에 2개 기갑사단은 전차 보유량이 각각 30여 대에 불과했고, 6개 루마니아 사단들은 소련군의 공격에 뼈만 남은 상태였다. 만슈타인은 이런 부족한 전력을 가지고 구출작전을 성공시키기 위해 고심에 고심을 거듭한 끝에 히틀러에게는 스탈린그라드에 병력을 증원하기 위한 돌파작전이라고 말해놓고서 실제로는 탈출로를 뚫어 제6군을 빼내온다는 계획을 세웠다.

당시 독일군 전선에서 스탈린그라드로 가는 최단 통로는 베르흐네-쿰스카야Verkhne-Kumskaya로부터 출발하는 40마일(64킬로미터)의 코스였다. 하지만 이 코스는 누가 봐도 최단 코스라는 것이 명백했기 때문에 소련군으로서도 충분히 대비를 하고 있을 가능성이 컸고, 게다가 치르Chir 강과 돈 강을 소련군의 저항을 물리쳐가면서 건너야 한다는 것과 공격 중 소련의 제5기갑군으로부터 측면을 공격받을 가능성이 크다는 것 역시 큰 단점이었다. 따라서 만슈타인은 코텔니코보-스탈린그라드Kotelnikovo-Stalingrad 철도를 따라 좀더 남쪽으로 치우친 루트를 선택했다. 이 루트는 최단 코스보다 80마일(130킬로미터) 정도 더 길었지만, 돈 강의 소규모 지류 외에는 별다른 장애물이 없었다. 또 이 통로는 전선 끝부분인 칼미크Kalmyk 스텝을 따라 나 있었기 때문에 이 지역을 지키는 소련군도 5개 보병사단에 불과했다.

만슈타인이 최단 코스를 선택할 것이라고 예상한 스타브카는 제5기갑군을 동원해 독일군의 구출작전 준비를 무산시키는 한편, 이를 지원하기 위해 제5충격군을 추가로 파견했다. 이들이 치르 강을 건너 지속적으로 탐색전을 펴자, 만슈타인은 구출작전 개시일을 12월 3일에서 12일로 미룰 수밖에 없었다. 만슈타인은 호트 상급대장이 지휘하는 2개 기갑사단으로 북동쪽을 향해 공격해나가면서 홀리트Hollidt 전투단과 루마니아 제3군으로는 치르 강 방어선을 유지하고 제48기갑군단으로 호트를 막아서는 소련군의 후방을 타격하는 동시에 루마니아 제4군으로 호트의 측면을 보호한다는 계획을 세웠다. 그리고 적절한 시기에 만슈타인이 신호를 하면, 파울루스가 포위망 안쪽에서 치고 나와 호트와 연결할 예정이었다. 그러나 독일군의 이러한 구출작전에 대해 소련군 사령부 역시 대응에 나섰다. 11월 28일, 소련군 기병사단이 코텔니코보에 도착해 열차에서 내리고 있던 독일 제6전차사단을 포착한 뒤 공격했다. 예레멘코는 이 사건으로 독일군의 구출 시도가 스타브카가 예견한 최단 코스가 아니라 남쪽(자신이 담당한 전선)에서 이뤄질 가능성이 있다고 판단하고 즉시 스탈린에게 증원을 요청하는 한편, 자신이 담당한 전선의 남쪽 측면을 강화하기 시작했다. 12월 12일, 공격을 개시한 호트의 부대는 이틀 만에 예정 진격로의 3분의 1을 주파했지만, 12월 14일부터 예레멘코의 전차들이 본격적으로 반격에 나서자 진격이 서서히 느려지더니 스탈린그라드로부터 30마일(50킬로미터) 떨어진 미시코바Myshkova 강에서 소련군에게 저지당하고 말았다. 12월 19일이 되도록 구출 부대의 진격에 별다른 진전이 보이지 않자, 만슈타인은 파울루스에게 포위망 안쪽으로부터 공격을 개시해 호트의 부대 쪽으로 치고 나오라고 명령했지만, 파울루스는 연료 부족과 히틀러의 사수 명령을 이유로 이를 거부했다. 12월 24일, 스타브카는 2개 군을 추가로 이 방면에 투입했고, 그로부터 3일도 지나지 않아 호트는 공격 개시선 너머 저 멀리 밀려나고 말았다. 이렇게 독일 제6군 병사들의 구출 가능성은 완전히 사라지고 말았다.

그러나 만슈타인이 직면한 문제는 국지적인 구출작전의 실패만이 아니었다. 12월 3일, 스타브카는 예상되는 독일군의 구출 시도에 대한 보다 거시적인 대응책의 일환으로 이탈리아 제8군과 헝가리 제2군이 담당한 전선을 뚫고 돈 강의 로스토프 서쪽에서 흑해에 도달해 우크라이나에서 싸우고 있던 독일의 돈 집단군과 카프카스의 A집단군까지 고립시켜 포위한다는 야심찬 계획을 세웠다. 그러나 스탈린그라드 남쪽에서 독일군이 공격해올지도 모른다며 예레멘코가 지원을 요청해오자, 스타브카는 계획을 변경하여 작전의 중점을 독일 돈 집단군의 보급선을 차단하는 동시에 스탈린그라드에 대한 공중 보급의 전진기지 역할을 하고 있던 타친스카야^{Tatsinskaya}와 모로조프스크^{Morozovsk}를 점령하는 데 두기로 했다. 12월 16일에 시작된 소련군의 공세에 이탈리아 제8군은 1주일도 되지 않아 말 그대로 '녹아내려' 버렸다. 12월 28일, 소련군이 타친스카야와 모로조프스크 비행장을 점령하자, 안 그래도 이래저래 어려웠던 스탈린그라드에 대한 보급은 더욱 어렵게 되었다. 12월 28일, 명령이라곤 "현지 사수" 두 마디밖에 할 줄 모르던 히틀러도 어쩔 수 없이 돈 집단군에게 스탈린그라드로부터 서쪽으로 150마일(240킬로미터) 떨어진 선까지 철수하라는 명령을 내릴 수밖에 없었다. 그러나 독일군으로서는 아직도 A집단군이 카프카스에 있는 상황에서 파울루스에게 항복을 허가할 수가 없었다. 1942년이 다가기 전, 히틀러는 금쪽같이 아끼던 친위기갑군단에게 다시 한 번 스탈린그라드 구출을 시도하라고 명령했다.

1943년

새해가 되어도 스탈린그라드의 독일군 병사들의 고난은 변함이 없었다. 많은 병사들이 기아와 추위로 죽어가고 있었다. 제6군이 보유하고 있던 군마 7,000필은 이미 대부분 도살당해 병사들의 뱃속으로 들어간 지 오래였으며, 하루 식량 배급량은 말고기 200그램, 빵 70그램, 마가린이나 지방 14그램에 불과했다. 1월 8일, 스타브카가 파견한 대표 보로노프와 로코소프스키가 파울루스에게 항복을 제안했지만, 파울루스는 이 제안을 단번에 거절해버렸다. 로코소프스키는 곧바로 포위된 독일군을 완전히 격파하기 위해 콜초 작전Operation Koltso(Koltso는 고리라는 뜻)을 시작했다. 4일 후, 스탈린그라드의 주±생명선과도 같던 피톰니크 비행장이 함락되고 이제 독일군의 항공 수송은 굼라크Gumrak의 보조 비행장을 통해서만 이뤄지게 되었다. 1월 16일 밤 무렵이 되자 포위된 독일군은 두 동강이 났으며, 독일군이 장악하고 있던 지역 자체도 반 이하로 줄어버렸다.

　1월 21일, 드디어 굼라크 비행장마저도 소련군의 손에 떨어지게 되자, 파울루스는 굼라크에 있던 사령부를 시내의 백화점 지하로 옮겼다. 1월 23일, 히틀러는 또다시 항복은 절대 불허한다는 명령을 내렸으며, 30일에는 파울루스를 원수로 승진시켰다. 그러나 이러한 승진은 파울루스가 공을 세웠기 때문에 이뤄진 것이 아니었다. 당시까지 독일군 원수 가운데 적에게 항복한 사람은 단 한 명도 없었고, 히틀러는 그러한 전례를 상기시킴으로써 그에게 암묵적으로 자살을 요구한 것이었다. 1월 30일, 소련 제64군을 지휘하고 있던 슈밀로프Shumilov 대장은 파울루스의 소재를 파악하고 군 정보장교였던 일첸코Ilchenko 중위와 함께 전차와 기계화보병을 보냈다. 이들이 백화점에 포격을 퍼붓자, 곧 독일군 장교 한 명이 나와 일첸코에게 "파울루스 원수가 당신네 지휘관과 이야기하길 원한다"고 말했다. 일첸코가 슈밀로프에게 이러한 사실을 무전으로 알리자, 슈밀로프는 항복협상을 하도록 자신의 작전참모와 정보참모를 보냈다. 이후 항복협상이 이뤄지면서 1월 31일에 남쪽 포위망에 갇혀 있던 독일군들이 항복했고, 2월 2일에는 북쪽 포위망에 갇혀 있던 독일군들도 항복했다. 한편,

독일군이 패배를 당한 곳은 스탈린그라드만이 아니었다. 1월 13일, 헝가리 제2군은 보로네시 전선군으로부터 괴멸적인 타격을 입었다.

스탈린그라드 포위전과 돈 강 일대에서 벌어진 격전으로 인해 추축군은 독일 제6군 전체, 제4기갑군 일부, 루마니아 제3·제4군, 헝가리 제2군, 이탈리아 제8군 대부분을 상실하는 대피해를 입었다. 스탈린그라드에서만 추축군 9만1,000명이 항복했다. 그러나 기아와 추위, 티푸스로 인해 약해질 대로 약해진 이 병사들의 대부분은 포로 생활 중에 사망했고, 최종적으로 집으로 돌아갈 수 있었던 인원은 6,000여 명에 불과했다. 스탈린그라드 포위전 와중에 독일군 14만7,200명과 소련군 4만6,700명이 전사했다. 독일군은 포위망으로부터 8만4,000명(이들 대부분은 부상병이었다)을 비행기로 구출했지만, 숱한 독일군 부상병들이 수송기를 타고 탈출하다가 소련군의 대공포화와 전투기에 의해 격추당했다. 스탈린그라드에서 전사자, 포로, 실종자, 전투가 불가능할 정도로 중상을 입은 부상자 등을 포함해서 독일군이 입은 순손실은 22만6,000명에 달했으며, 이들을 대체한 보충병들은 잃은 병력들에 비해 전투력이나 자질이 크게 떨어졌다. 또 스탈린그라드의 지옥에서 간신히 살아남은 루마니아군, 헝가리군, 이탈리아군의 잔존 부대들이 본국으로 철수해버림으로써 독일군은 최소 20만 명의 병력을 추가로 잃은 셈이었다.

소련군의 병력 손실은 냉전 종식 후 대전 관련 기록들이 공개된 1993년까지 정확하게 파악되지 않았다. 이후 공개된 기록에 따르면, 스탈린그라드 방어전이 한창이던 기간(1942년 7월 17일~11월 18일)에는 전투 참가자 54만7,000명 가운데 59.2퍼센트에 해당되는 32만3,856명이 전사, 포로, 전투 불가능한 부상 등의 이유로 손실 처리되었다. 그러나 반격 시기(1942년 11월 19일~1943년 2월 2일)에는 사상자 비율이 크게 낮아져서 114만3,500명의 전투 참가 인원 가운데 13.5퍼센트에 해당하는 15만4,885명만

이 완전 손실 처리되었다. 그러나 소련군은 이외에도 돈 강 주변에서 벌어진 전투에서 5만5,874명을 추가로 잃으면서 스탈린그라드를 둘러싼 전투에서 소련군이 입은 총 손실은 53만4,615명에 달하게 되었다. 그러나 소련군은 예비 병력과 탈환한 지역에서 징병 연령대의 남성들을 징집하여 손실된 병력을 쉽게 메울 수 있었다.

스탈린그라드 전선이 붕괴되면서 A집단군은 타만Taman 반도와 투압세Tuapse-노보로시스크Novorossiisk 사이의 해안지역 일대를 제외한 카프카스 전 지역에서 철수해야만 했다. 소련군은 원래 돈 강을 따라 남쪽으로 진격하여 A집단군의 퇴로를 차단할 계획이었지만, 스탈린그라드의 독일군이 예상보다 3배나 오래 버티는 통에 상당수의 병력을 포위망 유지에 돌리느라 돈 강 방면에 투입된 병력은 예정보다 크게 줄어들었다. 제6군이 굶주리면서도 스탈린그라드에서 끈질기게 소련군을 물고 늘어진 덕분에 A집단군은 전멸을 피할 수 있었지만, 카프카스의 유전지대를 점령하고 더 나아가 중동으로 진격하여 중동의 유전지대도 확보하는 동시에 버마에서 진격해오는 일본군과 인도에서 만난다는 나치의 원대한 계획은 한때의 덧없는 꿈으로 사라지게 되었다.

2월 15일, 만슈타인은 일대 기습적인 반격을 개시하여 스탈린그라드의 대승리로 방심하고 있던 소련군에게 큰 타격을 안기면서 하르코프를 비롯해서 상실한 지역의 일부를 되찾고 소련군을 도네츠 강 북부로 쫓아내는 눈부신 승리를 거두었지만, 이후 봄 해빙기가 되면서 모든 도로가 진창이 되자 전선은 자연스럽게 소강상태를 맞게 되었다.

만슈타인의 반격으로 소련군이 밀려나면서 전선은 쿠르스크를 중심으로 소련군이 독일군 전선에 커다란 돌출부를 형성한 형상을 띠게 되었다. 히틀러는 1943년 여름에 일대 공세를 취해 이 돌출부를 지키고 있던 소련의 중부전선군과 보로네시 전선군을 섬멸한다는 계획을 짰다. 만슈타인은 이 공세(치타델레 작전Operation Zitadelle)를 최대한 빨리 실행에 옮기길 원했지만, 이 공세에 중重전차 티거를 비롯한 판터 등 신형 전차와 페르디난트Perdinand 대전차 자주포를 최대한 많이 투입하고 싶어했던 히틀러는 이들 신무기들이 대량 생산될 때까지 작전 실행을 계속 연기한 끝에 7월 5일에 작전을 개시하기로 결정했다.

전선이 소강상태를 보이는 동안 독일군의 동태를 파악하는 소련군의 정보 수집 능력은 극적인 향상을 보였다. 전후 실시된 어떠한 연구도 (소련의 연구든 타국의 연구든) 그 시기(1943년 2월 중순~4월 초)에 소련의 정보 능력이 어떻게 그렇게 발전할 수 있었는지에 대해 속 시원하게 설명해주지 못하고 있다. 4월 8일 무렵, 주코프는 이렇게 큰 발전을 이룬 정보 수집 능력을 활용하여 독일군의 공세 계획을 파악하고 스탈린에게 쿠르스크 돌출부 방어를 강화하여 공격해오는 독일군의 기세를 꺾은 후 남부전선에서 전면적인 반격에 나설 것을 건의했다. 스탈린은 로코소프스키와 바투틴과 같은 전선 사령관들과도 협의한 후 4월 12일에 주코프의 계획을 승인했다.

한편, 5월 4일에 열린 지휘관 회의에서 히틀러의 공세를 실행에 옮기게 될 독일 지휘관들은 공세작전에 대해 제각각의 반응을 보였다. 모델은 과연 자신에게 배정된 전력이 공세를 성공시키기에 충분한지 의구심을 표시했다. 반면에 클루게와 만슈타인은 소련군의 전력이 강화되기 전에 가능한 한 빨리 공세를 시작하기를 원했고, 당시 기동부대 총감Mobile Forces' Inspector-General을 맡고 있던 구데리안은 동부전선에서는 이제 어떤 공세도 벌여서는 안 된다는 입장을 보였다. 당시는 북아프리카의 추축군이 항복하기 불과 9일 전이었으며, 영미군의 유럽 대륙 상륙이 (근시일 내에) 확실시되고 있던 상황이었다. 구데리안은 영미 연합군의 상륙에 대비해 기갑부대를 아껴놓야지 부질없는 공세에 낭비해서는 안 된다는 생각을 가지

■■■■■ 프로호로프카 지역에서 격파된 나치 독일의 3호 전차. (Novosti(London))

고 있었다. 그러나 히틀러는 그러한 장군들의 희망과 우려를 하나도 해결해주지 못했다. 모델에게는 필요한 전력의 일부밖에 주어지지 않았고, 클루게와 만슈타인은 티거와 판터의 수량이 갖춰질 때까지 소련군의 방어선이 강철처럼 강화되는 것을 뻔히 보고 앉아 있어야만 했다. 그리고 구데리안은 7월 12일 프로호로프카Prokhorovka에서 금송아지 같은 기갑부대가 모두 박살이 나는 것을 지켜보아야만 했다.

또 이 무렵, 소련군은 레닌그라드 전선에서 전투에 시험적으로 투입되었다가 진흙탕에 처박힌 티거 전차를 노획하는 횡재를 거두었다. 이들은 노획한 티거를 이용해서 독일의 신형 중전차에 대한 효과적인 대응책을 마련할 수 있었다. 한편, 쿠르스크 돌출부에서는 민간인 30만 명이 동원되어 거의 6,000마일(9,650킬로미터)에 달하는 참호와 대전차호, 그리고 수천 개의 개인호가 구축되었다. 6중으로 구축된 방어선의 종심은 전방에서 제6방어선까지 110마일(175킬로미터)에 달했다. 또 그 뒤에는 새로이 편성된 스텝 전선군Steppe Front이 2개 방어선을 추가로 구축해놓았다. 게다가 소련군은 돈 강의 동쪽 제방을 따라 아홉 번째 방어선까지 구축해놓는 치밀함을 보였다. 지뢰도 엄청나게 매설해서 1마일(1.6킬로미터) 길이의 전선마다 대전차 지뢰 2,400개와 대인 지뢰 2,700개를 매설해놓았다. 이는 스탈린그라드 전투 당시 지뢰 매설량의 4배에 달하는 것이었다. 이외에도 쿠르스크 돌출부에는 보병부대보다 포병부대가 더 많았으며, 이 포병부대에는 스타브카의 예비대로부터 차출된 92개 연대가 포함되어 있었다. 이러한 장대한 방어선에 대한 보급을 확보하기 위해 새로운 철도를 건설했으며, 1,800마일(2,900킬로미터)에 이르는 도로와 철로가 보수·확장되었다. 이전에 계속된 전투로 인해 일부 사단은 병력이 심한 경우에는 1,000명까지 줄어들기도 했지만, 곧 엄청난 수의 보충병들로 재편되었다.

중부전선군과 보로네시 전선군의 총 전력은 그야말로 엄청났다. 양 전선군이 거의 350마일(560킬로미터)에 달하는 전선에 배치한 전력은 병력 127만2,700명에 전차 및 대전차 자주포 3,306대, 야포 및 박격포 1만 9,300문, 소련군에게는 카츄사Katyushas로 불리고 독일군에게는 '스탈린의 오르간'으로 알려진 다연장 로켓 발사기는 920대에 달했다. 이들의 후방에 예비대로 자리 잡고 있던 스텝 전선군도 병력 40만 명에 추가로 1개 기갑군을 보유하고 있었다. 이러한 소련군의 전력은 병력 90만 명과 전차 2,700대, 야포 1만 문을 가지고 공세에 나선 독일 중부집단군과 남부집단군의 전력을 압도하는 것이었다. 7월 2일, 히틀러는 7월 5일에 공세를 개시하라는 명령을 하달했다. 그리고 같은 날, 스타브카는 예하 지휘관들에게 7월 5일부터 6일 사이에 독일군의 공격이 예상된다는 경고를 보냈다.

이후 소련의 전선 지휘관들은 사로잡은 독일군 포로들과 탈영병들로부터 독일군이 7월 5일 새벽 3시에 30분간 공격 준비 사격을 가한 후 중부전선군에 대한 공격을 시작할 것이라는 정보를 확인할 수 있었다. 당시 로코소프스키의 사령부에 있던 주코프는 이러한 정보를 확인하고는 독일 군의 포격보다 40분 앞선 새벽 2시 20분에 포격을 시작하라고 지시했다. 하지만 후일 주코프는 이 명령에 대해 결과적으로 공격에 나선 독일군 전차와 보병들이 전선으로 나오기도 전에 너무 일찍 포격을 시작한 셈이 되어버렸다고 자신의 실수를 인정했다. 7월 5일 오전 5시 30분, 독일 3개 기갑사단이 5개 보병사단의 지원을 받으며 전진을 시작하면서 쿠르스크 대전차전의 막이 올랐다. 모델의 지휘 하에 돌출부를 북쪽에서부터 공격해 들어간 독일 중부집단군은 공격 첫날 20마일(32킬로미터) 길이의 전선에서 6마일(10킬로미터) 정도를 전진해 들어갈 수 있었지만, 로코소프스키는 제2방어선에서 독일군의 진격을 쉽게 막아낼 수 있었다. 독일군은 제2방어선 이상 진격할 수가 없었다. 결국 모델은 많은 병력과 전차를 잃은 후 이틀 만에 공격을 중지할 수밖에 없었다.

만슈타인의 남부집단군의 공격도 처음에는 북쪽의 중부집단군과 별 차이 없이 지지부진하기만 했다. 공격 당일 새벽과 낮에 걸쳐 내린 호우로 인해 강과 지류들의 물이 크게 불어나면서 교량 설치 작업이 늦어지는 바람에 전차와 보병들의 진격은 매우 느려졌다. 그러나 제48기갑군단과 제2친위기갑군단은 소련군의 제1방어선을 돌파했고, 공격 이틀째 밤이 되자 독일 남부집단군은 소련군 전선 후방 7마일(11킬로미터)까지 진격해 들어갔다. 바투틴은 주코프와 스탈린의 반대를 무릅쓰고 보병들을 지원하기 위해 방어선 곳곳에 전차(물론 차체만)를 파묻어놓았다. 독일 남부집단군의 기세가 심상치 않자, 스타브카는 스텝 전선군으로부터 제5근위기갑군과 제5근위군을 차출해 바투틴에게 보내주었다. 7월 12일, 프로호로프카 인근에서 850여 대의 전차와 자주포를 보유한 제5근위기갑군이 전차 600대를 보유한 독일의 제2친위기갑군단과 정면으로 충돌하면서 사상

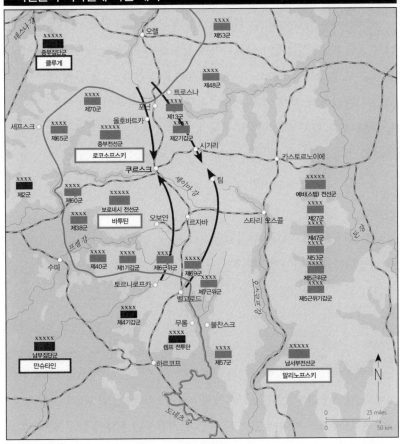

최대의 전차전이 벌어졌다. 양측 모두 큰 손실을 입었지만, 물러난 것은 독일군이었고, 이후 소련의 전차부대 지휘관들은 전장의 주도권을 잡게 되었다.

같은 날, 돌출부 북부에 대기 중이던 서부전선군과 브랸스크 전선군이 대반격의 제1단계인 쿠투조프 작전Operation Kutuzov을 발동, 오렐을 향한 공격을 개시하여 독일 제9군의 후방을 위협했다. 처음에는 3개 군으로 공격을 시작한 양 전선군은 독일군이 이들을 막아내자, 추가로 3개 군을 더 투입했다.

바로 이때, 히틀러의 주의를 모조리 끄는 사건이 다른 지역에서 일어났다. 7월 10일, 연합군이 시칠리아에 상륙한 것이었다. 당시 연합군이 곧 유럽 본토에 상륙하리라고 누구나 생각하고 있었다. 이로 인해 애초에 약했던 이탈리아의 전쟁 의지는 그마저도 완전히 사라지고 말았다. 7월 13일, 히틀러는 클루게와 만슈타인에게 치타델레 작전을 중지하고 상당수 부대를 차출해 서부전선으로 이동시킬 것을 통지했다. 만슈타인은 작전을 계속할 것을 주장했지만, 한번 다른 곳으로 돌려진 히틀러의 관심을 되돌릴 수는 없었다.

7월 25일, 무솔리니가 실각했고 처칠과 루스벨트 간의 무선 도청을 통해 히틀러는 이탈리아가 항복하거나 연합군 편으로 돌아설지도 모른다는 자신의 의심을 확인할 수 있었다. 이탈리아 전선의 상황이 급박해지자, 8월 1일에 히틀러는 동부전선의 길이를 단축하여 유럽으로 돌릴 병력을 확보하기 위해 오렐 돌출부로부터 철수하라고 명령했다.

소련군 반격작전의 제2단계(루미얀체프 작전Operation Rumyantsev)는 남부전선군과 남서부전선군이 실행할 예정이었다. 이들을 저지하기 위해 만슈타인은 하르코프 지역에 있던 대부분의 기갑부대를 전용할 수밖에 없었다. 만슈타인의 기갑부대가 자리를 비운 직후인 8월 3일, 주코프는 보로네시 전선군과 스텝 전선군, 그리고 남서부전선군의 우익을 동원해 제3단계 반격작전을 개시, 벨고로드Belgorod와 하르코프를 향해 노도처럼 진격해 들어왔다. 완전히 허를 찔린 독일군은 8월 5일에 벨고로드와 오렐을 잃고 말았다. 이후 중부집단군으로부터 차출된 증원 부대와 루미얀체프 작전 저지를 위해 파견된 기갑부대 일부가 서둘러 돌아오면서 독일군은 일시적으로 소련군의 공세를 저지했다. 히틀러는 어떻게든 하르코프와 도네츠 강 유역을 끝까지 고수하고 싶어했지만, 8월 7일에 소련군의 4단계 반격작전이 개시되었다. 서부전선군과 칼리닌 전선군의 좌익은 11개 군과 여타 군소 부대를 동원해 스몰렌스크 방면으로 밀고 나오기 시작했다.

당시 독일군은 소련군도 예비 병력이 거의 고갈되었을 것이라고 생각했다. 그러나 이는 완전히 빗나간 예측이었다. 1993년 이후 공개된 기록들을 살펴보면, 반격에 동원된 8개 전선군이 보유한 병력은 469만6,100명에 달했으며, 이는 스탈린그라드 반격작전에 동원된 인원의 4배 이상에 달하는 것이었다. 그 가운데 완전히 손실된 병력은 전투 참가 인원의 7.7퍼센트에 해당하는 35만8,000명으로, 스탈린그라드 공세 당시의 13.5퍼센트에 비해 크게 줄어든 수치였다. 반면, 독일군의 순 병력 손실은 44만8,000명으로, 스탈린그라드 일대에서 잃은 22만6,000명의 거의 2배에 달했다.

이외에 다른 여러 면에서도 쿠르스크 전투는 스탈린그라드 전투보다 결정적인 전투였다. 독일군의 공세(이는 독일군이 동부전선에서 벌인 최후의 대규모 하계 공세작전이었다)가 좌절된 후 시작된 소련군의 반격은 소련군이 벌인 최초의 하계 공세였다. 또 스탈린그라드 전투에서 패배한 후 독일군은 만슈타인의 탁월한 지휘 하에 대규모 반격작전을 성공시켰지만, 쿠르스크 전투 이후에는 어떤 독일 장군도 소련군의 파도를 막아낼 수가 없었다. 이후 붉은 군대는 압도적인 병력, 전차, 야포, 항공기를 가지고 드네프르 강에서 비스툴라Vistula 강으로, 비스툴라 강에서 오데르Oder 강으로, 오데르 강에서 엘베 강으로 돌격을 거듭하여 마침내 영미군과 만나게 되었다. 1941년, 엄청난 수의 소련군이 섬멸당하면서 '러시아 스팀롤러'는 한낱 소문에 불과했던 것으로 여겨졌지만, 쿠르스크 전투는 '러시아 스팀롤러'의 명성을 되살렸다. 그리고 탈환한 지역에서 많은 병력을 모집할 수 있게 되면서 쿠르스크 이후의 '러시아 스팀롤러'는 한층 더 강력한 위력을 가지게 되었다. 반면, 독일의 손실 보충 능력은 계속 줄어만 갔고,

독일의 동맹국들도 하나둘씩 독일에 등을 돌리기 시작했다.

8월 13일, 스텝 전선군이 하르코프로 돌입했다. 10일간의 치열한 시가전 끝에 독일군은 하르코프에서 완전히 물러날 수밖에 없었다. 소련군의 다음 목표는 도네츠 강 유역이었다. 8월 27일, 만슈타인은 히틀러에게 이 지역을 강화하든지 아니면 철수를 하든지 양자 간에 선택을 해야 한다고 말했다. 그러나 히틀러는 애매모호한 반응을 보일 뿐이었다. 당시는 이탈리아가 추축국에서 떨어져 나가기 직전의 상황이었고, 만약 그렇게 된다면 이탈리아가 장악하고 있던 발칸 지역에 연합군이 발판을 마련할 가능성이 있었다. 히틀러는 그런 불상사가 발생하기 전에 발칸 일대의 이탈리아군을 독일군으로 대치하기 위해 병력 확보에 골몰하고 있었다. 당시 독일군이 보유하고 있던 277개 사단 가운데 70퍼센트에 해당하는 194개 사단은 동부전선에 배치되어 있었기 때문에, 다른 지역으로 투입할 병력도 결국은 동부전선에서 빼올 수밖에 없었다. 결국 만슈타인은 드네프르 강 서쪽으로 철수할 수밖에 없었다. 이제 드네프르 강 동안에 남아 있는 독일군의 세력권은 드네프로페트로프스크^{Dnepropetrovsk}의 교두보와 자포로제^{Zaporozhe}에서 흑해에 이르는 지역밖에 남지 않게 되었다.

소련군의 첫 번째 '돌격'은 드네프르 강을 향한 것이었다. 중부전선군, 보로네시 전선군, 스텝 전선군(이후 제2벨로루시 전선군으로 개칭), 제1·제2 우크라이나 전선군은 9월의 마지막 10일 동안 375마일(600킬로미터)에 달하는 전선에서 드네프르 강에 육박해 들어갔다. 드네프르 강의 서쪽 제방에 교두보를 확보한 이들은 잠시 진격을 멈추고 재편성과 재보급, 손실 병력 보충에 들어갔다. 이들 5개 전선군은 116개 보병사단, 12개 전차군단, 5개 기계화군단, 12개 여단 등 실로 막대한 전력을 보유하고 있었다. 또 비록 소련군의 대부분은 여전히 두 발로 걸어야 하는 보병들이었지만, 미국으로부터 공급받은 43만4,000대에 이르는 지프와 3톤 트럭 덕분에 소련군의 기동력, 특히 보급 능력은 전쟁 초기와는 비교할 수 없을 정도로 향상되었다. 미국제 차량과 공작 기계가 대량으로 도입되면서 소련의 차량 공장들은 전차 생산에 전념할 수 있었다. 덕분에 소련의 전차 생산량은 최대 월 2,000대에 달하게 되었으며, 이는 독일의 월 최대 생산량의 2배에 달하는 것이었다. 이러한 거대한 소련군의 파도 앞에 남부집단군이 동원할 수 있는 전력은 37개 보병사단과 17개 기갑/기계화보병사단(기갑척탄병Panzer Grenadier사단으로 개칭)에 불과했다. 그나마 모든 사단들은 전력이 크게 소모된 상태였고, 기갑/기갑척탄병사단들이 보유한 모든 전차들을 합쳐도 겨우 전차가 257대, 돌격포가 220대(사단당 평균 전차 15대, 돌격포 13대)에 불과한 실정이었다.

후퇴하는 독일군을 바짝 추격한 소련군은 드네프르 강을 건너 키예프에서 남동쪽으로 50마일(80킬로미터)밖에 떨어지지 않은 부크린Bukrin에 교두보를 확보했으며, 10월 초에는 소련군 1개 군이 키예프 북동쪽 20마일(32킬로미터) 지점의 류테시Lyutezh에 또 다른 교두보를 마련했다. 10월 16일, 소련군은 부크린 교두보로부터 키예프 탈환을 위한 첫 공격을 개시했다. 그러나 이러한 공격을 미리 예상하고 있던 독일군은 소련군의 공격을 쉽사리 막아냈고, 소련군은 큰 타격을 입었다. 한 번 실패를 경험한 주코프는 다음번 공격은 북쪽 교두보에서 시작하기로 결정했다. 그러나 이를 위해 소련군은 1개 기갑군과 수많은 포병부대들을 북쪽으로 125마일(200킬로미터)이나 이동시켜야 했고, 그 과정에서 드네프르 강을 두 번, 데스나Desna 강을 한 번 건너는 수고를 감수해야 했다. 또 부대의 이동을 독일군에게 숨기기 위해 대부분의 이동이 밤에 실시되었고 날씨가 좋지 않아 제대로 항공 정찰을 할 수 없었기 때문에, 독일군은 이러한 소련군의 움직임을 전혀 알 수가 없었다.

11월 3일, 드디어 제2차 키예프 탈환 작전이 개시되었다. 독일 제4기

갑군이 북쪽 교두보로부터 진격해오는 소련군 2개 군을 막아내지 못하자, 히틀러는 즉각 제4기갑군 사령관 호트 대장을 해임시켜버렸다. 11월 6일, 키예프가 함락된 이후에도 소련군의 진격은 계속되었다. 독일군은 국지적으로 간간이 승리를 거두기도 했지만, 전반적으로 노도 같은 소련군의 진격을 막을 수는 없었다. 그러나 가을이 되면서 호우로 인해 또다시 모든 도로가 진흙바다가 되자, 자연스럽게 전선은 소강상태에 빠졌다.

한편, 전선의 남쪽 끝에서는 바실리예프스키 역시 제3·제4우크라이나 전선군을 동원해 드네프르 강을 건너려고 시도하고 있었다. 소련군의 초

기 목표는 드네프르 동안에 마지막까지 남아 있는 독일군의 자포로제 교두보를 점령하는 것이었다. 당시 자포로제 교두보를 지키고 있던 것은 독일 제1기갑군의 일부에 불과했고, 이 정도의 병력으로는 소련군 3개 군이 퍼붓는 무지막지한 공격을 막아낼 도리가 없었다. 10월 10일 공격을 시작한 소련군은 14일이 되자 드디어 자포로제 교두보를 점령하면서 크림 반도에서 싸우고 있던 독일 A집단군의 유일한 철도 보급로를 절단해버렸다. 10월 23일에는 제4우크라이나 전선군이 멜리토폴Melitopol을 점령했고, 25일에는 제3우크라이나 전선군이 드네프로페트로프스크를 점령했다. 그리고 10월 말이 되자, 양 전선군은 크림 반도의 북쪽 경계선까지 진격하는 데 성공했다. 이로써 크림 반도의 A집단군은 완전히 고립되고 말았다. 또 제2·제3우크라이나 전선군은 그와 동시에 10월 16일부터 독일 제1기갑군 격멸을 목표로 한 공격을 시작했다. 이들은 상당한 지역을 탈환하는 데 성공했지만, 산악보병 대장 쇠르너Shoerner가 이끄는 독일 제40기갑군단이 과감한 반격을 개시해 크리보이로크Krivoy Rog를 다시 빼앗으면서 다수의 소련군 전차가 격파당하고 5,000명

이 포로로 잡혔다. 이러한 독일군의 날카로운 반격에 제2우크라이나 전선군은 인굴레츠^{Ingulets} 강까지 밀려나고 말았다.

하지만 이러한 국지적인 독일군의 승리도 소련군의 전반적인 우세에는 별다른 영향을 미칠 수가 없었다. 당시 로코소프스키의 벨로루시 전선군과 바투틴의 제1우크라이나 전선군은 호시탐탐 독일 중부집단군과 남부집단군 사이에 쐐기를 박을 기회를 노리고 있었다. 만약 소련군이 양 집단군 사이로 찌르고 들어갈 수만 있다면, 양 집단군의 후방을 마음대로 유린할 수도 있었다. 이러한 위험을 감지한 만슈타인은 중부집단군과의 연결점을 강화하기 위해 제1기갑군에게 북상해서 제4기갑군과 합류하라는 명령을 내렸다.

치타델레 작전 중지 이후 중부집단군도 남부집단군만큼이나 소련군으로부터 막대한 압력을 받아왔다. 중부집단군 예하 부대는 너무나 얇게 배치되어 있었고, 이런 상황을 해결하기 위해 클루게는 계속 증원 부대를 요청했지만, 영미군이 곧 프랑스로 상륙해 들어올 것이라는 강박관념에 사로잡혀 있던 히틀러는 아무것도 보내주지 않았다.

게다가 광대한 평야지대가 펼쳐진 우크라이나와는 달리, 중부 및 북부전선은 숲과 늪지대가 산재해 있어서 게릴라전에는 그야말로 최적의 조건을 갖추고 있었다. 때문에 클루게는 만슈타인보다 훨씬 많은 부대를 보급로 경비와 대빨치산 작전에 투입해야만 했다. 7월과 8월에 벌어진 대빨치산 토벌작전인 헤르만 작전^{Operation Herman}의 경우, 투입된 독일군 5만 명 대부분은 최전선에서 싸우고 있던 부대에서 빼내온 병사들이었다.

빨치산의 활동은 이미 1941년부터 시작되었다. 초기에 붉은 군대의 낙오병들이 간간이 후방의 독일군을 괴롭히는 정도에 불과했던 빨치산 활동은 1943년 중반이 되자 대규모 빨치산 부대들이 조직적으로 활동하면서 독일군에게, 특히 중부집단군에게 크나큰 골칫거리가 되었다. 소련은 제2차 세계대전 당시의 빨치산들을 민중의 전폭적인 지지를 받은 영웅들로 그리고 있었지만, 사실, 해당 지역의 농부들에게 빨치산은 달갑잖은 존재였다. 당시 마을 주민들은 빨치산을 지원하지 않으면 빨치산에게 죽임을 당했고, 또 도움을 주면 빨치산을 도왔다는 이유로 독일군에게 처형당했다. 그리고 만약 빨치산들이 근처에서 독일군을 죽이기라도 하는 날에는 인근 마을은 초토화되고 주민들은 모조리 학살당하는 경우가 비일비재했다. 그러나 독일군의 잔혹한 보복행위가 증가하고 전세가 독일에게 불리하게 돌아가자, 빨치산에 대한 농민들의 지원도 늘어나게 되었다. 1943년 중반 무렵이 되자, 빨치산은 소련 정규군의 공세에

1943년~1944년 빨치산 활동 지역

핀란드
헬싱키
라도가 호수
핀란드 만
레닌그라드
탈린
페이푸스 호수
일멘 호수
볼가 강
프스코프
러시아
리가
다우가
드비나 강
르제프
모스크바
카우나스
비테브스크
스몰렌스크
툴라
민스크
브랸스크
오렐
프리파티 강
프리파티 습지
쿠르스크
베르디체프
키예프
하르코프
드네프르 강
드네스트르 강
드네프로페트로프스크
자포리지아
니콜라예프
루마니아
오데사
아조프 해

0   250 miles
0   500 km
흑해
N

— 1943년 7월의 전선
■ 1943년 여름, 빨치산이 통제한 지역
• 빨치산 통제 지역 외곽에서 활동한 빨치산 부대

■■■■■ 광활한 평야지대인 우크라이나에서는 대규모 빨치산 활동을 벌이기가 힘들었기 때문에, 대부분의 빨치산들은 소부대로 활동했다. 그러나 숲과 늪지가 많은 벨로루시와 발트 해 연안 지역은 게릴라 활동을 벌이기가 훨씬 용이했기 때문에, 이 지역 빨치산들은 대규모 부대를 형성해 상당히 넓은 지역을 통제하기도 했다. 이들은 독일군의 보급로를 교란하고 독일군의 이동 상황을 탐지함으로써 1943년 쿠르스크 전투와 1944년 벨로루시 공격에서 소련군이 승리를 거두는 데 큰 기여를 했다. 그러나 우크라이나와 발트 해 연안 지역의 일부 빨치산들은 민족주의자들로서 독일군뿐만이 아니라 소련군에 대항해서도 전투를 벌였다. 1944년 2월에는 우크라이나의 민족주의 빨치산 세력들의 매복 공격에 전선군 사령관 바투틴 대장이 사망하는 사건이 일어나기도 했다. 이들 반소 빨치산 활동은 1947년까지 계속되었다.

맞춰 독일군의 후방을 공격할 정도로 조직적인 모습을 보여주었다. 8월

■■■■■ 소련 빨치산 활동의 한 가지 사례. 기관차가 파괴된 채 나뒹굴고 있다. (AKG Berlin)

■■■■■ 독일군에게 사로잡힌 빨치산들은 사진과 같은 가혹한 운명을 맞이해야 했다. (AKG Berlin)

3일, 빨치산들은 8월 7일부터 개시될 칼리닌 전선군 및 서부전선군의 공세를 지원하기 위해 독일 중부집단군과 북부집단군의 보급 철도에 대한 동시다발적인 대규모 공격을 시작했다. 167개 부대 10만 명의 빨치산들이 참가한 이 공격은 9월 15일까지 계속되어 독일군의 보급선에 커다란 타격을 입혔다.

한편, 당시 카렐리아 지협에서 북극해에 이르는 지역의 추축군 전선은 핀란드가 담당하고 있었다. 그리고 독일 역시 이 전선의 북쪽 끝에 제20산악군단을 배치해놓고 있었다. 추축 동맹에 가담한 유일한 민주국가였던 핀란드는 자신들의 전쟁이 정복 전쟁이 아니라 1940년 겨울 전쟁 동안 상실한 영토를 되찾기 위한 싸움이라는 것을 명확히 하기 위해 애를 썼다. 이를 위해 핀란드군은 바르바로사 작전과 함께 소련을 공격했지만, 1939년 당시의 국경선이나 국경선 직후방의 방어가 용이한 지역까지만 진격하고 더 이상 공격하지 않았다. 또 핀란드군은 연합군의 원조 물자의 4분의 1이 통과하는 무르만스크 철도를 차단하는 데 별다른 의욕을 보이지 않았으며, 독일군의 레닌그라드 공격에도 협조를 거부하면서 히틀러의 분노를 사기도 했다. 스타브카는 핀란드 전선에 비교적 소수의 병력만을 배치해놓고 핀란드가 동맹국을 잘못 선택했음을 스스로 깨닫기를 기다렸다. 1943년, 핀란드는 소련의 평화 제안을 거절했다. 그러나 영국과 미국이 거센 압력을 가해오고 독일의 패색이 짙어지자, 핀란드도 전쟁에서 발을 뺄 방법을 고심하기 시작했다. 이런 상황에서 핀란드에 주둔하고 있던 독일 제20산악군은 핀란드의 입장에서는 국내에 주둔한 외국군이라는 수치스러운 존재인 동시에 독일군이 함부로 행동에 나서지 못하게 할 수 있는 인질이기도 했다. 9월 28일, 히틀러는 산악군에게 만약 핀란드가 휴전을 모색할 경우 핀란드 북부, 특히 중요한 니켈 광산과 페차모^{Petsamo} 항구를 점령하라고 명령했다.

12월 22일, '드네프르 강 공방전'이 끝났다. 한 달여의 전투 끝에 독일 남부집단군은 소련의 제1우크라이나 전선군을 11월 중순의 전선으로부터 25마일(40킬로미터) 정도 밀어내는 데는 성공했지만, 드네프르 강 일대의 전선을 안정시키는 데까지는 이르지 못했다. 12월 24일, 스타브카는 제1·2·3·4우크라이나 전선군과 제2벨로루시 전선군을 동원해 드네프르 강 우안의 우크라이나 지역을 재수복하는 데 나섰다. 이 공격에 동원된 5개 전선군 예하 188개 사단, 19개 군단, 13개 여단의 240만6,100명의 병력은 동부전선의 독일군 전체 병력(195개 사단 285만 명)보다 약간 적지만 일개 전선에 투입된 병력으로는 엄청난 규모였다. 전차와 화포 면에서 소련군은 독일군과 비교했을 때 3:1 이상 우세했고, 소련군 공세 전면의 광대한 폭〔800마일(1,300킬로미터) 이상〕은 이러한 압도적인 (그리고 점점 더 벌어지는) 전력 차를 잘 보여주고 있었다.

1944년

1943년 12월 하순에 시작된 소련군의 남부전선 공세는 116일간 지속되었다. 1944년 4월 17일, 소련군의 공세가 마침내 끝이 났을 때 동부전선은 12월보다 300마일(480킬로미터)이나 서쪽으로 밀려나 있었다. 독일군은 황급히 서유럽으로부터 34개 사단을 전용해왔지만, 붉은 군대는 동카르파티아 산맥까지 진출하면서 루마니아 국경을 넘어섰다. 이제 추축 동맹의 안마당에서 전쟁이 벌어지게 된 것이었다.

수많은 시행착오를 하고 오랜 시간이 걸리기는 했지만, 스탈린은 마침내 마구잡이 대공세보다는 명확한 목표에 모든 자원을 집중시킬 수 있는 제한된 공세가 훨씬 효과적이라는 주코프와 바실리예프스키의 생각을 받아들이게 되었다. 하지만 이 무렵 소련군은 그러한 '제한된' 공세를 수행할 수 있는 수준을 넘어 그러한 공세를 2개나 동시에 감행할 수 있는 엄청난 역량을 갖추게 되었다. 1월 14일, 남부전선에서 공세가 한창 진행 중일 무렵, 소련군은 독일 북부집단군에 대한 새로운 공세를 시작했다. 북부 지역 공세의 주요 목표는 두 가지로서, 하나는 레닌그라드의 포위를 푸는 것이었고, 다른 하나는 독일 북부집단군이 빈사상태의 남부집단군을 지원하는 것을 막는 것이었다. 소련군은 이 공세에 레닌그라드 전선군과 볼호프Volkhov 전선군, 제2발트 전선군의 일부와 발트 함대 예하 병력 73만 2,500명과 수병 8만 9,600명을 동원했다. 소련군은 3월 1일까지 계속 공세를 펴서 독일군의 레닌그라드 포위를 푸는 한편, 370마일(595킬로미터) 길이의 전선에서 독일군을 175마일(280킬로미터)이나 밀어내면서 1941년 이후 처음으로 에스토니아에 발을 들여놓았다. 그 과정에서 독일군의 치열한 저항 때문에 레닌그라드 전선군은 전투에 참가한 병사들의 13.5퍼센트에 이르는 5만 6,564명을 잃는 큰 피해를 입어야 했지만, 전체적으로 봤을 때 소련군이 입은 손실(7만 6,686명)은 작전 참가 병력의 9.3퍼센트에 불과했다.

소련군의 공세가 끝나자, 전선은 독일 중부집단군이 소련군 전선에 거대한 돌출부를 형성하고 있는 모습으로 바뀌어 있었다. 소련군은 이 돌출부를 '벨로루시 발코니'라고 불렀다. 2월, 소련군 참모부는 이 돌출부와 함께 독일 중부집단군을 최대한 격멸하기 위한 계획을 수립하기 시작했다. 그 사이 소련군은 이번에는 남쪽에서 제4우크라이나 전선군(톨부힌 대장 지휘), 독립 해안군(예레멘코 지휘), 제4군, 흑해 함대, 아조프Azov 분함대를 동원해 크림 반도의 독일 제17군을 분쇄하기 위한 공격을 시작했다. 이 공세에 동원된 병력은 30개 사단, 1개 군단, 5개 여단에 '불과' 했지만, 소련군은 이를 통해 독일군이 흑해 방면에서 진격하는 소련군의 측면을 칠 수 있는 여지를 제거하는 동시에 흑해 함대의 주요 모항이었던 세바스토폴을 되찾을 수 있었다. 독일 제17군은 치열하게 저항했지만, 소련군의 손실은 전체 작전 참가 병력의 3.8퍼센트인 1만7,754명에 불과했다.

한편 소련군의 '벨로루시 발코니' 제거 작전 수립은 지금까지 성공을 거둔 다른 작전들과 마찬가지로 철저한 보안 속에서 진행되었다. 따라서 독일군은 소련군이 북부전선이나 남부전선에서 공세를 가해올 것이라고 믿고 있었을 뿐, 갑자기 전선 한가운데를 치고 나올 줄은 꿈에도 생각지 못했다. 이는 마치 노르망디 상륙작전 직전, 영미군이 성공적인 기만작전을 통해 독일군으로 하여금 연합군이 파드칼레Pas de Calais로 상륙해올 것이라고 믿게 만든 것을 방불케 하는 성과였다. 작전 참가 부대들의 무선 중계소들은 대부분 잠시 폐쇄했다가 전선의 남부나 북부로 옮겨 활동을 재개함으로써 가짜 부대들 간에 엄청난 규모의 기만 통신을 실시했으며, 소련 공군기들과 대공포대들은 독일군 정찰기들을 '공격은 하되 격추시키지는 않는' 식으로 포대와 전차들의 집결지(물론 가짜 전차와 포대들이었다)를 일부러 노출시켰다. 독일군 정보부가 중부집단군이 담당한 전선이 상당 기간 소강상태를 유지할 것으로 예측하자, 이에 근거해 대부분의 예비 부대들은 북부집단군과 남부집단군(북우크라이나군으로 개칭)에 배치되었다.

'바그라티온'으로 명명된 소련군의 작전 개요는 최대 4차에 걸친 공세를 연속적으로 가해 독일 중부집단군을 격멸한다는 것이었다(3·4차 공세는 1·2차 공세의 진척 여부를 보고 결정하기로 되어 있었다). 6월 10일에 시작될 1차 공세는 레닌그라드 전선군과 카렐리아Karelia 전선군으로 '벨로루시 발코니'로부터 독일군을 유인하는 동시에 핀란드로부터 항복을 받아내는 것이 목표였다. 전체 공세작전의 백미라고 할 수 있는 2차 공세는 제1발트 전선군, 제1·2·3벨로루시 전선군을 동원해 민스크를 중심으로 남북쪽에 배치되어 있는 독일 중부집단군(부쉬Busch 원수 지휘)을 공격할 예정이었다. 만약 2차 공세가 성공적으로 진행될 경우 코네프 원수가 지휘하는 제1우크라이나 전선군은 폴란드로 진격하고, 제2우크라이나 전선군(말리노프스키 대장 지휘)과 제3우크라이나 전선군(톨부힌 대장 지휘)은 루마니아로 치고 들어가 루마니아의 항복을 받아내는 동시에 플로에슈티에 있는 추축국 유일의 대규모 유전을 장악할 계획이었다. 스탈린은 이 대공세의 작전명에 러시아의 역사적인 장군의 이름을 붙였다. 스탈린과 같은 그루지야인이었던 바그라티온 대공은 러시아군 장군으로 1812년에 러시아를 침략해오는 나폴레옹군에 맞서 싸우다 전사한 인물이었다.

6월 6일, 영미 연합군이 노르망디에 상륙하자, 독일은 다급하게 동부전선으로부터 상당수의 병력을 차출해 서부유럽으로 보낼 수밖에 없었다. 그 덕분에 소련군은 상대해야 하는 독일군의 수가 줄어들었지만, 그래도 동부전선의 독일군의 규모는 막대했다(동부전선의 추축군 사단 수가 228개였던 데 반해, 서부전선의 독일군 사단 수는 58개에 불과했다). 그러나 동부전선 독일군 부대 대부분은 전력이 크게 저하되어 있는 상태였다. 게다가 프랑스의 전황이 악화되면서 독일은 더 많은 부대를 서부전선으로 돌려야만 했고, 연합군의 전략폭격을 막느라 죽어나고 있던 독일 공군 역시 서서히 소련 공군에게 제공권을 내주고 있었다. 독일 공군은 서방 연합군의 전략폭격 요격에 보유 항공기의 3분의 1을 쏟아 붓고 있었고, 동부전선에 배치되었다면 밀려오는 소련군 전차들에 대해 대전차포로 큰 활약을 보였을 수많은 고사포들 역시 본토 방공에 돌릴 수밖에 없었다. 이런 악조건 하에서 바그라티온 공세를 위해 동원된 소련 항공기 7,000대를 막기 위해 중부집단군을 지원하고 있던 독일의 제4항공함대가 동원할 수 있었던 가용 항공기 수는 40여 대에 불과했다.

게다가 빨치산까지 독일군에게 타격을 주었다. 6월 19일에 시작되어 7일간 계속된 빨치산들의 대공세로 중부집단군의 보급로와 통신망은 큰 타격을 받았다. 빨치산들은 1,100여 개소의 철도와 다리를 폭파시켜 수많은 열차를 탈선시켰고, 그 과정에서 수천 량의 기관차와 화차가 파괴되었다. 6월 21일, 소련 공군 폭격기들까지 독일군 후방에서 벌어지고 있던 파괴의 향연에 가담했다. 독일군이 등 뒤에서 벌어진 난리 때문에 정신이 없는 상황에서 6월 23일, 소련군의 공격이 개시되었다. 공격을 시작한 소련군은 3만1,000문에 이르는 엄청난 포병 화력이 제공하는 이동 탄막 사격을 따라 진격했다. 소련군은 이 공세를 위해 나란히 세우면 거의 전 전선을 따라 빈틈없이 배치할 수 있을 정도[1마일(1.6킬로미터)당 270문의 야포나 카츄샤 로켓포]의 엄청난 포병 화력을 집결시켰다.

공세에 나선 168개 사단, 12개 전차군단, 20개 여단의 무지막지한 소련군 병력을 막아야 하는 중부집단군 휘하에는 2개 기갑사단과 36개 보병사단밖에 없었고, 이들의 운명이 어떻게 될지는 불을 보듯 뻔했다. 게다가 히틀러는 해일처럼 밀려오는 소련군의 물결을 막는 방파제로서 여러 마을과 도시들을 '요새화'할 것을 명령함으로써 안 그래도 불리한 독일군의 움직임에 큰 제약을 걸어버렸다. 소련군은 독일군이 애써 요새화한 거점들을 그냥 우회해버렸고, 결국 히틀러가 이뤄놓은 것이라고는 적시에 후퇴와 기동을 하면서 소련군을 막아내야 하는 독일군 부대들의 발을 묶어놓음으로써 소련군에게 쉽게 포위당하도록 만든 것뿐이었다. 그 전형적인 사례가 바로 라인하르트 대장이 이끄는 제3기갑군이었다. 제3기갑군은 명칭과는 전혀 어울리지 않게 기갑 전력이라고는 전차는 전혀 없이 1개 돌격포여단과 '호르니세Hornisse (말벌)' 대전차 자주포 1개 대대, 그리고 11개 보병사단만을 보유하고 있을 뿐이었다. 이 정도 병력으로는 도저히 파도처럼 밀려오는 바그라미얀의 제1발트 전선군(1개 기갑군단, 24개 보병사단)과 역시나 1개 기갑군단과 11개 보병사단을 보유한 체르냐호프스키Chernyakhovsky의 제3벨로루시 전선군을 막아낼 도리가 없었다. 그러나 히틀러는 병력을 더 줘도 모자랄 판에 라인하르트에게 4개 사단을 비테브스크 '요새'에 투입하라고 명령했다.

바그라티온 작전 첫째 날인 6월 23일, 제1발트 전선군은 35마일(56킬로미터) 길이의 전선에서 10마일(16킬로미터)을 진격해 들어갔다. 그날 저녁, 라인하르트는 부쉬에게 즉각 비테브스크에서 철수해야 한다고 말하면서 허가를 구했다. 부쉬는 라인하르트의 요청을 거부했고, 다음날 라인하르트는 히틀러와 함께 바바리아 Bavaria의 휴양지에 머물고 있던 차이츨러에게 직접 전화를 걸었다. 차이츨러는 히틀러에게 라인하르트의 상황을 전달했지만, 비테브스크를 고수해야 한다는 히틀러의 입장은 요지부동이었다. 그로부터 몇 분도 되지 않아 라인하르트는 비테브스크의 독일군 부대로부터 퇴로가 거의 막히기 직전이라는 통신을 받았다. 다급해진 라인하르트는 다시 한 번 부쉬에게 철수 허가를 요구했고, 부쉬는 이를 즉각 히틀러에게 전달했다. 히틀러는 또다시 철수 요청을 거부했지만, 2시간 후 마음을 바꿔 1개 사단은 계속 남아 있는다는 조건으로 철수를 허가했다.

라인하르트는 1개 사단을 남겨봤자 아무런 의미 없이 병력 손실만 입을 것이라는 사실을 잘 알고 있었지만, 그나마 3개 사단이라도 구하기 위해 히틀러의 명령을 받아들이고 비테브스크의 독일군 부대들을 지휘하고 있던 골비처 Gollwitzer 대장에게 즉각 철수하라는 명령을 내렸다. 그러나 다음날인 6월 25일, 제3벨로루시 전선군 부대들이 제1발트 전선군과 연결되면서 비테브스크의 포위망이 완성되고 말았다. 골비처 휘하의 3만 5,000명 독일군 병사들 가운데 겨우 1만 명만이 살아서 항복할 수 있었다. 이렇게 히틀러의 말도 안 되는 고집 탓에 라인하르트는 안 그래도 압도적으로 부족한 병력의 3분의 1을 허무하게 잃고 말았다.

6월 24일, 6개 기갑군단, 77개 보병사단, 9개 기병사단을 보유한 제1

벨로루시 전선군(로코소프스키 원수 지휘)의 공격이 시작되었다. 6월 27일 무렵, 로코소프스키는 보브루이스크Bobruisk를 포위하면서 요르단Jordan 대장이 이끄는 독일 제9군 대부분도 함께 포위하는 동시에 제2벨로루시 전선군(자하로프Zakharov 대장 지휘)과 협력하여 독일 제4군(폰 티펠스키르히von Tippelskirch 대장 지휘)의 대부분이 집결해 있던 모길레프Mogilev를 포위 직전의 위기에 몰아넣고 있었다. 이제 중부집단군을 구할 수 있는 유일한 방법은 가능한 한 신속하게 후퇴하는 것뿐이었지만, 그럴 경우 독일의 동맹국들, 특히 핀란드에 좋지 않은 인상을 남기게 될 것을 우려한 히틀러는 계속 현지 고수를 고집했다. 상황이 너무 악화되자, 히틀러는 마지못해 부쉬에게 제4군과 제9군을 빼내도 좋다는 명령을 내리고 지도에 선을 그으면서 무슨 수를 써서든 그 선을 지키라고 명령했다. 6월 28일, 소련군이 그 선을 돌파해버리자, 히틀러는 즉각 부쉬를 해임하고 이미 북우크라이나 집단군(과거 남부집단군)을 지휘하고 있던 모델 원수에게 중부집단군의 지휘까지 맡으라고 명령했다.

전선의 북쪽 끝에서는 독일 북부집단군이 제1발트 전선군으로부터 엄청난 압박을 받고 있었으며, 발트 전선군의 남쪽에서 진격해오는 소련군은 북부집단군을 우회해 포위할 태세를 갖추고 있었다. 북부집단군 지휘관 린데만Lindemann 상급대장은 보다 짧고 방어가 용이한 선까지 후퇴를 허용해줄 것을 히틀러에게 요청했다. 히틀러는 철수를 허용하는 대신 그를 해임하고 프리스너Friessner 대장을 북부집단군 사령관으로 임명했다.

7월 4일, 민스크가 함락되면서 독일 제4군과 제9군 병력 대부분인 10만 명은 동쪽 깊숙이 고립된 채 이후 7일간에 걸쳐 전멸당하고 말았다. 스탈린은 이때 사로잡은 독일군 포로 5만 7,000명을 모스크바 한가운데로 행진시키면서 독일군을 몰아냈다는 상징적인 의미로서 그 뒤를 청소차량들이 따르게 하는 쇼를 연출하기도 했다. 소련군의 공격으로 중부집단군 예하 38개 사단 가운데 28개 사단이 전멸당했고, 독일군의 병력 손실(30만 명)로 따지고 보면 바그라티온 작전은 쿠르스크 전투와 동급의 대재앙이라고 할 수 있었다. 중부집단군의 4개 군 가운데 제4군과 제9군은 완전히 격파당했고, 제3기갑군의 11개 사단 가운데 9개 사단도 거의 박살이 난 것이나 진배없는 상황이었다. 바이스Weiss 대장의 제2군은 그래도 비교적 피해가 경미했지만, 제2군과 제3기갑군의 잔존 부대 사이의 250마일(400킬로미터)에 이르는 간격을 지키고 있던 것은 국경 수비대나 동프로이센에서 훈련을 받다가 급히 투입된 풋내기 신병 부대들뿐이었다.

소련군은 그러한 빈틈을 놓치지 않고 재빨리 파고들기 시작했다. 제1발트 전선군은 리투아니아의 수도 빌뉴스Vilnius 북방으로 진격했고, 제3벨로루시 전선군은 7월 13일 빌뉴스를 점령하고 독일 제3기갑군의 잔존 부대를 북서쪽으로 밀어내버렸다. 제2벨로루시 전선군은 10일 만에 160마일(255킬로미터)을 진격하면서 동프로이센 국경으로부터 50마일(80킬로미터)도 떨어지지 않은 곳까지 도달하는 한편, 제1벨로루시 전선군은 폴란드를 가로질러 비스툴라 강까지 밀고 들어갔다. 7월 28일~8월 2일에 마그누셰프Magnuszew와 푸와비Puławy에 교두보를 확보한 제1벨로루시 전선군은 7월 말에는 바르샤바에 육박하고 있었다.

8월 1일, 동쪽으로부터 포화소리가 들리면서 곧 소련군이 도착할 것이 분명해지자, 런던의 폴란드 망명정부에 충성하는 폴란드 국내군Home Army이 바르샤바에서 봉기를 일으켰다. 제1벨로루시 전선군 사령관이었던 로코소프스키는 이 봉기에 대해 사전에 아무런 통지도 받지 못했으며, 전후 폴란드 정권을 '공산 폴란드 민족위원회Communist Polish National Committee'에게 넘겨줄 속셈이었던 스탈린은 런던의 폴란드 망명정부가 소련군 도착 전에 바르샤바를 점령하여 정치적 주도권을 잡으려 한다며 봉기에 대해 맹비난을 퍼부었다.

군사적으로 봤을 때, 제1벨로루시 전선군이 비스툴라 강에서 진격을 멈춘 것은 여러모로 타당한 결정이었다. 제1벨로루시 전선군은 두 달 동안이나 400마일(640킬로미터)이 넘는 거리를 진격하면서 전 병력의 28퍼센트를 전사나 부상 등의 이유로 잃은 상태인 데다가 보급선도 거의 한계에 이르고 있었다. 그리고 벨로루시 전선군의 진격 목표 역시 비스툴라 강을 돌파하는 것이 아니라 일단 강 연안에 교두보를 확보한 후 진격을 정지하고 재편성과 재보급을 실시하는 것이었다. 따라서 소련군 총사령부는 공세 종말점에 이른 벨로루시 전선군에게 무리해서 진격을 계속해 바르샤바를 점령하라는 명령을 내리지 않았다. 게다가 독일군이 반격에 나서면서 벨로루시 전선군은 오히려 후방으로 15~20마일(24~32킬로미터) 정도 밀려나기까지 했다. 하지만 정치적으로 봤을 때, 국내군 사령관 보르-코모로프스키^{Bor-Komorowski} 대장은 사전에 로코소프스키에게 봉기 계획을 알리고 벨로루시 전선군이 비스툴라 강 너머까지 진격할 예정이 없음을 파악한 후 소련군 소속으로 싸우고 있던 폴란드 제1군과 벨로루시 전선군이 재보급을 마치고 공격에 나설 때까지 기다려야 했다.

8월 3일, 바르샤바 동쪽에서 들려오던 포성이 잠잠해졌다. 이후 폴

■■■■■■ 바그라티온 작전 중 소련군 보병들이 드비나(Dvina) 강에 급조된 다리를 건너고 있다. (IWM NYP 31136 PR2)

란드 국내군은 풍부한 중화기와 전차를 보유하고 공중 지원을 받는 독일군과 홀로 싸워야만 했다. 국내군 확보 지역은 점점 줄어들기만 했고, 결국 봉기 6주째에 보르-코모로프스키는 망명정부로부터 독일군과 항복협상을 해도 좋다는 허가를 받았다. 폴란드 적십자가 중재한 협상을 통해 9월 8일과 9일에 걸쳐 휴전이 이뤄지기도 했지만, 9월 10일에 벨로루시 전선군이 진격을 재개하면서 협상은 무산되고 말았다. 이후 5일에 걸쳐 제1벨로루시 전선군과 폴란드 제1군은 비스툴라 강 동안의 프라가Praga에 있던 독일군의 교두보를 점령하고 비스툴라 강 동안 일대를 완전히 점령했다. 그러나 11일이 되자 새로 도착한 독일 제25기갑사단이 비스툴라 강

서쪽 제방에서 폴란드 국내군을 밀어내기 위한 공격을 시작했다. 9월 16일 밤~17일 새벽에 폴란드 제1군이 비스툴라 강을 건너려고 시도해보았지만, 격렬한 포화를 무릅쓰고 강을 겨우 건넌 폴란드군 병사들은 강력한 독일군의 반격에 괴멸당했다. 이후 소련군은 더 이상 비스툴라 강을 건너려고 시도하지 않았다.

8월 16일에 루스벨트와 처칠이 스탈린에게 폴란드 국내군을 도와줄 것을 요청했지만, 스탈린은 국내군의 봉기를 "무모하고 끔찍한 모험주의의 산물"로 치부하면서 소련군 사령부는 "이러한 무책임한 행위에 절대 관여하지 않을 것"임을 천명했다. 소련군의 협력을 얻어내는 데 실패한 영국과 미국은 바르샤바의 국내군에 대한 공중 보급을 시도하는 한편, 스탈린에게 보급을 마친 항공기들이 소련에 착륙해 재급유를 할 수 있게 해달라고 요청했다. 그러나 스탈린은 이러한 요청마저 거부해버렸다. 왕복 연료를 탑재해야 했던 연합군 항공기들은 소량의 보급 물자만을 투하할 수밖에 없었다. 게다가 소련군이 바르샤바 상공에 대한 항공 엄호를 제공하지 않았기 때문에, 연합군 수송기들은 독일 공군기들과 고사포를 피하기 위해 고공에서 물자를 투하할 수밖에 없었고, 그것마저도 대부분 비스툴라 강에 빠져버리거나 독일군의 손에 들어가버리고 말았다. 9월 10일이 되어서야 조금 태도를 누그러뜨린 스탈린이 연합군의 소련 영내 착륙 및 재급유를 허용했고, 미국 폭격기 110대가 보급 물자 투하 작전에 참가했지만, 이 무렵에 국내군이 확보한 지역은 너무나 협소해져서 투하된 물자의 30퍼센트만이 국내군 확보 지역에 떨어졌다. 9월 13일부터는 소련 공군도 보급 물자 투하를 시작했지만, 이 무렵에는 이미 그런 물자가 유용하게 사용되기에는 너무 늦어버렸다. 결국 국내군은 협상 끝에 10월 2일 독일군에게 항복하고 말았다.

8월 29일, 68일간 계속된 바그라티온 작전이 드디어 종결되었다. 거의

700마일(1,125킬로미터)에 달하는 길이의 전선에서 소련군은 340~374마일(545~600킬로미터)에 이르는 거리를 진격해 들어갔으며, 이는 그 이전의 어떤 공세 때보다도 빠르게 진격한 것이었다. 1941년 모스크바 반격 당시 제일 빨랐던 날에도 1일 진격 거리는 3.7마일(6킬로미터) 정도에 불과했으며, 스탈린그라드에서는 2.8마일(4.5킬로미터)이었고, 쿠르스크에서는 6.2마일(10킬로미터) 정도였다. 그러나 바그라티온 작전 1단계 기간 동안 소련군은 하루에 15.6마일(25킬로미터)을 진격했으며, 독일군의 저항이 격렬해진 2단계 기간 동안에도 하루 8.75마일(14킬로미터)의 진격 속도를 유지했다. 인명 피해는 쿠르스크 전투 당시와 비슷한 수준으로, 총 투입 병력 241만1,600명 가운데 7.7퍼센트에 해당하는 18만40명을 잃었다. 이는 스탈린그라드 전투 당시의 병력 손실률(13.5퍼센트)에 비하면 훨씬 낮은 수준이었다. 그리고 성과 면에서 봤을 때, 스탈린그라드 전투나 쿠르스크 전투는 바그라티온 작전과는 비교가 되지 않았다.

바그라티온 작전의 1·2단계가 순조롭게 진행되면서 코네프의 제1우크라이나 전선군도 7월 13일부터 독일의 북우크라이나 집단군에 대해 리비프L'viv-산도미에슈Sandomierz 공세를 시작했다. 1·2단계 작전과 마찬가지로 8월 29일에 종결된 코네프의 공세 역시 앞서 시작된 공세들과 마찬가지로 큰 성과를 거두었다. 코네프의 병사들은 산도미에슈에서 비스툴라 강을 건너 대규모 교두보를 형성함으로써 슐레지엔Schlesien을 향한 차기 공세를 위한 중요한 발판을 마련했다. 또 상대적으로 전력이 약화된 남부 집단군을 상대로 공세를 벌인 덕분에 제1우크라이나 전선군은 중부전선의 소련군보다도 빠른 속도[최대 1일 40마일(65킬로미터)]로 진격하면서도 더 낮은 손실(6.5퍼센트)을 기록할 수 있었다.

8월 20일, 제2·제3우크라이나 전선군은 독일 남우크라이나 집단군과 루마니아를 목표로 4단계 공세를 시작했다. 이 공세는 앞서 시작된 다른

■■■■■■ 마침내 고향 땅으로 돌아온 제1벨로루시 전선군 소속의 폴란드 제1군 병사들의 모습. (AKG Berlin)

공세들과 마찬가지로 8월 29일에 종료되었으며, 겨우 10일이라는 짧은 기간에 315마일(505킬로미터) 길이의 공격 전면에서 200마일(320킬로미터)을 밀고 들어가는 성과를 거두었다. 하루 평균 진격 속도는 도보로 행군하는 보병들은 15.5마일(25킬로미터), 기계화부대들은 20마일(32킬로미터)이었다. 병력 손실은 투입된 총 병력 130만 명의 1퍼센트에 해당하는 1만 3,197명에 불과했다. 4단계 작전의 성과는 다른 지역의 공세에 비하면 상대적으로 빈약했다. 독일 남우크라이나 집단군은 소련군에게 밀려나기는 했지만, 소련군은 만슈타인의 부대를 포위해 섬멸한다는 당초의 목표를 달성하는 데는 실패하고 말았다. 하지만 정치적 측면에서 봤을 때는 전과가 조금 별로라도 승리는 승리였다. 제2우크라이나 전선군은 반독 성향의 루마니아인들의 도움을 받아 8월 30일에 플로에슈티 유전을 점령했으며, 31일에는 루마니아의 수도 부쿠레슈티에 입성했다. 9월 12일, 루마니아 대표단은 모스크바에서 항복 문서에 서명하고 이젠 적이 된 독일군과 싸우기 위해 12개 사단을 제공하기로 동의했다.

독일의 다음 문제는 발칸 반도의 불가리아였다. 불가리아는 1941년 추축국에 가담하기는 했지만, 소련에 선전포고를 하지는 않은 상태였다. 8월 26일, 제3우크라이나 전선군이 접근해오자, 불가리아는 중립을 선언하고 루마니아로부터 철수해오는 독일군의 무장 해제를 명령하는 한편, 미국과 영국에 휴전협정을 중재해줄 것을 요청했다. 그러나 소련군은 9월 5일에 선전포고를 하고 불가리아를 침공해 들어갔다. 그러나 소련군은 아무런 저항도 받지 않았으며, 새로이 들어선 불가리아 정부는 9월 9일에 독일에 선전포고를 하는 한편, 불가리아군은 소련군과 함께 유고슬라비아로 진격해 들어갔다.

7월 20일, 히틀러를 제거하려는 쿠데타 시도가 있었지만, 너무나 순식간에 제압당하는 통에 독일의 전쟁 수행에는 별다른 영향을 미치지 못했다. 그러나 이 무렵 이미 독일의 동맹국들은 하나둘씩 독일로부터 떨어져 나가고 있었다. 8월 25일, 파리가 해방되자 독일에 부역한 비시 정부는 다음날 파리를 탈출했다. 8월 29일에는 슬로바키아에서 반독 봉기가 일어났다. 독일군은 서둘러 병력을 파견했지만, 이 지역의 봉기는 10월 말까지 계속되었다.

핀란드는 9월 2일에 소련의 휴전 조건을 받아들이고, 9월 4일에 독일과의 관계를 단절한 후 정전을 발표했다. 9월 19일 모스크바에서 체결된 소련-핀란드 휴전협정에는 핀란드 영내에 있는 독일군을 무장 해제시킨다는 조항도 포함되어 있었다. 핀란드 남부에 주둔하고 있던 독일군은 신속하게 철수했지만, 핀란드 북부에 주둔하고 있던 제20산악군은 방어선을 구축하고 동쪽으로는 소련군과, 남쪽으로는 핀란드군과 맞섰다. 10월

■■■■■■ 핀란드 해안에 상륙하는 소련군 병사들의 모습. (AKG Berlin)

7일, 소련의 메레츠코프 원수가 육군과 해병대를 동원한 공세를 시작하
자, 독일군은 15일에 노르웨이 방면으로 철수했다. 10월 25일, 소련군은
키르케네스Kirkenes를 해방하고 29일에는 네이덴Neiden에 도달한 후 진격을
정지했다. 스탈린은 전선군 사령관 가운데 최초로 담당 전선에서 최종 목
표를 달성한 메레츠코프에게 휴가를 준 후 새로운 임무를 맡겼다. 당시
연합국과 독일이 항복한 후 3개월 내에 대일전에 참전한다는 밀약을 맺
었던 스탈린은 메레츠코프에게 대일전을 준비하라고 명령했다.

　8월 29일, 바그라티온 작전이 끝나고 찾아온 소강상태는 얼마 가지 못
했다. 영미군이 독일의 서부 국경지대에 접근하는 한편, 이탈리아 전선에
서도 계속 밀고 올라오는 동시에 6월 15일에는 프랑스 남부에까지 상륙
하자, 이제 독일은 4개 전선에서 전투를 벌이지 않으면 안 되는 상황에 놓
이게 되었다. 7월 31일, 제1발트 전선군이 리가Riga 만에 도달하면서 독일
의 북부집단군은 일시적으로 고립되기도 했다. 하지만 히틀러가 프리스
너를 해임하고 후임으로 북부집단군 사령관 자리에 앉힌 쇠르너는 8월

21일에 일대 반격을 가해 중부집단군과의 연락로를 다시 뚫었다. 그러나 스타브카가 다시 한 번 북부집단군을 포위해 가능하면 격멸하기 위한 작전을 시작하면서 다시 뚫린 통로를 차단하는 데 전력을 기울였다. 이 작전에 참가한 발트 함대와 5개 전선군(레닌그라드 전선군, 제1·제2·제3발트 전선군, 제3벨로루시 전선군)은 156개 사단과 11개 여단 154만6,400명의 병력을 보유하여 독일 북부집단군에 대해 병력 면에서 3:1의 우위를 보였으며, 장비 면에서는 그보다 훨씬 더 큰 우위를 보였다.

바그라티온 작전 종료로부터 겨우 16일이 지난 9월 14일, 소련군의 새로운 공세가 시작되었다. 공세 첫 3일 동안 제1발트 전선군은 30마일(48킬로미터)을 진격하여 리가로부터 16마일(26킬로미터)밖에 떨어지지 않은 곳까지 도달했으나, 제2·제3발트 전선군의 진격은 독일군의 강력한 저항으로 인해 지지부진한 모습을 보였다. 그러나 9월 17일부터 공세에 가세한 레닌그라드 전선군은 22일 탈린Tallinn을 함락한 후 공격 방향을 남쪽으로 돌려 나르바Narva로부터 리가 북쪽 일대로 철수하려던 독일 제16군과 제18군의 측면을 강타했다. 또 22일이 되자 그동안 부진을 면치 못했던 제2·제3발트 전선군도 마침내 독일군 방어선 돌파에 성공하여 27일 무렵에는 리가로부터 25~30마일(40~48킬로미터) 떨어진 곳에서 리가를 둘러싼 형태로 구축된 독일군의 시굴다Sigulda 방어선 북부에 대한 공격을 시작했다. 그러나 공격 기세가 다한 시점에서 무리하게 공격을 가해온 소련군의 공격을 방어선을 지키고 있던 31개 독일군 사단이 방어해냄에 따라 양 전선군은 한 발짝 물러나 태세를 가다듬고 치밀한 공격을 시도할 준비를 했다. 또 비슷한 시기에 방어선의 남쪽을 돌파하려던 제1발트 전선군의 시도도 실패로 돌아갔다. 공격 실패 후 스타브카는 제1발트 전선군에게 독일군의 강고한 방어선을 계속 공격하는 대신 리투아니아의 항구도시 메멜Memel을 공격하라고 명령했다. 10월 5일 공격을 시작한 제1발트 전선군은 5일 후, 메멜 북쪽의 팔랑가Palanga에서 발트 해안에 도달했다.

메멜은 1945년 1월이 되어서야 함락할 수 있었다. 하지만 1944년 10월, 제1발트 전선군은 이미 독일 북부집단군 대부분을 쿠를란트Kurland 반도에 고립시키는 데 성공했다. 제3발트 전선군 역시 메멜의 남쪽에서 발트 해 연안에 도달하는 한편, 동프로이센으로 진입하여 동프로이센의 수도 쾨니히스베르크Koenigsberg로부터 겨우 60마일(100킬로미터)밖에 떨어지지 않은 지점까지 육박해 들어갔다. 레닌그라드 전선군과 제3발트 전선군은 에스토니아로부터 독일군을 몰아냈으며, 10월 초가 되자 5개 전선군 가운데 제3발트 전선군을 제외한 전 전선군이 시굴다 선에서 독일군과 대치하게 되었다.

북부집단군 사령관 쇠르너는 히틀러로부터 '현지 사수' 명령을 받았지만, 곧 당장 동프로이센으로 철수하지 않으면 완전히 고립상태에 빠지게 될 것이라는 사실을 깨닫게 되었다. 9월 초, 쇠르너는 히틀러에게 철수 허가를 요청했지만, 히틀러는 계속 현지 사수를 고집하다가 9월 중순이 되어서야 허가를 내줬다. 그러나 그 무렵에는 이미 철수를 하고 싶어도 할 수 없는 상황이 되어버렸다.

1944년 9월 이후 독일군의 기동성은 연료 부족으로 크게 저하되었다. 플로에슈티 유전지대를 잃고 연합군의 전략폭격으로 인해 석탄 액화 공장에 전기를 공급하던 수력 발전소들이 파괴되면서 1944년 9월 독일의 석유 생산량은 같은 해 4월의 8퍼센트 수준으로 떨어졌다. 1941년, 독일군은 소련군보다 압도적인 기동성을 자랑했지만, 1944년이 되자 상황은 완전히 반대가 되었다. 풍부한 석유자원과 대량의 미제 트럭을 갖춘 소련군은 독일군보다 훨씬 빠르게, 그리고 안전하게 병력을 이동시킬 수 있었다(연료 부족으로 독일 공군도 제대로 활동을 할 수가 없었다). 발트 해 연안에서의 공세(9월 14일~11월 24일)와 함께 카르파티아(9월 8일~10월 28일)에서

1943년 11월~1944년 8월 소련군 점령 지역

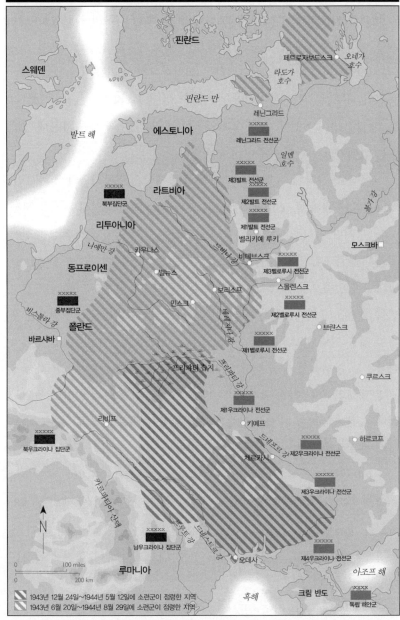

핀란드

스웨덴

페트로자보드스크   오네가
호수

라도가
호수

핀란드 만

레닌그라드

발트 해

에스토니아

XXXXX
레닌그라드 전선군

일멘
호수

라트비아

XXXXX
제3발트 전선군

XXXXX
북부집단군

제2발트 전선군

리투아니아

제1발트 전선군

벨리키예 루키

니에만 강   카우나스

드비나 강   비테프스크

모스크바

동프로이센

빌뉴스

XXXXX
제3벨로루시 전선군

보리소프

스몰렌스크

비스툴라 강

XXXXX
중부집단군

민스크

드니프로 강

XXXXX
제2벨로루시 전선군

브랸스크

폴란드

바르샤바

XXXXX
제1벨로루시 전선군

프리파티 습지

프리파티 강

쿠르스크

XXXXX
제1우크라이나 전선군

키예프

리비프

XXXXX
북우크라이나 집단군

하르코프

드니프로 강   XXXXX
제2우크라이나 전선군

체르카시

카르파티아 산맥

XXXXX
제3우크라이나 전선군

부크 강

N

XXXXX
남우크라이나 집단군

드네스트르 강

XXXXX
제4우크라이나 전선군

0   100 miles

오데사

아조프 해

200 km

루마니아

크림 반도

XXXX
독립 해안군

흑해

■ 1943년 12월 24일~1944년 5월 12일에 소련군이 점령한 지역
■ 1943년 6월 20일~1944년 8월 29일에 소련군이 점령한 지역

■■■■■■ 1943년 8월~12월에 드네프르 강을 향한 공세를 벌인 소련군은 뒤이어 레닌그라드의 포위를 풀고
(1944년 1월) 벨로루시에서 바그라티온 작전을 개시(1944년 6월~8월)하는 한편, 그와 동시에 핀란드, 카르파티
아, 남부전선 일대에서 동시다발적으로 공세를 가했다. 8월 말이 되자 독일군은 거의 모든 소련 영토에서 축출되
었으며, 붉은 군대는 루마니아와 폴란드, 동프로이센으로 진입하기 시작했다.

는 제1·제4우크라이나 전선군이, 유고슬라비아(9월 28일~10월 20일)와 헝가리(10월 29일~1945년 2월 13일)에서는 제2·제3우크라이나 전선군이 공세를 시작했다. 1944년 9월~10월에 벌어진 동시다발적인 공세에서 소련군은 295개 사단과 26개 여단이라는 어마어마한 병력을 동원했다. 이는 독일이 서부전선과 동부전선에 배치하고 있던 사단 모두를 합친 것보다도 더 많은 병력이었다. 게다가 독일군이 보유한 276개 사단 가운데 상당수는 껍데기만 사단인 허수아비 부대였다.

소련군의 강타에 희생된 다음번 독일 동맹국은 헝가리였다. 10월 1일, 헝가리의 지배자 호르티 제독은 모스크바에 특사를 파견해 휴전을 모색했다. 그러나 이러한 사실을 알아낸 독일군은 즉각 헝가리의 핵심 통신시설들을 장악해버렸다. 10월 15일, 호르티는 방송으로 헝가리의 전쟁은 끝났다고 선언했으나, 독일은 친독일 세력을 사주하여 쿠데타를 일으키고 친독 정권을 세웠다. 새로이 들어선 친독 정권은 헝가리군에게 전투를 계속할 것을 명령했으나, 다른 동맹군들과 마찬가지로 이미 패배한 것이나 다름없는 전쟁에서 죽을 이유가 없었던 많은 헝가리군 병사들은 대규모로 탈영해버렸다. 이제 니레지하저Nyíregyháza를 1주일 만에 탈환한 독일군이 목도했던 것과 같은 소련군의 끔찍한 보복에 대한 공포가 추축군 병사들이 싸움을 계속하는 유일한 이유가 되었다.

영미 연합군은 3년간에 걸쳐 전략폭격을 가하기는 했지만, 자신들의 주적은 나치당이지 독일 국민이 아니라고 주장했다. 또 일부 예외를 제외하고는 서유럽을 점령한 독일군도 저항하지 않는 주민들에게는 그리 악독하게 굴지 않았고, 포로가 된 병사들도 대체로 제네바 협정에 준하는 대우를 해주었다.

그러나 나치스에 의해 열등민족으로 분류된 슬라브인들은 대규모로 학살당한 유대인들보다 별로 나을 것이 없는 대우를 받았다. 독일에 대한 적개심을 가지도록 철저하게 사상교육을 받은 소련군 병사들은 탈환한 독일군 점령지에서 독일군이 저지른 만행을 보고 독일에 대한 증오심을 더욱 불태우게 되었다. 많은 소련군 병사들은 독일군이 마을을 불태우고 주민들을 학살하고 죄 없는 양민들을 공공연히 목 매달아 죽이는 만행의 현장을 직접 목도했고, 또 직접 보지 못한 이들도 그에 관한 수없이 많은 이야기들을 들었다. 폴란드 동부와 벨로루시를 지나오면서 수많은 절멸 수용소들을 보게 된 소련군 병사들이 독일에 대해 그렇게 맹렬한 복수심을 품게 된 것은 어찌 보면 당연한 일이었다.

소련군 병사들은 일단 추축국들의 영토로 진입하게 되자, 똑같이 대규모로 학살과 사지 절단, 강간과 약탈을 일삼았으며, 때로는 동맹국 주민들에게도 그러한 범죄를 저질렀다. 소련 정부는 그런 행동을 공식적으로 용인하지 않았지만, 그렇다고 이런 만행을 억제하기 위해 별다른 조치를 취하지도 않았다. 소련군 당국은 그런 범죄 행위가 군기를 위협하는 수준에까지 이르러서야 병사들을 통제하기 위한 조치를 취했다. 한번은 유고슬라비아의 빨치산 지도자였던 밀로반 질라스Milovan Djilas가 스탈린에게 소련군이 유고슬라비아 여성들을 강간하는 것에 대해 항의하자, 스탈린은 코웃음을 치면서 "여자와 재미를 보는 것이 뭐가 그리 끔찍한 일이라고 그러는 거요?"라고 응답했다. 독일군에게 부역했거나 부역한 혐의가 있는 민족 전체(볼가 강 주변의 독일계 주민, 크림 반도의 타타르Tatar인, 체첸Chechen인, 잉구슈Ingush인, 발카르Balkar인, 칼미크인, 메스헤티아Meskhetia인 등)를 눈 하나 깜짝 않고 강제 이주시켜버리는 강철 남자 스탈린에게는 소련군 병사들의 강간, 살인 등은 일고의 여지도 없는 하찮은 일에 불과했다. 그나마 소련군의 대규모 학살은 단기간에 끝이 났으며 민족 전체를 학살하는 수준은 아니었고, 또 독일군이 점령지에서 했던 것과는 달리 대량 학살로 이어지지 않았다는 점에서 독일군의 만행보다는 낫다고 볼 수도 있다. 반면, 소련의 게슈타포^{Gestapo}(나치 독일의 비밀경찰)에 해당하는 엔카베데^{NKVD}(내무성 산하 보안국 요원들)와 스메르쉬^{SMERSH}('스파이에게 죽음을' 이라는 말의 머리글자를 딴 소련의 방첩부대) 요원들은 여전히 대규모이기는 하지만 보다 선택적으로 총살과 추방을 집행했다. 독일인에 대한 소련군의 잔혹 행위가 그친 것은 1945년 4월 20일, 스탈린이 "이제는 독일인에 대한 태도를 바꿔야 한다"는 명령을 내리고 나서였다.

전쟁 말기, 서부전선의 추축군 병사들은 일찌감치 전의를 상실하고 대규모로 연합군에게 항복하는 경우가 많았지만, 과거 자신들이 저지른 죄악에 대한 소련군의 보복을 두려워한 동부전선의 추축군 병사들은 필사적으로 전투를 계속했다. 더 나아가 구데리안은 히틀러에게 서방 연합국들과는 휴전을 하고 소련과의 전쟁에 전력을 집중하자고까지 이야기했지만, 히틀러는 이런 제안에는 전혀 귀를 기울이지 않고 1940년의 아르덴 공세를 재연하려고 하는 한편, 포위당한 부다페스트 수비대에게 최후까지 저항하라고 명령하면서 헝가리를 가로질러 흐르는 다뉴브 강 서쪽의 발라톤^{Balaton} 호수 일대에서 부다페스트 구출을 위한 공세를 지시했다.

1945년

1944년 12월 16일, 독일군의 아르덴 공세가 시작되었다. 초반에 독일군의 공격이 어느 정도 성과를 거두자, 처칠은 스탈린에게 동부전선에서 공세를 벌여 독일의 전력을 분산시켜줄 것을 요구했다. 스탈린은 처칠의 요청을 받아들여 원래 1월 20일에 시작할 예정이었던 비스툴라-오데르 작전을 8일 앞서 실시하기로 결정했다. 이를 두고 일부 소련 역사가들은 소련군이 연합군을 패배로부터 구해냈다고 주장하기도 했지만, 사실 처칠이 스탈린에게 그런 부탁을 하기 이전에 이미 미군은 전세를 역전시키고 있었다.

1945년 1월 12일, 제1벨로루시 전선군과 제1우크라이나 전선군이 인접 지역에 배치된 제2벨로루시 전선군과 제4우크라이나 전선군의 지원을 받아 공격을 시작했다. 다음날, 제4·제2우크라이나 전선군이 카르파티아 산맥 서부에서, 제2·제3벨로루시 전선군이 동프로이센에서 공세를 시작했다. 이틀 사이에 모두 합쳐 436개 사단, 30개 군단, 31개 여단의 거의 450만 명에 이르는 엄청난 병력이 전투를 개시했다. 많은 부대들이 편성 정수를 채우지는 못했지만, 그런 상황은 독일군 쪽이 훨씬 더 심각했다. 원래 9개 대대를 보유하고 있던 독일군 보병사단은 이 무렵에 6개 대대 편성으로 축소되었고, 일부 신규 사단은 겨우 4개 대대만을 보유하고 있었다. 또 1940년에 사단당 전차 400대를 보유했던 독일의 기갑사단들도 전쟁 말기에는 사단당 보유 전차 대수가 평균 100대를 넘지 못했다.

소련군의 주공을 담당한 제1벨로루시 전선군과 제1우크라이나 전선군은 폴란드 제1군을 포함해 181개 사단과 14개 여단의 대병력으로 껍데기만 남은 70개 사단으로 구성된 독일의 중부집단군과 A집단군을 맹타했다.

1945년 초, 동부전선의 독일 5개 집단군은 북에서 남으로 다음과 같이 배치되어 있었다.

북부집단군(제16군과 제18군): 쿠를란트에 고립

중부집단군(제3기갑군, 제4·제2군): 동프로이센과 폴란드 북부

A집단군(제9군, 제4기갑군, 제17군, 제1기갑군): 폴란드 남부-카르파티아 산맥 북부에 이르는 지역

남부집단군(독일 제6군, 제8군, 헝가리 제1·제2·제3군): 헝가리

F집단군(제2기갑군): 헝가리와 유고슬라비아

1월 26일, 북부집단군은 쿠를란트 집단군으로, 중부집단군은 북부집단군으로, A집단군은 중부집단군으로 각각 명칭이 변경되었다.

소련군은 새로이 북부집단군으로 개칭된 중부집단군(라인하르트 지휘)과 쿠를란트 집단군으로 개칭된 북부집단군(쇠르너 지휘)을 밀어내고 베를린을 향한 최종 진격의 발판을 마련하기 위해 그때까지 있었던 공세 가운데 최대 규모의 공세를 가할 준비를 했다. 이 공세는 비스툴라 강 건너편에 확보한 3개 교두보로부터 시작할 계획이었으며, 제1벨로루시 전선군은 마그누셰프와 푸와비 교두보로부터, 제1우크라이나 전선군은 바라노프로부터 각각 공격을 개시할 예정이었다. 양 전선군의 목표는 베를린으로부터 겨우 60마일(100킬로미터)밖에 떨어지지 않은 오데르 강까지 진격하여 강 서쪽에 교두보를 확보하는 것이었다. 한편, 스탈린은 스타브카 조직을 일대 개편하여 부총사령관에 주코프를 유임시키면서 그에게 로코소프스키로부터 제1벨로루시 전선군의 지휘권을 인수하라는 명령을 내리는 한편, 로코소프스키에게는 제2벨로루시 전선군의 지휘를 맡긴 후 주코프의 북쪽 측면을 보호하면서 동프로이센의 독일군을 포위하여 섬멸하라는 지령을 내렸다. 또 스탈린은 제1우크라이나 전선군 사령관으로 유임된 코네프에게 슐레지엔을 점령하는 동시에 될 수 있으면 최대한 슐레지엔의 공업지대를 파괴하지 않고 확보하라는 명령을 내렸다.

당시 스탈린은 폴란드 동부 영토를 합병하는 대신 폴란드에 슐레지엔을 포함한 독일의 동부 영토를 줄 계획이었고, 동부 영토를 빼앗기는 폴란드인들의 분노를 누그러뜨리기 위한 선물로 슐레지엔의 공업지대를 최대한 피해 없이 폴란드에 넘겨주길 원했다. 코네프는 자신의 2개 기갑군 가운데 하나를 슐레지엔의 북쪽으로, 또 다른 하나를 남쪽으로 진격시켜 포위당할 위기에 빠진 독일 제4군이 공업지대를 폭파할 틈도 없이 허겁지겁 도망치게 만듦으로써 이러한 과제를 손쉽게 달성했다. 이제 기동성 측면에서 독일군을 압도하게 된 소련군은 23일간에 걸친 비스툴라-오데르 공세 기간 동안 보병부대조차도 하루에 12~14마일(19~22킬로미터)씩 진격했으며, 그 과정에서 바르샤바, 포즈나뉴, 우지Łódź, 브로츠와프Wrocław 등의 주요 도시들을 점령했다. 그러면서도 소련군의 병력 손실은 작전 투입 병력 220만 명의 2퍼센트도 안 되는 4만 3,476명에 불과했다.

1월 13일에 시작된 2개 후속 공세 중 제2·제3벨로루시 전선군과 제1발트 전선군 소속 1개 군이 참가한 동프로이센 공세는 함께 시작된 다른 공세보다 훨씬 더 규모가 커서 157개 사단과 10개 여단의 167만 병력이 동원되었다. 북부집단군은 중부집단군보다 훨씬 더 격렬하게 저항하여 소련군은 103일간에 걸친 공세 기간 동안 1일 평균 진격 거리가 1.25마일(2킬로미터)에 불과했으며, 손실도 커서 전체 병력의 7.6퍼센트에 해당하는 12만 6,464명을 잃었다. 이는 비스툴라-오데르 공세의 병력 손실률의 거의 4배에 달하는 것이었다.

카르파티아 산맥 서부에서 공세를 시작한 제4·제2우크라이나 전선군의 병력은 여타 공세에 비해 상당히 적어서 '겨우' 79개 사단과 7개 여단의 59만 3,000명에 불과했으며, 이 가운데는 루마니아군 2개 군(제1·제4군)과 체코슬로바키아군 1개 군단도 포함되어 있었다. 38일 동안 지속된 카르파티아 서부 공세에서 사상자 수는 전체 병력의 3.2퍼센트에 불과한 1만 9,000명 수준에 머물렀고, 1일 평균 진격 거리는 4마일(6.4킬로미터)로, 얼핏 보면 지지부진한 것처럼 보이지만, 해당 지역이 산악지형임을 감안하면 상당한 속도였다.

2월 10일에는 포메라니아에서 제2벨로루시 전선군과 제1벨로루시 전선군의 좌익이 공세를 개시했으며, 3월 1일부터는 폴란드 제1군도 공세에 참가했다. 제2벨로루시 전선군이 여전히 동프로이센 공세를 진행하고 있던 시기에, 그리고 제1벨로루시 전선군의 비스툴라-오데르 공세가 끝난 지 겨우 1주일 만에 99만6,000명이 참가한 이러한 공세가 시작될 수 있었다는 사실은 이제 소련군이 얼마나 압도적인 우위를 차지하게 되었는가를 보여주는 한 가지 사례였다. 물론, 어떻게 보면 거의 무리하기까지 한 이러한 연속적인 공세는 이전 공세로 전력이 많이 소모된 부대들에게 큰 부담을 주었지만, 독일군의 상황은 이보다 더 심각했다.

4월 4일까지 계속된 공세를 통해 소련군은 85마일(135킬로미터)을 진격했으며, 1일 평균 진격 거리는 1.5~2마일(2.4~3.2킬로미터)이었고, 병력 손실은 작전 참가 병력의 5.6퍼센트인 5만5,315명이었다. 당시 소련군의 공세를 막은 것은 독일의 비스툴라 집단군이었다. 온갖 잡다한 부대와 낙오병들을 모아 편성한 제2·제9군과 재편성된 제11군이었지만, 이들은 기본적인 전투 장비들조차 제대로 갖추지 못한 오합지졸이었다. 설상가상으로 병사들이 오합지졸이면 지휘관이라도 유능해야 하는데, 이들을 지휘한 자는 친위대 및 경찰 총책임자였던 하인리히 히믈러였다(당시 히틀러는 계속적인 철수를 넘어서 항복까지 권하던 군 지휘관들을 점점 더 불신하게 되었다). 독일군 사령부는 중부집단군 북방에 투입된 비스툴라 집단군과 중부집단군으로 독일 동부 국경지대를 지키는 한편, 헝가리의 남부집단군과 이탈리아의 독일군, 그리스와 유고슬라비아에서 철수해온 E집단군으로 남쪽과 남동쪽을 어떻게든 막아볼 심산이었다. 당시 현실 인식 능력이 극도로 저하된 히틀러와 히믈러는 비스툴라 집단군의 반격으로 단번에 전세를 독일에 유리한 방향으로 뒤집어엎겠다는 망상을 품고 있었다. 2월 16일 공세를 시작한 비스툴라 집단군은 제1벨로루시 전선군을 7마일(11킬로미터) 정도 밀어내기는 했지만, 20일이 되자 더 이상 진격할 수 없게 되었고, 3월 1일에는 소련군 6개 군이 실시한 맹렬한 반격에 직면해야 했다. 일부 부대들은 종전까지 끈질기게 싸웠지만, 나머지 부대들은 대부분 압도적인 소련군의 위력에 겁을 먹고 도망쳐버렸다. 응집력 있는

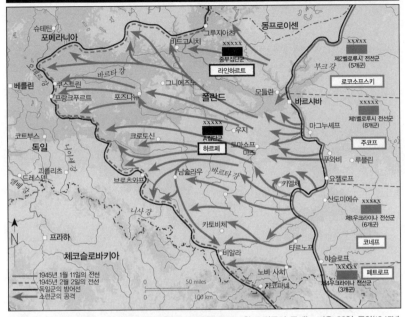

■■■■■ 비스툴라 강에서 오데르 강으로 진격하는 것을 목표로 한 소련군의 공세는 겨우 22일 동안(1945년 1월 12일~2월 2일) 지속되었지만, 공세가 끝난 후 소련군은 베를린으로부터 겨우 60마일(100킬로미터)밖에 떨어지지 않은 오데르 강의 서쪽 제방에 교두보를 확보하게 되었다.

부대로서 비스툴라 집단군의 존재는 사실상 이렇게 소멸되고 말았다.

3월 20일, 유능한 지휘관이었던 하인리치Heinrici 상급대장이 히틀러 대신 비스툴라 집단군 사령관으로 임명되었지만, 그 무렵에는 그가 지휘할 부대가 남아 있지 않았다. 3월 28일, 그드니아Gdnya가 함락되었고, 30일에는 단치히마저 함락되었다. 소련군은 9만1,000명의 포로를 획득했으며, 이로써 제1벨로루시 전선군이 베를린으로 진격할 때 측면에서 위협을 가할 독일군 세력은 완전히 사라지고 말았다. 측면의 위협을 제거함으로써 병력 운용에 여유가 생긴 소련군은 베를린 최종 공세에 10개 군을 추가로 투입할 수 있게 되었다.

제1벨로루시 전선군과 제1우크라이나 전선군이 베를린을 향한 최후

▪▪▪▪▪▪ 1945년, 어린 병사들이 판처파우스트 대전차로켓 조작법을 배우고 있다. (AKG Berlin)

공세를 펴기 위해 호흡을 가다듬고 있는 동안, 히틀러는 부다페스트 탈환과 헝가리 및 오스트리아의 소규모 유전지대 보호를 목표로 헝가리에서 공세를 시작하라고 명령했다. 독일군은 제6친위기갑군이 발라톤 호수 동쪽으로부터 공격을 개시해 전체 공세를 선도하면 제4군과 1개 헝가리 군단이 그 왼쪽에서 남쪽을 향해 밀고 나가면서 제2기갑군이 발라톤과 드

라바^{Drava} 사이를 향해 동쪽으로 진격해 나가고 E집단군은 제3우크라이나 전선군의 좌익을 엄호하고 있던 불가리아군과 유고슬라비아 제3군을 공격한다는 계획을 세웠다.

그러나 소련의 톱부힌 원수는 독일군의 공세가 임박했음을 눈치 채고 있었고, 스타브카 역시 이미 방어전을 치른 뒤 바로 반격에 나선다는 계획을 승인해놓은 상태였다. 3월 5일 밤, E집단군과 제2기갑군이 공격을 개시했고, 다음날 오전에는 공격의 주역을 맡은 제6친위기갑군과 제6군이 공격을 시작하여 4일간 16마일(26킬로미터)를 진격했지만, 이들은 곧 벌떼처럼 몰려드는 제3우크라이나 전선군 병력과 무지막지한 소련군의 중포 화력에 진격이 정지되고 말았다. 양측 모두 막대한 사상자가 발생했지만, 3월 15일에 독일군의 공격 기세가 완전히 꺾였음이 분명해지자, 스타브카는 16일에 반격작전을 시작할 것을 명령했다.

3월 16일, 제3우크라이나 전선군(불가리아 제1군 포함), 제2우크라이나 전선군 일부 병력, 그리고 소련 해군의 다뉴브 분견대를 비롯한 소련군 64만4,700명과 불가리아군 10만900명으로 이뤄진 85개 사단과 3개 여단이 빈을 향한 전략적 공세를 시작했다. 헝가리에서 독일군이 축출되자, E집단군은 유고슬라비아로부터 철수할 수밖에 없었다. 오스트리아 동부와 체코슬로바키아 남부로 진격한 소련군은 4월 13일에 빈을 점령했다. 4월 15일에 반격작전은 종료되었고, 바로 다음날부터 제1벨로루시 전선군(주코프 지휘), 제2벨로루시 전선군(로코소프스키 지휘), 제1우크라이나 전선군(코네프 지휘)와 폴란드 제1·제2군은 베를린을 향한 마지막 공세를 시작했다.

베를린 공세를 위해 소련군은 소련군 병사 190만 명과 폴란드 병사 15만6,000명으로 구성된 234개 사단과 16개 여단 외에도 중포와 박격포 4만1,000문, 전차와 대전차 자주포 6,200대, 그리고 항공기 7,500대를 집결시

컸다. 이에 대항하는 독일군 부대는 제3기갑군(폰 만토이펠^{Hasso von Manteuffel} 지휘)과 제9군(부세^{Busse} 지휘)으로 이뤄진 비스툴라 집단군(하인리치 지휘)이었다. 또 제4기갑군(그래서^{Graeser} 지휘)도 나이세^{Neisse} 강을 사이에 두고 코네프가 이끄는 군과 대치했다. 이들 3개 군 예하에는 39개 사단이 배속되어 있었다. 그러나 기갑군이라는 이름에 무색하게도 2개 기갑군은 제9군과 마찬가지로 각각 1개 기갑사단만을 보유하고 있었고, 예비대로 3개 기갑사단과 3개 기갑척탄병사단이 배치되어 있었다.

독일군은 베를린 방어를 위해 전투 중 다른 지역에서 유입된 병력과 함께 50개 사단과 100여 개 대대의 국민돌격대^{Volkssturm}를 동원했다. 그러나 훈련을 거의 받지 못한 국민돌격대는 군이 아닌 나치당의 지휘를 받고 있었고, 일부는 위력적인 판처파우스트^{Panzerfaust} 대전차로켓을 가지고 있기도 했지만, 대부분은 구식 독일제 무기나 노획 무기들로 무장하고 있었다. 여기에 일부 경찰 병력과 히틀러 소년단원들도 베를린 방어전에 참가했다. 독일 공군도 제3제국의 수도를 지키기 위해 안간힘을 썼지만, 이들이 동원할 수 있는 가용 항공기 수는 300여 대에 불과했다.

주코프는 먼저 30분간 맹포격을 가해 독일군의 전방 방어선을 뭉개놓은 후 143개 서치라이트를 비춰 독일군의 눈을 멀게 만든 다음에 보병부대를 투입한다는 계획을 짰다. 주코프는 베를린까지 60마일(100킬로미터)의 거리를 11일 만에 주파할 수 있을 것이라고 생각했다. 이전과 마찬가지로 베를린 공세에서도 소련군이 독일군의 전선을 돌파한 후 전차가 신속하게 움직일 수 있는 개활지가 나온다면 이러한 계획과 진격 속도는 충분히 가능한 일이었다. 그러나 공격 대상 지역은 공격보다는 방어에 훨씬 유리한 지형이었고, 이전 공세 때와는 달리 독일군이 격렬하게 저항해오자, 주코프의 계획은 안일한 탁상공론에 불과했음이 드러났다. 이 지역 일대는 하천과 운하, 오데르 강의 지류가 거미줄처럼 흐르고 있었고, 지면도 대부분 습지로 이뤄져 있었다. 게다가 독일군은 아홉 겹이나 되는 방어선을 구축해놓았으며, 한 술 더 떠서 공세 예정 지역 일대를 모두 감제할 수 있는 젤로브Seelow 고지까지 장악하고 있었다.

한편, 당시 영미군 역시 서쪽으로부터 독일로 밀고 들어오고 있었고, 처칠과 몽고메리 원수는 모두 소련보다 먼저 베를린을 점령하기를 원했다. 그러나 아이젠하워는 (결국은 잘못된 생각이었지만) 히틀러가 바바리아 남부와 오스트리아 서부, 체코슬로바키아 일대에 최후의 방어 거점인 '알프스 요새Alpine Redoubt'를 건설해놓고 전쟁을 계속하려 한다고 믿고 있었다. 따라서 아이젠하워는 예하 3개 군 가운데 1개 군에게 엘베 강으로 진격하여 소련군과 접촉하라고 명령하는 한편, 다른 2개 군에게는 이 상상 속의 '요새'를 공격하라고 명령했다. 3월 28일, 아이젠하워는 스탈린에게 이러한 자신의 의도를 알렸다. 스탈린은 즉각 베를린은 전략적으로 별 가치가 없으며 소련군 주력은 라이프치히Leipzig와 드레스덴을 공격할 것이라는 거짓 회답을 보냈다. 아이젠하워에게 회답을 보낸 스탈린은 즉각 주코프와 코네프를 모스크바로 소환했다.

이들이 4월 1일에 도착하자, 스탈린은 이들에게도 연합군이 붉은 군대보다도 먼저 베를린을 점령하려 한다는 거짓말을 한 후 서방 연합군보다 먼저 베를린을 점령할 수 있도록 4월 16일까지 공격 준비를 마치라고 명령했다. 또 스탈린은 주코프에게 제1벨로루시 전선군을 서쪽으로 진격시키라고 지시하는 한편, 코네프에게는 (아이젠하워에게 말한 대로) 라이프치히와 드레스덴으로 진격하면서 주코프의 남방을 엄호하라고 명령했다. 로코소프스키 역시 슈테틴Stettin을 점령하고 슐레스비히-홀슈타인을 향해 진격하면서 주코프의 북방을 엄호하라는 명령을 받았다. 주코프와 코네프가 서로를 라이벌로 느끼고 있다는 것을 잘 알고 있던 스탈린은 주코프와 코네프 군 사이의 경계선을 베를린에서 남동쪽으로 겨우 50마일(80킬로미터) 떨어진 지점에 그어놓았다. 이는 만약 코네프가 먼저 공격 목표를 달성한다면, 공격 방향을 북쪽으로 돌려 베를린으로 진격할 수도 있다는 것을 의미했다.

4월 16일, 주코프는 새벽이 되기도 전에 공격을 시작했다. 천지가 무너질 듯한 포격이 끝난 후 예정대로 서치라이트가 독일군 전선을 비추기 시작했다. 그러나 맹포격으로 일어난 먼지가 서치라이트 불빛을 반사하면서 오히려 소련군 병사들이 눈이 부셔 앞을 제대로 못 보는 사태가 발생했고, 또 불빛에 비친 소련군의 윤곽은 독일군에게 이상적인 사격 목표를 제공해주었다. 독일 제9군은 젤로브 고지 일대를 비롯한 방어에 유리한 곳에 자리를 잡고 있었고, 그곳을 지키는 독일군 병사들에게는 명령 없이 후퇴하는 자는 즉각 사살한다는 지침이 떨어져 있었다.

소련군 보병들의 공격이 엄청난 손실을 입으면서도 지지부진하기만 하자, 마음이 급해진 주코프는 정오 무렵에 보병이 돌파구를 뚫은 후 전차대가 돌입한다는 기존의 소련군 전술을 버리고 예하 2개 기갑군에게 직접 돌파구를 뚫으라고 명령했다. 그러나 도로들이 소련군 병사들과 차량들로 인산인해를 이루자, 소련군 전차들은 제대로 전진할 수가 없었고, 한데 뒤엉킨 소련군을 향해 독일군은 대전차호 후방과 고지대에서 대전차포로 활용되던 88밀리미터 고사포를 신나게 쏘아댔다. 소련군이 젤로브 고지대의 제1차 방어선을 뚫은 것은 4월 17일이 거의 다 지나서였으며, 제2차 방어선을 뚫는 데도 또 하루가 걸렸다. 공격 개시 나흘이 지나도록 주코프가 공격 개시 이틀째의 목표 지점에도 채 도달하지 못하자, 스탈린은 코네프에게 남쪽으로부터 베를린을 향해 진격을 개시해도 좋다는 허가를 내렸다.

코네프 역시 나이세 강이라는 큰 장애물을 넘어야 했지만, 건조한 모래로 이뤄진 지형 덕분에 주코프보다 훨씬 수월하게 전진할 수 있었다.

코네프는 독일군의 눈을 가리기 위해 현명하게도 서치라이트가 아니라 대량의 연막탄을 사용하여 큰 성과를 거두었다(물론 일부 냉소적인 병사들은 "연막탄이 독일군의 시야를 가렸는지 어땠는지는 잘 모르겠지만, 우리의 시야는 확실히 가려주었다"는 반응을 보이기도 했다). 또 코네프의 공병들 역시 수많은 강과 하천을 맞닥뜨릴 때마다 몇 시간 만에 교량이나 도하점을 만들어 병력을 도하시키는 기적에 가까운 능력을 보여주었다. 4월 17일, 나이세 강 도하에 성공한 코네프의 2개 기갑군은 다음날 요새화된 코트부스Cottbus와 슈프렘베르크Spremberg 마을에 도착했다. 그러나 소련군 전차들은 간단하게 남북으로 이들 요새들을 우회해버리면서 비스툴라 집단군과 중부집단군 사이에 깊숙이 쐐기를 박아넣었다.

4월 19일 저녁 무렵, 주코프 전선군 소속의 제2기갑군이 드디어 베를

1945년 4월 베를린 전투

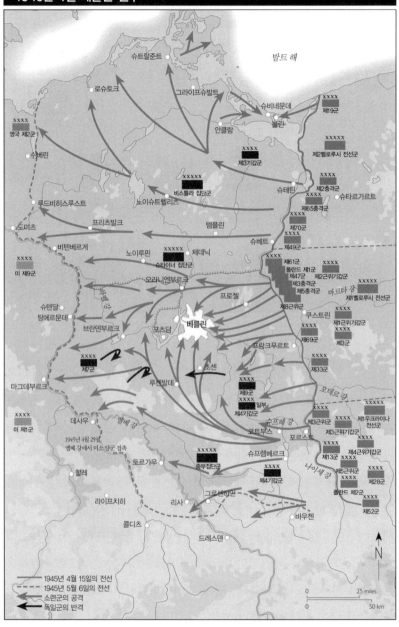

발트 해

슈트랄준트

로슈토크

그라이프슈발트

슈비네문데

볼린

제19군 XXXX

안클람

제2벨로루시 전선군 XXXXXX

영국 제2군 XXXX

슈베린

제3기갑군 XXXX

슈테틴

제2충격군 XXXX

슈타르가르트

비스툴라 집단군 XXXXX

루드비히스루스트

노이슈트렐리츠

제65충격군 XXXX

되미츠

프리츠발크

템플린

제70군 XXXX

슈베트

제49군 XXXX

비텐베르게

노이루핀

체데닉

미 제9군 XXXX

슈타이너 집단군 XXXXX

제61군 XXXX
폴란드 제1군
제47군
제3충격군
제5충격군

제1근위기갑군 XXXX

바르타 강

제1벨로루시 전선군

오라니엔부르크

프로첼

슈텐달

탕에르문데

베를린

포츠담

쿠스트린

제8근위군 XXXX

제1근위기갑군 XXXX

브란덴부르크

제69군 XXXX

제3군 XXXX

마그데부르크

프랑크푸르트

제7군 XXXX

초센

제33군 XXXX

루켄발데

제9군 XXXX
일부
제4기갑군 XXXX

오데르 강

미 제1군 XXXX

데사우

엘베 강

슈프레 강

제3근위군 XXXX

제3근위기갑군 XXXX

제우크라이나 전선군 XXXX

1945년 4월 25일,
엘베 강에서 미소양군 접촉

코트부스

포르스트

제13군 XXXX

제4근위기갑군 XXXX

할레

토르가우

중부집단군 XXXXX

슈프렘베르크

제5근위군 XXXX

나이세 강

제4기갑군 XXXX

폴란드 제2군 XXXX

제28군 XXXX

라이프치히

리사

그로센하인

바우첸

제52군 XXXX

콜디츠

드레스덴

N

— 1945년 4월 15일의 전선
--- 1945년 5월 6일의 전선
← 소련군의 공격
← 독일군의 반격

0 ___ 25 miles
0 ___ 50 km

■■■■■■ 소련군 병사들이 라이히슈탁(독일 의회) 건물 꼭대기에 소련 국기를 내걸고 있다. (AKG Berlin)

린 북동쪽 교외의 개활지에 도착하여 독일 제3기갑군과 제9군 사이의 연결을 차단하는 동시에 엘베 강을 향해 서쪽으로 진격을 계속해갔다. 20일에는 추이코프의 제8근위군이 베를린 동쪽의 교외지대에 도착하여 스탈린그라드 전투 때와는 반대로 건물에 틀어박힌 독일군을 몰아내기 위해 치열한 시가전을 벌이기 시작했다. 혹시나 코네프에게 뒤질까 봐 안달이 나 있던 주코프는 추이코프가 그러지 않으려고 안간힘을 썼던 일(시가전에 전차를 대규모로 투입하는 일)을 저지르고 말았다. 그 결과, 판처파우스트와 함께 도심지에 틀어박힌 독일군 병사들에게 수많은 소련군 전차들이 박살이 났다. 소련군 전차병들은 황급히 닥치는 대로 철판이나 모래주머니로 방어력을 강화했지만, 베를린을 가로지르는 여러 운하와 하천들 때문에 소련군의 진격은 지지부진하기만 했다. 소련군의 진격 속도가 회복된 것은 격렬한 총화를 무릅쓰고 소련군 공병들이 부교를 부설하고 난

뒤였다.

4월 25일 새벽, 추이코프의 병사들은 쇠네펠트Schoenefeld 비행장에 도착했다. 그러나 그곳에는 이미 리발코Rybalko가 지휘하는 제1우크라이나 전선군의 제3근위기갑군이 도착해 있었다. 이들은 겨우 이틀 만에 60마일(100킬로미터)이 넘는 거리를 쾌속으로 진격해왔으며, 그 과정에서 초센Zossen의 독일 육군 사령부를 짓밟아버린 덕분에 이렇다 할 조직적인 저항

도 받지 않았다. 4월 25일, 코네프는 휘하 부대들에게 베를린 중심지를 가로질러 공격을 가해 티어가르텐Tiergarten과 라이히슈탁Reichstag(독일 의회)을 점령하라는 명령을 내렸다. 그러나 라이히슈탁으로부터 겨우 300야드(275미터) 떨어진 란트베어Landwehr 운하에 도달한 리발코 대장은 이번에는 추이코프와 주코프가 먼저 와 있는 것을 발견했다. 리발코의 모습을 본 주코프는 불같이 화를 냈다. 코네프는 어쩔 수 없이 리발코에게 물러나라는 명령을 내리고 라이히슈탁 점령의 영광을 주코프와 추이코프에게 내줄 수밖에 없었다. 코네프로서는 정말 아쉬울 노릇이었지만, 라이히슈탁을 눈앞에 두고 물러나야 했던 리발코의 실망은 그

보다 훨씬 더 컸다. 하지만 주코프에게 라이히슈탁과 부근의 총통 관저 및 히틀러가 최후까지 숨어 있던 벙커의 점령을 맡긴 것은 스탈린 나름대로의 정의의 원칙에 따른 것이었다. 스탈린이 보기에는 레닌그라드와 모스크바, 스탈린그라드를 지켜낸 영웅들이야말로 제3제국의 숨통을 끊을 적임자였던 것이다. 4월 29일, 제8근위군은 남쪽에서, 그리고 제3충격군(쿠즈네초프 상급대장 지휘)은 북쪽에서 티어가르텐을 공격해 들어갔다.

제8근위군과 제3충격군 사이의 거리는 0.25마일(0.4킬로미터)에 불과했지만, 그 사이에는 중무장한 독일군이 도사리고 있는 수많은 큰 건물들이 자리 잡고 있었다. 라이히슈탁에 먼저 도착한 것은 쿠즈네초프의 병사들이었다. 4월 30일 오전 1시경 라이히슈탁에 돌입한 쿠즈네초프 군은 방에서 방으로 치열한 전투를 10시간이나 벌인 끝에 돌입 후 10시간 만에 라이히슈탁 지붕에 붉은 깃발을 휘날릴 수 있었다.

같은 날, 히틀러는 스스로 목숨을 끊었고, 그날 저녁 독일군은 소련군에게 협상을 요청했다. 5월 1일 새벽 3시 30분, 독일 육군 총사령부 참모장 한스 크렙스Hans Krebs 상급대장이 추이코프의 사령부를 방문해 히틀러의 죽음을 알리고 휴전협정 조건을 논의했다. 추이코프는 즉각 주코프에게 전화를 걸어 이 사실을 알렸다. 독일이 무조건 항복을 해야 한다고 주

■■■■■ 소련군 병사들이 히틀러의 시체가 발견된 곳을 가리키고 있다. (Topham Picturepoint)

장해온 주코프 역시 모스크바로 전화를 걸어 잠들어 있던 스탈린에게 이러한 사실을 알렸다. 스탈린은 무조건 항복을 요구하는 주코프의 요청을 승인하고 다시 잠자리에 들었다. 크렙스는 되니츠 제독의 지도 하에 새로이 들어선 신정부와의 협상을 위해 시간을 끌다가 자신의 사령부로 돌아갔고, 새벽 4시에 항복을 거부하는 서신을 보내왔다. 독일군이 항복을 거부하자, 소련군은 즉각 공격을 재개했고 5월 2일 새벽에 베를린 수비대 사령관 바이틀링Weidling 대장은 추이코프에게 항복하겠다는 뜻을 전했다. 새벽 6시, 베를린에서 포성이 멈췄다.

그러나 이 항복협정은 베를린에서 전투를 벌이던 독일군들에게만 해당되는 것이었다. 여타 지역에서는 전투가 계속되었으며, 5월 3일이 되자 제2벨로루시 전선군이 영국군과, 제1벨로루시 전선군이 미군과 각각 엘베 강과 물데Mulde 강에서 접촉하게 되었다. 가끔 간간이 전투가 치열하게 계속되는 가운데 소련군은 이제 체코슬로바키아에서 마지막 대규모 전투를 치르게 되었다.

5월 5일, 체코슬로바키아의 프라하에서 봉기가 일어나자, 독일군은 당장 진압에 나섰다. 열세에 몰린 체코인들은 어떻게든 외부의 도움을 얻으려고 애를 썼다. 이런 체코인들에게 맨 처음 도움의 손길을 내민 것은 제2자유 러시아군ROA 사단이었다. 독일군의 포로가 되었던 블라소프Vlasov 대장이 독일 쪽으로 전향한 소련군을 모아 조직한 자유 러시아군은 독일의 패망이 확실해지자 체코인들의 봉기를 도와주고 그 대가로 체코슬로바키아에 정치적 피난처를 확보하든가, 아니면 서쪽에서 접근해오는 미제3군에게 항복할 방법을 모색했다. 그러나 자유 러시아군만으로는 독일군의 상대가 되지 않았기 때문에, 체코인들은 소련에도 도움을 요청했다. 체코인들의 구원 요청을 받은 스탈린은 제1·제3·제4우크라이나 전선군에게 체코로 가서 체코인들을 도울 것을 명령했다. 코네프는 리발코의 전

■■■■■ 독일 편으로 전향한 블라소프 대장이 독일 군복을 입은 자유 러시아군 병사들을 사열하고 있다(군복만 독일군 것이지 장비들은 대부분 모신 나강 소총이나 데그차레프 기관총, SVT 반자동 소총 등 노획한 소련제 장비인 것에 주의할 것. 오른쪽에서 세 번째 병사는 제1차 세계대전 당시의 독일군 철모를 착용하고 있다-옮긴이) 하지만 아이러니하게도 자유 러시아군이 처음이자 마지막으로 치른 전투는 체코 프라하에서 독일군을 몰아내기 위해 벌인 전투였다. (AKG Berlin)

■■■■■ 미국이 지원한 트럭을 타고 프라하에 입성하는 소련군. (AKG Berlin)

차부대를 프라하로 보냈고, 5월 11일에 체코의 독일군은 소련군에게 항복했다. 한편, 소련군의 손에 떨어지게 된 자유 러시아군 병사들은 가혹한 운명을 맞게 되었다. 블라소프는 모스크바로 끌려가 1946년 반역죄로 교수형을 당했고, 그의 부하들도 처형당하거나 강제노동수용소에서 오랫동안 중노동을 해야 했다. 또 독일군과 싸우다가 부상을 입고 프라하의 병원에 수용된 많은 자유 러시아군 부상자들은 병상에서 소련군에게 사살당하기도 했다.

한편, 그로부터 4일 전인 5월 7일, 요들Alfred Jodl 상급대장과 독일 해군의 폰 프리데부르크Hans von Friedeburg 대장이 랭스에서 무조건 항복 문서에 서명했다. 이 문서를 통해 독일군은 연합군과 소련군 모두에게 항복하게 되었지만, 스탈린은 독일이 연합군 측에 가서 항복 문서에 서명한 것에 대해 전쟁의 승리에 소련이 기여한 바를 무시한 행위라고 보고 베를린에서 공식적으로 '진짜' 항복 문서 조인식을 열 것을 고집했다. 결국 스탈린의 주장대로 5월 8일에 칼스호르스트Karlshorst에서 다시 한 번 열린 항복 문서 조인식에서 주코프가 소련 대표로 나와 서명을 했다.

6월 24일, 비가 내리는 가운데 모스크바에서 열린 전승 기념 행진에서 스탈린은 그동안 노획한 독일군과 친위대의 부대기들을 자신이 서 있는 단상 밑에 쌓아올리는 정치적 쇼를 연출했다. 하지만 이로써 전쟁이 완전히 끝난 것은 아니었다.

태평양 각지의 섬과 버마에서 항복하기보다는 죽음을 선택한 일본군의 자살적인 저항을 경험한 연합군은 소련에게도 대일전 참전을 요구했다. 당시 일본 이외의 지역에 남아 있던 일본군 가운데 가장 규모가 컸던 것은 관동군으로, 연합군은 일본의 괴뢰국가였던 만주국에 주둔하고 있던 관동군 병력이 80만 명에 달하는 것으로 추산하고 있었다. 당시 관동군을 상대하기에 이상적인 입지를 차지하고 있던 소련은 보다 압도적인 전력을 확보하기 위해 극동 현지 부대에 추가로 유럽 전선에서 풍부한 실전 경험을 쌓은 부대들을 파견했다.

소련군은 7월 31일까지 극동지역에 88개 사단과 34개 여단, 21개 요새 수비부대와 1만6,000명 규모의 몽고인 기병부대 및 기계화보병부대를 포함해서 거의 170만 명에 달하는 막대한 전력을 집결시켰다. 이들 부대들은 다시 서쪽에서 동쪽으로 트랜스바이칼Transbaikal 전선군(말리노프스키 원수 지휘)과 제1극동전선군(메레츠코프 원수 지휘), 제2극동전선군(M. A. 푸르카예프Purkayev 지휘)으로 나뉘어 배치되었고, 태평양 함대와 아무르Amur 분함대(유마셰프Yumashev 대장 지휘)가 이들을 지원했다.

1939년에 일본이 몽골을 침공했을 때(노몬한 사건), 이들을 물리쳤던 것이 주코프였다는 점을 감안하면(주코프는 이 사건을 통해 최초로 실전 지휘를 할 기회를 얻을 수 있었다), 대일전 지휘관도 그가 맡는 것이 당연했다. 그러나 독소전 승리의 주역으로 큰 인기를 얻고 있던 주코프에게 위협을 느끼던 스탈린은 그 대신 바실리예프스키를 대일전 책임자로 임명했다. 극동지역의 소련군에게 가장 문제가 되었던 것은 보급이었다. 트랜스바이칼 전선군의 경우에는 일본군을 공격하기 위해서는 고비 사막을 지나 대싱안링大興安嶺 산맥을 넘는 엄청난 여정을 거쳐야 했으며, 전장이 될 만주 벌판은 너무나도 넓었다. 어쨌든 유럽 지역의 소련군 부대들은 전차는 모두 유럽 쪽에 내버려두고 몸만 극동지역으로 이동했다. 현지에서는 우랄 산맥 동쪽의 공업지대에서 생산되자마자 극동으로 수송된 신품 전차 5,500여 대가 그들을 기다리고 있었다. 그리고 이들 모두는 일본이 보유한 경전차 1,155대에 비해 압도적 성능을 보유하고 있었다. 소련군은 또한 화포 면에서도 거의 5:1(2만6,000문:5,360문)의 비율로 앞서고 있었고, 항공기 면에서도 2:1 이상(3,900대:1,800대)의 우위를 보이고 있었다.

스탈린은 루스벨트와 처칠을 농락하여 쿠릴 열도와 남사할린, 그리고 제정 러시아 시절 러시아가 만주에 대해 가지고 있던 권리의 회복 등을 보장받으면서 대일전 참전의 대가를 톡톡히 챙기는 데 성공했다. 스탈린은 내심 소련 인민들에게 자신이 독일을 패배시켰을 뿐만 아니라 일본에 대해서도 승리를 거두고 1904년~1905년 러일 전쟁의 패배를 설욕한 위대한 지도자로 각인되기를 원했다. 위대한 전쟁 영웅이 되고자 하는 스탈린의 욕망은 만주 침공 준비를 검토하기 위해 마지막으로 열린 회의에서 잘 드러났다. 7월 26일~27일에 열린 회의 첫날, 스탈린은 1800년 이후 러시아에서 한 번도 임명된 적이 없는 대원수Generalissimus의 자리를 부활시킨 후 다음날 스스로 대원수의 자리에 올랐다.

8월 5일, 바실리예프스키는 스탈린에게 8월 10일이면 공격 준비가 완료될 것이라고 보고했다. 8월 6일, 히로시마에 원자폭탄이 떨어지자 세계는 경악했다. 당시 미국은 원자폭탄이 하나밖에 남아 있지 않았지만, 미국이 최대한 빨리 이것을 떨어뜨려 더 많은 원자폭탄이 있다는 인상을 줌으로써 일본으로 하여금 항복하도록 만들 것임은 군사적 천재가 아니더라도 누구나 짐작할 수 있었다. 만약 소련이 공격에 나서기 전에 일본이 항복한다면, 스탈린은 영토를 얻기 위해 미국의 호의에 의지할 수밖에 없었다. 따라서 스탈린은 제2의 원자폭탄이 떨어지기 전에 대일전에 뛰어들기 위해 8월 8일 24시(8월 9일 0시)로 공격 시각을 앞당길 것을 명령했다. 덕분에 소련은 제2의 원자폭탄이 8월 9일 정오 2분 전에 나가사키에 떨어지기 겨우 11시간 58분 전인 8월 9일 0시에 대일전에 참가할 수 있었다.

사실, 제2의 원자폭탄이 떨어지기 몇 시간 전인 오전 7시 30분에 일본 국왕은 항복을 결심하고 있었으며, 당일 저녁에 열린 대본영 회의에서 자신의 뜻을 밝혔다. 그러나 일본 국왕의 결정이 공표된 것은 8월 14일이 되어서였다. 그 무렵, 소련이 치열하고 때로는 자살적이기까지 한 일본군의 저항을 물리치면서 트랜스바이칼 전선군의 우익은 베이징으로, 중앙군은

■■■■■ 1945년 2월, 얄타 회담장에 모인 처칠, 루스벨트, 스탈린의 모습. 스탈린은 유럽에서 승리를 거둔 후 3개월 내에 대일전에 참전할 것을 약속했다. 그러나 같은 해 7월 포츠담 회의가 열릴 무렵, 사망한 루스벨트의 후임으로 대통령이 된 반공주의자 트루먼은 새로이 개발된 원자폭탄으로 소련의 대일전 참전 이전에 전쟁을 끝내기를 원했다. 그러나 일본 국왕이 항복을 결심하기 겨우 몇 시간 전에 전쟁에 뛰어든 소련은 손쉽게 막대한 전리품을 얻는 데 성공했다. (AKG Berlin)

뤼순 항으로, 좌익은 창춘^{長春}으로 쇄도하고 있었다. 제1극동전선군 예하 2개 군은 치치하얼^{齊齊哈爾}에서 합류했으며, 제2극동전선군의 우익은 하얼빈으로, 중앙군은 한반도로, 좌익은 남사할린과 쿠릴 열도로 진격해 들어갔다. 도쿄 만에서 공식 항복 문서 조인식이 열린 9월 2일, 소련군은 쿠릴 열도의 남쪽 끝에 도달해 있었다. 그날 스탈린은 방송을 통해 대일전의 승리에 대해 "우리 세대가 40년간 기다려왔던 승리"라고 언급했다.

관동군 사령관 야마다^{山田} 대장은 8월 15일에 천황의 항복 선언 방송을 들었지만, 공식 항복 명령서가 내려올 때까지 항복을 보류하기로 결정했다. 8월 17일, 일본 왕족 한 명이 공식 항복 명령서를 들고 관동군 사령부를 방문하자, 8월 19일에 야마다는 공식적으로 항복했다. 전투 중지 명령이 발효되기 전까지 최대한 많은 영토를 확보하려 했던 바실리예프스키는 황급히 공수부대를 편성해 만주의 주요 도시(무크덴, 하얼빈, 창춘, 지린, 뤼순)에 낙하시켰다. 바실리예프스키는 이들에게 목표 도시의 공항과 통신 시설을 장악하고 지상군의 도착을 기다리라는 명령을 내렸다. 8월 23일, 스탈린은 대일전의 공식적인 승리를 선언했다. 그리고 도쿄 만에서 항복 조인식이 열린 9월 2일, 소련은 쿠릴 열도의 최남단 섬을 점령했다.

극동 전선에서 소련군이 입은 병력 손실은 소련군 1만2,301명과 몽골군 72명 등 전체 작전 참가 병력의 0.7퍼센트에 불과했으며, 이는 유럽 전선과 비교했을 때 거의 손실이 없다고 해도 과언이 아닌 수준이었다. 극

■■■■■■ 1945년 8월 19일, 일본 관동군 사령관 야마다 대장이 항복 문서에 서명하기 위해 바실리예프스키 대장의 사령부에 도착하고 있다. (Novosti(London))

■■■■■ 하얼빈 시내를 행진하는 소련군 기병대의 모습. (Novosti(London))

■■■■■ 시베리아 포로수용소로 출발하는 일본군 병사들의 모습. 겨우 며칠 동안 벌어진 소련과의 전투에서 일본군 66만2,000명이 포로로 잡혔다. 이들은 이후 최대 10년 동안을 소련군의 강제노동수용소에서 보내야 했다. (Novosti(London))

1945년 8월 소련군의 극동 전역

치타

트랜스바이칼 전선군

블라고베센스크

시베리아 횡단철도

소련

제2극동전선군

사할린

하이라얼

하바로프스크

치치하얼

관동군

만주

하얼빈

제1극동전선군

연해주

내몽골

창춘

지린

블라디보스토크

선양(무크덴)

청더

베이징

포트 아서(뤼순)

평양

동해

일본

N

중국 8로군

서울

한국

500 miles

1000 km

■■■■■ 극동 전역은 병력 170만 명에 이르는 대규모 기갑부대의 장거리 진격 과정에서 어떤 보급 문제가 생길 수 있는지를 보여줬다는 측면에서 주목할 만한 가치가 있다. 전투는 겨우 2주밖에 지속되지 않았지만, 그러한 단기간 참전 대가로 스탈린은 일본과 몇 년 동안이나 싸운 다른 연합국들보다도 더 많은 일본 영토(남사할린과 쿠릴 열도)를 차지할 수 있었다.

동 전역은 공식적으로 25일간 계속되었지만, 실제 전투가 벌어진 기간은 2주가 채 안 되었다. 반면, 우크라이나와 발트 해 연안 국가들의 반소 민족주의 게릴라를 진압하는 데는 이후로도 2년이라는 세월이 걸렸지만, 진압작전 대부분은 엔카베데가 담당했다. 따라서 극동 전역을 끝으로 붉은 군대의 전쟁은 끝이 났다고 볼 수 있다.

한 병사의 초상
독일인과 소련인이 본 전쟁

소련 침공에 참가한 독일군 병사들 중에 열성적인 나치당원은 극소수에 불과했지만, 그래도 대부분의 병사들은 전쟁 발발 후 2년간 승리를 거듭하면서 히틀러와 독일 장군들에 대해 깊은 신뢰를 가지고 있었다. 어린 병사들은 학교와 히틀러 소년단 교육을 통해 게르만 민족의 인종적 우월성에 대한 철저한 사상교육을 받은 상태였다. 독일군 병사들은 독소전 초반에 우크라이나와 발트 해 연안 국가에서 대대적인 환영을 받고 또 엄청난 수의 소련군 포로를 잡으면서 미래에 대해 낙관적인 전망을 가지게 되었지만, 이후 몇 주 동안이나 가도 가도 끝없는 러시아의 평원과 아무리 많이 죽여도 다음날이면 더 많이 몰려오는 소련군을 경험하면서 그러한 낙관론은 서서히 힘을 잃기 시작했다. 전격전의 주역이었던 독일 기갑부대 전차병들 역시 그동안 천하무적이라고 여겼던 3호 전차와 4호 전차를 압도하는 소련군의 T-34 전차와 KV-1 전차들이 등장하자 큰 충격을 받았다. 그러나 1941년만 해도 그런 괴물 전차들은 극소수에 불과했다.

　모스크바 전투에서의 패배는 독일군의 사기에 큰 영향을 미치지는 못했다. 독일군 병사들은 그 패배의 원인을 소련군보다는 날씨 때문이라고 생각했고, 여름이 오면 다시 우세를 점할 수 있을 것이라고 보았다. 실제로 1942년 여름이 되자, 독일군은 소련군에게 일대 타격을 가했으나, 겨울이 되자 또다시 스탈린그라드에서 대패를 당하는 아픔을 겪어야 했다. 스탈린그라드 전투에서의 패배는 모스크바 전투 때보다 더 큰 충격을 안겨주었지만, 1943년 2월에 만슈타인의 반격작전이 거둔 눈부신 승리로 독일군의 사기는 어느 정도 회복될 수 있었다.

　독일군에게 결정적인 타격을 준 것은 쿠르스크 전투였다. 프로호로프카 대전차전을 끝으로 독일 기갑부대는 다시는 전격전의 선봉으로 나설 기회를 얻을 수 없었다. 물론, 아르덴 공세와 발라톤 공세에서 이들은 다시 선두에 서기는 했지만, 이들 전투들은 모두 비참한 패배로 끝이 났다. 보병들 역시 최초로 여름에도 소련군에게 패배를 당했으며, 이후 제공권까지 소련군에게 넘어간 상황에서 독일군은 소련군의 연속적인 공세에 스탈린그라드 전투 때와는 비교가 안 되는 대패를 당했다. 대부분의 독일군 병사들은 마지막까지 기강과 투지를 잃지 않았지만, 쿠르스크 전투 이후 이들이 전투를 계속한 이유는 승리를 위해서가 아니라 패배 이후 이어질 것이 분명했던 소련군의 가혹한 보복이 두려웠기 때문이었다.

　독소전 개전 첫날부터 동부전선에서 싸웠던 한 독일군 구축전차부대 병사는 자신의 경험을 다음과 같이 회고했다. 처음 소련군과의 전투를 치른 후 그는 소련군이 별 문제가 되지 않는다는 생각을 하게 되었다. 그러나 시간이 지나자 상황은 개전 초반과는 전혀 다르게 변했다. 그의 동료들 중 상당수는 애초에 소련을 침공하는 것이 아니었다는 생각을 품게 되었지만, 그러한 생각을 자유롭게 표현할 수는 없었다. 그는 볼가 강으로부터 철수하면서 독일의 패배가 확실하다는 생각을 하게 되었지만, 소련군의 포로가 된 자들이 얼마나 가혹한 운명을 맞게 되는지 잘 알고 있던 그와 그의 동료들은 전투를 치열하게 계속했고, 단 한 명의 탈영병이나 변절자도 발생하지 않았다.

1942년 2월, 그는 한 달간의 휴가를 얻게 되었다. 휴가를 떠나는 병사들은 고향으로 출발하기 2주 전에 임시 휴가병 캠프로 보내져 평소보다 나은 급식을 지급받았다. 가족을 만나기 전에 병사들의 살을 찌워서 전선의 상황을 호도하려는 당국의 계책이었다. 휴가를 떠나는 병사들은 민간 복장을 하고 여분의 식량과 초콜릿까지 받는 특전을 누렸다. 집에 돌아온 그는 현실과는 너무나 동떨어진 독일 국내 선전 방송에 진절머리를 치며 주로 영국 BBC 방송을 들었다. 이는 적발될 경우 감옥에 가거나 심하면 사형까지 당할 수도 있는 위험한 행위였지만, 동부전선에 배치된 병사들은 어차피 자신들이 죽을 것이라고 생각하고 있었기 때문에 그런 위험에 조금도 겁을 먹지 않았다. 전선으로 돌아온 그는 사상자의 후임으로 배치된 신병들의 질이 형편없다는 사실에 크게 놀랐다. 얼마 후, 그는 다리에 부상을 입고 동료들의 부러움을 한 몸에 받으며 전선을 떠나게 되었다.

제3제국의 마지막 며칠 동안 탈영병의 수는 크게 증가했다. 친위대 독전대가 탈영병을 발견하는 족족 목을 매달았지만, 패배가 확실한 전쟁에서 도망치려는 자들을 다 막을 수는 없었다. 수많은 독일군 부대들이 소련군보다는 서방 연합군에게 항복하기 위해 서부전선으로 후퇴했다. 이들의 수가 얼마나 많았는지 아이젠하워는 독일군 병사들이 투항해오지 못하도록 엘베 강을 막아버리겠다고까지 위협을 했다. 그리고 소련군보다는 서방 연합군에게 항복하려 했던 독일군 병사들의 우려는 이후에 현실로 나타났다. 서방 연합군에게 사로잡힌 독일군 포로들은 대부분 2년

■■■■■ 전쟁의 참상을 보여주는 폐허가 된 마을의 모습. (AKG Berlin)

내에 석방된 데 반해, 소련군에게 포로가 된 자들은 전쟁이 끝난 후에도 4년에서 최대 10년까지 강제노동수용소에서 비참한 생활을 해야 했다.

붉은 군대는 1941년에 스탈린이 내린 명령 제270호 Order 270 (부상당했거나 의식을 잃지 않은 상태에서 한 자발적 항복을 국가에 대한 반역으로 규정)를 비롯해 가혹한 규율을 병사들에게 적용하고 있었다. 하지만 그럼에도 불구하고 개전 초 사상 유례없는 많은 소련군 병사들이 독일군에게 항복했다. 당시 소련 인구에서 러시아인이 차지하는 비율이 절반 정도에 불과한 상황에서 전쟁을 바라보는 소련인들의 시각은 소련을 구성하는 민족의 수만큼이나 다양했다. 병사들의 자기 보호 본능 덕분에 군 조직은 간신히 유지되었지만, 1941년만 해도 기회만 되면 항복하려는 분위기가 팽배했으며, 이러한 경향은 특히 개전 직전에 병합된 발트 해 연안 국가들이나 동부 폴란드 지역 징집병들 사이에서 강하게 나타났다.

붉은 군대의 등뼈를 형성하고 있었던 것은 러시아인 병사들로서, 이들은 대부분 농부이거나 제1세대 도시 노동자였다. 이들은 선조들의 강인함과 희생정신을 그대로 물려받았으며, 여기에 조상들은 갖추지 못했던 글을 읽고 쓸 수 있는 지성을 갖추고 기계에 익숙했다. 소련군 병사들의 훈련은 일반적으로 원시적인 수준에 불과했다. 전쟁의 처음부터 끝까지 보병의 공격은 대부분 사상자 수 따위는 전혀 신경 쓰지 않는 정면 제파 공격을 벗어나지 못했고, 우회 공격은 전차부대나 기계화보병들이 사용하는 전술로 간주되었다. 하지만 그러한 무지막지한 전술로 인해 발생한 막대한 희생자 수도 소련군의 사기에는 큰 영향을 미치지 못했다. 그러한 전술이 워낙 자주 사용되었기 때문에 많은 희생자가 발생하는 것쯤은 거의 당연한 일로 받아들여졌다. 게다가 소련군 병사들은 영국군이나 미군이 자신들의 상관에 비해 희생자를 줄이기 위해 얼마나 많은 노력을 기울이고 있는지 비교할 기회조차 없었다. 전쟁 후반기에 소련군이 압도적인 물량을 확보하고 또 많은 실전 경험을 쌓으면서 사상자 수는 크게 줄어들었지만, 여전히 서방 연합군은 물론 독일군조차도 도저히 용납할 수 없는 수준의 엄청난 사상자가 발생했다.

개전 초반, 일부 부대가 공포에 질려 도망친 사례를 제외하면 제2차 세계대전 중에 소련군에서는 1917년 당시 러시아군에서 나타났던 기강 붕괴와 같은 사태는 일어나지 않았다(물론 1941년~1942년에 엔카베데 요원들이 독전대로 일선 병사들 후방에 배치되어 도망치는 병사들을 사살한 사례들도 있기는 했다). 어쨌든 제1차 세계대전 당시와는 달리, 독소전에서 소련군 병사들이 집단적으로 명령 불복종을 벌인 사례는 기록된 바가 없다. 이는 스탈린 정권의 무자비성도 한몫을 했지만, 그보다는 철저한 사상 교육의 결과물로 보는 것이 더 적절할 것이다. 차르 시대의 러시아군과는 달리, 붉은 군대에는 정치장교라는 존재가 있었고, 이들은 병사들에게 전쟁의 목적을 열심히 선전하고 적에 대한 적개심을 고취시켰다.

이러한 사상 교육은 그 자체로 왜곡되고 정치 선전으로 가득 차 있었지만, 병사들의 전투 의욕을 고취하는 데 있어 차르의 결정을 설명하는 것은 차르가 가진 무조건 복종에 대한 권위를 훼손시킨다는 제정 러시아 군대의 교리보다 훨씬 효과적이었다. 그렇다고 사상 교육에서 공산주의적인 가치가 특별히 강조된 것은 아니었다. 공산당원이 되는 것은 쉬운 일이 아니었고, 또 대부분의 병사들은 당원 가입 연령에 이르지 못한 어린 청소년들이었다. 하지만 공산당원인 병사들은 나머지 병사들에게 모범을 보여야 한다는 기대를 한몸에 받았으며, 실제로도 많은 병사들이 공산당 가입 신청을 하도록 만들 정도로 모범을 보이기도 했다(가입 신청은 대규모 공세 전날 특히 많이 이뤄졌다).

소련군의 사기를 유지하는 데 영향을 미친 몇 가지 요인 중에서 조국을 침략해오는 적과 침략자들이 저지른 만행에 대한 소련군의 애국적인 분노는 가장 큰 영향을 미쳤다. 또한 전쟁에서 승리를 거두면 나라의 정치나 생활수준이 크게 향상될 것이라는 공산당의 선전도 큰 역할을 했다. 스탈린에 대한 개인숭배도 널리 이뤄졌지만, 사실 "조국을 위하여! 스탈린을 위하여!"라고 외치면서 싸우는 병사들의 모습은 선전 영화 속에서나 볼 수 있는 장면이었다. 후일 많은 이들은 전장에서는 스탈린보다 신을 더 믿었다고 고백했으며, 그렇지 않은 자들은 상스런 욕설을 퍼부으면서 돌격을 했다. 베를린 전투가 끝날 때까지 살아남은 한 고참 소련병은 그런 병사들의 생활과 심리상태에 대해 다음과 같이 회고했다.

…… 휴가 같은 호사는 거의 생각도 못할 정도였죠. 음식은 매일 똑같은 것뿐이었지만, 그래도 먹을 만했어요. 의복, 특히 동복冬服 같은 경우는 독일군

이 입던 것보다 훨씬 좋았습니다. 하지만 카드게임이나 도미노, 필기구나 악기 같은 오락도구들은 정말 귀했어요. 그래서 독일군 진지를 점령하면 그런 물건들을 제일 먼저 찾곤 했죠. 편지는 다 검열당했습니다. 그리고 우리는 정치 지도자들, 특히 스탈린을 비판해서는 안 된다는 사실을 재빨리 배우게 됐죠. 스탈린을 비판하다 발각되는 날에는 군사기밀을 유출시킨 것보다도 더 가혹한 처벌을 받았으니 그럴 수밖에 없었죠. 그리고 어차피 우린 높은 분들에 대해서는 아는 것이 별로 없었어요. 우리는 대부분의 경우 마지막 순간에 가서야 앞으로 어떤 일이 벌어질지에 대해 이야기를 들을 수 있었고, 때로는 아예 그런 이야기조차 듣지 못하고 무조건 앞으로 나가야 했던 때도 있었습니다. 장교들로부터 들을 수 있는 명령이라고는 "나를 따르라"가 거의 전부였어요. 대부분의 장교들은 병사들로부터 존경을 받았습니다. 다들 기꺼이 선두에 서서 공격을 이끌었기 때문이죠. 하지만 우리는 장교들이 독일군에게

무작정 정면 공격을 하는 것 이외에 다른 전술들도 가르쳐주었으면 좋겠다는 생각을 하기도 했습니다. 우린 독일군을 군인 대 군인으로서 존중했어요. 또 처음에는 독일군의 만행에 대한 우리 쪽 선전의 진실성을 의심하기도 했습니다. 하지만 독일군에게 점령당한 지역을 탈환하고 그들이 한 짓을 직접 보게 되면서 우리는 독일군을 증오하게 되었습니다. 그리고 독일 본토를 점령하게 되면서 우리는 우리의 분노를 독일 민간인들에게 쏟아부었죠. 심지어는 자신들이 공산주의자라고 주장하는 독일인들에게도 끔찍한 보복을 가했습니다. 그때 우리가 얼마나 잔인했는지를 생각하면 아직도 몸이 떨릴 정도예요. 전쟁이 끝나면서 스탈린이 이제는 독일인에 대한 태도를 바꿔야 하며 심지어는 그들에게 식량을 공급해줘야 한다는 명령을 내렸습니다. 그 명령이 내려진 후 독일인들에 대한 강간과 살인은 크게 줄어들었지만, 그래도 약탈은 계속되었어요. 그리고 자신들이 패배자라는 것을 받아들이지 않는 독일인들은 누구나 흠씬 두들겨주었습니다.

한 시민의 초상
"우리도 전쟁 수행을 위해 군인들만큼이나 동원되었다"

독일 보안국^{Sicherheitsdienst, SD}은 2만5,000명에 이르는 정보원들을 통해 일반 독일 국민의 동향을 감시했다. 정보원들은 2주일에 한 번씩 감시 대상자들에 대한 보고서를 작성해 제출했다. 이러한 사실은 독일 국민이 전쟁 초반의 연승 행진에 열광하면서도 마음 속 깊숙이 회의적인 생각(예를 들면 '제1차 세계대전 때도 초반에는 잘 나갔지' 하는 식의 생각)을 가졌으며, 황금색 꿩^{Goldfasanen}(나치당의 황색 제복에서 유래)이라는 별명이 붙은 나치 고관들에 대한 경멸감이 퍼져 있었다는 사실을 잘 보여주고 있다. 독일이 완전히 전시경제체제로 돌입한 것은 스탈린그라드에서 대패한 이후였다. 스탈린그라드의 제6군이 항복한 지 2주가 지난 후, 독일의 선전상 괴벨스^{Josef Goebbels}가 베를린에서 열린 전당대회에서 "여러분은 총력전을 원하는가?"라는 질문을 던지자, 당시 집회 장소에 모인 독일인들은 한 목소리로

"그렇다"라고 외쳤다. 그러나 모든 독일인들이 전쟁에 그처럼 열광적인 반응을 보인 것은 아니었다. 루르 지역에서 발견된 한 낙서는 영국 공군 폭격기들에게 다음과 같이 요청하고 있었다. "친애하는 토미^{Tommy}(영국군을 의미하는 애칭), 좀더 내륙 깊숙이 날아가시오. 여긴 광부들밖에 없어요. 베를린으로 가란 말이오. 전쟁에 찬성한 자들은 거기에 다 모여 있소." 1944년 말, 붉은 군대가 동프로이센에 도달하기 전까지 독일 국민에게 가장 큰 영향을 미친 것은 동부전선이 아니라 연합군의 전략폭격이었다. 그러나 일단 독일 영토에 진입한 소련군의 잔혹한 보복 소식이 전해지자, 엄청난 수의 독일인들이 서쪽을 향해 피난길에 올랐다.

오랫동안 전제적이지만 그래도 나름 양호한 독재자들의 지배를 받아온 독일인들은 권위에 대한 복종의식이 강했으며, 나치들은 이러한 독일인들의 특성을 아주 잘 이용했다. 연합국의 방송을 들으면 사형에 처한다는 명령이 나올 정도로 상황이 악화돼도 이러한 복종심은 사라지지 않았다. 하지만 역설적이게도 독일인들은 뿌리 깊은 회의도 함께 가지고 있었다. 독일인들이 미래에 대한 기대는 그다지 크지 않았기 때문에 전쟁이 중반을 넘어서면서 밤낮으로 연합군의 전략폭격에 시달리고 전선에서 연패 소식이 들려와도 독일인들의 사기는 그렇게 많이 영향을 받지 않았다. 전쟁 말기, 거의 아무런 훈련도 받지 못하고 전장으로 투입된 국민돌격대와 히틀러 소년단 병사들 중 상당수가 도망가거나 항복을 했지만, 그렇지 않은 이들은 끝까지 치열하게 싸웠다.

소련의 민간인들은 병사들만큼이나 전쟁 수행 노력에 동원되었다. 노동시간은 하루 12시간으로 늘어났고, 휴일은 1주일에 하루에서 한 달에 하루로 줄어들었으며, 식량 배급 역시 생산 노동자들 위주로 이루어지면서 노약자와 유아, 장애인들은 상대적으로 적은 식량만을 지급받았다. 정보 통제가 이뤄지면서 모든 라디오들은 압수당했고, 대신 마을 광장에 세

위진 확성기가 공식 발표들을 전했다. 늦게 출근하거나 할당된 생산량을 채우지 못하거나 심지어는 연합국에 속한 외국인들과 교류를 하다가 적발되어도 굴락Gulag이라고 불리는 강제노동수용소에서 장기간 노동을 해야 했다. 1943년에는 죄질이 나쁜 중범자들을 위한 '중노동형'이 새로 도입되었다. 이 중노동형을 선고받은 이들은 부실한 급식을 받으며 영양실조와 과로로 죽을 때까지 중노동에 시달려야 했다.

농민들에게는 배급권 자체가 주어지지 않았다. 이들은 자신들의 텃밭에서 기른 작물과 집단 농장에서 공출량을 채우고 남은 생산물로 살아가야만 했다. 농업의 기계화가 거의 이뤄지지 않은 상황에서 젊은 남성과 말들이 모두 징발되자, 여성들과 농사짓기에는 너무 늙었거나 어리거나 군대에 갈 수 없을 만큼 몸이 약한 남성들이 농사를 짓게 되었다. 여성 몇 명이 조를 짜서 소 대신 쟁기를 끄는 모습은 흔하게 볼 수 있는 광경이었으며, 공출량을 채우고도 남을 정도로 식량을 생산한 운 좋은 농부들은 도시 내에서 용인되었던 '자유시장'에서 여분의 식량을 높은 가격에 팔 수 있었다. 교외에 다차Dacha(휴가용 별장)를 가지고 있던 도시 거주자들은 별장 주변에 작물을 재배했지만, 이런 작물들은 별장을 비운 사이에 도둑맞기 일쑤였다. 이 때문에 1944년에는 농작물을 훔치는 자는 사형에 처한다는 내용이 포함된 농지경비법이 제정되기도 했다. 대전 당시 학생이었던 한 모스크바 거주 여성은 당시에 대해 다음과 같이 회고했다.

우리는 밤낮으로 소련군은 천하무적이라는 이야기를 들었어요. 그래서 전쟁 첫 몇 달 동안 독일군이 엄청난 속도로 진격해오는 것을 보고 크게 놀랐죠. 10월이 되자 우리 학교 상급생들까지 교외에 참호진지 건설에 동원됐어요. 10월 중순이 되자 너도나도 모스크바를 떠나 다른 곳으로 도망치고 있다는 소문이 돌았죠. 하지만 도망치는 사람들을 직접 보지는 못했어요. 공습도 참 많았습니다만, 다행히 우리가 사는 곳 주변에 폭탄이 떨어지지는 않았어요. 하지만 때로는 대공포 소리 때문에 잠을 이룰 수가 없었죠. 어쨌든 몇 달이 지나니 더 이상 공습은 없었어요.

아버지는 군대에 계셨고, 어머니는 제빵 공장에서 12시간씩 일했죠. 그래서 우리들은 모든 일을 거의 대부분 스스로 알아서 해야 했죠. 어머니가 빵공장에서 일하셨던 덕분에 빵 배급을 기다리는 기나긴 줄을 설 필요는 없었지만, 이웃집 사람들은 빵을 얻기 위해 새벽부터 줄을 서야 한다고 말하더군요. 먹을 것은 늘 충분했지만, 식량을 얻기 위해서는 식품점 앞에서 오랫동안 줄을 서야 했어요. 우리가 성장하면서 더 큰 옷과 신발이 필요했지만, 그런 물품을 얻기가 쉽지 않았어요. 옷 공장이든 신발 공장이든 병사들의 군복과 군화를 생산하느라 다른 물품은 생산하지 못해서 그렇다고 하더라구요. 우리는 방마다 한 가족씩 사는 큰 아파트에서 살았습니다. 부엌과 화장실은 공용이었어요. 당시 모스크바의 많은 주택들은 다 그런 식이었습니다. 우리가 우리만의 아파트를 얻을 수 있었던 것은 전쟁이 끝나고도 한참이 지나고 난 뒤였습니다. 같은 아파트에 살던 어떤 아이들의 아버지나 형제들은 전선에서 목숨을 잃었지만, 우리 가족은 운이 좋았습니다. 우리 아버지는 전쟁에서 살아남으셨고, 제 남동생은 군대에 가기엔 너무 어렸어요. 하지만 전쟁의 마지막 2년 동안은 남동생도 라디오 부품 생산 공장에 나가 일을 했습니다.

그 무렵엔 독일군이 소련에서 거의 몰려난 상황이었어요. 그래서 대포소리가 들리면 우리는 그것이 공습이 아니라 또 어느 마을이나 도시를 탈환한 것을 축하하는 축포소리라는 것을 알 수 있었죠. 전쟁이 끝난 직후에 벌어진 승전 퍼레이드에는 가지 않았어요. 하루 종일 비가 왔거든요. 하지만 나중에 극장에서 뉴스 필름으로 퍼레이드 장면을 볼 수 있었답니다. 독일군의 깃발들이 스탈린의 발 아래 산더미처럼 쌓이는 장면에서는 다들 환성을 올렸죠. 그땐 다들 스탈린을 존경했답니다.

전쟁의 종결
독일의 항복과 스탈린의 대일전 참전

1945년 5월 2일, 독일은 항복했다. 히틀러는 이틀 전에 후임자로 되니츠 원수를 임명하고 자살해버렸다. 되니츠는 항복을 협의하기 위해 요들 상급대장과 프리데부르크 해군 대장을 랭스로 보냈다. 이 항복은 모든 연합국들에게 하는 것이었지만, 스탈린은 독일이 아이젠하워에게 항복한 것은 소련이 전쟁에서 수행한 역할을 무시한 것이라고 주장하면서 끝끝내 소련이 점령한 베를린에서 다시 한 번 항복 문서 조인식을 열 것을 주장했다. 5월 8일, 스탈린의 주장대로 다시 한 번 항복 문서 조인식이 열렸고, 소련 대표로 주코프 원수가 독일의 항복 문서에 서명했다. 이후 5월 16일까지 모든 독일군 부대가 항복을 했다. 이제 남은 것은 일본뿐이었다.

6월 3일, 소련의 국방위원회는 대일전 개전을 위해 극동지역에 병력을 재배치하고 탄약, 연료, 식량, 말먹이를 비축할 것을 결정했다. 이는 독일 항복 이후 3개월 내에 대일전에 참전하겠다고 스탈린이 연합국에 한 약속에 근거한 것이었다. 6월 17일, 연합국 대표들은 포츠담에서 회담을 가졌다. 6월 27일, 미국, 중국, 영국 대표들은 일본의 무조건 항복을 요구하는 포츠담 선언을 발표했다. 스탈린은 연합국들이 자기에게는 아무 말도 안 하고 그런 선언을 한 것을 못마땅해했지만, 결국은 이 선언에 동의했다. 이러한 연합국의 요구에 일본이 승낙도 거부도 아닌 애매모호한 응답을 보내오자, 연합국들은 이를 거부의 의미로 받아들였다. 그리고 8월 9일, 소련은 일본과의 전쟁을 시작했다.

제2차
세계대전

탐욕의 끝, 사상 최악의 전쟁

6부

북서유럽 전선 1944~1945

북서유럽 전선 1944~1945

이제 전쟁의 마지막 장을 위한 무대가 마련되었지
만, 그 결과가 어떻게 될지는 아무도 예측할 수가
없었다. 당시 소련은 동부전선에서 독일군을 몰아붙
이고 있었고, 연합군은 이탈리아 남부에서 서서히
치고 올라오고 있었다. 반면, 독일군은 롬멜의 지휘
하에 대서양 방벽을 빠르게 강화하고 있었다. 이런
상황에서 전쟁의 향방은 오버로드 작전의 성공 여부
에 따라 크게 요동칠 것이 분명했다.

전쟁의 배경
노르망디 상륙작전 준비

1944년 6월 6일에 실시된 노르망디 상륙작전(오버로드 작전)은 계획에서 실행까지 3년이나 걸린 작전으로, 연합국, 특히 미국과 소련의 지도부가 원했던 것보다도 1년이나 늦게 실시되었다.

1941년 12월 22일 워싱턴에서 3주에 걸쳐 열린 아르카디아 회담Arcadia Conference*에서 연합국 각국은 프랑스 침공을 위한 개략적인 계획에 동의했다. 당장 유럽을 장악한 독일에 충격을 가하겠다는 생각에 사로잡힌 미국은 1942년 4월에 조지 C. 마셜과 해리 홉킨스Harry Hopkins를 영국에 파견

---

* **아르카디아 회담** 1941년 12월 22일~1942년 1월 14일 미국의 세계대전 참전 직후에 열렸던 이 회담에서 미국 대통령 루스벨트와 영국 총리 처칠은 ①양국은 유럽의 전쟁에 전력을 집중하고, 태평양 전쟁은 당분간 수세守勢를 취할 것과 ②미영 합동참모본부회의를 워싱턴에 설치하고 양국의 전쟁 계획을 조정한다는 것 등을 결정했다.

해 볼레로^{Bolero}라는 이름의 작전명으로 그 해 가을에 당장 프랑스에 상륙할 것을 제안했다. 일단 유럽 대륙에 발판을 마련한 뒤 다음해인 1943년 가을에 30개 미군 사단과 18개 영국군 사단을 동원해 본격적으로 프랑스에 상륙한다는 것이 미군의 복안이었다. 영국은 처음에는 미국의 제안에 깊은 인상을 받았지만, 곧 그렇게 단기간에 대규모 상륙작전을 실행에 옮기는 것이 현실적인 일인가에 대해 깊은 의구심을 가지게 되었다.

1942년 6월, 처칠은 워싱턴으로 가서 프랑스 대신 프랑스령 북아프리카에 상륙하자고 미국을 설득했다. 미국은 처음에는 처칠의 주장을 받아들이기를 주저했지만, 곧 북아프리카 상륙의 전략적 이점을 깨닫게 되었다. 그러나 미국에 이어 8월에 소련을 방문한 처칠은 영국의 북아프리카 상륙 계획에 크게 실망한 스탈린을 달래느라 애를 먹었다. 연합군이 최단 시간 내에 프랑스에 상륙해 소련에 대한 독일의 압력을 덜어주기를 원했던 스탈린으로서는 처칠의 계획이 실망스러울 수밖에 없었다. 그러나 디에프 상륙작전의 실패는 연합국 각국에게 막대한 지원을 받지 않는 상륙작전, 특히 엄중하게 수비되고 있는 항만 지역에 대한 상륙작전은 실패할 수밖에 없다는 뼈아픈 교훈을 안겨주었다.

유럽 상륙은 좀더 시간을 들여 철저한 준비를 한 후에 해야 한다는 영국의 입장은 1943년 1월~3월에 걸쳐 개최된 카사블랑카 회담에서 더욱 굳어졌다. 이 회담에서 연합국 각국은 대일전과 대독전 사이의 전력 배분과 함께 영국 해협을 통해 유럽에 상륙할지, 아니면 지중해를 통해 상륙할지의 문제를 논의했다. 사실, 1941년에 대독전에 우선순위를 둔다는 합의가 이미 이뤄져 있었기 때문에, 영국은 대일전에 더 이상의 전력이 유출되는 것을 탐탁지 않게 여겼다.

독일이 강력한 대규모 부대를 유럽 대륙 곳곳으로 신속하게 이동시킬 수 있는 능력을 가지고 있다는 것을 잘 알고 있던 영국은 보급과 이동이

■■■■■■ 1944년 6월 5일, 아이젠하워가 노르망디 강하를 앞둔 공수부대원들과 이야기를 나누고 있다.
(National Archives)

어려우면서 독일군이 이미 수세적 입장에 처해 있는 지역들에 초점을 맞추고자 했다. 영국은 전통적인 세계 열강이면서도 대규모 육군 전력을 동원한 전면전을 벌이는 것에는 익숙하지 못했다. 그리고 대전 초 서부전선에서 독일 육군과 정면으로 맞붙었다가 박살이 난 경험은 그러한 영국군의 약점을 새삼 확인시켜주는 것이었다.

반면, 미국은 본능적으로 적의 주력을 곧바로 타격하려는 경향을 가지고 있었고, 특히 마셜 대장은 매우 복잡하면서도 도대체 정확히 언제쯤 어떤 결과가 나올지 알 수 없는 영국의 지중해 중심 전략에 대해 깊은 의구심을 가지고 있었다. 그러나 영국의 지중해 중심 전략은 엄청난 검토와 논의를 거친 결과물로서, 미국 역시 그 전략적 이점을 서서히 깨달아가기 시작했다.

한편, 카사블랑카 회담에서는 지중해나 태평양 전역에 투입되지 않는 부대는 유럽 대륙 침공을 위해 만반의 준비를 한다는 합의가 이뤄졌다.

상륙정 부족으로 연합군의 전면 침공 계획은 1944년에 이뤄질 것을 전제로 작성되었으며, F. E. 모건Morgan 소장이 연합군 최고사령부의 참모장으로서 침공 계획 전반을 입안하는 책임을 맡게 되었다.

1943년 5월 12일~27일에 처칠과 루스벨트는 다시 한 번 워싱턴에서 트라이던트 회담Trident Conference을 가졌다. 이 회담에서 양 정상은 1944년 5월에 북서유럽에 상륙한다는 일정에 합의하고, 이러한 일정은 8월 17일~24일에 퀘벡에서 열린 쿼드런트 회담Quadrant Conference에서 재확인했다.

1943년 11월 28일~12월 1일에 테헤란Teheran에서 열린 유레카 회담Eureka Conference에는 스탈린도 참석하여 자신의 입장을 반영하려고 생떼를 썼다. 스탈린은 35개 사단을 동원해 오버로드 작전을 실행하고 22개 사단은 지중해 전선에 남아 있을 거라는 영국의 계획을 들은 후 일단 로마가 함락되면 모든 병력을 프랑스 남부로 돌려야 한다고 주장했다. 회의가 진행되면서 스탈린은 더욱더 오버로드 작전의 세부사항에 깊은 관심을 가지고 이를 소련에 유리한 쪽으로 돌려놓으려고 갖은 노력을 다했다.

유레카 회담의 결과, "발칸을 공격해 독일의 급소로부터 치고 올라간다"는 영국의 계획은 크게 약화되었다. 이는 소련이 발칸을 휩쓸기 전에 영미 서방 연합군이 발칸 반도 일대를 점령하는 것이 불가능하게 되었다는 것을 의미했다. 지금 와서 생각해보면, 만약 소련이 오버로드 작전을 그렇게 강력하게 밀어붙이지 않았다면, 동유럽 각국은 소련이 아니라 미국이나 영국에 의해 해방되었을 수도 있었다.

12월 4일, 카이로에서 다시 회담을 가진 처칠과 루스벨트는 여러 전장에 대한 전력 배분 문제를 최종적으로 논의하는 동시에 연합군 최고사령관으로 미국의 드와이트 D. 아이젠하워 대장을 임명하기로 합의했다.

이제 전쟁의 마지막 장을 위한 무대가 마련되었지만, 그 결과가 어떻

■■■■■■ 전쟁 전 기간에 걸쳐 양측 모두 다양한 선전 포스터를 사용했다. 사진의 포스터는 히틀러에게 맞서는 각국의 모습을 보여주고 있다. (Topham Picturepoint)

게 될지는 아무도 예측할 수가 없었다. 당시 소련은 동부전선에서 독일군을 몰아붙이고 있었고, 연합군은 이탈리아 남부에서 서서히 치고 올라오

이탈리아

시리아

키프로스

터키

그리스

소련

핀란드

불가리아

루마니아

스웨덴

체코슬로바키아

헝가리

크로아티아

세르비아

보스니아헤르체고비나

몬테네그로

노르웨이

독일

독일(전병합한)

폴란드

바르테가우

슬로바키아

오스트리아

유고슬라비아

알바니아

이탈리아

덴마크

네덜란드

벨기에

룩셈부르크

알자스-로렌

스위스

프랑스

영국

아이슬란드

헝

스페인

포르투갈

연합국 및 연합군 점령 지역

독일 제3제국

독일 점령지, 추축 동맹국 및 추축국 점령 지역

중립국

500 miles

500 km

고 있었다. 반면, 독일군은 롬멜의 지휘 하에 대서양 방벽을 빠르게 강화하고 있었다. 이런 상황에서 전쟁의 향방은 오버로드 작전의 성공 여부에 따라 크게 요동칠 것이 분명했다.

참전국
양측의 전력 비교

북서유럽의 전투는 서방 연합국과 독일 국방군 간의 대결이 될 터였다. 연합 원정군Allied Expeditionary Forces으로 불리던 연합군 상륙군은 미국, 영국, 캐나다, 프랑스, 폴란드, 네덜란드, 벨기에, 체코슬로바키아 병사들로 구성되어 있었다. 그리고 미국의 드와이트 아이젠하워 대장이 연합 원정군 사령부Supreme Headquarters Allied Expeditionary Foces, SHAEF의 사령관을 맡았다. 버나드 몽고메리 대장은 상륙 초반 연합군 지상 부대 사령관을 맡았지만, 9월 1일부터는 아이젠하워가 연합군 총사령관 겸 지상군 사령관을 겸임하게 되었다.

아이젠하워에게 밀려난 몽고메리는 이후 영국-캐나다 제21집단군을 지휘하게 되었다. 제21집단군은 1944년 7월 당시 오마 브래들리Omar Bradley 대장의 미 제1군, 마일즈 '빔보' 뎀프시Miles 'Bimbo' Dempsey의 영국 제2군, 헨

리 크레러Henry Crerar 대장의 캐나다 제1군, 이렇게 3개 군을 보유하고 있었다. 1944년 8월 1일, 브래들리는 미 제1군(코트니 하지스Courtney Hodges 대장 지휘)과 제3군(조지 패튼 대장 지휘)으로 이뤄진 미 제12집단군 사령관이 되었다. 9월, 프랑스 남부에서 상륙해 북동쪽으로 진격해오던 부대들이 노르망디에서 밀고 나온 부대들과 합류하면서 제이콥 데버스Jacob Devers 대장이 지휘하는 미 제6집단군(미 제7군, 프랑스 제1군) 역시 아이젠하워의 지휘를 받게 되었다.

노르망디 상륙작전 당시 상륙지원 부대를 지원한 대함대의 지휘를 맡은 것은 영국 해군 대장 버트람 램지 경이었다. 또 영국 공군대장 트래포드 레이-말로리Trafford Leigh-Mallory 대장은 영국 왕립 공군과 미 육군 항공대

■■■■■■ 1944년 1월, 북서유럽 전역을 담당할 연합군 고위 지휘관들이 최초로 한자리에 모였다. (윗줄) 왼쪽에서 오른쪽으로 오마 브래들리 대장, 버트람 램지 해군 대장, 트래포드 레이-말로리 공군 대장, 월터 베델-스미스(Walter Bedell-Smith) 대장, (아랫줄) 아서 커닝햄 공군 중장, 드와이트 아이젠하워 연합군 최고사령관, 버나드 몽고메리 대장. (ISI)

및 왕립 캐나다 공군으로 이뤄진 연합 원정 공군부대의 지휘를 맡았다. 전술 항공 지원은 미 제9·제19전술항공사령부가 맡는 한편, 영국-캐나다 제2전술공군은 지상전투 지원을 담당했다. 영국 왕립 공군 폭격기사령부의 중폭격기들과 미 제8폭격항공단 역시 상륙부대에 대한 추가적인 지원을 제공했다.

독일의 서부전구 사령관 게르트 폰 룬트슈테트 원수는 명목상으로는 프랑스와 벨기에 및 네덜란드에 배치된 모든 독일

■■■■■ 독일 서부전구 사령관 게르트 폰 룬트슈테트 원수는 명목상으로는 서유럽에 배치된 독일군 부대 전부에 대한 지휘권을 가지고 있었다. 그러나 실제로는 롬멜을 포함한 룬트슈테트 휘하의 지휘관 3명은 물론 서부전구 공군 및 해군 지휘관들도 상당한 권한을 가지고 있었기 때문에, 룬트슈테트는 자기 마음대로 지휘를 할 수 없었다. (AKG Berlin)

1944년 6월 6일 서유럽에 배치된 독일군

영국

북해

네덜란드

제347사단

16LF

제719사단 네덜란드 전구사령부

런던

제165사단

제712사단

제1친위기갑사단

파드칼레

18LF 제48사단

브뤼셀

제4사단 제331사단

벨기에

영국 해협

제344사단 제326사단

제396사단 제348사단 제5군

독일

제243사단 제709사단 17LF 제245사단 제2기갑사단

제319사단 제352사단 84사단

제91사단 제226사단 제711사단 제116기갑사단

노르망디

제343사단 제3팔슈름예거 사단 제2기갑사단

제353사단 제5팔슈름예거 사단 제21친위기갑사단

파리

제265사단 제7기갑군 교도기갑사단

서부기갑집단

폰 슈베펜부르크

B집단군 롬멜

서부전구사령부 폰 룬트슈테트

제275사단

제158사단 제17친위기갑척탄병사단

스위스

제189사단

대서양

제708사단

프랑스

제1군

제157사단

제1기갑사단

이탈리아

제159예비사단

G집단군 제9기갑사단 제19군

제276사단 제271사단 제338사단 제48사단

제2친위기갑사단 제277사단 제244사단제242사단

스페인 제272사단 지중해

N

0   100 miles

0   200 km

국방군 부대에 대한 지휘권을 가지고 있었지만, 이들을 실제로 지휘한 것
은 3명의 예하 지휘관들이었다. 노르망디와 브르타뉴^{Bretagne}의 제7군 및
르아브르에서 파드칼레를 따라 스헬데^{Schelde}에 배치된 제15군으로 구성
된 B집단군은 에르빈 롬멜 원수가 지휘하고 있었고, 제88군단은 독립적

■■■■■■ '사막의 여우' 에르빈 롬멜 원수는 북프랑스와 벨기에를 지키는 B집단군의 지휘를 맡고 있었다. 연합군이 상륙하기 몇 달 전부터 그는 강철 같은 의지로 프랑스 해안지대에 건설된 방어선인 대서양 방벽을 강화하기 시작했다. (AKG Berlin)

으로 네덜란드를 지키고 있었으며, 마지막으로 프랑스 서부의 대서양 연안 일대에 배치된 제1군과 프랑스 남부 및 지중해 연안을 지키는 제19군이 G집단군을 형성하고 있었다. 여기에 추가로 가이어 폰 슈베펜부르크Geyr von Schweppenburg의 서부기갑집단이 예비 기동부대로서 연합군 상륙 시 이들을 바닷속으로 처넣을 임무를 맡고 있었다. 게다가 서유럽에 배치된 10개 기계화사단 가운데 4개 사단이 독일 국방군 총사령부 예비부대로 지정되어 히틀러의 허가 없이는 동원이 불가능하게 되면서 독일군의 지휘체계는 더욱 혼란스러워졌다.

한편, 크란케Kranke 대장의 해군 서부전구 사령부는 연합군의 상륙 시 해군의 반격작전 지휘를 맡고 있었다. 당시 서부유럽에 배치된 독일 해군 전력은 다수의 소형 수상함과 30척의 유보트, 다수의 해안방어포대로 구성되어 있었다. 한편, 서유럽의 독일 항공기들은 슈페를레Sperrle가 지휘하는 제3항공함대에 소속되어 있었다. 그러나 1943년~1944년에 연합군의 전략폭격을 방어하다가 막대한 피해를 입은 독일 공군은 프랑스 상공 방어에 겨우 수백여 대의 항공기밖에 동원할 수 없었다.

당시 연합군은 병력, 중화기, 보급, 항공 전력 및 해군 전력 등 거의 모든 분야에서 큰 우위를 보이고 있었다. 독일 해군과 공군은 국지적인 성공을 거둘 수 있을지는 몰라도 전반적으로 압도적인 수적 열세에 있었기 때문에 연합군의 침공 자체를 막을 수는 없었다. 오랜 시간과 많은 희생 끝에 유럽 상공의 제공권을 장악하게 된 연합군은 독일의 군수 생산 시설과 교통망을 목표로 보다 효과적인 전략폭격을 가할 수 있게 되었다. 또 연합군은 공중 폭격을 통해 이미 상륙작전 개시일 훨씬 전부터 노르망디 일대를 사실상 고립시키고 독일의 병력 증원 및 보급 물자 공급 능력을 크게 감소시켰다. 그로 인해 독일군은 상륙작전 이후 본격적으로 지상전이 벌어졌을 때 제대로 반격에 나설 수가 없었다.

반대로 제2차 세계대전의 마지막 18개월 동안 독일은 연합군의 군수 생산 능력에 별다른 타격을 가할 수가 없었다. 설상가상으로 '울트라' 암호해독기를 통해 독일군의 암호체계를 해독한 연합군은 독일군의 배치와 의도를 손바닥 들여다보듯이 훤히 알고 있었던 데 반해, 독일군의 정보 능력은 그야말로 장님 코끼리 다리 만지는 수준으로 전락해 있었다.

그러나 이렇게 여러 면에서 엄청난 우위를 점하고 있었음에도 불구하고 연합군의 승리가 마냥 따놓은 당상이었던 것은 아니었다. 적어도 지상전에 있어서는 독일군이 질적인 우위를 점하고 있었기 때문이었다. 물론 이마저도 지상전이 전개되면서 서서히 뒤집어졌지만, 적어도 1944년 6월에 연합군 지상군은 아직도 가장 효율적인 군대의 모습을 갖추지 못한 상태였고, 따라서 서유럽에 배치된 독일 육군을 효과적으로 제압할 수 없었다.

제1차 세계대전이 끝난 이후 발전이 거의 정지된 상태였던 영국 육군은 전쟁 초기 독일군의 공세에 제대로 대처할 수 있는 능력을 갖추고 있지 못했다. 그 결과, 영국 육군은 대전 초기 노르웨이, 프랑스, 북아프리카, 말레이시아, 버마 등지에서 추축군에게 대패를 당했다. 영국 육군은 이렇게 1942년~1944년에 수많은 패배와 어려움을 겪으면서 겨우 현대전의 본질을 온몸으로 배워야 했고, 몽고메리는 그러한 영국 육군이 가지고 있던 사기 면에서의 취약성을 잘 알고 있었다. 노르망디 상륙 당시 영국군은 공세에 나선 지 겨우 1년이 조금 넘은 상태였고, 강고한 독일군의 방어선 돌파에 필요한 효과적인 전술을 아직도 완전히 개발하지 못한 상태였다.

또 몽고메리는 영국군의 전력에 한계가 있다는 사실 역시 잘 알고 있었다. 당시 영국은 이미 거의 5년간이나 전쟁을 수행해온 상태인 데다가 전 세계 이곳저곳에서 동시에 군사작전을 전개하고 있었다. 그런 상황에서 몽고메리는 제1차 세계대전 때처럼 막대한 사상자가 발생하는 일을 막기 위해 필사적으로 노력했다. 영국이 그때까지도 제1차 세계대전 당시 입었던 정신적·물질적 피해로부터 완전히 회복하지 못하고 있었다는 점을 감안하면, 몽고메리의 그 같은 강박관념에 가까운 피해 최소화 노력도 그렇게 지나친 것은 아니었다.

그 결과, 영국의 군사작전은 인력 부족 문제 때문에 큰 지장을 받게 되었다. 몽고메리는 지상전이 계속되면 예비대도 곧 모두 소모되고 영국군의 전력 또한 계속 줄어들 수밖에 없다는 사실을 잘 알고 있었다. 캐나다를 비롯한 영연방 국가들에게 병력 부족 문제는 더욱 심각했다. 본국에서 멀리 떨어진 전장에서 싸우고 있던 이들은 전상자가 생겼을 때 이를 보충하기가 좀처럼 쉬운 일이 아니었다.

이와 같은 제약 사항들은 몽고메리의 전투 지휘에 커다란 영향을 미쳤다. 몽고메리는 압도적인 수적·물적 우위를 최대한 활용하여 장기전을 통해 독일군 전력을 서서히 소모시킨다는 신중한 전략을 세웠으며, 전쟁을 빨리 끝낼 수 있을지는 모르나 막대한 사상자가 발생할 가능성이 큰 과감한 기동 전략은 의도적으로 지양했다. 그러나 이러한 신중하지만 소극적인 전략은 철수하는 독일군에게 효과적인 방어선을 구축할 시간적 여유를 주는 꼴이 되고 말았다.

반면, 미군은 영국군과 달리 거의 무한한 자원을 가지고 있었다. 1943년 1월, 카세린 고개에서 독일군에게 패배당한 미군은 그 후 심기일전해서 서서히 독일군보다 우위를 점해가고 있었고, 그에 따라 자신감과 사기도 매우 높았다. 또 영국군과 달리 미군은 전통적으로 직접적인 공세 전략을 강조해왔다. 이러한 공격적인 마인드를 가진 미군은 때때로 영국군이 뼈저린 경험을 통해 알게 된 독일군의 강력함을 무시하는 경향을 보이기도 했다. 이러한 미군에게 가장 큰 문제는 경험의 부족이었다. 노르망디 상륙작전 참가 부대 가운데 실전 경험이 있는 부대는 극히 일부에 불과한 실정이었다.

또 다른 문제점은 미군의 교리에 관한 것이었다. 제1차 세계대전이 끝나고 이뤄진 기술적 발전, 특히 기계화부대와 공군의 발전은 미 육군의 군사 교리를 뿌리부터 뒤흔들어놓았다. 미 육군은 여러모로 많은 노력을 기울이기는 했지만, 제2차 세계대전에 뛰어들 무렵까지도 지상 작전에서 기갑부대와 항공 전력을 어떻게 효율적으로 통합 운영하느냐의 문제에 대해 제대로 개념이 잡혀 있지 않은 상태였다. 지중해에서 겪은 실전은 이러한 문제점을 극명하게 보여주었지만, 1944년 여름에도 이러한 문제는 여전히 완전히 해결되지 않은 상태였다.

또 미군의 비효율적인 병력 충원 체계로는 전투로 손실을 입은 부대들의 전력을 신속하게 보충할 수 없었다. 게다가 전시 육군 병력 정수를

90개 사단으로 제한한다는 미국 정부의 결정은 안 그래도 심각한 전투 병력 유지 문제를 더욱 악화시켰다. 이 근시안적인 정책 때문에 여러 부대가 돌아가면서 전투와 휴식, 재편성을 하는 것이 아니라 한 부대가 무한정 전선에서 전투를 해야 하는 상황이 발생하게 되었다. 경험 부족과 교리상의 문제점, 병력 보충 체계의 허점 등으로 인해 1944년 6월 당시의 미 육군은 아직도 최고의 전투 효율을 낼 수 없는 상태였다.

그러나 풍부한 자원과 공격적인 교리를 가지고 있던 미군은 자연스럽게 유럽 전투에서 주도적인 역할을 맡게 되었고, 미군의 비중은 전투가 진행될수록 더욱 커져갔다. 일단 프랑스 해안에 항구적인 교두보가 확보되자, 미군은 연합군의 내륙 진격 작전을 선두에서 이끌어나갔다. 이후 서방 연합군은 북서유럽에서 치열한 전투를 거치면서 수많은 시행착오를 통해 보다 효과적인 전투 집단으로 탈바꿈하면서 독일군과의 질적 격차를 서서히 줄여나갔다. 하지만 그중에서도 가장 신속하게 유럽의 전장 환경에 적응하고 전투 효율을 끌어올린 집단은 다름 아닌 미 육군이었다. 북서유럽 전역 말기가 되자, 미군은 화력과 수적인 면에서뿐만 아니라, 전투 효율 면에서도 독일군을 앞서는 모습을 보여주었다. 이러한 적응력과 전투 효율 개선 능력 덕분에 1945년 무렵 미국은 연합국들 가운데서 주도적인 위치에 오를 수 있었다.

하지만 나치 독일군을 격파하는 것은 결코 쉬운 일도, 신속하게 할 수 있는 일도 아니었다. 독일군은 엄청난 전투 경험뿐만 아니라 현실적이고도 실전에서 그 위력이 증명된 교리와 수년간에 걸친 전쟁으로 다듬어진 전술을 가지고 있었다. 독일군은 전제 정권의 군대로서 국가의 모든 자원을 사용할 수 있었다. 게다가 독일군은 자랑할 만한 긴 군사적 역사와 전통을 가지고 있었다. 그러나 그렇다고 해서 나치 독일군이 천하무적이었던 것은 아니었다. 독일군 병사들 역시 게르만 인종의 우월성을 강조하는 나치당의 선전이 주장하는 것처럼 '수퍼맨'은 절대 아니었다.

사실, 북서유럽의 독일군은 엄청난 제약을 받으면서 싸워야 했다. 지옥 같은 동부전선의 소모전으로 인해 독일 국방군은 이미 반신불수가 된 상태였으며, 1944년 무렵에는 인적 자원을 말 그대로 '바닥까지 박박' 긁어 동원하지 않으면 안 되는 처지였다. 그러나 독일군에게 가장 부족했던 것은 바로 보급이었다. 지속적인 전투와 소모로 인해 독일은 최종 승리를 거두기 위해 필수적인 막대한 보급 물자를 확보할 여력이 없었으며, 전쟁 후반에는 항상 아슬아슬한 물자, 특히 턱없이 부족한 연료를 가지고 거의 줄타기를 하듯이 싸워야만 했다. 게다가 독일의 전시 경제는 너무나 오랫동안 비효율적으로 관리되어온 상태였다. 전쟁 말기에 가혹할 정도로 철저한 합리화를 통해 군수 물자 생산이 크게 증대되었지만, 그 무렵에는 이미 독일 군수 산업은 시도 때도 없이 퍼붓는 연합군의 전략폭격 때문에 양면도 아닌 3면(동부, 서부, 이탈리아) 전쟁의 수요를 도저히 충족시킬 수 없는 상황이었다. 결국, 독일군은 늘 현대전을 수행하기 위해 반드시 필요한 물자들이 크게 부족한 상황에서 전투를 벌여야 했다. 또 독일군은 연합군으로부터 제공권을 되찾아올 수가 없었기 때문에, 독일군의 모든 지상 작전은 엄청난 제약을 받았고, 항공 정찰을 통해 적의 동태를 제대로 파악할 수도 없었다.

따라서 독일군 지휘관들은 연합군의 활동 의도에 대해 거의 아무런 정보도 얻을 수 없었고, 연합군의 공격에 효과적으로 대응할 수도 없었다. 게다가 지속적으로 소모전이 벌어지면서 장비 보충을 제대로 받을 수 없었던 독일 지상군은 곧 대부분의 차량을 잃게 되었고, 그와 함께 그동안 수적으로 우세한 연합군에게 전멸당하는 것을 막아준 유일한 방법이었던 전략적 기동성마저 떨어지고 말았다. 기동성의 감소로 인해 독일군은 보다 기동성이 뛰어난 연합군에게 포위·섬멸당할 위험성이 점점 더 커지게 되었다.

이러한 제약으로 말미암아 독일군은 서부전선에서 버텨내기 위해 반드시 필요한 제병 협동 방어작전을 실시할 수가 없었고, 가혹한 소모전을 치르면서 서서히 밀려날 수밖에 없었다. 그러나 독일군은 그러한 악조건에도 불구하고 현실적인 교리와 전술, 그리고 훈련과 함께 병사들과 지휘관들의 의지와 풍부한 실전 경험, 그리고 프로 의식을 바탕으로 끈질기게 저항하여 연합군에게 엄청난 피해를 입혔다. 독일군 병사들이 끈질기게 저항한 또 하나의 이유는 자기보호 본능과 나치의 인종주의 선전 선동이 큰 역할을 했지만, 그와 동시에 나치가 유럽을 지배하기 위해 취한 잔혹한 조치들에 대해 연합국들이 가해올 끔찍한 보복으로부터 고국의 가족을 지키기 위해서였다. 연합군이 상륙할 당시, 독일인들은 끈질기게, 치열하게, 또 오랫동안 싸울 것이 분명했다. 독일인들로서는 최종 승리를 거둘 수는 없더라도 장기간의 저항을 통해 피할 수 없는 패배를 최대한 지연시킴으로써 연합국이 승리를 위해 더 많은 대가를 치르게 할 수는 있었다.

전쟁의 발발
연합군의 프랑스 침공

나치 점령 하의 프랑스를 침공하기 위해 연합군은 엄청난 준비를 해야 했다. 1940년~1941년에 영국군은 예상되는 독일의 영국 침공에 대한 대책 이외에 다른 사안을 생각할 여유가 없었다. 1941년, 히틀러가 소련을 침공함으로써 독일의 영국 침공 위협이 사라진 이후에야 영국군은 유럽 대륙으로 돌아갈 생각을 해볼 엄두를 낼 수 있었다.

그러나 이후에도 전투가 계속되면서 영국은 상륙작전 계획에 집중할 수가 없었다. 바다에서는 영국의 해상 보급로를 위협하는 독일의 유보트를 상대로 한 대서양 전투가 치열하게 벌어졌다. 영국이 유보트 문제를 해결할 수 있었던 것은 1943년이 되어서였다. 하늘에서도 연합군은 간헐적으로 영불 해협을 건너와 영국 도시들에 폭격을 가하는 독일 공군기들에 맞서야 했다. 게다가 영국군은 버마와 북아프리카에서 계속 지상전을

■■■■■■ 영국은 나치 점령 하의 유럽 대륙에 상륙할 준비를 하기 전에 먼저 독일의 수상 상선 파괴 함대와 유 보트를 상대로 전략적 승리를 거둬야만 했다. (AKG Berlin)

벌이느라 상륙작전 준비에 사용할 병력과 자원을 분산시킬 수밖에 없었다. 이런 저런 일들이 대충 정리되고 상륙작전 준비가 본 궤도에 오른 것은 1943년이 되어서였다.

준비가 본 궤도에 오른 후에도 해야 할 일은 너무나 많았다. 영국 육군 지휘관들은 북아프리카에서 뼈저리게 배운 현대전의 교훈들을 병사들에게 가르쳐야 했다. 또 육군 전체를 신무기들로 재무장시켜야 했고, 전투력 개선을 위해 각 부대들을 재편성해야 했다. 병사들 역시 개전 후 처음으로 유럽 대륙에서 전투를 하기 위한 공세적 훈련을 받게 되었다.

영국 공군, 해군, 육군 역시 최종 승리에 필수적인 각 군 간의 효율적인 협력체계 구축을 위해 원활하게 함께 전투를 벌이는 법을 배워야 했다. 그러나 각 군 간에 효율적인 팀워크를 구축하기 위해서는 먼저 장기간에 걸친 교류와 협력을 통해 서로의 능력과 한계를 파악하는 것이 급선무였다. 또 육군 내 각 병과(보병, 포병, 기갑) 역시 각각의 교리와 훈련을 개선해야 했을 뿐만 아니라, 병과 간의 효율적인 협력을 방해하는 개별

연대의 패거리 의식을 해소해야만 했다.

상륙작전은 그 자체만으로도 엄청난 준비가 필요한 일이었다. 처음에 연합군은 상륙작전 준비가 얼마나 어려운 일인가를 제대로 파악하지 못했다. 그러나 1942년 8월, 디에프 습격이 대실패로 끝나자 연합군의 그러한 안이한 태도는 일변하게 되었다. 디에프 해안에서 캐나다 제2사단은 독일군이 엄중하게 방어하고 있는 항구를 공격하다가 무지막지한 피해를 입었다. 이로부터 연합군은 독일군이 완강하게 수비하고 있는 항구를 공격하는 것은 성공 가능성이 거의 없다는 소중한 교훈을 얻게 되었다. 이후 연합군은 주요 항구에 직접 상륙하기보다는 인근 지역에 상륙하여 튼튼한 발판을 마련한 이후에 교두보의 장기적 유지에 필수적인 항구를 점령한다는 계획을 세웠다. 그리고 여러 논의를 거친 끝에 결정된 지역이 상륙지역 부근에 셰르부르 항이 자리 잡고 있는 노르망디였다.

연합군은 또한 디에프의 실패로부터 독일군의 해안 방어시설을 돌파하기 위해서는 상륙전에 특화된 공격용 기갑 장비를 개발할 필요가 있다는 사실을 깨닫게 되었다. 디에프에서 보병들을 지원하기 위해 파견된 전차들은 보병들을 지원하면서 그들과 함께 내륙으로 진격해야 했지만, 해안의 모래밭을 벗어날 수가 없었다. 이후 영국군은 상당한 자원을 투자하여 수륙양용 차량 개발에 힘썼다. 또한 디에프 작전의 실패는 상륙작전이 이뤄지는 동안 직접 화력 지원이 필요하다는 사실을 보여주었다. 연합군 해군은 노르망디 상륙작전이 이뤄지기 전까지 상륙작전을 지원하기 위해 보다 효과적인 함포 사격 지원 체계를 개발해 발전시켰다. 이들은 또한 해군의 함포 사격을 보완하기 위해 포와 로켓 발사대를 탑재한 화력 지원용 상륙정들도 개발했다. 수천 척에 이르는 상륙작전 함대를 집결해 조직하고 준비를 갖추는 데만 수 개월이 걸렸다.

영국 왕립 공군 역시 상륙작전에서 중요한 역할을 담당했다. 1940년 영국 본토 항공전에서 승리를 거둔 이후 새로운 임무를 찾고 있던 영국 공군 전투기 사령부는 전장에서 싸우고 있는 지상군에 대한 직접적인 전술 항공 지원의 필요성에 눈을 뜨게 되었다. 북아프리카 전투 초반, 그러한 전술 항공 지원은 거의 전무한 수준이었고, 영국 육군 병사들은 영국 공군을 '아무데도 없는 군대Royal Absent Force'라고 조롱했다. 전술공군은 초창기에 부적절한 항공기, 효과적인 지상-항공 통제기술의 부족, 전술 공격기들의 부실한 지상군 피아식별 능력 등의 기술적 문제로 인해 제대로 된 활약을 보일 수가 없었고, 엄청난 시행착오를 겪은 후에야 겨우 그러한 문제들을 해결할 수 있었다. 하지만 이후 눈부신 발전을 거듭한 연합군의 전술공군은 노르망디 상륙작전 무렵, 필요할 경우에는 언제 어디에서라도 효과적인 전술 항공 지원을 제공할 수 있을 정도로 발전해 있었다.

그러나 영국 공군 지휘부는 폭격기 사령부의 목표를 독일 국민의 사기 저하를 목표로 실시했던 야간 전략폭격

■■■■■ 영국 공군 폭격기사령부의 책임자 해리스 중장은 독일 국민의 사기 저하를 목표로 한 전략폭격을 주도했다. 북서유럽에서 지상전이 개시되자, 폭격기사령부는 중폭격기들을 동원해 몽고메리의 공세(특히 1944년 7월에 벌어진 굿우드 작전)를 지원해주었다. (AKG Berlin)

에서 상륙작전 지원으로 돌리는 것을 달갑지 않게 여겼다. 이는 제1차 세
계대전과 제2차 세계대전 사이의 전간기에 대두된 전략폭격론자들의 영
향을 잘 보여주는 것이었다. 전략폭격론자들은 중폭격기들이 '무엇이든
뚫고 나갈 수' 있으며 궁극적으로는 전략폭격만으로도 전쟁을 승리로 이

끌 수 있다고 주장했다. 그리고 그러한 이론에 근거해 독일에 영국 공군 은 야간 폭격을, 미군은 정밀 주간 폭격을 쉼 없이, 그리고 점점 더 격렬하게 가했다.

그러나 독일인들은 연합군에게 '폭격기가 무엇이든 뚫고 나갈 수' 있는 것은 아니라는 교훈을 남겨주었다. 1943년 동안 독일은 지상 조기경보 레이더의 유도를 받아 폭격기 편대를 추적·공격할 수 있는 야간 전투기들과 방공포로 이뤄진 효과적인 방공체계를 구축했다. 그 결과, 1943년 ~1944년에 폭격기사령부는 엄청난 손실을 입었고, 영국 공군으로서도 그런 엄청난 손실을 무한정 견뎌낼 재간은 없었다. 주간 폭격을 하던 미군 역시 엄청난 손해를 입었다. 궁극적인 해결책은 장거리 호위 전투기를 투입하는 것이었지만, 독일 내 목표물을 폭격하러 출격한 폭격기가 목표 지점까지 전투기의 호위를 받을 수 있게 된 것은 전쟁 후반기에 P-51 무스탕 전투기가 등장한 이후였다.

하지만 1943년~1944년에 폭격기들은 엄청난 피해를 입는 동시에 뜻하지 않은 성과를 가져왔다. 첫 번째 성과는 연합군의 장거리 호위 전투기들이 폭격기를 잡기 위해 올라온 독일 전투기들에게 큰 피해를 입힘으로써 독일 공군 전투기 부대의 전력을 사실상 완전히 소진시킨 것이었다. 연합군은 독일 전투기 세력을 괴멸시킴으로써 상륙작전 성공에 필수적인 제공권을 확보할 수 있었다. 두 번째 성과는 전략폭격 실시 과정에서 발생한 엄청난 손실로 인해 전략폭격지상론을 주장하면서 중폭격기의 상륙작전 지원 전용을 반대해온 폭격기사령부의 태도가 누그러졌다는 것이었다. 그 덕분에 1944년 봄 동안 연합군의 중폭격기들도 전술공군 소속 전투기, 전폭기, 경폭격기들과 합세하여 노르망디 일대의 고립을 목표로 한 대규모 후방 차단 작전을 벌일 수 있게 되었다. 비록 디데이 무렵에는 상륙 예정 지역 기만을 위해서 폭격 빈도를 상당히 줄이기는 했지만, 연합

▪▪▪▪▪ 연합군은 디데이 전 주 내내 대규모 후방 차단 작전을 벌여 노르망디로 흘러 들어가는 루아르 강과 센 강에 걸려 있는 거의 모든 교량을 파괴해버렸다. 이로 인해 롬멜은 연합군 상륙 지점에 증원 부대를 투입하는 데 큰 어려움을 겪어야 했다. 하지만 그 덕분에 1944년 8월, 센 강까지 진격한 연합군은 강을 건너기 위해 사진에 보이는 것과 같은 부교들을 새로이 건설해야 했다. (Imperial War Museum B9748)

군 공군 세력은 노르망디로 흘러 들어가는 루아르^{Loire} 강과 센^{Seine} 강에 걸려 있는 거의 모든 철교를 끊는 데 성공했다. 이로 인해 상륙지역에 대한 독일군의 증원 부대 투입 능력은 크게 저하되었다.

미군의 상륙작전 준비는 한층 더 어려웠다. 1943년 당시 영국에 있던 미 육군 부대 가운데 전투 준비가 되어 있던 부대는 거의 없었고, 또 상륙작전에 필수적인 지원 부대들도 거의 갖춰지지 않은 상태였다. 1941년 12월이 되어서야 전쟁에 뛰어들게 된 미군은 평화에 젖어 있던 상태에서 병력의 해외 파견을 준비하기까지 상당한 시간이 걸릴 수밖에 없었다. 설상가상으로 1942년 영국에 도착한 미군 부대들은 1942년 11월에 곧바로 프랑스령 북서아프리카 침공작전인 토치 작전에 투입되어 실전을 치르게 되었다. 1943년 5월, 최초의 실전 무대가 되었던 튀니지에서 초반에 고생을 한 끝에 최종 승리를 거둔 미군은 뒤이어 1943년 7월~8월 시칠리아 섬 상륙작전에서도 활약을 한 후 9월에는 이탈리아에 상륙했다.

미군이 이렇게 연속적으로 전투를 치르면서 지중해 전선으로부터 경험 많은 부대들을 오버로드 작전을 위해 겨우 빼낼 수 있게 된 것은 1943년 가을 이후였다. 하지만 그 사이에 영국 주둔 미군 역시 크게 증강되어, 병력 이외에 유럽 전선에서의 장기전 수행을 위해 필요한 막대한 양의 무기, 탄약, 연료, 식량, 예비부품도 함께 집적해놓은 상태였다. 영국 서부에 도착한 미군들은 대부분 자신들이 도착한 항구 인근 지역에 머물렀다. 연합군 사령부는 보급상의 여러 요소들을 감안해 미군을 상륙 지점의 우익(서부)에 상륙시킨다는 결정을 내렸다.

실제 상륙작전이 이뤄지기 1년 전, 미군은 지중해에서 싸우는 과정에서 드러난 문제점들을 해결하기 위해 심혈을 기울였다. 지중해 전선에서 드러난 문제점 가운데 가장 심각했던 것은 전술 항공 지원이 적절하게 이뤄지지 못했다는 것이었다. 이는 지상군-지원 항공기 간의 통신 부족과 항공기들의 지상군 피아식별의 어려움, 그리고 경험 부족 등으로 인해 초래된 문제였다. 또 전투 과정에서 새로운 기술들, 특히 전차 및 대전차 자주포 등과 같은 신무기들의 운용 교리에 문제가 있음이 드러났고, 미군의 병력 보충 체계 역시 여러모로 미흡했다. 1943년~1944년에 미군은 그러한 문제점들을 해결하기 위해 집중적인 노력을 기울였다.

그러나 방어에 나선 독일군의 본격적인 상륙 저지 준비는 그보다도 훨씬 더 늦게 시작되었다. 1943년 내내 독일 최고사령부는 연합군이 서부

유럽에 제2전선을 열기에는 정신적·물질적으로 준비가 되어 있지 않은 상태라고 믿었다. 따라서 독일군은 서부유럽의 대서양 연안 일대에 건설된 철벽 방어선이라고 자랑하던 대서양 방벽 강화에 별다른 노력을 기울이지 않았다. 그러나 독일군에게는 불행히도 대서양 방벽은 주요 항구 부근에만 존재하는 방어선이었고, 그 이외의 지역에 건설되어 있다는 방벽은 나치의 선전이 만들어낸 허상에 불과했다.

게다가 독일의 전력 배분에 있어서 서부유럽은 항상 부차적인 곳으로 우선순위에서 밀려나 있었다. 서부유럽의 주요 역할은 점점 더 수렁이 되어가고 있던 동부전선의 후방 기지 정도에 불과했다. 1943년 내내 독일은 프랑스를 동부전선에서 박살이 난 사단들의 휴양지로, 그리고 신규 편성된 사단들이 동부전선으로 (그리고 1943년부터는 이탈리아 전선으로) 배치되기 전에 전투 능력을 배양하기 위한 훈련장으로 사용했다.

따라서 프랑스에 계속 주둔하고 있던 독일 점령군 부대들은 대부분 2선급 해안방어사단들로, 이들은 병력, 화력, 기동력 모두 크게 부족한 상황이었다. 한 술 더 떠서 서부유럽에는 동부유럽에서 큰 타격을 입고 휴양 및 재편성을 위해 이동해왔거나 신규 편성 중인 기계화부대 외에는 쓸만한 작전 예비 병력이 거의 전무한 상태였다. 서부유럽의 독일 해군 역시 사정은 크게 다를 것이 없어서 이들이 보유하고 있던 연안 방어용 소형 함 몇 척으로는 해일처럼 밀려올 연합군의 대규모 상륙부대를 저지할 도리가 없었다. 게다가 프랑스에 배치된 몇 대 안 되는 독일 항공기들 역시 주로 독일의 도시와 경제 기반시설을 폭격하는 연합군 폭격기를 요격하느라 다른 쪽에는 신경을 쓸 여유가 전혀 없었다. 따라서 1943년에 독일군은 만약 연합군이 침공해올 경우 이를 전혀 막을 수 없는 상황이었다. 그러나 이와 같은 부실한 준비 태세는 연합군이 그 해 유럽에 상륙하고 싶어도 상륙할 상황이 아니었다는 사실을 독일군이 잘 알고 있었다는 것을 보여주는 방증이기도 했다.

이러한 상황은 1943년 11월에 히틀러가 연합군이 1944년 안에 상륙해 올 것이 분명하다는 사실을 깨닫고 독일의 전략적 우선순위를 서부유럽 으로 돌리면서 서서히 바뀌기 시작했다. 이후 연합군이 상륙하기 전까지 7개월 동안 독일군은 서부유럽에 다수의 신병과 숙련병, 그리고 최신 무 기들을 집중 배치했다. 그 결과, 서부유럽의 독일군 부대들은 그 면모를 일신하게 되었다.

1944년 6월 무렵, 독일은 서부유럽에 곧 상륙해올 연합군을 물리칠 수 있을 만한 전력을 확보할 수 있었다. 그러나 독일군이 그럴 수 있기 위해 서는 먼저 연합군이 언제, 어디로 공격해올 것인지에 대한 정보를 사전에 입수하고 집중적인 반격을 통해 연합군을 바다로 몰아낼 수 있도록 준비 를 해놓아야 할 필요가 있었다. 또 반격이 성공하기 위해서는 독일 공군 과 해군이 연합군의 제공권과 제해권을 빼앗지는 못해도 최소한 흔들 수 는 있어야 했다. 그러나 독일군에게 무엇보다도 치명적이었던 것은 연합 군에 비해 보급 능력이 현저하게 떨어진다는 것이었고, 이는 연합군 공군 의 후방 차단 작전이 진행되면서 더욱 심각해졌다. 연합군 항공기들이 눈 에 보이는 모든 후방 시설과 차량, 보급소, 연료 집적소를 폭격해대는 통 에 독일군은 장기적인 소모전에서 승리를 거두기 위해 필수적인 연료와 보급 물자를 예상 상륙지역 인근에 제대로 집적해놓을 수가 없었다.

전투
노르망디 상륙작전에서
최종 승리까지

1944년 6월 6일 디데이, 강력한 포병부대와 기갑부대로 강화된 6개 연합군 보병사단들이 엄청난 항공 엄호와 함포 사격의 지원을 받으며 상륙 장소로 선정된 5개 해변에 나란히 상륙했다. 미군은 코탕탱Contentin 반도의 남쪽 끝에 자리한 '유타' 해변과 칼바도스 서부 연안의 '오마하' 해변에 상륙했다. 영국-캐나다군은 캉 바로 전면의 아로망슈Arromanches와 위스트 리엠Ouistreham 일대 해안지대에 설정된 '골드'·'주노'·'소드' 해변에 상 륙했다. 연합군은 또한 교두보를 밀어내려는 독일군의 반격을 교란, 지연 시키기 위해 상륙지역 양 측면에 추가로 영국군 공수부대 1개 사단과 미 군 공수부대 2개 사단을 강하시켰다.

  디데이 당일 각 해안지역에 상륙한 연합군의 전황은 명암이 극명하게 갈렸다. 영국-캐나다군은 3개 해변에 성공적으로 상륙을 마치고 교두보를 확보했지만, 상륙 당일 캉을 확보한다는 야심찬 목표는 달성할 수 없었다. 영국-캐나다 상륙군은 상륙지역 일대의 독일군 방어선을 대부분 돌파했지만, 페리에르^{Périers} 능선의 독일군만은 끈질기게 버티면서 골드 해변과 주노 해변에 확보된 교두보의 연결을 가로막았다. 오후 들어서는 오히려 독일군 제21기갑사단의 일부 부대들이 오히려 반격에 나서 해안지대로 밀고 나오기도 했다. 그러나 수적으로 압도당한 데다가 양 측면이 비어 있는 상황에서 연합군을 끝까지 밀어붙일 수 없었던 독일군은 밤이 되자 다시 능선으로 퇴각할 수밖에 없었다. 또 상륙 당일 영국군 상륙지역의 취약한 측면을 찔러 들어왔던 소수의 독일군 기갑부대도 상륙 전에 미리 강하해 있던 영국 제6공수사단에 의해 저지당하고 말았다.

반면, 미군 상륙지역에서는 전황이 영국군 상륙지역만큼 수월하게 풀리지 않았다. '유타' 해변에 상륙한 미군은 신속하게 굳건한 교두보를 확보했지만, '오마하' 해변에 상륙한 미군은 도로 바다로 밀려나가기 직전

■■■■■■ 오마하 해변에 상륙하는 미군의 모습. (NARA)

의 위기 상황에까지 몰리게 되었다. 안 그래도 가파른 절벽과 비좁은 골짜기로 이뤄진 험한 지형 때문에 공격이 만만찮은 상황에서 대부분의 수륙양용 지원 기갑차량들이 험한 파도에 가라앉아버리고 항공 폭격마저도 독일군의 방어 시설을 제대로 타격하지 못하면서 미군의 선두 상륙 제파는 독일군의 무자비한 방어 포화를 온몸으로 받아내야 했다. 결국 미군은 압도적인 수적 우세와 끈질긴 공격, 그리고 일부 병사들의 영웅적인 행동과 해군 함정들의 근거리 함포 지원으로 독일 방어 부대를 제압하고 해안선 일대에 빈약하나마 근거지를 마련하는 데 성공했다.

미군 공수부대들 역시 공수작전의 어려움이란 어려움은 모두 겪어야 했다. 유타 해변 후방과 메르데레Merderet 강을 가로질러 투하된 미 제82·제101공수사단은 수송기들이 치열한 대공사격을 받으면서 공수부대원들을 마구잡이로 강하시키는 바람에 온 천지 사방에 부대원들이 흩어져버리면서 사상자가 다수 발생했다. 하지만 이렇게 넓은 범위에 공수부대원들이 분산되어버린 상황은 본의 아니게 독일군이 정확한 상륙지점을 파악할 수 없게 만드는 결과를 가져오기도 했다. 미군 공수부대원들은 광대한 지역에 분산된 상황에서도 독일군의 통신선을 절단하고 후방 지역에 혼란을 일으킴으로써 상륙 당일 독일군이 유타 해변에 대한 대규모 반격에 나서는 것을 성공적으로 저지했고, 미군이 유타 해변에 굳건한 발판을 마련하는 데 큰 기여를 했다.

그 밖에 또 다른 상륙 성공 요인으로 상륙지역 일대의 독일군 고위 지휘관 다수가 부재중이었다는 사실과 독일군의 통신과 이동에 큰 장애를 일으킨 연합군의 공중 폭격과 함포 사격을 들 수 있다. 그리고 연합군이 제공권을 완전히 장악하고 있었기 때문에 독일 공군이 상륙 저지는커녕 상륙지역 일대 상공에 거의 얼씬도 못했다는 사실 역시 연합군의 상륙 성공에 큰 영향을 미쳤다. 독일 해군 역시 연합군 상륙선단에 대항해 독일 공군만큼이나 무력한 모습을 보였다. 전체적으로 봤을 때, 노르망디 상륙작전의 성공은 수개월에 걸친 철저한 준비와 병사 개개인의 영웅적 행위, 압도적인 공중 및 해상 지원, 그리고 완벽한 기습의 달성이 어우러진 결과물이라고 할 수 있었다. 당시 전장에서 싸우고 있던 이들은 제대로 알 수 없었지만, 1944년 6월 6일 저녁 무렵이 되자 연합군은 프랑스 해안에 영구적인 발판을 마련하게 되었다.

노르망디 상륙의 여파

연합군의 노르망디 상륙은 성공을 거뒀지만, 전황이 연합군의 계획대로 돌아간 것도 거기까지였다. 영국-캐나다군 교두보를 몰아내기 위해 강력한 독일 기갑부대가 캉으로 벌떼처럼 몰려들면서 몽고메리의 공격은 제대로 성과를 거둘 수 없었다. 몽고메리는 독일군의 반격을 물리칠 수는 있었지만, 내륙으로 진격할 수는 없었다. 캉을 두고 독일군과 영국군이 6주에 걸쳐 치열한 공방을 거듭하면서 캉 일대의 전투는 처절한 소모전 양상을 띠었다. 히틀러와 독일 고위 지휘관들은 캉 사수 여부가 전투의 승패를 좌우한다고 보고 최정예 부대들을 영국군 전면에 배치했다. 영국군이 교두보를 제대로 확장하지 못한 덕분에 독일군은 비교적 좁은 전면만을 방어하면 되었다. 그 결과, 몽고메리는 내륙으로 진출하기 위해서는 종심 깊이 구축된 독일군의 두터운 방어진지를 돌파해야 하는 어려운 상황에 처하게 되었다. 또 독일군은 교두보를 쓸어버릴 반격작전을 개시하기 위해 동부전선으로부터 제2친위기갑군단을 노르망디 일대로 급행시켰다. 이들이 도착할 때까지 독일군은 캉 일대를 굳건하게 방어하면서 영국-캐나다군을 계속 비좁은 교두보에 묶어놓고 운신의 여지를 주지 않으

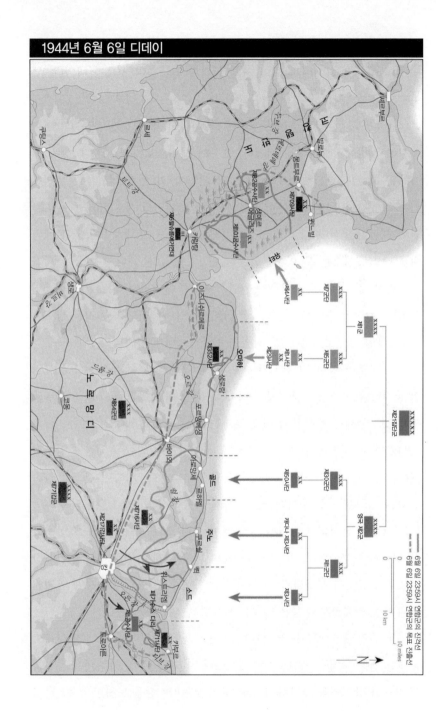

1944년 6월 6일 디데이

려고 했다.

미군이라고 디데이 이후의 전황이 계획대로 풀린 것은 아니었다. 독일군은 유타 해변으로부터 연합군의 핵심 목표인 셰르부르 항으로 진격하던 '번갯불' 조 콜린스 'Lightning' Joe Collins 대장의 제7군단을 퀸느빌Quineville 능선에서 일시적으로 저지시켰다. 오마하 해변으로부터 생로를 향해 진격하던 레너드 제로우Leonard Gerow의 미 제5군단의 공격 역시 지지부진하긴 마찬가지였다. 6월 9일, 이즈니Isigny가 함락되면서 생로로 가는 통로가 열렸지만, 미군이 지나치게 조심스럽게 진격하는 사이에 독일군은 예비대를 불러들여 새로운 방어선을 구축할 수 있었다. 게다가 미군 공세의 우선권이 셰르부르를 공격하는 콜린스에게 주어지면서 생로 방면의 공격은 더욱 지연될 수밖에 없었다. 결국 6월 18일, 제5군단의 공격은 생로를 겨우 2마일(3.2킬로미터) 앞둔 지점에서 급작스럽게 정지되고 말았다.

셰르부르를 향한 진격이 거북이걸음을 거듭하자, 콜린스는 항구를 직접 공격한다는 계획을 포기할 수밖에 없었다. 대신 제7군은 6월 15일부터 서쪽으로 공세를 개시하여 이틀 후에는 반도로 돌진하여 셰르부르를 고립시키는 데 성공했다. 콜린스는 이렇게 주변을 정리한 후 6월 22일부터 예하 3개 사단을 총동원해 셰르부르 공격에 나섰다. 계속된 전투로 약화될 대로 약화된 독일 수비대는 치열하게 저항했지만, 7월 1일이 되자 결국 모든 저항이 종식되고 말았다. 미군은 마침내 그토록 원하던 주요 항구를 장악하는 데 성공했다. 하지만 예정보다 너무 늦게 이뤄진 데다가 설상가상으로 독일군이 항구를 당분간 사용할 수 없을 정도로 철저하게 파괴해 놓은 바람에 셰르부르 항은 당장은 사용할 수 없는 상태였다.

6월 26일, 몽고메리는 노르망디 전선의 동쪽 측면에서 그의 첫 대규모 공세인 엡솜 작전Operation Epsom을 개시했다. 이 작전은 캉 서부에서 독일군의 강력한 방어선을 돌파하여 오른 강과 오돈Odon 강을 도하한 후 캉 남서쪽 고지대로 진출하여 캉을 측면 포위한다는 야심찬 계획이었다. 또 공격의 선봉에 설 마일즈 뎀프시Miles Dempsey의 영국 제2군 예하 제8군단에게는 강력한 항공 폭격, 함포 사격, 지상 포격 지원이 제공될 예정이었다. 그러나 예상치 못한 불운으로 인해 엡솜 작전은 제대로 진행될 수가 없었다. 계절에 어울리지 않는 악천후가 닥치면서 몽고메리는 예정된 항공 폭격 지원 없이 공세를 개시해야 했으며, 제8군단 옆에서 공격을 개시한 제30군단이 제8군단의 측면을 내려다보는 로레Rauray 능선 확보에 실패하면서 전체 공세 계획이 큰 지장을 받게 되었다.

어쨌거나 압도적인 전력 집중을 통해 영국군은 마침내 얄팍해진 독일군 방어선을 돌파하고 오돈 강 너머에 교두보를 확보하는 데 성공했다. 그리고 교두보에서 출격해 나간 영국 제11기갑사단은 독일군을 밀어붙인 끝에 112고지Hill 112를 장악하고 그 너머까지 진격할 수 있었다. 6월 28일 무렵이 되자, 몽고메리는 독일군 방어선에 5마일(8킬로미터) 크기의 구멍을 뚫어놓았다. 그러나 대규모 인명 피해를 막기 위해 천천히 차근차근 전진하는 전술을 선호한 몽고메리는 이러한 기회를 이용해 더 큰 성과를 얻어낼 수 없었다.

이후 독일군이 예비대를 동원해 영국군의 돌출부 측면과 오돈 교두보를 공격하자, 소심해진 몽고메리는 112고지를 포기하고 보다 짧고 방어가 용이한 선으로 퇴각했다. 그 후 6월 29일~7월 2일에 영국 제8군단은 조직적이지는 않지만 강력한 독일군의 공격을 맞아 이를 격퇴시켰다. 이러한 공격은 오랫동안 예견되었던 독일의 반격이 마침내 시작되었음을 의미하는 것이었다. 동부전선에서 노르망디 지구로 도착한 제2친위기갑군단은 당장 영국군의 오돈 교두보를 밀어내기 위한 공격을 개시했지만, 연합군의 압도적인 포·폭격의 위력 앞에서 별다른 성과를 거둘 수가 없었고, 곧 독일군의 공격 역시 그 기세를 잃고 말았다.

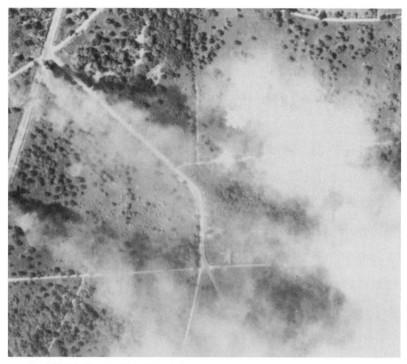

■■■■■■ 연합군의 대규모 포·폭격 전술은 방어에 나선 독일군에게 큰 피해를 주었다. 그러나 그러한 전술이 낳은 엄청난 수와 규모의 폭탄 구멍들은 독일군의 방어선을 신속하게 깊숙이 파고들려는 연합군의 진격에도 큰 지장을 주었다. (Imperial War Museum CL 838)

　　독일군의 반격이 실패한 가장 큰 이유는 연합군의 공습으로 인해 공세를 며칠 이상 지속할 수 있을 만큼의 보급품을 집적할 수가 없었고, 갓 도착한 병력들이 노르망디 일대에서 벌어진 전투의 양상에 익숙해지지 않은 상태에서 성급하게 공격에 나섰기 때문이었다. 독일군의 반격이 실패로 돌아감에 따라 이제 연합군이 유럽 대륙에 항구적인 발판을 마련하게 되었다는 것은 되돌릴 수 없는 기정사실이 되었다. 그 결과, 히틀러는 연합군을 바닷속으로 되밀어 넣는다는 목표를 포기하는 대신 완강한 방어전을 통해 연합군이 교두보에서 한 걸음도 나오지 못하도록 철저하게 틀어막음으로써 연합군에게 기동전을 벌일 수 있는 공간과 지형을 허용하지 않는다는 전술로 선회했다. 그러나 이 전술을 실전에 옮기기 위해서 독일군은 불가피하게 연합군 함대의 함포 사정거리 내에서 불리한 소모전을 벌일 수밖에 없었다. 이미 그런 상황이 된 시점에서 독일군의 승리 가능성은 거의 없는 것이나 다름없었다.

그러나 몽고메리 역시 획기적인 진전을 이루지 못하기는 마찬가지였다. 영국군은 엡솜 작전을 통해 독일군의 전선을 돌파한 것도 아니었고, 그렇다고 오돈 강 너머의 고지를 확보한 것도 아니었다. 지지부진한 전황을 타개할 대책을 모색하던 몽고메리는 7월 8일, 찬우드 작전Operation Charnwood을 개시했다. 수개 군단의 일제 공격을 통해 일거에 캉을 점령하려는 목표를 세운 몽고메리는 먼저 독일군의 저항을 분쇄하기 위해 연합

▨▨▨▨▨ 막대한 사상자가 발생하는 불상사를 막기 위해 몽고메리는 엄청난 공중 폭격 및 포병 사격으로 지상군의 진격을 지원하는 것을 선호했다. 사진에 촬영된 캉 중심가의 모습에서 볼 수 있듯이 그러한 전술의 효과는 실로 파괴적이었다. (Imperial War Museum, B7754)

군 공군에 대규모 공습을 요청했다. 한편, 연합군 중폭격기들이 오른 강에 걸려 있던 교량들을 다 파괴했기 때문에, 캉 북부의 독일군 부대들은 병력 보충 및 보급에 심각한 어려움을 겪고 있었다. 그런 독일군에게 영국-캐나다군은 압도적인 전력으로 집중 공격을 가해왔다. 독일군은 무자비한 연합군의 화력과 수적 우세에 밀려 한발 한발 물러설 수밖에 없었다. 7월 9일, 몽고메리의 병사들은 마침내 캉 북부에 진입하는 데 성공했다. 그러나 이는 예정보다 4주나 늦게 이뤄진 것이었다. 게다가 몇 주 동안 전투를 계속해 지친 몽고메리의 병사들은 캉 북부를 점령한 이후 곧바로 독일군의 오른 강 방어선을 돌파하여 탁 트인 팔레즈Falaise 평야지대로 진격해 나갈 여력이 없었다.

한편, 콜린스의 제7군단의 지원을 받고 영국으로부터 신예 사단들을 증원받았음에도 불구하고 여전히 보카즈bocage(노르망디 일대에서 흔히 보이는 두터운 생울타리) 지대에서 허우적대고 있던 오마 브래들리의 미 제1군은 7월 3일에 다시 한 번 생로를 향한 공세를 시작했다. 새로이 전선에 도착한 지 얼마 되지 않아 코탕탱 반도의 남쪽 밑에서부터 3개 사단을 동원해 공격을 시작한 트로이 미들턴Troy Middleton 소장의 미 제8군단은 공격 개시 5일 만에 독일군의 격렬한 저항을 물리치고 라 아유 뒤 퓌La Haye-du-Puits를 점령했다. 그러나 독일군의 저항이 더욱 심해지면서 트로이의 진격도 7월 15일경 아이Ay 강과 세브Seves 강 선에서 막혀버리고 말았다. 트로이의 공격에 발맞춰 미 제7군단도 7월 3일부터 카랑탕으로부터 페리에르 능선을 향해 공격을 개시했으나, 곧 악천후가 닥치면서 전장이 수렁이 되자 공격은 지지부진해질 수밖에 없었다. 7월 5일, 콜린스는 정예 제4사단까지 동원해 공격을 해보았지만, 4일간의 공세를 통해 제7군단이 진격한 거리는 750야드(700미터)에 불과했다. 그 과정에서 독일군은 능란한 방어전과 지속적인 반격을 통해 미군의 전력을 효과적으로 소모시켰다. 미군은

7월 10일~12일에 벌어진 독일군의 반격을 물리치기는 했지만, 7월 15일이 되자 제7군단은 방어태세에 돌입할 수밖에 없었다.

그러나 미군은 빽빽한 생울타리 지대에서 전투를 하면서 발생한 문제들을 개선된 전술과 더욱 강력해진 화력, 보다 효과적인 제병 협동 전술을 통해 서서히 극복해나가고 있었다. 7월 7일, 영국에서 새로 도착한 찰스 콜렛Charles Corlett의 신예 미 제19군단은 3개 사단을 동원해 남쪽으로부터 생 장 드 데St Jean-de-Daye를 탈취하기 위한 공격을 시작했다. 이후 미 제19군단은 천천히, 착실하게 한발 한발 전진하여 7월 20일에는 페리에르-생로 가도를 절단해버렸다. 7월 11일, 다시 한 번 생로를 향한 공격을 개시한 미 제29사단은 페리에르 능선을 점령함과 동시에 북서쪽으로부터 생로로 가는 접근로들을 장악하면서 생로-바이외Bayeux 도로를 가로질러 진격을 계속했다. 7월 18일, 미군의 압박을 더 이상 견디지 못한 독일군은 생로를 버리고 철수해갔다. 미군은 격전을 벌인 끝에 탁 트인 개활지로 진출하면서 대규모 돌파작전인 코브라 작전Operation Cobra을 개시하기에 유리한 위치를 차지할 수 있었다.

미군이 코브라 작전을 준비하는 동안 몽고메리는 굿우드Goodwood라는 작전명으로 새로운 대규모 공세를 개시했다. 이 공세를 통해 몽고메리는 캉 남부를 마저 점령하고 부르귀에뷔스Bourguébus 능선까지 확보함으로써 남쪽의 팔레즈 평원으로 진출할 수 있는 길을 열 심산이었다. 또 한편으로 돌파를 준비하는 미군을 지원하기 위해 독일군 예비대를 캉 일대에 붙잡아둘 필요도 있었다. 하지만 몽고메리가 대규모 화력 지원과 함께 디데이에 영국 공수부대가 확보해놓은 오른 강 동쪽 교두보로부터 오른 강 건너편에 구축된 강력한 독일군 방어선을 돌파하기 위한 공격을 시작한 것은 7월 18일이 되어서였다. 당시 몽고메리의 교두보는 너무나 협소했기 때문에 도저히 공격 기도를 숨길 수가 없었다. 몽고메리는 그러한 결점을

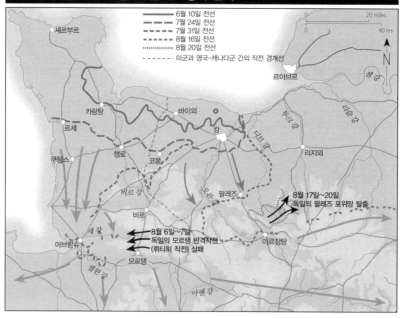

1944년 6월 6일~8월 20일 노르망디 전역

보완하기 위해 공중 폭격에 크게 의존했다.

그러나 굿우드 작전은 그 계획과 실행이 모두 잘못된 작전이었다. 엄청난 공중 폭격과 포사격 덕분에 영국 기갑부대는 캉 남부의 고지대 기슭에 위치한 독일군의 전방 방어진지를 손쉽게 파괴할 수 있었지만, 독일군은 수적으로 완전히 압도당한 상황에서도 끈질기게 지연전을 펼치면서 퇴각했고, 이로 인해 영국군은 계획했던 것만큼 신속하게 진격할 수가 없었다. 결국 독일군의 치열한 저항을 물리치면서 7월 18일 오후 늦게 부르귀에뷔스 능선에 도착한 영국군 기갑부대는 지원 보병도 거의 남아 있지 않고 포병 지원도 받을 수 없는 상태였다. 덕분에 고지대에 잘 구축된 진지에 숨겨놓은 독일군의 대전차포와 고사포들은 손쉽게 영국군의 공격을 물리치면서 엄청난 수의 영국군 전차들을 격파할 수 있었다. 해질 무렵이 되자, 독일군은 제병 합동 공격으로 영국군 기갑부대를 몰아냈다. 이 과정에서 영국군은 또다시 큰 피해를 입어야 했다.

몽고메리는 이틀 더 공격을 해보았지만, 영국군의 공세는 이미 기세를 잃은 상태였다. 영국군은 핵심 목표였던 부르귀에뷔스 능선에는 아무런 발판도 확보할 수 없었으며 막대한 손실로 인해 영국군의 전력만 크게 줄어들었다. 굿우드 작전 중 영국군은 별다른 피해를 입지 않은 독일군 방어선에 대규모 전차부대로 공격을 가했다가 노르망디 지역에 배치된 영국군 전차 전력의 거의 3분의 1에 해당하는 엄청난 수의 전차를 잃었다. 게다가 영국군은 엄청난 피해를 입으면서 독일군에게는 그만큼의 피해를 주지 못함으로써 독일군을 소모전 양상으로 끌어넣는다는 당초의 목표 역시 달성할 수가 없었다. 굿우드 작전을 통해 영국군은 얼마간의 공간을 확보하고 일시적으로 독일군 예비대의 일부를 캉 전면에 묶어놓는 데 성공했지만, 이 정도의 성과를 얻기 위해 그만한 피해를 입어야 한다면 조만간 영국군이 전투 불능 상태에 빠지게 될 것은 명약관화했다.

코브라 작전

그러나 굿우드 작전은 미군의 돌파작전에 도움이 되기는 했다. 독일군은 몽고메리를 상대하느라 크게 소모된 전력을 보충하기 위해 생로 지역으로부터 소중한 보급품을 캉 지역으로 돌릴 수밖에 없었다. 이로 인해 코브라 작전 개시 직전에 미군 전면에 배치된 독일군의 보급 상황은 크게 악화되었고, 덕분에 미군은 독일군의 전선을 보다 손쉽게 돌파할 수 있었다. 독일군은 설상가상으로 연합군 공군의 활발한 활동으로 인해 재보급에 엄청난 어려움을 겪어야 했다. 특히 7월 15일에 독일 제7군의 주요 보급로 역할을 하고 있던 투르Tours 철교가 다시 한 번 연합군 공군기들에게 파괴되면서 독일군의 보급 상황은 한층 악화되었고, 그중에서도 전선 서쪽에 배치된 독일군 부대들은 더욱 극심한 어려움을 겪고 있었다. 코브라 작전을 앞둔 시점에서 생로 지역의 독일군 부대의 보급은 거의 바닥을 드러냈고, 이로 인해 독일군은 7월 25일~26일에 미군이 돌파해왔을 때 보급품 부족으로 예전에 연합군 돌파작전을 틀어막았던 것처럼 전선에 뚫린 구멍을 틀어막을 수가 없었다.

또 미군이 새로이 도입한 혁신적인 전술 덕분에 코브라 작전은 더 쉽게 성공을 거둘 수 있었다. 미 제1군은 먼저 부족한 화력을 보충하기 위해 융단폭격으로 독일군 방어선에 구멍을 내고 협소한 전선에 막대한 전력을 집중하여 신속하게 구멍을 뚫는 한편, 마지막으로 독일군을 힘으로 찍어 누르려 하기보다는 속도와 기동성을 이용해 우회 포위하는 전술을 사용했다. 이를 바탕으로 브래들리는 협소한 공격 전면에 강력한 공중 및 포병 지원을 받는 3개 보병사단을 집중 투입하여 이들이 전선에 구멍을 뚫고 진격로 측면을 확보하면, 뒤이어 3개 기계화보병사단이 신속하게 독일군 후방 지역으로 진격하여 쿠탕스Coutances를 점령함으로써 해안지역 일대에서 싸우고 있던 독일군 제84군단의 퇴로를 차단한다는 계획을 세웠다.

코브라 작전 개시에 앞서 실행된 융단폭격은 당시까지 이뤄진 지상군에 대한 공습 가운데 가장 대규모이자 효과적으로 실시된 공습이었다. 부실한 계획과 서투른 실행, 불운 등이 겹치면서 다소 지장이 있기도 했지만, 연합군의 공습은 독일군의 통신 보급망을 파괴하는 동시에 전방에 집중 배치된 독일 전차교도사단Panzer Lehr Division에 치명타를 입혔다. 연합군의 폭격으로 얼마나 격심한 타격을 입었는지, 독일 전차교도사단의 노련한 병사들조차도 미 제7군의 집중 공격을 막을 수가 없었다. 덕분에 미군은 7월 25일 하루 동안 독일군의 방어선을 2마일(3.2킬로미터)이나 뚫고 들어갈 수 있었다. 일단 독일군 전선에 구멍이 뚫리자, 미군은 곧 기동성과 속도를 발휘해 돌파 단계로 이행해나갔다. 반면, 독일군은 보급품, 특히 연료 부족으로 전선 돌파 후 전과 확대 단계에 들어간 미군의 재빠른 진격에 대응할 수 있을 만큼 신속하게 예비대를 전개할 수가 없었다. 7월 26일, 지나치게 신장된 독일군의 전선이 붕괴되기 시작하면서 미 제7군단은 5마일(8킬로미터)을 진격할 수 있었다.

미군이 돌파해오자, 독일군은 급히 영국군 전면에 배치되어 있던 제47기갑군단(제2·제116기갑사단)을 빼내서 독일군의 방어선을 돌파한 후 진격에 나선 미군의 측면을 자르고 들어가 돌파구를 틀어막으려고 시도했다. 그러나 미 제19군단이 생로 남쪽 돌파구의 측면에서 공격을 시작하면서 독일군의 반격 계획은 틀어져버리고 말았다. 미군이 앞뿐만 아니라 측면에서도 진격해오기 시작하자, 독일군은 생로 남쪽의 두터운 보카즈 지형에서 서둘러 공격에 나설 수밖에 없었다. 그러나 공격에 불리한 지형과 점점 심각해지는 보급품 부족 문제로 인해 독일군의 공격은 좌절되고 말았다. 빽빽한 생울타리 지역에서 미군 보병들과 전투를 벌인 독일 전차부대들은 노르망디 전역 초기에 비슷한 지형에서 미군 전차부대들이 겪어야 했던 어려움들을 고스란히 겪어야 했다. 이제 제47기갑군단만으로는 미군의 돌파구를 틀어막을 수 없는 상황이 되었고, 제47기갑군단이 할 수 있는 일이라고는 서쪽을 향해 방어선을 구축한 후 사령부가 보내준다고 약속한 증원 부대를 기다리는 것뿐이었다.

7월 27일, 미군은 결정적인 돌파구를 뚫는 데 성공했다. 독일군이 보다 단단한 방어선을 재구축하기 위해 르세^{Lessay}와 페리에르로부터 철수함에 따라, 미 제7군단은 12마일(19킬로미터)을 전진하여 쿠탕스 바로 앞까지 진출한 뒤 다음날 쿠탕스를 점령했다. 바로 이 시기에 독일 제7군을 지휘하고 있던 파울 하우저Paul Hausser 친위대 상급대장은 제84군단에게 연속적인 전선을 확보하기 위해 미군이 장악한 지역을 가로질러 남동쪽으로 빠져나오라고 명령하는 과오를 저질렀다. 만약 제84군단이 남쪽으로 철수했다면, 이들은 미군과 마주치는 일 없이 손쉽게 쿠탕스 남쪽에서 새로운 방어선을 구축할 수 있었을 것이다. 그러나 남동쪽으로 철수하던 독일군은 쿠탕스 남동쪽에서 미군 선봉대와 맞닥뜨리면서 롱세Roncey 인근에서 포위당하고 말았다. 독일군 전선의 대문이 활짝 열리자, 브래들리는 7월 29일에 코브라 작전을 더욱 확대시켜나갔다. 미 제7군단과 제8군단은 새로이 남쪽으로 진격을 개시하여 다음날에는 시엔Sienne 강을 도하하고 아브랑슈Avranches를 점령하는 동시에 세See 강 건너편에 교두보를 확보하는 한편, 7월 31에는 퐁토볼Pontaubault에서 셀륀Sélune 강을 건너 브르타뉴로 가는 대문을 활짝 열어젖혔다.

미군의 돌파작전이 순조롭게 진행되자, 몽고메리도 7월 말에 서둘러 블루코트 작전Operation Bluecoat을 개시하여 코몽Caumont 일대의 취약한 독일군 전선을 공격했다. 이 공세의 목적은 독일군 전선에 지속적으로 압박을 가함으로써 독일군 기갑부대가 미군 전선 쪽으로 이동하지 못하도록 붙들어두는 것이었다. 이를 위해 영국 제8군단과 제30군단의 6개 사단이 독일군 1개 보병사단에 쇄도해 들어갔다. 그러나 이들은 너무나 서둘러 공격을 개시하는 바람에 영국군 공세에 항상 따라붙었던 대규모 포병 지원을 받을 수가 없었다. 게다가 방어에 나선 독일군은 전력이 빈약했지만, 이 지역 일대가 6월 중순 이후 계속 소강상태였기 때문에 두터운 보카즈가 종횡으로 서 있는 지형에 종심 깊은 참호진지를 구축해놓고 있었다.

공세 초기 영국군은 신속하게 독일군 방어선을 짓밟으며 미군 전선으로 향하던 독일군 기갑부대를 끌어들이는 데 성공했다. 그러나 아마에Amaye 부근에서 진격로 측면에 솟아 있는 고지대를 확보하지 못하자, 영국군은 진격에 큰 지장이 생겼다. 또 영국군은 고질적인 소심증을 다시 한 번 보이면서 공격에 지나치게 신중을 기하는 바람에 이제 톡 건드리기만 하면 순식간에 무너질 독일군 방어선을 시원스럽게 돌파할 수가 없었다. 7월 30일, 영국군은 독일 제7군과 서부기갑집단 사이에 있는 무방비 상태의 경계선을 따라 흐르고 있던 술뢰브르Souleuvre 강 건너편에 교두보를 확보했다. 이후로도 1주일 동안 독일 제7군과 서부기갑집단은 이 경계선을 사이에 두고 서로 분리된 상태를 유지했지만, 영국군은 이 황금과도 같은 2마일(3.2킬로미터)에 이르는 틈을 제대로 활용하지 못했다. 영국군이 이 기회를 알아차리고 진격을 시작한 것은 이미 독일군 예비대가 그 틈을 메워버린 뒤였다.

또한 연합군 부대 간의 경계선은 영국군이 비르Vire를 신속하게 점령하는 것을 막는 원인이 되었으며, 그 덕분에 독일군은 포위당하기 전에 물러날 수 있는 여유를 얻게 되었다. 만약 비르가 신속하게 영국군 손에 떨어졌다면, 횡적 연락 및 보급로가 차단된 독일군은 철수에 큰 어려움을 겪었을 것이다. 어쨌든 영국 제8군단 소속 제11기갑사단은 꾸준히 진격을 계속했지만, 제30군단 전차들의 진격은 곧 정체되었다. 설상가상으로 8월 1일부터 독일군 기갑부대가 캉 인근에 증원되면서 독일군의 저항이 거세짐에 따라 제11기갑사단은 독일군에게 측면을 찔릴 위험에 처하게 되었으며, 8월 6일 독일군의 반격으로 제11기갑사단의 선봉은 거의 전멸 위기에 직면하기도 했다. 하지만 독일군 기갑부대들은 미군을 향해 서쪽으로 진격하는 데 정신이 팔려 있었기 때문에, 영국군에게는 소규모 반격 작전 이상의 공격을 가하지 않았고, 그 덕분에 영국군은 위기에서 벗어날 수 있었다.

한편, 8월 1일, 새로이 창설된 미 제12집단군의 사령관으로 임명된 브래들리는 배속된 제1군과 조지 패튼 대장의 신예 제3군을 지휘하게 되었다. 이제 미군은 전쟁 발발 전에 늘 연습해왔던 신속한 기동전을 펼칠 수 있는 상황을 맞게 되었다. 남동쪽으로 진격한 제1군이 8월 3일에 모르탱Mortain을 점령하는 사이에 패튼은 눈부신 기동전 역량을 과시하면서 먼저 브르타뉴를 고립시킨 후 다음에는 브르타뉴 반도 깊숙이 진격해 들어가 퐁티비Pontivy를 점령했다. 하지만 브르타뉴 반도의 독일군 수비대 대부분은 브레스트 항과 생말로St Malo, 그리고 로리앙으로 철수해 그곳에서 전쟁이 끝날 때까지 버텼다.

독일군의 반격

독일군 전선을 돌파한 미군은 상륙 후 처음으로 독일군이 미군의 돌파구를 봉쇄하고 패튼의 제3군을 고립시키기 위해 가해오는 반격을 막아야 하는 상황에 놓이게 되었다. 신속한 진격 과정에서 미군의 중앙부는 상당히 약화되었고, 히틀러는 이 약화된 중앙부를 치고 들어간다는 계획을 세웠다. 1944년 8월 2일, 히틀러는 부상당한 롬멜의 후임으로 B집단군을 지휘하게 된 폰 클루게 원수에게 아브랑슈를 탈환하고 미군의 돌파구를 틀어막기 위한 반격작전을 명령했다. 그러나 이 명령은 노르망디 일대의 독일군을 전멸의 구렁텅이로 밀어넣은 최악의 전략적 실수였다. 반격작전을 위해 독일군은 전력이 많이 약화되기는 했지만 그래도 상당한 전력을 가진 6개 기계화사단과 며칠 동안은 공세를 지속할 수 있는 보급품을 준비했지만, 이 정도의 준비는 압도적인 미군을 상대로 승리를 거두기에는 턱없이 부족한 것이었다.

8월 6일 밤~7일 새벽에 한스 폰 풍크Hans von Funck가 지휘하는 제47기갑군단은 세 강과 셸륀 강 사이의 비좁은 통로를 따라 모르탱과 아브랑슈를

향한 진격을 개시했다. 그러나 당시 공격에 참가한 독일군 병사들은 지칠 대로 지친 상태였고, 게다가 폰 풍크는 휘하 병사들이 공격 대상 지역 일대의 지형을 충분히 파악하기도 전에 공격을 명령하는 치명적인 과오를 저질렀다. 게다가 8월 5일, 이미 모르탱 일대에 독일군 병력이 집결하고 있는 징후를 포착하고 있었던 브래들리는 울트라 암호해독기를 통해 독일군의 통신 내용까지 입수하면서 독일군이 공격해오기 직전에 미군의 방어태세를 강화할 수 있었다.

비록 사전에 정보를 얻기는 했지만, 독일군이 공격해올 당시 미군 병사들은 여전히 지나치게 신장된 전선에 얇게 배치된 상태였으며, 제대로 된 방어진지도 확보하지 못하고 유기적인 방어전 경험도 거의 없는 상태였다. 그러나 그런 악조건에도 불구하고 미군 병사들은 317고지Hill 317를 굳건히 지키면서 모르탱을 통과해 아브랑슈로 진출하려는 독일군의 모든 공격 시도를 물리쳤다. 이후 미군 예비대가 신속하게 도착하고 8월 7일부터는 날씨까지 개면서 연합군 전폭기들의 맹렬한 공습이 시작되자, 독일군의 공세는 완전히 좌절되고 말았다. 당시 연합군과 독일군의 압도적인 전력 차를 감안하면 독일군이 무슨 짓을 해도 전선을 다시 안정시키기란 불가능했다. 게다가 독일군이 보급과 관련해 겪고 있던 어려움을 감안하면 독일군의 공세는 처음부터 실패할 수밖에 없었다. 애초에 독일군으로서는 연합군을 축출할 만한 화력도 없었을 뿐더러 설사 아브랑슈를 점령한다 하더라도 보급품 부족으로 이를 도저히 유지할 수가 없었을 것이다.

독일군의 모르탱 반격이 실패로 돌아가자, 연합군은 노르망디의 독일군 전부를 아르장탕Argentan-팔레즈 일대에서 포위·섬멸하거나 센 강 일대에서 보다 대규모의 포위전을 벌여 섬멸시킬 수 있는 기회를 얻게 되었다. 괜히 미군의 허리를 끊겠다고 모르탱까지 갔다가 반격에 실패하고 역으로 미군이 후방으로 밀고 들어오는 상황에 처하게 된 독일군에게 유일하게 남은 선택사항은 최대한 신속하게 센 강 너머로 후퇴하는 것뿐이었다. 게다가 열악한 보급 사정과 점점 감소하는 기동성을 고려하면, 철수 과정에서 다대한 손실이 발생할 것임은 불을 보듯 뻔했다. 결국, 독일군의 모르탱 공세는 결과적으로 당시 아르장탕-팔레즈 인근에 형성되고 있던 포위망 깊숙이 독일군의 머리를 들이밀어넣은 결과를 낳았다.

그러나 캉에서 팔레즈를 향해 남쪽으로 밀고 내려오던 몽고메리의 군과 연결을 확보하기 위해 동쪽으로 내달리던 미군 역시 지나치게 빨리 전진하다 보니 보급 부대가 이를 따라잡지 못하는 문제에 봉착하게 되었다. 지나치게 신장된 전선이 전반적으로 약화될지도 모르며 잘못하다간 영국군과 오인 교전이 붙을 수도 있다는 불안감과 보급도 딸리는데 억지로 진격했다가 오히려 독일군에게 포위망 돌파의 기회를 제공하는 꼴이 될지도 모른다는 우려가 복합적으로 작용하여, 브래들리는 8월 13일~18일에 미군의 진격을 정지시키고 예하 부대를 나누어 제5군단에게는 센 강으로 진격하라는 명령을 내렸다. 그러나 이 명령은 센 강으로 향한 부대와 팔레즈 포위망을 형성하기 위해 진격하던 부대 모두로부터 독일군을 포위할 수 있는 여력을 박탈해버리는 결과를 낳았다. 전력 분산으로 인해 남쪽으로부터 아르장탕의 팔레즈 포위망을 확실히 틀어막지 못한 것은 물론, 8월 19일에 제5군단이 망트Mantes-가시쿠르Gassicourt에서 센 강 건너편에 확보한 교두보로부터 신속하게 센 강 양안을 따라 독일군의 퇴로를 차단하지도 못하게 되었기 때문이다. 연합군으로서는 고전적인 2중 포위를 노린 기동이었지만, 결과적으로는 어느 한 쪽의 포위망도 제대로 완성하지 못하는 꼴이 되어버렸다.

영국-캐나다군의 진격이라도 빠르게 이뤄졌다면 그래도 8월 중순에 팔레즈 포위망의 독일군을 분쇄할 수 있었겠지만, 영국-캐나다군의 진격이 지지부진한 양상을 보이면서 그마저도 불가능하게 되었다. 새로이 편성된 크레러의 캐나다 제1군은 두 차례 급편 공세(토털라이즈Totalize와 트랙터블Tractable)를 통해 아르장탕을 향해 남쪽으로 진격을 시도했으나, 경험 부족과 독일군의 치열한 저항 때문에 8월 16일이 되어서야 팔레즈를 함락할 수 있었다. 게다가 영국군이 다른 지역에서 계속 압박을 가하는 데 실패함에 따라 독일군은 캐나다군과 폴란드군이 마침내 완전히 포위망을 완성시킨 8월 19일까지 4만 명에 이르는 병력을 빼낼 수 있었다.

몽고메리는 지칠 대로 지치고 전력도 크게 약화된 영국군으로 필사적으로 포위망에서 빠져나가려는 독일군을 막으려 했다가는 오히려 큰 피해를 입고 포위망이 뚫릴지 모른다는 우려를 하고 있었기 때문에, 아이젠하워와 마찬가지로 센 강을 따라 대규모 포위망을 구축하는 방안을 모색했다. 하지만 미군의 속도와 기동성을 과소평가하고 있던 몽고메리는 미군이 아르장탕을 통과하여 남쪽으로부터 포위망을 좁힐 수 있도록 집단군 간 경계선을 변경하자는 제안을 거부했다. 8월 13일에 미군의 진격을

■■■■■ 사진에 보이는 것과 같은 경장갑 차량은 6월과 7월에 걸쳐 노르망디 일대에서 벌어진 치열한 공방전에서는 별다른 역할을 하지 못했으나, 8월 들어 독일군의 전선이 붕괴되고 전투가 대규모 기동전 양상을 보이게 됨에 따라 대활약을 하게 되었다. (Imperial War Museum, CL838)

■■■■■ 1944년 8월 25일, 자유 프랑스군 사단을 선두로 독일 점령으로부터 해방된 파리 거리를 행진하는 연합군 병사들의 모습. 연합군의 파리 해방 직전, 독일군이 철수를 준비하자 은신처에서 모습을 드러낸 레지스탕스 전사들이 봉기를 시작했다. (AKG Berlin)

잠시 중단시키기로 한 브래들리의 결정도 이러한 몽고메리의 완고한 고집에 기인한 바가 컸다.

결국 몽고메리가 오랜 계획 끝에 센 강으로 진격하기 위한 키튼 작전Operation Kitten을 시작한 것은 8월 16일이 되어서였다. 이로 인해 연합군은 센 강 일대에서 대규모 포위망을 형성하여 프랑스의 독일군 전체를 포위할 수 있는 기회를 맞게 되었다. 반면, 독일군은 점점 감소하기만 하는 기동성과 재앙에 가까운 보급 상황, 그리고 떨어지기만 하는 사기 탓에 앞으로는 센 강, 뒤로는 추격해오는 연합군 사이에 끼어서 말 그대로 전멸 위기에 봉착하게 되었다. 그러나 8월 21일 이후 독일군은 서유럽 전역에서 가장 성공적인 작전을 펼치면서 치밀한 단계적 철수를 실행하여 대부분의 병력과 장비를 센 강 너머로 철수시키는 기적 같은 능력을 보여주었다.

그러나 전략적 우선순위의 변화와 공중 지원 요청의 증가, 그리고 악천후 등으로 인해 연합군 공군은 독일군의 철수를 효과적으로 저지할 수가 없었다. 게다가 8월 18일, 연합군 사령부가 센 강의 교량들을 파괴하지 않고 그대로 점령하기로 결정함에 따라 센 강 교량에 대한 직접적인 공격도 중지되었다. 또 돌파와 함께 연합군 공군이 커버해야 할 지역의 넓이와 공격 목표의 수도 크게 늘어나면서 항공 지원의 집중도는 반대로 떨어질 수밖에 없었다. 어쨌든 계속되는 연합군의 공습과 밑바닥에 다다른 연료 사정에도 불구하고 독일군은 대다수의 병력과 최대한 많은 장비를 빼내오는 데 성공했다. 그러나 연합군 역시 곧바로 센 강을 도하, 독일군에게 숨 돌릴 틈을 주지 않고 추격에 나섰다. 이후 8월의 마지막 주는 프랑스에서 벨기에와 독일 국경지대로 허둥지둥 도망치는 독일군과 이를 바짝 추격하는 연합군 간의 추격전으로 점철되었다.

계속되는 퇴각

1944년 9월 1일~9일에 그나마 전력을 온존하고 있던 서유럽의 독일군 잔존 부대들이 할 수 있는 일이라고는 프랑스와 벨기에를 가로질러 진격해 오는 연합군의 발걸음을 조금 늦추는 것 외에는 아무것도 없었다. 그러나 9월 10일 무렵이 되자, 연합군은 당시 연합군의 보급망이 뒷받침해줄 수 있는 진격 한계선을 돌파하게 되었다. 이는 연합군 지휘부가 보급 계획 작성 시 연합군의 진격 속도가 그렇게까지 빠를 거라고는 전혀 생각도 못 했기 때문에 발생한 일이었다. 결국 연합군은 연료, 탄약, 식량 부족으로 말미암아 벨기에 해안으로부터 뫼즈-에스코Escaut 운하를 따라 마스트리히트Maastricht까지, 그리고 독일의 국경도시 아헨Aachen으로부터 벨포르Belfort 부근의 스위스 국경선에 이르는 전선에서 진격이 정지되고 말았다.

독일군은 하늘이 내려주신 이 한순간을 활용하여 특유의 저력을 발휘해 산산이 부서진 부대들을 신속하게 재건했다. 일례로 9월 6일~12일에 독일군은 낙오병들과 각지의 수비대들을 그러모아 힐Chill 전투단을 조직해 뫼즈-에스코 운하를 따라 빈약하나마 방어선을 구축했다. 또 벨기에의 안트베르펜과 니어펠트^{Neerpelt} 사이의 독일군 전선에 뚫린 구멍을 메우기 위해 독일군 최고사령부는 훈련도 마치지 못한 육군 훈련병들과 해군 병력, 그리고 공군 지상요원들을 동원해 쿠르트 슈투덴트 대장의 지휘 하에 제1공수군을 편성했다. 하지만 놀랍게도 이 오합지졸과 신병 떨거지들로 구성된 잡탕 부대는 별 장비도 갖추지 못했음에도 불구하고 치열한 방어전을 전개하여 갈 길 바쁜 연합군의 발목을 잡았다.

한편, 8월 말에 연합군 지휘부 내에서는 전략 선택(광정면廣正面 전략과 국지적 집중 공격)과 지휘권 문제를 놓고 아이젠하워와 몽고메리 간에 분쟁이 발생했다. 9월 1일, 노르망디 상륙작전 이전에 계획한 대로 아이젠하워가 연합군 총사령관 자리를 유지하면서 미군 2개 집단군과 영국군 1개 집단군의 지휘권을 갖는 연합군 지상군 사령관 자리를 몽고메리로부터 인수했다. 미군이 다수를 차지하는 전역에서 영국군 장군이 총지휘를 맡는 것을 미국 여론이 절대 용납하지 않을 거라는 사실을 간과한 몽고메리는 다시 연합군 지상군 사령관으로 복직되거나 최소한 영국군 부근에 배치된 미군의 지휘권이라도 확보하기 위해 운동을 벌였다.

이러한 분쟁은 몽고메리의 개인적 자존심 때문에 벌어진 것이기도 했다. 사실 몽고메리의 본래 의도는 서유럽 전역을 영국군의 이해에 맞게 이끌어 나가려 했던 것이었다. 몽고메리는 제한된 전력을 보유한 영국군으로 대규모 사상자가 발생하는 상황은 극구 회피하면서 보다 광범위한 군사 동맹의 틀 내에서 영국군이 독일의 군사적 패배에 큰 몫을 할 방법을 모색했다. 이는 자국군의 피해는 줄이면서 전후 국제 정치무대에서 영국이 강력한 입지를 확보할 수 있도록 하기 위한 것이었다. 만약 자신이 지휘하는 제21집단군 부근에 배치된 미군 부대들을 활용할 수 있게 된다면, 몽고메리로서는 소규모 영국군으로 벌일 수 있는 것보다 더 큰 성과를 거두고 이에 대해 생색을 낼 수 있는 절호의 기회를 얻는 셈이었다.

지휘권 문제를 둘러싸고 벌어진 이러한 분쟁은 전략 선택의 문제를 둘러싸고 벌어진 다툼과도 그 궤를 함께하는 것이었다. 정치 문제에 민감했던 아이젠하워는 연합국 구성국들 가운데 어느 한 국가가 주도적 역할을 수행하면서 스포트라이트를 받는 일이 없도록 전 전선에서 '다 함께' 공격해 들어가는 광정면 접근 전략을 선호했다. 반면, 고집스러운 몽고메리는 '자신의' 부대를 선봉으로(물론 자기 주변의 미군 부대들도 자신의 지휘를 받아야 한다는 것을 전제로) 아르덴 북쪽에 집중 공격을 가하여 단숨에 독일의 루르 공업지대로 치고 들어가야 한다고 주장했다. 몽고메리의 전략은 보다 거시적인 정치적 관점을 완전히 무시한 것이었지만, 건전한 전술 논리와 뭐든지 자신이 주인공이 되어야 직성이 풀리는 본인의 성격, 그리고 대규모 연합군 내에서 영국이 추구하고자 하는 이해가 잘 혼합된 것이었다. 이러한 전략적 접근법에 관한 이해 차로 인해 발생한 분쟁은 1945년까지 끊임없이 계속되었고, 이후 계속된 전투에서 미군과 영국군의 관계를 크게 악화시켰다.

마켓 가든 작전

1944년 9월 초, 몽고메리는 독일군이 제정신을 차리기 전에 보급 문제로 인해 잃어버린 연합군의 공격 기세를 되찾을 방법을 모색했다. 몽고메리는 신속하게 네덜란드의 독일 V2 로켓 발사기지를 제거하는 동시에 라인강 상에 걸려 있는 교량을 확보함으로써 아이젠하워가 영국군이 주도하는 루르 지역에 대한 '국지적 집중공격 전략'에 전력 배분의 우선순위를 두도록 만들고자 했다. 이를 위해 몽고메리는 9월 17일부터 마켓 가든 작

■■■■■■ 아른험의 다리를 점령한 존 프로스트 중령의 공수부대원들은 압도적인 독일군에게 포위당한 상태에서
도 6일 동안이나 영웅적인 저항을 하며 다리를 지켜냈으나, 결국은 호록스의 제30군단 소속 전차들이 도착하기
전에 압도적인 독일군에게 전멸당하고 말았다. (Imperial War Museum MH2062)

전을 개시했다. 마켓 가든 작전은 그때까지의 상식을 뛰어넘는 과감한 공
수-지상 협동작전이었다.

　소심하기로 유명한 몽고메리가 갑자기 이런 과감한 작전을 벌인 것은
1944년 9월이야말로 영국의 제21집단군이 영국의 정치적 이해에 유리한
방향으로 전국을 주도할 유일한 기회라고 인식했기 때문이었다. 몽고메
리는 독일군이 거의 무릎을 꿇은 상황에서 영국군이 주도하는 과감한 최
후의 일격을 가할 수 있다면, 전체 연합군의 대독 승전에서 영국의 위상
을 크게 높일 수 있을 것이라고 생각했다. 또 여기에는 만약 전황이 지지
부진한 상태로 1945년까지 계속된다면, 엄청난 물량과 병력을 바탕으로
점점 전체 작전의 주도권을 장악해가던 미국에게 영국의 전략적 영향력

을 모두 빼앗길 수도 있다는 불안감도 한몫했다.

마켓 가든 작전의 개요는 일단 3만 명에 이르는 대규모 영미 연합 공수부대가 강하하여 핵심 교량들을 장악하면, 브라이언 호록스Brian Horrocks가 지휘하는 영국 제30군단이 네덜란드 북부 일대를 휩쓸고 올라가 공수부대들을 구출하고, 이들이 지키고 있는 교량을 통과하여 독일의 심장부로 향하는 진격로를 확보한다는 실로 야심찬 것이었다. 그리고 영국 제1공수사단은 강하지역 북부에 투입되어 호록스의 기갑부대가 도착할 때까지 아른험Arnhem의 교량을 장악하고 버틸 예정이었다. 그러나 막상 시작된 연합군의 야심찬 공지 합동 공격은 초장부터 많은 어려움에 봉착했다. 새로이 B집단군 사령관으로 부임한 발터 모델 원수는 필사적인 임기응변으로 호록스의 진격을 늦췄다. 게다가 설상가상으로 진격로 일대의 독일군들이 벌떼처럼 덤벼들어 호록스의 측면을 찔러대고 심지어는 선봉 부대에 대한 보급선이 일시적으로 끊어지는 상황까지 벌어지기도 했다. 그 사이에 정예 제2친위기갑군단은 악착같이 아른험 다리를 붙들고 늘어지고 있던 존 프로스트John Frost 중령과 부하들의 영웅적 저항을 최신예 쾨니히스 티거 전차까지 동원하여 차근차근 분쇄해나가는 한편, 아른험 서부의 오스테르베크Oosterbeek 일대에서 저항하고 있던 제1공수사단의 나머지 병력에게도 거센 압박을 가했다.

압도적인 독일군을 맞아 5일간이나 버티던 프로스트 중령과 부하들은 아무리 기다려도 모습을 나타내지 않는 호록스의 제30군단을 기다리다 결국 전멸당하고 말았다. 그로부터 며칠도 되지 않아 오스테르베크에서 버티던 제1공수사단의 잔존 병력들도 라인 강 하류의 남쪽 제방으로 철수했다. 몽고메리는 나름대로 성과를 거뒀다고 주장했지만, 마켓 가든 작전이 값비싼 실패였다는 것은 누가 봐도 명백했다. 다만, 네이메헌Nijmegen에 걸려 있는 바알 강의 교량을 확보한 것은 전략적으로 매우 중요한 성

1. 프로스트 중령의 제2공수대대, 9월 17일에 아른 험 교량의 북쪽 끝을 장악하고, 월등한 전력을 보유한 독일군에게 압도당할 때까지 영웅적인 전투를 벌이며 21일까지 다리를 사수.
2. 영국 제1공수사단의 잔존 병력들이 9월 25일 밤~26일 새벽에 오스테르베크 일대로부터 철수.

비트리히

모델

B집단군

폰 테타우 사단

제2친위기갑군단

제1공수사단

제9친위기갑사단

오스테르베크

아른험

드리엘

레크 강

폴란드 공수여단

엘스트

제10친위기갑사단

네더르 레인 강

제1공수군

제43사단 근위기갑사단

네이메헌

네덜란드

라이히스발트 숲

클레베

제82공수사단

그리스비크

그라베

제2공수군단

마스 강

제9공수군단

뮤크

S-헤르헨보스

페걸

우덴

복스메이르

제59사단

제1기갑사단

빌럼스 운하

복스텔

오버른론

센트 우덴로더

제101공수사단

존

제245사단

베스트

헬몬트

제8군단

제107기갑연대

제53사단

에인트호번

제3사단

데위르너

제719사단

제30군단

발켄스바르트

에르크만 사단

되르헤 강

튀른호우트 운하

튀른호우트

근위기갑사단

웨이러트

안트베르펜

제1군단

제12군단

뫼즈-에스코 운하

제4기갑연대

헤일

네이르펠트

알베르 운하

벨기에 여단

벨기에

뎀프시

독일

브뤼셀

제2군

제21영국-캐나다집단군

하셀트

미 제1집단군

마스트리히트

1944년 9월 17일 연합군의 전선
1944년 9월 26일 연합군의 전선
연합군 공수부대 낙하 지역
연합군의 예정 공격로
독일 무장 친위대

0 _____ 25 miles
0 _____ 25 km

리에주

과였다. 1945년 2월, 몽고메리는 이 교량을 이용해 라인 강을 향한 베리터블 공세를 개시할 수 있었다. 하지만 실패는 실패였고, 이를 통해 영국군 지휘관들은 크게 약화된 독일군일지라도 연합군의 과감한 공세를 충분히 물리칠 수 있는 역량을 가지고 있다는 사실을 직시하게 되었다.

마켓 가든 작전이 한창 진행되는 동안, 시타르트Sittard_에피날Epinal 구역을 담당하고 있던 브래들리의 미 제12집단군은 동쪽을 향해 꾸준히 진격을 계속하여 마침내 서부 방벽에 대한 최초의 공격을 시작했다. 연합군 측에 지그프리트 선으로도 알려진 서부 방벽은 독일 제국 서부 국경지대를 방어하는 일련의 요새 시설물들이었다. 보급 문제로 인해 하지스가 이끄는 미 제1군의 주력은 제대로 공격에 나설 수 없었지만, 나머지 부대들은 동쪽으로 전진을 계속하여 시타르트를 점령하고 아헨 인근에서 지그프리트 선에 대한 공격에 들어갔다. 그보다 더 남쪽에서는 패튼의 제3군이 동쪽으로 50마일(80킬로미터)을 진격해 들어가 모젤Moselle 강 상류를 도하한 후 요새 도시인 메츠Metz로 육박해 들어갔다.

■■■■■■ 히틀러의 서부유럽 마지막 요새 거점인 서부 방벽의 상징적인 존재가 된 대전차 용치(龍齒) 장애물의 모습. 서부 방벽 때문에 일부 지역에서는 연합군의 진격이 막히고 막대한 사상자까지 발생하기도 했지만, 그렇다고 서부 방벽이 독일의 궁극적인 패배까지 막을 수는 없었다. 1945년 초반, 연합군은 서부 방벽 전체를 돌파하여 독일군을 라인 강으로 몰아붙였다. (Imperial War Museum EA37737)

■■■■■ 역사적인 도시 아헨을 점령하기 위해 미군은 결연한 방어에 나선 독일군 수비대와 5주 동안이나 격렬한 소모전을 벌여야 했다. 사진은 아헨 함락 후 서쪽으로 향하는 독일군 포로들의 모습. (AKG Berlin)

9월 13일~10월 21일에 미군은 아헨을 점령하기 위해 반복적으로 공격을 펼쳤지만, 격렬하게 저항하는 독일군 때문에 도시를 좀처럼 점령할 수가 없었다. 히틀러는 최후의 실탄 한 발까지, 그리고 최후의 병사 한 명까지 아헨을 사수하라는 명령을 내렸다. 사수 명령을 받은 독일군은 지그프리트 선에 의지하여 치열하게 저항했다. 또 방어전을 독전하기 위해 독일군 헌병들은 후방 지역을 돌아다니며 탈영병으로 여겨지는 자들은 보이는 족족 본보기로 나무에 목을 매달아버렸다. 그러한 독전대의 활동과 국토를 지킨다는 사명감으로 아헨 수비대는 수적으로 열세인 가운데서도 격렬한 저항을 이어가면서 때로는 국지적인 반격에 나서기까지 했다. 얼마 남지 않은 독일의 전폭기들도 하늘을 장악한 연합군 전투기들의 눈을 피해가면서 전진해오는 미군에게 기총소사를 퍼부었다.

　그러나 독일군이 아무리 발악을 해도 미군의 압도적인 수적 우세를 극복할 수는 없었고, 10월 21이 되자 결국 아헨은 미군의 손에 떨어졌다. 이로써 서방 연합군은 드디어 철벽으로 알려진 서부 방벽에 구멍을 뚫고 최초로 독일의 도시를 점령하는 데 성공했다. 그러나 아헨 점령 과정에서 소요된 많은 시간과 막대한 사상자 수는 미군에게 앞으로의 전투에 대한 불길한 느낌을 주기에 충분한 것이었고, 이로 인해 미군 지휘관들은 지그프리트 선에 대한 국지적인 개별 돌파작전을 모두 포기하기로 결정했다.

V2 로켓

몽고메리가 1944년 9월, 어떻게 보면 무모하기까지 한 마켓 가든 작전을 벌이게 된 가장 큰 이유 중의 하나는 바로 독일군의 V2 로켓 때문이었다. 1940년부터 이 '보복' 무기의 개발에 착수한 독일은 1944년 네덜란드 남서부 지역에서 최초로 이 로켓을 영국을 향해 쏘아 올렸다. 히틀러는 이 신무기로 연합군이 독일 제국에 퍼부은 전략폭격으로 입은 피해에 대한 보복을 하는 것과 동시에 영국인들의 사기를 꺾으려 했다. 그러나 1944년 말까지 독일이 영국을 향해 V2 로켓 총 491발을 발사했음에도 불구하고, 영국인들의 전쟁 의지는 전혀 흔들림이 없었다.

1944년 말이 되자, 독일군은 V2 로켓의 목표를 보다 현실적인 목표로 전환하여 연합군이 주요 보급항으로 사용하던 안트베르펜 항을 향해 V2 로켓 924기와 V1 폭명탄 1,000여 발을 발사했다. 그 결과 V2 로켓 302기가 항만 시설 일대에 명중하여 선박 60척이 파괴되고 민간인 다수를 포함한 1만 5,000명의 사상자가 발생했다. 이렇게 독일군이 V2 로켓과 V1 폭명탄을 효과적으로 사용하자, 몽고메리는 V1 폭명탄을 요격하기 위해 490문에 이르는 대공포를 안트베르펜 일대에 배치했다. 그러나 초음속으로 날아오는 V2에 대해서는 연합군도 별 뾰족한 수가 없었다.

그러나 1945년 초가 되자 점점 더 악화되는 전략적 상황과 물자 부족으로 인해 독일도 더 이상 V2를 효과적으로 사용할 수 없게 되었다. 전반적으로 봤을 때 독일이 일단 개발만 하면 승리를 가져다줄 것으로 철석같이 믿었던 이 '기적의 무기'들의 전략적 효과는 실망스럽기 그지없었다. 더욱이 이 무기들의 개발과 생산에 투입된 엄청난 자원과 인력을 감안하면 그 실망은 이루 다 말할 수 없을 정도로 컸다. 결과론적인 이야기이긴 하지만, 이러한 자원들을 차라리 전차나 제트기, 잠수함이나 고사포를 생산하는 데 썼더라면 훨씬 더 나았을 것이다.

스헬데 강 하구 소탕작전

1944년 9월 중순에서 11월까지 캐나다 제1군(당시 지병으로 앓아누운 헨리 크레러 대장을 대신해 가이 시몬즈^{Guy Simonds} 대장이 지휘하고 있었다)은 네덜란드 남서부에서 독일군의 치열한 저항을 물리치고 스헬데 강 하구를 확보하기 위해 안간힘을 쓰고 있었다. 독일군은 9월 4일~26일에 급조한 선박과 뗏목을 이용해 연합군에게 포위당하기 전에 8만6,000명에 달하는 제15군 병력과 중포 616문을 스헬데 강 하구 남쪽 지역에서 강 건너 북쪽 지역으로 철수시킨 후 젤란트^{Zeelant} 일대(남베벨란트^{South Beveland}에서 브레스켄스^{Breskens} 일대를 지나 발헤렌^{Walcheren} 섬에 이르는 지역)에 단단한 방어선을 구축해놓고 있었다.

이 무렵까지도 서방 연합군이 사용하는 대부분의 보급 물자는 노르망디 상륙작전이 벌어진 지역에 임시로 설치된 위태위태한 임시 접안 시설을 통해 양륙되고 있었다. 연합군이 이렇게 독일 국경까지 진격하고서도 계속 노르망디를 통해 보급을 받아야만 했던 이유는 히틀러가 프랑스 및

벨기에 항만지역을 수비하고 있던 독일군에게 연합군이 항구를 사용하지 못하도록 끝까지 저항할 것을 명령했기 때문이었다. 9월 4일, 호록스의 부대가 안트베르펜을 점령하면서 연합군은 일단 북서유럽의 주요 항구 하나를 장악하는 데 성공했지만, 안트베르펜 항이 제구실을 하려면 무슨 수를 써서든 빠른 시간 내에 스헬데 강 하구를 안전하게 만들 필요가 있었다. 이를 위해 캐나다군은 본격적인 스헬데 강 하구 소탕작전에 나서기 전에 후방을 정리하는 차원에서 9월 5일~10월 1일에 르아브르 항과 불로뉴Boulogne 항, 칼레 항을 점령했다.

하지만 전력이 많이 부족했던 시몬즈의 부대가 11월 초가 되어서야 겨우 스헬데 강 일대의 소탕작전을 끝낼 수가 있었고 덕분에 그때까지 연합군은 보급에 애를 먹어야 했다. 캐나다군의 작전에 이렇게 시간이 많이 걸린 이유는 몽고메리가 보급의 우선순위를 마켓 가든 작전을 지휘하고 있던 뎀프시의 부대에게 줌에 따라 안트베르펜 공격 부대의 보급 사정이 악화되었기 때문이었다(물론 몽고메리도 안트베르펜 항의 정상화가 보급 문제에 얼마나 중요한지는 잘 알고 있었다). 설상가상으로 지형도 공격보다는 방어에 훨씬 더 유리했던 데다가 독일군도 이를 적극 활용하여 능란한 방어전을 벌이면서 갈 길 바쁜 캐나다군의 발목을 잡았다. 10월 2일~16일에 시몬즈의 캐나다군은 베르겐-오프-줌^{Bergen-op-Zoom}을 점령하고 남베벨란트 반도를 봉쇄하기 위해 북쪽으로 진격해갔다. 이곳에서도 독일군은 지형적 특성을 잘 활용한 능란한 방어전으로 캐나다군을 괴롭혔다. 대표적인 사례로 독일군은 이 지역 일대에 축조된 수많은 제방의 후사면에 벙커를 짓고는 여기에 로켓 발사대를 숨겨놓고 한바탕 포격을 퍼부은 후 순식간에 숨어버리는 방식으로 캐나다군을 공격했다. 연합군으로서는 이러한 전술을 무력화할 마땅한 대응책이 없었기 때문에 골치를 앓을 수밖에 없었다.

한편, 연합군은 10월 6일~11월 3일에 스위치백 작전^{Operation Switchback}을 통해 브레스켄스 포위망에 갇혀 있던 독일군의 저항을 분쇄하는 데 성공했다. 연합군은 9월에도 이 포위망에 갇혀 있던 독일군을 공격했었지만, 당시 독일군이 의도적으로 레오폴트^{Leopold} 운하를 범람시켜 캐나다군을 이 지역의 몇 안 되는 제방 위의 둑길로 몰아넣은 후 사전에 정밀하게 조준해둔 중포와 대전차포, 로켓포로 포탄을 쏟아 붓는 바람에 연합군은 철수할 수밖에 없었다. 이러한 독일군의 치밀한 저항을 분쇄하기 위해 캐나다군은 단단히 각오를 하고 스위치백 작전을 개시하여 엄청난 포격 지원을 받으며 격렬한 전투를 벌였다.

1944년 10월 16일~11월 1일에 시몬즈의 부대는 남베벨란트 일대를 따라 서쪽으로 진격한 후 독일군이 요새화한 발헤렌 섬에 대한 수륙 공격 작전 준비에 들어갔다. 이 공격을 위해 시몬즈는 10월 3일~17일에 다섯

■■■■■■ 캐나다 제1군의 스헬데 강 하구 소탕전의 정점이었던 전투는 바로 독일군이 요새화한 발헤렌 섬에 대한 공격이었다. 사상자 수를 최소화하면서 독일군의 강력한 저항을 분쇄하기 위해 연합군은 중폭격기들을 동원하여 섬 주변의 제방 일부에 집중 폭격을 가해 제방을 붕괴시켜 섬 중앙부가 바닷물에 잠기도록 만들었다. (Imperial War Museum C4668)

차례에 걸친 중폭격기 공습을 통해 발헤렌 섬을 둘러싸고 있던 제방에 구멍을 뚫는 참신한 전술을 사용했다. 중폭격기들이 뚫어놓은 구멍을 통해 해수면보다 고도가 낮은 섬 중앙부로 막대한 해수가 유입되면서 독일군이 설치해놓은 포대 28개소 중에 11개소가 바닷물에 휩쓸려버렸다. 이후 캐나다군은 11월 1일~7일에 인패추에이트 작전^{Operation Infatuate}을 발동하여 남베벨란트 방면에서 육로를 따라 공격하는 한편, 그 틈을 타 해상으로도 두 차례 상륙작전을 감행하여 물난리가 난 발헤렌 섬을 손쉽게 장악해버렸다.

그렇게 해서 캐나다 제1군은 마침내 스헬데 강 하구 일대에서 독일군의 저항을 모두 소탕하는 데 성공했지만, 불리한 지형에서 치열한 공방전을 벌이는 와중에 1만3,000명에 달하는 사상자가 발생했으며, 독일군의 저항을 완전히 봉쇄하는 데 9주나 걸렸다. 아헨에서의 격렬한 저항과 스헬데 강 일대에서의 고전을 경험한 연합군 수뇌부는 독일 깊숙이 진격할 수록 전투는 더 어려워질 것이라는 결론을 내릴 수밖에 없었다.

　10월 중순 경, 몽고메리의 서쪽 측면을 따라 스헬데 강 일대의 전투가 한창 진행되고 있을 때 독일군이 뎀프시의 군에 면한 전선의 방어를 대폭 강화하자, 영국군은 차후 공세를 위한 더 나은 위치를 확보하기 위해 고심해야 했다. 그러던 중 1944년 10월 26일 밤~27일 새벽에 갑자기 독일군 2개 기계화사단이 메이엘Meijel 일대에서 국지적인 반격을 가해 에인트호번Eindhoven 남동쪽의 페일Peel 습지대 일대를 지키고 있던 뎀프시의 얇은 방어선을 찌르고 들어왔다. 독일군은 공세 초기 어느 정도 성과를 거두기도 했지만, 뎀프시는 막대한 포병 화력을 쏟아부으면서 예비대를 투입하여 10월 29일~11월 7일에 독일군을 다시 공격 개시선으로 밀어내버렸다.

　비록 실패로 돌아가기는 했지만, 독일군의 메이엘 반격은 독일군이 노르망디 일대에서 괴멸적인 타격을 입긴 했어도 연합군 전선의 취약 지점에서 갑작스런 반격에 나설 충분한 능력이 있음을 서방 연합군 지휘관들에게 보여주는 사건이었다. 그러나 그와 동시에 메이엘 전투는 일단 연합군이 수적으로 우세하면 독일군의 반격은 절대 성공할 수 없다는 사실 또한 여실히 보여주었다. 1944년 12월 중순에 벌어진 히틀러의 아르덴 공세가 초기에 성과를 거둔 것은 연합군이 메이엘 전투의 교훈을 충분히 습득하지 못했음을 보여주는 방증이었다. 그러나 애초에 실패가 분명한 공세를 시작한 독일군 역시 메이엘 전투의 교훈을 제대로 배우지 못했기는 마찬가지였다.

　1944년 11월 2일, 아이젠하워는 서부전선의 차후 공세 방향에 대한 전략적 지침을 내놓았다. 새로운 지침의 골자는 데버스와 브래들리가 조공을 맡아 동쪽으로 진격을 계속하여 라인 강 너머에 교두보를 확보하는 동안 주공을 맡은 몽고메리의 집단군은 라인 강을 건너 루르 일대를 포위한다는 것이었다. 공세 준비 작업의 일환으로 11월 14일~12월 4일에 뎀프시의 군은 질척질척한 습지대를 가로질러 동쪽으로 진격해 벤로Venlo 일대의 뫼즈 강 서쪽 제방을 장악했다. 동시에 잠시 몽고메리의 지휘 하에 들어 갔다가 다시 브래들리에게 돌아온 심슨Simpson의 미 제9군과 하지스의 미 제1군은 11월 16일~12월 15일에 지그프리트 선을 돌파해 윌리히Jülich와 몬샤우Monschau를 점령하기 위한 공세를 재개했다.

미군은 리니히Linnich와 뒤렌Düren 사이에서 루르Ruhr 강에 도달하는 데 성공했지만, 이후 미 제7군단과 제5군단은 휘르트겐Hürtgen 숲에서 피투성이 공방전에 휘말렸다. 게다가 국지적으로 격렬하게 반격해오는 독일군의 등쌀에 미 제5군단은 루르 강 계곡 전체를 통제할 수 있는 슈바메나우엘Schwammenauel 댐 점령에 실패하고 말았다. 그동안 영국군은 심슨의 북쪽 측면을 엄호하기 위해 제30군단을 동원해 11월 18일~22일에 공격을 감행하여 가일렌키르헨Geilenkirchen을 점령했으나, 곧 질퍽한 습지대에 부닥치면서 공격은 그 기세를 잃어버렸다. 이로 인해 전선은 독일군이 하인스베르크Heinsberg 일대에서 루르 강 서쪽으로 튀어나온 돌출부를 형성한 상태로 잠시 소강상태에 빠졌다. 항상 '깔끔한' 일직선 전선을 추구해온 몽고메리는 동쪽으로 진격을 재개하기 전에 이 돌출부를 제거하고 싶어했다. 그러나 영국군이 이 돌출부를 제거하기 위한 블랙콕 작전Operation Blackcock을 준비하는 동안, 아르덴 일대에서는 독일군이 대공세를 시작했다.

그보다 더 남쪽에서는 11월 8일, 패튼의 미 제3군이 메츠에 대한 공격을 재개했지만, 탄약 부족으로 공격에 큰 어려움을 겪으면서 11월 22일이 되어서야 메츠를 함락할 수 있었다. 하지만 다른 지역에서 싸우고 있던 패튼의 부대들은 계속되는 보급난 속에서도 신속하게 진격을 계속하여 12월 6일에는 루르 강 건너편에 교두보를 확보하고 자를루이Saarlouis에서 지그프리트 선을 돌파하는 성과를 거두었다.

패튼의 남쪽에서는 데버스의 미 제6군이 11월 13일부터 개시한 공세가 패튼보다도 빠른 진전을 보이고 있었다. 11월 23일이 되자, 알렉산더 패치가 지휘하는 미 제7군은 스트라스부르를 점령하고 이후 24일간에 걸쳐 전선을 50마일(80킬로미터)로 확대하면서 라인 강을 향해 진격해나갔다. 보다 남쪽에서는 장 드 라트르 드 타시니^{Jean de Lattre de Tassigny}의 프랑스 제1군이 벨포르를 지나 동쪽으로 진격하여 11월 20일에는 독일-스위스 국경지대 바로 북쪽에서 라인 강에 도달했다. 데버스의 진격은 시원스러웠지만, 동시에 피해도 만만치 않아서 사상자가 2만8,000명이나 발생했으며, 이후 이 지역에서도 전선은 독일군이 콜마르^{Colmar} 일대에서 라인 강 서쪽에 돌출부를 형성한 상태로 잠시 소강상태에 들어갔다. 하지만 이렇게 서방 연합군이 여러 작전을 통해 라인 강에 도달하고 또 라인 강 동쪽에 교두보를 구축하려는 노력이 거의 결실을 맺으려는 순간, 독일군이 예상치 못한 대반격작전에 나섬으로써 승리가 눈앞에 있다는 연합군의 자신감은 한순간에 산산이 무너지게 되었다.

벌지 전투

1944년 9월 16일, 히틀러는 서부전선에서 전략적 주도권을 되찾아오는 동시에 서부전선의 전세를 일거에 뒤집을 대반격작전을 벌인다는 결정을 내렸다. 히틀러가 세운 계획의 요지는 여러 가지 불리한 지형적 조건을 무릅쓰고 아르덴 삼림지대에서 기습적인 공격을 가해 안트베르펜을 점령하는 것이었다. 연합군이 제공권을 장악한 상황에서는 제대로 움직일 수조차 없다는 사실을 잘 알고 있던 독일군 사령부는 악천후가 일정 기간 계속되어 연합군 전술 지원기들이 제대로 활동할 수 없는 동안에 잽싸게 공격을 하기로 했다.

10월과 11월에 독일군은 12월로 결정된 공세를 미친 듯이 준비하면서 동시에 교묘한 기만작전을 통해 공세 움직임을 철저히 위장했다. 이러한 준비 과정에서 여기저기 흩어진 7개 기갑사단을 재조직하여 공격의 주력을 편성하는 동시에 해군 지원병, 공군 지상요원, 그리고 온갖 떨거지 부대들을 그러모아 12개 국민돌격사단들을 만들어 보병 전력을 강화했다.

독일군의 공세를 주도한 것은 모델의 B집단군 예하 3개 군으로, 친위대 상급대장 요제프 디트리히Josef Dietrich 상급대장의 제6친위기갑군과 하소 폰 만토이펠의 제5기갑군이 북부와 중부에서 공세를 선도할 예정이었다. 반면, 그보다 전력이 약한 제7군은 공세의 남쪽 측면을 엄호하는 정도의 역할만을 할 예정이었다. 이들 공격 부대의 규모는 예비대를 제외하고도 기계화사단이 8개에 보병사단이 14개, 기갑 차량이 950대에 달했다.

독일군이 공격 예정 지점으로 삼은 지역은 여러 구릉 사이에 수많은 하천이 흐르고 깊은 숲으로 덮여 있어서 미군은 이 지역이 기갑전에는 적합하지 않다고 판단하고 겨우 4개 보병사단만을 배치해놓았다. 여러모로 불리한 지형이기는 했지만, 독일군이 아르덴에서 공세를 가할 경우 국지적으로 성공을 거둘 가능성은 상당히 높았다. 하지만 히틀러의 목표는 단순한 국지적 반격을 넘어 95마일(153킬로미터) 떨어진 안트베르펜을 점령하여 몽고메리의 영국군과 미군을 분단시킨다는 야심찬 것이었다.

독일군이 열심히 준비를 하기는 했지만, 히틀러의 그러한 목표는 당시 약해질 대로 약해진 독일군의 전력과 서방 연합군이 유사시 즉각 활용할 수 있는 엄청난 전력을 감안하면 실현 가능성이 거의 없는 것이었다. 실제로도 많은 독일군 지휘관들이 이 정도의 병력으로 안트베르펜을 점령하는 것은 무리라는 진언을 올렸지만, 히틀러는 요지부동이었다. 독일군의 계획에 있어 가장 치명적인 문제는 그처럼 거대한 규모의 공세를 뒷받침하기 위한 보급 지원이 제대로 이루어질 수 없다는 것이었다. 독일군은 연료가 극도로 부족한 상태였기 때문에, 일부 지휘관들은 공세를 지속하기 위해 연합군의 연료를 탈취해 사용한다는 계획을 짜야 할 정도였다. 이제 서부전선의 독일군은 유능한 지휘관들의 조언을 깡그리 무시한 히틀러의 옹고집대로 가망 없는 승리를 거두기 위해 연합군의 취약 지점에 지속할 능력도 없는 공세를 벌이다가 금쪽같이 아껴둔 마지막 기갑 예비 전력을 소모시켜야 하는 처지에 놓이게 되었다. 히틀러는 이 마지막 도박이 실패할 경우, 어떤 결과가 발생할지에 대해서는 아무런 생각도 하지 않는 것처럼 보였다.

어쨌든 독일군은 미미한 가능성이나마 최대한 살려보기 위해 할 수 있는 일은 모두 했다. 일례로 디트리히는 공세 초기 단계에 국민척탄병들을 미군 전선에 침투시키고 기갑부대는 미군 방어선에 구멍이 뚫릴 경우 미군 후방에 신속히 전진시켜 전과를 확대하기 위한 용도로 최대한 아껴두었다. 또 독일군은 미군 헌병으로 변장한 오토 스코르체니^{Otto Skorzeny} 친위대 대령의 특수부대원들을 미군의 후방으로 잠입시켜 혼란을 유발하고 독일군의 공세 기세를 유지하는 데 최대한 도움을 주기 위해 노력했다. 독일군은 이러한 책략으로 상당한 재미를 보기는 했지만, 전체적으로 봤을 때 연합군의 대응을 방해한다는 목표를 달성하는 데는 실패하고 말았다.

1944년 12월 16일 새벽, 독일 제1친위기갑군단이 리에주^{Liége} 남쪽 뫼즈 강에 걸린 교량들을 향해 진격을 개시하기 전에 제6기갑군의 국민척탄병들이 연합군의 방어선 깊숙이 침투하기 시작했다. 일단의 4호 전차와 판터 전차에 30대 쾨니히스 티거 중전차로 이뤄진 친위대 소속 요아힘 파이퍼^{Joachim Peiper} 중령의 기갑전투단은 공격의 선봉에서 군단의 진격을 이끌었다. 파이퍼의 임무는 연합군이 본격적으로 대응에 나서기 전에 정신을 못 차린 연합군을 유린하면서 안트베르펜을 향해 신속하게 진격하는 것이었다. 그러나 연합군을 짓뭉개고 거침없이 전진하는 쾨니히스 티거 전차의 모습을 떠올리는 일반적인 생각과는 달리, 파이퍼가 맡은 임무와 진격로 상의 지형 때문에 쾨니히스 티거 전차들은 별다른 활약을 할 수가 없었다.

12월 18일~19일에 미군이 진격로 상의 몇 안 되는 주요 교량들을 폭파해버림에 따라 파이퍼 전투단은 스토몽Stoumont에서 발이 묶여버리고 말았다. 게다가 측면을 엄호해주는 부대들이 제대로 전진하지 못하면서 보급로까지 끊겨버리고 말았다. 한편, 진격 과정에서 파이퍼 전투단에 소속된 일부 광적인 친위대 병사들이 말메디에서 미군 포로 77명을 살해하는 사건이 벌어지기도 했다. 이들은 이외에도 몇 차례 학살을 벌여 벨기에 민간인 120여 명이 희생되었다. 12월 22일에 연합군의 반격이 시작되고 6일간 계속되었던 짙은 안개와 구름이 걷히고 날이 개면서 연합군 전폭기들이 본격적으로 활동을 재개하자, 파이퍼 전투단은 라 글레즈La Gleize 마을에서 포위당하고 말았다.

연료와 탄약도 다 떨어지고 절망적인 상황에 빠지게 된 파이퍼 전투단의 병사들 가운데 부상을 입지 않은 800명은 12월 23일~24일에 남은 장비들을 파기하고 도보로 탈출해 독일군 전선으로 복귀했고, 부상자들은 포로가 되었다. 파이퍼 전투단이 전멸당하자, 디트리히는 예비대였던 제2친위기갑군단을 투입해 허물어지는 북부전선의 공세를 어떻게든 유지해보려고 했다. 하지만 제2기갑군단마저 만헤이Manhay 인근에서 저지당하고 말았다. 전체적으로 봤을 때, 디트리히의 제6기갑군의 북부 공세는 피해만 크고 얻은 것은 별로 없는 무익한 것이었다.

12월 16일, 디트리히의 남쪽에서 만토이펠의 제5기갑군도 공격에 나섰다. 미군은 예상치 못한 공세를 당해 당황하면서도 생비트St Vith에서 치열하게 저항하면서 12월 16일~17일에 서쪽으로 향하는 만토이펠의 병사

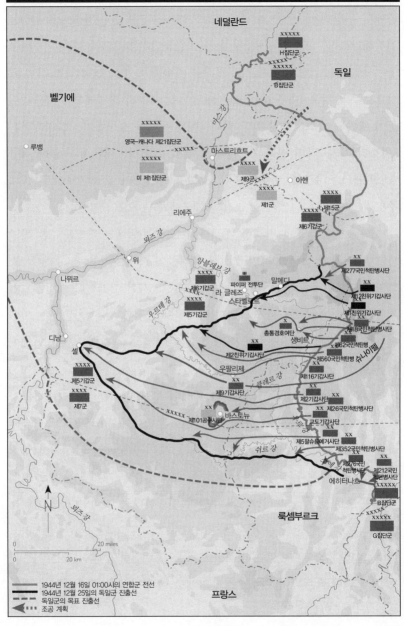

1944년 12월 16일~25일 벌지 전투

네덜란드

독일

벨기에

H집단군

B집단군

영국-캐나다 제21집단군

루뱅

마스트리흐트

미 제1집단군

제9군

아헨

제1군

제15군

리에주

제6기갑군

뫼즈 강

위

앙블레브 강

나뮈르

제6기갑군

파이퍼 전투단

말메디

제277국민척탄병사단

라 글레즈

제1친위기갑사단

디낭

제5기갑군

스타벨로

우르테 강

제1친위기갑사단

제8국민척탄병사단

셀

총통경호여단

생비트

제62국민척탄병

제5기갑군

제2친위기갑사단

제560국민척탄병

슈나이펠

우팔리제

제16기갑사단

제7군

제9기갑사단

클레르 강

제2기갑사단

제26국민척탄병사단

제101공수사단

바스토뉴

교도기갑사단

제5팔슈름예거사단

쉬르 강

제352국민척탄병사단

제276국민척탄병사단

에히터나흐

제212국민척탄병사단

B집단군

룩셈부르크

G집단군

20 miles

20 km

1944년 12월 16일 01:00시의 연합군 전선
1944년 12월 25일의 독일군 진출선
독일군의 목표 진출선
조공 계획

프랑스

들의 발걸음을 늦추기도 했지만, 만토이펠의 2개 기갑군단은 생비트 남쪽에서 우팔리제^{Houffalilze}와 바스토뉴^{Bastogne}를 향해 20마일(32킬로미터)을 전진해나갔다. 12월 18일~22일에 양 기갑군단은 바스토뉴에서 미 제101 공수사단을 포위하고 서쪽으로 진격을 계속해 목표로 했던 뫼즈 강의 교량으로부터 겨우 4마일(6.4킬로미터) 떨어진 곳까지 진격했다. 한편, 독일군이 포위된 바스토뉴의 미군 지휘관에게 항복을 요구하자, 이 지휘관은 "헛소리 마라!"라며 일축해버렸다. 실제로 그 무렵, 미군의 치열한 저항과 연합군의 대규모 예비대 투입, 그리고 독일군의 보급 부족으로 인해 주도권은 서서히 독일군으로부터 연합군에게 넘어오고 있었다.

12월 23일, 미군은 반격을 개시하여 12월 26일에는 바스토뉴를 해방하고 뫼즈 강에 접근한 독일군 선봉 부대를 다시 밀어내버렸다. 이 무렵, 독일의 서부전구 사령관 룬트슈테트 원수는 공세가 실패했다고 결론지었지만, 히틀러는 계속해서 연합군의 방어선을 공격할 것을 명령했다. 1945년 1월 1일, 히틀러의 명령에 따라 폰 만토이펠의 군이 바스토뉴 인근에서 새로 공격을 시작했다.

1944년 12월 31일, 독일군은 이 패배의 문턱에서 승리를 쟁취하고자 하는 마지막 몸부림을 돕기 위해 알자스-로렌 일대에서 노르트빈트^{Nordwind}라는 작전명으로 조공을 개시했다. 독일군의 계획은 라인 강 서쪽에 형성되어 있는 콜마르 돌출부로부터 북쪽을 향해 공격을 개시하여 자르^{Saar}에서 남쪽으로 공격을 개시한 6개 사단과 연결한다는 것이었다. 히틀러는 이 공격으로 연합군의 증원 부대가 아르덴으로 투입되는 것을 막으려고 했다. 그러나 노르트빈트는 막대한 손해를 입으면서도 별 성과는 거두지 못한 채 연합군 예비대의 아르덴 투입에도 별 영향을 미치지 못한 실패작으로 끝나고 말았다.

그 결과, 만토이펠이 재차 시작한 공격도 압도적인 연합군의 전력 앞에 곧 그 기세를 잃을 수밖에 없었다. 1945년 1월 3일, 드디어 반격에 나선 연합군은 독일군이 형성한 거대한 벌지, 즉 돌출부를 북쪽과 남쪽에서 차근차근 조여들어갔다. 상황이 이렇게 되자, 독일군 지휘관들은 즉각 신속하게 철수할 것을 주장했지만, 히틀러는 끝까지 지연전을 펼치면서 최대한 오래 버틸 것을 고집했다.

연합군은 아르덴에서 커다란 전략적 승리를 거두었지만, 연합군 내부의 문제로 인해 그 승리는 빛이 바래고 말았다. 독일군의 진격으로 브래들리가 전선 북쪽에 배치된 제1군 및 제2군과 분리되는 바람에 이들을 제대로 지휘할 수 없게 되자, 아이젠하워는 그동안 인접 미군 부대의 지휘권을 달라고 끈질기게 주장해온 몽고메리의 요구를 받아들여 이들의 지휘를 몽고메리에게 맡겼다. 분명 영국 제30군단의 투입이 연합군의 승리에 기여한 것은 사실이지만, 아르덴의 승리는 본질적으로 미군이 거둔 것이었다. 그러나 1945년 1월 7일에 열린 기자회견에서 몽고메리는 마치 자신이 승리의 주역인 양 굴었고, 이로 인해 전투가 끝날 때까지 영국군과 미군은 불편한 관계를 유지하게 되었다.

4주간에 걸친 벌지 전투에서 모델의 B집단군은 병력 12만 명과 금송아지 같은 기갑차량을 600여 대나 잃었다. 따라서 1945년 1월 이후 연합군은 크게 약화된 독일군의 저항을 손쉽게 제압하면서 라인 강을 건너 독일 국내로 파죽지세로 진격해갈 수 있게 되었다. 지금 돌아보면, 아르덴 공세는 히틀러가 저지른 최악의 전략적 실수 중의 하나였다. 이 무익하고 피해만 큰 데다가 전략적으로 엄청난 재앙을 불러온 공세로 인해 독일은 최후의 기갑 예비 전력을 헛되이 날려버렸기 때문이었다. 게다가 아르덴 공세 준비를 위해 동부전선의 예비대를 전용한 결과, 1945년 1월 중순에 소련군이 공세를 재개하자 독일군은 소련군이 폴란드로부터 독일 국내로 순식간에 진격하는 것을 바라만 볼 수밖에 없었다. 1월 말이 되자, 동·서부전선 양쪽 모두에서 독일군은 괴멸상태에 빠졌고, 이제 나치 제국의 멸망은 시간 문제가 되었다.

1945년 1월 15일 무렵까지 독일군의 벌지 공세로 밀려난 지역을 회복하고 1944년 12월 중순의 전선을 복구한 서방 연합군은 이러한 성과를 발판으로 추가적인 공세를 시작했다. 1월 16일, 뎀프시의 제7군단은 하인스베르크 부근에서 루르 강 서쪽에 형성되어 있는 독일군의 돌출부를 제거하기 위해 블랙콕 공세를 시작했다. 제7군단은 악천후로 연합군의 전술 공군이 제대로 활동하지 못하고 독일군의 극심한 저항으로 많은 어려움을 겪으면서도 끈질기게 전진을 계속하여, 1월 26일 무렵에 연합군은 루르몬트Roermond에서 슈미트Schmidt 사이를 흐르는 루르 강을 따라 연속적으로 이어지는 전선을 확보할 수 있었다. 그리고 1월 20일에는 프랑스 제1군이 스트라스부르 남쪽의 콜마르 돌출부에 대한 공격에 나섰다. 당시 콜마르 돌출부를 지키고 있던 것은 라스프Rasp 대장이 이끄는 독일 제19군이었다. 제19군은 당시 친위대장 히믈러의 지휘 하에 새로이 편성된 라인 강 상류 집단군Army Group Upper Rhine에 소속되어 있었다. 히믈러의 미숙한 지휘와 노르트빈트 작전으로 입은 손실로 인해 독일군은 꾸준히 진격해오는 프랑스군을 막을 수가 없었지만, 히틀러는 언제나 그랬듯이 철수를 요청하는 라스프의 요구를 일언지하에 거부하고 현지 사수를 명령했다. 하지만 전황이 악화되면서 히틀러도 어쩔 수 없이 라인 강 상류 집단군을 히믈러 예하에서 G집단군 예하로 돌리고 G집단군의 사령관으로 보다 노련한 파울 하우저를 임명함으로써 라스프의 발목을 잡고 있던 커다란 문제 하나를 제거해주었다.

하지만 곧 라스프는 상급자가 교체되었다 하더라도 히틀러의 명령대로 싸우다가는 전멸당할 것이 분명하다는 사실에는 변함이 없다는 것을 깨달았다. 결국 라스프는 남아 있는 전력이라도 보존하기 위해 히틀러의 명령을 어기고 잔존 부대들을 라인 강 건너편으로 철수시켰다. 이는 독일 제국의 심장부를 지켜줄 마지막 주요 장애물을 지키기 위한 소중한 전력을 확보해준 현명한 결정이었다. 어쨌든 독일군이 라인 강 서쪽에서 철수함에 따라 2월 9일에 프랑스군은 라인 강 상류의 서안 전체를 장악하게 되었다.

1945년 2월 초, 서방 연합군은 라인 강 서안의 나머지 지역을 확보하기 위해 추가적인 공세를 취할 준비를 갖추고 있었다. 이를 두고 연합군의 공세가 한계에 이르렀다고 오판한 히틀러는 디트리히의 제6기갑군을 동부전선으로 보내버렸다. 하지만 히틀러는 이들을 소련군이 베를린을 향해 진격해오고 있는 폴란드에 배치한 것이 아니라, 소련군에게 포위된 채 거의 가망이 없는 부다페스트를 구출하기 위한 무익한 공세에 투입하는 과오를 저질렀다.

이 무렵, 서방 연합군은 그들을 막아선 룬트슈테트 예하 3개 집단군에 대해 병력 면에서는 4:1, 기갑 차량 면에서는 8:1이라는 압도적 우위를 점하고 있었다. 북쪽에서는 요하네스 블라스코비츠^{Johannes Blaskowitz}의 H집단군이 로테르담^{Rotterdam}에서 루르몬트에 이르는 전선에서 몽고메리를 막고 있었다. 이 전선의 핵심 목표인 라이히스발트^{Reichswald} 숲은 알프레트 쉴렘^{Alfred Schlemm} 중장의 제1공수군이 지키고 있었다. 루르몬트에서 남쪽으로 트리어^{Trier}에 이르는 라인란트 지역에서는 모델의 B집단군이 브래들리의 군과 대치했다. 그 남쪽에서는 하우저의 G집단군이 자를란트^{Saarland}에서 스위스 국경지대에 이르는 전선에서 데버스의 군과 대치했다.

서부전선의 독일군은 처음에는 지그프리트 선을 이용해 연합군의 진격을 둔화시키면서 점진적으로 라인 강으로 철수한 후, 이 천연의 장애물에 의지해 연합군의 진격을 항구적으로 저지한다는 계획을 세웠다. 그러나 히틀러는 수적으로 압도적 열세에 있는 독일군에게 지그프리트 선의 절대 사수를 명령하면서 철수를 금지했다. 히틀러의 주장은 어차피 라인 강으로 철수해봤자 괴멸당할 장소를 이곳에서 저곳으로 옮기는 정도밖에 되지 않는다는 것이었다.

1945년 2월 8일, 몽고메리는 독일군의 아르덴 공세가 무위로 돌아간 시점부터 준비해온 베리터블 작전^{Operation Veritable}을 개시했다. 이제 크레러의 캐나다 제1군 소속이 된 제30군단은 보다 강화된 전력으로 네이메헌과 무크^{Mook} 사이의 전선에서 지그프리트 선을 방어하고 있던 쉴렘의 제1 공수군에 대한 공격을 개시했다. 이 공세의 목표는 독일군을 베젤^{Wesel} 인근에서 라인 강 건너편으로 쫓아보냄으로써 이후 독일 내륙 진공작전을 위한 발판을 마련하는 것이었다. 야포 1,050문으로 엄청난 포화를 퍼부은 후 공격을 시작한 3개 영국군 사단과 2개 캐나다군 사단들은 곧 독일군의 방어선을 짓밟고 돌파구를 형성했다. 그러나 캐나다군은 압도적인 수적 우세에도 불구하고 남쪽에서는 라이히스발트의 험한 지형 때문에, 그리고 북쪽에서는 독일군이 의도적으로 라인 강 일대의 저지대를 침수시키는 바람에 동쪽으로 신속하게 진격해 들어갈 수가 없었다.

2월 9일, 독일군은 슈바메나우엘 댐의 수문을 개방하여 루르 계곡을 침수시켰다. 이로 인해 심슨의 미 제9군(이 무렵에는 다시 한 번 임시로 몽고메리의 지휘를 받고 있었다)은 2월 10일로 예정되어 있던 그레네이드^{Grenade} 공세를 시작할 수가 없었다. 몽고메리는 베리터블과 그레네이드 작전으로 각각 남쪽과 북쪽의 집게발을 형성한 후 이 집게발을 라인 강 연안의 베젤에서 연결시킴으로써 고전적인 양익 포위를 완성할 계획이었다. 몽고메리는 독일군의 수공으로 인해 그레네이드 공세를 10일 이상 연기할 수밖에 없다는 사실을 알면서도 2월 10일 이후에 베리터블 작전을 예정대로 진행시켰다. 일단 남쪽 집게가 제대로 형성이 안 되더라도 영국군이 공격을 계속해서 독일군의 예비대를 붙잡아놓으면, 물이 빠진 후 공격을

시작할 미 제9군이 보다 신속하게 베젤을 점령할 수 있을 것이라는 것이
몽고메리의 계산이었다.

그러나 크레러는 일단 지그프리트 선을 돌파하는 데는 성공했지만,
캐나다 제2군단의 증원까지 받으면서도 이후의 진격은 지지부진하기만
했다. 잘 구축된 호흐발트Hochwald의 방어선에 의지하면서 새로 도착한 예
비대의 지원을 받아 집요하게 저항하는 독일군과 악천후로 진창이 된 지
면 때문에 연합군은 신속하게 전진할 수가 없었다. 그러나 몽고메리 역시
끈질기게 동쪽으로 공세를 밀어붙이면서 독일군에게 소모전을 강요했다.
2월 28일, 견디다 못한 독일군은 어쩔 수 없이 라인 강 서안의 베젤에 위
치한 소규모 교두보로 퇴각할 수밖에 없었다. 이 무렵이 되자 철수 불가
명령을 내렸던 히틀러도 독일군이 더 이상은 라인 강 서안에서 연합군을
막아낼 수 없다는 사실을 깨닫게 되었다. 이런 상황 판단에 기반한 히틀
러는 독일군이 철수를 완료하기 전에 라인 강의 교량을 폭파하는 지휘관
은 총살해버리라는 명령을 내렸다. 또한 히틀러는 라인 강의 교량이 연합
군의 손에 넘어가도록 허용한 지휘관도 총살해버리라는 명령도 함께 내
렸다. 3월 7일 레마겐Remagen에서 라인 강의 교량을 지키고 있던 독일군은
이러한 상반된 명령 때문에 상당한 혼란을 겪어야 했다.

2월 23일, 루르 강의 물이 서서히 빠지기 시작하자, 미군은 드디어 그
레네이드 작전을 실행에 옮길 수가 있게 되었다. 몽고메리가 예상했던 대
로 미군은 베리터블 작전을 막아내느라 진이 빠진 독일군을 짓밟으면서
신속하게 베젤로 전진할 수가 있었다. 3월 3일이 되자 미군은 겔더른
Geldern에서 영국군과의 연결에 성공했다. 상황이 이렇게 되자, 3월 8일~10
일에 쉴렘은 블라스코비츠의 묵인 하에 히틀러의 사수 명령을 거역하면
서 베젤에서 자신의 잔존 부대를 라인 강 너머로 철수시킨 후 베젤에 남
아 있던 2개 교량을 폭파시켜버렸다. 영국 제21집단군은 베리터블 작전

을 수행하면서 4주간에 걸쳐 결연한 방어전을 펼치는 쉴렘의 제1공수군을 상대로 격렬한 소모전을 벌이는 과정에서 2만3,000명에 달하는 사상자가 발생했다. 이에 대해 엄청난 분노를 터뜨렸던 히틀러도 전황의 불리함을 받아들일 수밖에는 없었고, 그 덕분에 쉴렘은 명령 불복종으로 총살당하는 것을 면할 수 있었다.

라인 강 도하

보다 남쪽에서 진행되고 있던 그레네이드 공세에서는 하지스의 미 제1군(브래들리 소속)이 루르 강의 물이 빠지기 시작하면서 2월 23일부터 공세를 시작하여 뒤셀도르프Düsseldorf와 쾰른 사이에서 라인 강에 도달하고자 했다. 그 사이에 패튼의 미 제3군은 트리어와 킬Kyll 강에 대한 진격을 시작하여 3월 1일에는 양 목표를 모두 점령했다. 아이젠하워가 3월 3일에 하달한 전략 지침에 따라 브래들리는 하지스와 패튼의 공격을 확대하여 뒤셀도르프와 코블렌츠Koblenz 사이에서 라인 강에 도달하기 위한 일대 공세를 시작했다. 3월 9일이 되자 미 제1군은 이들 목표에 도달했으며, 뒤셀도르프 인근에서 심슨의 부대와의 연결 확보에 성공했다.

그러나 독일군은 하지스의 신속한 진격에도 불구하고 쾰른과 코블렌츠 사이에 위치한 도시 레마겐에 걸려 있던 철교를 제외한 해당 지역의 라인 강 일대에 걸려 있던 교량들을 모두 폭파하는 데 성공했다. 그러나 3월 7일, 하지스는 비록 크게 파손되기는 했지만, 그래도 그럭저럭 쓸 만한 상태로 걸려 있던 레마겐의 철교를 점령하면서 라인 강에서 연합군을 막아내겠다는 히틀러의 희망을 꺾어버렸다. 이런 뜻하지 않은 행운이 가져온 기회를 알아본 하지스는 독일군이 가용한 모든 예비 부대를 동원해

지도 범례:
- 1945년 1월 1일의 전선
- 1945년 3월 24일의 전선
- 1945년 4월 18일의 전선
- 1945년 5월 7일의 전선
- 독일 '최후의 보루'로 예상되던 지역
- 4월 18일, 루르 포위망에 갇혀 있던 독일군 형북

지도 지명: 덴마크, 플렌스부르크, 함부르크, 브레멘, 하노버, 마그데부르크, 베를린, 하르츠 산맥, 독일, 라이프치히, 드레스덴, 퀼른, 레마겐 철교, 프랑크푸르트, 프라하, 보헤미아-모라비아, 필젠, 뉘른베르크, 린츠, 빈, 다뉴브 강, 뮌헨, 오스트리아, 스위스, 이탈리아, 네덜란드, 벨기에, 프랑스, 영 제21집단군, 미 제12집단군, 미 제6집단군

반격해오기 전에 즉각 과감하게 대규모 증원 부대를 투입하여 라인 강 동쪽의 교두보를 확고하게 다져놓았다.

3월 6일, 미군이 루덴도르프Ludendorff 다리에 신속하게 접근해옴에 따라 다리를 지키고 있던 독일 지휘관은 신경이 매우 날카로워져 있었다. 미군이 다리를 점령해도, 또 다리를 너무 일찍 폭파해서 라인 강 서안에서 싸우고 있던 독일군 병사들이 고립되는 일이 생겨도 그는 총살대에 서야만 했기 때문이다. 결국, 이 지휘관은 모든 독일군 병사들이 다리를 건

널 수 있도록 다음날 오전까지 다리 폭파를 연기했다. 그러나 위력적인 신형 퍼싱Pershing 전차를 앞세운 미군 기갑부대가 예상보다 훨씬 신속하게 진격해 다리를 점령해버렸다. 독일군은 즉각 다리에 장치된 폭탄의 폭파 스위치를 눌렀으나, 폭탄이 터지지 않았다. 당황한 독일군은 예비 폭탄을 폭파시켰다. 이 폭탄은 제대로 폭발했지만, 다리는 약간 파손되기만 했을 뿐 절단되지는 않았다. 그로부터 몇 시간도 되지 않아 대규모 미군 부대가 다리를 건너 라인 강 동안에 교두보를 형성했다. 패튼이 라인 강의 교량을 손에 넣게 되면서 라인 강에 의지해 연합군을 저지하겠다는 독일군의 희망은 산산조각 나게 되었다.

레마겐 철교가 연합군의 손에 들어갔다는 소식에 광분한 히틀러는 즉각 다리 수비를 책임지고 있던 장교 7명을 총살시킬 것을 명령하는 한편, 룬트슈테트를 서부전구 사령관 자리에서 해임시키고 그 후임으로 이탈리아 전선을 지휘하고 있던 알베르트 케셀링 원수를 임명했다. 서부전선에 도착한 케셀링은 독일의 비밀 무기에 관해 허황된 선전만을 늘어놓던 독일의 선전방송을 비꼬면서 자신이 그토록 선전되어온 비밀무기 V3라는 농담을 던지기도 했다. 그러나 당연한 얘기지만, 지휘관 한 사람이 바뀌었다고 해서 연합군의 진격에 큰 영향을 미친 것은 아니었다. 케셀링이 전국에 미친 영향은 V1, V2 로켓과 마찬가지로 극히 미미했다. 이후 3월 8일~16일에 미군이 레마겐의 교두보를 서서히 확대하기 시작하자, 독일군은 전폭기와 V2 로켓, 포병 공격 등으로 레마겐 철교를 파괴하기 위해 안간힘을 썼다. 3월 17일, 독일군은 사력을 다해 공격한 끝에 마침내 레마겐 철교를 파괴했지만, 이 무렵 하지스는 이미 다리 주변에 여러 개의 부교를 건설해놓았기 때문에 전국에는 아무런 영향을 미칠 수가 없었다.

1945년 3월 8일, 아이젠하워는 새로운 전략 지침을 하달하여 몽고메리가 베젤 인근에서 플런더 작전Operation Plunder을 통해 라인 강을 도하하여 새로운 공세를 개시하는 것을 승인하는 한편, 미 제12집단군과 제6집단군에도 새로운 명령을 내렸다. 그날, 패튼의 제3군 소속인 미 제12군단이 레마겐-코블렌츠 일대에서 하지스의 부대와의 연결을 확보하면서 아이펠Eifel 능선 북쪽에서 싸우고 있던 독일군 5만 명을 포위했다. 이후 아이젠하워는 패튼의 군에게 남동쪽으로 진출해 모젤 강을 도하한 뒤 만하임Mannheim을 목표로 자르 공업지대를 향해 진격하여 자르브뤼켄에서 지그프리트 선을 돌파해 북동쪽으로 진격해온 패치의 미 제7군(데버스의 제6집단군 소속)과의 연결을 확보하라는 명령을 내렸다. 이후 패튼과 패치는 라인 강을 따라 코블렌츠로부터 칼스루헤Karlsruhe에 이르는 지역에서 연속적인 전선을 구축할 예정이었다.

3월 9일, 제3군 예하 미 제7군단은 남쪽으로 진격을 개시해 모젤 강을 도하한 후 훈스뤼크Hunsrück 산맥을 넘어 나에Nahe 강과 라인 강의 합류점인 빙엔Bingen을 향해 남동쪽으로 공격해 나갔다. 그리고 3월 13일에는 워커의 제20군단이 트리어로부터 동쪽으로 진격을 개시해 나에 강변의 바트 크로이츠바흐Bad Kreuzbach 인근에서 제12군과 합류하여 독일 제7군의 일부 부대를 포위했다. 마지막으로 3월 15일, 패치의 미 제7군은 자르브뤼켄으로부터 북동쪽으로 공격을 개시해 마인츠Mainz와 만하임 사이에서 패튼의 2개 군단과 합류하여 푀르치Förtch 대장이 지휘하는 독일 제1군을 포위하려 했다. 이렇게 사방에서 연합군의 집게발이 다가오자, 가만있다가는 G집단군 전체가 포위될 수도 있다는 사실을 직감한 파울 하우저 친위대 상급대장은 히틀러에게 라인 강 동쪽으로 철수할 것을 허가해달라고 애원했으나, 히틀러는 현지 사수만을 외칠 뿐이었다. 3월 24일이 되자 패튼과 패치의 부대들이 만하임 인근에서 합류에 성공하면서 서서히 붕괴되고 있던 푀르치의 병력 대부분을 포위하는 데 성공했다. 이로 인해 독일군은 포로 9만 명을 포함해 11만3,000명에 달하는 사상자가 발생했으나, 미군은 사상자가 1만8,000명에 불과했다.

　이후 3월 22일이 되자, 패튼의 부대는 마인츠와 만하임 사이의 라인 강변에 자리 잡은 오펜하임Oppenheim에서 기습적인 도하작전을 실시해 72시간 만에 라인 강 동쪽에 견고한 돌출부를 형성했다. 이로써 미군은 라인 강 동안에 2개 발판을 마련하게 되었다. 한편, 연합군 공세의 중심축이 될 북쪽에서는 언제나 조심스러운 몽고메리가 베젤 인근에서 라인 강을 건너 대규모 공격을 가할 준비를 하고 있었다. 1945년 2월 10일~3월 23일에 연합군 5개 군은 라인 강 서안을 확보하는 과정에서 9만6,000명의 사상자를 내면서 독일군 포로 28만 명을 잡았다.

　어찌 보면 당연한 일이었지만, 전황이 악화되기만 하는 상황에서 히틀러는 연합군의 진격을 늦추기 위해 점점 더 필사적인 방법에 의존했다. 3월 19일, 히틀러는 연합군에게 쓸모가 있을 만한 것은 모조리 파괴하라는 극단적인 초토화작전 명령을 내렸다. 연합군의 진격을 저지하지 못한 독일 국민은 스스로 인종적 열등함을 보인 것이며 따라서 히틀러가 연합군의 진격을 저지하기 위해 취하는 극단적인 방법에 의해 국토가 황폐화되는 것을 막을 권리조차 없다는 것이 히틀러의 논리였다. 그러나 독일로서는 다행히도 국가가 붕괴할지도 모르는 혼란의 도가니 속에서 당시 군수상을 맡고 있던 알베르트 슈페어Albert Speer는 독일을 자기 손으로 파괴해 버리겠다는 히틀러의 명령을 중간에서 유야무야시켜버리는 데 성공했다.

플런더 작전

1945년 3월, 미군이 자르 일대를 청소하고 라인 강 동쪽에 2개 교두보를 확보하는 동안 몽고메리는 계속해서 베젤에서 라인 강을 건너 공세를 펼친다는 자신의 계획을 실행에 옮기기 위해 엄청난 물자를 축적하고 있었다. 영국군의 공격 예정 지역을 수비하고 있던 독일 제1공수군 예하 13개 사단은 한때 막강한 전력을 자랑했지만, 이 무렵에는 병력 6만9,000명과 전차 45대로 규모가 줄어들어 있었다. 3월 23일 밤~24일 새벽에 미 제9군으로 증강된 영국 제21집단군이 퍼붓는 맹렬한 포격 및 항공 폭격과 함께 마침내 영국군의 플런더 작전이 시작되었다. 영국군은 격렬한 공격 준비 사격을 마친 후 곧바로 20마일(32킬로미터) 길이의 구간에서 라인 강을 도하했으며, 그와 동시에 2개 영국군 공수사단이 독일군 후방에 낙하해 독일군 방어진을 크게 교란시켰다. 그러나 독일군이 영국군이 공세와 동시에 공수작전을 벌일 것이라고 예상하고 미리 루르 지역으로부터 대량의 고사포를 이동시켜놓는 바람에 연합군은 공수작전 과정에서 105대에 달하는 항공기를 잃어야 했다.

이렇게 막대한 손실을 입기도 했지만, 영국군은 마켓 가든 작전에서 배운 교훈을 최대한 활용하여 공수부대를 공세 지역 직후방에 강하시켰고, 그 덕분에 공수부대는 24일 중으로 라인 강을 건너온 지상 부대와 연결될 수 있었다. 독일 팔슈름예거들의 격렬한 저항으로 제30군단의 진격이 상당히 지체되기도 했지만, 3월 24일 해질녘까지 영국군은 라인 강 동쪽에 종심이 5마일(8킬로미터)에 이르는 교두보를 확보할 수 있었다. 하지만 언제나 조심스러운 몽고메리는 4일간에 걸쳐 일대를 소탕하고 교두보를 강화한 이후에야 라인 강 도하작전이 성공했음을 발표했다.

이 무렵에 브래들리와 데버스의 군은 라인 강 동쪽 레마겐과 오펜하임 교두보뿐만이 아니라 추가적으로 2개 교두보를 확보하고 있었다. 연합군 공군의 활발한 활동과 연료 및 고질적인 장비 부족으로 앉은뱅이 신세가 된 독일군은 서서히 붕괴되기 시작했다. 독일군은 사기충천에 장비도 잘 갖춘 연합군 74개 사단을 국민척탄병까지 총동원하고도 겨우 27개 사단만으로 상대해야 했다.

3월 말 이후 라인 강을 건넌 연합군은 동쪽에서 진격해오던 소련군과 연결함으로써 독일의 패망을 확정짓기 위해 신속하게 독일 내륙으로 진격했다. 3월 28일 이전까지 아이젠하워의 전략적 목표는 베를린으로 진격하는 것이었다. 그러나 몽고메리와의 오랜 불화를 겪은 아이젠하워는 마지막 단계에서 마음을 바꿔 브래들리를 베를린이 아닌 엘베 강으로 진격시키기로 결정했다. 이 결정으로 인해 몽고메리가 그토록 염원해온 영국군 주도의 승리는 완전히 물 건너간 목표가 되어버렸다.

이후 3월 28일부터 뎀프시의 영국 제2군은 독일 북부 지역을 점령하고 비스마르Wismar 인근의 발트 해 연안에서 소련군과의 접촉을 확보하기 위해 베젤의 교두보를 박차고 나와 진격하기 시작했다. 지리멸렬한 독일군의 저항을 물리치면서 영국군 3개 군단은 신속하게 전진하여 4월 8일 경에는 공격 개시선에서 118마일(189킬로미터)이나 떨어져 있던 브레멘Bremen 남쪽의 베저Weser 강을 도하했다. 이와 동시에 캐나다 제2군단은 영국군의 좌측방을 엄호하기 위해 에머리히Emmerich로부터 독일 북부로 진격해 들어가면서 69마일(111킬로미터)을 순식간에 돌파해 네덜란드의 쾨보르덴Coevorden을 점령했다. 동쪽으로 밀려오는 영국군의 진격을 늦추기 위해 히틀러는 자신이 한때 총애했던 슈투덴트 대장을 불러 제1공수군의 지휘를 맡겼다. 그러나 이 무렵 독일의 전략적 상황은 너무나 절망적이어서 히틀러의 참모장이었던 알프레트 요들 상급대장까지도 히틀러에게 슈투덴트와 같은 유능한 장군들 수십 명을 불러와도 독일의 패배를 막을 수는 없다고 말할 정도였다.

1945년 3월 말, 몽고메리의 남쪽에서 브래들리가 루르 공업지대를 점령하기 위한 공세를 시작했다. 이 무렵 브래들리의 예하로 돌아온 미 제9군이 베젤 교두보로부터 진격을 시작하여 루르의 북쪽 경계선을 따라 진출하는 동안 미 제1군은 레마겐 교두보로부터 루르 남쪽으로 밀고 들어 갔다. 전력 면에서 연합군의 발끝에도 미치지 못하는 상황에서도 B집단 군 사령관 모델 원수는 어떻게든 루르를 사수하라는 히틀러의 명령을 수 행하기 위해 필사적인 노력을 기울였다. 이는 연합군의 전략폭격으로 엄 청난 타격을 입고 또 전쟁 후반기에 독일 지휘부가 산업 시설 분산을 위 해 많은 노력을 기울였음에도 불구하고 루르 공업지대가 당시까지도 독 일 공업 생산의 3분의 2를 차지하는 핵심 지역이었기 때문이었다.

모델은 미군 2개 군이 자신의 남쪽과 북쪽에서 밀고 들어오는 것을 보 고 조심스러운 미군이 내륙으로 더 깊숙이 들어가기 전에 먼저 남북에서 루르 지역을 파고들어 이 일대의 독일군을 소탕할 것이라고 예상했다. 모 델은 이러한 예상에 기반하여 얼마 되지 않은 정규군과 국민돌격대, 공군 고사포 요원들을 긁어모아 루르 공업지대에서 치열한 시가전을 벌여 스 탈린그라드에서 독일군이 겪은 끔찍한 경험을 미군에게도 안겨주고자 했 다. 그러나 폐허가 된 루르 일대에서 시가전을 벌일 경우 엄청난 사상자 가 발생할 것이라는 사실은 미군 역시 충분히 예상하고 있었기 때문에, 미군은 이를 피하기 위해 루르 중심부로 공격해 들어가는 대신 루르 지역 일대를 둘러싸는 거대한 포위망을 형성했다. 3월 29일, 브래들리의 의도 를 알아챈 모델은 어떻게든 포위를 저지하기 위해 얼마 되지도 않는 빈약 한 예비대를 총동원하여 파더보른Paderborn 일대에서 필사적인 반격에 나 섰다. 그러나 약할 뿐만 아니라 수적으로도 상당히 열세인 잡탕 부대만으 로는 압도적인 미군의 물결을 막을 수가 없었다. 결국 1945년 4월 1일, 미 제1군과 제9군이 리프슈타트Lippstadt에서 연결되면서 루르 일대의 독일군 35만 명은 모두 포위되고 말았다. 이는 스탈린그라드 전투 이후 포위당한 독일군의 규모로는 가장 큰 것이었다.

히틀러는 모델에게 일체의 돌파작전을 불허한다는 명령을 내리는 한

■■■■■ 대전 초반에 촬영한 발터 모델 원수의 모습. 모델은 강철 같은 의지를 지닌 지휘관으로 유명했지만, 그러한 그의 의지로도 1945년 3월~4월에 자신의 군이 루르 일대에서 포위되어 전멸당하는 것을 막을 수는 없었다. 스탈린그라드에서 적의 포로가 된 파울루스에 이어 독일 및 프로이센군 역사상 적의 포로가 된 두 번째 원수가 되고 싶지 않았던 모델은 1945년 4월 중순에 포위당한 자신의 군을 해산한 후 자살했다. (AKG Berlin)

편, 제11·제12군으로 기적적인 구출작전을 벌이겠다는 약속을 했다. 그러나 이제 자포자기한 독일군이 신병훈련소를 폐쇄해버리고 제대로 훈련받지도 못한 훈련병들을 끌어모아 만든 허섭스레기 같은 부대인 제11·제12군으로 루르 포위망을 뚫는다는 것은 애초에 불가능한 이야기였다. 그러한 히틀러의 허무맹랑한 약속을 믿지 않았던 모델은 결국 스탈린그라드의 제6군 사령관 파울루스의 뒤를 이어 역사상 적의 포로가 된 두 번째 독일군 원수가 되지 않기 위해 4월 15일에 부대를 해산하고 자살하고 말았다. 4월 18일, 루르에 갇힌 독일군의 저항도 공식적으로 종료되었고, 총 31만6,000명의 독일군이 포로가 되었다. 이로써 서방 연합군은 독일의 서부전선 한가운데에 엄청난 구멍을 뚫는 데 성공했다. 그리고 북부와 남부에서도 독일군은 빠르게 무너지고 있었다.

이 무렵, 모든 전선에서 들려오는 대패 소식과 독일군 및 독일 국민 사이에서 퍼져가던 패배주의에 대해 히틀러는 이미 말도 안 될 정도로 혹독한 군율을 더욱 강화하는 것으로 대처했다. 그 일례로 4월 2일, 히틀러는 패배주의에 젖어 항복이나 철수를 주장하는 병사들은 즉각 처형하라는 명령을 내렸다. 심지어는 지각 있는 군인으로 알려져 있던 서부전구 사령관 케셀링조차도 훌륭한 죽음을 택하는 것은 독일 병사의 의무라고 말했다. 비록 이러한 가혹한 조치들이 독일군의 저항 의지를 약간 높이기도 했지만, 독일군이 전투를 지속할 수 있었던 가장 큰 원동력은 그러한 비인간적인 조치들이 아니라 독일 병사들이 가지고 있던 굳건한 프로 의식이었다. 이러한 프로 의식은 일선 부대들이 끔찍한 피해를 입는 가운데서도 부대로서의 건재함을 유지할 수 있도록 해주었다. 그러나 히틀러는 다시 한 번 전문 직업군인인 군 지휘관들에 대한 불신을 표시하면서 독일 본토 방어에 투입된 국민척탄병들의 지휘를 군 지휘관들이 아니라 고위 나치당 관리들에게 맡겼다. 그러나 이들은 군부대의 지휘는 말할 것도 없고 그 비슷한 것도 해본 적이 없는 자들이었다.

이제 자포자기 상태에 빠진 히틀러는 연합군이 점령한 독일 지역에서 전 국민을 동원해 '늑대인간Werewolf'이라는 작전명으로 게릴라전을 벌인다는 '총력전' 실시를 명했다. 나치당은 이러한 '늑대인간' 게릴라들의 활약상을 대대적으로 선전했지만, 실제로 게릴라전을 시도한 것은 극소수(수백 명 수준)의 극렬 나치당원에 불과했고, 이런 수준으로는 당연한 이야기지만 거의 아무런 성과도 거둘 수 없었다. 또 나치당은 바바리아 남동부와 오스트리아 서부 일대의 산악지대에 강력한 '요새'가 건설되어 있다고 선전함으로써 독일 국민의 저항의지를 북돋우기 위해 안간힘을 썼다. 그러나 이 요새 역시 서류상으로만 존재하는 것이었고, 그나마 4월 22일에 히틀러가 베를린에서 최후를 맞기로 결정함에 따라 이 신기루와도 같은 요새를 지키려는 의지조차 완전히 사라져버리고 말았다. 연합군은 극렬 나치당원들이 독일의 깊은 산속으로 숨어들어가 장기간 최후의 저항을 벌이는 사태를 우려하여 최대한 신속하게 독일 남서부 지역으로 진격하기 위해 애를 썼지만, 다행히도 그런 일은 벌어지지 않았다.

한편, 3월 24일~26일에 라인 강 교두보로부터 진격을 시작한 패튼의 미 제3군은 신속하게 북동쪽, 동쪽, 남동쪽을 향해 부채꼴 모양으로 퍼져 나가면서 진격하기 시작했다. 5월 3일, 패튼의 부대는 공격 개시선으로부터 독일 중부를 가로질러 172마일(275킬로미터)이나 진격하여 켐니츠Chemnitz와 바이로이트Bayreuth를 점령했다. 그보다 남쪽에서는 패치의 미 제7군이 만하임에서 라인 강을 건너 남동쪽으로 진격해 슈투트가르트Stuttgart와 다뉴브 강 연안의 도시 울름Ulm을 차례로 점령한 후 4월 19일에 마지막으로 뉘른베르크에 도달했다. 프랑스 제1군 역시 미군과 동시에 스트라스부르로부터 라인 강을 건너 콘스탄체Constance 호수를 향해 남동쪽으로 진격해 나아갔다. 패치의 제7군과 드 라트르의 프랑스 제1군의 목표는 나치 잔당들이 독일 남동부의 깊숙한 산악지대에 '요새'를 건설하기 전에 이 지역을 신속하게 장악하는 것이었다.

4월 9일~5월 2일에 영국 제2군은 독일 북부를 가로질러 신속하게 진격해 나아갔다. 4월 15일, 벨젠Belsen 강제수용소를 해방한 영국군은 얼마 후 미군이 다하우Dachau 수용소를 해방하고 목격한 것과 같은 나치의 끔찍한 범죄 현장을 발견하게 되었다. 그 사이 캐나다 제1군은 4월 19일까지 네덜란드 북동부 전 지역을 해방시키고 네덜란드 북서부에 남아 있는 독일군의 퇴로를 차단했다. 이 지역에 고립된 독일군은 전략적으로 아무런 의미가 없었지만, 그래도 독일이 항복하는 날까지 저항을 계속했다. 그러나 이들이 끝까지 버틸 수 있었던 것은 이들의 저항이 치열했기 때문이 아니라 연합군이 이들을 상대하기보다는 독일 내부의 보다 중요한 목표에 작전의 초점을 맞췄기 때문이었다. 그 결과, 4월 19일~27일에 뎀프시의 3개 군단은 엘베 강에 도달할 수 있었고, 그 다음에는 미 제18공수군단의 지원을 받아 북동쪽으로 신속하게 진격하여 5월 2일에는 경미한 저항을 물리치고 비스마르에 도달하여 간발의 차로 소련군이 도착하기 겨우 몇 시간 전에 덴마크의 남쪽 국경지대를 확보하는 데 성공했다.

연합군의 중앙부에서는 브래들리의 부대가 4월 2일~19일에 동쪽으로 진격을 시작하여 독일 중부 지역을 신속하게 점령하면서 마그데부르크 Magdeburg 부근에서 엘베 강에 도달했다. 이후 아이젠하워는 제9군에게 엘베 강 선에서 정지하여 서쪽으로 진격해오는 소련군이 도착할 때까지 기다리라고 지시했다. 그 다음 주 내내 하지스의 미 제1군은 진격 목표선인 엘베 강과 물데 강을 따라 형성된 160마일(256킬로미터) 길이의 전선에 도달하기 위해 마을이나 촌락을 강력한 방어거점으로 삼아 저항하는 '고슴

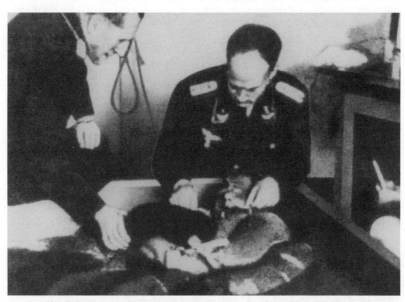

■■■■■ 서방 연합군이 독일 중심부를 가로질러 진격해 나아가면서 히틀러 정권이 저지른 끔찍한 범죄행위들이 낱낱이 백일하에 드러나게 되었다. 다하우 수용소의 수용자들은 나치당이 실시한 실험에 마치 실험용 기니피그처럼 사용되었다. 사진은 나치 과학자들이 실시한 동결실험에 사용된 희생자의 모습. (Topham Picturepoint)

■■■■■ 1945년 4월 25일, 토르가우 부근의 슈트렐라에서 미군과 소련군이 접촉하면서 독일 지배 지역은 남북으로 두 동강이 나버렸고, 제3제국의 최종 붕괴는 시간문제였다. 그러나 이미 이런 상황이 발생할 것을 예상하고 있던 독일군은 이미 남북 총사령부를 따로 마련해놓았다. (AKG Berlin)

도치' 전술을 구사하는 독일군을 물리치면서 진격해 나아갔다. 엘베-물데 강 선에 도착한 하지스의 부대는 4월 하순 내내 별다른 움직임을 보이지 않았지만, 4월 25일에 한 미군 순찰대가 동쪽으로 밀고 나아가 토르가우Torgau 부근의 슈트렐라Strehla에서 소련군과 접촉했다. 이렇게 미군과 소련군이 연결되면서 독일은 남북으로 두 토막이 나버렸지만, 독일군은 미리 이런 상황을 예견하고 이에 대비해 남북 독일군 총사령부를 각각 마련해놓았다.

4월 29일, 브래들리의 남쪽 지역에서 병력 증강을 받은 패튼의 미 제3군은 대전 중 미군이 벌인 마지막 대공세를 감행해 체코슬로바키아의 필젠Pilsen과 오스트리아의 린츠Linz를 목표로 동쪽과 남동쪽으로 전광석화와도 같은 공격을 감행했다. 이 무렵, 히틀러의 자살 소식이 전해지면서 많은 독일 병사들은 저항하는 흉내만 내다가 항복하기 시작했고, 5월 4일 미군은 별 어려움 없이 린츠를 점령할 수 있었다. 이후 패튼은 프라하까지 진격하기 위한 준비를 마쳤지만, 소련군과의 충돌을 우려한 아이젠하워는 패튼에게 진격을 중지하라고 명령했다.

한편, 보다 남쪽에서는 패치의 미 제7군이 4월 말에 경미한 저항을 물리치면서 독일이 강력한 최후의 '요새'를 구축해놓았다는 지역을 점령했다. 이후 5월 1일에 패치의 부대는 오스트리아 티롤 지역의 알프스 산맥을 넘는 고개들을 점령한 후, 5월 4일에는 브레너 고개까지 진격하여 북이탈리아의 미 제5군과 연결하는 데 성공했다. 이 무렵, 독일군의 저항은 동부전선을 제외한 전 지역에서 사실상 완전히 붕괴되었고, 새로 들어선 되니츠의 나치 정부를 비롯해 독일 서부에 있던 일부 독일군 지휘관들은 연합군과 항복 조건을 협의하기 시작했다. 이와 함께 북서유럽 전역도 서서히 그 끝이 보이기 시작했다.

한 병사의 초상
지옥의 문턱에서 살아남은 도널드 버겟

1944년 12월 19일, 기관총탄이 빗발치듯 쏟아지는 가운데 몸을 바짝 낮추고 바스토뉴 근방의 마을인 노빌Noville 북동쪽 외곽의 들판을 달려가다 흘긋 어깨 너머를 살펴본 도널드 버겟Donald Burgett은 독일군의 티거 전차가 육중한 몸을 흔들며 그를 향해 다가오는 것을 보았다. 버겟이 숨으려고 했던 건초더미가 독일군의 포화에 불덩어리가 되어버리자, 그는 방향을 바꿔 눈 덮인 개활지를 가로질러 인근 민가로 달려가지 않으면 안 되는 상황에 처하게 되었다. 그가 개활지를 달려가면 친절한 독일군들이 총탄을 퍼부으며 열렬히 응원해줄 것은 불을 보듯 뻔했다.

그래도 어찌어찌 간신히 인근 민가로 숨은 버겟은 그곳에서 먼저 숨어 있던 전우 둘을 만나게 되었다. 그러나 다음 순간, 이들은 부서진 창문 너머로 티거 전차가 민가로 다가오는 것을 보고 냅다 뒷문으로 뛰쳐나가야 했다. 몇 초도 되지 않아 창문을 통해 포신을 들이밀 정도로 접근한 독일군 전차는 위력적인 88밀리미터 주포를 발사했다. 민가의 뒤쪽 벽이 일시에 무너지면서 떨어진 돌덩어리가 버겟이 숨어 있던 곳 바로 옆에 떨어졌다. 간발의 차이로 죽음을 면한 버겟은 이런 상황이 차라리 즐겁게 느껴질 정도였지만, 자신이 마치 자석이라도 되는 양 자신의 뒤를 쫓아오는 독일군의 총탄을 언제까지 피할 수 있을까 하는 불안감도 엄습해왔다.

노르망디 상륙작전 디데이에 노르망디 일대에 강하한 이후 줄곧 전투를 벌여오면서 노련한 베테랑으로 성장한 버겟은 자신이 지금까지 겪어왔던 전투 중에서 최악의 상황에 처해 있다는 사실을 깨닫게 되었다. 하지만 역사가들에게는 다행스럽게도, 버겟은 지옥의 문턱과도 같은 노빌 전투에서 살아남았을 뿐만 아니라 전쟁이 끝나고 얼마 지나지 않아 회고록을 집필한 후 1990년대에 이를 『지옥으로 가는 7개 길Seven Roads to Hell』이라는 제목의 책을 출판하기까지 했다.

버겟은 미 제101공수사단 '울부짖는 독수리Screaming Eagles' 예하 제506공수보병연대 A중대 소속 이병으로 북서유럽 전선에서 싸웠다. 1926년 4월에 미시건 주의 디트로이트에서 태어난 버겟은 군에 자원했지만, 연령 제한에 걸려 연거푸 거부당하다가 1943년 4월 자신의 열여덟 번째 생일에 드디어 공수병으로 군에 입대하게 되었다. 1944년 6월 5일, 버겟은 다른 '울부짖는 독수리' 사단 병사들과 함께 6월 6일에 유타 해변에 상륙하는 미군을 지원하기 위해 하루 먼저 코탕탱 반도 일대의 독일군 후방 지대 깊숙이 강하했다. 6월 13일, 버겟은 카랑탕 부근에서 벌어진 격전 중에 두 차례 부상을 입었다. 당시 수류탄이 근처에서 터지는 바람에 잠시 귀가 들리지 않게 된 상태에서 또다시 포탄의 파편을 맞은 버겟은 왼쪽 옆구리가 찢어지는 부상을 입었다. 3주간 병원에서 치료를 받은 버겟이 다시 복귀할 무렵, 제101공수사단은 오랜 전투 끝에 재편성과 병력 보충을 위해 전선에서 물러나 있었다.

1944년 9월 17일, 몽고메리의 야심찬 마켓 가든 작전이 시작되면서 버겟은 다시 한 번 전우들과 함께 네덜란드에 강하했다. 치열한 전투를 벌이며 네이메헌 부근까지 진격한 버겟의 중대는 이후 9주 동안 아른험 부근의 습지에 형성된 전선 일대를 지켰다. 11월 28일, 72일 연속으로 전선에서 싸워온 제101사단은 마침내 북프랑스로 빠져서 휴식 및 재편성을 하게 되었다.

하지만 휴식을 취한 지 얼마 되지도 않아 1944년 12월 17일에 독일군이 아르덴 일대에서 대반격작전을 시작해 연합군 전선을 짓밟고 있다는 소식이 전해지면서 버겟의 사단은 핵심 교차로가 지나고 있던 바스토뉴를 방어하기 위해 급히 북쪽으로 향했다. 12월 19일~20일에 버겟의 중대는 독일 제2기갑사단의 치열한 공격을 맞아 싸우며 끝까지 노빌을 지켜냈다. 그러나 다음날이 되자 독일군은 제506연대를 우회하기 시작했고, 결국 미군은 큰 희생을 치러가면서 포이Foy 마을을 거쳐 남쪽으로 후퇴할 수밖에 없었다. 그러나 바로 그 다음 주에 버겟의 중대와 다른 미군 부대들은 전면적인 반격을 개시해 치열한 전투 끝에 독일군을 공세 시작 당시의 전선까지 밀어붙였다.

버겟은 회고록에서 북서유럽 전선에서 싸우던 병사들이 겪어야 했던 질병과 끔찍한 부상, 살기 위해 억지로 먹어야 했던 끔찍한 음식, 그리고 그러한 경험을 하면서 느꼈던 감정들을 생생하게 묘사했다. 일례로 버겟은 네덜란드의 습지대에서 장기간 주둔하면서 많은 병사들이 겪어야 했던 여러 질병에 대해 생생한 이야기를 전해주고 있다. 버겟 자신도 참호 구강염Trench Mouth으로 엄청난 고생을 해야 했다. 당시의 상황에 대해 버겟은 "잇몸에서 고름이 배어 나왔으며 잇몸이 너무 약해져서 혀로 밀면 이빨이 슬슬 움직일 정도였다"고 회상했다. 참호 구강염은 페니실린으로

■■■■■■ 벌지 전투 당시 하소 폰 만토이펠의 독일 제5기갑군이 남부전선의 공격축을 뚫어내기 위해서는 바스토뉴에 있는 중요 교차로를 확보해야만 했다. 그러나 바스토뉴 일대를 지키고 있던 미 제101사단이 치열하게 저항하는 바람에 결국 독일군은 바스토뉴를 점령할 수가 없었다. 12월 19일~20일에 노빌에서 벌어진 전투는 그러한 미군의 감투정신을 잘 보여준 사례였다. (US Army)

■■■■■■ 바스토뉴 바로 동쪽에 위치한 마르비를 지키고 있던 미군 공수부대원들은 밀려오는 독일군의 기갑부대를 맞아 치열한 전투를 벌인 끝에 이들을 물리치는 데 성공했다. 그 덕분에 미군은 바스토뉴 방어를 확고히 할 수 있는 시간을 벌었다. 이후 독일군이 바스토뉴에 포위된 미군의 지휘관에게 항복을 권하자, 이 지휘관은 "헛소리 마라."라는 한 마디로 이를 무시해버렸다. (US Army)

간신히 나을 수가 있었지만, 그 다음에는 곧바로 참호 족염Trench Foot으로 또 고생을 해야 했다. 습지대에서 장기간 전투를 벌이면서 견디다 못한 전투화가 걸레짝이 되었기 때문이었다.

옴 역시 네덜란드에 주둔하고 있던 버겟의 중대를 괴롭혔던 문제들 중 하나였다. 미세한 기생충들이 피부에 증식하면서 생기는 옴은 미칠 듯한 가려움을 유발했다. 비위생적인 환경에서 싸워야만 했던 미국 공수병들은 이러한 질병에 취약할 수밖에 없었다. 일례로 아른험 부근에 주둔할 당시 버겟과 그의 동료들은 며칠에 한 번씩 철모에 받은 얼음처럼 차가운 물로 머리와 겨드랑이, 사타구니만 간신히 닦아낼 수 있었을 뿐 그 이상은 몸을 씻을 수가 없었다(일부 병사들은 이런 목욕을 두고 가랑이만 닦아내는 '창녀들의 목욕'과도 같다고 묘사했다). 1944년 10월, 부대가 프랑스로 휴양을 떠나고 나서야 버겟은 10주 만에 처음으로 뜨거운 물로 샤워를 할 수 있었다.

또한 위생시설 역시 원시적인 수준에 그치는 경우가 많았다. 12월 17일, 난리가 난 아르덴 전선을 지원하기 위해 제101사단을 네덜란드로 급파하면서 군 당국은 이들을 지붕도 없는 가축 운반 차량 380여 대에 실어 보냈다. 이 차량들은 24시간 내내 전선을 향해 달려가면서 정말 말 그대로 단 한 번도 멈추지 않았기 때문에 변의를 참을 수 없었던 일부 병사들은 달리는 트럭 뒤에 엉덩이를 내밀고 일을 봐야만 했다.

이러한 비위생적인 환경은 특히 전투 중 부상을 입은 공수병들에게 커다란 문제가 되었다. 버겟은 이와 관련해 12월 19일 노빌 전투 당시 벌어진 일을 회고했다. 당시 은신처에서 밖을 내다보던 버겟의 눈에 한 어린 보충병이 고통에 찬 비명을 지르며 건물 모퉁이를 돌아 나오는 모습이 들어왔다. 당시 배가 터진 상태였던 이 보충병은 흘러나온 내장을 일부는 한 아름 손으로 받쳐 들고 일부는 흙바닥에 질질 끌고 다니고 있었다.

버겟은 다른 병사 2명과 힘을 합치고 나서야 겨우 이 신병을 진정시키고 응급처치를 시행할 수 있었다. 먼저 땅에 너덜너덜해진 레인코트를 깐 공수병들은 그 위에 조심스럽게 부상당한 신병을 누인 후 밖으로 빠져나온 내장을 최대한 깨끗이 씻어서 갈라진 뱃속으로 다시 쑤셔넣었다. 그 다음 너덜너덜해진 레인코트를 찢어서 붕대를 만든 버겟과 동료들은 이 지저분한 임시 붕대로 부상병의 복부를 묶은 후 자신들이 가지고 있던 소중한 모르핀을 한 대씩 놓아주었다. 마지막으로 이들은 한 병사가 위생병을 찾으러 뛰어간 사이 부상당한 신병을 비교적 안전한 근처의 구덩이로 끌고 갔다. 버겟과 그의 전우들은 이 모든 일을 독일군의 포화가 빗발치는 가운데서 수행했다. 많은 부상병들이 그러한 필사적인 임시변통적인 응급조치로 목숨을 부지할 수 있었지만, 불결한 환경에서 부상을 입고 응급치료를 받아야 했던 수많은 병사들은 끔찍한 감염증에 고통받아야 했다.

버겟은 공수병들의 생활을 좌우하는 관심사로서 늘 존재하는 죽음이나 부상에 대한 공포 이외에 먹을 것을 꼽았다. 당시 공수부대원들에게 무기 다음으로 중요한 것은 바로 그릇, 나이프, 포크 등과 같은 식기였다. 만약 전투 중에 식기를 잃어버리기라도 하면 식기를 새로 지급받기는 거의 불가능했기 때문에 식기를 잃어버린 많은 불운한 병사들은 야전 식당차가 지급하는 식사를 철모에 받아야만 했다. 그래도 식당차에 가서 따뜻한 음식을 받아먹을 정도로 상황이 양호할 때면, 버겟은 줄 맨 앞에 서기 위해 열심히 달려가서 받은 식사를 게걸스럽게 먹었다. 그가 이렇게 열심히 달려간 이유는 줄 뒤로 밀려나게 되면, 쥐꼬리만큼의 양밖에 받을 수가 없었기 때문이었다. 하지만 그렇게 열심히 달렸던 버겟도 가끔은 뒷줄로 밀려나 병아리 눈물만큼의 식사를 받아들고 이를 순식간에 먹어치운 후 허기진 배를 움켜쥐고 버텨야만 했다.

그러나 전투 중 병사들이 따뜻한 음식을 먹기란 하늘의 별 따기였고,

대부분의 경우 이들은 건조식량 K-레이션^{K-Rations}을 물에 끓여 먹거나 D-바^{D-Bar}를 '섭취'해야 했다. 하지만 병사들 사이에서 K-레이션은 느끼하고 맛없는 정체불명의 덩어리 정도의 취급을 받았고, 당연히 인기도 없었다. 버겟은 그나마도 며칠 굶게 되면 그런 K-레이션도 참고 먹을 만했다고 회고했다. 하지만, D-바는 K-레이션보다도 더 인기가 없었다. 버겟은 이 초콜릿 바의 탈을 쓴 곰팡내 나는 D-바에 대해 "너무나 딱딱해서 총 개머리판으로 쳐도 부서지지 않고 끓여도 녹지 않을 정도였다"고 술회하면서 전쟁 기간 내내 D-바를 단 한 덩어리도 제대로 다 먹을 수가 없었다고 말했다.

버겟은 질병과 끔찍한 여건, 그리고 굶주림을 제외한 전투 당시 느꼈던 감정들을 전쟁이 끝나고 오랜 시간이 흐른 뒤에도 생생하게 기억하고 있었다. 일례로 버겟은 일부 병사들이 믿고 있던 소소한 미신들에 대해 기억하고 있었다. 미국 남부 지역 출신의 많은 병사들은 뚜껑으로 꽉 막혀 있던 용기에서 나온 액체를 마실 때 반드시 첫 모금은 마시지 않고 버렸다. 이들은 어렸을 때부터 뚜껑을 열면 안쪽에 숨어 있는 악마가 튀어나온다는 옛날이야기를 듣고 자랐기 때문이었다. 또 버겟은 어떤 고참병이 자신의 죽음이 임박했다는 예감을 받게 되면 그 고참은 며칠이 지나지 않아 꼭 적의 총탄에 죽더라는 이야기도 기억하고 있었다.

버겟은 자신의 죽음에 대한 그런 무서운 예감이 든 적은 없었지만, 끔찍한 공포감이 어떤 현상을 낳는지 경험했다. 일례로 그는 노빌 전투 중에 순간 공포에 사로잡혀 아무런 생각도 할 수 없었다고 술회했다. 당시 그는 독일군의 판터 전차들이 미군 진지를 우회하면서 지면에 기관총을 난사하는 동안 두방망이질 치는 심장과 뱃속 깊숙이 메스꺼움을 느끼면서 노빌 외곽의 얕은 참호 속에 몸을 숨기고 있었다. 당시 바주카포나 폭약 등 전차에 대항할 수단이 전혀 없었던 버겟과 전우들은 그저 참호 바닥에 몸을 바짝 붙이고 독일 전차들이 다가와 참호를 뭉개버리는 일이 생기지 않기만을 기도하는 것 외에는 아무것도 할 수가 없었다. 그는 적 전차에 짓밟히거나 무너지는 참호에 깔려 죽을지도 모른다는 공포에 사로잡혀 거의 마비상태에 빠져버렸고 호흡마저 곤란할 지경이었다. 버켓은 당시 독일군 전차가 얼마나 가까이 다가왔는지 차가운 겨울 공기를 뚫고 퍼져 오는 독일군 전차 엔진의 열기마저 느낄 수 있을 정도였다고 회고했다.

한 가지 놀라운 것은 노빌에서처럼 적을 가까이에서 볼 수 있을 때조차 버켓은 독일군을 사람이라기보다는 추상적인 사물 정도로밖에 인식할 수 없었다는 사실이다. 버켓에게 독일군은 그저 먼저 죽이지 않으면 내가 죽게 되는 물체 그 이상도, 그 이하도 아니었다. 육박전에서 얼굴을 마주한 적들도 몇 시간 이상 인간으로 버켓의 머릿속에 남아 있는 경우는 거의 없었다. 대부분의 경우, 생존 본능과 임무를 수행해야 한다는 사명감 앞에서 적에 대한 연민의 감정을 품는 것은 사치에 불과했다.

하지만 전쟁이 끝나고도 버켓의 머릿속에 오랫동안 남아 있던 독일 병사도 있었다. 1944년, 연합군의 반격이 시작되면서 독일군을 원래의 전선으로 밀어붙이고 있던 버켓과 동료 공수부대원들은 숲속에서 부상당해 움직일 수 없게 된 한 독일군 병사를 발견했다. 버켓이 이 독일군을 어떻게 할까를 놓고 고민하는 사이 갑자기 그의 동료 중 한 명이 이 독일군을 쏴 죽여버렸다. 이에 격분한 버켓은 그 동료를 붙잡고 다시 한 번 항복하려는 독일군을 쏜다면 머리통을 날려버리겠다고 고함을 질렀다. 이후 전쟁의 나머지 기간 동안 전투 사이사이에 휴식을 취할 때면, 버켓의 머릿속에는 사살당한 이 독일군 병사의 애걸하던 얼굴이 떠오르곤 했다.

일선의 병사가 현장을 직접 보고 쓴 회고록보다 전선에서 일반 병사들이 겪은(많은 경우 별로 유쾌하지 않은) 현실을 더 잘 보여주는 기록은 없다. 도널드 버켓의 회고록 역시 이러한 원칙을 충실히 보여주고 있다. 그

것이 기묘한 미신이든, 맛대가리 없는 음식이든, 적의 포화가 빗발치는 가운데 중상을 입은 동료에게 응급치료를 하는 것과 같은 영웅적 행동이든 간에 그러한 현장에 있었던 개개인들의 생생한 경험담은 북서유럽 전역의 연구를 한층 풍부하고 현실감 넘치게 해주는 것임에 틀림없다.

한 시민의 초상
여성 간호사 브렌다 맥브라이드

북서유럽 전역은 최일선에서 싸운 병사들뿐만 아니라 이들을 지원한 비전투원들에게도 너무나 큰 의미를 지니는 경험이었다. 브렌다 맥브라이드Brenda McBryde 역시 그런 비전투원 중의 한 명이었다. 제1차 세계대전을 종식시킨 휴전협정이 체결되기 10일 전에 태어난 맥브라이드는 1938년에 영국 타인Tyne 강변의 뉴캐슬Newcastle에 있는 왕립 빅토리아 병원Royal Victoria Infirmary에서 4년간의 간호사 훈련 과정을 밟기 시작했다. 1943년, 국가 공인 간호사 자격을 취득한 브렌다는 군에 입대하여 왕립 알렉산드라 왕후 의무부대Queen Alexandra's Imperial Military Nursing Service의 의무장교가 되었다. 브렌다가 스코틀랜드의 피블즈Peebles에 있는 제75군병원75th British General Hospital에서 7개월 정도 복무했을 무렵, 제75군병원은 서방 연합군의 유럽 대륙 상륙작전이 실시될 경우 함께 유럽으로 투입될 준비를 하기 위해 서섹스

Sussex로 이동했다. 노르망디 상륙작전이 실시된 지 2주일도 지나지 않아 제75군병원은 노르망디의 해안도시 아로망슈 부근의 리Rys라는 마을로 다시 이동해 연합군 부상자들을 진료하기 시작했다.

브렌다는 북서유럽 전선에서 의무장교로 복무하면서 끔찍한 장면들도 여러 차례 보게 되었지만, 수년간에 걸친 전문 교육을 바탕으로 이러한 경험을 잘 이겨냈다. 후일, 브렌다는 자신이 했던 일 중에서 가장 힘들었던 일로 두부頭部 부상자 병동에서 일한 경험을 꼽았다. 두부 부상을 입은 병사들은 대부분 혼수상태에 빠져 있었기 때문에, 브렌다는 환자의 코에 삽입한 튜브를 통해 환자에게 우유와 계란, 포도당을 강제로 주입해야 했다. 이런 환자들의 가장 큰 문제는 이들이 항상 입을 반쯤 열고 있다는 것이었다. 이는 당시의 뜨거운 여름 날씨와 결합되어 감염증 발생에 이상적인 조건을 제공했다. 혼수상태인 환자들은 음식을 입으로 먹지 못하기 때문에 입에 뭔가 들어갈 때 자연스럽게 나오는 침이 분비되지 않았다. 이처럼 구강을 씻어주는 침이 나오지 않으니 입 속은 세균 천국이 될 수밖에 없었다. 이로 인해 혼수상태인 환자들의 입은 고름으로 가득 차기 일쑤였기 때문에, 브렌다는 멸균제로 환자들의 잇몸을 닦아주는 일을 매일 수도 없이 반복해야 했다. 불행히도 이렇게 혼수상태에 빠진 환자들 가운데 다시 깨어나는 사람은 극소수에 불과했다.

노르망디에 배치된 제75군병원은 포로가 된 독일군 부상병들도 치료했다. 이들을 치료하던 브렌다는 곧 독일 병사들에 대한 독특한, 그리고 어쩌면 전형적이라고도 할 수 있는 인상을 받게 되었다. 1944년 8월, 연합군이 노르망디 일대의 교착상태를 깨고 고속 전진을 시작하면서 많은 독일군 부상병들이 포로로 잡혔고, 이로 인해 제75군병원은 독일군 병사들만을 수용하는 병동들을 따로 설치하게 되었다. 그리고 이들 병동은 나름의 국가 색을 띠게 되었다. 당시 독일군 부상자들은 병원에 온 지 얼마 되지 않아 뭐는 해도 좋고 뭐는 해서는 안 되는지와 같은 규정이 없다는 것을 매우 불편하게 여겼다고 브렌다는 술회했다. 결국, 독일군 병동이 설치된 지 1시간도 되지 않아 독일군 부상병들은 선임 장교를 임명했으며, 브렌다는 경멸조로 이 장교를 '병동 책임자Tent Meister'라고 불렀다. 이 '선임 장교'는 간호사가 병동에 들어올 때마다 "아흐퉁Achtung(차렷이라는 의미)!"을 외쳐댔고, 의식이 있는 환자들은 그 말을 들을 때마다 누워 있는 상태에서도 뒤꿈치를 딱 부딪치면서 차렷 자세를 취했다. 그러나 이러한 행동은 곧 병원의 노련한 수간호사에게 제지당했다. 이 수간호사는 낼 수 있는 가장 엄격한 목소리로 "우리 병원에서는 더러운 나치식 행동은 용납할 수 없다!"고 말한 후 퉁명스러운 태도로 근처에 있는 독일 부상병을 뒤집고서는 이 가련한 부상병의 엉덩이에 페니실린 주사를 무지막지하게 찔러넣었다.

하지만 브렌다는 곧 젊거나 늙은 독일군 부상병들도 대부분은 연합군 부상병과 다를 것이 없다는 사실을 깨닫게 되었다. 그 무렵, 어리석은 전쟁의 비극을 상당 부분 희석시켜주는 감동적인 사건이 하나 일어났다. 이 사건의 발단은 어느 날 아침에 한 젊은 독일군 부상병이 독일군 병사들 사이에서 인기를 끌었던 〈릴리 마를렌Lili Marleen〉을 부르기 시작한 것이었다. 간호사들이 조용하라고 말했지만, 이 젊은이는 계속 노래를 불렀고 회복 중이던 그의 전우들도 하나둘씩 함께 노래를 하기 시작했다. 다음 순간, 인근 영국군 부상자 병동에서도 같은 노래가 영어로 흘러나오기 시작했다. 그러더니 곧 양 병동 사이에는 선의의 합창 경연이 벌어졌다. 브렌다는 당시의 일을 건강한 정신이 각 병동에 짙게 드리워져 있던 전쟁의 우울한 그림자를 날려버린 사건이었다고 회고했다.

하지만 일부 독일군 부상자들은 다른 독일군 부상자와는 전혀 다른 태도를 보였다. 일례로 한번은 한쪽 다리가 잘려나간 독일군 부상병이 이송되어온 적이 있었다. 의식이 거의 없었던 이 부상병은 옷깃의 계급장으로 보건대 독일의 정예 무장친위대원임이 분명했다. 브렌다가 입가에 물컵을 갖다 대자 의식을 되찾은 이 부상병이 눈을 떴다. 자신을 돌봐주는 사람에게 미소를 짓던 이 병사는 제복을 보고 브렌다가 영국군이라는 사실을 알아차리자마자 몸을 뒤틀며 브렌다의 얼굴에 침을 뱉고 표독스러운 표정으로 욕설을 퍼부었다. 이를 본 브렌다의 상관은 크게 분노하여 의료진에게 다른 부상병들의 치료가 모두 끝날 때까지 이 친위대원을 돌보지 말라고 명령했다. 브렌다가 노르망디에서 근무하는 동안 독일군 부상병이 다른 부상병들과 다른 대접을 받았던 사례는 이것이 유일했다. 이를 제외하고는 병원에 오는 모든 부상자들은 국적과 상관없이 오직 부상의 심각성에 따라서만 치료 순위가 결정되었다.

유럽 전선에서 복무하면서 브렌다 역시 비전투원들도 전시에는 겪을 수밖에 없는 불편을 겪어야 했다. 그중 하나가 바로 목욕을 하기가 어렵다는 것이었다. 노르망디에서 근무하던 7주 동안 브렌다는 단 한 번도 뜨거운 물로 목욕을 할 수가 없었고, 비스킷 깡통에 담긴 찬물로 아침저녁으로 대충 몸을 닦아내는 것이 전부였다. 그러다가 8월 초에 브렌다와 다른 간호사들은 바이외 부근의 프랑스 수녀원에서 몇 프랑을 내면 뜨거운 물로 목욕을 할 수 있다는 이야기를 듣게 되었다. 그래서 오랜만에 비번이 된 날 오전에 브렌다와 동료 2명은 목욕을 하러 수녀원으로 향했다. 그러나 빌린 지프로 수녀원에 도착한 이들은 수녀원 입구에 늘어선 기다란 줄을 보고 전쟁 중이라도 이런 소식은 정말 빨리 퍼진다는 생각을 하며 쓴웃음을 지을 수밖에 없었다. 그래도 포기하지 않고 이들은 다른 사람들과 마찬가지로 타월과 비누를 가지고 줄을 선 채 끈기 있게 자신들의 차례를 기다렸다. 마침내 자신들의 차례가 돌아오자, 브렌다는 수녀들에게 몇 프랑을 지불하고 하얀색으로 칠해진 작은 오두막으로 들어갔다. 오두막 안에서 브렌다는 옷을 벗고 김이 나는 뜨거운 물이 담긴 욕조에 몸을 담글 수 있었다.

목욕을 마친 이들은 기왕 외출 나온 김에 여러 달 동안 꿈도 꾸지 못했던 호사(찻집에서 커피 한 잔을 마시는 것)를 누리기로 했다. 사실, 이 '커피'는 진짜 커피가 아니라 도토리를 갈아 만든 대용품으로 마치 장화를 삶은 국물 맛이 났지만, 브렌다와 동료들은 7주 동안이나 피투성이 부상병들을 돌보다가 맛없는 식사를 목구멍으로 쑤셔넣고 쓰러져 정신없이 뻗어 자다가 일어나서 빡빡한 일과를 수행한 끝에 참으로 오랜만에 느긋하게 차를 마시며 주변을 바라볼 수 있는 시간을 가질 수 있었다.

또 격전이 벌어지고 있는 전선 바로 후방에 배치된 야전병원에서 근무하고 있던 브렌다와 동료 간호사들을 괴롭힌 또 다른 문제는 바로 식량 부족이었다. 이들이 마실 수 있던 유일한 뜨거운 음료는 건조한 차 덩어리와 우유, 설탕으로 만든 무미건조한 '모조 차'뿐이었다. 간호사들은 이 차를 커다란 양동이에 끓여서 양동이째로 병동의 환자들과 의료진에게 돌리곤 했다. 그리고 찻잔 구하기가 쉽지 않은 상황에서 간호사들은 이 무늬만 차인 액체를 종종 비스킷 깡통으로 퍼먹어야 했다. 식량 사정도 그다지 좋지 않아서 고단백식이 필요한 환자들을 돌봐야 하는 병원 의료진은 늘 식량 확보에 골머리를 앓아야 했다.

이 문제를 해결하기 위해 고민하던 브렌다는 현지 프랑스인들을 진료해주고 식량을 받자는 생각을 해냈다. 이후 간호사들은 매일 아침 30분씩 외래 진료 시간을 정해서 프랑스 현지 주민들의 사소한 병이나 상처들을 치료해준 후 자신들의 철모를 환자들에게 내밀었고, 그러면 프랑스 현지 주민들은 감사의 표시로 계란이나 기타 농산물을 이들의 철모에 넣어주었다. 얼마 되지 않아 간호사들의 이러한 '비공식적' 진료 행위가 병원 운영 책임을 맡고 있던 장교에게까지 알려지게 되었지만, 간호사들이 겪고 있는 어려움을 잘 알고 있던 이 장교는 현명하게도 외래 진료 시간이 되면 이런 '합리적이지만 상부의 허가를 받지 않은' 외래 진료 현장을 자신이 적발하는 일이 생기지 않도록 병원 캠프의 다른 곳으로 자리를 피했다.

7월 중순에 접어들면서 부상자 진료와 관련된 여러 어려움들은 더욱 심해졌다. 그리고 이 무렵, 병원 책임 장교는 브렌다와 다른 간호사 한 명에게 전투 현장 바로 근처에 위치한 야전 구급소에 임시 파견 근무를 명했다. 이는 당시 폭풍으로 인해 부상병의 영국 본토 이송이 지연되면서 그 여파로 전선에서 부상병들이 가장 먼저 치료를 받게 되는 구급소에서 더 후방으로 이송되지 못하고 계속 적체되는 상황이 발생했기 때문이었다. 그러나 최전선이나 다름없던 구급소의 여건은 너무나 열악했다. 브렌다와 동료 간호사는 3피트(1미터) 깊이의 참호 위에 나무판자와 캔버스 텐트로 덮은 숙소에 마련된 침대에서 잠을 잤다. 이들에게 제공된 화장실은 땅에 커다란 구덩이를 판 후 그 위에 텐트를 세운 것에 불과했고, 지축을 뒤흔드는 포성 때문에 간호사들은 매일 밤잠을 설쳐야 했다.

당연한 일이지만, 구급소의 책임 장교는 여성 간호사들의 존재가 구급소 건설을 위해 이 지역에 배치된 공병소대 병사들을 들뜨게 만들지는 않을까 노심초사했다. 결국, 이 책임 장교는 커다란 널빤지에 페인트로 "여군 숙소-남자 병사 출입 금지!"라고 쓴 표지판을 만들어 간호사들의 숙소 밖에 세워놓았다. 이를 본 공병소대 병사들은 하루도 지나지 않아 병사들 특유의 유머 감각을 발휘해 자신들이 묵고 있던 캔버스를 씌운 참호 밖에 "남자 병사 숙소-여군 환영!"이라는 표지판을 만들어 세워놓았다.

책임 장교가 그런 상황을 막으려고 기를 썼지만, 여성 간호사들은 자기들도 모르게 공병대 병사들 사이에서 큰 화제가 되었다. 일례로 간호사

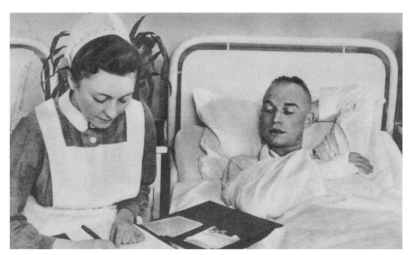

■■■■■ 영국 본토나 전선 후방의 야전병원에서 근무하던 간호사들은 끔찍한 부상자들을 치료하면서 받는 스트레스 외에도 공습 및 포·폭격을 당할 위험을 감수해야 했다. 하지만 그럼에도 불구하고 여성 간호사들의 존재가 부상병들의 기운을 북돋는 데 큰 역할을 한다고 생각한 영국 국방부는 이들을 전선 후방 지역까지 배치시켰다. (AKG Berlin)

들은 1주일에 한 번씩 밤에 목욕을 했다. 이들은 텐트 속에서 알몸으로 철모만 쓴 채 찬물을 채운 비스킷 깡통에 발을 담그고 선 채로 몸을 씻었다. 이들이 야전 구급소 근무를 마치고 병원으로 복귀할 때, 한 공병대 병사는 이들에게 '간호사들이 목욕하는 밤'이 병사들 사이에서 상당한 관심을 불러일으켰었다고 고백했다. 간호사들이 텐트 안에서 램프를 켜놓고 목욕을 한 덕분에 밖에서는 이들의 실루엣을 그대로 볼 수가 있었다. 간호사들이 목욕하는 실루엣이 보인다는 말이 돌자, 공병들은 1주일에 한 번씩 돌아오는 '간호사들이 목욕하는 밤'마다 조용히 간호사들의 숙소로 쓰이던 텐트로 기어와서 간호사들이 목욕하는 모습을 몰래 감상하곤 했다.

이러한 몇 가지 소소한 일화들은 일선 병사들과는 달리 어느 정도 잘 보호받고 있던 브렌다와 같은 어린 간호사들에게도 유럽 전선의 전투는 엄청난 경험이었다는 사실을 잘 보여주고 있다. 유럽 전선에서는 일선의 병사들과 마찬가지로 비전투원들도 여러 가지 큰 어려움과 맞닥뜨려야 했다. 그것이 배은망덕한 열렬한 나치 광신자 치료이든, 양측 부상병들이 벌인 감동적인 선의의 합창 대결이든, 아니면 회복 가능성이 거의 없는 식물인간 환자들을 치료해야 하는 절망감이든 간에 북서유럽에서 보낸 몇 달 동안 브렌다는 엄청난 인생 경험을 했다.

전쟁의 종결
유럽 전선에서의 승리

1945년 4월 30일 오전 3시 30분, 북서유럽 전역, 더 나아가 유럽 전선 전체의 전쟁 종결을 가능하게 해준 사건이 일어났다. 베를린의 제국 총통 관저 벙커에서 웅크리고 앉아 "최후의 1인까지, 최후의 1발까지" 저항할 것만을 주문처럼 외던 히틀러가 소련군이 벙커로부터 330야드(300미터) 밖에 떨어지지 않은 지점까지 진격해오자 자살해버린 것이었다. 그 이전인 4월 22일 소련군이 독일의 수도를 포위할 무렵, 히틀러는 베를린을 탈출해 바바리아의 베르히테스가덴에서 독일의 전쟁을 지휘한다는 계획을 버리고 베를린에 남아 자신의 최후를 맞이하기로 결정했다.

히틀러는 마지막 순간까지도 독일 전토가 폐허가 되더라도 모든 독일 국민이 연합군의 진격에 맞서 "최후의 1인까지, 최후의 1발까지" 싸워야 한다는 생각을 버리지 않았다. 그러나 총통의 죽음과 함께 거의 모든 독

■■■■■ 독일 제국 총통관저 벙커 입구의 모습. 1945년 4월 30일, 히틀러가 자살한 후 그의 시신은 이 근처에서 화장되었다. 히틀러가 사망한 후에야 독일 지도부는 "최후의 1발까지" 저항한다는 히틀러의 무익하면서도 자기 파괴적인 주문으로부터 벗어날 수 있었다. (AKG Berlin)

일 국민이 이미 오래 전에 패배했다고 생각한 전쟁을 지속해야 한다는 강철 같은 의지 역시 사라져버리고 말았다. 그러나 히틀러는 자살하기 직전인 4월 30일에 자신이 죽은 후에는 독일 해군 사령관인 칼 되니츠 해군 원수가 후임 총통이 되어 어떤 희생을 치르더라도 최후까지 연합군에게 저항을 계속하라는 명령을 내렸다.

그러나 히틀러가 자살하기 전에 이미 몇몇 독일 지도부는 절망적인 상황에서 탈출할 방법을 모색했다. 일례로 4월 23일, 히틀러가 공식적으로 인정한 제2인자인 제국 원수Reichsmarschall 헤르만 괴링은 비록 베를린에서 포위되어 있기는 했지만 두 눈 부릅뜨고 살아 있는 히틀러에게 "이제 당신은 행동의 자유가 없으니 내가 제국 총통직을 맡겠소"라는 통지를 보냈다. 격분한 히틀러는 이를 반역행위로 보고 괴링을 모든 관직에서 면

직시킨 후 그를 체포하라는 명령을 내렸다.

바로 그 전날, 친위대장인 하인리히 히믈러 역시 뤼벡^{Lübeck}에서 스웨덴의 폴케 베르나도테^{Folke Bernadotte} 백작과 비밀리에 만나 서방 연합군과 싸우고 있는 독일군을 모두 항복시킬 테니 서방 연합군은 신속하게 동쪽으로 진격하여 더 이상 독일 영토가 소련군의 손아귀에 떨어지지 않게 막아달라는 제안을 했다. 히믈러의 이러한 제안은 서방 연합군을 부추겨서 1941년 이래 독일이 맞서 싸워온(모든 유럽 국가들의 공통의 적이었던) 소련과의 전쟁을 계속하려는 계산에서 나온 것이었다. 그러나 서방 연합군은 독일이 4개 주요 연합국(미, 영, 불, 소)에게 동시에, 그리고 무조건적으로 항복하는 것 이외의 어떠한 제안도 받아들일 수 없다는 입장을 고수했다. 서방 연합군은 히믈러의 제안을 서방 연합군과 소련의 사이를 이간질하려는 조잡한 음모로 보고 4월 27일에 그의 제안을 단호하게 거절했다. 4월 28일, 히믈러가 연합군에게 그러한 제안을 했다는 사실을 알게 된 히틀러는 지금까지 자신이 "충성스러운 하인리히"라고 불러온 히믈러를 당장 체포할 것을 명령했다.

이 무렵, 북이탈리아 군관구 책임자였던 칼 볼프 친위대 상급대장은 그가 서방 연합군과 1945년 2월부터 시작한 이탈리아 주둔 독일군의 항복을 위한 비밀협상을 계속하고 있었다. 또 히틀러가 자살하기 전날인 4월 29일, 폰 비팅호프 대장이 파견한 대표가 이탈리아 주둔 독일군을 항복시키는 문서에 서명했다. 하지만 이것 역시 연합군을 분열시키기 위한 또 다른 헛된 시도에 불과했다. 5월 2일 무렵, 30만 명에 이르는 이탈리아 지역 독일군들은 이미 무기를 내려놓고 있었다.

1945년 5월 1일, 새로 총통이 된 되니츠는 독일-덴마크 국경지대에 자리 잡은 슐레스비히-홀슈타인의 플렌스부르크에 사령부를 설치했다. 총통이 된 되니츠는 즉각 "최후의 1발까지" 저항한다는 히틀러의 부질없는

■■■■■■ 히틀러의 유언에 따라 후임 총통으로 지명된 칼 되니츠 제독은 1945년 5월 1일~23일에 나치 독일의
두 번째 총통직을 수행했다. 그러나 5월 23일, 독일-덴마크 국경 인근의 플렌스부르크에 자리 잡은 사령부에 있
던 되니츠와 그의 각료들은 영국군에게 체포되었다. 이후 뉘른베르크 법정에서 재판을 받은 되니츠는 10년형을
선고받고 복역하게 되었다. (Imperial War Museum HU3011)

망상을 떨쳐버리고 전쟁에서 패배했음을 인정했다. 물론 이후에도 되니
츠는 전쟁을 지속하기 위해 노력을 기울였지만, 이는 히틀러의 유언을 따
르기 위해서가 아니라 소련군의 손아귀로부터 최대한 많은 국민과 재산
을 구해내기 위한 것이었다. 되니츠는 동부전선에서는 저항을 계속하고
서부전선에서는 조금씩 서방 연합군에게 항복함으로써 독일 영토 대부분
을 잔혹한 소련군의 손아귀에서 구해낼 수 있기를 바랐다.

더 나아가 연합군이 여전히 치열한 전투가 벌어지고 있던 동부전선에
접근해옴에 따라 되니츠는 소련군과 싸우고 있던 부대들뿐만 아니라 동
프로이센이나 쿠를란트에 고립된 부대들까지도 서방 연합군에게 항복시
킬 수 있지 않을까 하는 희망을 갖기도 했다. 되니츠는 이를 통해 최대한
많은 독일군 병사들을 소련군의 포로가 되어 악명 높은 스탈린의 강제수
용소에 끌려가는 운명으로부터 구해내기 위해 애를 썼다.

그러나 1945년 5월 1일~2일에 이미 엉망이 된 전황이 더욱 악화되면서 계획적인 지연전을 펼친다는 되니츠의 전략은 제대로 실행에 옮겨질 수가 없었다. 이 기간 동안 몽고메리의 영국군은 독일 북부를 가로질러 발트 해 연안에서 소련군과의 연결을 확보하면서 슐레스비히-홀슈타인 지역을 독일 본토로부터 고립시켜버렸고, 미군도 미군대로 중부 독일에서 소련군과의 연결을 확보하는 데 성공했다. 5월 3일에 독일군은 여전히 500만 명 이상의 병력을 투입할 수 있었지만, 이제 히틀러의 천년 제국의 운명이 며칠밖에 남지 않았다는 사실은 누가 봐도 분명했다.

이러한 엄혹한 현실을 어찌할 수 없다는 사실을 깨달은 되니츠는 5월 3일 목요일에 휴전의 백기를 든 대표단을 거센 바람이 부는 뤼네베르크 히트Lüneberg Heath에 자리 잡은 몽고메리의 새로운 사령부에 파견했다. 독일 대표단은 몽고메리와의 협상을 통해 영국 제21군과 싸우고 있던 독일군 부대들뿐만이 아니라 메클렌부르크Mecklenburg에서부터 브란덴부르크Brandenburg에 이르는 지역에서 소련군과 싸우고 있던 독일 비스툴라 집단군 예하 3개 군도 연합군에게 항복시킬 방안을 모색했다.

몽고메리는 독일 북서부와 덴마크에서 영국군과 싸우고 있는 독일군 부대들의 항복은 받아들이겠지만, 소련군과 싸우고 있는 독일군은 소련군에게 항복해야 한다는 사실을 명확히 했다. 그리고 이와 함께 몽고메리는 만약 독일군이 당장 항복하지 않으면 영국군은 영국군과 맞서고 있는 독일군 병사들을 모두 죽일 때까지 공격을 멈추지 않을 것이라고 엄포를 놓았다. 이러한 몽고메리의 강경한 태도는 최소한 이 지역에서만이라도 수많은 독일군이 소련군의 포로 신세가 되는 것을 막아보려던 독일 대표단의 희망을 산산이 부숴놓았다. 절망에 빠진 독일 대표단은 되니츠와 독일 국방군 참모총장 빌헬름 카이텔 원수에게 연합군의 반응을 전하고 향후 대책을 논의하기 위해 플렌스부르크로 돌아왔다.

독일 대표단이 다시 몽고메리의 사령부를 찾아온 것은 5월 4일 금요일 오후였다. 오후 6시 30분, 초라한 캔버스 텐트 안에서 한스 폰 프리데부르크 해군 대장이 항복 문서에 서명했다. 이 서명을 통해 5월 5일 오전 8시 부로 독일 북서부와 덴마크에서 몽고메리의 부대와 싸우고 있던 독일군 170만 명은 영국군에게 항복하게 되었다. 승리의 순간에 기분이 들뜬 나머지 몽고메리는 항복 문서에 서명을 하면서 이 역사적인 날의 날짜를 잘못 적는 실수를 저지르기까지 했다(몽고메리는 곧바로 잘못된 날짜에 줄을 긋고 자신의 이니셜로 수정 표시를 해야 했다).

그러나 독일 북서부 지역 독일군이 항복한 후에도 서방 연합군은 서부전선에 배치된 독일군 전체의 항복을 받아내야 했다. 항복협상을 맡은 독일 대표단은 5월 5일 내내, 그리고 그 다음날 오전까지 최대한 시간을 끌면서 소련군과 싸우고 있던 독일군 부대들이 최대한 서쪽으로 철수해 서방 연합군에게 항복할 수 있는 시간을 벌어주기 위해 안간힘을 썼다. 그 사이, 폰 블라스코비츠 대장은 네덜란드 북서부에 고립되어 있던 독일군 부대들을 캐나다군에게 항복시켰고, 다음날에는 오스트리아 서부에서 싸우고 있던 G집단군이 미군에게 항복했다.

5월 6일, 독일 육군 작전 참모장이었던 알프레트 요들 상급대장은 연합군 최고사령관 드와이트 아이젠하워를 만나기 위해 플렌스부르크로부터 랭스를 향해 날아갔다. 아이젠하워는 독일이 당장 무조건 항복하기를 기대하면서 요들과의 회동에 들어갔다. 그러나 요들은 처음에는 소련군과 싸우고 있던 독일군을 제외한 서부전선의 독일군만을 항복시키려고 시도했다. 이에 대해 아이젠하워는 만약 요들이 모든 전선의 독일군을 당장 무조건 항복시키는 데 동의하지 않는다면 협상을 결렬시키고 어떠한 독일군의 항복도 받아들이지 않겠다고 협박했다. 요들은 되니츠에게 무전으로 아이젠하워의 요구를 전달하고 지시를 구했다. 되니츠로서는 아

■■■■■■ 적대행위 중단 시한이 지난 1945년 5월 8일 11시 30분, 카이텔이 베를린에서 전날 오전 랭스에서 체결된 항복 문서에 다시 한 번 서명을 했다. 이로써 겨우 10년 남짓 지속된 히틀러의 천년 제국은 그 운명을 다하고 말았다. (AKG Berlin)

이젠하워의 압박에 굴복하는 것 외에는 다른 선택의 여지가 없었다. 1945년 5월 7일 오전 2시 41분, 요들은 영국 시간으로 5월 8일 11시 1분부터 발효 예정으로 항복 문서에 서명했고, 독일은 남은 44시간 동안 유럽에서 제2차 세계대전이 공식적으로 종결되기 전에 최대한 많은 부대를 동쪽으로부터 철수시켜 서방 연합군에게 항복시키기 위해 눈물겨운 노력을 기울였다.

적대행위 중단 시한이 지난 5월 8일 11시 30분, 독일군의 무장 해제를 확인하기 위해 폰 프리데부르크와 카이텔이 베를린에서 전날 오전 랭스에서 체결된 항복 문서에 다시 한 번 서명을 했다. 이로써 유럽에서의 전쟁은 공식적으로 종결되었다. 이후에도 정부로서의 기능을 수행하던 되니츠 정부는 5월 23일 해체되었고, 되니츠는 체포되었다. 이후 뉘른베르크에서 벌어진 전범 재판에서 되니츠는 10년형을 선고받았다. 그러나 5월 8일, 전 독일군에 대한 공식적인 항복 명령이 내려졌음에도 불구하고 동부전선의 상당수 독일군 부대들은 이후로도 며칠 동안이나 소련군과 계속 전투를 벌였다. 결국, 최종적으로 모든 독일군의 저항이 종식된 것은 독일군이 공식적으로 항복한 지 1주일이나 지난 1945년 5월 15일이 되어서였다. 이로써 1944년~1945년에 진행된 북서유럽 전역뿐만 아니라 유럽 전체에서 제2차 세계대전은 끝을 맺게 되었다.

제2차 세계대전 중의 국제 정세

각국의 국내 상황

제2차 세계대전을 가장 직접적으로 체험한 이들은 전쟁을 직접 수행한 사람들, 다시 말해 전쟁의 최전선에서 싸운 군인들이었지만, 전쟁은 그보다 훨씬 광범위한 지역, 사회, 사람들에게 다양한 방법으로 큰 영향을 미쳤다. 그리고 전쟁이 진행되면서 각 참전국들의 사회 전체가 전쟁의 영향을 받게 되었고, 전투원과 비전투원의 구분도 점점 더 모호해졌다. 예를 들어, 탄약 공장의 노동자들은 자신들의 생산물을 사용하는 병사들만큼이나 전쟁의 향방에 큰 영향을 미치는 존재가 되었다. 그리고 전쟁 중에 일어난 변화 중 상당수는 전쟁이 끝나도 사라지지 않고 사회의 일부로 계속 남아 있었다. 이런 측면에서 봤을 때 전쟁은 정치와 군사뿐만이 아니라 사회에도 엄청난 영향을 미쳤다고 볼 수 있다.

영국

전쟁은 영국 국민의 일상생활을 송두리째 바꿔놓았다. 그러나 영국 정부가 본격적으로 모든 경제 계획과 활동이 전쟁 수행만을 위해 이뤄지는 전시경제체제로 돌입한 것은 전쟁이 시작된 이후인 1939년 9월부터였다. 그러나 뒤늦긴 했지만, 영국의 경제·군사·사회·정치적 자원의 동원 규모는 실로 엄청난 것이었다. 전쟁이 끝나던 1945년 무렵, 영국은 잠재적인 전쟁 수행 능력의 동원 및 활용 면에서 다른 모든 주요 참전국들을 압도했다.

  정부 주도의 효과적인 통제와 이로 인한 전쟁의 승리는 곧바로 1945년에 열린 총선에서 클레멘트 애틀리Clement Attlee가 속한 노동당의 압승으로 이어졌다. 이는 1939년부터 1945년까지 전쟁을 치르면서 정부의 전쟁 수행 능력을 깊이 신뢰하게 된 영국인들이 정부가 경제 재건도 그만큼 성공적으로 수행할 수 있을 것이라고 믿었기 때문이었다. 당시 많은 영국인들은 영국이 전쟁 수행 과정에서 보여준 효율성을 바탕으로 전후 영국 경제를 효과적으로 이끌어 국가 번영을 가져올 것이며 이를 통해 제1차 세계대전이 끝날 무렵에 실현할 수 없었던 '영웅들의 안식처land fit for heroes*' 정책을 이번에는 꼭 실현할 수 있을 것이라고 생각했다.

  1942년, 영국 경제학자 윌리엄 비버리지William Beveridge는 전후 영국의 미래상에 대한 정부 백서를 발표했다. '재건을 방해하는 다섯 가지 장애물Five Giants on the Road to Recovery'의 극복을 목표로 작성된 이 백서는 국가 재건을 위해서는 무엇보다도 빈곤, 질병, 문맹, 불결함, 게으름을 타파해야 한

---

* **영웅들의 안식처** 제1차 세계대전 당시 로이드조지가 선거에서 참전용사들에게 주택을 주겠다며 내세웠던 구호다. 그러나 선거가 끝난 후 로이드조지는 자신의 공약에 대해 입을 닫고 말았다.

다고 설파했다. 비버리지는 이러한 목표를 달성하기 위해 포괄적인 복지
제도를 만들어야 하며, 더 나아가 최종적으로는 복지국가를 건설해야 한
다고 주장했다. 이 백서를 홍보하기 위해 많은 노력이 이뤄진 결과, 보고
서가 출간된 지 한 달 만에 10만 부가 넘는 백서가 판매되었으며, 이는 정
부 백서 판매량으로서는 엄청난 판매고였다. 1943년에 여론 조사 실시 기
관인 갤럽^{Gallup}이 실시한 조사에 의하면, 조사 대상자의 95퍼센트가 이 백
서에 대해 들어본 적이 있다고 응답했다. 이는 당시 영국인들이 지금 자
신들이 건설하기 위해 싸우고 있는 새로운 영국이 어떤 모습일지를 정확
히 알고 있었다는 것을 의미한다.

　　비버리지의 계획을 실천하는 방법은 당연한 이야기지만 국가가 모든
생활을 통제하는 것이었다. 이러한 방법은 전쟁 중 국가 자원 동원에 너
무나 효과적이었다. 그렇다면 이러한 국가의 통제가 도대체 어디까지 미

■■■■■ 이상적인 시골 풍경을 보여주는 영국의 선전용 포스터. ("당신의 영국, 조국을 위해 싸우라!"라고 적혀 있다—옮긴이) (Topham Picturepoint)

쳤을까? 먼저, 수많은 남성들이 군에 입대함에 따라 여성들이 경제 생산의 상당 부분을 담당해야만 했다. 여성 8만 명이 농군Land Army으로서 농사를 지으며 영국 전역의 모든 농경지가 농작물 생산에 활용될 수 있도록 했다. 또 농업 생산을 증대하기 위해 개인 주택의 정원이나 텃밭에서도 "승리를 위해 농사를 짓자dig for victory"는 구호 아래 작물 재배가 적극적으로 장려되었다.

영국 국민은 이외에도 여러 가지 방법으로 전쟁 수행에 기여했다. 고철뿐만 아니라 난간의 금속 장식물까지도 수집해 전차와 군함을 만드는 데 사용되었다. 이러한 동원은 생산량 증가에 막대한 영향을 미쳤다. 일례로 1939년 969대에 불과했던 전차 생산량은 1942년에는 8,611대까지 늘어났다. 또 "프라이팬으로 비행기를 만들자Stop'em frying, keep'em flying *"는

---

* 프라이Fry와 플라이Fly 발음의 유사성을 이용한 재치 있는 구호.

구호 아래 알루미늄 주전자나 프라이팬을 모으는 운동도 벌어졌다. 이러한 종류의 표어와 선전은 매우 효과적이었으며, 영국 국민이 이러한 희생이 전쟁 수행에 어떠한 영향을 미치는지를 잘 알고 있었다는 사실 역시이러한 운동의 성공에 크게 기여했다. 그러한 자기희생과 헌신은 일종의국가적 분위기로 자리 잡게 되었고, 그 영향으로 1939년 78만7,000건에이르던 모든 범죄 건수가 1945년에는 46만7,000건으로 감소하기도 했다.

하지만 전쟁으로 인해 영국 민간인들이 겪어야 했던 가장 고통스러운일은 폭격이나 사랑하는 가족이 위험한 전투에 참가하고 있다는 것이 아니라 바로 어린이 소개疏開 정책이었다. 도시 지역 어린이들을 시골 지역으로 소개시킨다는 이 정책은 엄청난 논란을 불러일으켰다. 그러나 극심한 반발에도 불구하고 이 정책이 강행되면서 수많은 어린이들이 부모와헤어져 머나먼 타지, 심한 경우에는 영국 제도British Isles로도 보내졌다. 많은 어린이들이 캐나다나 오스트레일리아와 같은 영연방 국가들로 보내졌고, 이들 중 상당수는 1945년 전쟁이 끝난 후에도 고향으로 돌아오지 못했다.

미국

상대적인 비율로 봤을 때 국력을 가장 많이 동원한 나라가 영국이라면,절대적인 면에서 가장 많은 물량을 동원한 나라는 미국이었다. 약 1,600만 명에 이르는 미국 남성들이 군에 입대했고, 이들이 빠져나가고 남은공장과 사무실의 빈자리는 1,000만 명의 미국 여성들이 메웠다. 미국의민간 경제가 얼마나 단숨에 전시경제체제로 전환되었는지는 몇 가지 사례만 봐도 극명하게 알 수 있다. 그중 하나인 자동차 생산을 보면, 1941년

■■■■■■ 공장에서 일하는 미국 여성. (AKG Berlin)

에 미국 자동차업계의 3대 기업인 포드^{Ford}, 제너럴 모터스^{General Motors}, 크라이슬러^{Chrysler}는 350만 대가 넘는 민간용 차량을 생산해내면서 사상 최대의 자동차 연간 생산량을 기록했다. 그러나 바로 그 다음해인 1942년 (미국이 풀타임으로 전쟁에 참여한 첫 번째 해)에 민간 자동차 생산량은 139대로 줄어들었고 나머지 생산력은 전부 전시 물자 생산에 투입되었다. 추축군이 맞서 싸워야 했던 것은 바로 그러한 엄청난 생산력이었던 것이다.

한편, 엄청난 수의 미군 병사들이 영국에 들어오면서 영국 사회에 커다란 영향을 미쳤다. 연합군의 전쟁 수행에 있어서 미군은 절대적인 기여를 하고 있었지만, 미군과 부대끼던 현지 영국 주민들이 항상 그런 대국적인 면까지 고려하면서 미군을 대했던 것은 아니었다. 많은 영국인들은 미군 병사들에 대해 "지나치게 많은 급료를 받는 껄떡쇠들이 이웃에 와서 설친다over-paid, over-sexed, and over here"라는 인식을 가지고 있었으며, 전쟁이 끝나고 미군과 결혼해 미국으로 간 영국 여성의 수가 5만 명 이상이었다는 것을 생각해보면 그러한 생각이 꼭 틀린 것만도 아니었다.

독일

유럽의 다른 모든 지역과 마찬가지로 전쟁은 독일인의 생활도 완전히 바꿔놓았다. 하지만 다른 참전국들과는 달리 독일은 전쟁의 영향을 비교적 늦게, 그리고 덜 심하게 받았다. 그 이유 중의 하나는 영국과 미국이 군대 간 남자들의 빈자리를 메우기 위해 당시까지 주로 남성들이 수행하던 일을 여성들에게 적극적으로 맡겼던 반면, 독일은 여성 인력 활용 면에서 상당히 지지부진한 모습을 보였기 때문이었다. 나치 이념은 여성의 역할을 어머니와 가정주부에 국한시켰고, 이러한 여성의 사회적 역할에 대한 전통적인 관념 때문에 독일 정부는 여성 인력의 동원에 적극적으로 나설 수 없었다.

그러한 사상적·정치적 요인 때문에 독일 경제는 다른 주요 참전국에 비해 총력전을 위한 전시경제체제로의 전환이 늦게 이루어졌다. 게다가 전쟁 초기에 히틀러는 단기전으로 모든 승리를 거두었기 때문에 전쟁 수행을 위해 전시경제체제에 돌입할 필요성을 그다지 느끼지 못했다. 실제로 독일 경제가 총력전 체제로 돌입하기 시작한 것은 1943년이 되어서였다. 그 해 2월 18일, 독일 선전상 요제프 괴벨스가 전쟁 수행에 필요한 사항들에 대한 최초의 공식 포고문을 낭독했다. 이후 16~65세인 모든 남성들에게는 등록 의무와 필요시 노동력 제공 의무가 부과되었다. 또 동시에 약 10만 명으로 추산되는 여성 인력들이 대공포대의 보조 요원 및 서치라이트 조작 요원으로 차출되었다. 이러한 정책과 동원 규모는 그 자체로서는 상당히 인상적이었지만, 이 무렵에는 이미 때가 늦었을 뿐만 아니라 비율 면에서도 다른 국가들, 특히 영국에 비해 크게 뒤지고 있었다.

총력전 체제로의 전환은 다른 참전국들에 비해 뒤늦기는 했지만, 개전에 대한 독일의 사회적 대응은 다른 국가들과 크게 다르지 않았다. 전쟁이 시작된 지 얼마 안 돼 1939년 9월부터 도시지역에는 등화관제와 연료 및 식량 배급제가 실시되었다. 독일 국민 1인당 고기 배급량은 1주일에 450그램으로 고정되었고, 의류도 포인트를 이용해 구입하는 제도가 시행되었다. 보다 구체적으로 살펴보면, 일정 기간마다 개인에게 150포인트가 주어졌고, 여성 스타킹을 구입하면 4포인트, 남성 정장을 구입하면 60포인트가 차감되었다.

이러한 소비 제한은 그렇게 기분 좋은 일은 아니었지만, 또 그렇다고 못 견딜 정도로 심한 것도 아니었다. 실제로 경제 대공황이 한창이던 1920년대와 1930년대의 어려운 시기를 이겨낸 많은 독일인들에게 그러한 물자 부족은 아주 견디기 힘든 일은 아니었다. 하지만 1941년~1942년 겨울부터 물자 부족 현상은 점점 더 심해지기 시작했다. 특히 젊은 농부들이 군대로 끌려간 빈자리가 점점 더 큰 영향을 미치기 시작했다. 1941년 6월부터는 빵과 육류 배급량이 줄어들었고, 그로부터 1년 후에는 지방 배급량도 감소되었으며, 너무나 흔해서 배급 식량으로 취급되지 않던 감자도 배급 식품에 포함되었다.

전쟁 후반기에 독일 민간인들은 점점 줄어들기만 하는 배급 식량으로 버티면서 낮에는 미군이, 밤에는 영국군이 매일같이 퍼붓는 전략폭격을 견뎌내야만 했다. 그러한 고난과 함께 점점 늘어나기만 하는 피난민과 부상병의 물결을 목도한 독일인들의 마음속에는 과연 전쟁에서 이길 수 있을까 하는 의구심이 자라났다. 이러한 의구심은 1943년 1월에 스탈린그라드에서 독일 제6군이 전멸되면서 눈에 띄게 커졌다. 이후 비밀경찰이 감시의 눈을 번득이는 가운데 나치에 반대하는 말을 하는 용감한(혹은 바보 같은) 사람들이 어디론가 끌려가는 상황에서 드러내놓고 의구심을 표시하는 사람은 없었지만, 많은 독일인들은 히틀러와 그의 부하들이 외치는 최종 승리의 가능성을 회의적으로 바라보게 되었다.

이 무렵, 독일에는 또 다른 어두운 그림자가 드리워졌으니, 유대인 대학살, 홀로코스트가 바로 그것이었다. 전쟁이 터지기 이전부터 독일에 거주하는 유대인의 생활은 점점 어려워지고 있었다. 유대인에 대한 폭행과 박해는 나치당 집권 초기에는 별로 조직적이지도 못하고 국지적인 폭력 사태에 그쳤다. 시간이 지나면서 나치 치하의 독일에서 거주하는 유대인의 일체 권리를 박탈하는 '뉘른베르크 법^{Nürnberg Law}*'이 제정되는 등 극단적인 조치들이 취해졌지만, 이 역시 앞으로 유대인들이 겪을 고난의 시작에 불과했다. 독일이 동유럽과 소련을 침공하면서 폴란드와 소련에 거주하던 수백만 명에 달하는 유대인들이 독일군의 손에 떨어지게 되었다. 일부는 사로잡힌 현장에서 집단 학살당하기도 했지만, 상당수는 독일군이 여러 주요 도시에 담장을 둘러치고 '게토^{Ghetto}'로 설정한 구역에 집단 수

---

* **뉘른베르크 법** 독일 내 유대인의 독일 국적을 박탈하고 유대인과 독일인의 성관계와 결혼을 금지하는 한편, 유대인의 공무 담임권을 박탈한 나치의 법.

용되었다. 시간이 지나면서 나치에게 유대인 문제는 어떻게든 손을 쓰지 않으면 안 되는 귀찮은 사안이 되었다.

1942년 초, 아돌프 아이히만Adolf Eichmann과 '게슈타포' 뮐러 'Gestapo' Müller 등 라인하르트 하이드리히의 심복들이 베를린 남쪽 반제Wannsee의 별장에 모여 회의를 열었다. 이 회의에서 이들은 '유대인 문제'의 '최종 해결책'을 결의했다. 이들이 결정한 최종 해결책이란 모든 유대인들을 아우슈비츠Auschwitz, 트레블링카Treblinka, 다하우, 벨젠, 부헨발트 등에 설치된 대규모 가스실에 집어넣어 모조리 죽여버리자는 것이었다. 나치의 손에 살해당한 유대인, 동성애자, 집시, 장애인의 수는 정확히는 알 수 없지만, 약 600만 명에 달하는 것으로 추정되고 있다.

폴란드

대전 초반 독일에 점령당한 유럽 각국은 전쟁을 직접적으로 겪지는 않게 되었지만, 독일의 지배를 받아야 했다. 많은 점령지 주민들에게 독일의 점령지 정책은 전쟁보다도 더 끔찍한 것이었다. 그중에서도 가장 큰 고통을 받은 이들은 나라의 서쪽은 독일에, 동쪽은 소련에 점령당한 폴란드인들이었다. 소련과 독일의 양면 침공을 받으면서 국가로서의 폴란드는 글자 그대로 소멸해버렸다. 이후 폴란드는 여러 부분으로 분할되었다. 독일은 점령한 폴란드 지역을 둘로 나누어 그중 베르사유 조약으로 잃은 부분은 다시 독일 영토로 편입시켰고, 나머지 지역은 '동방 총독부General Government령'으로 명명했다.

폴란드 전역 당시 일부 독일군 부대들(주로 친위대와 경찰 부대들)은 수많은 잔혹행위를 저질렀다. 일부 독일 육군 소속 장교들은 이러한 잔혹행위에 대해 여러 차례 항의했지만, 아무런 소용이 없었다. 그리고 폴란드가 항복하면서 그러한 개별적인 잔혹행위들은 나치 독일 최고 지도부의 승인을 받아 공식적인 공포정책으로 조직화되었다. 나치 이념의 근간을 구성하고 있던 인종 서열론의 관점에서 폴란드인들은 열등 인종으로 분류되어 그에 합당한 끔찍한 대우를 받았다. 독일 점령 기간 동안 600만 명에 달하는 폴란드인들이 사망했다. 한편, 독일에 점령당한 유럽 국가들 가운데 유일하게 폴란드인들은 독일 점령 당국에 이렇다 할 협조를 하지 않았다.

프랑스

프랑스는 폴란드와는 여러 면에서 상당히 다른 양상을 보였다. 프랑스인은 인종적으로 아리아계 독일인과 동등한 인종으로 인정받지는 못했지만, 그렇다고 슬라브족 같은 열등 인종 취급을 받지도 않았다. 최소한 항복 직후 프랑스가 독일로부터 받은 대접은 그다지 나쁘지만은 않았다. 제2차 세계대전 발발 전, 프랑스 사회 일부는 독일에 성공적으로 우익 전체주의 정권을 세운 히틀러에 동조하고 찬사를 보냈다. 이러한 일견 비논리적인 나치에 대한 지지는 이들이 독일을 좋아해서였다기보다는 좌익과 공산주의, 그리고 그와 관련된 모든 것들에 대해 위협을 느낀 우익의 반동이었다고 보는 것이 더 정확할 것이다. 소련을 견제하기 위해 대항마로 독일을 키우려는 영국과 프랑스의 정책이 본의 아니게 히틀러의 부상과 권력 장악을 도와주었듯이, 우익의 맹목적인 반공의식도 그들이 나치 독일이 어떤 일을 저지를지를 냉정하게 파악하지 못하게 만들었다.

　이외에도 항복에 대한 프랑스인들의 반응에 대해서는 여러 가지 시각이 존재한다. 어쨌든 1940년 5월 독일이 프랑스를 침공했을 때 프랑스인들이 보인 저항 의지는 1914년 당시와는 전혀 다른 것이었고, 1916년에 독일이 '프랑스군을 과다출혈로 뻗어버리게 만들' 요량으로 베르됭 공세를 펼쳤을 때 보여주었던 것과 같은 끈질긴 저력과는 비교도 되지 않는 것이었다. 1940년 당시 프랑스의 저항 의지가 제1차 세계대전 때와 비교하면 현저하게 떨어진 이유는 제1차 세계대전에서 찾을 수 있다. 1914년 ~1918년에 프랑스인들은 국토가 황폐화되고 수많은 동포들이 전장에서 거의 학살 수준에 가깝게 살육당하는 모습을 지켜보았다. 게다가 1940년 5월에 이뤄진 독일의 침공은 70년 동안에 세 번째로 벌어진 것으로 많은 프랑스인들은 독일과의 전쟁에 염증을 넘어 피로를 느끼고 있었고, 이는 패배에 대한 프랑스인들의 반응을 전부는 아닐지라도 상당 부분 설명해 주는 것이었다.

항복 직전, 프랑스는 물리적·정신적으로 둘로 나뉘어 있었다. 한쪽은 독일과 끝까지 싸워야 한다고 주장하는 사람들로서 샤를 드골 대장이 대표적 인물이었다. 1940년 6월 10일 국방부 차관으로 임명된 드골 대장은 이후 독일과의 싸움을 계속하기 위해 영국으로 망명했다. 또 프랑스에 남아 있던 많은 저항파들도 레지스탕스 집단을 결성하여 독일군을 괴롭혔다.

그러나 다른 프랑스인들도 그들처럼 치열한 저항 의식을 가지고 있었던 것은 아니었다. 제1차 세계대전 당시 베르됭의 수호자로서 국가적 영웅으로 떠올랐던 페탱 원수가 바로 그런 부류의 대표적인 인물이었다. 항복 직전 부총리를 맡고 있었던 페탱은 폴 레노Paul Reynaud 총리의 후원을 받아 독일과의 휴전을 모색했으며, 6월 16일에는 르브룅Lebrun 대통령의 부탁을 받아 새로이 내각을 조직하고 적대행위를 종식시켰다. 1940년 6월 22일, 프랑스 대표들이 휴전협정에 서명하면서 독일의 프랑스 전역은 끝을 맺게 되었다. 히틀러는 직접 나서서 이 항복 문서 조인식을 1918년에 독일이 휴전협정에 서명했던 콩피에뉴Compiègne 숲속의 열차에서 열도록 했다. 이로써 히틀러는 제1차 세계대전 이후 줄곧 추구해왔던 프랑스에 대한 복수를 완성할 수 있었다.

1940년, 프랑스는 1918년 당시 독일이 당했던 수모와 굴욕을 고스란히 되돌려받고 또 독일과 마찬가지로 영토를 내줘야 했다. 페탱과 그의 정부는 명목상으로는 여전히 프랑스를 통치하고 있었지만, 사실상 프랑스는 둘로 분할되어 프랑스 북부, 대서양 연안, 벨기에 및 스위스 국경지대는 독일의 지배를 받게 되었다. 지방도시 비시Vichy에 수도를 정한 페탱 정부는 프랑스 남부 일대만을 통치할 수 있을 뿐이었다.

페탱은 "자유, 평등, 박애liberté, egalité, fraternité"라는 국가의 표어를 보다 국가사회주의적인 냄새가 풍기는 "노동, 가족, 국가travail, famille, patrie"로 바꿨다. 맨 처음에 노동을 강조한 이 표어는 마치 아우슈비츠 수용소의 정문에 걸려 있던 "노동이 너희를 자유케 하리라Arbeit macht frei"라는 말을 방불케 했다. 한편, 비시 프랑스는 식민지 지역에 대한 통치권을 계속 보유하게 되었지만, 독일의 프랑스 침공 중 포로가 된 프랑스 군인들은 계속 독일군의 포로로 남았으며, 여기에는 독일군에게 항복하지 않은 다수의 마지노 요새 수비대원들도 포함되어 있었다.

비시 프랑스 정부는 독일 제3제국에게 공공연하게 협력한 유일한 합법 정부였다는 점에서 모든 독일 점령지 가운데서 가장 특이한 존재였다. 비시 정권의 존재 자체와 많은 프랑스인들이 비시 정권을 지지했다는 사실은 전쟁이 끝난 이후 프랑스의 커다란 수치로 남게 되었다. 또한 비시 정권은 독일의 프랑스 영토 점령을 묵인했을 뿐만 아니라 반유대주의 노선을 취하면서 수많은 프랑스 유대인을 색출하는가 하면, 이들을 강제수용소로 이송하는 과정에도 깊숙이 관여했다.

1942년 11월, 독일은 비시 정권과의 기묘한 동거를 청산하고 남부 프랑스마저도 점령해버렸다. 그러나 같은 시기에 영미 연합군이 토치 작전을 통해 프랑스령 북아프리카에 상륙하면서 많은 프랑스인들은 충성을 바칠 또 다른 대상을 찾게 되었다. 상륙 초반에 영미 연합군은 현지에 주둔하고 있던 프랑스 식민지군에게 저항을 받았지만, 연합군 상륙에 분노한 히틀러가 남부 프랑스를 점령하고 페탱을 사실상 포로로 삼아버리자, 프랑스 식민지군은 입장을 바꿔 연합군의 전열에 합류했다. 1940년 이래 드골의 자유 프랑스군은 별다른 지원을 받지 못했지만, 1943년 6월에 프랑스 민족해방위원회Committee of National Liberation가 조직되고 프랑스 망명정부가 수립되면서 자유 프랑스군은 외국군의 지휘에서 벗어나 독자적인 정체성을 가지고 활동할 수 있게 되었다.

레지스탕스

여러 가지 원인이 복합적으로 작용한 결과, 비시 프랑스 정권은 상당한 국내 지지를 얻을 수 있었다. 하지만 그렇다고 해서 모든 프랑스인들이 당시의 상황을 얌전히 받아들인 것은 아니었다. 이러한 경향은 프랑스의 항복 이후 독일의 지배를 받게 된 프랑스 북부 지역에서 특히 강하게 나타났으며, 프랑스 전역, 더 나아가 유럽의 독일 점령지 전역에서 독일에 대한 저항운동(레지스탕스Resistance)이 일어났다. 레지스탕스 전사들의 출신은 매우 다양해서 전직 군인들도 많았지만, 민간인과 여성도 상당한 비중을 차지했다.

연합군도 유럽 점령지 전역에서 일어나고 있던 저항운동을 지원하기 위해 노력을 기울였으며, 이들에게 필요한 폭탄과 무기와 같은 물자를 지원하기 위해 영국의 특수작전부나 미국의 전략사무국과 같은 기관들이 설립되었다. 이러한 기관들은 또한 레지스탕스 활동을 조율하거나 저항 조직과 런던과의 연락을 유지하기 위해 첩보원과 통신 요원을 점령지에 잠입시키기도 했다.

레지스탕스 전사들의 생활은 늘 위험으로 가득했으며, 이런 양상은 대전 초반에 특히 심했다. 많은 전사들이 배신을 당해 독일군에게 넘겨졌다. 이들은 감옥에 갇히거나 그대로 총살당했다. 저항운동을 하다가 얼마나 많은 사람들이 희생됐는지 정확하게 파악할 수 있는 방법은 없다. 그러나 대략 15만 명의 프랑스 남녀들이 저항운동을 하다가 독일군에게 죽임을 당한 것으로 추정되고 있으며, 다른 국가들에서는 그보다 훨씬 많은 수가 희생된 것으로 보인다.

저항조직의 활동 가운데 가장 대담하고 성공적이었던 것은 체코슬로바키아의 체코 지역 총독을 맡고 있던 라인하르트 하이드리히에 대한 암살작전으로서 이 작전은 저항운동이 가진 거대한 잠재력과 위험성을 동시에 보여주었다. 당시 보헤미아-모라비아 지역 총독 대리 겸 게슈타포 보안부의 책임자로서 히믈러의 대리인 역할을 맡고 있던 하이드리히는 영국에서 훈련받은 체코인 SOE 대원들에게 암살당했다. 이들 대원들은 체코가 독일에 점령될 당시 영국으로 망명한 군인들로서 하이드리히 암살을 목표로 집중적인 훈련을 받고 낙하산을 타고 다시 고국에 돌아온 자들이었다. 그러나 사실, 이 작전이 계획대로 순조롭게 진행된 것은 아니었다. 이 대원들은 처음에는 스텐 기관단총으로 하이드리히를 사살하려 했지만, 그 중요한 순간에 총이 고장나는 바람에 다른 대원이 수류탄을 던져야 했다. 수류탄 파편에 맞은 하이드리히는 현장에서 즉사하지는 않았지만, 말가죽으로 된 차 시트의 털이 상처에 들어가는 바람에 패혈증으로 결국 사망하게 되었다.

이 암살 사건에 대한 독일의 대응은 신속하고도 무자비했다. 암살을 수행한 주요 대원이었던 얀 쿠비스Jan Kubis와 요세프 바그치크Josef Bagcik는 독일군에게 쫓겨 프라하의 한 교회에 숨었다가 독일군에게 발각되었다. 교회에서 버티던 둘은 독일군에게 항복하기보다는 자살하는 쪽을 선택했다. 이들은 그래도 빠르게 최후를 맞이할 수 있었지만, 독일군의 보복은 훨씬 오랫동안 진행되었다. 암살 사건에 대한 보복으로 친위대 경찰부대들은 체코의 리디체Liddice 마을을 포위한 후 마을을 완전히 불살라버리고 주민 중 남자들은 모조리 사살했으며 여자와 아이들은 라벤스브뤼크Ravensbrück의 강제수용소로 보내버렸다. 그리고 아리아 인종의 피를 이어받은 9명의 아이들은 그런 가혹한 운명에서 벗어나 독일 가정으로 입양되었다.

이 학살극이 벌어진 이후 저항운동 조직에 대한 대대적인 단속이 벌어졌다. 최종적으로 하이드리히 암살 사건에 대한 보복으로 희생된 점령

지역 주민 수는 5,000명에 달했다. 이후 연합군은 향후 유사한 작전을 수행할 때에는 독일 점령군이 현지 주민들에게 어떤 행동을 취할지를 먼저 검토한 후 행동하게 되었다.

태평양

태평양 전쟁은 동양과 서양의 전쟁이자 문화와 인종 간의 전쟁이었을 뿐만 아니라, 일본과 다른 아시아 민족들 간의 전쟁이기도 했다. 태평양 전쟁으로 인해 수백만 명이 죽었고, 동아시아에서 동남아시아에 이르는 광범위한 지역에서 수천만 명이 엄청난 고난과 어려움을 겪어야 했다. 그러나 미국 국민만은 주요 참전국의 국민이면서도 별다른 전쟁의 영향을 받지 않고 생활할 수 있었다.

일본

진주만 공격이 이뤄질 무렵, 일본에서는 이미 전체주의 정부가 경제에 대한 엄격한 통제를 실시하고 있었다. 태평양 전쟁이 시작되면서 대량의 선박이 군용으로 전용됨에 따라 식량 및 기타 생필품 공급이 큰 제한을 받게 되었다. 그래도 1942년 4월의 별 효과도 없었던 둘리틀 공습을 제외하면, 일본 본토는 1944년 6월까지 연합군의 직접적인 공격을 받지 않았으며, 그나마 이뤄진 공습도 1945년 전까지는 그렇게 큰 피해를 주지 못했다. 하지만 연합군의 봉쇄작전이 효과를 보이기 시작하면서 일본인들의 생활은 점점 어려워졌다. 암시장에서 판매되는 모든 상품의 가격은 크게 치솟았다. 1943년에는 수도 도쿄의 상점 1만1,000여 개가 상품 및 인력 부족으로 문을 닫았다. 1943년 9월에는 25세 이하의 여성들이 노동 정신 대로 징집되었고, 다음해에는 임금 노동을 하는 여성의 수는 1,400만 명 까지 늘어났다.

전쟁 마지막 해에 대부분의 일본인들은 기아에 시달리면서 텃밭에서 기를 수 있는 것은 무엇(엉겅퀴, 쑥, 별꽃 등)이든, 그리고 잡을 수 있는 것은 무엇(개, 고양이 등)이든 먹어치웠다. 노동시간은 점점 길어졌지만, 노동자 들은 질병과 굶주림으로 제대로 일을 할 수가 없었다. 그렇게 일본 사회는 서서히 질식해갔다. 청소년들은 제국을 위해 봉사하고 나라를 위해 기꺼 이 목숨을 버리라는 철저한 사상 교육을 받았다. 징병 연령대는 18세까지 낮춰졌지만, 상황이 악화되면서 15세 소년들까지 받아들이게 되었다.

국가에 반대하는 목소리는 철저히 탄압되었다. 원래는 군 내부에서 군율과 기강을 잡는 역할을 담당한 헌병대가 민간 부문까지 담당하게 되 었다. 독일의 게슈타포에 해당하는 특별 고등계 경찰들(특고로도 불림)은 정부 정책을 비난하는 사람들을 닥치는 대로 잡아들였다. 한 유명 잡지의 편집장은 특고에게 잡혀가 심문을 받게 되었다. 이 편집장은 심문을 담당 한 형사로부터 "당신이 공산주의자가 아니라는 것은 잘 알고 있소. 하지 만 계속 삐딱하게 나가면, 당신을 공산주의자로 몰아버릴 수도 있소. 공 산주의자는 우리 손에 죽을 수도 있다는 것을 기억하시오"라는 말을 듣 기도 했다.

종이와 나무로 만든 수천 채의 집들이 다닥다닥 붙어 있는 일본의 도 시들은 미군의 소이탄 공격에 특히 취약했다. 미 제20항공군이 1945년 3 월부터 폭격 전술을 저공 소이탄 공격으로 전환하자, 일본은 엄청난 재앙 에 휩싸였다. 7월 말까지 거의 50만 명에 이르는 일본인들이 사망했고, 건 물 200만 채가 파괴되었으며, 900만~1,300만 명에 이르는 이재민들이 집을 잃고 움막에서 비참한 생활을 했다.

전황이 불리해지면서 대본영은 본토 방어를 위한 계획을 세웠다. 1945년 6월, 15~60세 남성들과 17~40세 여성들로 이뤄진 자원 국민병대가 조직되었다. 하지만 이들 대부분에게 주어진 무기라고는 죽창과 몽둥이가 전부였다. 그런 상황에서도 정부의 선전기구들은 "1억 총 옥쇄玉碎*"를 외쳐댔다. 1945년 9월 일본이 정식으로 항복할 무렵, 일본 사회는 거의 반신불수 상태였으며, 일본 국민은 정신적으로나 육체적으로 피폐해질 대로 피폐해져 있었다.

그 와중에서도 흔들리지 않은 단 하나는 바로 일본 민족주의의 상징과도 같은 존재였던 천황 히로히토의 권위와 지위였다. 일반적으로 히로히토는 입헌 군주로서 정부의 운영에 대해서는 일체의 권한이 없는 것으로 알려져 있었다. 하지만 일단 전쟁을 벌인다는 결정이 내려지자 민족주의자였던 히로히토는 전쟁 수행을 지지했다.

한국

일본 경제 체제가 산산조각이 나면서 일본 국민들은 엄청난 고통을 겪었지만, 그래도 일본이 무너지지 않았던 것은 만주국, 한국, 타이완과 같은 식민지와 중국 및 동남아 점령지를 무자비하게 수탈했기 때문이었다. 일본의 식민지였던 한국은 가혹한 지배를 받아야 했다. 학교에서는 한국어 사용이 금지되었고, 한국인들은 이름을 일본식으로 바꿔야 했다. 1942년

---

* 옥쇄 명예나 충절을 위해 깨끗이 죽음을 선택한다는 뜻으로, 가미카제와 같은 광적인 저항을 말한다.

부터 한국인들에 대한 징병이 시작되자 많은 노동자들이 해외로 끌려갔다. 65만 명 이상의 한국인들이 일본에서 노동을 했으며, 이 가운데 6만 명이 사망했다. 수만 명의 한국인 여성들은 '위안부'라는 이름으로 동남아와 태평양 각지의 일본 육군 위안소로 끌려갔다. 일본은 한국으로부터 쌀을 비롯해 전쟁 수행에 도움이 되는 물자들을 모조리 빼앗아갔다.

중국

대전 중 중국인들의 생활은 한국인들보다도 더 비참했다. 이는 중국을 침략한 일본군이 "모조리 죽이고 모조리 태우고 모조리 약탈한다"는 이른바 '삼광 작전三光作戰(살광殺光, 소광燒光, 창광搶光)'을 실시했기 때문이었다. 1937년 당시 추정된 중국 인구는 4억8,000만 명으로, 이 가운데 85퍼센트는 농촌지역에 거주하고 있었다. 일본군이 침략해오면서 이를 피해 중국인 1,200만 명이 서쪽으로 피난길에 올랐고, 이들은 도중에 엄청난 고생을 해야 했다. 그러나 피난을 가지 못한 수천만 명의 중국인들은 자발적으로든 강제로든 일본군에게 협력할 수밖에 없었다. 1943년에는 허난성河南省에서 기근과 국민당 정권 및 지방 정부의 가혹한 식량 징발로 인해 수십만 명이 사망했다. 일본군의 지배를 받든, 국민당의 지배를 받든, 중국 농민들은 식량 징발과 징병, 무거운 세금과 부패로 인해 고통받아야 했다. 전쟁으로 인해 얼마나 많은 중국인들이 사망했는지 정확히 파악할 수 있는 방법은 없다. 중국군 희생자는 전사자와 부상자를 합해 500만 명이 넘는 것으로 추산되며, 기아와 질병으로 인해 1,000만~2,000만 명에 이르는 민간인들이 사망한 것으로 보인다. 장제스의 국민당 정부와 마오쩌둥의 공산당 모두 일본군과 적극적으로 맞서 싸우기보다는 서로와의 싸움에서 우위를 차지하기 위해 조용히 전쟁이 끝나기를 기다렸다.

인도

대영제국이라는 왕관의 보석과도 같은 존재였던 인도는 태평양 전쟁에서 핵심적인 역할을 수행했다. 1941년 당시 3억1,800만 명에 달하는 인구를 가지고 있던 인도는 발전도 거의 되지 않고 국민은 찢어지게 가난했지만, 광대한 영토와 함께 엄청난 양의 공산품과 원자재를 연합국에 제공할 능력이 있었다. 태평양 전쟁이 시작되면서 전시 동원은 더욱 가속화되었고, 인도의 경제 활동은 주로 버마에서 싸우고 있는 영인군을 지원하는 데 초점이 맞춰졌다.

　대전 중, 벵골 지역에서 발생하여 300만 명에 이르는 아사자를 낸 것으로 추정되는 기근은 흉년으로 인해 발생한 것이었지만, 전쟁으로 인해 그 피해는 훨씬 더 커졌다. 전쟁으로 인해 주요 쌀 생산지였던 버마로부터 쌀을 수입하는 것이 불가능하게 되었고, 전쟁 물자 수송에 우선권이 주어지는 바람에 구호 식량을 제때 수송할 수 없었으며, 선박을 이용한 구호 식량 수입 역시 제대로 이뤄지지 않았다.

　당시 인도는 영국인 인도 총독이 지배하고 있었지만, 식민지 행정청의 고위직 상당수는 인도인들이 맡고 있었다. 전쟁이 벌어지면서 인도의 독립을 요구하는 목소리도 커지게 되었다. 인도 국민의회당Indian National Congress Party의 일부 당원들은 태평양 전쟁을 영국에 압력을 가할 수 있는 기회로 보았다. 반면, 다른 인도인들은 영국의 전쟁 수행을 지원하는 대가로 미래에 독립을 얻는 방법을 지지했다. 인도의 지도자 모한다스 간디Mohandas Gandhi는 영국에 대해 비폭력 시민 불복종 운동을 전개했다. 이에

■■■■■ 당초 일본은 인도네시아의 독립운동에는 하등의 관심이 없었고, 그저 수마트라와 보르네오의 유전, 주석, 고무, 커피, 쌀과 같은 풍부한 자원을 수탈하는 데만 관심이 있었다. 그러나 인도네시아를 다스리던 네덜란드인들이 사라지면서 일본은 현지 통치에 인도네시아인 관료들을 기용하지 않을 수 없었다. 이를 위해 일본은 현지 민족주의 및 이슬람 지도자들을 끌어들였다. 사진은 인도의 민족주의 지도자 수카르노(Sukarno)(가운데)와 만난 히로히토(왼쪽)와 아키히토(오른쪽) 왕자. (Corbis)

대해 영국은 인도 의회를 금지하고 지도자들을 투옥했으며 간디를 감금했다. 또 인도 식민지 정부는 간헐적으로 벌어지는 폭동을 저지하기 위해 군대를 배치해야 했다. 소요 사태 등으로 인한 어려움이 어느 정도 있기는 했지만, 인도는 병력과 탄약을 공급함으로써 연합군의 전쟁 수행에 지대한 공헌을 했다. 하지만 이로써 전쟁이 끝난 후 영국의 인도 지배 역시 오래 가지는 못할 것이라는 것도 분명해졌다.

1942년에 싱가포르를 함락한 일본은 말라야와 싱가포르에서 포로가 된 인도군 병사들로 인도 국민군을 조직했다. 인도인 포로 6만 명 가운데 2만 명이 인도 국민군에 참가했지만, 시간이 지나면서 그 규모는 줄어들었다. 1943년 6월, 대전 초반에 독일에 있었던 인도 혁명가 찬드라 보스Chandra Bose가 인도 국민군의 지휘를 맡아 1944년에 인도를 공격해 들어간 일본군을 지원했다. 그러나 1944년~1945년에 인도 국민군 병사들의 상당수는 영국군 쪽으로 탈영하거나 항복해버렸다. 전 기간을 통틀어 인도 국민군이 믿을 만한 전력을 구성한 적은 한 번도 없었지만, 일본군은 이들이 인도인들의 봉기를 유발할 것이라고 믿고 1944년 인도를 공격해 들어갔다.

오스트레일리아와 뉴질랜드

오스트레일리아와 뉴질랜드는 제2차 세계대전이 시작된 1939년 9월부터 전쟁 상태에 돌입했다. 이후 양국 모두 중동지역에서 벌어진 전투에 상당수의 병력을 파견하는 한편, 국내 경제를 전시체제로 전환하기 시작했다. 그러나 태평양 전쟁의 발발은 이런 상황을 완전히 바꿔놓았다. 인구가 700만 명에 불과했던 오스트레일리아는 영국의 지원도 제대로 받지 못하는 상황에서 일본의 침공 위협을 받게 되었다. 1942년 1월, 일본군이 오스트레일리아가 통치하고 있던 뉴기니아에 상륙했고, 2월에는 일본군 폭격기가 오스트레일리아 북부 도시 다윈을 폭격했다. 일본군의 오스트레일리아 폭격은 1943년 말까지 간헐적으로 지속되었다. 일본의 잠수함들도 오스트레일리아 연안을 항해하는 선박들을 공격했다.

오스트레일리아는 항공기와 같은 첨단 군사 장비를 영국과 미국에 의존하고 있었지만, 이러한 무기를 자체적으로 조달하기 위해 나름대로 노력하여 몇 가지 종류의 항공기를 생산해내기도 했다. 오스트레일리아인 7명 중 1명이 군대에 가 있는 상황에서 노동력 부족이 큰 문제로 대두되자, 이를 해결하기 위해 노동력을 강제 징발하거나 여성 노동력을 활용하는 것 이외에도 이탈리아 전쟁 포로들까지 노역에 동원했다. 오스트레일리아는 식량과 기타 전쟁 물자를 자국군뿐만이 아니라 남서태평양에서 싸우고 있던 미군과 영국군에게까지 공급했다. 엄격한 배급제와 여행 제한이 실시되면서 오스트레일리아인들은 전쟁 기간 동안 어려운 생활을 해야 했다.

전쟁 중 오스트레일리아는 거대한 군사 기지가 되었다. 오스트레일리아군 병사들은 북부 지역에서 훈련을 받고 전장에 투입되었고, 부상을 입으면 오스트레일리아의 병원으로 후송되었다. 연합군 항공기들은 전쟁 기간 내내 오스트레일리아 북부 비행장에서 작전을 벌였으며, 연합군 함정들과 잠수함들도 오스트레일리아의 항구를 기지로 활동했다. 1942년부터 오스트레일리아에 유입되기 시작한 수천 명의 미국인 병사들은 오스트레일리아가 처해 있던 군사적 상황뿐만이 아니라 정치 및 사회 분야에도 상당한 영향을 미쳤다. 오스트레일리아의 존 커틴John Curtin 총리는 오스트레일리아의 전쟁 전략을 수립하기 위해 맥아더에게 도움을 요청했고, 맥아더와 오스트레일리아 정부는 힘을 합쳐 유럽 전선을 먼저 처리한다는 연합군의 정책에 반대하고 나서기도 했다. 미군의 유입이 본격화되면서 오스트레일리아 전역에는 미군을 위한 비행장과 도로, 그리고 그 밖에 다른 시설들이 건설되었다.

뉴질랜드에도 미군들이 들어왔지만, 오스트레일리아에 비하면 규모도 작고 또 주둔한 기간도 짧았다. 또한 뉴질랜드는 전쟁이 벌어진 지역으로부터 더 멀리 떨어져 있었기 때문에, 전쟁 중 공격을 받은 적도 없었다. 그러나 직접적으로 폭격을 받은 적이 없다는 것을 제외하면, 뉴질랜드인들도 오스트레일리아인들과 마찬가지로 배급이나 노동력 부족, 기타 문제들로 힘든 생활을 해야 했다.

전쟁의 결말과 그 여파

종막

대전 중의 세계

1943년 말, 전 세계는 제2차 세계대전의 종막 앞에 서 있었다. 그리고 1944년에는 전쟁의 향방이 결정되었다. 일단 한번 정해진 전쟁의 흐름은 어떻게 뒤집어볼 여지가 전혀 없었다. 3개 주요 연합국인 미국, 소련, 영국이 개전 후 처음으로 모든 전쟁 자원과 역량을 다함께 효과적으로 동원하면서 독일의 패배는 되돌릴 수 없는 사실이 되었다. 이들이 달성한 승리는 나치 독일에 대한 승리이기도 했지만, 유럽이 전 세계에 대해 쥐고 있던 헤게모니의 종식을 알리는 것이기도 했다. 대전 후의 세계는 이제 유럽이 아니라 미국과 소련이 주도하게 되었다.

개전 당시 제2차 세계대전은 이전의 수많은 전쟁들과 마찬가지로 서

유럽을 중심으로 한 국지적인 분쟁이었지만, 1939년~1943년에 사실상 전 세계를 집어삼키는 대전쟁으로 확대되었다. 전쟁의 참화를 피할 수 있었던 대륙은 아메리카 대륙 하나밖에 없었다. 물론, 그라프 슈페가 최후를 맞은 플라테 강 전투가 남미에서 벌어지기도 했고 일본의 '풍선 폭탄'이 미국 서부 지역 몇 곳에서 터지기도 했지만, 이것들은 그저 다른 지역에서 치열한 전쟁이 벌어지고 있다는 것을 미국인들에게 가끔 상기시켜주는 사건에 불과했다.

유럽에서 시작된 전쟁은 빠르게 극동으로 확산되었다. 제국주의 일본은 신속하게 영국 식민지(말라야, 싱가포르, 버마)와 프랑스 식민지(인도차이나), 그리고 네덜란드 식민지(동인도 제도)를 집어삼켰다. 그러나 일본의 야욕은 미국의 참전을 불러왔으며 이로 인해 전세는 결정적으로 연합군에게 유리하게 되었다. 물론, 무기의 수만이 전쟁의 향방을 결정하는 것은 아니지만, 미국의 막대한 경제력은 일단 전시경제체제로 돌입하게 되자 추축국의 생산력을 압도해버렸다.

1943년 초, 미국이 전시경제체제로 돌입한 것이 연합군의 전력에 서서히 영향을 미치기 시작했다. 그 해 1월, 영국의 윈스턴 처칠 총리는 북아프리카의 카사블랑카에서 미국의 프랭클린 루스벨트 대통령과 회담을 가졌다. 신중한 논의 끝에 이들은 공동 명의로 독일에 '무조건' 항복을 요구하는 최후통첩을 전달했다. 이는 전쟁의 일대 전환점이 되는 사건이었다. 이로써 연합국은 독일과의 평화협상의 여지를 완전히 없애버렸다. 아돌프 히틀러를 비롯해 많은 독일 나치 지도자들은 최후까지도 소련과 여타 연합국들의 이념상의 갈등을 이용해 서방 연합국들과 일종의 '관계 개선'을 이룰 수 있을 것으로 기대했으며, 이런 기대를 바탕으로 친위대와 게슈타포의 최고 수령이었던 하인리히 히믈러는 전쟁 끝 무렵에 미국과 영국을 상대로 협상을 시도하기도 했다. 그러나 이러한 독일의 희망과는 달리, 동방과 서방, 자본주의에 기반한 민주국가들과 공산독재국가 사이에 형성된 기묘한 동맹은 독일이 패망할 때까지 유지되었다.

하지만 이 '무조건 항복' 최후통첩은 독일 국민의 전쟁 수행 의지를 오히려 부추기는 역할을 하기도 했다. 전쟁의 옳고 그름에 대해 독일 국민이 어떤 생각을 가지고 있든지, 또 나치당의 이념에 대해 일반 독일 국민이 얼마나 공감을 하고 있든지 간에 무조건 항복 요구는 독일이 가진 선택의 여지를 모두 없애버리는 것이었다. 이로 인해 독일로서는 완전 패배가 분명해질 때까지 끝까지 싸우는 수밖에 없었다.

또한 독일인들은 전쟁을 유발했던 바로 그 이유 때문에 전쟁을 계속했다. 그 이유, 즉 인종적 우월성에 관한 이념 때문에 설사 연합군이 평화협상을 제안했다 하더라도 독일인들이 좋아라 하며 곧바로 협상을 시작했을 가능성은 거의 없었다. 그리고 연합국들은 여러 차례 분명히 했듯이 평화협상을 할 의사 자체도 없었다. 독일인들이 나치의 이념에 얼마나 열렬히 동조했는지는 늘 치열한 논란의 대상이 되어왔다. 하지만 나치 독일의 비밀경찰조직이 철저하게 감시하고 있는 상황에서 입 다물고 가만히 있지 않으면 잡혀가서 처형당했기 때문에, 나치에 반대하는 독일인들도 별다른 행동을 취할 수가 없었다.

또 나치 독일의 무자비한 전쟁 수행 방식도 연합국으로 하여금 무조건 항복이라는 극단적인 방법이야말로 전쟁을 제대로 끝낼 수 있는 유일한 방법이라고 결의하게끔 만드는 요인이었다. 독일은 전세가 점점 기우는 와중에서도 나치의 인종주의 이념 때문에 더욱 광적으로 저항했고, 최종 승리를 향한 믿음을 버리지 않았다. 영국 공군 폭격기사령부의 최고지휘관인 아서 해리스는 이에 대해 "히틀러가 뿌린 바람의 씨앗이 이제 폭풍이 되어 독일을 몰아치게 되었다"고 말했다. 그의 말대로 1944년~1945년에 독일은 자신들이 시작한 전쟁이 몰고 온 거대한 폭풍을 온몸으로 맞게 되었다.

제해권 장악의 대가

제2차 세계대전 중 유럽 전선의 향방은 두 가지에 달려 있었다. 그 두 가지는 소련이 독일의 공격을 버텨낼 것인가와 대서양의 제해권을 누가 장악하는가였다. 하지만 여러 면에서 소련의 운명 역시 바다에 달려 있었다. 연합군이 대서양과 북극해를 장악하지 못했다면, 1941년~1942년에 궁지에 몰렸던 스탈린은 무기대여법에 따른 물자 원조를 전혀 받지 못했을 것이고, 더 나아가 서유럽에 제2전선이 형성되는 일도 없었을 것이다. 하지만 영국 주변 해역의 제해권을 장악하지 못한 나치 독일은 늘 연합군이 서유럽에 상륙해 제2전선을 열 수도 있다는 가능성에 신경을 곤두세울 수밖에 없었다. 그리고 독일 해군이 대서양을 오가는 연합군 수송선단 저지에 실패하면서 연합군은 서유럽 상륙을 단순한 가능성을 넘어 언젠가는 반드시 이뤄질 일로 여기게 되었다.

전쟁이 진행되면서 독일은 육상, 공중, 해상 모든 면에서 연합국에게 압도당했다. 연합군은 천신만고 끝에 확보한 지중해의 제해권을 바탕으로 북아프리카에서 승리를 거두고 이탈리아에 상륙했으며, 최종적으로는 남프랑스에 상륙할 수 있었다. 또 독일 해군이 북서유럽 연안에서 연합군의 해상 세력을 막아낼 능력이 없었다는 사실은 압도적인 전력을 가진 연합군이 전쟁의 최종 승리에 반드시 필요한 유럽 상륙작전을 실시할 수 있다는 것을 의미했다.

그러나 연합군은 제해권을 장악하면서 막대한 희생을 치러야 했다. 영국 해군만 해도 5만860명이 전사하고 1만4,685명이 부상당했으며,

7,401명이 포로로 잡히는 손실을 입었다. 이는 대전 당시 영국 해군을 구성하고 있던 80만 명 가운데 거의 10분의 1에 해당했다. 연합군의 해군 항공대 역시 1,515대에 달하는 항공기를 잃으면서 승무원 8,874명이 사망했으며, 2,601명이 부상당했다. 최종적으로 영국은 상선 2,714척이 격침당했으며, 대서양의 수송로를 운항하면서 3만248명에 이르는 영국 선원들이 목숨을 잃었다.

다른 많은 국가들도 바다에서 엄청난 피해를 입었다. 일례로 1940년 당시 노르웨이는 전 세계에서 네 번째로 큰 480만 톤에 달하는 상선단을 보유하고 있었다. 노르웨이 상선단은 전 세계 유조선의 5분의 1을 보유하고 있었다. 독일이 노르웨이를 점령할 당시 이 노르웨이 상선단의 85퍼센트에 해당하는 1,000여 척의 선박이 노르웨이를 탈출하여, 연합군 물자 수송을 담당했다. 1942년 봄, 노르웨이 유조선들은 영국의 석유 및 휘발유 수송의 40퍼센트 이상을 담당하고 있었다. 그러나 전쟁을 치르면서 노르웨이 상선단은 선박 500척과 선원 3,000명을 잃는 막대한 희생을 치렀다.

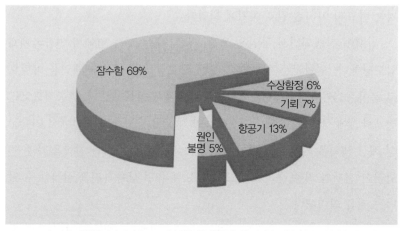

■■■■■■ 이 도표는 연합국 수송선단의 주요 손실 원인을 분석해놓은 것이다. 대전 전에 독일과 영국의 해군 지도자들이 믿었던 것과는 달리, 수상함은 연합군 수송선단 사냥에 큰 성과를 거두지 못한 반면, 잠수함은 연합국 수송선에 악몽과도 같은 피해를 입혔다.

덴마크 역시 독일에 점령당할 무렵, 해외에 상선 230척과 선원 6,000명이 나가 있는 상태였다. 이후 이들은 대부분 연합군 상선단에 합류했다. 1945년까지 덴마크 상선단의 60퍼센트가 침몰당했고, 이와 함께 덴마크 선원 1,500명이 목숨을 잃었다. 또 네덜란드 상선단 640척의 절반도 선원 3,000여 명과 함께 추축국의 공격에 격침당했다. 이것들을 모두 합치면, 대전 중 연합국의 상선 손실량은 5,100여 척, 2,200만 톤 이상에 이르렀다. 제해권 장악이 요구하는 대가는 실로 엄청난 것이었다.

하지만, 제해권 장악의 실패로 인한 손실은 그보다 훨씬 더 컸다. 이는 단순히 전략적 의미의 손해 그 이상이었다. 독일 해군은 전사자 4만8,904명뿐만 아니라 10만256명에 달하는 실종자를 내면서 사실상 전멸이나 다름없는 피해를 입었다. 독일 해군이 보유한 유보트 1,160척 가운데 784척이 격침당하거나 연합군에게 항복했다. 독일 잠수함 승무원 2만7,491명이 전사하고 5,000명이 포로가 된 것까지 감안하면 독일 잠수함 승무원들

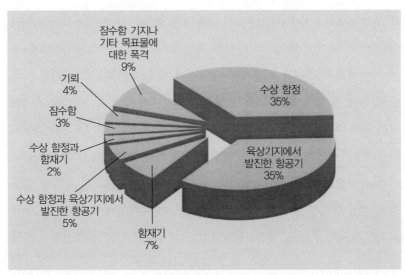

■■■■■ 이 도표는 독일 잠수함의 주요 손실 원인을 분석한 것이다. 이 분석을 통해 대전 중, 잠수함의 가장 큰 적은 항공기임이 드러났다.

의 사상률은 85퍼센트에 달했다. 이러한 희생을 치르면서 독일 해군은 연합군 수송선 2,828척, 1,468만7,231톤을 격침시키고 영국과 영연방 국가 군함 158척과 미국 군함 29척을 격침시키면서 지금까지 독일 해군이 올린 전과 가운데 가장 큰 전과를 거뒀다. 반면, 종전까지 독일은 연합군에게 수송선 300만 톤을 잃었다. 대전 중 독일의 선박 건조량은 33만7,841톤에 불과했지만, 독일은 점령국에서 징발한 선박들을 적극적으로 활용하여 부족한 수송 능력을 보충했다. 독일의 동맹이었던 이탈리아의 해군 역시 전 병력 3만3,859명 가운데 1만5,000명을 잃는 막대한 피해를 입었고, 80만 톤에 달하는 선박들이 격침당했다.

그러나 전쟁에 동원된 것은 단순히 인력만이 아니었다. 장기적으로 연합군은 추축국에 비해 과학자와 기술자, 그리고 경제 시스템을 보다 효과적으로 전쟁에 동원할 수 있었다. 이런 면에서 봤을 때, 제2차 세계대전은 생산력과 기술의 전쟁이기도 했다. 한편, 대전 중 잠수함이 가진 엄청난 위력이 증명되었지만, 동시에 해상전의 모든 면에서 비행기(함재기이든, 육상기지 발진 항공기이든) 역시 엄청나게 중요한 존재라는 것이 드러났다. 1940년 봄 노르웨이 앞바다에서 포브스가, 그리고 그로부터 1년 후 크레타 일대에서 벌어진 전투에서 커닝햄이 잘 보여주었듯이 이러한 교훈을 신경 쓰지 않은 측은 엄청난 불리함을 감수해야 했다. 만약 비스마르크의 불운한 첫 출격에 그라프 체펠린이 완성되어 일단의 Me-109 전투기와 Ju-87 폭격기를 탑재하고 동행했더라면 어떻게 되었을지 상상해보라. 그러나 전함이 항공기에게 밀려나기는 했어도 영국 해군이 보유한 압도적인 전함 세력은 독일 해군의 대형 함정들이 대서양에서 날뛰는 상황을 확실하게 막아주었다. 제2차 세계대전은 해상전이 얼마나 결정적이고 복잡해질 수 있는가를 보여주는 또 하나의 사례였다.

또 제2차 세계대전 중, 비록 유럽 전선의 향방에는 별다른 영향을 미치지 못했지만, 전 세계에 엄청난 영향을 미친 기술적 발전이 이뤄졌다. 당시에는 이 발전이 해상전의 양상까지 완전히 뒤바꿔놓을 것으로 예상 되었다. 아이러니하게도 지구 반대편에서 태평양 섬들에 대한 연속적인 상륙작전을 성공시킴으로써 최종적으로 이 기술적 발전의 산물인 원자폭 탄을 티니안 섬에 건설된 비행장에서 이륙한 보잉 B-29 슈퍼포트리스에 탑재시켜 일본에 투하할 수 있게 해준 것 역시 해군이었다. 그러나 1945 년 8월, 히로시마와 나가사키에 원자폭탄이 투하되면서 제2차 세계대전 에서 연합군이 승리를 거두는 데 결정적인 역할을 수행한 전통적인 해군 세력의 미래는 큰 위험에 처하게 된 것처럼 보였다.

제국의 종말

제2차 세계대전이 진행되면서 지중해 전선의 중요성은 계속 변화했다. 1940년 이탈리아가 참전하기 전까지 지중해는 비교적 조용했다. 그러나 이탈리아의 참전 이후 독일이 1941년 6월 소련을 공격할 때까지 지중해 는 주요 전장이자 지상전이 벌어지는 유일한 지역이 되었다. 그리고 영미 연합군이 프랑스령 북아프리카에 상륙한 1942년 11월부터 북유럽 상륙 작전 계획이 승인된 1943년 8월까지 지중해 전선의 중요성은 더욱 커졌 다. 그러나 1944년 6월, 오버로드 작전을 통해 북서유럽 전선이 열리게 되 자, 지중해 전선은 순식간에 부차적인 전선으로 전락하게 되었다.

　나치 독일을 최종적으로 패배시키는 데 있어 지중해 전선은 보조적인 역할을 수행했다. 지중해 전선에 투입된 병사들의 수는 양측이 보유한 총 전력에 비하면 미미한 수준에 불과했다. 예를 들어, 엘 알라메인에서는 추축군 12개 사단이 영국군 13개 사단과 맞붙었으며, 이탈리아 전선에서도 연합군은 최대 20개 사단으로 독일군 25개 사단과 싸웠다. 반면, 지상전이 절정에 이르던 1944년 유럽 전선에서는 독일군 300개 사단이 소련군 300개 사단과 영국군 및 미군 70개 사단과 치열하게 싸우고 있었다. 그러나 규모가 작고 정확한 수를 파악하기가 어렵기는 해도 비율로 보면 지중해 전선에서도 다른 전선에 뒤지지 않는 만만찮은 수의 사상자가 발생했다. 연합군의 병력 손실은 영국군 18만 명, 미군 13만6,000명, 뉴질랜드군 (그리스와 크레타에서 포로가 된 인원까지 포함) 6만5,000명, 프랑스군 4만 5,000명, 남아프리카군 2만2,000명, 오스트레일리아군 2만1,000명, 폴란드군 1만2,000명, 브라질군 2,000명, 그리스군 10만 명에 달한 반면, 추축국의 병력 손실은 독일군 76만8,000명, 이탈리아군 62만3,000명에 달했다(이들 중 상당수는 동아프리카와 서부 사막, 튀니지에서 포로가 된 병사들이었다).

1940년 6월~1943년 9월에 지중해에서 벌어진 해상전에서 연합군은 고전 끝에 지중해의 제해권을 장악하는 데 성공했다. 이탈리아 해군은 전쟁에서 승리하지 못했을 뿐더러 연합군에게 항복하면서 연합군과 맺은 협정에 따라 모든 해군 함정을 몰타 섬의 연합군에게 넘겨야 했다. 그러나 일반적인 믿음과는 달리 이탈리아 해군은 결코 무능한 존재가 아니었다. 이탈리아의 수병들은 연합군의 치열한 공격을 받으면서도 북아프리카와 발칸 반도로 가는 보급 항로를 유지했으며, 자신들이 잃은 것만큼이나 많은 영국 선박을 격침시켰다. 이탈리아는 1,278척, 총 227만2,607톤에 달하는 수송선과 순양함 11척, 구축함 34척, 잠수함 65척을 포함해 총 339척, 31만4,298톤에 달하는 해군 함정들을 잃었다. 반면, 영국은 전함 1척, 항공모함 2척, 순양함 13척, 모니터함 1척, 구축함 56척, 잠수함 41척을 포함해 총 238척, 41만1,935톤에 달하는 해군 함정을 잃었다*.

비록 지중해 전역이 추축국 지상군을 패배시키는 데 결정적인 기여를 하지는 못했지만, 이 지역에서 벌어진 전투를 통해 영국군과 미군은 중요한 지상전 경험과 훈련 기회를 얻을 수 있었고, 엉성했던 보병 전술과 항공-지상 작전 협조 및 제병 협동 전술, 그리고 상륙작전 교리를 가다듬을 수 있었다. 또 연합군은 이를 통해 대규모 북서유럽 상륙작전을 벌이기 전에 지휘체계의 통합을 이룰 수 있었다. 유럽 전선에서 벌어진 독일군과의 전투에서 그 효율성을 최대한 발휘한 연합군 총사령부는 지중해 전선에서 만들어진 것이었다.

식민지의 독립

유럽 열강들 간의 전쟁이 딱히 아프리카나 중동에서 이뤄져야 할 이유는 없었다. 그럼에도 불구하고 제2차 세계대전이 이들 지역까지 확대된 것은 영국과 이탈리아가 이미 그곳에 식민지를 보유하고 있었기 때문이었다. 영국은 대전이 시작되기 60년 전에 이미 중동과 아프리카에 제국주의에 기반한 식민지를 확보해놓은 상태였고, 뒤늦게 식민지 확보에 나선 이탈리아도 아프리카에 식민지를 마련하는 데 성공했다. 프랑스 역시 알제리와 레반트Levant(동지중해 연안 일대)에 식민지를 확보해놓고 있었다. 따라서 개전 당시 대서양에서 홍해에 이르는 남지중해 연안 전체는 유럽 열강들의 지배 하에 있었다. 독일이 이 지역에 개입한 것은 동맹국인 이탈리아를 돕기 위해서였으며, 이로 인해 유럽 국가들이 아프리카와 중동에서 유럽의 전쟁을 치르는 상황이 벌어졌다.

　그러나 지중해와 중동의 전투는 단순히 열강들의 경쟁 외에도 식민지배자와 피지배자, 제국주의 열강과 현지 민족주의자, 아랍인과 유대인

---

* 이 수치는 독일 공군과 잠수함들이 격침시킨 수까지 포함된 것으로 보이며, 그렇게 본다면 이탈리아 해군이 그렇게 잘 싸운 것은 아니라고 보는 것이 맞을 것이다.

사이의 분쟁이라는 다양한 배경을 가지고 벌어졌다. 전쟁 중에는 식민 제국 체제와 식민지 보유가 가져다주는 이점이 크게 부각되었지만, 제2차 세계대전은 사실상 전쟁이 끝나고 수십 년 후에 맹렬하게 발흥하여 식민 제국 체제의 급격한 붕괴를 가져온 반제국주의 세력의 싹을 틔우는 계기가 되었다. 비록 제2차 세계대전의 직접적인 무대가 된 지역은 아프리카 전체로 봤을 때 극히 일부에 불과했지만, 대전으로 인한 사회적 · 경제적 영향은 아프리카 대륙 전체를 뒤흔들어놓았다. 대전 전, 아프리카에서 진정한 의미의 독립국은 3개국에 불과했지만, 전쟁이 끝나고 대륙 전체에 탈식민지화 바람이 불면서 제2차 세계대전 종결로부터 불과 30년 사이에 아프리카에서 제국주의 열강의 식민지는 완전히 사라지게 되었다. 중동 지역에서도 전쟁은 현지 식민지의 내정과 사회에 엄청난 영향을 미쳤으며, 그 결과 아프리카 지역에서보다도 더 큰 변화가 일어나게 되었다.

이탈리아 제국

이탈리아는 지중해에서 벌어진 전쟁으로 가장 큰 피해를 입었지만, 전쟁이 끝나기 1년 전 이미 민주적인 정부와 유럽의 일원으로서의 새로운 역할, 그리고 현대화된 경제에 기반한 현대적인 자유주의 국가로서의 면모를 갖추기 시작했다. 그동안 분수에 맞지 않게 큰 식민지를 유지하느라 보잘것없는 국력을 낭비해야 했던 이탈리아는 식민지의 부담을 떨쳐버리면서 보다 효과적으로 국내 경제를 성장시킬 수가 있었다. 그러나 1947년 2월에 이탈리아와의 전쟁을 공식적으로 종결시키는 평화조약이 체결되기 전, 이탈리아 식민지의 처리 문제가 대두되었다. 이탈리아는 공식적으로 모든 식민지에 대한 권리를 포기했으나, 평화협정에는 이들 지역의 처리에 대해 "향후 이들 지역에 대한 처리가 결정될 때까지 현 상태를 유지한다"는 애매한 문구로 넘어가려 했다. 미국, 영국, 프랑스, 소련은 '4강 검토위원회Four Power Inquiry'를 구성해 해당 식민지들의 처리 문제를 논의했지만, 합의에 실패하자 1948년 9월에 이 문제를 유엔 총회에 넘겨버렸다.

리비아에서는 전쟁이 끝날 무렵, 영국과 프랑스가 지역 행정을 담당하고 있었다. 그리고 전쟁 직후에도 영국, 프랑스, 이탈리아 정부가 민간 기구를 구성하여 현지인 관료들을 훈련시키는 동안 그러한 상황이 지속되었지만, 이 지역에 타당한 체제를 가진 독립 정부를 세운다는 국제적인 의지가 있었기 때문에 리비아가 영국이나 프랑스의 식민지로 편입되는 일은 일어나지 않았다. 1949년, 유엔은 결의안을 통해 연방 군주 정부의 수립을 승인했고, 이 결의안은 1951년 12월 24일부터 효력을 발휘하여 이드리스 1세Idris I가 독립된 리비아 연합 왕국의 수립을 선포했다.

추축국의 식민지 해방이 이뤄질 무렵에도 다른 식민지 열강들은 여전히 강력한 힘을 가지고 있었다. 따라서 대부분의 다른 유럽 식민지들은 추축국 식민지들이 독립한 이후에도 20여 년이 지난 후에야 독립할 수 있었다. 한편, 서방 식민 열강들의 식민지는 대부분 단일국가로 독립한 반면, 추축국 이탈리아가 단일 지역으로 통치하고 있던 동아프리카는 점진적인 해방 과정을 통해 3개 국가, 즉 에티오피아, 에리트레아, 소말리아로 서로 다른 시기에 분리 독립했다. 이는 이탈리아가 이 지역에 부여한 지역적 단일성을 타파하기 위한 조치였다.

전쟁 기간 동안 영국군은 에티오피아의 내정을 하일레 셀라시에 황제에게 맡겼으며, 1942년 1월에 영국-에티오피아 간에 체결된 잠정협정을 통해 에티오피아는 주권 국가로서 인정받게 되었다. 비슷한 시기에 미국의 경제 사절단이 에티오피아에 도착해 이후 에티오피아의 향방에 큰 영향을 미치게 될 미국과의 관계의 기초를 마련했다. 전쟁이 끝나고 1950년대에 들어서면서 영국과의 관계가 시들해지자, 셀라시에 황제는 미국에 군사 및 경제 원조를 요청하면서 워싱턴에 크게 의존하게 되었다. 셀라시에 황제는 오랫동안 에티오피아를 통치해오면서 국제적인 지명도를 얻었지만, 국내적으로는 자신의 경제적·사회적·정치적 개혁을 뒷받침해줄 세력을 찾을 수가 없었다. 1960년에 발생한 쿠데타는 실패로 돌아갔지만, 이후 에티오피아는 토지 개혁과 부패, 기근으로 인해 폭력과 혼란에 휩싸이게 되었고, 결국 1974년 발생한 군사 쿠데타로 연로한 황제는 체포되어 투옥당하는 신세가 되었다.

에리트레아는 1941년에는 따로 영국군의 통치를 받고 있었으며, 1952년 9월이 되어서야 자주적인 에리트레아 의회의 구성과 헌법의 제정을 규정한 최초의 합의가 이뤄졌다. 유엔은 결의안을 통해 에리트레아가 느슨한 연방제 형태로 에티오피아 왕국의 일부가 되지만, 내부적으로는 자치 정부와 기구를 가진다고 규정했다. 그러나 연방제가 실시된 첫날부터 황제의 대리인들은 연방제 하에 보장된 에리트레아의 독자적인 지위를 무효화시키려 들었다. 1962년 11월, 엄청난 뇌물이 오고갔다는 의혹이 무성한 가운데 실시된 표결에서 에리트레아 의회는 만장일치로 에리트레아의 지위를 에티오피아의 1개 지역으로 변경한다는 결정을 내렸다. 그러나 연방제의 소멸은 에리트레아 국내외의 반에티오피아 저항세력들을 결집시키는 효과를 가져왔다. 1961년부터 무장 투쟁으로 노선을 전환한 저항세력이 1966년 경에는 에리트레아 전역에서 에티오피아 제국군에 게릴라전으로 맞서면서 에리트레아는 피비린내 나는 살육전에 휘말리게 되었다.

한편, 소말릴란드는 1950년 4월 1일, 영국군이 떠나면서 유엔의 신탁통치(이탈리아가 통치)를 받게 되었으며, 이름도 소말리아로 바뀌었다. 1960년 7월 1일, 유엔이 소말리아의 독립을 허용하면서 이전의 영국령 소말릴란드까지 합쳐진 소말리아 민주공화국Somali Democratic Republic의 수립이 선포되었다. 그러나 소말리아는 에티오피아와 명확한 국경선에 대해 합의를 이룰 수가 없었으며, 이탈리아령 동아프리카 지역을 좀먹던 부패와 무지에서 발생한 전쟁과 기근이 곧 이 지역을 휩쓸게 되었다. 1969년, 쿠데타로 집권한 최고혁명회의Supreme Revolutionary Council는 사회주의 국가를 세웠지만, 1974년 대기근이 든 이후 소말리아는 무정부 상태에 빠져들었다.

프랑스 제국

북서아프리카

비시 정권의 알제리아 식민 정부가 붕괴되면서 프랑스의 식민 정책에 대한 이슬람교도들의 불만도 점차 노골적으로 표출되기 시작했으며, 점점 더 많은 민족주의자들이 무장 혁명을 주장하기 시작했다. 이슬람을 믿는 알제리인과 프랑스인 식민 지배층 사이의 점점 고조되던 긴장은 1945년 5월 8일에 유럽 전선에서 전쟁이 끝나던 날 폭발했다. 알제리의 독립을 외치는 대규모 시위가 폭력 사태로 발전하면서 103명에 이르는 유럽인들이 살해당했다. 전후 선거가 이뤄지기는 했지만, 알제리인들을 지배하던 프랑스인들은 선거 결과를 노골적으로 조작했고, 급진적인 프랑스인 농장주들은 기회가 될 때마다 점점 힘을 얻고 있는 알제리의 독립운동을 무자비하게 찍어 눌러야 한다고 프랑스 정부를 설득했다.

1954년 11월 1일, 민족해방군National Liberation Army, ALN과 민족해방전선 National Liberation Front의 군사조직이 대규모 게릴라 공격을 가하면서 알제리 독립전쟁이 시작되었다. 프랑스 정부는 이에 대응하여 알제리 관구管區는 프랑스 공화국의 일부로서 어떠한 분리 독립도 있을 수 없다고 선포한 후 병력 40만 명을 투입하여 봉기 진압에 나섰다. 전국적으로 게릴라전이 벌어지면서 알제리는 마비되어버렸고, 게릴라 진압 과정에서 프랑스군이 고문과 같은 무자비한 방법을 사용하면서 프랑스에 대한 국제 여론은 크게 악화되었다. 상황이 이렇게 되자, 프랑스는 마치 전체주의 정권이나 나치를 방불케 하는 인종주의와 착취에 기반한 식민지 정책과 민주주의의 기수로서 프랑스의 위상 사이에서 오도가도 못하는 처지가 되었다.

이러한 정치적 위기가 거듭 발생하자, 프랑스의 제4공화국이 안고 있는 내재적인 불안정성에 관심이 쏠리게 되었고, 1954년 인도차이나 반도에서 겪어야 했던 것과 같은 정치적 재앙이 다가왔다는 의식이 널리 확산되었다. 이런 상황에서 많은 이들은 1946년 이래 공직을 맡은 적이 없는 드골이야말로 프랑스를 다시 단합시키고 프랑스령 알제리를 보존할 수 있는 유일한 인물이라고 생각했다. 혼란이 계속되는 가운데 1958년에는 프랑스 육군 지휘관들이 쿠데타를 일으켰다.

극우 정치세력들의 지지를 얻어 총리가 된 드골은 알제리 문제 해결을 위한 전권을 위임받았다. 1958년~1959년에 프랑스 육군은 알제리 대부분을 장악하는 데 성공했지만, 드골은 알제리에서 민족자결을 위한 총투표를 실시할 것을 발표했다. 알제리의 프랑스 지배층과 일부 프랑스 육군 부대들은 이를 배신행위로 간주하고 1960년 1월과 1961년 4월에 반란을 일으켰다. 그러나 이러한 '장군들의 반란'은 오히려 알제리 전쟁에 대한 프랑스 정부의 입장을 변화시키는 전환점이 되었다. 1962년 3월에 휴전이 선포되었고, 알제리 프랑스인 민병대들의 무자비한 테러 행위에도 불구하고 1962년 7월에 알제리에서는 독립 여부에 대한 총투표가 실시되었다.

거의 8년간에 걸친 혁명과 독립 전쟁 과정에서 4만2,000건에 이르는 테러 사건이 벌어졌으며, 이로 인해 약 100만 명이 사망한 끝에 1962년 9월 25일 알제리 의회의 개회식에서 알제리 민주인민공화국^{Democratic and Popular Republic of Algeria}의 건국이 선포되었다. 그로부터 1년 동안 알제리의 유대인 공동체 거의 전부와 일부 친프랑스 이슬람교도들을 포함해 140만 명에 이르는 난민들이 프랑스로 이주했다. 알제리에 남기로 한 유럽인들은 3만 명도 채 되지 않았다.

1943년, 아프리카의 추축군이 항복한 이후 튀니지는 자유 프랑스군의 통치를 받게 되었다. 그러나 이 지역을 명목상이나마 지배하고 있던 베이bey(터키의 지방 장관, 태수를 일컫는 말)가 독일에 협조한 혐의로 체포되자, 민족주의자들이 소요를 일으켰다. 이러한 소요가 1954년에 프랑스의 지배에 대한 폭력저항운동으로 발전하자, 프랑스는 이 지역 주민들에게 튀니지 정부의 통치 하에 완전한 자치권을 누릴 수 있게 해주겠다고 약속했다. 1956년 3월, 프랑스는 튀니지를 베이가 지배하는 입헌군주국으로 승인했으나, 바로 다음해 튀니지는 공화국이 되었고, 많은 프랑스인 거주민들은 프랑스로 도망쳤다. 이후 튀니지와 프랑스의 관계는 계속 악화되어 1957년에는 튀니지군과 프랑스군이 알제리 국경지대에서 충돌하는 사건이 일어났다. 튀니지는 비제르테Bizerte의 프랑스 해군 기지를 철수할 것을 요구하면서 1961년 7월에 군을 동원해 이 기지를 포위해버렸다. 전쟁의 기운이 고조되자, 유엔이 개입을 했고, 결국 1963년 10월에 프랑스는 튀니지로부터 완전히 철수했다.

1944년 1월, 모로코에서는 비시 정권이 붕괴한 이후 모하메드 5세Mohammed V가 독립을 요구하고 나섰으며, 1947년에 다시 외국의 점령에 대항해 저항을 시작했다. 1953년, 모하메드 5세가 국외로 추방되자, 모로코 국내에서는 혁명이 일어났으나, 알제리나 튀니지에서와 같은 폭력 사태는 발생하지 않았다. 결국, 1956년에 프랑스는 모로코 왕국의 독립을 인정했다.

시리아와 레바논

1941년, 영국과 자유 프랑스는 시리아와 레바논을 점령하면서 이들의 독립을 존중해주겠다고 약속했기 때문에, 프랑스는 전쟁이 끝난 후에도 이 지역을 직접적으로든 혹은 위임 통치로든 지배할 수가 없게 되었다. 1943년에 선거를 통해 새로운 독립 정부가 수립되었고, 1944년에 소련과 미국은 시리아와 레바논을 아무런 조건도 달지 않고 독립 주권국가로 인정해주었으며, 영국 역시 다음해 양국의 독립을 인정해주었다. 끝까지 버티던 프랑스도 영국과 미국의 압력에 못 이겨 마지못해 현지인 정부에 실질적인 권력을 넘겨주었지만, 이후 이 지역에서 발을 빼기로 합의하기 전 마지막 순간까지도 시리아에서의 문화적·경제적·전략적 특권을 유지하기 위해 안간힘을 썼다.

이러한 프랑스에 대한 반감이 커지면서 1945년 5월, 다마스커스와 알레포에서는 대규모 시위가 벌어졌고, 프랑스는 20여 년 사이에 세 번째로 이 고대 제국의 수도에 폭격과 기관총 사격을 퍼부었다. 사태가 악화되자, 처칠은 프랑스 정부에 영국군을 다마스커스로 보내 현 상황에 개입하겠다고 위협했고, 결국 드골은 마지못해 전투 중지를 명령할 수밖에 없었다. 1946년 2월, 프랑스는 시리아에서의 철수를 요구하는 유엔 결의안에 동의했고, 4월 15일까지 시리아의 모든 프랑스군이 철수를 완료했다. 드골도 1940년에 독일에 패배함으로써 레반트에서 프랑스가 가지고 있던 입지를 모두 잃게 되었다는 것을 인정할 수밖에 없었다. 1946년, 영국군마저 시리아를 떠나자 시리아 공화국이 수립되었지만, 이후 이 지역에서는 군사 쿠데타가 잇달아 일어나 불안이 지속되었다.

1943년 이후 한동안 독립한 레바논은 모든 다원성이 존중되는 모범적인 국가였다. 레바논의 전략적 입지와 비교적 안정적인 정치 상황 덕분에 레바논은 지역 일대의 주요 무역 및 금융의 중심지가 되었다. 그러나 종교 세력들 간의 불평등한 권력 분할과 아랍-이스라엘 분쟁의 대두로 말미암아 레바논은 서서히 분쟁과 비극의 소용돌이 속에 휘말리게 되었으며,

이후 레바논에서 영속적인 평화는 머나먼 이야기가 되어버렸다.

대영제국

이라크와 이란

전쟁이 종결되자, 영국이 이란과 이라크를 계속 점령해야 할 이유도 사라지게 되었다. 영국은 1942년 1월에 이란의 독립과 영토를 존중하며 전쟁이 끝난 날로부터 6개월 이내에 이란으로부터 군을 철수시킨다는 조약을 소련과 체결해놓은 상태였기 때문에, 전쟁이 끝나자 협정대로 곧 이란으로부터 군을 철수시켰다. 그러나 소련군은 아제르바이잔 자치주와 쿠르드 공화국 지지를 통해 이란으로부터 석유에 관한 양보를 얻어내기 위해 군을 이란에 잔류시켰다가 미국과 영국의 격렬한 반발과 유엔의 압력에 마지못해 물러났다. 1947년, 미국은 샤Shah(이란의 국왕을 가리키는 말)의 친서방 정권에 군사 원조를 제공한다는 협정을 이란과 체결했고, 영국은 이라크의 왕이 된 젊은 파이잘 2세Faisal II와 다양한 친서방 조약을 체결하여 이 지역에 대한 영향력을 유지했다.

이란과 이라크 모두 완전한 독립을 위한 험난한 여정을 계속했다. 양국을 군사적으로 점령했던 국가들, 식민 지배자들, 친영 정치인들, 국왕들, 그리고 민족주의자 사이의 앙금은 대전이 끝나고 오랜 시간이 지난 후에도 사라지지 않고 계속 남아 있었다. 서방과 연합하는 것에 대한 반감은 여러 차례의 쿠데타 기도로 이어졌고, 1941년에 일어난 라시드 알리의 정치운동 역시 그러한 반서방 운동의 대표적 사례 중 하나였다. 그리고 1958년에 일어난 군사 쿠데타로 하시미테Hashimite 왕조가 전복되고 이라크 공화국이 수립되면서 그러한 반서방 움직임은 정점에 이르렀고, 이로 인해 이라크와 미국과의 관계는 크게 악화되었다.

이집트와 수단

이집트에 대한 무조건적인 지배권을 확보하고 있던 영국은 대전 중 이집트를 거대한 군사기지로 탈바꿈시켰으며, 이를 통해 지중해에서 승리를 거둘 수 있었다. 하지만 전쟁이 가져온 사회적·정치적 파장은 그보다 훨씬 더 컸다. 영국과 이집트인들은 항상 긴장된 관계를 유지해왔지만, 전쟁으로 인해 여러 가지 어려움이 가중되고 이집트에 주둔한 영국군의 수가 크게 늘어나자 이집트인들 사이에는 반영 기운이 한층 더 고조되었다. 1942년 2월, 롬멜을 지지하는 이집트인들의 시위가 벌어지면서 친영 이집트 내각이 사임했다. 이후 영국은 주이집트 대사 마일즈 램슨Miles Lampson 경을 통해 이집트의 파루크 국왕에게 퇴위하든지, 아니면 상류층의 민족주의 운동 단체인 와프드당Wafd Party의 수장이자 친영파인 무스타파 알 나하스Mustafa al-Nahhas를 총리로 하는 친영 내각을 임명할 것을 요구했으나, 파루크는 영국의 요구를 거절했다. 그러자 영국군은 곧장 장갑차와 보병을 동원해 아브딘Abdin 궁을 포위했고, 파루크는 반강제로 영국의 요구에 응할 수밖에 없었다. 이로 인해 파루크는 전쟁이 끝날 무렵까지 친영파인 나하스 내각을 계속 유지시킬 수밖에 없었다.

파루크가 영국이 지속적으로 이집트에 대한 강력한 지배권을 행사하는 것에 분노하고 있는 가운데, 가말 아브델 나세르Gamal Abd el-Nasser와 안와르 사다트Anwar Sadat와 같은 이집트 육군의 일부 극렬 민족주의자들은 비밀리에 독일과 접촉했다. 그러나 이들은 만약 독일이 이집트를 지배할 경우 영국보다 훨씬 더 가혹한 지배자가 될 것이라는 사실을 전혀 알지 못했다. 어쨌든 이 장교들은 행동을 취하기도 전에 체포되었고, 영국은 무력시위를 통해 1942년에 북아프리카에서 전투를 수행하기 위한 후방 기지를 확보했다. 그러나 이러한 일련의 사건들은 그동안 영국이 이집트의 정치 문제에 개입할 때마다 유용한 창구가 되어준 이집트 왕실의 권위를 크게 떨어뜨렸다. 영국의 이러한 노골적인 제국주의적 행태는 이집트 국민의 반영 감정을 크게 고조시켰다. 이러한 반감은 10여 년 후에 발생한 수에즈 위기*의 근본적인 원인으로 작용하게 되었다.

추축군이 북아프리카에서 패퇴하면서 이집트의 국내 정황이 영국의 전쟁 수행에 미치는 영향은 크게 줄어들었지만, 반대로 이집트 민족주의자들은 점점 더 큰 세력을 얻게 되었다. 수에즈 운하에 대한 추축군의 위협이 사라지면서 와프드당은 이집트에서 영국군을 즉각 철수시킬 것을 요구했으나, 영국은 미적지근한 반응을 보일 뿐이었다. 이에 분노한 이집트 민중은 대규모 반영 폭동과 파업을 일으켰다. 결국, 와프드당과 전쟁 중에 그 영향력이 커진 이슬람 형제단^{Muslim Brotherhood}의 조직적인 압박에 굴복한 영국은 1947년에 알렉산드리아로부터 군을 철수시키고 중동지역 사령부도 키프로스로 옮겼다.

와프드당은 영국-이집트 연합에 대해 재협상을 하려는 영국의 시도를 단호히 거부했으며, 1952년 총리가 된 나하스는 1936년에 체결되어 영국에 수에즈 운하의 통제권을 부여한 조약의 무효화를 선언했다. 파루크 국왕이 나하스를 해임하자 대대적인 반영 시위가 일어났으나, 파루크는 군대를 동원하여 시위를 진압했다. 이러한 상황에 분노한 일부 군 장교들은 나세르의 지도 하에 쿠데타를 일으켰다. 쿠데타에 성공한 나세르는 파루크 국왕을 퇴위시키고 모든 정치 정당을 금지하는 동시에 헌법을 무효화한 후 1953년에 이집트 아랍 공화국의 수립을 선포했다. 그 다음해, 영국은 마침내 이집트로부터 완전히 물러났다.

하지만 이후로도 영국은 수단에 대한 지배권을 계속 유지했다. 이집

---

* 수에즈 위기 1956년 7월 26일 이집트의 대통령 가말 아브델 나세르가 수에즈 운하를 국유화하자 일어난 중동 역사상 중대한 위기. 이 사건으로 영국과 프랑스는 중동지역에서 행사하던 그들의 영향력을 거의 잃었다.

트는 줄기차게 수단에서 물러날 것을 영국에 요구했고, 1953년에 양국은 3년간의 과도기를 거친 후 수단의 완전한 독립을 승인하기로 합의했다. 이 합의에 의해 1953년에 최초로 수단에서 총선이 실시되었고, 1954년에 최초의 수단 정부가 들어서면서 수단 공화국이 탄생했다.

팔레스타인

1939년 5월, 영국은 팔레스타인과 중동에서의 입지를 확보하기 위해 아랍에 대한 유화적인 정책을 취했으며, 1941년에는 프랑스의 제국주의적 움직임을 저지하고 이 지역에 영향력을 미치려는 독일의 기도를 무산시킴으로써 대전 중 중동에서의 위상을 확고히 할 수 있었다. 그러나 영국은 이러한 위상을 대전 이후까지 유지할 수는 없었다. 또한 영국은 유대인의 준정부기구이자 영국의 전쟁 수행에 상당한 조력을 제공한 유대인 협회Jewish Agency와도 협력하고 있었다. 유대인 시온주의자Zionist들은 팔레스타인에 유대인 국가를 건설하기를 원했으나, 전쟁 중에 영국의 심기를 거스르는 일은 자제했다. 그러나 전쟁이 끝나자마자 이들은 폭력을 동원해 자신들의 목표를 추구하기 시작했다.

히틀러의 유대인 학살은 강력한 유대민족주의와 함께 여러 유대인 공동체 내부에 생존자들을 받아들여주고 또 항시 어려움에 처한 유대인들의 피난처가 되어줄 수 있는 유대국가를 건설하려는 열망을 불러일으켰다. 그러나 유엔의 위임을 받아 팔레스타인 지방을 통치하고 있던 영국은 아랍인들의 분노를 살까 염려하여 5년간 유대인 이민자 7만5,000명을 받아들이기로 한 1939년 협정의 수정을 거부했다. 미국은 홀로코스트(독일의 유대인 대학살) 생존자 10만 명을 수용할 것을 요구했지만, 영국의 입장은 요지부동이었다. 이에 시온주의자들의 준군사조직인 하가나Haganah는 급진적인 유대인 테러 단체인 이르군Irgun과 스턴 갱Stern Gang과 연합하여

1945년 10월부터 팔레스타인의 영국군에 대한 게릴라전을 전개했다. 팔레스타인에는 영국군 8만 명이 주둔하고 있었지만, 1946년 봄이 되자 상황은 전면전 발발 직전까지 악화되었다. 영국 정부는 팔레스타인의 평화를 유지하기 위해 노력했지만, 별다른 소용이 없었다. 그리고 1946년 7월, 예루살렘의 킹 데이비드King David 호텔에서 발생한 폭탄 테러로 91명이 사망하면서 서방 세계는 크나큰 충격을 받게 되었다. 어떠한 형태의 유대국가 수립도 용납할 수 없다는 아랍 세계의 강력한 반발과 오랜 전쟁에 지쳐 이제는 병사들을 고향으로 돌려보내라는 영국 국민의 압박 사이에서 진퇴양난에 처한 영국 정부는 결국 팔레스타인 문제를 유엔에 넘겨버리고 발을 빼버렸다. 영국군이 물러나자 유대인들은 곧장 아랍인들과의 무력 투쟁에 들어갔다. 아랍 연합군은 압도적인 수로 공격해왔지만 통일된 작전 행동을 취하지 못했다. 이들을 물리친 유대인들은 폭력과 협박으로 팔레스타인 지역의 아랍 주민 절반을 쫓아냈다. 1948년 5월 14일, 이스라엘의 건국이 선포되면서 중동 역사의 새로운 장이 열리게 되었다.

최종 결과

제1차 세계대전이 끝난 뒤 오스만 투르크 제국은 붕괴되었지만, 승전국인 영국과 프랑스는 독립을 원하는 아랍인들의 염원을 무시하고 알짜배기 지역을 골라 자신들의 식민지로 삼았다. 아랍인들로서는 죽도록 싸우고 얻은 것이라고는 투르크 지배에서 영국과 프랑스 지배로 바뀐 것뿐이었다. 제2차 세계대전 역시 민족주의가 부상하고 있는 중동에서 벌어진 유럽의 전쟁이었다. 그러나 전쟁의 종결은 이 지역에 정치적 공백을 가져왔다. 대전 초반 패배한 프랑스는 일찌감치 일류 강대국으로서의 지위를 잃었으며, 식민지 유산에 집착하면서 벌인 처참한 살육전으로 인해 세계

여론의 지탄을 받고 결국에는 식민 제국의 자리에서 물러날 수밖에 없었다. 대전의 시작부터 끝까지 처절하게 싸워야 했던 영국 역시 이제는 더 이상 스스로도 자신의 것이 아니라고 여겨지는 것을 지키기 위해 싸움을 계속할 여유 따윈 없었다.

더 나아가 국제 정치 상황 자체가 크게 변했다. 1941년 8월에 발표된 대서양 헌장Atlantic Charter*에서 영국과 미국은 "모든 사람들은 자신이 사는 국가의 정부체제를 선택할 권리를 가진다"는 것을 파시스트 독재체제에 맞서 싸우기 위한 명분의 하나로 정한 바 있었다. 이러한 고결한 원칙은 반제국주의 군대에게 명분을 주었지만, 이외에도 연합국의 승리를 주도한 2대 강국인 미국과 소련부터가 유럽의 식민주의를 강력하게 반대하고 있었다.

보다 정당한 세계 질서 수립을 위한 노력의 일환으로 창설된 유엔 역시 탈식민지화를 더욱 가속화했다. 이러한 여건은 때마침 불어닥친 민족주의와 혁명적 움직임과 함께 지중해 일대와 중동의 아랍인들에게 새로운 기회를 제공해주었다. 그러나 제2차 세계대전은 아랍인들에게 그러한 기회와 함께 시오니즘과 이스라엘 국가의 수립이라는 새로운 장애물도 동시에 가져다주었다. 유대인 탄압과 나치의 유대인 학살이라는 시련을 겪으며 호되게 단련된 시오니즘 운동은 목표 달성을 위해서라면 물불을 가리지 않는 무자비한 운동으로 발전했다. 이런 점에서 역설적이기는 하지만, 히틀러는 그 어떤 유대인 지도자들보다도 더 시오니즘 운동을 발전시킨 장본인이라고 할 수 있을 것이다.

그러나 지중해와 중동지역은 여전히 과거 수세기 동안 그래 왔듯이

---

* 대서양 헌장 제2차 세계대전 이후 전후 질서의 기본 방침을 천명한 미국과 영국의 공동 선언. 영토의 불확대, 민족자결 따위를 규정한 8개조의 원칙은 유엔 헌장의 기초가 되었다.

세계에서 가장 편리한 여행과 통상의 통로가 남아 있으며, 20세기 들어서는 주요 석유 공급원으로서의 지위까지 얻게 되었다. 이러한 이유로 인해 지금도 전 세계는 중동지역에 커다란 이해관계를 가지고 있다. 물론, 그 이해관계의 성격이 과거 제국주의 시절과는 크게 다른 것이기는 하지만, 중동지역은 여전히 불안정한 지역으로 남아 있다.

제2차 세계대전이 아시아-태평양 지역에 미친 영향

태평양 전쟁은 전반적으로 거대한 규모의 병력이 엄청난 거리를 이동하면서 전투를 벌이는 양상을 띠었다. 그러나 유럽 전선과 비교해봤을 때, 태평양 전쟁은 상대적으로 규모가 작았으며, 특히 지상전에 동원된 병력 면에서는 비교가 되지 않았다. 일례로 소련의 경우 전체 인구 1억9,400만 명 가운데 3,000만 명을 동원하여 800만 명이 여러 가지 이유로 사망했다. 독일은 1,800만 명을 동원하여 300만 명이 사망했다. 영국군은 590만 명을 동원하여 30만 명 이상이 사망했고, 그 대부분은 유럽 전선에서 발생했다.

　저명한 전쟁사학자인 존 키건은 "일본도 600만 명을 동원했지만, 본토 이외의 지역에 배치된 병력의 6분의 5 정도는 중국 전선에 투입되었으며, 태평양 각지의 섬을 둘러싼 전투에 투입된 병력은 아마도 미국이 태평양 지역에 투입한 병력을 넘어서지 않을 것"이라고 지적하면서 태평양 지역에 투입된 29개 미 육군 및 해병대 사단 가운데 실제로 '일정 기간 동안 지속된 전투'에 투입된 병력은 6개 육군 사단 및 4개 해병 사단에 불과하다고 말했다. 반면, 1944년 중반 유럽 전선에서는 300개 독일 및 여타 추축국 사단들이 300개 소련 사단과 70개 영국 및 미국 사단들과 전투를 벌이고 있었다. 그러나 독일에 비해 적은 병력을 투입했다고는 하나 일본 육군의 손실은 매우 커서 140만 명에 이르는 일본군 병사들이 전쟁 중에 목숨을 잃었다. 그러나 이렇게 일본군 전사자 수가 많은 것은 대규모 전투가 벌어졌기 때문이기보다는 연합군의 압도적 화력을 상대로 '만세 돌격'으로 대표되는 '무작정 밀어붙이기식'의 일본군의 전투 방식 때문이었다.

한편, 일본 해군도 인명 피해가 크기는 마찬가지여서 미 해군의 총 전사자 수가 3만6,900명(대부분 태평양에서 전사)인 데 반해, 일본 해군의 전사자 수는 40만 명에 달했다. 이것은 전투가 대부분 해상에서 벌어졌기 때문이었다. 개전 당시 일본은 항공모함 탑재기들의 지원을 받으며 능숙하게 상륙전을 수행했다. 그러나 전쟁이 진행되면서 미 해군은 항공모함의 운용과 상륙작전의 개념을 새로운 차원으로 끌어올렸다. 태평양 전쟁을 통해 항모기동부대는 미 해군 최강의 전력이 되었고, 이는 오늘날까지도 이어지고 있다. 남서태평양지역에서는 맥아더가 마치 니미츠가 항공모함을 활용하듯 각 섬의 정글 속에 건설된 비행장을 활용하여 일본군 지역 깊숙한 곳에 상륙작전을 실시했다. 미 해군이 대규모 작전을 지속할 수 있었던 원동력은 '함대 보급열차Fleet Train'로 불리던 대규모 보급 수송 선단 덕분이었다. 태평양 전쟁은 또한 잠수함 부대들이 효과적이고 공격적으로 운용되었을 때 어떤 성과를 거둘 수 있는지도 여실히 보여주었다.

태평양 전쟁에서 가장 중요한 역할을 담당했던 것은 뭐니뭐니해도 연합군의 해군 항공대와 육상기지 항공대였다. 일례로 한 통계에 의하면 대전 중 격침된 일본 함선 2,728척 가운데 1,314척은 연합군 잠수함에게, 123척은 수상함에게, 1,232척은 항공기의 직간접적인 공격에 의해, 46척은 함재기와 수상함의 연합 공격에 의해 격침되었다고 한다. 항공기는 육상 수송이 매우 어렵거나 불가능한 전투 지역에서는 귀중한 수송 및 재보급 수단이 되어주었다. 중국에서 일본군과 싸우던 중국군과 미군은 항공기를 통해 인도로부터 보급을 받았다. 항공기는 버마 전선과 뉴기니아 전선에서도 병력을 실어 날랐으며, 비행장도 없는 오지에서 싸우고 있던 병사들은 항공기가 낙하산으로 투하해주는 물자로 전투를 벌였다. 전쟁 말기, 미국 전략폭격기들의 폭격만으로도 일본은 항복 직전의 상황에 몰리게 되었다. 이는 유럽에서는 그렇게 확실하게 증명되지 못했던 전략폭격만으로도 전쟁에서 승리할 수 있다는 이론의 진가를 확인시켜주는 성과였다.

히로시마와 나가사키에 투하된 원자폭탄은 전쟁의 양상을 근본적으로 뒤바꿔놓았다. 1946년, 미국의 전략가 버나드 브로디Bernard Brodie는 "지금까지 우리 군의 주요 목표는 전쟁에 승리하는 것이었다. 하지만 이제부터 군의 주요 목표는 '전쟁을 피하는 것'이 되어야 한다. 그 이외에는 다른 어떤 목표도 있을 수 없다"고 썼다. 그러나 지금도 각지에서 전쟁이 벌어지고 있는 것을 볼 때, 그의 말은 일부만 맞는다고 볼 수 있다. 하지만 각국이 이러한 전쟁이 핵전쟁으로 발전하는 것을 막기 위해 노력을 기울이고 있는 것만은 분명하다.

태평양 전쟁에서 발전된 일부 전술들은 이후 수십 년 동안 벌어진 여러 제한전에서 많이 사용되었다. 예를 들어, 중국과 말라야, 베트남과 필리핀의 혁명 게릴라들은 대전 중 습득한 게릴라전 기술을 최대한 활용했다. 1950년대 말라야의 공산 게릴라들을 막기 위해 투입된 영연방군 병사들은 제2차 세계대전 중 버마와 뉴기니아에서 일본군과 싸우면서 정글전 전술을 익혔던 병사들이었다. 연합군은 또한 오지 전투에 대한 보급 기술 및 열대병 치료책도 발전시켰다.

1945년 무렵, 연합군은 버마와 필리핀에 최대 10여 개 사단을 배치해놓고 있었지만, 이들은 소련과 북서유럽 전선에서 벌어진 전투의 전형적인 모습이자 향후 수십 년 동안 지속된 기동전 교리의 전범을 제시한 대규모 기갑전은 전혀 벌이지 않았다. 사실, 태평양에서 벌어진 소모적인 지상전에서 근대적인 모습은 별로 찾아볼 수 없었다. 그러나 태평양 전쟁은 항공모함의 운용과 상륙작전, 그리고 항공력 활용을 통해 현대전 교리의 발전 기반을 닦았다. 다시 말해, 태평양 전쟁은 육·해·공 협동작전의 중요성을 부각시킨 전쟁이었다.

일본의 재건

태평양 전쟁이 끝나고 가장 먼저 해결해야 할 문제는 일본을 처리하는 것이었다. 각국으로서는 일본이 다시는 침략 전쟁을 할 수 없도록 만들 필요가 있었다. 전쟁 직후 일본 사회는 붕괴 상태였다. 이런 상황은 혁명으로 이어질 수도 있었고, 일본에 큰 피해를 본 이웃 국가들이 일본을 공격하면 또 다른 전쟁이 일어날 수도 있었다. 1945년 말, 일본의 실업자 수는 1,300만 명에 달했다. 1945~1946년에 일본 국민은 거의 기아 상태에 처해 있었다. 한 생존자는 그 당시에 대해 "모든 사람들이 어떤 방식으로든 암시장에 관계되어 있었다"고 회상했다. 암시장을 이용하기를 거부한 한 강직한 치안판사가 굶어죽었다는 소문까지 나돌기도 했다.

태평양 지역 연합군 총사령관이었던 맥아더는 도쿄에 총사령부를 세우고 다수의 미군과 오스트레일리아군 대장이 지휘하는 소수의 영연방군으로 이뤄진 점령군을 지휘했다. 맥아더는 서구 민주주의를 기반으로 한 일본 정부를 세웠고, 1947년 5월에는 새로운 헌법이 발효되었다. 이 새로운 헌법에는 주권으로서의 전쟁을 선포할 권리를 포기하고 군대의 보유를 금지하는 조항이 포함되어 있었다.

또 연합군은 전쟁 책임자들을 처리하기 위해 1946년에 극동 국제 법

정을 열어 '평화에 대한 범죄행위'를 저지른 일본 지도자들을 재판했다. 이들의 죄목에는 일반적인 전쟁 범죄와 '반인도적 범죄' 외에도 전쟁 계획 및 침략 전쟁 수행 등도 포함되어 있었다. 황족으로 전쟁을 주도한 고노에 후미마로를 비롯한 일부 인사들은 체포되기 전에 자살하기도 했다. 그러나 많은 사람들이 반드시 재판에 회부되어야 한다고 생각했던 일본 천황은 "모든 연합국에게 가장 이익이 된다"는 이유로 피고가 아닌 증인으로 법정에 서게 되었다. 수석 재판장은 오스트레일리아 판사인 윌리엄 웹William Webb 경이 맡았다. 재판이 진행되는 동안 피고 2명은 옥중에서 사망했고, 다른 1명은 정신적으로 재판을 받을 수 있는 상태가 아니라는 판정을 받았다. 나머지 피고들은 전원이 최소한 한 가지 혐의에 대해서는 유죄를 선고받았다. 유죄 판결을 받은 자들 가운데 도조 히데키를 포함한 7명은 1948년에 교수형을 당했고, 나머지는 투옥되었다.

동아시아 전역에 걸쳐서 연합군은 살인, 포로 및 민간인에 대한 학대,

반인도적 범죄 혐의에 대해 2,000건의 재판을 열었다. 피고 5,700명 가운데 3,000명이 유죄 판결을 받아 투옥되었고, 그중 920명은 처형되었다. 필리핀에서 일본군의 저항을 지휘했던 야마시타 대장은 마닐라 방어전 당시 일본군들이 민간인들에게 잔혹행위를 저지르도록 허용했다는 혐의로 재판을 받게 되었다. 야마시타 대장은 그러한 잔혹행위가 일어났다는 사실을 전혀 몰랐다고 주장했지만, 결국 유죄 판결을 받고 교수형을 당했다. 바탄 반도에서 죽음의 행진이 벌어지도록 용인한 혐의로 기소된 혼마 대장은 자신은 그런 일이 있었다는 것을 들어본 적도 없다고 주장했지만, 역시 유죄 판결을 받고 총살당하고 말았다.

연합군의 일본 점령 정책은 관대함과 현명함의 결정체로서, 1951년 9월에 샌프란시스코에서 최종적으로 평화협정이 체결되었을 때 일본인 대부분은 일본이 점령군의 군정에서 벗어나 독립하게 되었다는 사실을 거의 눈치 챌 수 없을 정도였다. 동시에 일본이 다시 한 번 군사력을 길러 침공해올지도 모른다는 오스트레일리아와 뉴질랜드의 우려를 덜어주기 위해 미국은 이들 국가들과 안보협정Anzus Treaty을 체결했다. 이 협정은 오늘날까지도 그 효력이 이어지고 있다. 그로부터 1년 후, 미국은 일본과도 안보협정을 체결했으며, 이 역시 지금까지도 효력을 발하고 있다. 미국이 제공하는 안보 우산 아래서 일본은 경제 발전에 전념하여 경제 대국으로 발전했으며, 예전 식민지였거나 적국이었던 국가와 지역(중국, 타이완, 한국, 홍콩, 싱가포르)의 경제적 발전에도 도움을 주었다.

아시아-태평양 지역 구도의 재편
일본은 연합군(주로 미군)이 주둔함으로써 재건과 민주화를 달성하고 국가 번영을 이룰 수 있었지만, 다른 아시아 지역에서 전쟁의 종결은 오히려 더 큰 혼란과 분쟁을 가져왔다.

그중 아시아 지역의 판도에 가장 큰 영향을 미친 것은 장제스의 국민당 정부와 마오쩌둥의 공산당 사이에서 벌어진 중국의 국공내전이었다. 중국 남부 지역 대부분을 일본으로부터 되찾은 중국 국민당은 미국이 무기대여법으로 원조한 무기로 무장했다. 반면, 중국 북부의 공산당은 노획한 일본군의 무기와 1945년 8월에 만주로 밀고 들어온 소련군이 원조한 무기로 무장했다. 국민당과 공산당의 싸움은 1949년까지 계속된 끝에 공산당이 최종 승리를 거두면서 1949년 10월 1일 베이징에서는 중화인민공화국 수립이 선포되었다. 그리고 중국 국민당 잔존 세력은 그 해 12월까지 타이완으로 철수했다.

1945년 8월, 소련군이 한반도 북부에 진주하면서 한반도는 38도선을 기준으로 분단이 되었으며, 북한에는 김일성을 지도자로 하는 공산 정권이 들어서고 남쪽에서는 이승만을 수반으로 하는 대한민국 정부가 수립되었다. 1950년, 북한의 침공으로 시작된 한국 전쟁은 1953년 휴전협정이 체결될 때까지 계속되었다. 휴전협정을 통해 38도선 부근에 새로운 휴전선이 그어졌으며, 한반도는 오늘날까지도 분단된 상태로 남아 있다.

동남아시아 지역에서는 태평양 전쟁 기간 동안 세를 확장한 혁명세력들이 이때다 하고 식민 지배 국가들로부터 독립을 쟁취하려 들었다. 일례로 베트남에서는 1945년 8월에 민족주의 성향의 공산당 지도자 호치민Ho Chi Minh이 독립 정부를 세웠다. 그러나 전쟁이 끝나고 베트남이 다시 프랑스에 점령당하자, 프랑스와 호치민이 이끄는 베트민Viet Minh은 곧 치열한 전투를 벌이게 되었다. 1954년, 디엔 비엔 푸Dien Bien Phu에서 괴멸적인 타격을 입은 프랑스는 베트남에서 발을 뺐고, 이후 베트남은 공산주의의 북베트남(혹은 월맹)과 친서방 성향의 남베트남(월남)으로 분단되었다. 이후 1960년대와 1970년대에 걸쳐 오랫동안 미국과 북베트남 사이에 치열한 전쟁이 계속되다가 결국 미국이 남베트남으로부터 발을 빼자 곧 전 베트남은 공산화되었다.

인도네시아에서는 대전이 종결된 후 곧 수카르노가 독립 공화국 수립을 선포했으며 인도네시아에 진주한 영국군은 인도네시아군의 저항을 받게 되었다. 이후 원래 인도네시아를 지배하고 있던 네덜란드군이 도착하자, 영국군은 인도네시아를 떠났다. 하지만 이후 네덜란드는 인도네시아의 지배권을 되찾기 위해 3년 동안이나 치열한 전투를 벌였다. 그러나 수카르노를 이길 수가 없었던 네덜란드는 1949년 12월에 결국 인도네시아의 독립을 승인할 수밖에 없었다.

베트남에서의 프랑스나 인도네시아에서의 네덜란드와는 달리, 필리핀을 계속 식민지로 유지할 생각이 없었던 미국은 필리핀의 독립을 허용했고, 1946년 7월에 필리핀 공화국이 공식적으로 탄생했다. 대전 중 일본군과 맞서 싸우던 게릴라 조직들 가운데 후크발라하프Hukbalahap, 혹은 후크Huks단이라고 불리던 공산당 계열의 조직은 농민들로부터 폭넓은 지지를 받고 있었다. 새로운 정부 구성에서 소외당했다고 생각한 후크단은 내전을 일으켰고, 이 내전은 1950년대 중반까지 계속되었다.

영국 정부는 동남아 일대의 추세를 보고 버마의 민족주의자들이 독립을 요구하자, 이를 곧바로 허용했다. 그러나 새로 들어선 버마 정부는 곧 공산주의자들의 공격에 맞서야 했다. 1947년이 되어서야 독립을 하게 된 인도 역시 힌두교도가 주류인 인도와 이슬람교도가 주류인 파키스탄으로 분열되면서 유혈 폭력 사태를 겪어야 했다. 파키스탄과 인도 사이의 대규모 인구 교환 과정에서 약 50여만 명의 힌두교도와 이슬람교도, 그리고 시크교도들이 목숨을 잃었다.

영국은 말라야에도 독립을 약속했다. 하지만 1948년에 말라야 공산당은 대전 중 항일 투쟁을 벌였던 말라야 민족해방군Malayan Races Liberation Army을 이용해 무장 투쟁을 시작했다. 대부분의 반란 세력은 중국계였고, 대부분의 말라야계는 정부 편에 섰다. 1957년, 결국 말라야는 독립하게 되었으며, 공산당의 무장 투쟁은 1960년에 공식적으로 종식되었으나 공산주의자들의 테러 활동은 이후로도 오랫동안 간간이 계속되었다.

태평양 전쟁이 끝난 이후 아시아-태평양 지역은 30년간에 걸쳐 수많은 전쟁을 겪게 되었다. 이 전쟁들은 규모 면에서는 태평양 전쟁에 비할 바가 못 되었지만, 그래도 엄청난 희생을 불러왔다. 이 전쟁들의 주요 원인이었던 공산주의와 탈식민지화는 모두 태평양 전쟁 과정에서 대두된 것들이었다. 그 30년 동안 아시아-태평양 지역은 전쟁 이전과는 완전히 달라져 있었다. 1937년 당시 아시아 지역에서 독립국가는 일본과 중국, 태국뿐이었다. 그나마 중국의 국민당 정권은 중국 전역을 장악하지도 못한 상태였다. 그 나머지 지역은 영국, 프랑스, 네덜란드, 미국, 오스트레일리아가 지배하고 있었다. 1975년 무렵이 되자, 중국은 강력한 단일 공산주의국가(물론 타이완은 제외해야겠지만)로 성장해 있었고, 타이완 역시 세계 무대에서 주요 경제 강국으로 부상하고 있었다. 또 남북한 중 남한은 세계적인 경제국가가 되었다. 그보다 더 남쪽과 서쪽 지역에서는 베트남, 라오스, 캄보디아, 필리핀, 브루나이, 말레이시아, 싱가포르, 인도네시아, 파푸아 뉴기니, 버마, 방글라데시, 스리랑카, 인도, 파키스탄이 독립국가로 자리 잡게 되었다.

태평양 전쟁은 또한 태평양의 강자로서 미국이 부상했음을 확인해주는 사건이기도 했다. 미국은 한국 전쟁과 베트남 전쟁에도 대규모 병력을 투입했고, 일본의 혼슈와 오키나와, 한국과 괌에 여전히 대규모 부대를 유지하고 있으며, 필리핀에도 오랫동안 해군 기지를 가지고 있었다. 그리고 지금도 강력한 항모 전투단인 제3함대와 제7함대가 태평양 일대를 순찰하고 있다. 미국의 적이었던 일본은 이제 미국의 주요 동맹국이 되었으며, 대전 중 미국의 동맹이었던 소련(현재 러시아)과 중국은 대전 후에는 우방이라기보다는 적과 같은 존재가 되었다.

일본은 막대한 경제력을 바탕으로 한국, 중국, 동남아시아, 오스트레일리아와 우호적인 관계를 맺을 수 있었다. 그러나 한국과 중국을 비롯해 아시아 각국 국민들은 전쟁 중 일본이 저지른 잔악한 만행들을 잊지 못하고 있다. 이들은 때때로 일본의 정치 지도자들이 일본은 침략 전쟁을 한 적이 없으며 무고한 민간인을 비인도적으로 대우한 적도 없다고 주장할 때마다 분노하고 있다. 태평양 전쟁은 아시아-태평양 지역의 전략적 · 정치적 · 경제적 판도를 완전히 바꿔놓았다. 그리고 그 그림자는 앞으로도 수십 년간 이 지역에 영향을 미칠 것이다.

동맹에서 냉전으로

1938년, 영국과 프랑스 총리가 뮌헨에서 독일과 이탈리아의 독재자를 만나 체코슬로바키아의 운명을 논의했을 때, 소련은 그 자리에 초대받지 못했다. 1945년, 스탈린은 12주 전 그의 병사들이 점령한 베를린에 연합국 지도자들을 불러들여 포츠담 회담을 열었다. 소련군 병사들은 독일을 패배시키는 데 결정적인 역할을 했으며, 소련이 중부유럽에 진출할 수 있도록 해주었다.

그러나 이러한 위업을 달성한 스탈린 정권은 너무나 폭압적이었기 때문에 독소전 초반에 많은 소련 국민들은 침략자인 독일군을 환영했고, 소련군 병사들도 사상 유례 없는 규모로 독일에 항복했다. 그 가운데 60만 명은 보조병으로 독일군을 위해 일했고, 5만 명 이상은 블라소프 대장의 자유 러시아군에 가담했다. 다수의 우크라이나인, 코사크인, 발트 해 연

안 국가 출신, 코카서스인, 중앙 아시아인들이 무장친위대나 독일군이 조
직한 수많은 외인부대^{Foreign Legion}에 입대하거나 강제수용소 경비, 혹은 처
형인으로 일했다.

　그렇게 민심을 잃은 스탈린 정권이 1917년 당시 차르가 걸었던 몰락
의 길을 따라가지 않을 수 있었던 것은 물론 그의 무자비함이 크게 작용
했지만, 이외에도 많은 요인이 있었다. 스탈린이 1931년부터 시작한 소련
의 공업화 정책과 이 정책이 낳은 수많은 유능한 기술자, 관리자, 설계자,
그리고 적백 내전 당시 스탈린의 심복이었던 보로실로프, 부데니, 쿨리크
의 무능이 드러나면서 새로 기용된 40대 젊은 지휘관들도 그러한 요인 중
하나였다. 그 밖에 스탈린의 효과적인 전쟁 지휘 도구가 되어준 참모부도
중요한 요소였다. 소련의 첩보 및 방첩 활동은 독일보다 훨씬 더 효과적

■■■■■■ 독일군 편에 서서 싸운 코사크병들의 모습. 코사크병들은 독일이 소련군 포로들로 구성한 몇몇 '외인부대' 가운데 가장 큰 세력을 형성하고 있었다. (AKG Berlin)

이었다. 영국과 마찬가지로 소련 역시 소련 영내의 모든 독일 스파이들을 체포해 처형하거나 '전향'시키는 데 성공했다. 따라서 독일의 첩보부인 아프베어Abwehr나 기타 정보부대에 전달되는 소련군의 동향에 관한 정보는 모두 세심하게 조작된 역정보였던 데 반해, 소련군은 꾸준하게 유입되는 양질의 정보를 통해서 독일군의 움직임을 손바닥 보듯이 알 수 있었다. 또 정확히 알 수는 없지만, 소련이 1943년 초 에니그마 암호를 해독해냈을 가능성도 있다. 그러나 설사 그렇게 하지 못했다 하더라도 소련은 에니그마 암호를 해독한 영국으로부터 정보를 제공받을 수 있었고, 케임브리지 파이브Cambridge Five*로 유명한 킴 필비Kim Philby, 앤서니 블런트Anthony Blunt, 존 케언크로스John Cairncross, 도널드 매클린Donald McLean, 가이 버제스Guy Burgess로부터 필요한 정보를 입수할 수 있었다.

동부전선 전쟁의 향방에 영향을 미친 두 가지 외부 요소는 연합군의 전략폭격과 연합국, 특히 미국의 원조 물자였다. 냉전 당시 소련 저술가들은 거의 습관적으로 연합군이 소련에 제공한 원조의 의미를 폄하하고 '제2전선'을 여는 데 왜 그렇게 시간이 걸렸냐며 연합군이 소련의 힘을 빼려고 일부러 전쟁을 질질 끈 것이 아니냐는 의혹을 제기했다. 또 소련 역사가들은 1941년 7월에 후일 미국 대통령이 된 트루먼이 성명에서 "독일이 승리하고 있을 때 미국은 소련을 지원해야 한다. 마찬가지로 소련이 승리하고 있을 때는 독일을 지원해야 한다"고 언급한 내용을 연합국의 도움을 깎아내리기 위해 즐겨 사용했다. 연합군의 전략폭격 역시 원래 의도했던 효과는 전쟁 말기에나 나타나기 시작했다. 하지만 어쨌든 연합군

---

* 케임브리지 파이브 이들 모두가 영국 최상류층 출신으로, 1930년대에 케임브리지 대학을 나왔다. 이들은 대학을 나와 영국 정부 요직에서 승승장구 출세를 했다. 그러나 하나둘씩 소련 스파이로 들통이 나서 일부는 소련으로 망명을 가고, 뒤늦게 들통이 난 일부는 전모를 털어놓는 선에서 면죄부를 받았다.

의 전략폭격은 전장에서 육군을 지원하고 있던 독일의 전투기 세력과 대공포 전력의 3분의 2를 본토 방공으로 끌어들이고 폭격기와 지상 공격기 생산에 투입되어야 할 생산력을 전투기 생산에 투입되도록 함으로써 소련의 전쟁 수행에 큰 도움을 주었다. 또 1944년 중반부터 이뤄진 독일의 액화 석탄 공장 및 주요 교통망에 대한 폭격은 독일의 수송 능력을 크게 저하시켰고, 미국이 제공한 43만8,000대에 이르는 트럭은 소련군의 기동성을 크게 향상시켜주었다. 연합군이 차량, 공작 기계, 항공기, 철도 장비, 무전기, 전선, 원자재, 직물, 식량 등을 제공해준 덕분에 전차, 대포, 항공기 생산에 집중할 수 있었던 소련은 독일을 압도하는 물량을 생산할 수 있었다.

소련의 승리에서 단일 요소로 가장 큰 역할을 한 것은 소련인의 애국심이었다. 이러한 사실을 재빨리 눈치 챈 스탈린은 자신의 연설을 과거 러시아가 거둔 승리와 그 승리를 이끈 지도자들의 이야기로 도배해버렸다. 그리고 종교 박해는 중지하고 차르 시절의 계급체계와 계급장을 다시 도입했으며, '근위대'라는 부대명도 부활했다. 또 과거 러시아의 전쟁 영웅들의 이름을 딴 훈장들을 제정하는가 하면, 이들의 이름을 소련군의 작전명으로도 사용했다. 처음에 독일군을 환영했던 소련 주민들도 독일군의 무자비한 점령지 정책에 곧 마음을 돌리게 되었다. 또 "동포 지도자라면, 좀 시원찮더라도 봐주라 Pust khuzhe da nashe"라는 러시아 속담처럼, 소련인들은 같은 압제자라도 외국인보다는 동포 쪽을 더 낫게 생각하는 성향이 있었다.

소련 병사들이 전쟁이 끝나고 다가올 더 나은 세상을 위해 열심히 싸웠다는 데는 의심의 여지가 없다. 그러나 스탈린은 독일의 패배로 전쟁이 끝난 후에도 오래도록 자국민을 대상으로 한 일종의 '전쟁'을 계속했다. 전쟁 중 포로가 된 자들이나 적진 후방에 포위되어 있다가 탈출한 자들,

그리고 점령지 주민들은 기나긴 심문을 받은 끝에 투옥되는 경우가 다반사였고, 많은 빨치산들도 비슷한 운명을 맞았다. 이들이 저지른 잘못이라곤, 어쩌다 소련 공산당의 지배가 미치지 않은 곳에서 시간을 보냈다는 것뿐이었다. 몇몇 소수민족들은 시베리아나 중앙아시아로 집단 이주당했다. 볼가 강의 독일계 주민들은 1941년에 이주당했고, 1943년~1944년에 수복된 크림 반도와 카프카스 지역에서도 일부 주민들이 독일에 협력했다는 이유만으로 크림 타타르인과 체첸인, 잉구슈인, 칼미크인, 메스헤티아인에 대한 집단 이주가 시행되었다. 1943년~1944년에 집단 이주당한 주민들의 수는 150만 명이 넘었다. 스탈린이 바르샤바 봉기를 지원하지 않은 것이나 폴란드인들의 지지를 거의 받지 못했던 공산계열의 폴란드 '민족위원회'를 폴란드의 정부로 인정한 조치 등은 어떻게 보면 냉전의 첫걸음을 내디딘 조치이기도 했다.

전쟁이 끝나자, 이 전쟁을 승리로 이끈 장군들도 쓸모가 없어졌다. 스탈린은 장군들이 누리던 인기에 대한 우려와 군사지도자로서 자신의 입지를 강화하고자 하는 욕망에 사로잡혀 1800년 이후 사라졌던 대원수의 직위를 부활시킨 후 대일전을 개전하기 직전에 스스로 그 자리에 올랐다. 그리고 1945년 9월 2일에 행해진 대일전 승전 연설에서 스탈린은 스스로를 1904년~1905년에 벌어진 러일 전쟁의 패배를 설욕한 인물로 묘사했다. 스탈린이 사망할 때까지 독소전 초반에 소련군이 파죽지세로 볼가 강까지 밀린 것은 1812년 쿠투조프가 나폴레옹의 군대를 상대로 그러했듯이 적을 보다 효과적으로 격파하기 위해 영명한 스탈린 동지가 의도적으로 이들을 소련 깊숙이 유인한 것으로 묘사되었다.

가장 유능했던 소련군 원수들은 각각 모스크바로부터 멀리 떨어진 임지로 보내졌다. 주코프는 수도에서 한참 떨어진 군관구 책임자로 임명되었고, 로코소프스키와 코네프는 각각 폴란드와 헝가리에 주둔한 소련군의 지휘를 맡게 되었다. 그리고 말리노프스키는 1951년까지 극동에 머물러 있어야 했다. 스탈린은 주코프를 직접 체포하지는 않았지만, 다수의 하급 장교들을 체포해 고문한 뒤 이들로 하여금 주코프가 있지도 않은 '보나파르트주의자'들이 꾸민 음모의 주동자임을 실토하게 만들었다. 대전 중 소련 공군 총사령관을 맡았던 노비코프는 항공기 생산을 의도적으로 방해했다는 날조된 혐의로 투옥되었다. 해군 총사령관 쿠즈네초프 제독은 사령관직에서 해임된 후 강등당했다. 이외에도 다른 해군 대장 3명도 소련의 항만 지도를 영국에 제공했다는 혐의로 투옥되었다(문제의 지도는 사실, 영국 해군성이 작성한 지도를 소련 측이 복사한 것이었다).

승전국들은 자신들의 군대가 가는 곳마다 자신들의 이념과 체제를 강요했다. 영국 및 미국의 민주주의와 동유럽 및 소련의 공산주의 가운데 더 큰 호응을 얻고 궁극적으로 더 오랜 시간을 견뎌낸 것은 민주주의였다. 그러나 그러한 결과가 최종적으로 드러나기까지는 40년이라는 세월이 걸렸으며, 그 기간 동안 제2차 세계대전으로 초강대국의 지위에 오른 2개 국가들(미국과 소련)은 서로 대립하는 동맹체제를 결성하여 냉전이라는 이름으로 치열한 경쟁을 벌였다.

제2차 세계대전 전에 과소평가되기 일쑤였던 소련의 군사력은 전쟁이 끝난 후 이번엔 과대평가되었다. 전쟁이 끝난 뒤 서방 연합군은 동원을 해제했는 데 반해, 소련은 해제를 하지 않았다. 이 때문에 소련이 세계 정복을 노리고 있기 때문이라는 반소 유언비어가 난무했다. 그러나 여러 자료들을 보면, 1945년 여름에 제대한 수많은 소련군 병사들이 말이 끄는 수레나 화물 열차를 타고 고향으로 돌아간 것으로 나와 있다. 파괴된 7만 개 마을과 1,200여 개 도시를 재건해야 하고, 지난 3년 동안 대부분의 집단농장들이 여자와 아이들, 노약자와 장애인 노동력으로 근근이 버텨온 상황에서 소련의 입장에서도 병사들을 신속하게 사회로 복귀시키지 않을 이유가 없었다. 전쟁 말기에 1,136만5,000명에 달했던 소련군의 수는 1948년 경에는 다시 전쟁 발발 전 1939년 수준인 300만 명으로 감축되었다. 스탈린이 죽고 나서야 그의 후계자인 흐루시초프가 자본주의와 공산주의 사이의 전쟁이 불가피한 것은 아니라고 선언했지만, 사실 스탈린도 자본주의와의 전쟁이 임박했다고 믿은 것은 아니었다. 스탈린은 아마도 그 전쟁이 불가피하다는 이야기도 믿지 않았던 것으로 보인다. 스탈린은 마지막으로 발표한 성명들 중 하나에서 제3차 세계대전은 공산주의와 자본주의 사이에서 벌어지기보다는 제1차 세계대전과 제2차 세계대전처럼 자본주의 국가들 사이에서 벌어질 가능성이 더 큰 것으로 보았다.

실제로 세계 정복과 관련해 공산주의자들은 공산주의야말로 인류 역사의 필연적인 최종 선택이 될 것이라고 주장해왔지만, 구체적으로 전 세계가 언제쯤 공산화가 될지에 대해서는 아무런 말도 하지 않았다. 스탈린 역시 세계 공산화를 위해 전쟁을 벌이지는 않았다. 스탈린의 영토 확장은 기회주의적인 측면이 컸고, 공산주의 세력을 확대하기 위해서라기보다는 과거 러시아 제국 시절의 영토를 최대한 되찾고 몽골을 제외한 모든 침략자들이 러시아를 침공해온 통로인 동유럽 일대에 위성국가를 건설하며 큰 위험을 무릅쓰지 않고 최대한 가능한 곳에서 서방의 세력을 약화시키는 것을 목표로 이뤄졌다.

1948년, 스탈린은 독일에서 영국-미국의 의지를 시험해보기 위해 베를린을 봉쇄했다. 항상 조심스러웠던 스탈린은 노골적으로 베를린 출입금지를 선언하지는 않았지만, 정비를 이유로 베를린으로 향하는 모든 도로, 철도, 운하를 모두 차단해버렸다. 이에 대해 서방측은 서베를린에 대한 물자 공수를 실시하여 스탈린을 깜짝 놀라게 만들었다. 소련 항공기들이 물자를 공수하는 서방 항공기 주변에서 '앵앵'거리기는 했지만, 서방 수송기들은 큰 방해를 받지 않고 물자를 수송할 수 있었고, 베를린 항공

통제 센터도 그 기능을 계속 유지할 수 있었다. 만약 소련이 소련 관제관들까지 철수시켰다면, 물자 공수는 낮에만 실시될 수 있었을 것이고, 결국 물자 공수는 실패로 돌아갈 수도 있었을 것이다. 그렇게 됐다면, 서방측은 일부 미국 장군들이 지지하던 보다 강경한 대응책을 사용했을 것이다. 어쨌든 서방측이 서베를린에 대한 물자 공수를 무한정 실시할 수 있다는 사실과 함께 시간을 끌수록 여론이 서방측에 유리하게 흐를 것이라는 사실을 깨달은 스탈린은 모든 육상 교통로의 정비 완료 및 재개통을 선언했다.

1949년 10월에 중국이 공산화되고, 이듬해인 1950년 6월에 공산주의 북한이 남한을 침공하면서 한국 전쟁이 발발하자, 서방 연합국은 공산주의 세력 확대에 경각심을 가지게 되었다. 그러나 중국의 공산화와 북한의 남침이 소련의 작품이라는 생각은 잘못된 것이다. 스탈린은 진정한 공산주의는 중국에서처럼 농민들을 대상으로 이뤄지는 것이 아니라 산업 노동자들을 대상으로 해야 이뤄질 수 있다고 생각했고, 심지어 1946년에는 중국의 공산당 지도자들에게 내전을 시작하지 말라는 충고를 하기까지 했다.

한국 전쟁 역시 스탈린이 계획한 것이었다기보다는 북한의 지도자 김일성이 1950년에 스탈린과 마오쩌둥에게 만약 소련제 무기로 무장한 북한군이 남침할 경우 남한 민중들이 쌍수를 들고 환영할 것이라고 설득한 결과 이뤄진 것이었다. 스탈린과 마오쩌둥은 북한의 남침을 승인하면서 서방이 개입하기 전에 전쟁을 끝낼 수 있을 것으로 보았다. 그러나 예상과 달리 전쟁이 장기화되자, 스탈린은 소수의 미그 15 제트 전투기와 조종사들을 파견한 것 외에는 전쟁에 관여하지 않으려 했고, 중국이 참전하자 손 안 대고 코를 풀 수 있게 된 것에 크게 기뻐하면서 중국에 막대한 지원을 했다(그러나 스탈린은 모든 원조 물자의 비용을 중국으로부터 끝까지 받아냈다). 스탈린은 미군 항공기들이 북한 국경지대 인근의 소련군

비행장을 폭격했을 때도 별다른 조치를 취하지 않았으며, 1953년 3월 사망할 때까지 도발 행동을 취하는 것을 자제했다.

사상 최악의 전쟁

독일이 항복한 지 15일이 지난 1945년 5월 23일, 연합군은 되니츠가 이끌던 독일 정부를 해산시켰다. 이후 독일 국가는 사실상 소멸했으며, 대신 서방 연합군과 소련이 각각의 독일 점령지를 대상으로 군정을 실시했다.

이러한 상황은 7월 포츠담 회담에서 4개 주요 연합국인 미국, 영국, 프랑스, 소련이 예전에 이뤄진 독일 영토의 축소와 분할 통치에 대한 합의를 재확인할 때까지 계속되었다. 포츠담 회담을 통해 연합국은 오데르-나이세 강 선 동쪽의 독일 영토와 동프로이센 남부를 재건된 폴란드에 할양하는 동시에 동프로이센 북부는 소련에 주기로 결정했다. 그 이외의 지역에 대해서는 독일의 국경을 1936년 이전의 국경으로 회복시킨

■■■■■ 1945년 7월, 포츠담 회담에서 만난 4개 주요 연합국 정상들은 전후 유럽의 분할에 대해 합의했다. 사진은 기자들 앞에서 악수를 나누는 처칠과 트루먼의 모습. 회담에서 연합국 정상들은 독일의 영토를 1936년 이전 시기의 영토로 복원시키고 일정 기간 동안 4개 주요 연합국이 독일을 분할 통치한다는 데 합의했다. 분할 통치 기간에는 베를린에 자리 잡은 연합국 통치위원회가 독일의 행정을 담당했다. (IWM BN8944)

다는 합의가 이뤄졌다. 이를 통해 오스트리아는 다시 한 번 독립국가가 되었으며, 보헤미아-모라비아 지역은 체코슬로바키아에 반환되었고, 프랑스는 일시적으로 자르 공업지대에 대한 관리권을 가지게 되었다.

포츠담 회담 결과, 소련은 독일 동부 4개 주를, 영국은 독일 북부를, 프랑스는 독일 남서부를, 미국은 독일 중부와 남부 지역을 각각 관할하여 통치하게 되었다. 연합국은 또한 소련 점령지 한가운데 있던 독일의 수도 베를린 역시 비슷한 방식으로 분할했으며, 이번에도 소련은 베를린의 동부를 차지하게 되었다. 독일 점령지 행정을 총괄하는 연합국 통치위원회 Allied Control Commission도 베를린에 설치되었다. 포츠담 회담에서는 서방 연합국이 서베를린에 도달할 수 있는 비행 경로와 도로, 그리고 철도에 대한 보장도 이뤄졌다. 마지막으로 연합국은 독일로부터 분리되어 다시 독립국이 된 오스트리아에도 이와 비슷한 방식의 분할 통치를 실시했다. 한편, 연합국 간의 협력에 기반한 분할 통치가 이뤄지는 와중에도 소련은 그와 동시에 자신들이 해방시킨 동유럽 각국, 즉 폴란드, 체코슬로바키아, 헝가리, 루마니아, 불가리아 등지에 부지런히 위성국가를 건설했다.

독일을 통치하게 된 연합국 각국은 독일 전국이 완전히 피폐화되어 있다는 사실을 깨닫게 되었다. 대전의 마지막 7개월 동안 700만 명에 이르는 독일인들이 소련군을 피해 독일 동부로부터 서부로 피난을 왔으며, 추가로 소련군 장악 지역에서 피난을 떠났거나 쫓겨난 300만 명이 서부 독일의 서방 연합군 점령지로 몰려들었다. 이러한 엄청난 수의 난민들은 200만 명에 이르는 서부 독일 난민들과 함께 군정에 나선 서방 연합국에게 커다란 행정상의 부담을 안겨주었다. 문제는 이것만이 아니었다. 4개 연합국들은 독일에게 포로로 잡혔거나 아니면 노예 노동력으로 독일에 끌려온 900만 명을 다시 각자의 고향으로 돌려보내는 엄청난 과업도 함께 수행해야 했다.

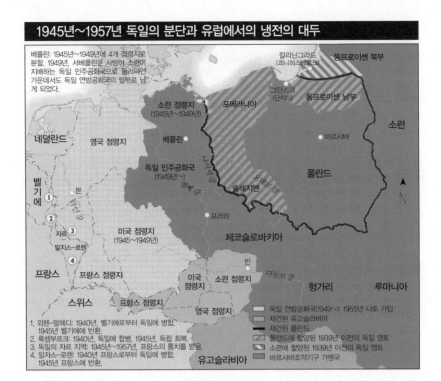

1945년~1957년 독일의 분단과 유럽에서의 냉전의 대두

베를린: 1945년~1949년에 4개 점령지로
분할. 1949년, 서베를린은 사방아 소련이
지배하는 독일 민주공화국으로 둘러싸인
가운데서도 독일 연방공화국의 일부로 남
게 되었다.

네덜란드

영국 점령지

소련 점령지
(1945년~1949년)

베를린

독일 민주공화국
(1949년~)

벨기에

본 ①

②

자르 ③

알자스-로렌

④

프랑스

프랑스 점령지

미국 점령지
(1945~1949년)

스위스

프랑스 점령지

미국
점령지

소련 점령지

영국 점령지

칼리닌그라드
(쾨니히스베르크)

동프로이센 북부

그단스크
(단치히)

동프로이센 남부

포메라니아

바르샤바

소련

폴란드

슐레지엔

프라하

체코슬로바키아

빈

다뉴브 강

헝가리

루마니아

1. 외펜-말메디: 1940년, 벨기에로부터 독일에 병합.
   1945년 벨기에에 반환.
2. 룩셈부르크: 1940년, 독일에 합병, 1945년, 독립 회복.
3. 독일의 자르 지역: 1945년~1957년, 프랑스의 통치를 받음.
4. 알자스-로렌: 1940년 프랑스로부터 독일에 병합.
   1945년 프랑스에 반환.

유고슬라비아

독일 연방공화국(1949~): 1955년 나토 가입
재건된 유고슬라비아
재건된 폴란드
폴란드에 할양된 1939년 이전의 독일 영토
소련에 할양된 1939년 이전의 독일 영토
바르샤바조약기구 가맹국

1945년 5월 독일의 모든 건물들의 50퍼센트가 파괴된 상황에서 연합
국은 이러한 이재민들과 500만 명에 달하는 독일군 투항병들을 수용하기
위해 거대한 난민 및 포로 수용 캠프를 건설해야 했다. 1945년 6월까지 지
붕이 남아 있던 운 좋은 집들은 모두 수십 명이 북적거리는 공동 거주지
가 되었다. 그러나 복잡하더라도 멀쩡한 집에 사는 사람들은 운이 매우
좋은 편이었고, 운이 좋지 못한 이들은 폭격으로 파괴된 건물 잔해에 의
지해 살아야 했다. 당연한 일이지만, 이러한 난민 캠프와 일반 도시들의
사정은 열악하기 그지없었으며, 1945년 말 독일인들은 입에 풀칠만 할 수
있어도 다행으로 생각할 정도였다.

설상가상으로 연합군의 지속적인 전략폭격으로 인해 모든 공업시설

■■■■■■ 전쟁 말기에 광범위한 독일 지역이 파괴되고 수많은 독일인들이 집을 잃자, 연합국은 수백만 명에 이르는 독일 피난민들과 이재민들을 먹여 살려야 하는 부담을 지게 되었다. 사진은 굶주린 독일 피난민들에 대한 식량 배급을 감독하는 영국군의 모습. (IWM BN2698)

들이 철저하게 파괴되는 바람에 1945년 5월 당시 독일의 공업 생산은 전쟁 전의 15퍼센트까지 떨어져 있었다. 전쟁으로 인한 이러한 산업시설 및 교통망의 파괴와 엄청난 수의 이재민으로 인해 1945년 말 독일 국내에서 식량 및 기타 생필품의 생산과 분배는 아주 어려운 과제가 되었다. 연합국은 대규모 식량 부족 사태를 막기 위해 그나마 남아 있는 얼마 안 되는 식량에 대한 철저한 배급제를 실시했고, 그 결과 1945년 말 많은 독일인들은 고픈 배를 움켜쥐고 보내야 했다. 국제 적십자사가 제공한 식량 등을 통해 수만 명의 독일인들이 기아에서 겨우 벗어날 수 있었지만, 그런 노력에도 불구하고 극도로 열악한 생활환경은 여러 질병의 창궐로 이어졌고, 이로 인해 이미 영양실조로 약해질 대로 약해진 수천 명의 독일인들이 목숨을 잃었다.

한편, 5년간에 걸친 전쟁으로 인해 큰 피해를 입은 것은 독일 경제만이 아니었다. 일례로 전 유럽을 통틀어 1946년의 공업 생산량은 1938년의 공업 생산량의 3분의 1 수준에 불과했으며, 식량 생산량은 전쟁 전의 절반 수준에 불과했다. 프랑스 경제의 규모는 1938년 당시의 절반 수준으로 줄어들었고, 소련도 13퍼센트 정도 줄어들어 있었다. 대부분의 유럽 국가들이 전쟁으로 인한 피해를 그럭저럭 복구한 것은 1950년대 말이 되어서였다.

반면, 전쟁으로 이득을 본 국가들도 소수지만 분명히 존재했다. 그런 국가들의 대표주자였던 미국은 전쟁으로 인해 전 세계의 물자 생산과 무역이 큰 지장을 받는 상황을 잘 이용하여 1941년~1945년에 경제를 50퍼센트나 성장시켰다. 이러한 경제 성장을 바탕으로 미국은 1947년 말부터 유럽에 130억 달러에 이르는 전쟁 복구 비용을 지원해줄 수 있었다. 마셜 플랜Marshall Aid으로 불리는 이러한 지원은 트루먼 독트린의 일환으로 전 세계 민주국가 국민들을 지원하기 위해 이뤄진 것이었다.

마셜 플랜은 국제 정치·경제 무대에서 영국과 프랑스가 행사했던 영향력이 제2차 세계대전을 통해 얼마나 줄어들었는지, 또 미국의 영향력은 얼마나 늘어났는지를 여실히 보여주는 것이었다. 1950년대로 접어들면서 이제 세계는 미국과 소련이라는 2대 강대국이 주도하게 되었다. 하지만 이전의 유럽 식민지 열강들이 자신들의 쇠퇴를 완전히 인식하기까지는 상당한 시간이 걸렸다. 일례로 1956년에 이집트의 수에즈 운하 국유화에 반발한 영국은 이스라엘을 부추겨 이집트를 공격하고 그 사이에 수에즈 운하에 대한 통제권을 다시 확보하려고 시도했다. 그러나 영국은 미국과 소련의 압력과 국제 여론의 악화에 밀려 운하를 포기할 수밖에 없었고, 그 때서야 국제무대에서 자신의 입지가 예전 같지 않음을 절감하게 되었다.

한편, 독일이라는 국가 자체가 소멸하면서 1945년~1949년에 독일 국민의 운명은 전적으로 점령국들의 손에 달려 있었다. 비록 포츠담 회담에서 4개 주요 연합국들은 점령지 통치에 관한 기본 원칙(무장 해제, 나치 잔재 청산, 탈공업화, 지방 분권화, 민주화)에는 합의했지만, 그 원칙의 실행 방법은 각국의 통치 지역마다 큰 차이를 보였다. 이러한 차이는 1945년 말까지 원활하게 이뤄지던 서방 연합국과 소련 간의 협조가 점차 상호간의 불신과 의심으로 바뀌던 1946년~1948년에 점점 더 두드러지게 나타나게 되었다. 서방 3개국이 관할하고 있던 서부 독일의 주민들은 엄격하기는 하지만 그래도 이성적인 통치를 받았다. 그러나 포로수용소에 수용되어 있던 일부 독일군 포로들은 아주 심한 대우를 받았다. 이는 서방 연합국도 전쟁 말기에 팽배했던 나치 정권에 대한 복수심으로부터 완전히 자유로울 수는 없었음을 보여주는 사례였다. 일례로 미국의 재무장관 한스 모겐소Hans Morgenthau는 독일의 공업력을 완전히 제거하여 독일이 다시는 침략 전쟁을 벌일 수 없게 만들자고 제안했으며, 윈스턴 처칠은 나치 지도자 10만 명을 즉결처분하자는 주장까지 할 정도였다. 그러나 서방 연합국 점령지에서 그런 극단적인 조치가 실제로 이뤄진 적은 없었다.

반면, 소련 점령지의 독일 국민의 생활은 비참하기 그지없었다. 그러나 소련이 전쟁 중 독일로부터 당한 가혹한 수탈과 독일이 점령지에서 저지른 끔찍한 만행들을 고려하면, 소련이 그렇게 가혹한 점령지 통치를 실시한 것도 무리는 아니었다. 소련은 당연히 자신이 잃은 것만큼 동부 독일 점령지에서 뭔가를 뽑아내길 원했으며, 이를 위해 사실상의 점령지에 대한 배상금 공출 정책을 실시했다. 이 정책을 통해 소련은 독일 각지의 생산 시설을 뜯어내 동쪽으로 실어가거나 그렇지 않은 시설물은 최대한 가동시켜 그 생산물을 소련으로 가져갔다. 서방 연합국과의 합의를 상당 부분 위반한 이러한 정책은 서방 연합국과 소련 사이의 관계가 1947년에 눈에 띄게 악화된 주요 원인의 하나였다. 점령지에서 소련이 실시한 가혹한 정책으로 인해 많은 독일인들이 영양실조와 과로로 목숨을 잃었다.

연합국이 점령지에서 실시한 또 다른 주요 정책은 나치 잔재의 청산이었다. 이는 독일 국민들로부터 나치즘이라는 '병균'을 청소하고 스스로 나치가 저지른 끔찍한 범죄를 단죄하도록 만들기 위한 정책이었다. 이 과정에서 일어난 가장 유명한 사건은 뉘른베르크의 국제 법정에서 열린 독일 전범들에 대한 재판이었다. 이 법정에서 고위 독일 정치 및 군사 지도자 22명이 침략 전쟁 모의와 평화에 대한 범죄, 전쟁 범죄, 반인도주의 범죄 혐의로 재판을 받았다. 이 중 전쟁 범죄는 동부전선에서 특히 두드러진 독일의 야만적인 전쟁 수행 방식에 관련된 것이었고, 반인도주의 범죄는 유럽의 유대인 인구 대다수에 해당하는 550만 명의 유대인을 학살한 홀로코스트 정책에 대한 것이었다. 11개월 동안 지속된 재판을 통해 법정은 피고 12명에게 사형을, 3명에게 종신형을 선고했으며, 게슈타포와 친위대를 범죄 조직으로 규정했다.

고위급 전범들을 대상으로 한 뉘른베르크 재판과 더불어 서방 연합국은 1945년~1947년에 뉘른베르크 재판에서 범죄 조직으로 규정된 조직에 속해 있던 자들이나 기타 나치의 하수인들을 대상으로 수천 건의 나치 잔재 청산 재판을 실시했다. 이러한 재판에서 유죄 판결을 받은 피고들은 탈나치 교육 캠프에 1~2년 수용되는 형을 선고받았다. 반면, 소련이 주도한 법정에서는 형량이 임의적으로 선고되는 경향이 강해 수백만 명에 이르는 독일 전쟁포로들이 소련식으로는 표준 형기였던 '10년형'을 선고받고 악명 높은 '수용소 군도$^{Gulag\ Archipelago}$'에서 강제 노동에 시달려야 했으며, 끌려간 이들의 60퍼센트만이 이 가혹한 10년을 견뎌내고 1950년대 중반에 독일로 돌아올 수 있었다.

뉘른베르크 법정은 4개 주요 연합국들이 1945년~1946년에 추구했던 효과적인 상호 협력 이상의 것을 잘 보여주는 것이었다. 연합국은 이러한 협력을 통해 새로우면서도 보다 안정적인 국제 체제를 구축할 수 있기를 원했다. 1945년 6월에 이뤄진 유엔의 설립은 이러한 열망이 구체화된 대표적인 사례였다.

■■■■■■ 뉘른베르크 국제재판소에서 칼 되니츠, 헤르만 괴링, 알프레트 요들, 빌헬름 카이텔을 비롯한 독일 고위 정치·군사 지도자 22명은 과거 12년간 나치 제3제국이 저지른 범죄 행위에 대해 재판을 받았다. 재판 결과, 요들과 카이텔은 나치 정권이 저지른 끔찍한 범죄 행위를 공모한 혐의로 유죄를 선고받고 처형당했다. (AKG Berlin)

혼적만 남은 국제연맹을 대신해 만들어진 유엔의 목표는 각국이 서로 간의 입장 차이를 평화적으로 해결할 수 있도록 도와줌으로써 인류가 '전쟁의 고통'을 겪지 않도록 하는 것이었다. 더 나아가 유엔은 국제 경제 발전과 민주주의의 확산을 촉진하는 역할도 담당했다. 이러한 노력은 1792년~1815년 나폴레옹 전쟁과 1914년~1918년 제1차 세계대전 등 전 유럽을 전화에 몰아넣은 전쟁이 끝난 이후 평화와 번영을 증진하기 위한 국제기구가 설립된 것과 같은 맥락에서 이뤄진 것이었다. 유엔은 비록 몇 차례 실패를 겪기도 했지만, 1945년 설립된 이래 수십 년에 걸쳐 보다 안정적이고 발전된 국제 체제 형성에 큰 기여를 해왔다.

그러나 1945년 말, 유엔의 설립과 독일의 통치를 두고 긴밀하게 협력했던 서방 연합국과 소련은 1946년~1947년에 점차 서로를 불신하게 되었다. 1946년 3월, 처칠은 양측의 관계 악화에 대해 경고하면서 소련이 점령한 동유럽 일대에 철의 장막이 드리워지고 있다는 말로 이러한 상황을 잘 요약했다. 소련이 위성국가 건설을 시도하면서 동부 독일에 대한 통제를 강화하자, 서방 연합국도 자신들이 담당한 3개 독일 지역이 하나의 국가로 통합될 때까지 서로간의 협력을 강화해나갔다. 미국은 서부 독일에 들어설 새로운 국가와 기타 서부유럽 국가들이 신속한 경제 회복을 통해 공산주의의 위협을 극복할 수 있도록 1947년부터 마셜 플랜이라는 이름으로 서유럽에 엄청난 원조 자금을 쏟아부었다.

양측의 관계가 경색되면서 독일의 처리를 두고 서방 연합국과 소련이 협력할 여지가 크게 줄어든 상황에서 1948년에 소련이 서방 연합국의 서베를린 접근로를 차단해버림으로써 일어난 베를린 봉쇄^{Berlin Blockade}* 사건은 양측의 협력 가능성을 완전히 없애버렸다. 이 베를린 봉쇄 사건으로 인해 독일의 동서 분단은 기정사실이 되었다. 1949년, 독일은 독일 민주공화국과 독일 연방공화국이라는 이름(하지만 정식 국명보다는 동독, 서독이라는 이름으로 더 잘 알려져 있다)을 가진 사실상의 개별 국가로 다시 태어났다. 서로를 국가로 인정하기를 거부한 동독과 서독은 둘 다 상대방을 제압하고 독일 통일을 이루는 것을 국가적 목표로 삼았다(그러나 독일의 통일은 1989년~1990년에 냉전이 끝나고 공산주의가 붕괴되고 나서야 이뤄질 수 있었다).

이후 1950년~1953년에 한국 전쟁이 발발하고 공산주의의 위협이 증대되자, 서유럽 각국은 서독을 정치적·군사적으로 부활시켜서 공산주의 연합인 바르샤바조약기구가 제기하는 위협을 막는 방파제로 만들고자 했다. 1955년, 서유럽 국가들이 공산권의 위협에 대처하기 위해 1949년 4월에 설립한 집단안보체제인 북대서양조약기구^{North Atlantic Treaty Organization, NATO}에 독일 연방공화국이 가입하면서 이러한 노력은 정점에 달하게 되었다.

---

* 베를린 봉쇄 제2차 세계대전의 결과 분할 점령된 베를린의 서방측 점령지에 대해 1948년 6월에 소련군이 행한 육로 상의 봉쇄. 1949년 5월에 미·소 협의로 해제되었으나, 독일의 동서 분열을 결정짓는 계기가 되었다.

이러한 서구의 움직임에 대항해 소련은 바르샤바조약기구의 힘을 강화시키기 위해 동독 재건 작업을 추진했다.

1949년~1955년에 제3차 세계대전의 암운이 감돌면서 서방과 소련은 서로에 대한 견제 수단으로서 당초의 계획과는 달리 각자의 독일 점령지를 재건하기 위해 많은 노력을 기울였다. 이러한 시대적 흐름은 서독이 1960년대에 소위 '라인 강의 기적'을 일으키며 엄청난 경제적 부흥을 일으킬 수 있도록 해주었고, 이러한 경제 발전은 1990년 독일 통일 이후 21세기 초반에 독일이 유럽의 주도적 경제 강국으로 부상할 수 있는 발판을 마련해주었다. 이러한 사례를 보면, 1939년~1945년에 벌어진 제2차 세계대전이 역사에 아주 복잡한 영향을 오래도록 미쳤다는 것을 알 수 있다.

전체적으로 봤을 때, 유럽에서 벌어진 제2차 세계대전은 역사상 가장 파괴적이면서 가장 큰 인명 피해를 낳은 전쟁이었다. 56개국 이상이 참가한 이 전쟁에서 5,500만 명이 목숨을 잃었다. 5년간에 걸친 전쟁 기간 동안 독일의 사망자 수는 군인이 280만 명, 민간인이 200만 명에 달했으며, 민간인 사망자 중 55만 명은 연합군의 전략폭격의 희생자였다. 참전국 가운데서 가장 큰 인명 피해를 입은 나라는 소련으로, 전사자 630만 명 이외에도 민간인 사망자가 1,700만 명에 이르는 것으로 추산된다. 다른 유럽 국가들도 군인 180만 명과 민간인 1,050만 명이 사망했다. 민간인 사망자는 550만 명에 이르는 유대인 사망자 수를 포함한 것이다. 주요 3개 서방 연합국들은 유럽 전선에서 70만 명이 전사했다. 제2차 세계대전은 금전적으로도 각국에 엄청난 손실을 안겨주었다. 1946년 당시의 환율을 기준으로 전쟁 참가국들이 사용한 전비는 총 3,260억 파운드에 달했으며, 이는 1980년의 환율로 환산해보면 2조6,080억 파운드에 해당하는 막대한 금액이다. 연합국은 전쟁에서 승리를 거둠으로써 잔악무도한 히틀러의 나치 정권을 저지하는 데 성공했지만, 이러한 승리를 얻기 위해 정치적 ·

■■■■■■ 수많은 유럽의 아름다운 건축물들은 제2차 세계대전 동안 격렬한 지상전과 폭격으로 인해 큰 피해를 입었다. 사진은 1940년 런던 블리츠(Blitz: 독일의 런던 공습작전) 기간 동안 독일 공군의 폭격으로 인해 불길에 휩싸인 런던 시내 한가운데 서 있는 성 바울 성당(St Paul's Catherdral)의 모습. (Ann Ronan Picture Library)

경제적·사회적으로 엄청난 대가를 지불해야 했으며, 많은 승전국들은 수십 년이 지나고 나서야 제2차 세계대전의 끔찍한 기억과 상처를 완전히 극복할 수 있었다.

제2차 세계대전 연보

1931~1932
일본이 만주에 꼭두각시 '만주국' 정권을 세우다.

1933
3월 25일   일본이 국제연맹을 탈퇴하다.

1934
12월 19일   일본이 해군 군비 경쟁을 제한하는 워싱턴 해군군축조약 준수를 거
           부하다.

1935
4월   미국이 중립법을 통과시키다.
6월 18일   영·독 해군 협정이 체결되다.
10월 3일   이탈리아가 에티오피아를 침공하다.

1936
1월 15일   일본이 런던 해군군축회의를 탈퇴하다.
3월 25일   영국, 미국, 프랑스가 런던 해군군축조약에 서명하다
10월 25일   이탈리아와 독일이 추축국 조약에 서명하다.
11월 5일   일본이 독일과 방공협정을 체결하다.

1937
7월 7일   일본군이 중국에 대한 전면적인 공격을 시작하다(중일 전쟁).
8월 13일   상하이에서 일본군과 중국군 간에 전투가 시작되다.

1938

3월 12일   독일군이 오스트리아에 진주하다.

3월 13일   오스트리아가 독일 제국에 병합되다.

3월 28일   아돌프 히틀러가 체코슬로바키아에 있는 독일계 주민들에게 봉기를 일으켜 국가를 전복시키도록 선동하다.

8월 11일   영국과 프랑스의 압박에 굴복한 체코슬로바키아가 독일과의 협상을 시작하다.

8월 12일   독일이 동원령을 내리다.

9월 4일   주데텐란트의 독일계 주민들이 자치권을 부여하겠다는 체코 정부의 제안을 거부하다.

9월 7일   프랑스가 동원령을 내리다.

9월 12일   히틀러가 체코슬로바키아에 주데텐란트의 할양을 요구하다.

9월 15일   영국의 체임벌린 총리가 독일 베르히테스가덴의 별장에 머무르고 있던 히틀러를 방문하다. 히틀러는 주데텐란트 전체를 병합하겠다는 의사를 명확히 하다.

9월 18일   영국과 프랑스가 독일계 주민의 비율이 50퍼센트가 넘는 지역을 독일에 할양하도록 체코 정부를 설득하기로 합의하다.

9월 22일   고데스베르크Godesberg에서 체임벌린이 히틀러와 회동하다. 히틀러는 즉각적인 주데텐란트의 독일 병합을 요구하다.

9월 29일   일련의 협상 끝에 체임벌린, 무솔리니, 달라디에, 히틀러 간에 독일에 주데텐란트를 할양하되 기존의 체코슬로바키아 국경선은 존중한다는 합의가 이루어지다.

9월 30일   히틀러와 체임벌린이 '우리 시대의 평화' 문서에 서명하다.

10월 1일   독일의 주데텐란트 병합 작업이 시작되다.

10월 5일   베네스 체코 총리가 사임하다.

1939

3월 15일   독일군이 체코의 수도 프라하를 점령하다.

3월 28일   히틀러가 1934년 체결된 독일·폴란드 불가침조약의 무효화를 선언하다.

4월 16일	소련이 프랑스와 영국에 방위 동맹 체결을 제안하지만 거절당하다.
4월 27일	영국이 징병제를 도입하다. 히틀러가 1935년에 체결된 영·독 해군 조약의 무효화를 선언하다.
5월 22일	히틀러와 무솔리니가 '강철 조약'을 체결하다.
7월 2일	만주국에 주둔하고 있던 일본군이 국경을 넘어 외몽골에 침입해 들어오다(노몬한 사건).
8월 11일	영국과 프랑스가 뒤늦게 소련에게 동맹을 제안하다.
8월 23일	소련과 독일이 상호불가침조약(몰로토프-리벤트로프 조약)의 체결을 발표하다. 폴란드 분할에 관한 비밀조항이 불가침조약에 포함되다.
8월 25일	영국과 폴란드가 상호원조협정을 체결하다.
8월 28일	폴란드가 단치히 할양을 요구하는 독일과의 협상을 거부하다.
8월 31일	영국이 해군 동원령을 내리다.
9월 1일	독일이 폴란드를 침공하다.
9월 2일	영국과 프랑스가 폴란드를 침공한 독일에 최후통첩을 보내다.
9월 3일	영국과 프랑스가 독일에 선전포고하다.
9월 4일	영국 공군이 독일 선박들에 대한 공격을 시작하다.
9월 16일	만주국의 일본군과 소련군 간의 충돌이 중지되다.
9월 17일	소련이 폴란드 동부를 침공하다.
9월 30일	소련과 독일이 폴란드를 분할하다. 영국 원정군이 프랑스에 도착하다.
10월 14일	스카파 플로의 영국 해군 기지에서 영국 해군의 R급 전함 HMS 로열 오크가 독일 잠수함 U-47호에 의해 격침당하다.
12월 13일	플라테 강 전투가 벌어지다.
12월 17일	독일의 포켓 전함 그라프 슈페가 몬테비데오 만에서 자침하다.

1940

2월	영국이 독일의 에니그마 암호 통신기의 암호체계 분석에 성공하다.
4월 9일	독일이 덴마크와 노르웨이를 침공하다.
4월 14일	영국군이 노르웨이에 상륙하다.
5월 2일	영국군이 노르웨이에서 철수하다.

5월 10일   체임벌린이 사임하다. 후임으로 처칠이 영국 총리가 되다. 독일이 프랑스와 베네룩스 3국을 침공하다.

5월 26일~6월 4일   됭케르크에서 사면초가에 놓인 영국·프랑스 연합군이 다이나모 작전을 통해 됭케르크에서 철수하다.

5월 28일   벨기에가 항복하다.

6월 4일~9일   연합군이 노르웨이에서 완전 철수하다.

6월 10일   이탈리아가 영국과 프랑스에 선전포고하고 몰타를 공격하다.

6월 22일   프랑스가 독일과 휴전협정을 체결하다.

6월~9월   영국 본토 항공전이 벌어지다.

7월 3일~5일   영국 해군이 메르스엘케비르에 정박 중이던 프랑스 해군 함정들을 무력화시키다.

7월 17일   버마 로드가 3개월간 폐쇄되다.

7월 24일   일본군이 인도차이나 반도 남부에 상륙하다.

8월 2일   허리 작전: 영국 해군이 몰타 섬에 대한 항공기 증원 작전을 벌이다.

9월 3일   영국과 미국이 무기대여 협정을 체결하다. 미국 해군은 영국 해군 기지 사용권을 얻는 대가로 영국 해군에게 50척의 구형 4연돌Four Stacker 구축함을 제공하기로 합의하다.

9월 23일~26일   영국 해군과 자유 프랑스군이 다카르의 비시 프랑스 함대를 공격하다.

9월 27일   독일, 이탈리아, 일본이 삼국 동맹을 체결하다.

10월 28일   이탈리아가 그리스를 침공하다.

11월 11일~12일   영국 해군 항공모함 HMS 일러스트리어스에서 이륙한 21기의 소드피쉬 뇌격기들이 타란토에 정박 중이던 이탈리아 함대에 야습을 가하여 함대 전력의 절반을 무력화시키다.

12월 7일   콤파스 작전: 북아프리카의 영국 서부사막군이 이탈리아군을 향해 5일간의 습격작전을 감행하다.

1941

1월 19일   영국군이 수단의 카살라Kassala를 점령하고 에리트레아를 침공하다.

2월 6일   베다 폼 전투에서 영국 서부사막군이 벵가지를 점령하다.

2월 12일   롬멜과 독일 아프리카 군단이 트리폴리에 도착하다.

3월 28일	마타판 곶 해전이 벌어지다.
4월 2일	롬멜이 키레나이카를 공격하다.
4월 6일	마리타 작전: 독일이 그리스와 유고슬라비아를 침공하다.
4월 13일	독일 아프리카 군단이 토브룩을 포위하다.
5월 1일	영국군의 그리스 철수를 완료하다.
5월 5일	하일레 셀라시에 에티오피아 황제가 아디스 아바바로 돌아오다.
5월 15일	브레비티 작전: 영국 서부사막군이 솔룸과 카푸초 요새를 공격하다.
5월 19일	아오스타 공이 이끄는 이탈리아군이 영국군에게 항복하다. 에티오피아 지역의 전투가 종결되다.
5월	메르쿠르 작전: 독일군이 공수부대로 크레타 섬을 공격하다.
6월 6일	익스플로러 작전: 영국군이 시리아를 침공하다.
6월 15일	배틀액스 작전: 영국 서부사막군이 토브룩 구출을 시도하다.
6월 22일	바르바로사 작전: 독일이 소련을 침공하다. 이탈리아와 루마니아가 소련에 선전포고하다.
6월 24일	독일군이 리투아니아의 수도 빌뉴스를 점령하다.
6월 26일~27일	핀란드와 헝가리가 소련에 선전포고하다.
7월 1일	독일군이 라트비아의 수도 리가를 점령하다.
7월 26일	미국 정부가 미국 내 일본 자산에 대한 동결 조치를 취하다. 맥아더 대장이 미 극동군 사령관으로 임명되다.
7월 27일	일본군이 프랑스령 인도차이나 반도에 대한 점령작전을 시작하다.
8월 13일	오데사 포위전이 시작되다.
8월 28일	독일군이 에스토니아의 수도 탈린을 점령하다.
9월 10일	소련군이 퇴각하면서 스몰렌스크 전투가 끝나다. 주코프가 레닌그라드 지구 사령관으로 임명되다.
9월 19일	독일군이 키예프를 점령하다. 레닌그라드 포위전이 시작되다. 타이푼 작전: 독일군의 모스크바 공세가 시작되다.
9월 22일	일본이 인도차이나 반도의 해군 기지 사용권을 획득하다.
10월 17일	도조 히데키 대장이 일본 총리 자리에 오르다.
10월 18일	독일군이 크림 반도에 진입하다.
10월 25일	독일군이 하르코프를 점령하다. 소련군이 세바스토폴로 후퇴하다.
10월 30일	세바스토폴 포위전이 시작되다(1942년 7월 4일까지 지속).

11월 15일   독일군이 모스크바 공세를 재개하다.

11월 17일   남부 지역에서 소련군의 반격이 시작되다.

11월 18일   크루세이더 작전: 영국 제8군(예전의 서부사막군)이 아프리카에서 추축군을 축출하기 위한 공세를 시작하다.

11월 20일   독일군이 로스토프온돈을 점령하다.

11월 23일   독일군이 모스크바에서 19마일(31킬로미터) 떨어진 지점까지 진출하다.

11월 29일   소련군이 로스토프를 탈환하다.

12월 5일   소련의 모스크바 공세가 시작되다(1942년 4월 20일까지 지속).

12월 7일~8일   일본군이 말라야, 진주만, 필리핀을 공격하다.

12월 8일   토브룩 포위망이 풀리다.

12월 10일   영국의 킹 조지 5세급 전함 프린스 오브 웨일즈와 순양전함 리펄스가 일본군 항공대의 공격에 격침당하다. 일본군의 본격적인 필리핀 상륙작전이 벌어지다.

12월 13일   본 곶Cape Bon 앞바다에서 추축군과 연합군 함정들이 조우전遭遇戰을 벌이다.

12월 14일   일본군의 버마 침공이 시작되다.

12월 17일   제1차 시르테Sirte 전투가 벌어지다.

12월 17일   일본군이 영국령 보르네오 섬에 상륙하다.

12월 19일   히틀러가 동계 공세의 실패와 대규모 철수의 책임을 물어 장군 19명을 해임하고 스스로 육군 총사령관이 되다.

12월 19일   알렉산드리아에 정박 중이던 영국 전함 HMS 퀸 엘리자베스와 HMS 밸리언트가 이탈리아 해군의 잠수 특공대에게 대파당하다.

12월 24일   웨이크 섬이 일본군에게 점령당하다.

12월 26일   홍콩 주둔 영국군이 일본군에게 항복하다.

1942

1월 7일   모스크바 전투가 종결되다. 독일군이 60~150마일(100~240킬로미터) 밀려나다.

1월 8일   소련군의 대공세가 시작되다(4월 20일까지 지속).

1월 21일   롬멜의 반격이 시작되다.

1월 23일	일본군이 라바울을 공격하다.
1월 30일	일본군이 암본을 공격하다.
1월 31일	말라야를 방어하던 영국군이 싱가포르로 철수하다.
2월 3일	독일군이 유흐노프에서 소련 제33군을 포위하다.
2월 6일	독일 제9군이 르제프Rzhev 인근에서 소련 제29군을 포위하다.
2월 15일	싱가포르의 영국군이 일본군에게 항복하다.
2월 19일	일본군이 오스트레일리아의 다윈을 폭격하다.
2월 19일~20일	일본군이 티모르에 상륙하다.
2월 27일	자바 해 해전이 벌어지다.
2월 28일	일본군이 자바에 상륙하다.
3월 8일	일본군이 랑군에 입성하다. 일본군이 뉴기니아에 상륙하다.
3월 17일	맥아더가 남서태평양지역 사령관에 임명되다.
3월 22일	제2차 시르테 전투가 벌어지다.
4월 5일	일본군 함재기들이 콜롬보를 공격하다.
4월 7일	바탄 반도에서 최후의 저항을 하던 미군이 일본군에게 항복하다.
4월 16일	몰타 섬 주민들에게 성 조지 십자장이 수여되다.
4월 17일	독일군이 소련 제33군을 격파하다.
4월 18일	둘리틀이 도쿄를 공습하다.
4월 20일	1월에 시작된 소련군의 전면 공세가 종결되다. 독일군이 모스크바로부터 200마일(320킬로미터) 떨어진 지점까지 밀려나다.
5월 5일~8일	산호해 해전이 벌어지다.
5월 6일	코레히도르에서 저항하던 미군이 항복하다.
5월 12일	소련 남서부전선군이 하르코프를 향해 공세를 개시하다.
5월 26일	영국, 소련이 대독 상호원조조약을 체결하다. 베네치아Venezia 작전: 독일 아프리카 기갑군이 가잘라 선을 공격하다.
5월 29일	하르코프 전투가 종결되다. 소련군이 23만 명에 달하는 손실을 입다.
5월 31일	일본군이 시드니 만을 공격하다.
6월 4일~6일	미드웨이 해전이 벌어지다.
6월 6일	일본군이 알류샨 열도에 상륙하다.
6월	독일 아프리카 기갑군이 토브룩을 점령하다.

7월 1일~26일   제1차 엘 알라메인 전투가 벌어지다.

7월 8일   독일 남부집단군이 돈 강을 따라 진격을 개시하다.

7월 12일   스탈린그라드 전선군이 편성되다.

7월 21일   일본군이 파푸아의 고나 지역에 상륙하다.

7월 25일   카프카스 전투가 시작되다.

7월 28일   스탈린이 "한 발짝도 물러서지 말라"는 내용의 지령 227호를 하달
하다.

8월 7일   미군이 솔로몬 제도에 상륙하다.

8월 8일~9일   사보 해전이 벌어지다.

8월 11일~13일   페데스탈 수송선단이 몰타에 도착하여 몰타의 방비를 크게 강
화시키다. 영국 항공모함 HMS 이글이 격침되다.

8월 14일   디에프 상륙작전이 실패로 끝나다.

8월 23일   독일 제6군이 스탈린그라드 북쪽에서 볼가 강에 도달하다.

8월 25일~26일   일본군이 밀른 만에 상륙하다.

8월 31일~9월 7일   알람 할파 전투가 벌어지다.

9월 12일   독일군이 스탈린그라드 중심부에 도달하다.

9월 17일   과달카날에서 오웬 스탠리 산맥을 넘어 진격하려던 일본군이 이
미타 능선Imita Ridge에서 저지당하다.

11월 11일   스탈린그라드에서 독일군이 최후로 시도한 공세가 실패로 돌아
가다.

11월 19일   소련의 남서부전선군과 돈 전선군이 스탈린그라드 북쪽에서 공격
을 시작하다.

11월 20일   스탈린그라드 전선군이 스탈린그라드 남쪽에서 공격을 시작하다.

11월 23일   남서부전선군 및 돈 전선군과 스탈린그라드 전선군이 칼라치에서
합류하면서 독일군 20개 사단과 루마니아군 2개 사단을 포위망에
가두다.

12월 12일   독일군이 스탈린그라드에 포위된 제6군 구출을 시도하다.

12월 30일   독일의 제6군 구출 시도가 좌절되다. 돈 강 중부 지역에서 벌어졌
던 전투가 종결되다. 소련군이 이탈리아 제8군, 루마니아 제3군,
헝가리 제2군을 패주시키다. 독일의 돈집단군과 A집단군의 후방
이 차단될 위기에 빠지다.

1943

1월   처칠과 루스벨트가 나치 독일에 '무조건 항복'을 요구하다.

1월 8일   스탈린그라드에 포위된 독일 제6군이 소련군의 항복 요구를 거부하다.

1월 10일   스탈린그라드의 포위망이 점점 좁혀들기 시작하다.

1월   파푸아 지역에서 일본군의 조직적인 저항이 종식되다.

1월 28일   영국 제8군이 트리폴리를 점령하다.

1월 30일   스탈린그라드 포위망에 갇혀 있던 독일군 가운데 남쪽 포위망의 독일군이 항복하다. 파울루스 원수가 포로로 잡히다.

2월 2일   스탈린그라드에서 끝까지 저항하던 마지막 독일군 부대들이 항복하다.

2월 7일   과달카날에서 일본군이 최종 철수를 완료하다.

2월 13일   버마에서 최초의 친디트 특공대 작전이 벌어지다.

2월 14일~22일   카세린 고개 전투가 벌어지다.

2월 16일   만슈타인이 하르코프에서 일대 반격을 가하다.

3월 2일~4일   비스마르크 해 해전이 벌어지다.

3월 15일   만슈타인이 다시 하르코프를 점령하다. 독일군이 소련군을 60~90마일(96~145킬로미터) 밀어내다.

4월 18일   야마모토 이소로쿠 제독이 사망하다.

5월 8일   미군이 알류샨 열도의 아투 섬에 상륙하다.

5월 13일   튀니지의 마지막 추축군 부대가 항복하다. 북아프리카 전역이 종결되다.

6월 30일   미군이 뉴조지아 섬에 상륙하다.

7월 5일   독일 중앙집단군이 치타델레 작전을 개시하다.

7월 10일   허스키 작전: 연합군이 시칠리아에 상륙하다.

7월 12일   독일군이 프로호로프카에서 패배 후 철수하다.

7월 13일   히틀러가 치타델레 작전을 중지시키고 수개 사단을 서부유럽으로 이동시키다. 소련의 브랸스크 전선군, 중부전선군, 서부전선군이 쿠투조프 작전을 개시하다. 17일에는 남부전선군과 남서부전선군이, 18일에는 스텝 전선군이, 22일에는 볼호프와 레닌그라드 전선군이 공세에 합류하다.

7월 25일	파시스트 대평의회가 무솔리니를 체포하다.
8월 1일	일본이 버마의 독립을 선언하다.
8월 17일	연합군이 메시나를 점령하다. 시칠리아에 남아 있던 마지막 추축군 부대가 항복하다.
8월 18일	쿠투조프 작전이 종료되다. 소련군이 95마일(155킬로미터)를 진격하는 성과를 거두다.
9월 3일	베이타운Baytown 작전: 영국 제8군이 이탈리아에 상륙하다.
9월 4일	오스트리아군이 뉴기니아의 라에 인근에 상륙하다.
9월 9일	애벌랜치 작전: 연합군이 이탈리아 살레르노에 상륙하다.
9월 11일	몰타에서 이탈리아 해군이 항복하다.
9월 16일	오스트레일리아군이 라에에 입성하다.
9월 21일	영국 해군이 특수잠항정으로 노르웨이의 피오르드에 정박 중이던 티르피츠 전함을 공격하다.
10월 1일	미 제5군이 나폴리를 점령하다.
10월 2일	소련의 서부전선군과 칼리닌 전선군이 125~160마일(200~260킬로미터)을 진격한 후 공세를 종료하다. 소련군의 백러시아(벨로루시) 탈환이 시작되다.
10월 7일	마운트배튼 경이 동남아시아 일대의 영국군 총사령관으로 임명되다.
10월 12일	미 제5군이 볼투르노 강을 건너 공세를 개시하다.
10월 14일	일본이 필리핀의 독립을 선언하다.
11월 1일	미군이 솔로몬 제도 북부의 부건빌 섬에 상륙하다.
11월 6일	소련군이 키예프를 탈환하다.
11월 20일	미군이 길버트 군도의 마킨 섬과 타라와 섬에 상륙하다.
11월 28일	연합군 수뇌들이 모여 테헤란 회담을 개최하다. 12월 1일에 회담이 끝나다.
12월 15일	미군이 뉴브리튼에 상륙하다.
12월 24일	제2벨로루시 전선군과 4개 우크라이나 전선군 전부가 참가한 공세가 시작되다.
12월 26일	전함 HMS 듀크 오브 요크가 이끄는 영국군 함대가 노스 곶 부근에서 독일 해군의 순양전함 샤른호르스트를 격침시키다.

1944

1월 3일	미 제5군이 몬테 카시노 일대에서 독일군의 구스타프 선에 대한 공격을 개시하다.
1월 9일	버마의 아라칸 전선에서 연합군이 마웅다우^{Maungdaw}를 점령하다.
1월 22일	성글 작전: 미 제5군이 안지오에 상륙하다.
1월 27일	레닌그라드의 포위가 풀리다.
1월 28일	코르순^{Korsun}-셰프첸코프스키^{Shevchenkovsky} 일대에서 7만 명의 독일군이 소련군에게 포위당하다.
1월 31일	미군이 마셜 군도에 상륙하다.
2월 15일	뉴질랜드군이 그린 섬에 상륙하다.
2월 29일	미군이 애드미럴티 제도에 상륙하다.
3월 1일	레닌그라드 공세가 종결되다. 독일군이 130마일(210킬로미터) 밀려나다.
3월 2일	버마에서 제2차 친디트 작전이 개시되다.
3월 15일	일본군이 버마로부터 임팔 작전을 개시하다.
3월 28일	제2우크라이나 전선군이 프루트^{Prut} 강을 건너 루마니아로 진격하다.
4월 3일	영국 해군 항공모함 HMS 퓨리어스와 HMS 빅토리어스 및 4척의 호위항공모함에서 발진한 함재기들이 티르피츠에 공습을 가하다.
4월 22일	미군이 홀란디아와 아이타페에 상륙하다.
4월 24일	오스트레일리아군이 마당에 입성하다.
5월 9일	제4우크라이나전선군이 세바스토폴을 점령하다.
5월 18일	폴란드군이 카시노의 수도원 언덕을 점령하다.
5월 26일	미군이 비아크 섬에 상륙하다.
6월 4일	미 제5군이 로마를 점령하다.
6월 5일	일본군이 인도 동부 코히마로부터 철수를 개시하다.
6월 6일	연합군이 노르망디에 상륙하다.
6월 7일	영국군이 바이외를 점령하다.
6월 14일	런던에 대한 독일의 V1 폭명탄 공습이 시작되다.
6월 15일	미군이 마리아나 제도의 사이판 섬에 상륙하다. 미국이 중국에서 발진한 미군 폭격기들을 이용하여 일본에 대한 전략폭격을 시작하다.

6월 17일	미군이 코탕탱 반도를 벗어나 내륙으로 진격을 시작하다.
6월 19일~20일	필리핀 해 해전이 시작되다.
6월 19일~30일	셰르부르 전투가 벌어지다.
6월 23일	소련군의 '바그라티온' 작전이 시작되다.
6월 26일~27일	몽고메리의 엡솜 작전이 시작되다.
6월 28일~7월 2일	독일군이 제2친위기갑군단을 동원해 반격에 나서다.
7월 2일	미군이 노엠푸르에 상륙하다.
7월 3일	민스크가 해방되다. 약 10만 명의 독일군이 소련군에게 포위당하다.
7월 7일	후일 많은 논란을 일으킨 연합군의 캉 대공습이 시작되다.
7월 8일	영국-캐나다군의 찬우드 공세가 시작되다.
7월 13일	제3벨로루시 전선군이 리투아니아의 수도 빌뉴스를 점령하다.
7월 18일	일본 총리를 맡고 있던 도조 대장이 실각하다. 영국-캐나다군의 굿우드 공세가 시작되다.
7월 21일	미군이 괌에 상륙하다.
7월 25일	미군의 코브라 작전이 시작되다.
7월 28일	제1벨로루시 전선군이 비스툴라와 바르샤바 인근에 도달하다. 영국의 블루코트 공세가 시작되다.
7월 30일	일본군이 버마의 미트키나로부터 철수를 시작하다.
8월 4일	영국 제8군이 피렌체를 점령하다.
8월 6일~8일	독일이 아브랑슈를 목표로 뤼티히 작전을 개시하다.
8월 7일	제4우크라이나전선군이 체코슬로바키아에 진입하다.
8월 8일	캐나다군의 토털라이즈 작전이 시작되다.
8월 13일	아이젠하워가 팔레즈로 향하고 있던 패튼의 진격을 정지시키다.
8월 14일	캐나다군이 트랙터블 작전을 시작하다.
8월 15일	드라군 작전: 연합군이 프랑스 남부에 상륙하다.
8월 18일	패튼이 알랑송Alençon으로부터 팔레즈를 향한 진격을 재개하다.
8월 19일	팔레즈 포위망이 완성되다. 제2친위기갑군단이 포위된 독일군을 구출하기 위한 공격을 개시하다.
8월 20일~22일	팔레즈 포켓에 포위되어 있던 독일군 가운데 일부가 탈출에 성공하다.
8월 21일~31일	독일군이 센 강 동쪽으로 전략적 철수를 단행하다.

8월 24일	영국 항공모함 HMS 퓨리어스와 HMS 인디패티거블Indefatigable 외 2척의 호위 항공모함이 티르피츠를 공격하다.
8월 31일	제2우크라이나 전선군이 부쿠레슈티에 입성하다.
9월 1일	몽고메리 대신 아이젠하워가 연합군 지상군 총사령관이 되다. 9월 초부터 영국에 대한 독일의 V2 로켓 공격이 시작되다.
9월 4일	연합군이 안트베르펜을 점령하다.
9월 4일~26일	독일군이 스헬데 강 삼각주 너머로 철수하다.
9월 5일~30일	르아브르, 볼로뉴, 칼레 등 영불 해협에 면한 항구들이 연합군의 손에 떨어지다.
9월 13일	아헨 전투가 시작되다.
9월 15일	미군이 팔라우 섬과 할마헤라스Halmahera 섬 북쪽에 있는 모로타이 섬에 상륙하다.
9월 17일~26일	연합군이 마켓 가든 작전을 개시하다.
9월 26일	레닌그라드 전선군이 탈린과 에스토니아의 주요 지역 전부를 점령하고 발트 해 연안에 도달하면서 독일의 북부집단군을 고립시키다.
10월 2일~16일	캐나다군이 남베벨란트로 진격하다.
10월 4일	마나Manna 작전: 그리스에서 공산주의 쿠데타가 발생하는 것을 막기 위해 영국군이 개입하다.
10월 6일	캐나다군의 스위치백 작전이 시작되다.
10월 10일	미 제3함대가 오키나와를 공격하다.
10월 20일	미군이 레이테에 상륙하다. 붉은 군대가 베오그라드를 점령하다. 티토가 지휘하는 유고 빨치산들이 두브로니크Dubronik를 점령하다.
10월 21일	아헨이 연합군에게 함락당하면서 지그프리트 선에 균열이 생기다.
10월 22일	카렐리아 전선군이 노르웨이로 진격하여 키르케네스를 함락시키다.
10월 23일~26일	레이테 만 해전이 벌어지다.
10월 27일	제3벨로루시 전선군이 동프로이센으로 진입하다.
10월 29일	카렐리아 전선군이 진격을 멈추고 공격의 주도권을 노르웨이 레지스탕스에게 넘기다.
11월 1일~7일	캐나다군이 인패추에이트 작전을 실시하여 발헤렌 섬을 점령하다.

11월 4일   그리스가 해방되다.

11월 8일~22일   패튼의 제3군이 메츠를 점령하다.

11월 9일   제3우크라이나 전선군이 다뉴브 강 너머에 교두보를 확보하다.

11월 12일   영국 공군의 랭커스터 폭격기들이 1만2,000파운드 '톨보이' 폭탄으로 티르피츠를 격침시키다.

11월 13일~23일   미 제6집단군이 스트라스부르를 점령하고 라인 강 상류로 진격하다.

11월   미국의 B-29 슈퍼포트리스 폭격기들이 마리아나 제도로부터 발진하여 일본을 폭격하다.

12월 4일   아테네에 계엄령이 떨어지다.

12월 16일~22일   독일의 아르텐 공세가 상당한 진전을 보이다.

12월 18일~26일   바스토뉴 포위전이 벌어지다.

12월 23일   아르텐 지역에서 연합군의 반격이 시작되다.

12월 26일   제2·제3우크라이나 전선군이 부다페스트를 포위하다.

12월 31일   소련군이 부다페스트 서쪽 교외 지역을 뚫고 들어오다.

1945

1월 3일   연합군이 버마의 아키아브^Akyab를 점령하다.

1월 9일   미군이 루손에 상륙하다.

1월 17일   제1벨로루시 전선군이 바르샤바를 점령하다.

1월 22일   버마 로드가 재개통되다.

2월 8일   영국-캐나다군이 베리터블 공세를 개시하여 라이히스발트 숲에 있는 독일군을 소탕하다.

2월 13일   부다페스트가 소련군에게 함락되다.

2월 19일   미군이 이오지마에 상륙하다.

2월 23일   미군이 루르 강을 넘어 그레네이드 작전을 개시하다.

3월 7일   미군이 레마겐에서 라인 강에 건설된 철교를 온전한 상태로 확보하다.

3월 8일~10일   독일의 H집단군이 라인 강 너머로 철수하다.

3월 9일   일본이 프랑스령 인도차이나 반도의 지배권을 장악하다.

3월 9일~10일   미군이 도쿄에 최초의 소이탄 공격을 가하다.

3월 10일   미군이 민다나오에 상륙하다.

3월 20일   영국군이 만달레이^{Mandalay}를 점령하다.

3월 22일   미군이 오펜하임에서 라인 강을 건너다.

3월 23일   몽고메리가 플런더 작전을 개시하다. 영국군이 베젤에서 라인 강을 건너 공격을 가하다.

3월 28일   영국 제2군이 베젤 교두보로부터 공격을 개시하다.

3월 30일   제3우크라이나 전선군이 오스트리아로 진격하다.

4월 1일   미군이 오키나와에 상륙하다. 독일의 B집단군이 루르에서 완전 포위당하다.

4월 2일   제3우크라이나 전선군이 남쪽으로부터 빈에 육박하다.

4월 6일   티토의 빨치산 부대가 사라예보를 점령하다.

4월 8일   영국이 베저 강 너머에 교두보를 구축하다.

4월 13일   빈이 소련군의 손에 떨어지다.

4월 14일   제5군과 제8군이 포 계곡을 공격하다.

4월 16일   제1 · 제2벨로루시 전선군과 제1우크라이나 전선군이 베를린 공격을 시작하다.

4월 17일   루르 포켓에서 독일군의 저항이 완전히 종식되다.

4월 19일   연합군이 뉘른베르크를 점령하다.

4월 24일   제1벨로루시 전선군과 제1우크라이나 전선군이 베를린 교외에서 합류하다.

4월 30일   히틀러가 자살하다. 되니츠가 독일의 지도자가 되다.

5월 1일   오스트레일리아군이 타라칸을 공격하다.

5월 2일   베를린 수비대가 항복하다. 이탈리아의 독일군이 항복하다. 지중해에서의 전쟁이 공식적으로 종결되다.

5월 3일   영국군이 랑군을 점령하다. 엘베 강에서 제2벨로루시 전선군은 영국군과, 제1벨로루시 전선군은 미군과 최초로 접촉하다. 바바리아와 오스트리아 서부의 독일군이 미군에게 항복하다.

5월 4일   미군이 브레너 고개를 넘어 북부 이탈리아의 연합군과 연결되다.

5월 6일   독일 최고사령부 대표들이 랭스에 마련된 아이젠하워의 사령부에서 무조건 항복 문서에 서명하다. 스탈린은 베를린에서 항복 문서 조인식을 열어야 한다고 주장하다.

5월 8일	베를린(칼스호르스트)에서 항복 기념식이 열리다.
5월 9일	쿠를란트에 있는 북부집단군이 항복하다.
5월 11일	프라하에 있는 독일군이 항복하다.
6월	소련이 독일에게 부역했다는 혐의로 크림 타타르인들을 추방하다.
6월 10일	오스트레일리아군이 브루나이 만에 상륙하다.
7월 1일	오스트레일리아군이 발릭파판에 상륙하다.
7월 17일	포츠담에서 연합군 수뇌들이 모여 회의를 개최하다.
7월 26일	미국, 영국, 중국이 포츠담 선언을 통해 일본에게 무조건 항복할 것을 촉구하다. 스탈린이 이 선언을 지지하다.
8월 7일	히로시마에 원자폭탄이 투하되다.
8월 9일	나가사키에 원자폭탄이 투하되다. 소련군이 만주국을 침공하다.
8월 10일	일본이 포츠담 선언을 수용하고 천황제 유지를 조건으로 항복을 제안하다.
8월 14일	히로히토 천황이 일본군의 무조건 항복을 발표하다.
8월 15일	대일전 승리 기념일: 일본에 대한 모든 공격작전이 종결되다.
8월 17일	수카르노가 인도네시아의 독립을 발표하다.
8월 19일	야마다가 광동군Kwantung Army에게 무조건 항복하다.
9월 2일	일본 천황이 도쿄 만에서 항복 문서에 서명하다.

참고 문헌

Addison, Paul, *The Road to 1945: British Politics and the Second World War*, London, 1994 (1975)

Allen, L., *Burma: The Longest War 1941-45*, London, 1984

Allen, T.B., and Polmar, N., *Code-Name Downfall: The Secret Plan to Invade Japan and Why Truman Dropped the Bomb*, New York, 1995

Auphan P., and Mordal,. J., *The French Navy in World war II*, Annapolis, MD, 1959

Balkoski, J., *Beyond the Bridgehead*, Harrisburg, PA, 1989

Barker, Elizabeth, *British Policy in Southeast Europe in the Second World War*, London, 1976

Barnett, Correlli(ed.), *Hitler's Generals*, London, 1989

Barnett, C., *Engage the Enemy More Closely: The Royal Navy in the Second World War*, London, 2000

Barnett, Correlli, *The Desert Generals*, London, 1960

Baynes, John, *The Forgotten Victor, General Sir Richard O'Connor*, London, 1989

Behrendt, Hans-Otto, *Rommel's Intelligence in the Desert Campaign 1941-1943*, London, 1985

Bell, Philip, *The Origins of the Second World War*, London, 1986

de Belot, Raymond, *The Struggle for the Mediterranean*, Princeton, 1951

Bennett, Ralph, *Ultra and the Mediterranean Strategy 1941-1945*, London, 1989

Bergot, Erwan, *The Africa Korps*, London, 1976

Bimberg, Edward L., *Tricolor Over The Sahara: The Desert Battles of the Free French, 1940-1942*, Westport, 2002

Bix, H.P., *Hirohito and the Making of a Modern Japan*, New York, 2000

Blair,C., *Silent Victory: The US Submarine War against Japan*, Philadelphia, 1975

Blaxland, Gregory, *Plain Cook And The Great Showman: First and Eighth Armies in North Africa*, London, 1977

Bond, Brian, *British Military Policy between the Two World Wars*, Oxford, 1980;

Bond, Brian, *France and Belgium, 1939-40*, London, 1975

Blumenson, M., *Breakout and Pursuit*, Washington, DC, 1961

Blumenson, M., *The Duel for France, 1944*, Boston, 1963

Bradford, Ernle, *Siege: Malta 1940-1943*, London, 1985

Bradley, O.N., A., *Soldier's Story*, New York, 1951

Bragadin, M.A., *The Italian Navy in World War Two*, Annapolis, MD, 1957

Bragadin, Marc' Antonio, *The Italian Navy in World War II*, Maryland, 1957

Breuer, Willam B., *Operation Torch: The Allied Gamble to Invade North Africa*, New York, 1985

Buckley, Christopher, *Five Ventures: Iraq-Syria-Persia-Madagascar-Dodecanese*, London, 1977

Bullock, Alan, *Hitler A Study in Tyranny*, London, 1965

Cabinet Office(CAB) an War Office(WO) Paper, The Public Records Office, Kew. Enemy Document Series (EDS) and Field Marshal B.L. Montgomery [BLM] Papers, Department of Documents, Imperial War Museum, London

Callahan, R., *Burma, 1942-1945*, London, 1978

Cameron, Ian, *Red Duster, White Ensign: Story of the Malta Convoys*, Garden City, 1959

Calvocoressi, Peter and Guy Wint, *Total War: Causes and Courses of the Second World War*, London, 1995 (1972)

Carrell, Paul, *Foxes of the Desert*, Atglen, 1994

Carrell, P. (pseud) [Paul Karl Schmidt], *Invasion They're Coming!*, London, 1962

Carver, Michael, *The War in Italy 1939-1945*, London, 2001

Cervi, Mario, *The Hollow Legions*, New York, 1971

Chapman, Guy, *Why France Fell*, London, 1968

Churchill, Winston, *The Second World War*, 6 vols, London, 1948-51

Coffey, Thomas M., *Lion by the Tail*, New York, 1974

Collier, B., *The War in the Far East 1941-1945*, London, 1969

Connell, John, *Auckinleck*, London, 1959

_____, *Wavell: Scholar and Soldier*, New York, 1964

Craven, W., and Cate, J., *The Army Air Forces in World War II*, 7 volumes, Chicago, 1948-58

Cunningham, Admiral Andrew B., *A Sailors' Odyssey*, London, 1951

Daw, G., *Prisoners of the Japanese: POWs of World War II in the Pacific*, New York, 1986

Deighton, Len, *Fighter: The True Story of the Battle of Britain*, London, 1978

Deist, Wilhelm, etal., "The Mediterranean,South-East Europe and North Africa 1939-1941" in *Germany and the Second World War*, Oxford, 1990

D'Este, Carlo, *Bitter Victory: The Battle for Sicily, 1943*, New York, 1988

_____, *World War II in the Mediterranean, 1942-1945*, Chapel Hill, 1990

_____, *Fatal Decision: Anzio and The Battle for Rome*, New York,1991

_____, *Patton: A Genius for War*, New York, 1995

_____, *Eisenhower: A Soldier's Story*, New York, 2002

_____, *Decision in Normandy: The Unwritten Story of Montgomery and the Allied Campaign*, London, 1983

Doubler, M., *Closing with the Enemy: How GIs Fought the War in Europe*, Lawrence, KS, 1994

Dower J. W., *War without Mercy: Race and Power in the Pacific War*, New York, 1986

Drea, E. J., *MacArthur's ULTRA: Codebreaking and the War Aganist Japan, 1942-1945*, Lawrence, KS, 1992

Dull, P. S., *A Battle HIstory of the Imperial Japanese Navy, 1941-1945*, Annapolis, 1978

Dulles, Allen, *Secret Surrender*, New York, 1966

Eisenhower, D. D., *Crusade in Europe*, New York, 1948

Ellis, Maj. L. E., *Victory in the West*, 2 vols, London 1960, 1968

Ellis, J., *Brute Force: Allied Strategy and Tactics in the Second World War*, London, 1990

English, J. A., *The Canadian Army and the Normandy Campaign: A Study in the Failure of High Command*, London, 1991

Feis, H., *The Road to Pearl Harbor: The Coming of the War between the US and Japan*, Princeton, 1963

Foot, M. R. D., *SOE in France*, London, 1966

_____, *Resistance: European Resistance to Nazism, 1940-1945*, New York, 1977

Frank, R., *Guadalcanal: The Definitive Account of the Landmark Battle*, New York, 1990

Fraser, David, *Knights' Cross*, London, 1993

Fuchida, M., and Masatake, O., *Midway: The Battle that Doomed Japan*, Annapolis, 1955

Galley, H. A., *The War in the Pacific: From Pearl Harbor to Tokyo Bay*, Novata, CA, 1995

Glover, Michael, *Improvised War: The Abyssinian Campaign of 1940-1941*, London, 1987

Gooch, John, *Italy and the Second World War*, London, 2001

Greence, Jack and Alessandro Massignani, *Naval War in the Mediterranean, 1940-1943*, London, 2002

de Guingand, Maj.-Gen. E., *Operation Victory*, London, 1947

Hamilton, N., *Monty*, 3 vols, London, 1982-86

Harrison, Frank, *Tobruk: The Great Siege Reassessed*, London, 1999

Harrison, G., *Cross Channel Attack*, Washington, DC, 1951

Hart, R. A., *Clash of Arms: How the Allies Won in Normandy*, Boulder, CO, 2001

_____, 'Feeding Mars: the role of logistics in the German defeat in Normandy, 1944', *War in History*, vol.3, no.4 (Fall 1996), pp.418-35

Hart, S. A., *Montgomery and "Colossal Cracks": The 21st Army Group in Nothwest Europe, 1944-45*, Westport, CT, 2000

_____, "Montgomery, morale, casualty conservation and 'colossal cracks': 21st Army Group operational technique in north-west Europe 1944-45," in B. H. Reid (ed.), *Fighting Power*, London, 1995

Hastings, M., *Overlord: D-Day and the Battle of Normandy*, London, 1984

Hastings, Max, *Bomber Command*, London, 1979

Haupt, Werner, *The North African Campaign, 1940-1943*, London, 1969

Heckman, Wolf, *Rommel's War in Africa*, New York, 1995

Hellenic Army General Staff, Abridged History of the Greek--Italian and Greek--German War, Athens, 1997

Herrington, John, "Air War against Germany and Italy, 1939-1943" in *Australia in the War of 1939-1945*, Canberra, 1957

Hinsley, F. H. et al, *British Intelligence in the Second World War*, 5 volumes, London, 1981-1990

Hirszowicz, Lukasz, *The Third Reich and the Arab East*, London, 1966

Horne, Alistair, *To Lose a Battle: France 1940*, London, 1999 (1969)

Horne, A. and Montgomery, B., *The Lonely Leader: Monty 1944-1945*, London, 1994

Horner, D. M., *Blamey: The Commander-in-Chief*, Sydney, 1999

_____, *High Command: Austrailia and Allied Strategy 1939-1945*, Sydney, 1982

Hough, R,. *The Longest Battle*, London, 1986

Howard, Michael, *The Mediterranean Strategy in the Second World War*, London, 1968

Ienaga, S., *The Pacific War: World II and the Japanese, 1931-1945*, New York, 1978

Ike, N. (ed.), *Japan's Decision for War: Records of the 1941 Policy Conferences*, Stanford, CA, 1967

Irving, David, *Hitler's War*, London, 1977

_____, *The Trail of the Fox*, London, 1977

Italy, Esercito, Corpo di Stato Maggiore, Ufficio Storico, 27 volumes, Rome, 1946-1988

Italy, Marina Militaire, Ufficio Storico, *La Marina Italiana Nella Seconda Guerra Mondiale*, 22 volumes, Rome, 1952-1978

Jackson, R., *The German Navy in World War II*, London, 1999

Jackson, W. G. E., *The North African Campaign 1940-1943*, London, 1975

James, D. C., *The Years of MacArthur, Volume II, 1941-1945*, Boston, 1975

Keegan, John, *The Second World War*, London, 1989

_____, *Six Armies in Normandy*, New York, 1982

Kelly, Orr, *Meeting the Fox: The Allied Invasion of Africa, from Operation Torch to Kasserine Pass to Victory in Tunisia*, New York, 2002

Kennedy Shaw, W. B., *Long Range Desert Group*, London, 2000

Kershaw, R. J., *It Never Snows in September: The German View of Market Garden and the Battle of Arnhem, September 1944*, Ramsbury, England, 1990

Kesselring, Albert, *Memoirs of Field Marshal Kesselring*, Novato, 1989

Kieser, Egbert, *Hitler on the Doorstep: Operation Sea Lion*, trans. Helmut Bogler, London, 1997

Kirby, S. W. et al., *The War Against Japan*, 5 volumes, London, 1957-69

Kirby, S. W., *Singapore: The Chain of Disaster*, New York, 1971

Kirk, George, *The Middle East in the War*, London, 1952

Kitchen, Martin, *A World in Flames: A Short History of the Second World War in Europe and Asia 1939-45*, London, 1990

Knox, MacGregor, *Mussolini Unleashed, 1939-1941*, Cambridge, 1982

Latimer, Jon, *Alamein*, London, 2002

Levine, Alan, *The Strategic Bombing of Germany*, New York, 1992

Levine, Alan, J., *War against Rommel's Supply Lines, 1942-1943*, Westport, 1999

Lewin, Ronald, *The Chief*, London, 1980

Lind, Lew, *Battle of the Wine Dark Sea: The Aegean Sea Campaign, 1940-1945*, Kenthurst, 1994

Long, G. (ed.), *Australia in the War of 1939-1945*, 22 volumes, Canberra, 1952-77

Long, Gavin, "Greece, Crete, and Syria" in *Australia in the War of 1939-1945*, Canberra, 1953

Love, R. W., *History of the US Navy*, 2 vols, Harrisburg, PA, 1992

MacArthur D., *Reminiscences*, Greenwich, CT, 1965

Macintyre, Donald, *Battle of the Mediterranean*, New York, 1964

Macksey, Kenneth, *Crucible of Power: The Fight for Tunisia 1942-1943*, London, 1969

Maier, Klaus (ed.), *Germany's Initial Conquests in Europe: Germany and the Second World War*, Oxford, 1991

Majdalany, Fred, *Cassino: Portrait of a Battle*, London, 1999

Marwick, Arthur, (ed.), *Total War and Social Change*, London, 1988

Maughan, Barton, "Tobruk and El Alamein" in *Australia in the War of 1939-1945*, Canberra, 1966

Merchantmen at War: The Official Story of the Merchant Navy, 1939-1944

Messenger, Charles, *Tunisian Campaign*, London, 1982

Millet, Alan R., and Williamson Murray (eds.), *Military Effectiveness: The Second World War*, London, 1999

Mitcham, Samuel W. and Friedrich von Stauffenberg, *The Battle of Sicily*, New York, 1991

Mockler, Anthony, *Our Enemies the French*, London, 1976

————, *Haile Selassie's War: The Italian–Ethiopian Campaign 1935-1941*, New York, 1984

Montagu, Ewan, *The Man Who Never Was*, Oxford, 2001

Montgomery, B. L., *Normandy to the Baltic*, London, 1947

Moorehead, Alan, *Desert War: The North African Campaign 1940-1943*, London, 2001

Morison, S. E., *United States Naval Operations in World War II*, 15 volumes, Boston, 1947-62

Muggenthaler, A. K., *German Raiders of World War II*, London, 1978

Nimitz, C. W., Adams, H. H., and Potter, E. B., *Triumph in the Atlantic: The Naval Struggle Against the Nazis*, NJ, 1960

Overy, Richad, *Why the Allies Won*, New York, 1996

Pal, Dharm, *Official History of Indian Armed Forces in the Second World War: Campaign in Italy, 1943-45*, Delhi, 1960

Patton, G. S., *War as I Knew It*, Boston, 1947

Pitt, Barrie, *The Crucible of War: Western Deser 1941*, London, 1980

————, *The Crucible of War: Year of Alamein 1942*, London, 1982

Playfair, I. S. O. (ed.) et al, *The Official History of the Second World War: The Mediterranean and the Middle East*, 6 volumes, London, 1954-1988

Potter, E. B., *Bull Halsey*, Annapolis, 1985

————, *Nimitz*, Annapolis, 1976

Prange, G. W., *Miracle at Midway*, New York, 1982

Prange, G., W., Goldstein, D. M., and Dilon, K. V., *At Dawn We Slept: The Untold Story of Pearl Harbor*, New York, 1981

Prasad, Bisheshwar, *Official History of Indian Armed Forces in the Second World War: East African Campaign, 1940-1941*, Delhi, 1963

Ray, John, *The Battle of Britain: New Perspectives - Behind the Scenes of the Great Air War*, London, 1999

Reynold, C. G., *War in the Pacific*, New York, 1990

Rohwer, J., *War at Sea 1939-1945*, London, 1996

Rolf, David, *Bloody Road to Tunis: Destruction of the Axis Forces in North Africa, November 1942 - May 1943*, Mechanicsburg, 2001

Roskill, S. W., *The Navy at War, 1939-1945*, London, 1960

_____, *The War at Sea, 1939-1945*, Volume 1, London, 1954

Ryan, C., *The Longest Day*, London, 1960

Sadkovich, J. J., *The Italian Navy in World War II*, London, 1994

Sandford, Kenneth, *The Mark of the Lion: Charles Upham*, Auckland, 1963

Schmidt, Heinz Werner, *With Rommel in the Desert*, London, 1997

Schulman, M., *Defeat in the West*, London, 1968

Shores, Christopher, *Dust Clouds in the Middle East*, London, 1996

Shukman, H. (ed.), *Stalin's Generals*, London, 1993

South African War Histories Committee, *The South African Forces in World War II*, 11 volumes, Cape Town, 1952-1982

Slim, W. J., *Defeat into Victory*, London, 1956

Smith, E. D., *Victory of a Sort: The British in Greece, 1941-1946*, London, 1988

Smith, Peter C., *Pedestal: The Convoy that Saved Malta*, Manchester, 1999

Spector, R. H., E*agle Against the Sun: The American War with Japan*, New York, 1985

Speidel, H., *We Defended Normandy*, London, 1951

Spooner, Tony, *Supreme Gallantry: Malta's Role in the Allied Victory, 1939-1945*, London, 1996

Stacey, Col. C. P., *The Victory Campaign*, Ottawa, 1960

Stewart, Richard A., *Sunrise at Abadan: The British and Soviet Invasion of Iran, 1941*, Westport, 1988

Strawson, John, *Italian Campaign*, London, 1987

Taylor, A. J. P., *The Origins of the Second World War*, Oxford, 1963

Terraine, J., *Business in Great Waters: The U-Boat WArs 1916-1945*, London, 1989

Thompson, R. W., *Montgomery the Field Marshal: A Critical Study*, London, 1969

Thorne, C., *Allies of a Kind: The United States: Britain and the War against Japan, 1941-1945*, New York, 1978

_____, *The Issue of War: States, Societies and the Far Eastern Conflict of 1941-1945*, London, 1985

Toland, J., *The Rising Sun: The Decline and Fall of the Japanese Empire 1936-1945*, London, 1971

Tuchman, B. W., *Stilwell and the American Experience in China, 1911-1945*, New York, 1970

US Army, *United States Army in World War II: The War in the Pacific*, 11 volumes, Washington, 1948-63

US Army, *United States Army in World War II: The China--Burma--India Theater*, 3 volumes, Washington, 1953-59

Van Creveld, Martin, *Hitler's Strategy: The Balkan Clue*, Cambridge, 1973

Vat, D. van der, *The Atlantic Campaign: The Great Struggle at Sea 1939-1945*,

London, 1988

_____, *The Pacific Campaign: The US-Japanese Naval War 1941-1945*, New York, 1991

Vella, Philip, *Malta: Blitzed but not Beaten*, Valletta, 1989

Warner, Geoffrey, *Iraq and Syria, 1941*, London, 1974

Watson, Bruce Allen, *Exit Rommel: The Tunisian Campaign, 1942-1943*, Westport, 1999

Weigley, R. F., *Eisenhower's Lieutenants: the Campaigns of France and Germany 1944-5*, 2 vols, London, 1981

Whitaker, W. D. and Whitaker, S., *The Battle of the River Scheldt*, London, 1985

Willmott, H. P., *Empires in the Balance: Japanese and Allied Pacific Strategies to April 1942*, Annapolis, 1982

_____, *The Barrier and the Javelin: Japanese and Allied Strategies, February to June 1942*, Annapolis, 1983

_____, *The Second World War in the East*, London, 1999

Wilson, Henry Maitland, *Eight Years Overseas, 1939-1947*, London, 1950

Wilson, M., *A Submariner's War: The Indian Ocean, 1939-1945*, Gloucestershire, 2000

Woodburn, K. S., *History of the Second World War: The War Against Japan II*, London, 1958

Woodman, Richard, *Malta Convoys, 1940-1943*, London, 2002

Wynter, H. W., *Special Forces in the Desert War, 1940-1943*, London, 2002

Young, Desmond, *Rommel*, London, 1950

Zweig, Ronald W., *Britain and Palestine during the Second World War*, Suffolk, 1986

찾아보기

928

맥아더, 더글러스　27, 463, 467, 475~478,
482, 488~489, 492~493, 498, 502~
503, 506, 519~520, 526, 531, 553,
849, 874, 876

맥케이, I. G.　347

멀베리　271

메레츠코프 원수　572, 660, 686

메르스엘케비르　132, 222~223, 337~339

메르쿠르 작전　359

메릴의 약탈자들　509

메멜　661~662

메서슈미트 109　127

메세, 조반니　319

메스헤티아인　665, 887

메시나(해협)　395~396

메이엘　773

메이지 유신　440

메츠　766, 774

메탁사스, 이오아니스　355

메헬렌　112

멜버른　482

명령 제270호　695

모가디슈　351

모건, F. E.　712

모겐소, 한스　896

모나스티르 간격　357

모델, 발터　31, 631~632, 634, 652, 764,
776, 781, 783, 793~794

『모든 것과의 이별』　67

모로조프스크　626

모로코　221, 316, 329, 333, 386, 496, 865

모르탱　754~756

모스크바　15, 43, 170, 428, 431, 565~566,
572, 582, 585, 588~597, 599~600,
604, 606~607, 610, 618, 652, 657,
659, 664, 675, 681, 683, 685, 702~
703, 887

모스크바 전투　603, 693

모스헤드, 레슬리　526

모자이스크　593, 595~596

모젤 강　766, 789

모하메드 5세　865

몬테 카시노　399, 402

몰로토프-리벤트로프 협정　90, 96, 102,
110, 564

몰로토프스크　246

몰타　20, 23, 219~221, 224, 226~227, 290,
313, 315~316, 327, 329, 333, 339,
350, 361~362, 368~369, 372, 377~
378, 380~382, 396, 418~427, 858

몽고메리, 버나드　174, 301, 326, 381,
383~ 385, 392, 394~395, 398~400,
675,
716, 722~723, 740, 742~747, 749,
752, 756~757, 759, 761~765, 770~
771, 773~774, 776, 781, 783~785,
788, 790~792, 802, 822~823

몽메디　71

뫼즈 강　113, 122, 124, 127, 774, 777, 780

뫼즈-에스코 운하　760~761

무기대여법　171, 246, 367, 378, 853

무르만스크　144, 246

무르만스크 철도　611, 645

무솔리니, 베니토　19~21, 81, 184~185,
191, 214, 222, 233, 266, 305~313,
317~319, 323, 325, 331~334, 336,
341, 346, 349~350, 353, 372, 380,
390, 392, 396~397, 434~435, 636

무제한 잠수함 작전　181, 199~200, 516

물데 강　683, 797

뮌헨　86~87, 882

뮌헨 반란　48

뮌헨 회담　87~88, 90, 309, 564

한국국방안보포럼(KODEF)은 21세기 국방정론을 발전시키고 국가안보에 대한 미래 전략적 대안을 제시하기 위해 뜻있는 군·정치·언론·법조·경제·문화 마니아 집단이 만든 사단법인입니다. 온·오프라인을 통해 국방정책을 논의하고, 국방정책에 관한 조사·연구·자문·지원 활동을 하고 있으며, 국방 관련 단체 및 기관과 공조하여 국방 교육 자료를 개발하고 안보의식을 고양하는 사업을 하고 있습니다. http://www.kodef.net

KODEF 세계전쟁사 ❷

제2차 세계대전
탐욕의 끝, 사상 최악의 전쟁

개정판 1쇄 인쇄 2024년 11월 7일
개정판 1쇄 발행 2024년 11월 13일

지은이 | 폴 콜리어 · 알라스테어 핀란 · 마크 J. 그로브
필립 D. 그로브 · 러셀 A. 하트 · 스티브 A. 하트
로빈 하버스 · 데이비드 호너 · 제프리 주크스
옮긴이 | 강민수
펴낸이 | 김세영

펴낸곳 | 도서출판 플래닛미디어
주소 | 04044 서울시 마포구 양화로6길 9-14 102호
전화 | 02-3143-3366
팩스 | 02-3143-3360
블로그 | http://blog.naver.com/planetmedia7
이메일 | webmaster@planetmedia.co.kr
출판등록 | 2005년 9월 12일 제313-2005-000197호

ISBN 979-11-87822-89-9 03900